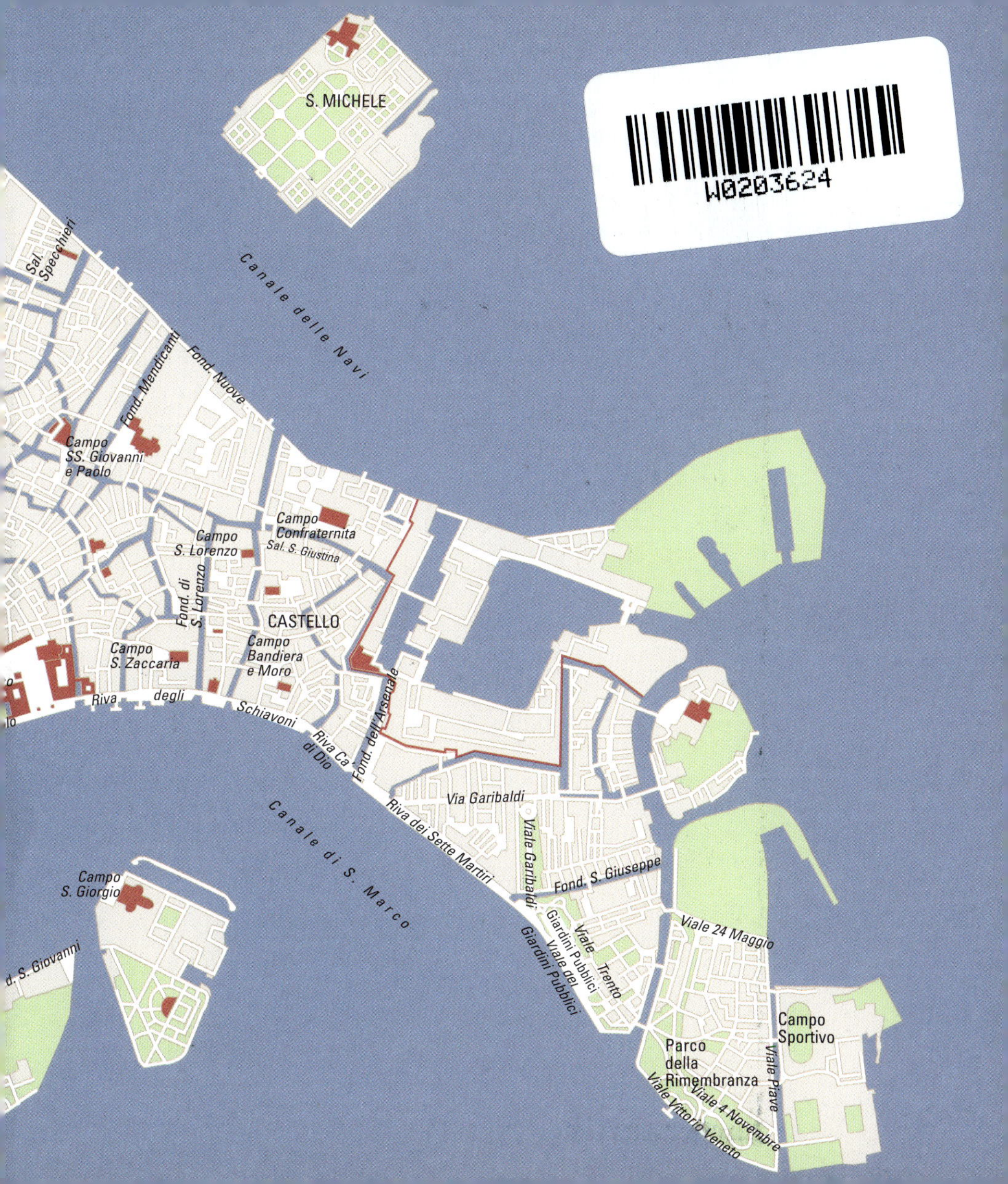

S. MICHELE
Canale delle Navi
Sal. Specchieri
Fond. Mendicanti
Fond. Nuove
Campo SS. Giovanni e Paolo
Campo Confraternita
Sal. S. Giustina
Campo S. Lorenzo
Fond. di S. Lorenzo
CASTELLO
Campo S. Zaccaria
Campo Bandiera e Moro
Riva degli Schiavoni
Riva Ca di Dio
Fond. dell'Arsenale
Via Garibaldi
Viale Garibaldi
Riva dei Sette Martiri
Canale di S. Marco
Fond. S. Giuseppe
Giardini Pubblici
Viale dei Giardini Pubblici
Viale Trento
Viale 24 Maggio
Campo S. Giorgio
d. S. Giovanni
Campo Sportivo
Parco della Rimembranza
Viale Piave
Viale 4 Novembre
Viale Vittorio Veneto

Venedig

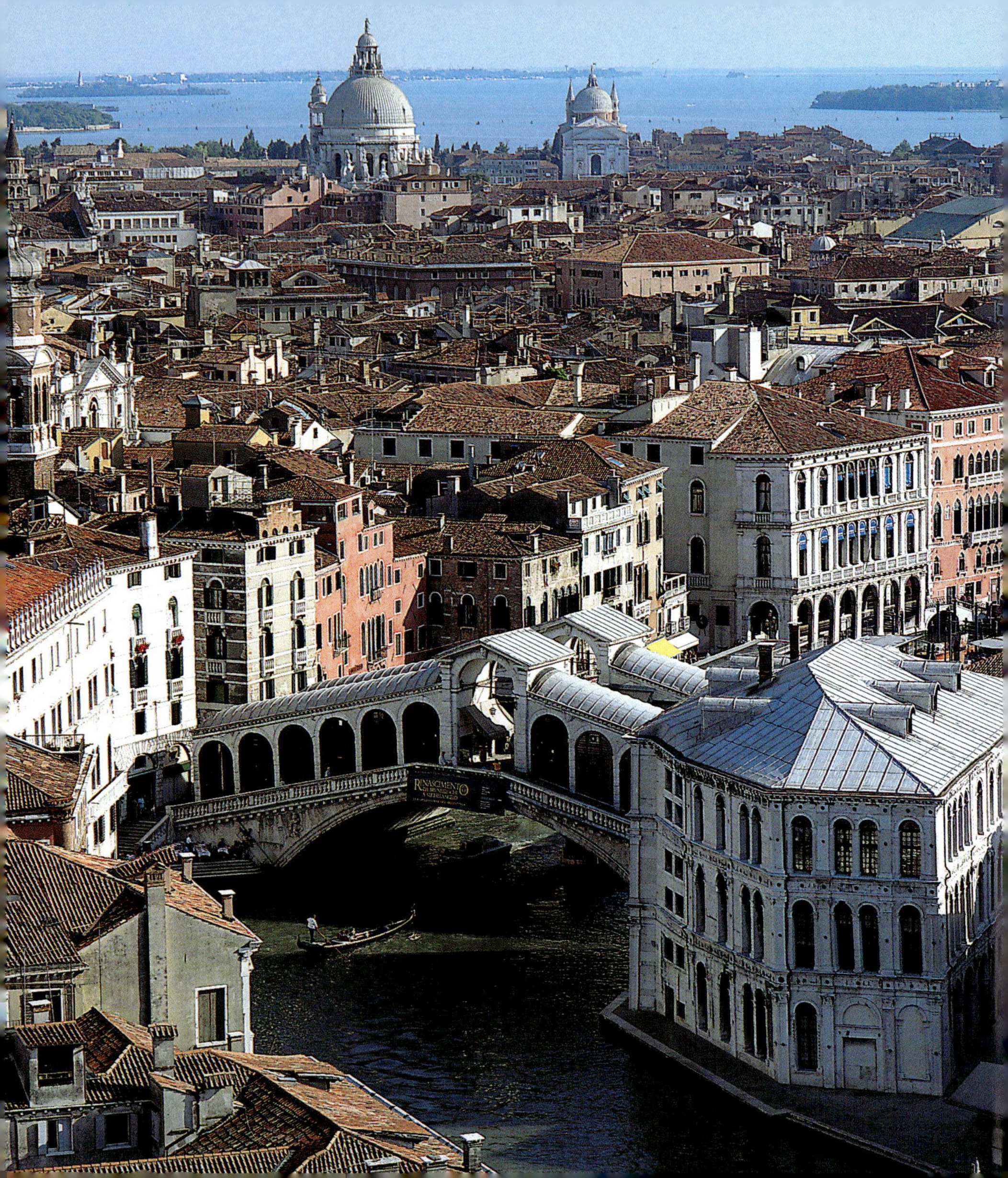

Kunst & Architektur

Venedig

Marion Kaminski

KÖNEMANN

Frontispiz
Blick auf die Rialtobrücke

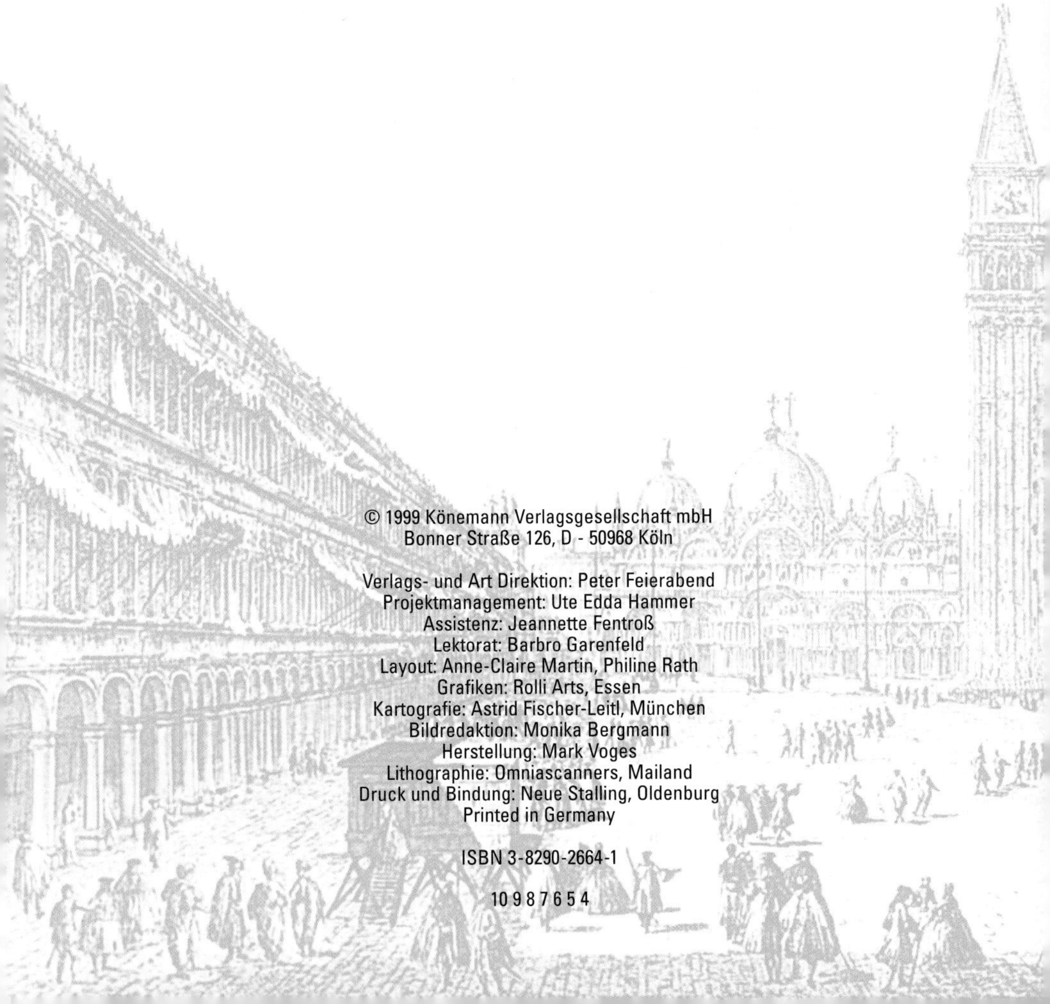

Bonner Straße 126, D - 50968 Köln

Verlags- und Art Direktion: Peter Feierabend
Projektmanagement: Ute Edda Hammer
Assistenz: Jeannette Fentroß
Lektorat: Barbro Garenfeld
Layout: Anne-Claire Martin, Philine Rath
Grafiken: Rolli Arts, Essen
Kartografie: Astrid Fischer-Leitl, München
Bildredaktion: Monika Bergmann
Herstellung: Mark Voges
Lithographie: Omniascanners, Mailand
Druck und Bindung: Neue Stalling, Oldenburg
Printed in Germany

ISBN 3-8290-2664-1

10 9 8 7 6 5 4

Inhaltsverzeichnis

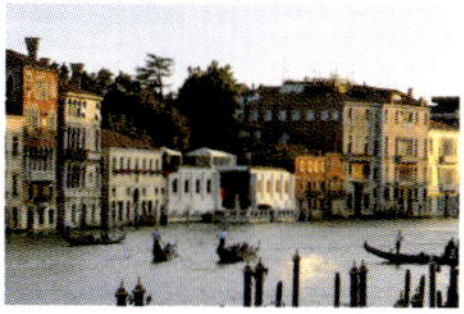

Ansicht des Canal Grande

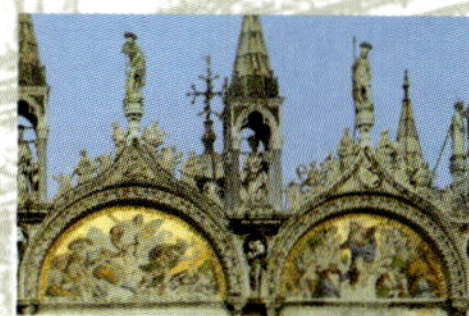

Fassadendetail mit Mosaiken von San Marco

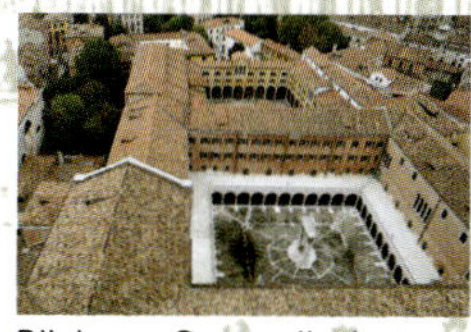

Blick vom Campanile der Frari-Kirche

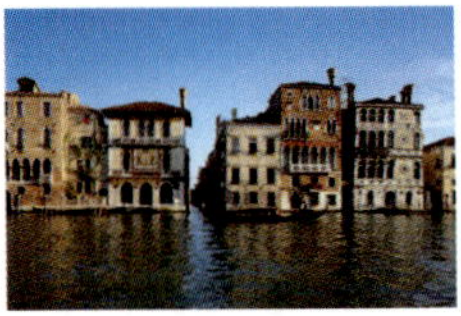
Palazzi am Canal Grande

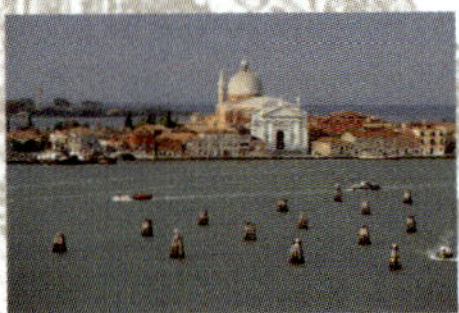
Blick auf Il Redentore

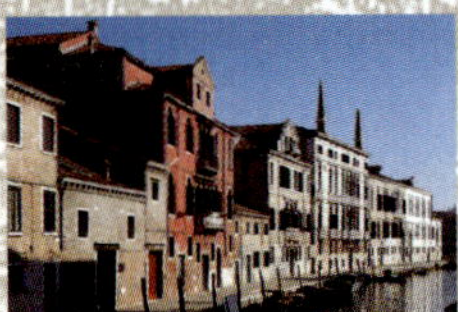
Ansicht der Fassade von Fondamenta Gaspare Contarini an Madonna dell'Orto

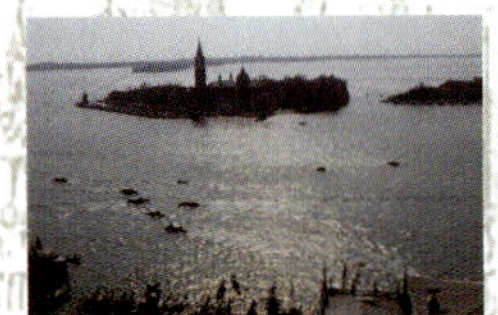
San Giorgio Maggiore

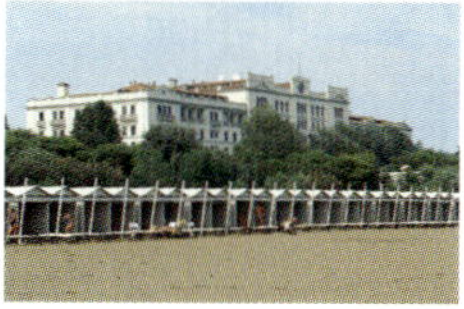
Ansicht des Lido

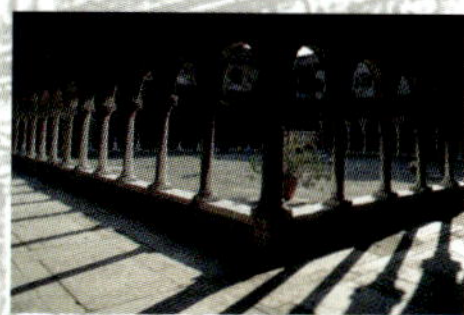
Blick in den Kreuzgang von San Michele in Isola

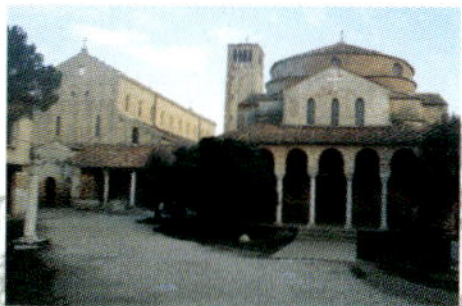
Fassade vonSanta Fosca, Torcello

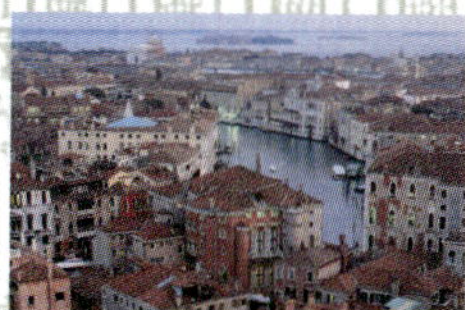
Blick vom Campanile der Frari-Kirche

1300 Jahre in Kürze
Vom Anfang bis zum Ende der Republik

Goethe dachte an eine Biberburg, als er am Nachmittag des 28. September 1786 die Stadt zum ersten Mal erblickte. Das Gewirr von Wasserstraßen, Wegen, Durchgängen, Brücken und Sackgassen, ein Kennzeichen Venedigs, wird jedoch erst verständlich, wenn man seine Entstehung betrachtet.

Die Anfänge

Die Lagune am nordwestlichen Rand der Adria, die schon zu römischen Zeiten den Namen Venetia trug, war damals größer als heute. Sie verlandete durch den Eintrag der zahlreichen Flüsse, die hier aus den Alpen kommend in das Mittelmeer münden. Aus dem brackigen Wasser der offenen Lagune ragten kleine, mehr oder weniger schlammige Inseln und größere Sandbänke, die sog. Lidi, hervor. Sie waren von Fischern und Salzgärtnern besiedelt und dienten den reichen Bewohnern der römischen Siedlungen als Sommeraufenthalte.

Das ruhige und weltabgeschiedene Leben der Lagunenbewohner veränderte sich langsam, als im Laufe des 4. Jh.s immer mehr Völker aus dem Norden Italien mit Krieg überzogen. Die Einwohner der römischen Städte flohen in die Lagune. Die größte Fluchtwelle brachte der Einfall Attilas 452/53. Neue Städte, wie Chioggia, Jesolo oder Torcello gelangten zur Blüte, während dort, wo später einmal Venedig entstehen sollte, die ersten größeren Siedlungen im Bereich von Olivolo, dem heutigen Castello, um Rivo alto, dem heutigen Rialto, und an einigen anderen, weit aus dem Wasser der Lagune ragenden Stellen entstanden. Seit dem 6. Jh. gehörte Venetien zum Einflußgebiet der Ostgoten, die ihr Königreich von Ravenna aus regierten. Dieses Reich zerfiel mit dem Tod von König Theoderich (526), und Venetien gelangte unter Kaiser Justinian (482/83–565) wieder in römischen Besitz. Doch die Ruhe währte nicht lange. Die Langobardeneinfälle besiegelten 568 die Teilung des römischen Reiches. Wieder strömte eine Flüchtlingswelle in die Lagune. Torcello und Malamocco gediehen zu wichtigen Handels- und Kulturzentren, und auch auf den Inseln wuchs die Bevölkerung. Aber jedes Eiland blieb vorerst eine Welt für sich. Als sich die römischen Kaiser 680 endgültig nach Konstantinopel zurückzogen und den Langobarden Norditalien überließen, blieb neben Rom und einigen anderen Gebieten auch das Exarchat von Ravenna, zu dem auch die venezianische Lagune gehörte, unter kaiserlicher Herrschaft. Unsere Inseln entwickelten sich langsam. Neben Ackerbau und Fische-

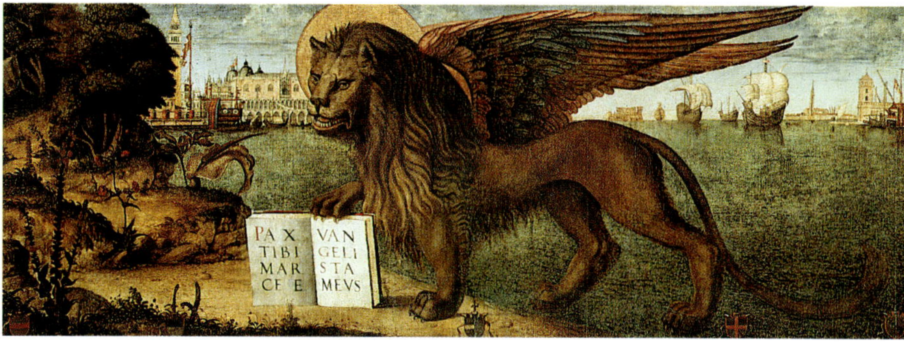

Vittore Carpaccio: Markuslöwe, 1516, Öl auf Leinwand, 130 x 368 cm, Palazzo Ducale, Venedig
Der Löwe als Symbol für den Evangelisten Markus wurde nach der Überführung der Reliquie 828 zum Symbol für Venedig. Im geöffneten Buch steht der Ausspruch, mit dem ein Engel dem Heiligen Venedig als den Ort seiner höchsten Verehrung angekündigt hat.

rei wurde der Handel (v. a. mit Salz und Fischen) zu einem weiteren Wirtschaftszweig. Den Bewohnern der Lagune gelang es, wegen der ständigen Bedrohung durch die Langobarden, von den Byzantinern die Ablösung der Militärtribunen, die bisher über die Lagune wachten, durch einen »dux« mit größeren Entscheidungsbefugnissen vor Ort zu erreichen. Als erster wurde 697 Paoluccio Anafesto gewählt. Aber die Zeiten blieben unruhig. Als Karl der Große 774 die Langobarden besiegte, wurde Venedig zu einem Streitobjekt zwischen Byzanz und den deutschen Kaisern. Ein Angriff von Karls Sohn Pippin auf die Lagune schlug fehl. Die Oberhoheit von Byzanz über das Gebiet der Lagune wurde noch einmal bestätigt. Aber der »duca« oder »doge« zog sich nach diesen gefährlichen Übergriffen nach Rivo alto weiter in den geschützteren Teil der Lagune zurück. Mit der Verlagerung des militärischen Verwaltungssitzes auf eine der Inseln des zukünftigen Venedigs begann der Aufstieg dieser Ansammlung von winzigen Eilanden zur städtischen Einheit und zur Großmacht im Mittelmeer. Erst im Laufe des 13. Jh.s bekam die neue Stadt, die sich aus vielen kleinen Inseldörfern und Städten entwickelt hatte endgültig den Namen Venezia. Noch wichtiger als die Verlegung des Verwaltungssitzes war für die gemeinsame Identität die Überführung des Leichnams des Hl. Markus 828 von Alexandria nach Venedig, für den man sofort eine Kirche errichtete. Sogleich erfand man dazu auch eine Legende: Dem Apostel soll, als er in der Lagune missionierte, im Traum ein Engel erschienen sein. An der Stelle, wo die Markuskirche steht, verkündete der

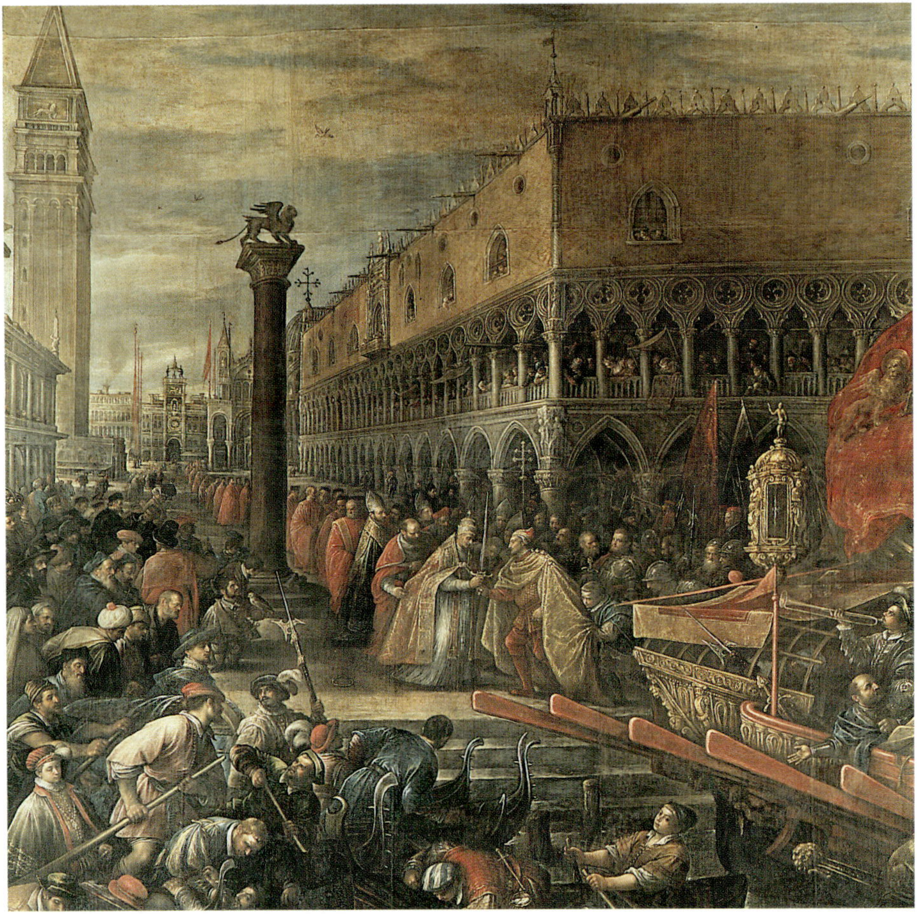

Francesco Bassano: Papst Alexander III. übergibt dem Dogen Sebastiano Ziani das Schwert, 1577–1585, Palazzo Ducale, Venedig
Das Gemälde aus dem 16. Jh. zeigt den feierlichen Akt, mit dem der Papst 1177 den Dogen würdigte, der den Frieden zwischen Kaiser Friedrich Barbarossa und dem Papst vermittelt hatte. Die abgebildete Piazzetta ist jedoch nicht die des 12., sondern die des 16. Jh.s.

Engel dem Heiligen, daß dort, wo er gerade schliefe, in Zukunft sein Grab und der Ort seiner höchsten Verehrung entstehen würden.

Der Aufstieg zur Großmacht

Die neue Stadt wuchs langsam zusammen. Ende des 9. Jh.s erstreckte sich die Befestigung von der Riva degli Schiavoni über San Giorgio zur Punta della Dogana und zurück bis Santa Maria Zobenigo. Innerhalb dieses Gebiets entstand auch die eine oder andere hölzerne Brücke über die zahlreichen Wasserläufe und sumpfigen Stellen. Doch die der Befestigung vorgelagerten, ebenfalls schon besiedelten Gebiete waren nur mit Hilfe von Booten zu erreichen. Die Wege innerhalb der Stadt verbanden bis auf einige Hauptstraßen nicht die Insel miteinander, sondern dienten den eigenen selbständigen Gemeinden. Der gemeinsame Stadtpatron, die Notwendigkeit zur Verteidigung und die Handelsinteressen einten die Venezianer. Mit gebündelten Kräften gelang es, die gesamte Adria unter venezianische Kontrolle zu bringen. Immer wieder mußten die Venezianer ihre erfolgreichen Seestreitkräfte in den Dienst der Byzantiner stellen, die von den Sarazenen angegriffen wurden. Den Dogen gelang es, als Gegenleistung immer größere Handelsprivilegien und mehr Unabhängigkeit zu fordern. Im Kräftespiel zwischen der Hauptstadt Konstantinopel und ihrer fernen Besitzung in Italien gewann langsam die Inselstadt die Oberhand. Auch wenn Venedig in den byzantinischen Urkunden noch immer die »erste Tochter« war, wurde immer deutlicher, daß es de facto längst unabhängig von dem im Niedergang begriffenen byzantinischen Kaiserreich war. Ein deutlicher Ausdruck für die erstarkende Macht und den Reichtum Venedigs war die neue prächtige Kirche San Marco, die man Ende des 11. Jh.s für den Stadtheiligen Markus zu errichten begann. Im 12. Jh. besaß Venedig Handelsstützpunkte rund um das östliche Mittelmeer und wurde immer mehr zu einer scharfen Rivalin von Pisa und Genua, den anderen großen Seehandelsstädten Italiens. Gemeinsam war ihnen die Bedrohung durch die deutschen Kaiser, die sich als legitime Erben des römischen Reiches verstanden. Venedig allerdings gehörte nominell zu Byzanz, stand also zunächst außerhalb der Kämpfe, welche die anderen reichen Städte Italiens gegen den Kaiser um ihre Unabhängigkeit führten. Obwohl Venedig nach längerem Zögern dem Städtebund, der sog. Lombardischen Liga, beitrat, verhielten sich die Venezianer diplomatisch so klug, daß ihnen schließlich eine Vermittlerrolle zwischen dem deutschen Kaiser und dem Papst, der die Städte unterstützte, zufiel. 1177 wurde der Frieden zwischen Kaiser Friedrich Barbarossa, Papst Alexander III. und den Städten in Venedig geschlossen. Damit durfte man sich in der Lagunenstadt als gleichberechtigte Großmacht fühlen. Es sollte nur noch wenige Jahrzehnte dauern, bis Vene-

dig sich auch von der sowieso nur noch nominellen Vormacht der Byzantiner befreien konnte.
Der Doge Enrico Dandolo (1192–1205) war trotz seines hohen Alters und seiner Blindheit eine der bedeutendsten Persönlichkeiten der venezianischen Geschichte. Seinen geschickten Verhandlungen ist es zu verdanken, daß sich die Kreuzfahrer, die vom Lido aus mit venezianischen Schiffen zum vierten Kreuzzug aufbrachen, überreden ließen, Konstantinopel zu erobern. Der Vorwand dafür war, daß man einem vom Thron verdrängten Erben zu seinem Recht verhelfen wollte. Doch der Jüngling, den sie 1203 auf den Thron setzten, kam in den Kämpfen um. 1204 teilten die Kreuzfahrer und die Venezianer das byzantinische Reich unter sich auf. Zuvor jedoch plünderten sie die unermeßlichen Schätze Konstantinopels. Auch die Gotteshäuser blieben nicht verschont. Die Venezianer transportierten unzählige Kunstwerke in den Westen, um damit die Kirche ihres Stadtheiligen zu schmücken. Als Beute aus dem Kriegszug erhielten sie außerdem die Herrschaft über drei Achtel oder, wie die Venezianer selbst sagten, ein Viertel und die Hälfte (eines Viertels nämlich) des alten byzantinischen Reiches. Damit verfügte die Republik Venedig über eine dichte Kette von Häfen im gesamten östlichen Mittelmeer, und es war nur eine Frage der Zeit bis Genua, die andere große Handelsmacht, versuchen würde, Venedig in die Schranken zu weisen. In der Tat verbündeten sich die Genuesen 1261 mit den Byzantinern. Mit vereinten Kräften beseitigten sie das Königreich, das die Kreuzfahrer auf byzantinischem Boden errichtet hatten. Damit wendete sich natürlich auch das Schicksal der Venezianer. Sie verloren alle Handelsprivilegien, die sie bis dahin genossen hatten. Durch ihr diplomatisches Geschick konnten sie im Laufe der Zeit wenigstens einige der alten Handelsmöglichkeiten von den byzantinischen Kaisern zurückgewinnen. Aber der Haß der Genuesen verfolgte sie weiter. Das Schlachtenglück wogte hin und her. Über 100 Jahre kämpften die Rivalinnen um die Vormacht im östlichen Mittelmeer. 1378/79 schließlich schien es, als hätte Genua sein Ziel erreicht. Die venezianische Flotte war vernichtend geschlagen, und die Genuesen waren die Herren des Mittelmeers. Nun versuchten sie mit Hilfe der Österreicher und v. a. mit Hilfe der Carrarer, der Herrscher von Padua, auch die Stadt Venedig selbst zu zerstören. Die Angriffe auf die Lagunenstadt sind in die venezianische Geschichte unter dem Namen Chioggia-Kriege eingegangen. Die Genuesen und ihre Verbündeten konnten die Stadt Chioggia erobern und damit bis in die Lagune vordringen. Doch die Venezianer gaben sich nicht geschlagen. Sie bauten unter ungeheuren Anstrengungen eine neue Flotte, verbarrikadierten die Schiffahrtswege in die Lagune und versperrten den Porto di Lido, den einzigen noch freien Ausgang zum offenen Meer. Außerdem ernannten sie Vittore Pisani erneut zum Heerführer, den Mann, den die Genuesen 1378/79 besiegt hatten und der seitdem im

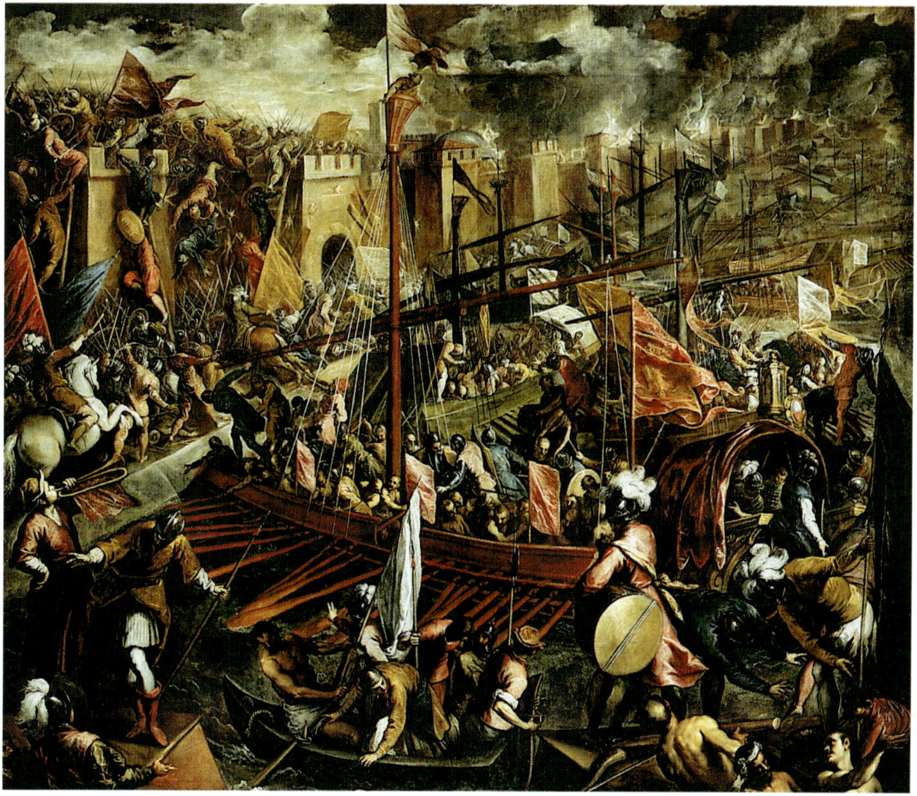

Domenico Tintoretto: Die Eroberung Konstantinopels, 1578–1585, Palazzo Ducale, Venedig

Kerker schmachtete. Am 13. August 1380 wurden die Genuesen endgültig bezwungen. Die größte Gefahr, die der Republik bis dahin von außen gedroht hatte, war nun gebannt.

Doch auch innenpolitisch blieb Venedig nicht von Krisen verschont. Schon 1310 hatte Bajamonte Tiepolo versucht, den amtierenden Dogen zu stürzen und statt seiner den Thron zu besteigen. 1355 ging ein viel gefährlicherer Angriff auf die Regierung vom Dogen Marino Falier selbst aus. Er wollte sich nach dem Vorbild anderer italienischer Städte zum Alleinherrscher über die Lagunenstadt machen. Aber der Plan wurde verraten und mit Hilfe eben der Handwerker und Arsenalarbeiter niedergeschlagen, auf deren Unterstützung er gesetzt hatte. Am 17. April wurde Falier auf den Stufen der Dogenpalasttreppe, wo er gekrönt worden war, enthauptet.

Das Goldene Zeitalter

Bis zum Beginn des 15. Jh.s hatte die Republik ihren Blick v. a. auf das Meer gerichtet. Seefahrt und Seehandel waren die Grundlagen für den venezianischen Reichtum. Im Bewußtsein ihrer erstarkenden Macht gingen die Venezianer nun daran, auch die Festlandstädte in der näheren Umgebung zu unterwerfen. Einige, wie der alte Doge Tomaso Mocenigo (Regierungszeit 1414–1423) warnten die Venezianer, sich in Auseinandersetzungen auf dem Festland zu verstricken und mahnten zu einer Rückkehr zu alten Quellen der Stärke: eine Ausrichtung auf das Meer. Doch längst gab es andere Stimmen. Und so wählte man 1423 Francesco Foscari zum Dogen, der eine konsequente Ausweitung der venezianischen Festlandsmacht betrieb. Bis Mitte des Jahrhunderts erstreckte sich das Territorium der Republik vom Po bis in die Alpen und nach Osten bis weit nach Istrien und Dalmatien hinein. Aber der Preis dafür war hoch. Die Eroberungen erforderten gewaltigen materiellen Einsatz, und der Machtzuwachs Venedigs wurde von ganz Europa mit Mißtrauen betrachtet. Das Glück der Venezianer wendete sich, als 1453 die Türken Konstantinopel einnahmen. Die wirtschaftliche Basis der venezianischen Eroberungskriege, der blühende Orienthandel, kam für kurze Zeit fast zum Erliegen. Auch wenn die Venezianer schnell Verträge mit den neuen Machthabern schlossen, war die Situation doch nicht mehr dieselbe wie vorher. Die Türken wurden zu

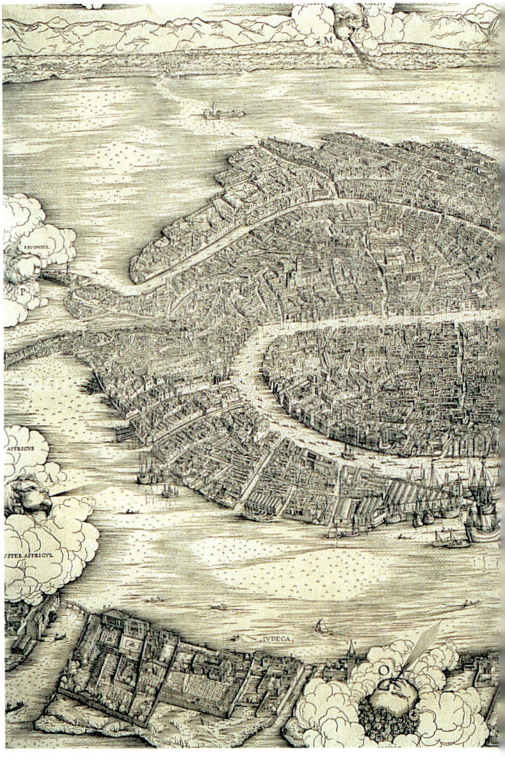

einer ständigen Bedrohung. Die finanziellen Mittel der Republik begannen sich zu erschöpfen. Schuld an den Problemen gab man dem Dogen und seiner rücksichtslosen Machtpolitik. Francesco Foscari wurde 1457 zu einem demütigenden Rücktritt gezwungen. Er starb zwei Tage nach der Wahl seines Nachfolgers. Im Laufe der zweiten Hälfte des 15. Jh.s verloren die Venezianer Insel um Insel und Hafen um Hafen im östlichen Mittelmeer an die Türken.

Jacopo de Barbari: Stadtplan von Venedig, 1500, Holzschnitt, Museo Correr, Venedig
Der Venezianer Jacopo de Barbari ließ 1500 bei Anton Koberger in Nürnberg einen Holzschnitt nach seiner Vorlage drucken, auf dem jedes Haus seiner Heimat genau abgebildet war.

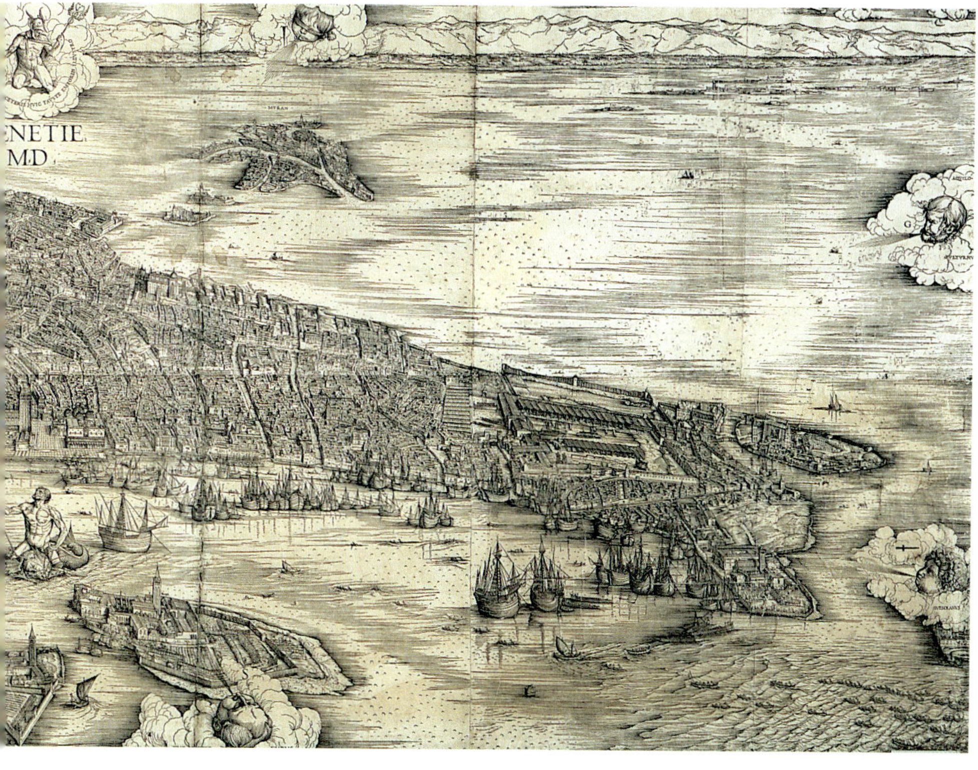

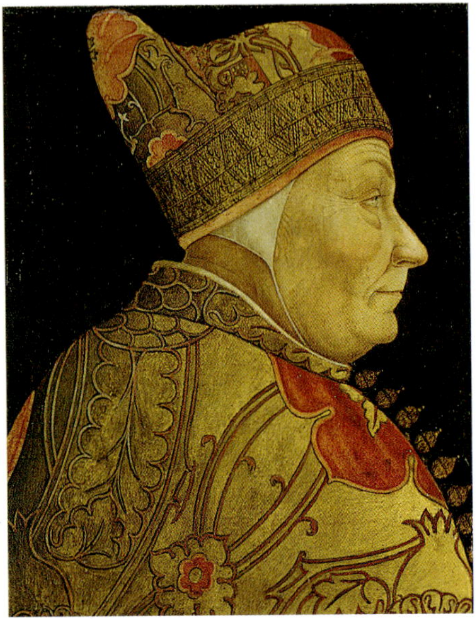

Lorenzo Bastiani: Der Doge Francesco Foscari, 2. Hälfte des 15. Jh.s, Museo Correr, Venedig

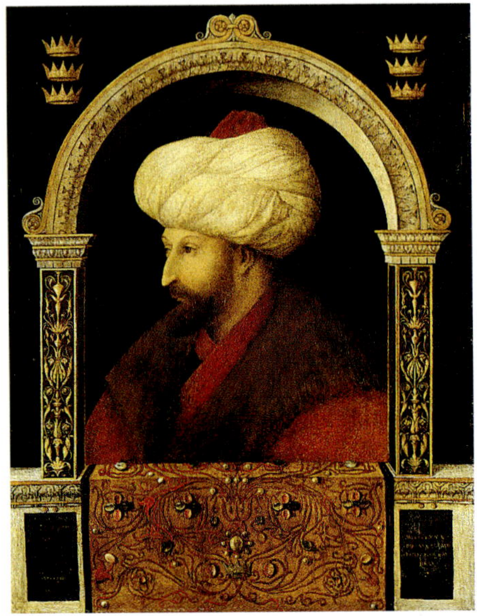

Gentile Bellini: Sultan Mehmet II., Eroberer von Konstantinopel, 1480, Leinwand, 70 x 52 cm, The National Gallery, London

Ganz Europa beobachtete mit Genugtuung die Verluste der verhaßten Republik, die immer mehr Land in Italien an sich gerissen hatte. 1508 verbanden sich der Papst, Spanien, das Deutsche Kaiserreich und Frankreich in Cambrai zu einer Liga gegen die Venezianer, der sich auch die Herzöge von Mantua, Ferrara und Savoyen anschlossen. Ein Jahr später wurde die venezianische Armee vernichtend geschlagen: Die Macht Venedigs schien gebrochen. In der Lagunenstadt wütete die Pest, und 1509 belegte der Papst Venedig mit dem Bann. Die Venezianer führten den Krieg mit letzter Kraft bis sie endlich einen diplomatischen Sieg errangen. Es gelang ihnen, Zwietracht unter den Gegnern zu säen und die Phalanx ihrer Widersacher zu spalten. Die Republik war am Ende ihrer Kräfte, aber der Krieg gegen die »Liga von Cambrai« endete ohne territoriale Verluste. Venedig war zum letzten Mal auf dem Gipfel seiner Macht. Die Zeit, in der die Lagunenstadt eine Rolle im europäischen Konzert der Mächte spielte, näherte sich ihrem Ende. Dazu trug die Entdeckung eines neuen Kontinents durch Christoph Kolumbus 1492 und damit die Erschließung neuer Handelsrouten weniger bei, als man vielleicht vermuten mag. Venedigs Handelsvolumen schrumpfte im Laufe des 16. Jh.s nur ganz allmählich. Schuld daran waren weniger die neuen Handelswege, die von Spanien und Portugal beherrscht wurden, als vielmehr das sinkende Interesse der venezianischen Adeligen, die ihr Vermögen lieber in Landbesitz als in unsichere Handelsgeschäfte investierten.

Das langsame Sterben der Republik

Die Politik Europas wurde mehr und mehr zu einer Politik der territorialen Großmächte, in der kein italienischer Kleinstaat, und sei er auch so reich wie Venedig, von Bedeutung war. Der große Sieg über die Türken, den auch die venezianische Flotte 1571 in der Seeschlacht bei Lepanto errang, war schon ein Triumph für den spanischen König, dem die Rolle des Verteidigers der Christenheit nun zugefallen war. Immerhin gelang es den Venezianern, ihre Unabhängigkeit zu erhalten. Ihr poli-

Luigi Querena: Die Ankunft der neapolitanischen Truppen in Venedig, Museo del Risorgimento, Venedig

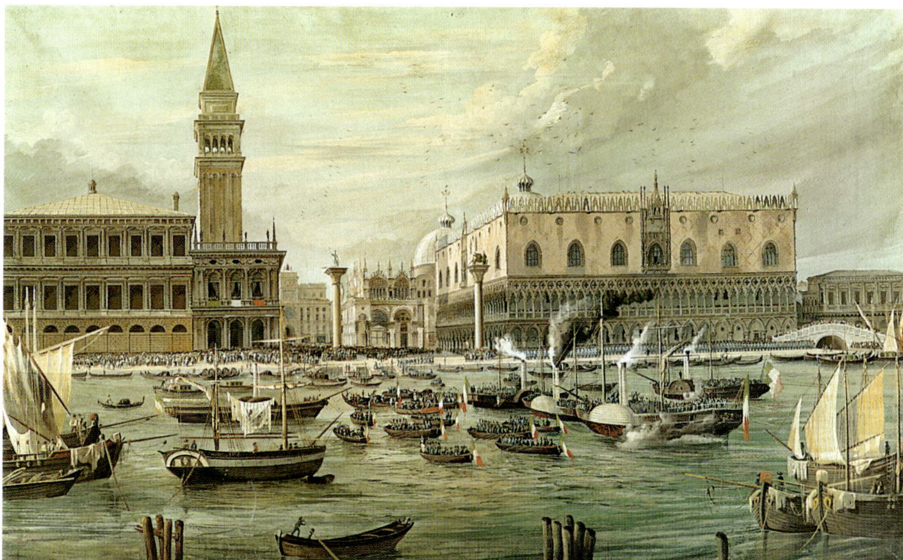

tisches System bewahrte die Stadt davor, völlig unter den Einfluß der Großmächte zu geraten. So war es z. B. Florenz ergangen, dessen Regenten sich durch Heiratspolitik familiär mit den europäischen Herrscherhäusern verbunden hatten.

Auch der Papst war aufgrund der strikten Trennung von Kirche und Politik in Venedig nicht in der Lage, größeren Einfluß auf die Republik zu gewinnen. 1606 versuchte Paul V. mit einem Interdikt, d. h. dem Verbot aller kirchlichen Handlungen, Venedig dazu zu zwingen, der katholischen Kirche mehr Macht einzuräumen. Aber die Venezianer verboten kurzerhand die Veröffentlichung des päpstlichen Schreibens auf ihrem Gebiet, und schließlich mußte der Papst nachgeben.

Eine andere Bedrohung, der sich die Venezianer auf Dauer nicht erwehren konnten, war der Verlust all ihrer Besitzungen im Mittelmeer an die Türken. Unzählige Schlachten und wechselnde Erfolge führten schließlich doch nur dazu, daß Venedig alles, was es im östlichen Mittelmeer besessen hatte, aufgeben mußte. 1669 ging nach blutigen Kämpfen schließlich auch das fruchtbare Kreta verloren. Auch wenn die Venezianer 14 Jahre später unter der Führung des mutigen Dogen Francesco Morosini noch einmal den Peloponnes zurückerobern konnten, so war dies doch kein Sieg auf Dauer. Wie bedeutungslos Venedig geworden war, zeigt die Tatsache, daß im Frieden von Passarowitz 1718 die Türkei und Österreich ohne Venedig über dessen Territorien entschieden. Im 18. Jh. wurde auch der wirtschaftliche Niedergang Venedigs offenbar. Als Napoleon den Maggior Consiglio 1797 zwang, die fast tausendjährige Geschichte der Unabhängigkeit zu beenden, war dies nur noch ein Akt, der seit langem vorauszusehen war. Mancher hatte allerdings erwartet, daß es die Habsburger sein würden, die Venedig in die Knie zwingen, denn diese hatten schon lange ein Auge auf die Lagunenstadt geworfen. Erst als Napoleon besiegt war, wurde Venedig, wie ganz Norditalien, Österreich zugeschlagen. Schon wenige Jahre später begann der italienische Freiheitskampf. Auch wenn die Venezianer sich auf heldenhafte und tragische Weise daran beteiligten, gelang es ihnen nicht mehr, das Schicksal der Stadt aus eigener Kraft zu bestimmen. Erst der Sieg Preußens über Österreich, an dem auch das Königreich Italien beteiligt war, zwang 1866 eine Volksabstimmung herbei, in der sich 674 426 stimmberechtigte Bewohner Venedigs und des Veneto mit 69 Gegenstimmen für eine Zugehörigkeit zum Königreich Italien entschieden. Die Zeiten der Unabhängigkeit waren damit endgültig vorbei; über 1000 Jahre venezianische Geschichte hatten ihr Ende gefunden.

Unbekannter Künstler: Stich nach einem Plan von Venedig aus dem 14. Jh., Museo Correr, Venedig
Der Plan weist nicht wie heute üblich nach Norden, sondern nach Osten. Etwa in der Mitte auf der rechten Seite erkennt man sehr gut den Dogenpalast, der von einer Mauer umgeben ist.

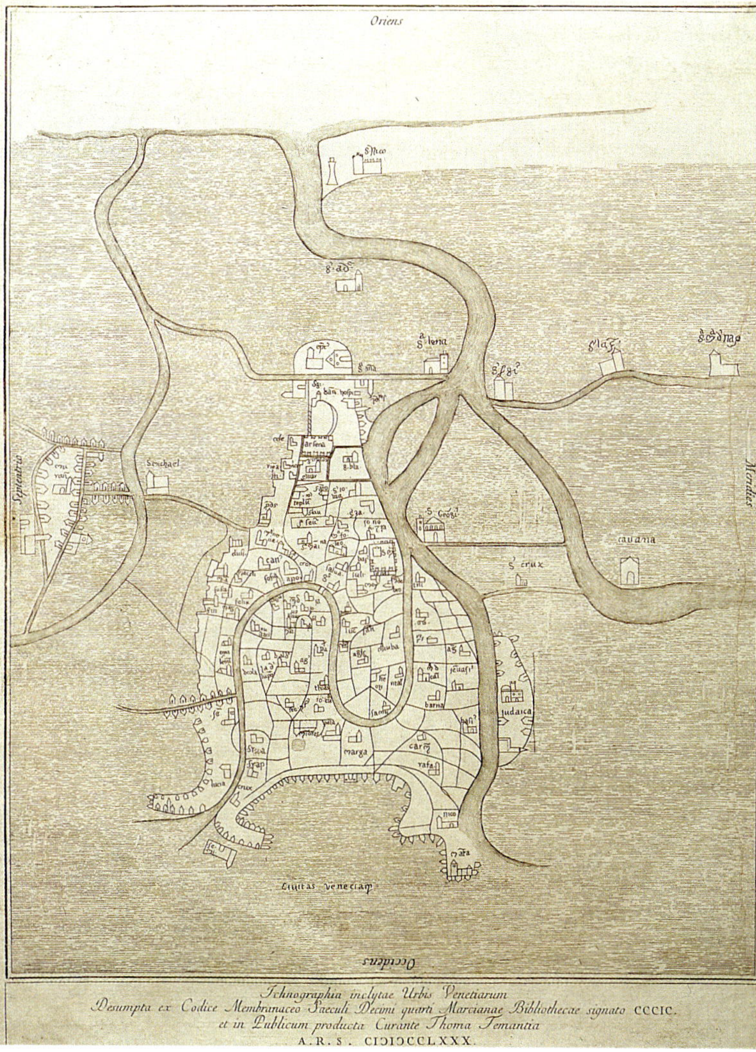

Ichnographia inclytae Urbis Venetiarum
Desumpta ex Codice Membranaceo Saeculi Decimi quarti Marcianae Bibliothecae signato CCCIC.
et in Publicum producta Curante Thoma Temantia
A.R.S. CIↃIↃCCLXXX.

Die Wege Venedigs

Einem Gerücht zufolge existiert bis heute kein zuverlässiger Stadtplan von Venedig. Diese Vermutung ist zwar falsch, aber der offizielle Plan von Venedig, der alle Straßen, Kanäle und Wege verzeichnet, ist so umfangreich, daß dieser sich kaum für einen genußvollen Spaziergang durch die Lagunenstadt eignet. Die wichtigsten Wege, an denen bedeutende Bauwerke und Museen liegen, sind aber vorzüglich ausgeschildert, so daß jeder zum Markusplatz, zum Rialto, zur Accademia oder zum

Unbekannter Künstler: Perspektivische Ansicht von Venedig, Öl auf Leinwand, Museo Correr, Venedig

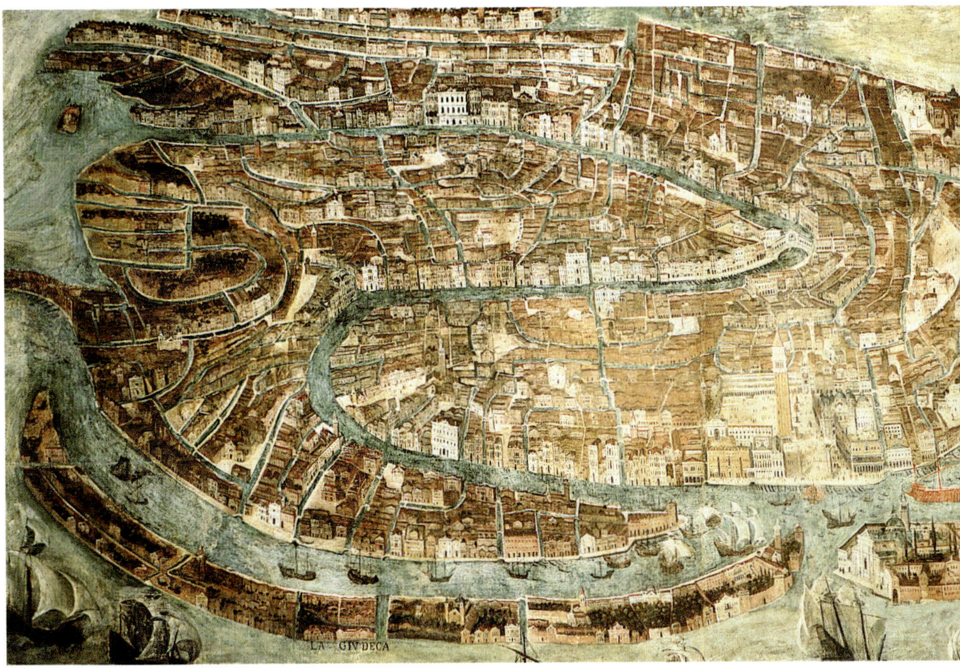

Bahnhof findet. Sie führen sicher durch das Labyrinth der Straßen und Kanäle und bieten gleichzeitig die Gelegenheit, einen großen und wichtigen Teil Venedigs kennenzulernen. Selbst wenn man wenig Zeit hat, sollte man einen kleinen Abstecher wagen und sich in den Bann des unbekannten Gassengewirrs ziehen lassen. Man begegnet dem Zauber der Stadt auf ganz eigene Weise, wenn man, durchaus mit einem leichten Gefühl der Unsicherheit, die engen Gassen durchstreift. Ein heller Sonnenstrahl, der schräg von oben in die engen Häuserschneisen einfällt, ein dunkler, stiller Kanal, ein geöffnetes Fenster, aus dem Küchendüfte hervordringen, eine Gestalt, die auftaucht und gleich wieder wie vom Erdboden verschluckt verschwindet, schmale dunkle Straßen, die sich plötzlich zu einem kleinen, verschwiegenen Platz mit einem prächtigen Palast öffnen – all dies macht Venedig ebenso aus, wie die Markuskirche, der Dogenpalast oder die Paläste am Canal Grande. Die Lagunenstadt ist deshalb wohl der beste Ort der Welt, um sich zu verlaufen – und klein genug um innerhalb von zwei bis drei Stunden durchquert zu werden. Wird man müde oder hungrig, ist die nächste Vaporettostation, von der aus man mit dem Boot wieder in bekanntere Gefilde zurückkehren kann, meist nicht weiter als eine Viertelstunde Fußmarsch entfernt. Die venezianischen Straßennamen geben dem Ortskundigen Orientierungshilfe. Manche Wege werden mit dem italienischen Wort »Calle« bezeichnet. Häufiger findet man jedoch »Salizzada« (ein Hauptweg, der schon in alten Zeiten gepflastert war), »Fondamenta« (ein Weg, der an einem Kanal entlangführt) oder »Ruga« (eine Straße, an der Läden und Werkstätten liegen). Mit »Ramo« bezeichnet man einen Verbindungsweg zwischen zwei größeren Straßen. Damit können auch Wasserwege gemeint sein, so daß es sich bei einem Ramo häufig um eine Sackgasse handelt. Ein »Sottoportego« ist ein Weg, der unter einem Gebäude hindurchführt, während ein »Rio Terra« ein ehemaliger Kanal ist, der in einen Fußweg verwandelt wurde. Die Stadt ist in sechs Stadtteile aufgeteilt. Sie heißen »Sestiere« (von ital. sesto, ein Sechstel): San Marco im Zentrum, Santa Croce und San Polo im Nordwesten, Cannaregio im Norden, Dorsoduro im Westen, Giudecca im Süden und Castello im Osten. Sie alle sind eigene Zentren, die bis heute dem Umstand Rechnung tragen, daß Venedig aus vielen kleinen Inseln besteht. Die Wege und Brücken dienten in erster Linie den kurzen Strecken innerhalb des Sestiere, während man seit jeher weitere Entfernungen mit dem Boot zurücklegte.

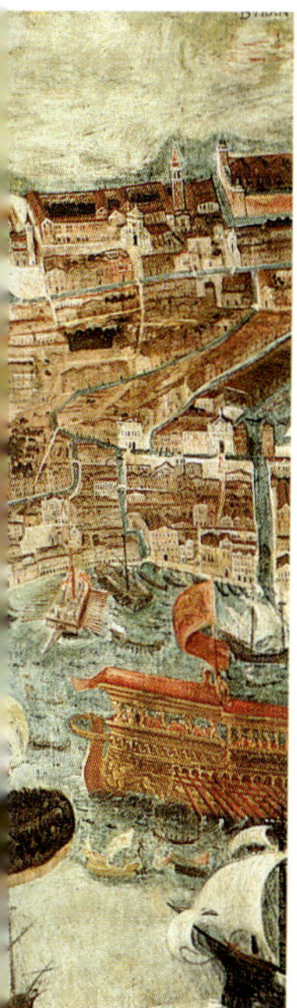

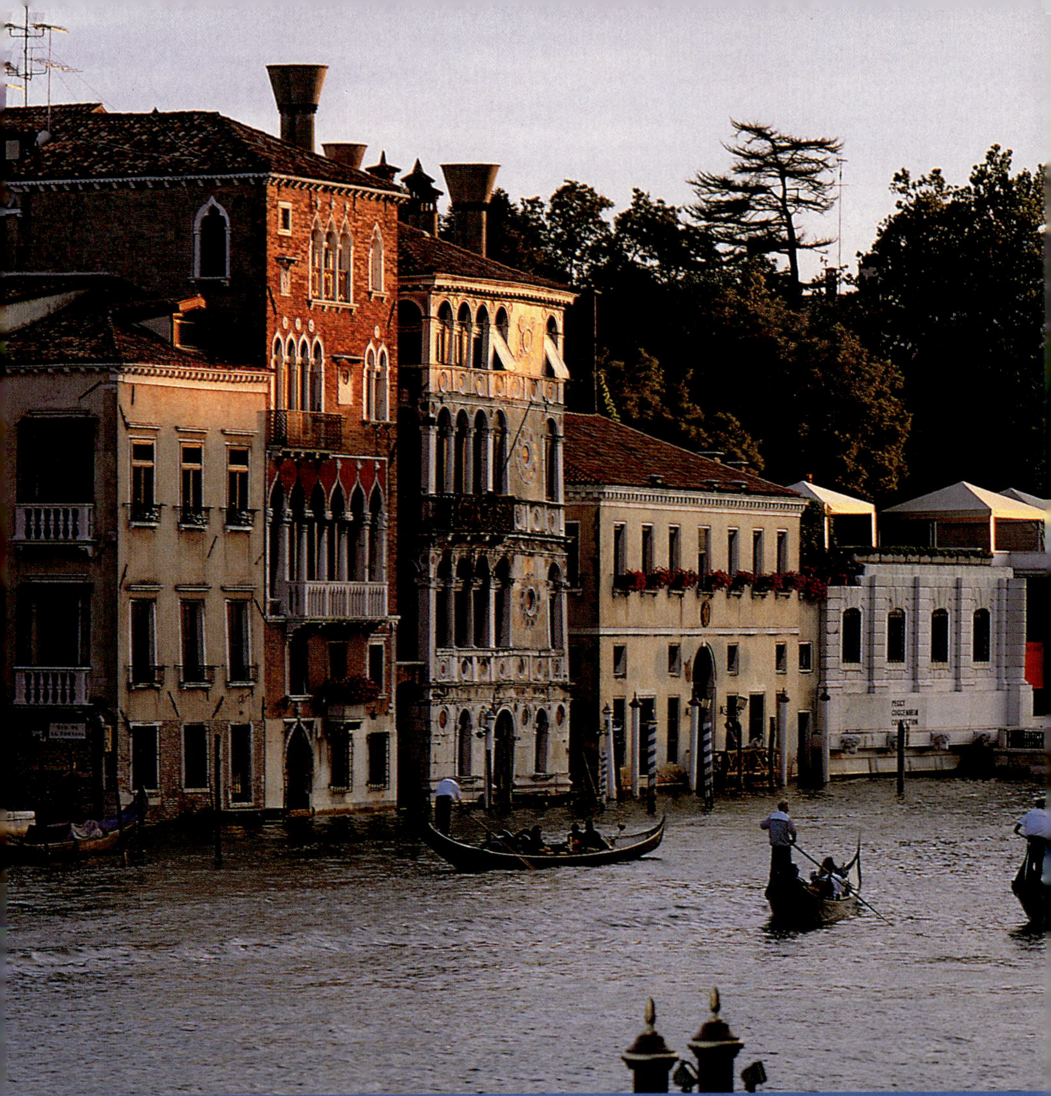

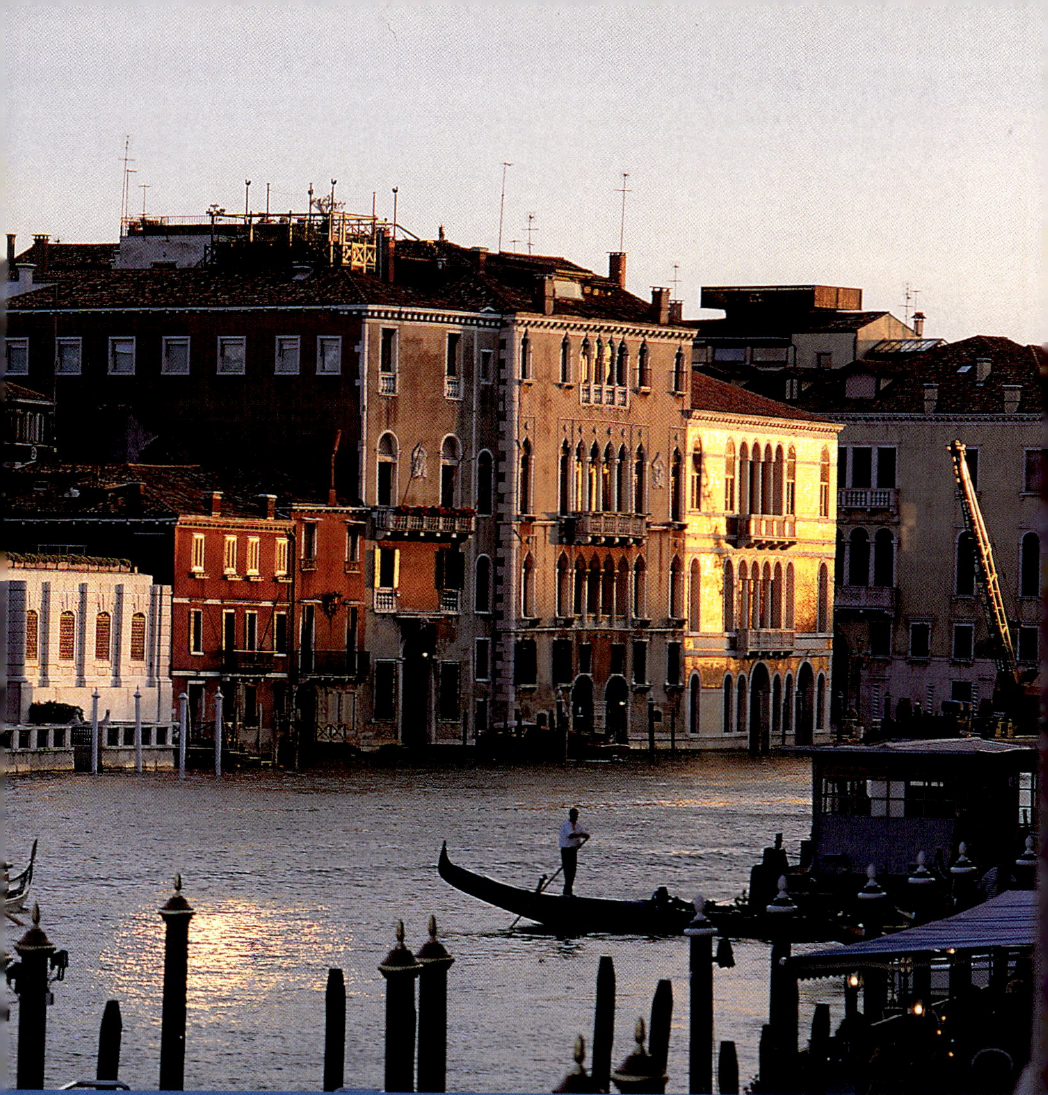

Canal Grande

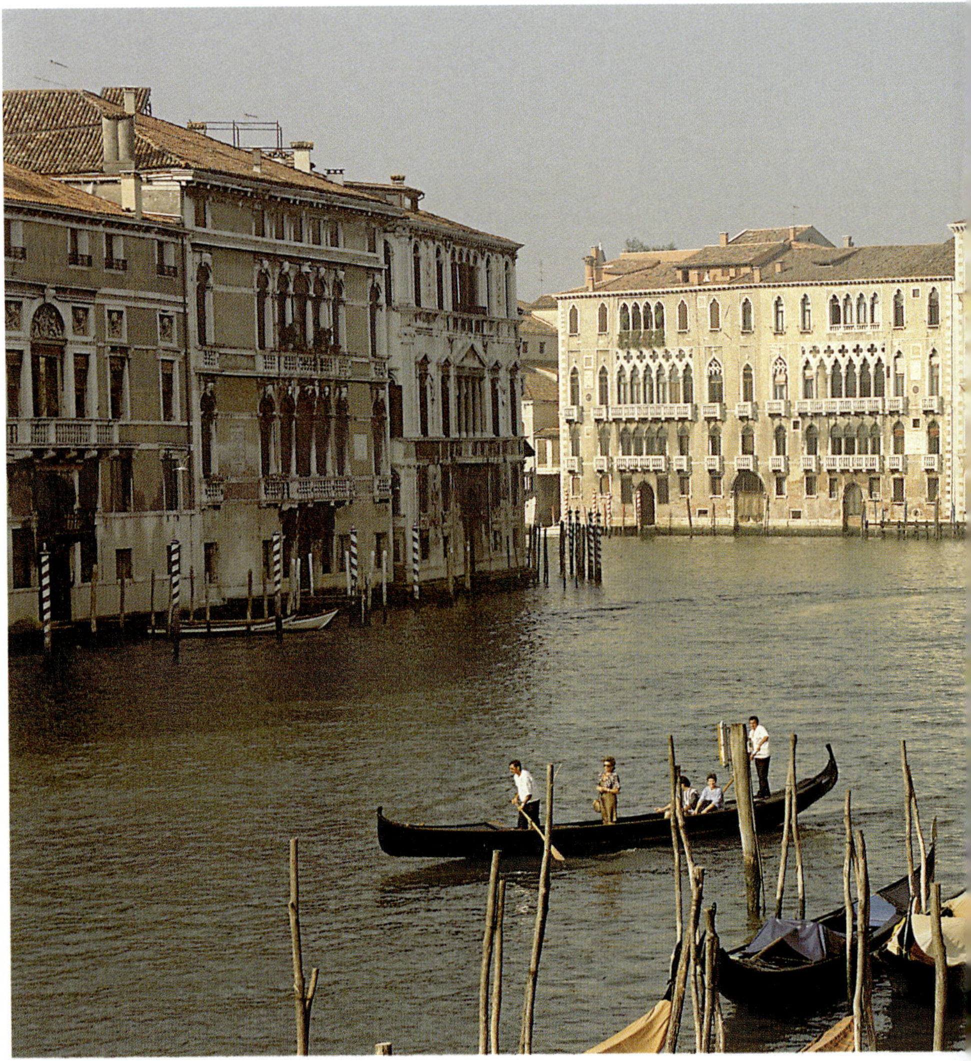

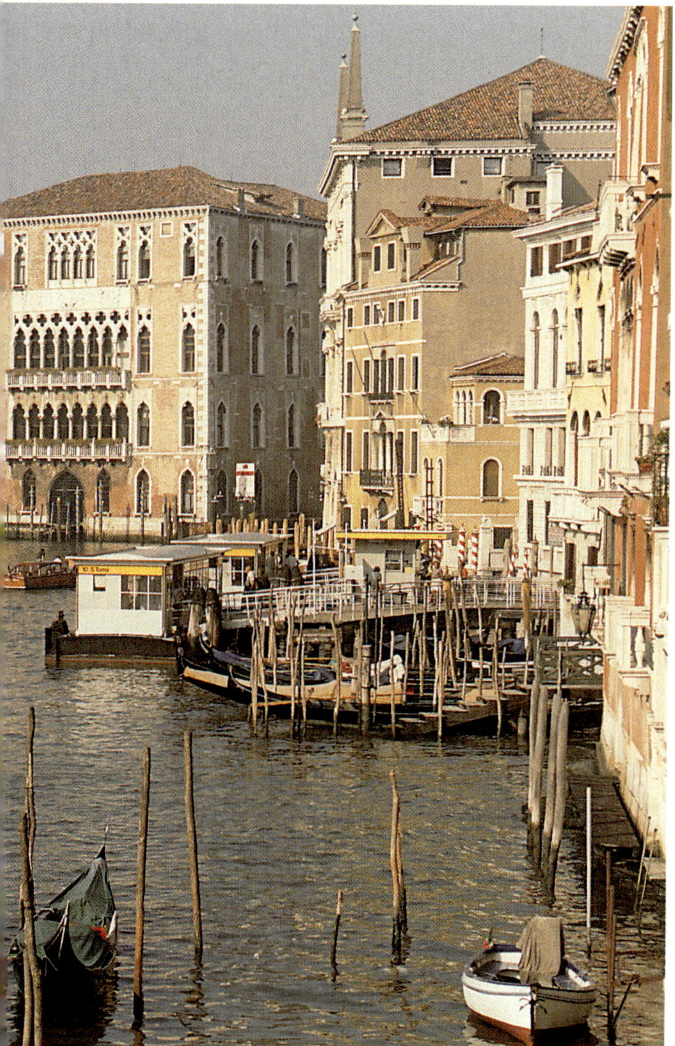

Biegung an der Ca' Foscari von Westen

Der große Kanal, der sich flußartig durch die ganze Stadt windet, ist die Lebensader der Stadt, Hauptverkehrsstraße und Promenade in einem. Einstmals fuhren hier Handelsschiffe bis zum Rialto, um dort ihre Ware – Gewürze, Seide, Juwelen und Pelze – abzuladen. Die großen venezianischen Familien bauten ihre Paläste an den breiten Kanal. Man nennt diese in Venedig mit einiger Untertreibung einfach Ca' (die typisch venezianische Kurzform für »casa«, Haus). Ein ungeschriebener Ehrenkodex wachte darüber, daß keiner sein Bauwerk weiter als die anderen in den Kanal hinausschob oder allzu aufwendig mit architektonischem Zierat schmückte. Diese jahrhundertelang geltende Tradition gibt dem Stadtbild seine vergleichsweise einheitliche Gestalt, die es sich auch im 20. Jh. bewahrt hat. Entlang des

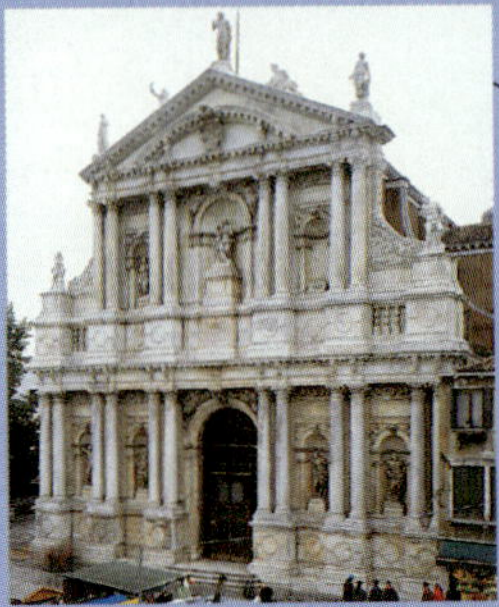

S. Maria degli Scalzi, S. 34

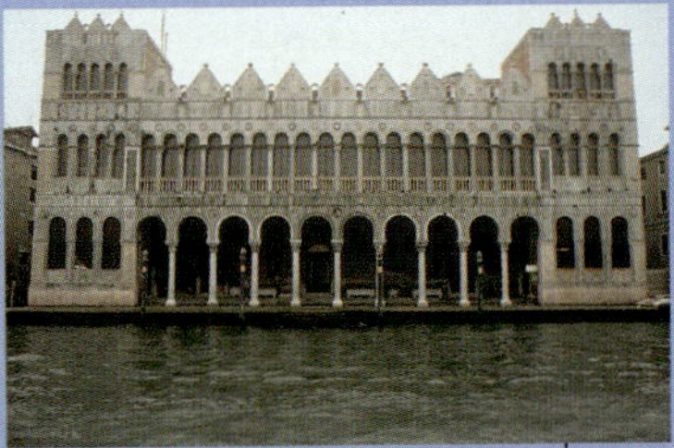

Fondaco dei Turchi, S. 40

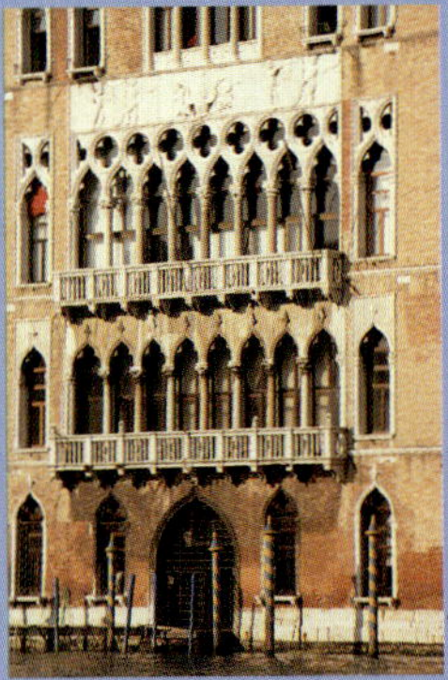

Ca' Foscari, S. 67

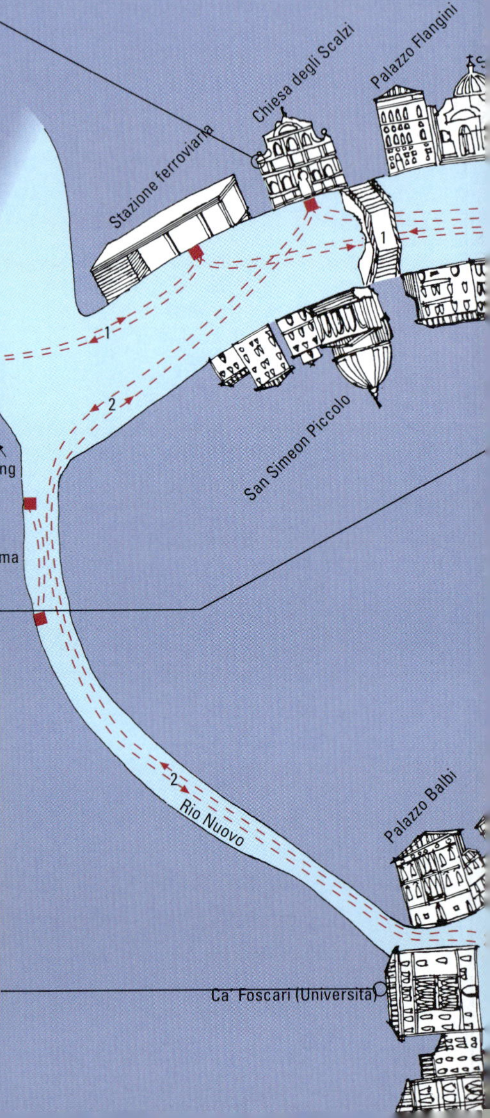

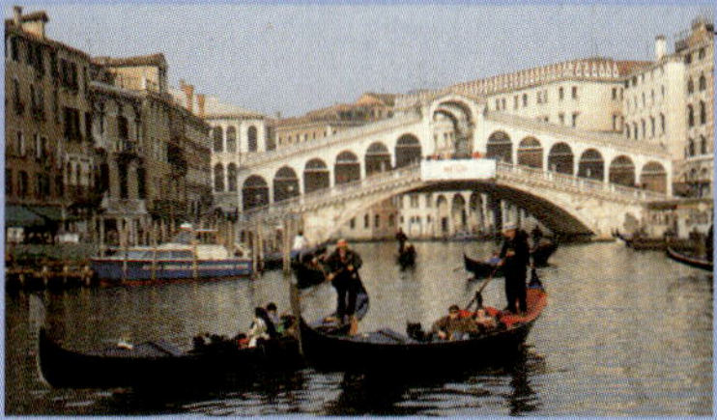

Rialtobrücke, S. 52/53

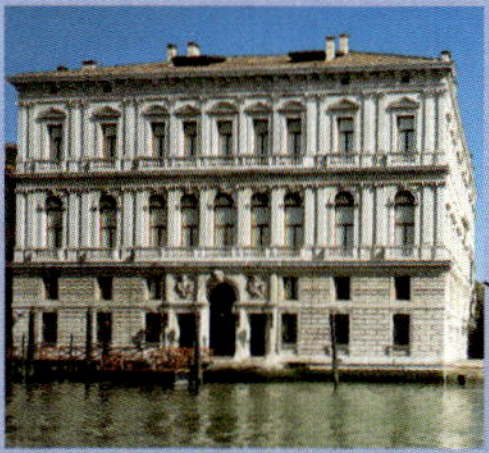

Palazzo Grassi, S. 66

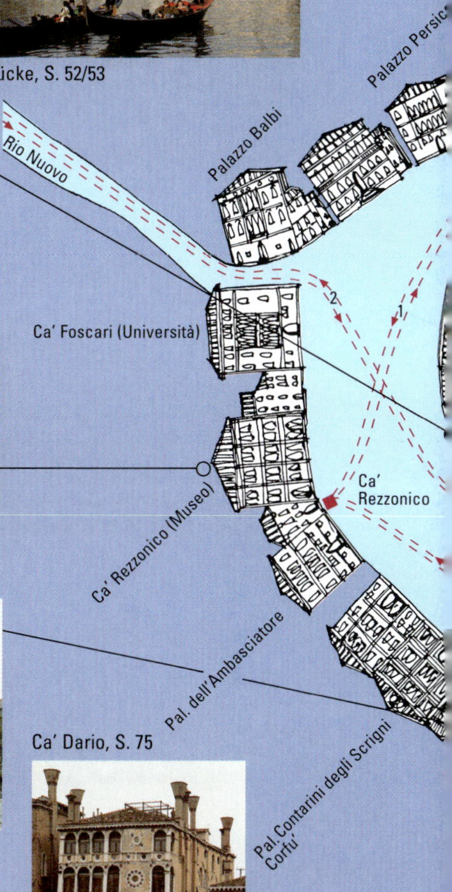

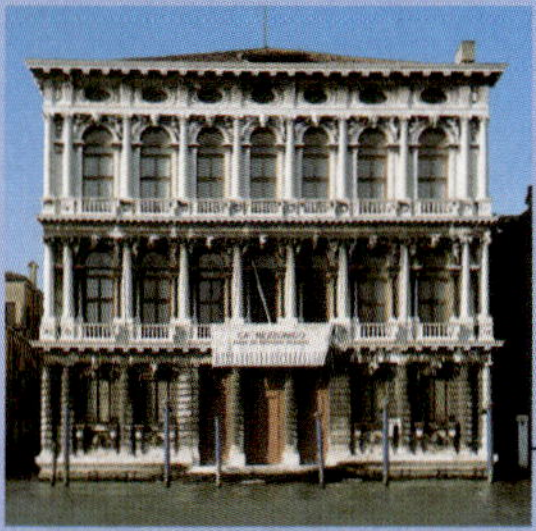

Ca' Rezzonio, S. 68

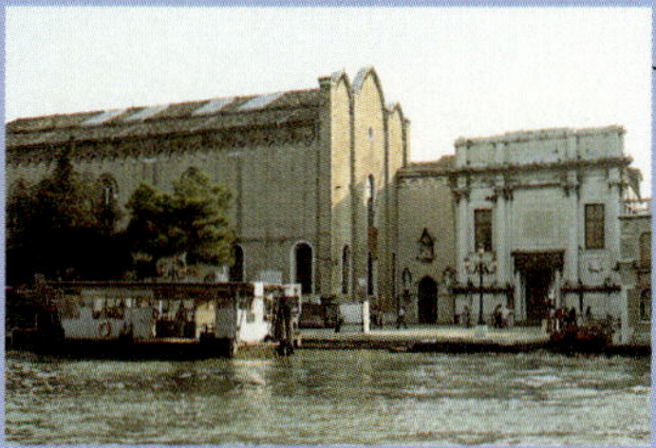

Accademia, S. 71

Ca' Dario, S. 75

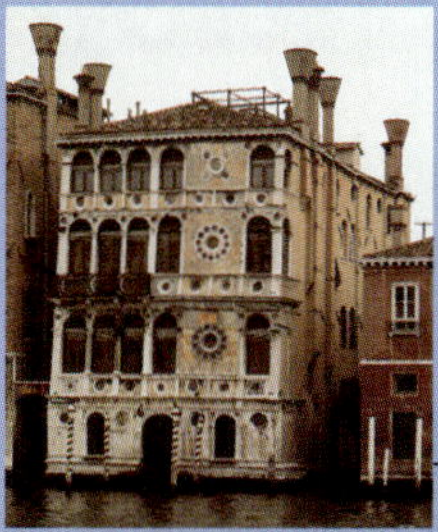

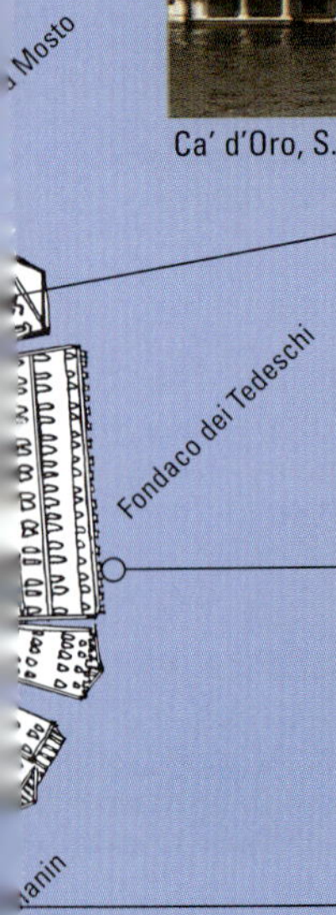

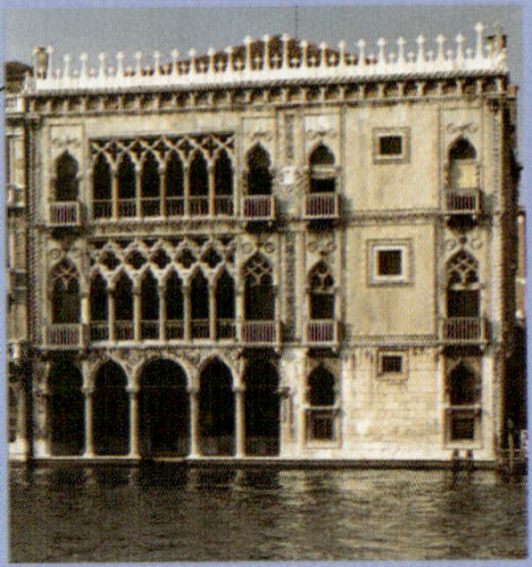

Ca' d'Oro, S. 46

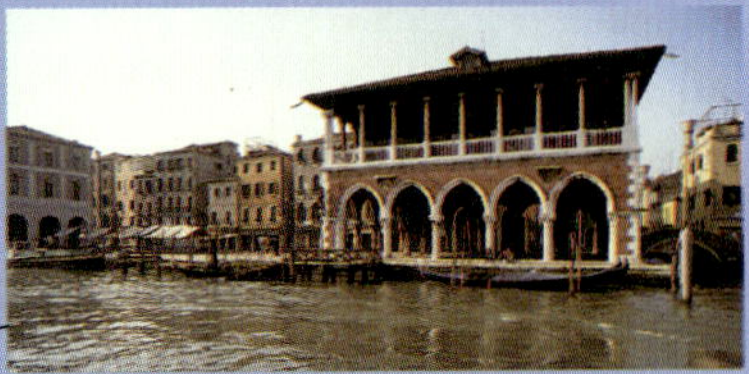

Pescherie (Fischmarkt), S. 47

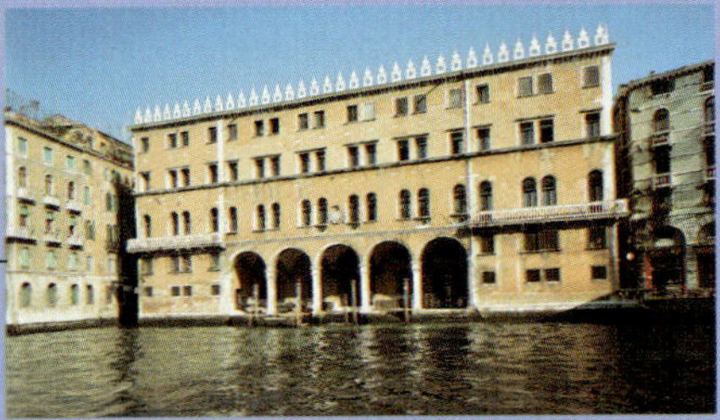

Fondaco dei Tedeschi, S. 51

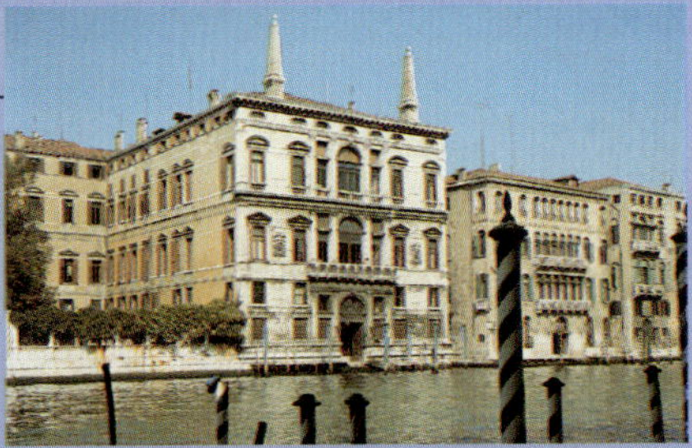

Palazzo Papadopoli, S. 55

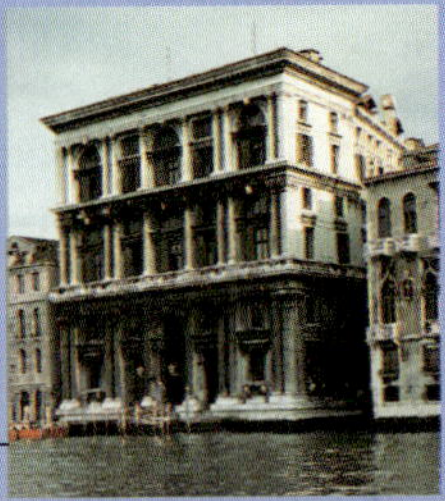

Palazzo Grimani, S. 54

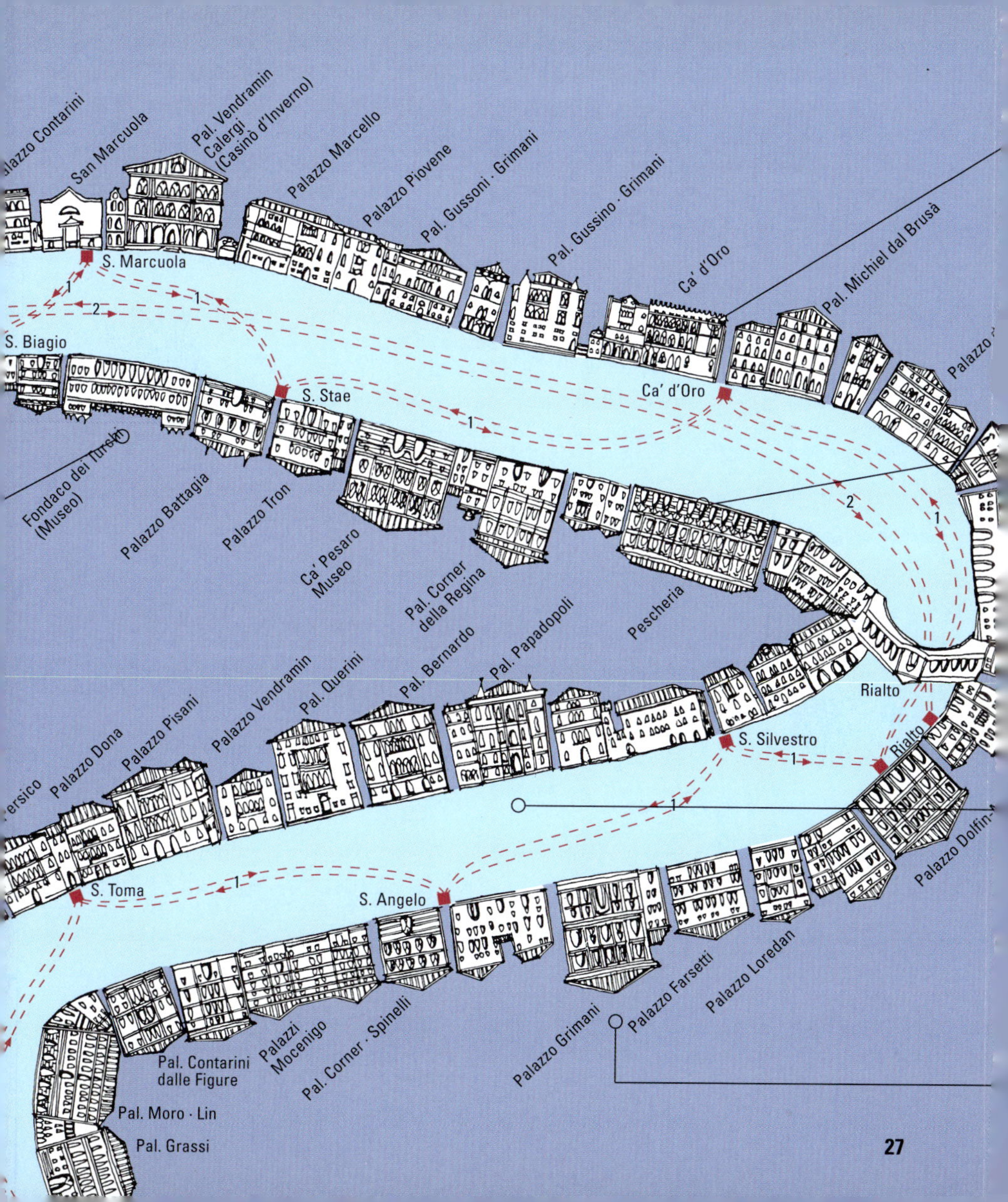

Palazzo Contarini
San Marcuola
Pal. Vendramin Calergi (Casino d'Inverno)
Palazzo Marcello
Palazzo Piovene
Pal. Gussoni · Grimani
Pal. Gussino · Grimani
Ca' d'Oro
Pal. Michiel dal Brusà
S. Marcuola
S. Biagio
S. Stae
Ca' d'Oro
Fondaco dei Turchi (Museo)
Palazzo Battagia
Palazzo Tron
Ca' Pesaro Museo
Pal. Corner della Regina
Pescheria
Pal. Papadopoli
Pal. Bernardo
Pal. Querini
Palazzo Vendramin
Palazzo Pisani
Palazzo Dona
Rialto
S. Silvestro
Rialto
Palazzo Dolfin
S. Toma
S. Angelo
Palazzo Loredan
Palazzo Farsetti
Palazzo Grimani
Pal. Corner · Spinelli
Palazzi Mocenigo
Pal. Contarini dalle Figure
Pal. Moro · Lin
Pal. Grassi

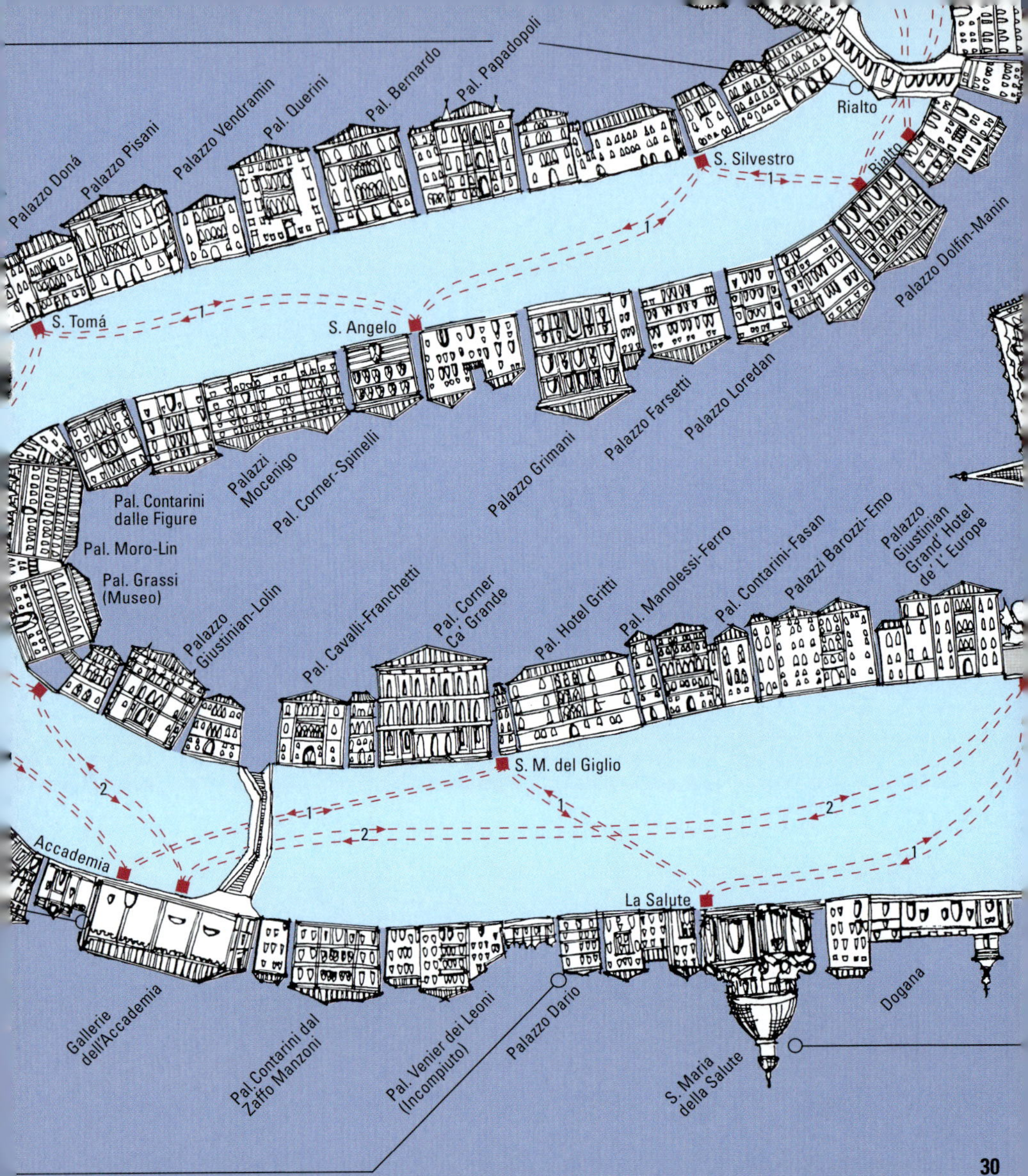

Palazzo Doná
Palazzo Pisani
Palazzo Vendramin
Pal. Querini
Pal. Bernardo
Pal. Papadopoli
Rialto
S. Silvestro
Rialto
1
1
1
S. Tomá
S. Angelo
Palazzo Dolfin-Manin
Palazzo Loredan
Palazzo Farsetti
Palazzo Grimani
Pal. Corner-Spinelli
Palazzi Mocenigo
Pal. Contarini dalle Figure
Pal. Moro-Lin
Pal. Grassi (Museo)
Palazzo Giustinian-Lolin
Pal. Cavalli-Franchetti
Pal. Corner Ca' Grande
Pal. Hotel Gritti
Pal. Manolessi-Ferro
Pal. Contarini-Fasan
Palazzi Barozzi-Emo
Palazzo Giustinian Grand' Hotel de' L' Europe
S. M. del Giglio
1
2
1
2
2
1
Accademia
La Salute
Gallerie dell'Accademia
Pal.Contarini dal Zaffo Manzoni
Pal. Venier dei Leoni (Incompiuto)
Palazzo Dario
S. Maria della Salute
Dogana

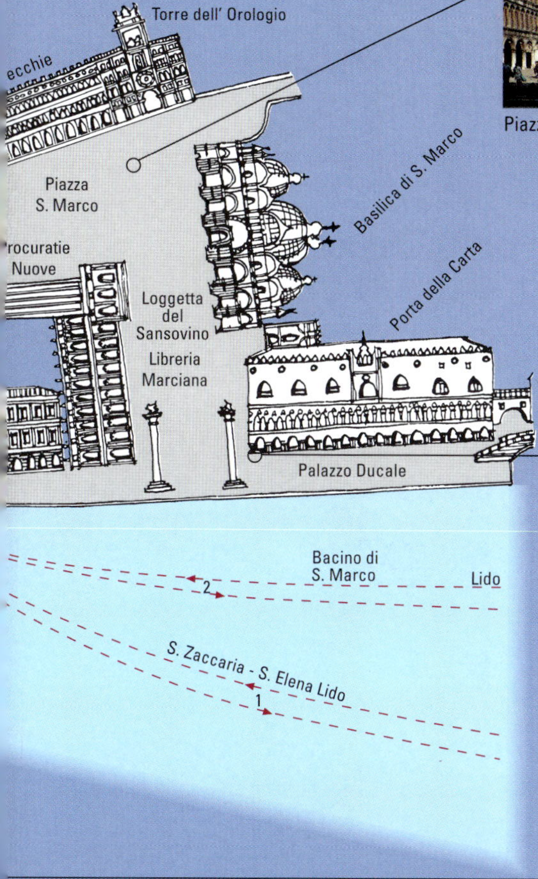

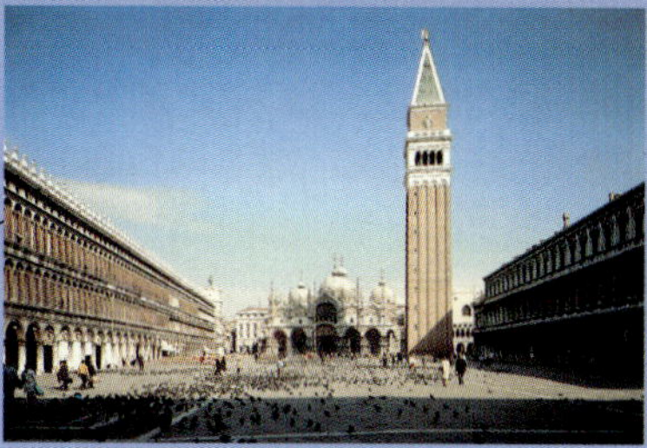
Piazza di San Marco, S. 86/87

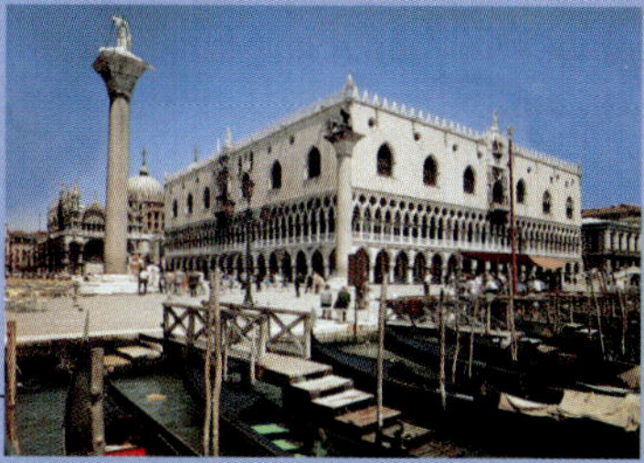
Palazzo Ducale, S. 128

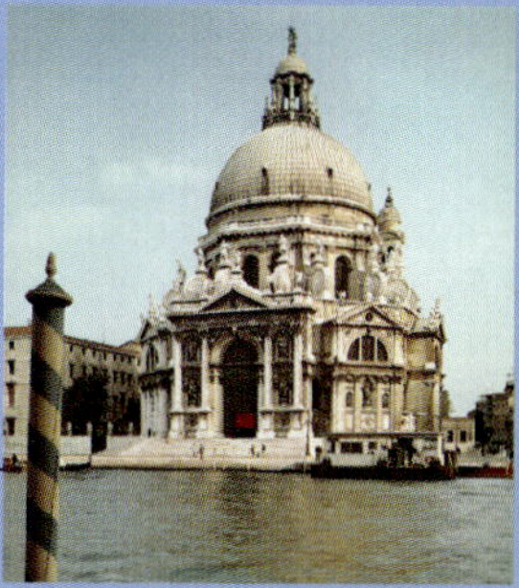
Santa Maria della Salute, S. 76

Canal Grande entfaltet sich so ein einzigartiges Panorama der venezianischen Architektur der letzten 500 Jahre.

Biegung an der Ca' Foscari von Osten

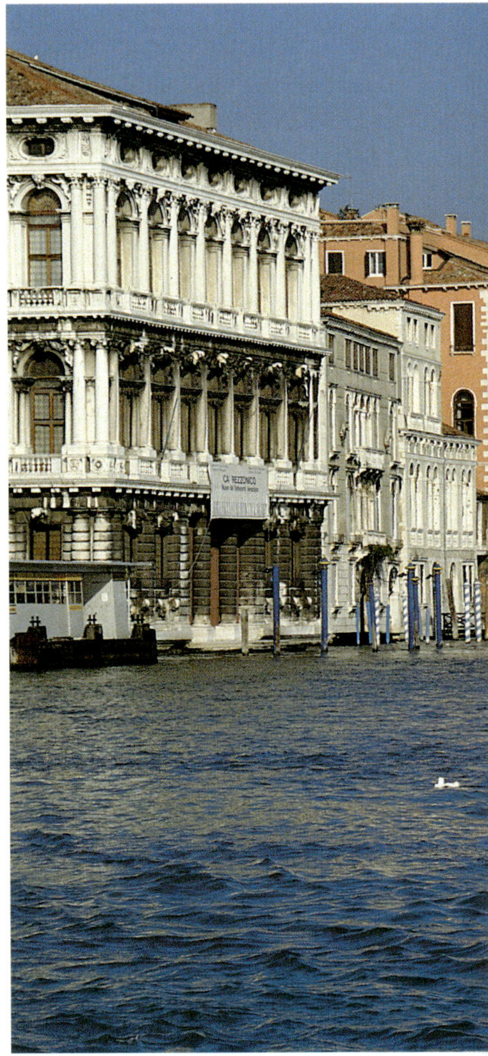

Eine Fahrt auf der venezianischen Hauptstraße, sei es mit der Gondel, einem privaten Motorboot oder einem der Vaporetti, der großen Bus-Boote, gehört zu den eindrucksvollsten Erlebnissen eines Venedigbesuchs. Nur so kann man die besondere Atmosphäre, die aus der Verbindung von Wasser, Himmel und Architektur entsteht, wahrnehmen. Bis zum 19. Jh. überspannte nur eine einzige Brücke am Rialto den Kanal. Heute sind die hölzerne Brücke an der Accademia und eine zweite Steinbrücke am Bahnhof hinzugekommen.
Für Venezianer war der Mangel an Brücken noch nie ein Hindernis. Früher wurde der meiste Verkehr mit der Gondel oder kleinen Booten von ähnlicher Gestalt abgewickelt. Kanäle waren dabei wichtiger als Landwege, die man eher für den Verkehr innerhalb eines kleinen Siedlungsbezirkes benutzte, der sich meist um eine Kirche gruppierte. Außerdem gibt es bis heute einen vollwertigen Brückenersatz, die Traghetti, Gondelfähren, in denen man sich für wenig Geld stehend über den Kanal rudern läßt. Für Besucher der Stadt sind die Traghetti eine gute Möglichkeit, echt venezianisches Lebensgefühl zu empfinden.

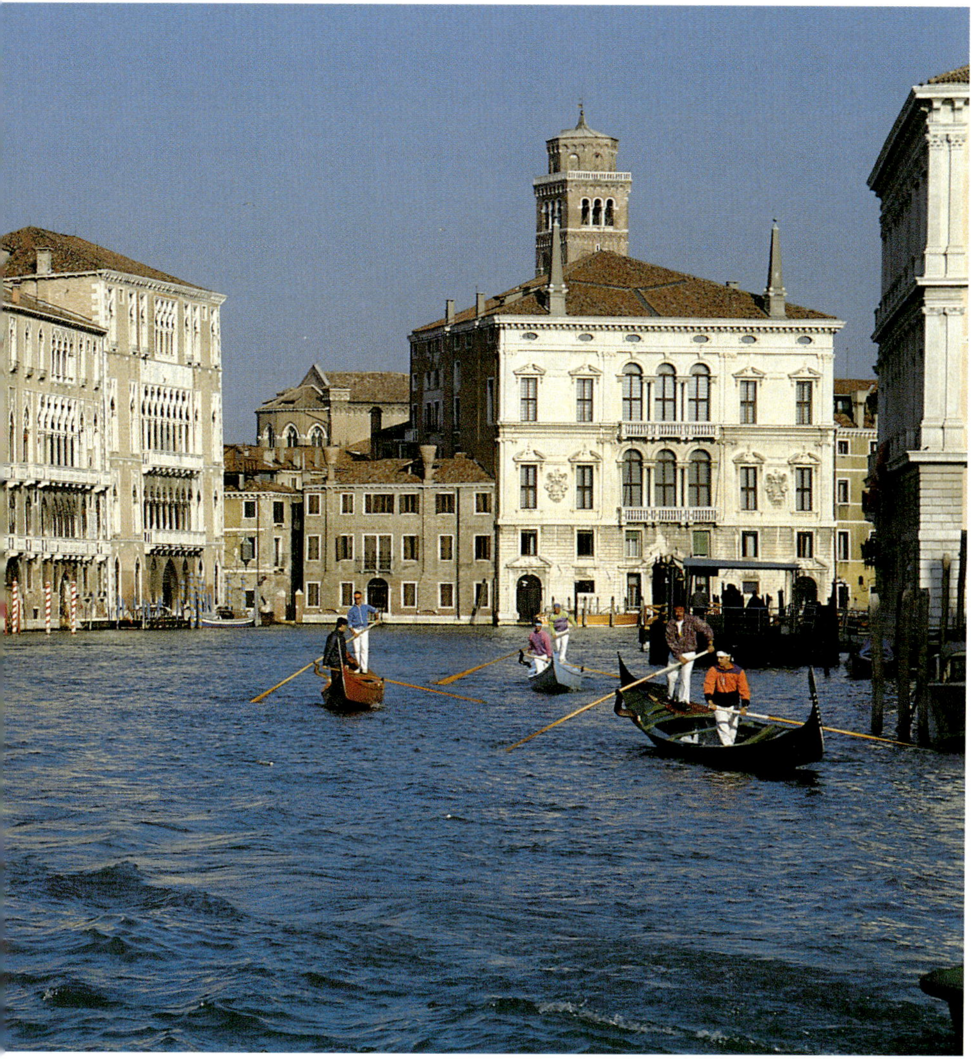

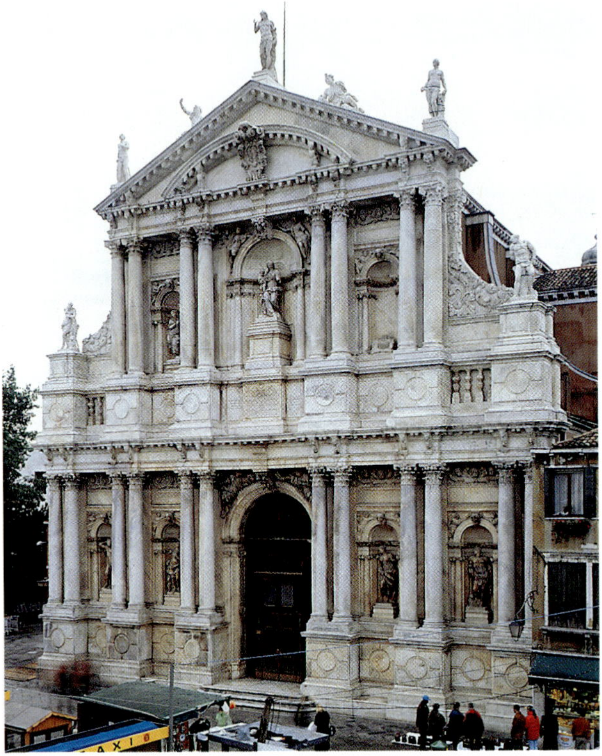

Santa Maria di Nazareth in Vergessenheit geraten ist. Die Karmelitermönche beauftragten Baldassare Longhena 1654 mit dem Entwurf für den Kirchenbau (ausgeführt 1656–1672). Giuseppe Sardi vollendete bis 1680 die reiche Marmorfassade. Die Skulpturen werden Bernado Falcone zugeschrieben. Die Baukosten für das Gotteshaus der armen Brüder übernahm Conte Gerolamo Cavazza.

San Simeone Piccolo (Santi Simeone e Giuda)

Trotz ihres Namens ist die »kleine« Kirche keineswegs kleiner als San Simeone Grande, die etwas weiter nördlich liegt. Der Name bezieht sich vielmehr auf den Apostel Simeon, während San Simeone Grande dem gleichnamigen Propheten geweiht ist. San Simeone Piccolo wurde im 9. Jh. gegründet. Der heutige spätbarocke Rundbau mit seiner grün leuchtenden Kuppel und der hohen Tempelfassade stammt aus dem 18. Jh. Giovanni Scalfarotto errichtete ihn 1718–1738 als Abbild des Pantheon in Rom.

Santa Maria degli Scalzi (Santa Maria di Nazareth)

Die Klosterkirche der barfüßigen Karmeliter ist eine der schönsten venezianischen Barockkirchen. Unter der Bezeichnung »Scalzi« (Barfüßer) kennt sie jeder Venezianer, während der urspüngliche Name

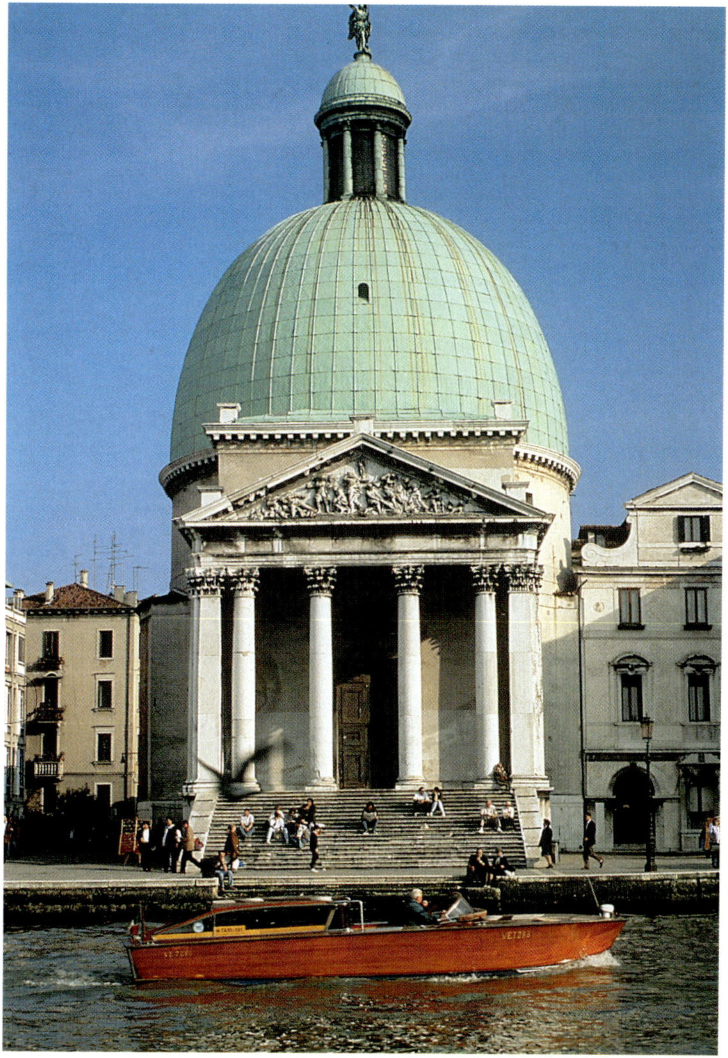

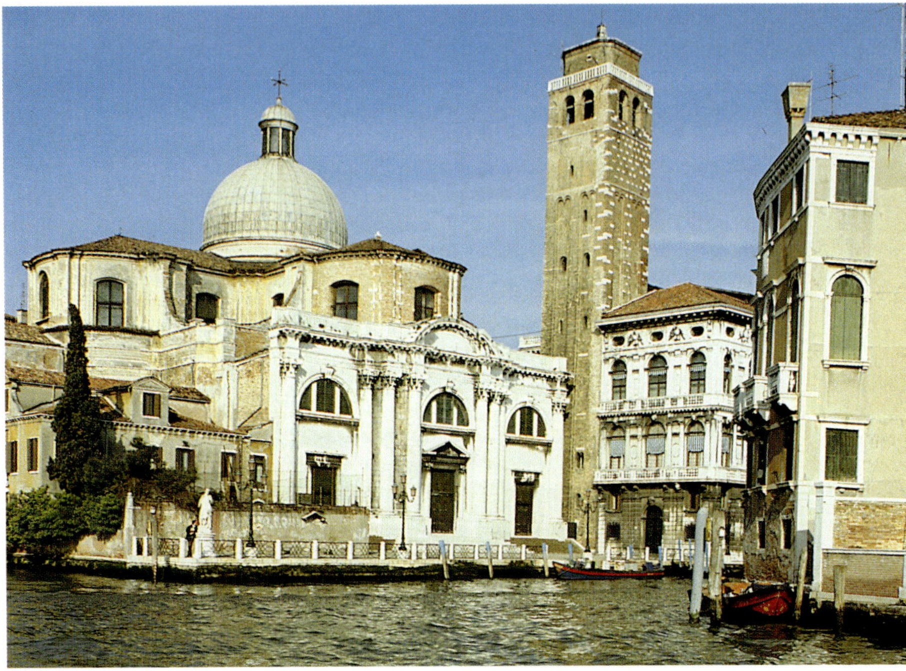

San Geremia, Palazzo Labia

Eine dem Propheten Jeremias geweihte Kirche befand sich bereits im 11. Jh. an dieser Stelle. Der Campanile ist einer der ältesten erhaltenen Glockentürme Venedigs, wahrscheinlich im 12. Jh. erbaut. Der heutige Kirchenbau stammt aus dem 18. Jh. Ab 1753 wurde er nach einem Plan von Carlo Corbellini errichtet. Die Fassaden wurden 1871, nach ihrer Zerstörung durch eine Feuersbrunst, die österreichische Bomben 1848 ausgelöst hatten, umgestaltet.

Neben dem Campanile von San Geremia sieht man die Seitenfassade des Palazzo Labia. Er wurde um 1750 von Alessandro Tremignon fertiggestellt. Die außerordentlich reiche Familie Labia, die sich gerade in den venezianischen Adel eingekauft hatte, war eine der wenigen im ärmer werdenden Venedig des 18. Jh.s, die sich noch einen so aufwendigen neuen Palastbau leisten konnte. Bemerkenswert ist der Palazzo auch wegen seiner prächtigen Fresken, v. a.

im Ballsaal, von Giovanni Battista Tiepolo (siehe S. 368–371).

San Marcuola (Santi Ermagora e Fortunato)

Der Name der Kirche ist eine typisch venezianische Zusammenziehung der beiden Vornamen Hermagoras und Fortunatus, zwei Märtyrer aus Aquilea, denen die Kirche geweiht ist. Wie bei vielen venezianischen Gotteshäusern blieb die Fassade des 1728–1736 von Giorgio Massari errichteten Bauwerks unvollendet. Der einschiffige Innenraum ist zwar schlicht, aber eleganter, als das unwirtliche Äußere vermuten läßt. Ein kurzer Besuch lohnt sich durchaus. Neben den barocken Altären mit Skulpturen von Giovanni Maria Morleiter ist besonders Tintorettos Bild »Das Letzte Abendmahl« (1547) bemerkenswert.

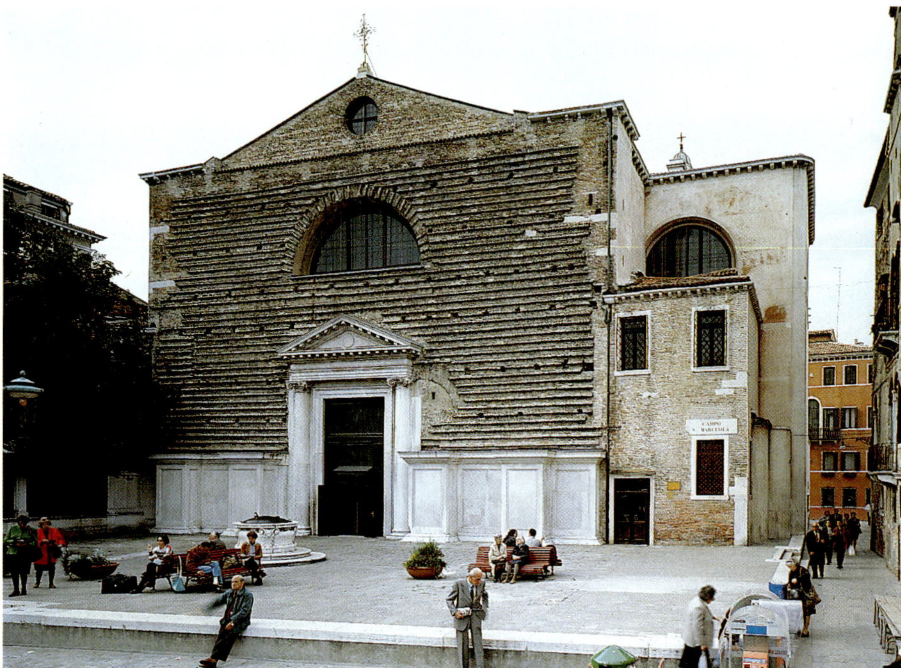

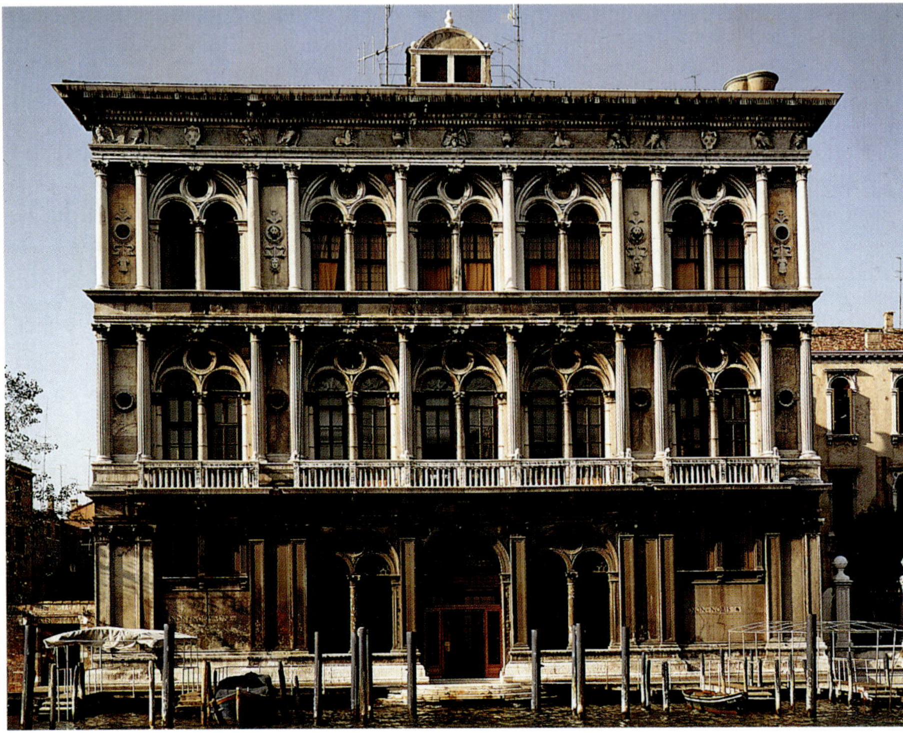

Palazzo Vendramin-Calergi

Mauro Codussi, der die Formensprache der Renaissance in der venezianischen Architektur als erster in ihrer reinen Ausprägung anwendete, errichtete diesen schönen Palazzo um 1500. Nach seinem Tode 1504 wurde der kunsthistorisch bedeutende Palast von den Lombardi vollendet. Die Fassade zeigt noch ansatzweise die in Venedig häufige Aufteilung in Fenstergruppen (je ein Fenster außen und drei in der Mitte). Anstelle der in Venedig auch noch im 15. Jh. üblichen Spitzbogen überfing Codussi zwei Rundbogenfenster jedoch mit einem gemeinsamen weiteren Rundbogen. In die Zwickel darüber setzte er einen runden Okulus. Die schmuckreiche Gestaltung der Fensteröffnungen erinnert an die spitzenartig durchbrochenen gotischen Fenster der älteren Paläste, ohne im Formenrepertoire darauf zurückzugreifen. Dasselbe gilt für die bunten Porphyr- und Marmorscheiben und die Reliefs, die Codussi auf den Pilastern neben den Fenstern und auf dem obersten Architrav anbrachte. Ihren harmonischen und geschlossenen, die horizontalen und vertikalen Gliederungselemente ausgleichenden Charakter erhält die Fassade durch die kräftigen Gebälke, die die einzelnen Geschosse voneinander trennen und die Fensterzone nach oben begrenzen. Das »piano nobile« ist zusätzlich durch eine Balkons ausbildende Sokkelzone betont. In diesem Palast starb Richard Wagner am 13.2.1883. Heute wird das Gebäude vom Städtischen Casino genutzt. Gespielt wird hier nur im Winter; im Sommer ist das Casino am Lido geöffnet.

Deposito del Megio

Für den ehemaligen Getreidespeicher aus dem 15. Jh. genügte eine einfache Backsteinarchitektur sowie ein Markuslöwe als Zeichen dafür, daß es sich um Staatsbesitz handelt. Die venezianische Republik unterhielt mehrere Speicher dieser Art, um eine Mindestversorgung der Bevölkerung zu günstigen Preisen garantieren zu können.

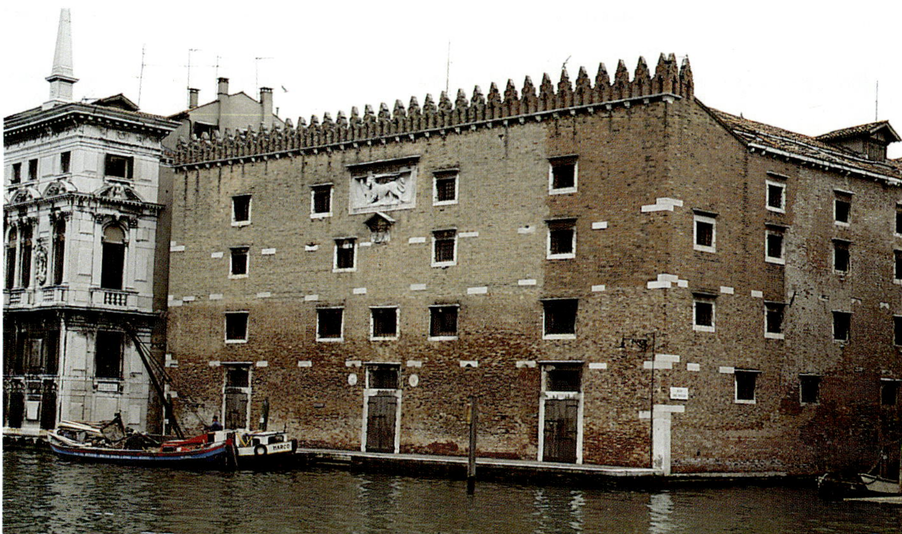

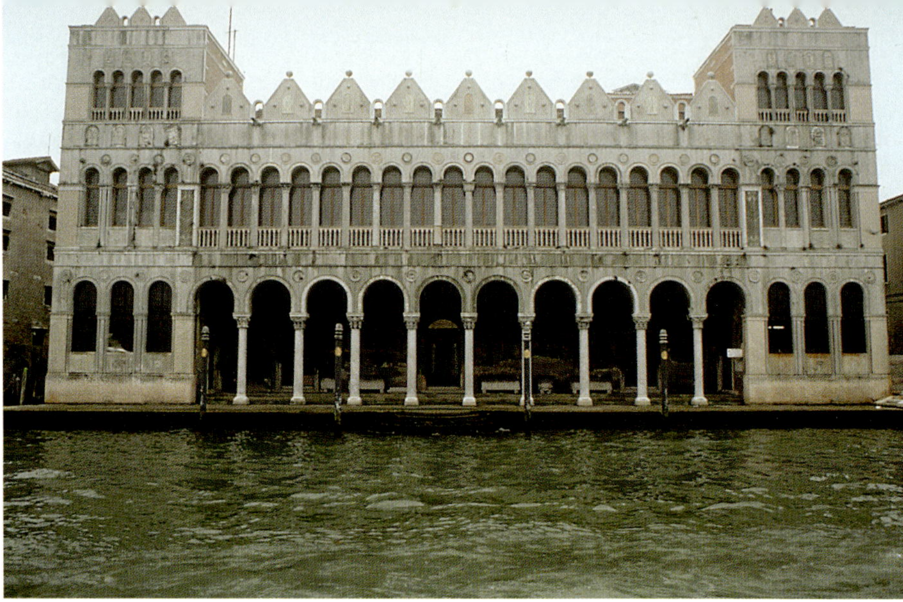

Fondaco dei Turchi

Das Handelshaus der Türken wurde erst im 17. Jh. in diesen Palast verlegt. Der Palazzo war im 13. Jh. als Sitz der Familie Da Pesaro im venezianisch-romanischen Stil errichtet worden. Im 14. Jh. muß der Palast eines der prächtigsten Gebäude der Stadt gewesen sein, denn der Senat brachte hier häufig Staatsgäste unter. 1621 mietete er das Gebäude dann für die türkischen Händler. Die Teile des Bauwerks, die vom allerersten Bau noch erhalten sind, gehören zu den ältesten Resten eines steinernen Wohnhauses in Venedig überhaupt. Nach dem Ende der Republik verfiel der Fondaco dei Turchi immer mehr. Zwischen 1858 und 1869 wurde er ziemlich radikal und nach Ansicht moderner Forscher nicht sehr glücklich, restauriert. Heute beherbergt er u. a. das Naturhistorische Museum mit einer interessanten Ausstellung zu Fauna und Flora in der Lagune.

S. Stae (San Eustachio)

Im Venezianischen wird der Name dieser dem Hl. Eustachius geweihten Kirche kurzerhand zu »Stae« abgekürzt. 1709 fand ein Wettbewerb für die Gestaltung der Fassade statt, die bis dahin unvollendet geblieben war. Unter zwölf Mitbewerbern wurde Domenico Rossi ausgewählt. Im 19. Jh. hat man dann die Fassade als »überladen« kritisiert. Sie ist als Tempelfront mit einem großen, von Dreiviertelsäulen auf hohen Piedestalen getragenen Dreiecksgiebel angelegt. Dazu scheint der gesprengte Giebel über dem Eingangsportal nicht recht zu passen. Doch dies ist schon die einzige »barocke Freiheit«, die sich der Architekt herausnahm. Heute wird die Kirche wegen ihrer guten Akustik häufig für Konzerte genutzt. Im Inneren befinden sich kostbare Gemälde von Tiepolo und Piazzetta.

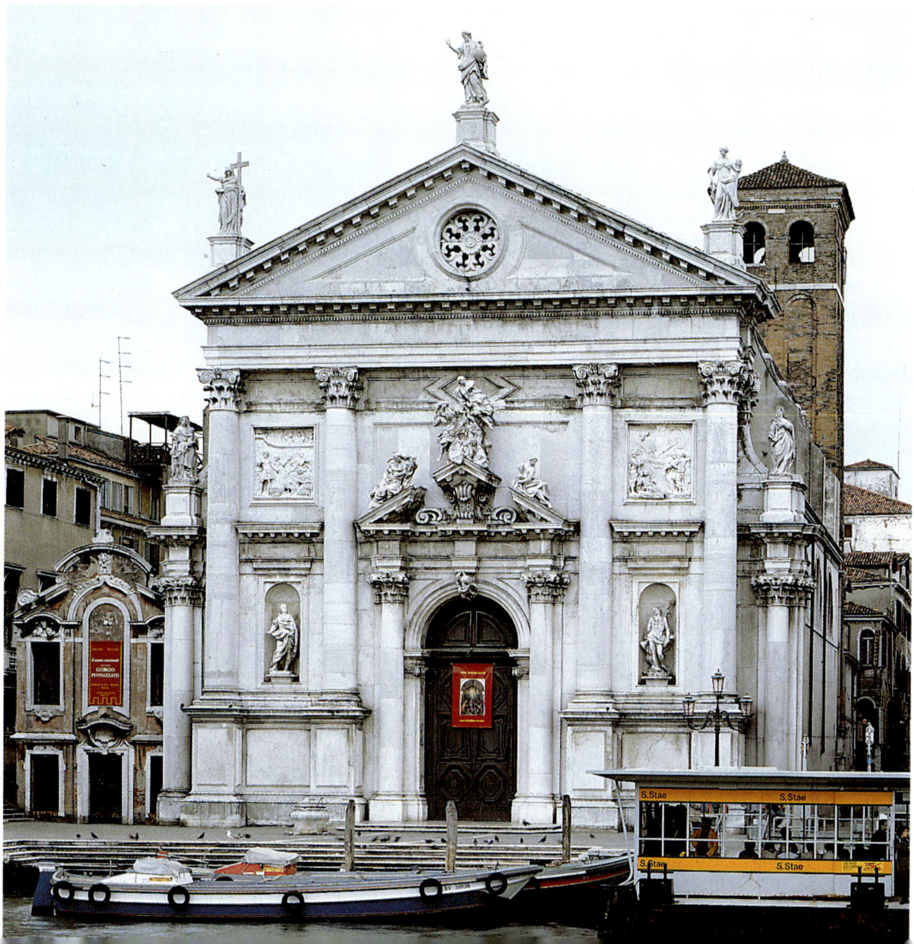

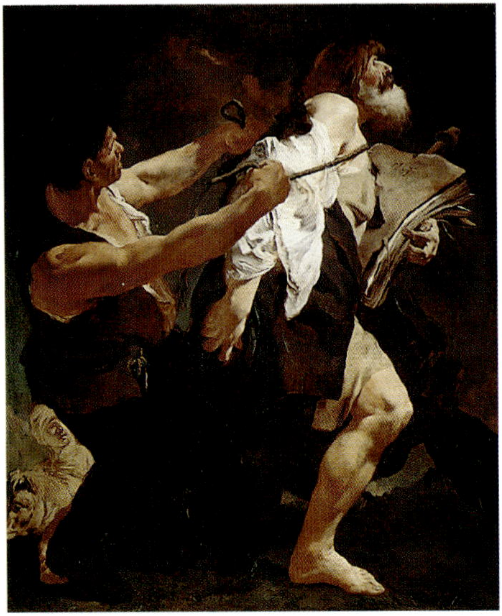

Giovanni Battista Piazzetta: Der Hl. Jacobus wird zum Martyrium geschleppt, 1722
Öl auf Leinwand, 165 x 138 cm

Piazzetta gehörte zu den sog. Tenebristen, die ihre Gemälde ganz aus dunklen, bräunlichen Tönen gestalteten und er war einer der herausragenden Meister dieses Stils. Man beachte etwa das virtuos gemalte Hemd des Apostels, das wie reinstes Weiß strahlt, aber tatsächlich auch mit vielen dunklen Farbtönen gemischt ist. Die extreme, schlaglichtartige Beleuchtung läßt die Figuren wie zerrissen erscheinen. Das Gegeneinander von hellen und dunklen Partien unterstreicht die Dramatik des grausigen Geschehens.

Giovanni Battista Tiepolo: Das Martyrium des Hl. Bartholomäus, 1722/23
Öl auf Leinwand, 167 x 139 cm

Für die Ausstattung von S. Stae wurden 1722 zwölf venezianische Künstler eingeladen, jeweils ein Gemälde mit dem Martyrium eines Apostels zu gestalten. Die Kirche ist damit gewissermaßen eine Galerie der Künstler, die man am Beginn des 18. Jh.s in Venedig besonders schätzte. Sehr auffällig ist, daß man außer dem 26-jährigen Tiepolo fast nur ältere Maler ausgewählt hat. Schon dieses frühe Werk, bei dem Tiepolo noch ganz unter dem Einfluß der hier versammelten älteren Meister steht, unterscheidet sich in seiner Farbgebung von den anderen. Tiepolo setzt mit bunten Farben irritierende Akzente, z. B. mit dem gebrochenen Rot der Hose des Schergen und einem dunkelblau leuchtenden Stück Tuch, das zwischen dem Oberschenkel des Kriegsknechts und unterhalb der Achsel von Bartholomäus aufscheint. Der rötliche Ton der Hose verstärkt die Leuchtkraft dieser Farbfläche. Vergleicht man etwa das helle Lendentuch des Hl. Bartholomäus mit dem weißen Hemd des Jacobus im Bild von Piazzetta, dann wird deutlich, daß Tiepolo mit farbigen Schatten (hier hellblau und lila) arbeitet. Auffallend ist auch die faszinierende Plastizität der Hände. Die Rechte des Heiligen streckt sich dem Betrachter förmlich entgegen. Beide Hände sind Meisterstücke einer Perspektivwirkung, die Tiepolo allein durch die Farbgebung erreicht.

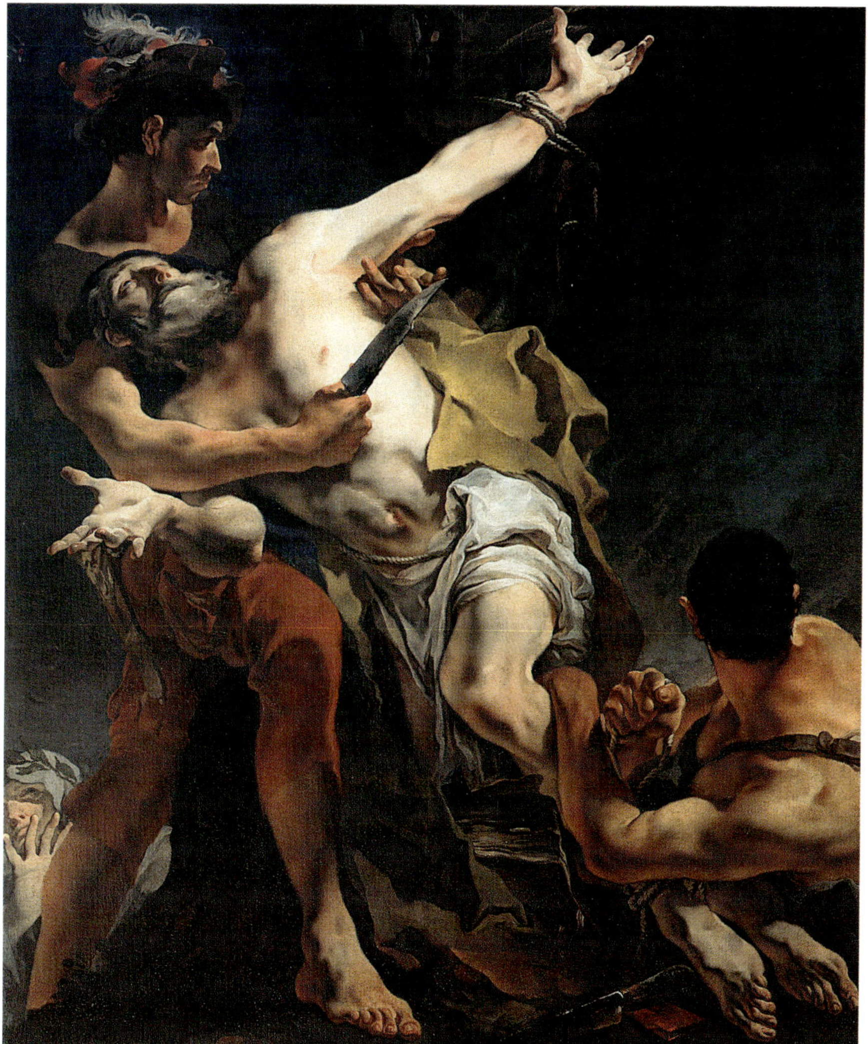

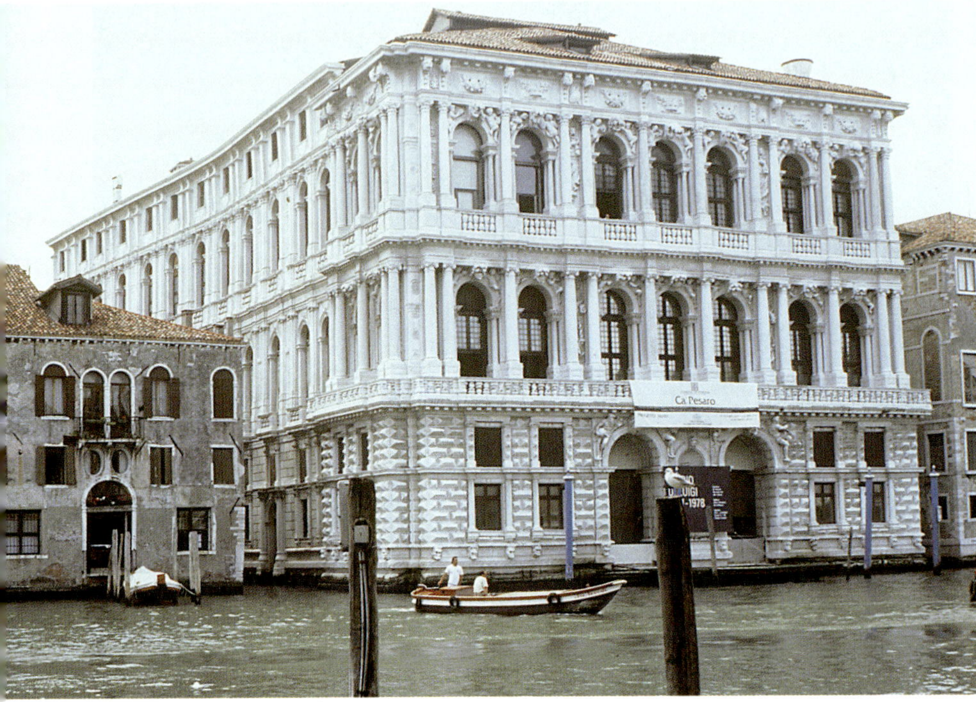

Ca' Pesaro

1558–1628 erwarb die Familie Pesaro drei nebeneinanderliegende Paläste, die sie 1628 abreißen ließ. Noch im selben Jahr wurde Baldassare Longhena beauftragt, an dieser Stelle einen einzigen riesigen Palazzo zu errichten. Er gelangte bis zu seinem Tode 1682 nicht über den ersten Stock hinaus. Das Gebäude wurde erst 1710 von Antonio Gaspari vollendet. Schon zur Bauzeit galt der neue Palazzo Pesaro als zu auffällig, ja protzig und damit einer venezianischen Adelsfamilie keineswegs angemessen. Daß in diesen Äußerungen nicht nur Neid mitschwingt wird klar, wenn man den Bau mit den vielen anderen am Canal Grande vergleicht. Seit 1902 ist hier das venezianische Museum für moderne Kunst untergebracht. Zu Beginn des 20. Jh.s konnte eine findige Museumsleitung interessante Akzente setzen. Während man damals auf der Biennale v. a. Künstler zeigte, die von einer sehr konservativen Jury ausgewählt wurden, hielt im Ca' Pesaro die klassische Moderne Einzug. Heute sind u. a. Werke von Vedova, de Chirico, Miró, Grosz, Klee, Klimt, Arp und Calder ausgestellt. Im selben Gebäude befindet sich das Museum für Orientalische Kunst und eine reiche japanische Sammlung des 17.–19. Jh.s.

Palazzo Corner della Regina

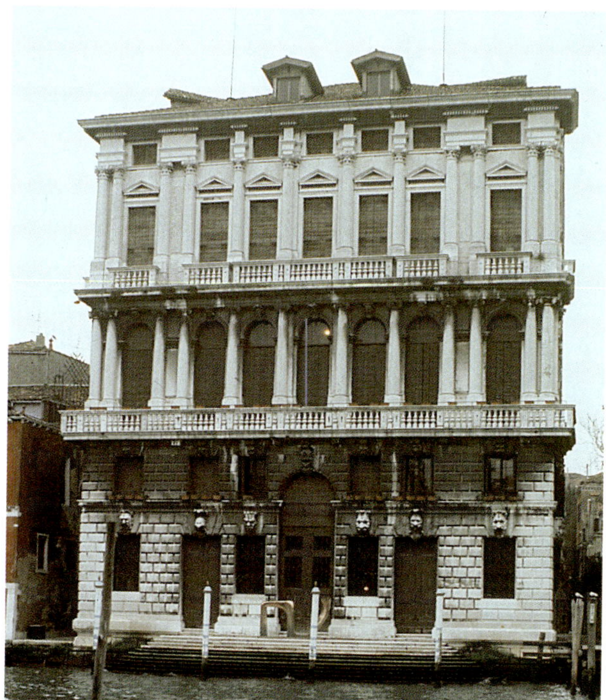

Caterina Cornaro (1454–1510) konnte diesen Barockpalast natürlich nicht in Auftrag geben, da er erst gut 200 Jahre nach ihrem Tod errichtet wurde, aber sie ist im Vorgängerbau geboren. Der Familienzweig der Cornaro – oder Corner –, aus dem die spätere Königin (ital. regina) von Zypern hervorging, ist nach ihr benannt. Da es sehr viele Cornaro-Paläste in der Stadt gibt, war die Benennung nach einem berühmten Familienmitglied eine der Möglichkeiten der Venezianer, die Zweige ihrer Adelsfamilien und ihre Paläste auseinanderzuhalten. Das imposante Bauwerk wurde ab 1724 von Domenico Rossi errichtet. Die Fassade zeigt die plastische, aber zugleich auf strenge Gliederung und Symmetrie bedachte Formensprache Rossis, der zu den begabtesten venezianischen Architekten des 18. Jh.s gehört. Heute beherbergt der Palast das Biennale-Archiv und eine umfangreiche Bibliothek zur zeitgenössischen Kunst.

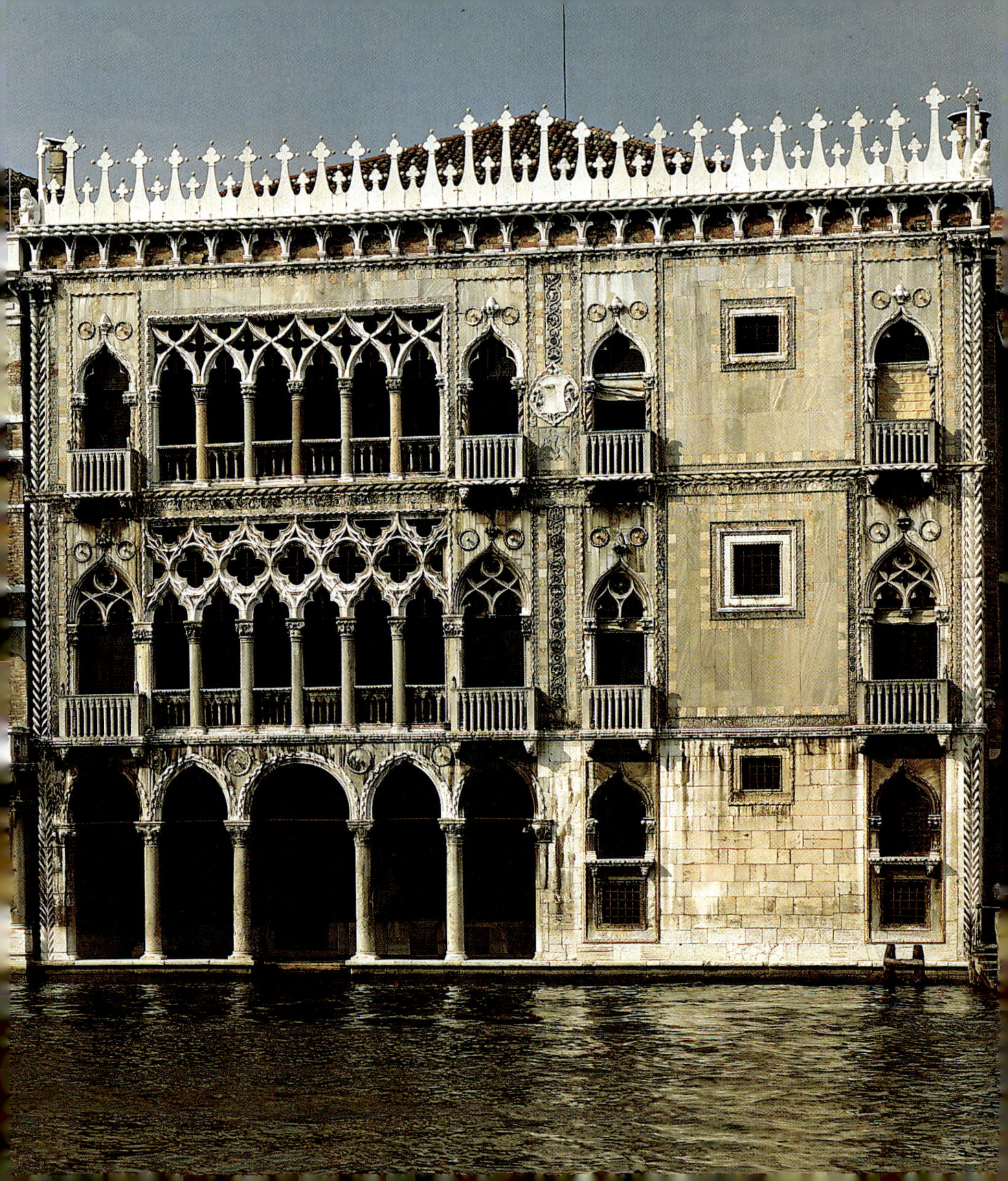

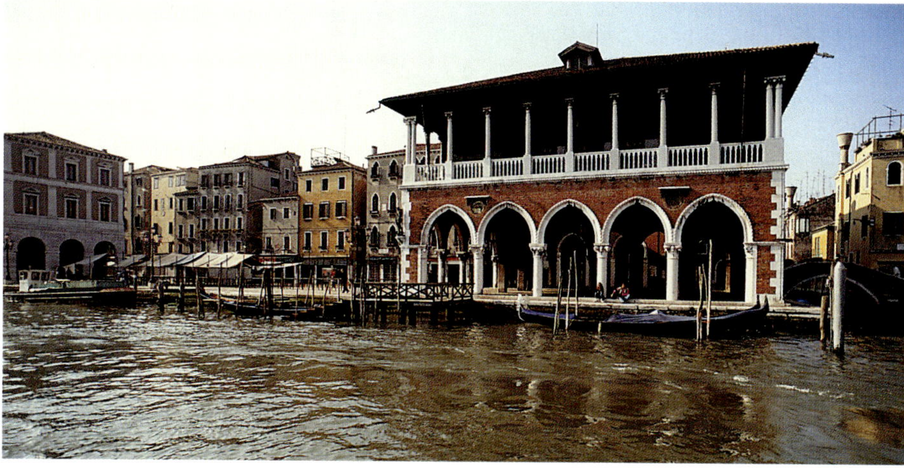

Ca' d'Oro

Das »goldene« Haus ist auch ohne seine einst vergoldeten oder in rot und blau strahlenden Architekturteile das schönste Beispiel des phantasievollen, spätgotischen Stiles, der in Venedig noch seine Gültigkeit bewahrte, als in Florenz längst die Frührenaissance mit ihren strengen Formen Einzug gehalten hatte. Marino Contarini ließ sich den Palast ab 1421 errichten. Die edlen Steinmetzarbeiten wurden u.a. von Matteo Raverti ausgeführt. Von ihm stammen wahrscheinlich die Arkaden im ersten Stock, die Formen des Dogenpalastes zitieren. 1840 schenkte ein russischer Prinz den Palast der berühmten Tänzerin Maria Taglioni, die wenig Kunstverständnis für das romantische und kostbare Geschenk bewies. Ihre nicht stilgerechten Umbauten wurden von Graf Giorgio Franchetti, der das Bauwerk 1894 erwarb, wieder rückgängig gemacht. 1905 schenkte er den Palast zusammen mit seiner wertvollen Kunstsammlung dem italienischen Staat.

Pescheria (Fischmarkt)

Der Fischmarkt von Venedig befindet sich schon seit dem 14. Jh. an dieser Stelle. Die neogotische Verkaufshalle wurde jedoch in ihrer heutigen Form erst zu Beginn unseres Jahrhunderts (1907) nicht nach den Plänen eines Architekten, sondern nach denen des Malers Cesare Laurenti errichtet.

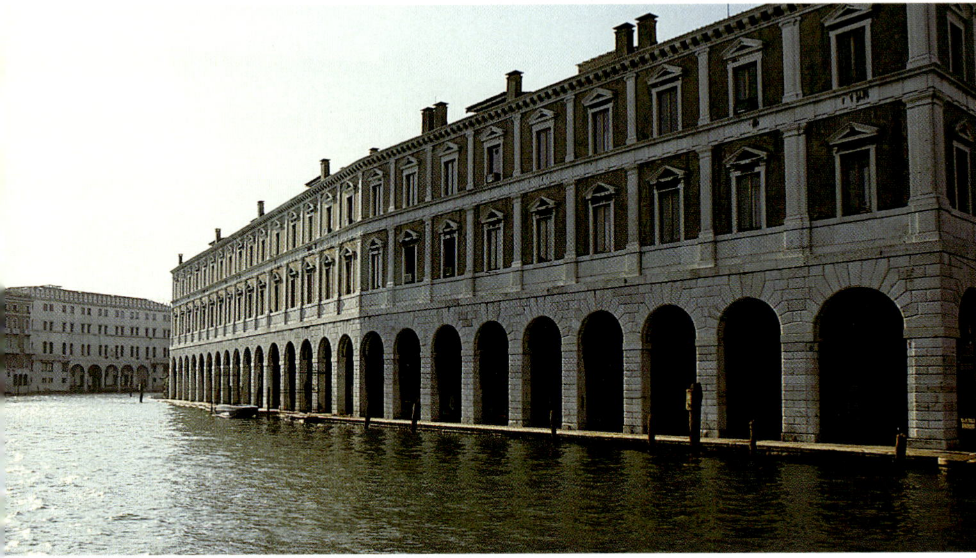

Fabbriche Nuove

Ursprünglich beherbergte dieser langgestreckte Bau die venezianische Handelsbehörde. Er wurde 1552–1555 von Jacopo Sansovino errichtet, dem es gelang, mit einfachen Mitteln ein schlichtes, preiswertes Bauwerk für eine große Behörde zu schaffen. Einstmals dienten die Fabbriche Nuove dem Magistrato, der die Handelstätigkeit am Rialto überwachte. Auf der dem Rialto zugewandten Seite liegt noch immer der große venezianische Marktplatz. Allerdings wird dort nicht mehr mit Krediten und kostbarer Ware wie zu Sansovinos Zeiten gehandelt. Heute versorgen sich hier die Venezianer mit frischen Lebensmitteln. Daß die Fabbriche Nuove als Zweckbau der Hochrenaissance bis heute ihre Aufgabe glänzend erfüllen, zeigt die Tatsache, daß hier immer noch große venezianische Ämter, u. a. verschiedene Rechtsbehörden untergebracht sind. Wer jedoch über die wundervolle Lage der Amtsräume am Canal Grande und direkt am malerischen Markt von Rialto ins Schwärmen gerät, sollte bedenken: In der Vergangenheit hat es immer wieder Beschwerden über die Ratten des Marktes gegeben, die versuchten, es sich in dem alten Gemäuer bequem zu machen.

Palazzo dei Camerlenghi

In diesem Palast gleich neben dem Rialto waren die drei Stadtkämmerer und andere Behörden untergebracht. Das Gefängnis im Untergeschoß war für Steuersünder reserviert. Zur Bekämpfung dieses Delikts gab es verschiedene Briefkästen für anonyme Anzeigen. Der Palazzo, der mit einem leichten Knick um die Biegung des Kanals herumgeführt ist, wurde unter dem Dogen Andrea Gritti 1525–1528 errichtet. Offenbar wurden dem Architekten (wahrscheinlich Guglielmo Bergamasco) keine so strengen Auflagen gemacht wie am gegenüberliegenden Fondaco dei Tedeschi. Das reich geschmückte Bauwerk unterstreicht die Bedeutung des wichtigen Amtes: Die Venezianer bezogen fast alle ihre Einnahmen aus Zöllen und Steuern auf Handelsware.

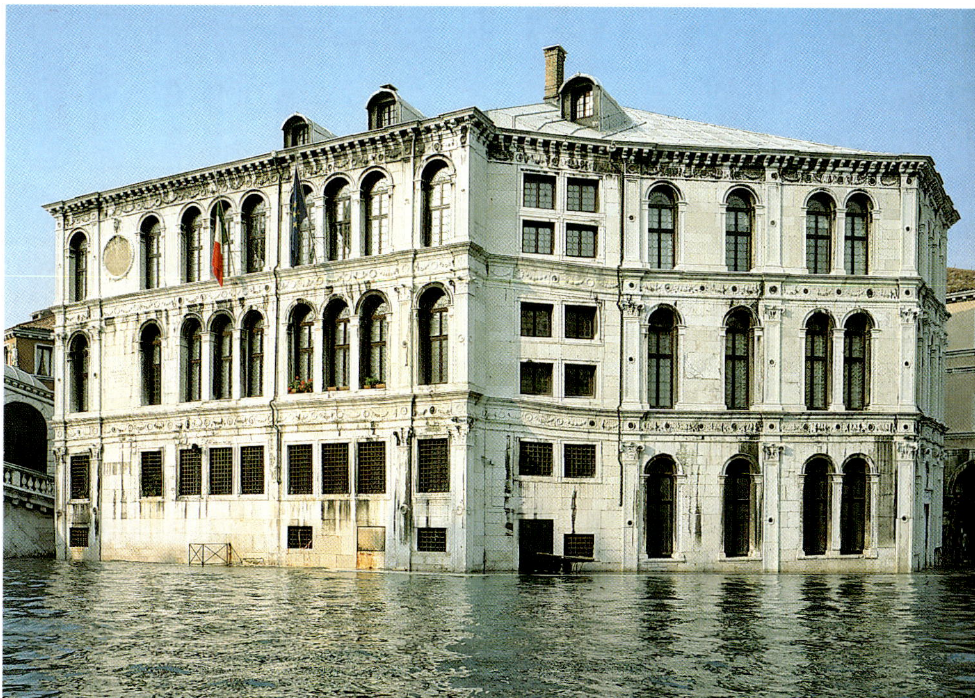

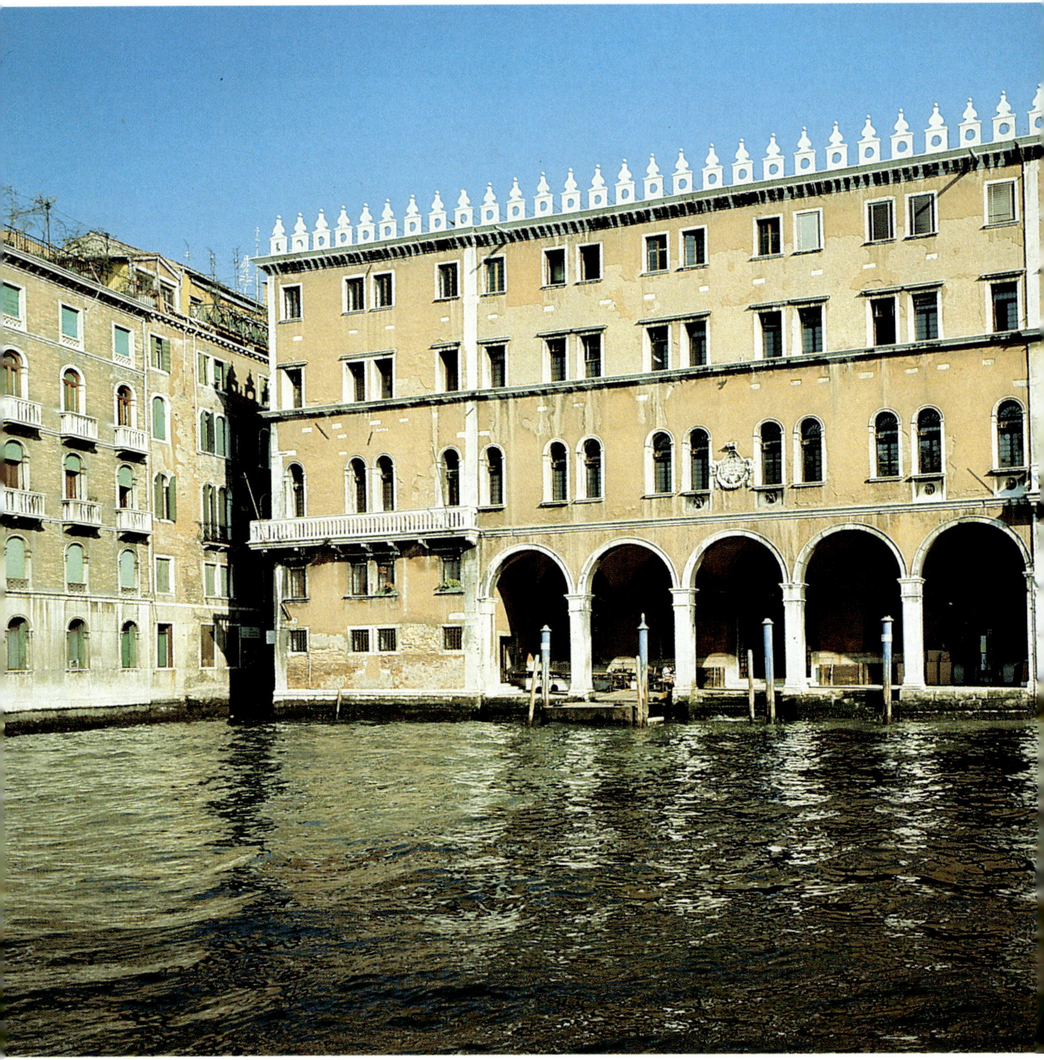

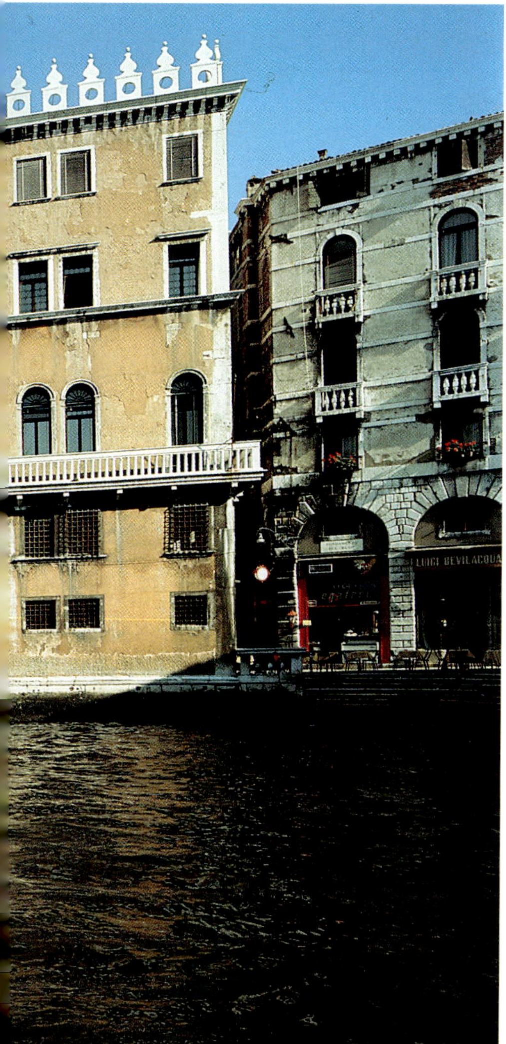

Fondaco dei Tedeschi

Die Fassade des Fondaco unterscheidet sich von anderen Bauwerken am Canal Grande, die zu Beginn des 16. Jh.s entstanden, durch ihre Schlichtheit. Der venezianische Senat, auf dessen Kosten das Gebäude nach einem verheerenden Brand 1505 wiedererrichtet wurde, verbot jedwede Marmorverzierung am Handelshaus der Deutschen. Statt dessen wurden die Außenwände des Renaissancebaus von Giorgione und dem jungen Tizian mit Fresken geschmückt, die ebensoviel Aufsehen erregten wie eine prächtige Fassadenarchitektur. Für Tizian, der im Gegensatz zu dem bereits berühmten Giorgione die Landseite zugewiesen bekam, waren diese jedermann zugänglichen Bilder der eigentliche Beginn seiner beispiellosen Karriere. Reste der Fresken, die weitgehend dem Seeklima der Stadt zum Opfer fielen, befinden sich heute in der Ca' d'Oro. Der Begriff »fondaco« basiert auf dem arabischen Wort »funduk«, das sowohl Herberge als auch Magazin bedeutet. Die Deutschen verfügten bereits ab 1228 über ein solches kombiniertes Wohn- und Lagerhaus in Venedig. Die Händler waren hier ständig erreichbar, und die Zollformalitäten konnten sofort abgewickelt werden. Nur die wichtigsten Handelspartner der Venezianer genossen derartige Vorzüge. Da sich heute die Hauptpost im Gebäude befindet, ist es leicht möglich, einen Blick in das Innere zu werfen.

Rialtobrücke

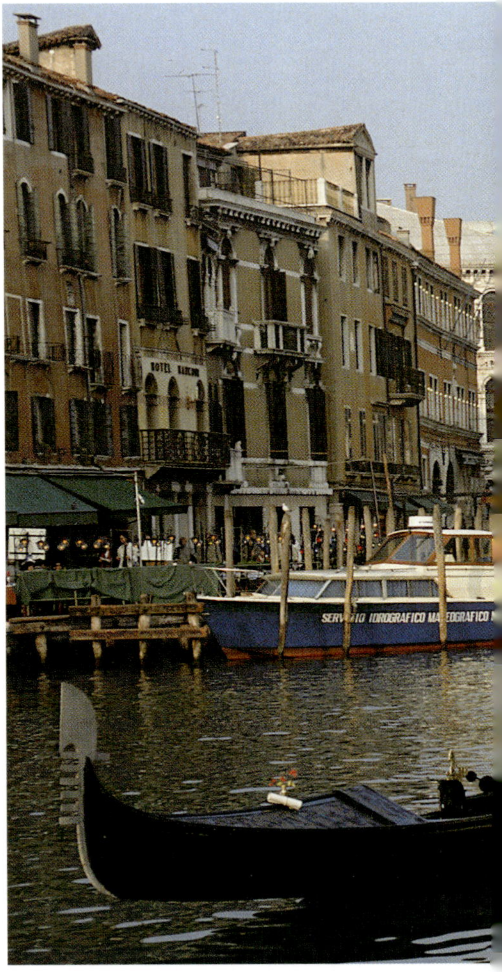

Dort, wo sich heute eines der venezianischen Wahrzeichen befindet, überspannte lange Zeit nur eine Holzbrücke den Canal Grande. Im 15. Jh. gab es eine Zugbrücke, die auch Segelschiffen die Durchfahrt durch den Kanal erlaubte. 1524 begannen dann die Planungen für einen steinernen Ersatz, die erst 60 Jahre später verwirklicht werden sollten. Man wollte mit dieser Brücke ein besonderes architektonisches Zeichen setzen. Hinzu kam, daß eine steinerne Brücke dem Architekten auf dem schwierigen Untergrund auch eine statische Meisterleistung abverlangte. Die Planungen zogen sich fast über das gesamte 16. Jh. hin. Alle berühmten Architekten der Zeit beteiligten sich mit Entwürfen, u. a. Sansovino, Scamozzi, Palladio und sogar der große Michelangelo. Den Auftrag für die als Ladenstraße ausgebaute, hoch geschwungene Brücke erhielt schließlich Antonio da Ponte im Jahre 1588. Da Ponte gehörte nicht zu den Stararchitekten seiner Zeit, sondern war nur »proto« (Bauleiter) des Magistrato al Sal, der für zahlreiche öffentliche Bauten Venedigs zuständig war. Dort arbeitete er auch als Wasserbauingenieur. Vielleicht gab gerade seine Erfahrung in diesem Bereich den Ausschlag für seine Berufung. In nur drei Jahren wurde sein Entwurf realisiert. Die Stadtheiligen Theodor und Markus sind als Relieffiguren an den Fronten der Brücke zu sehen.

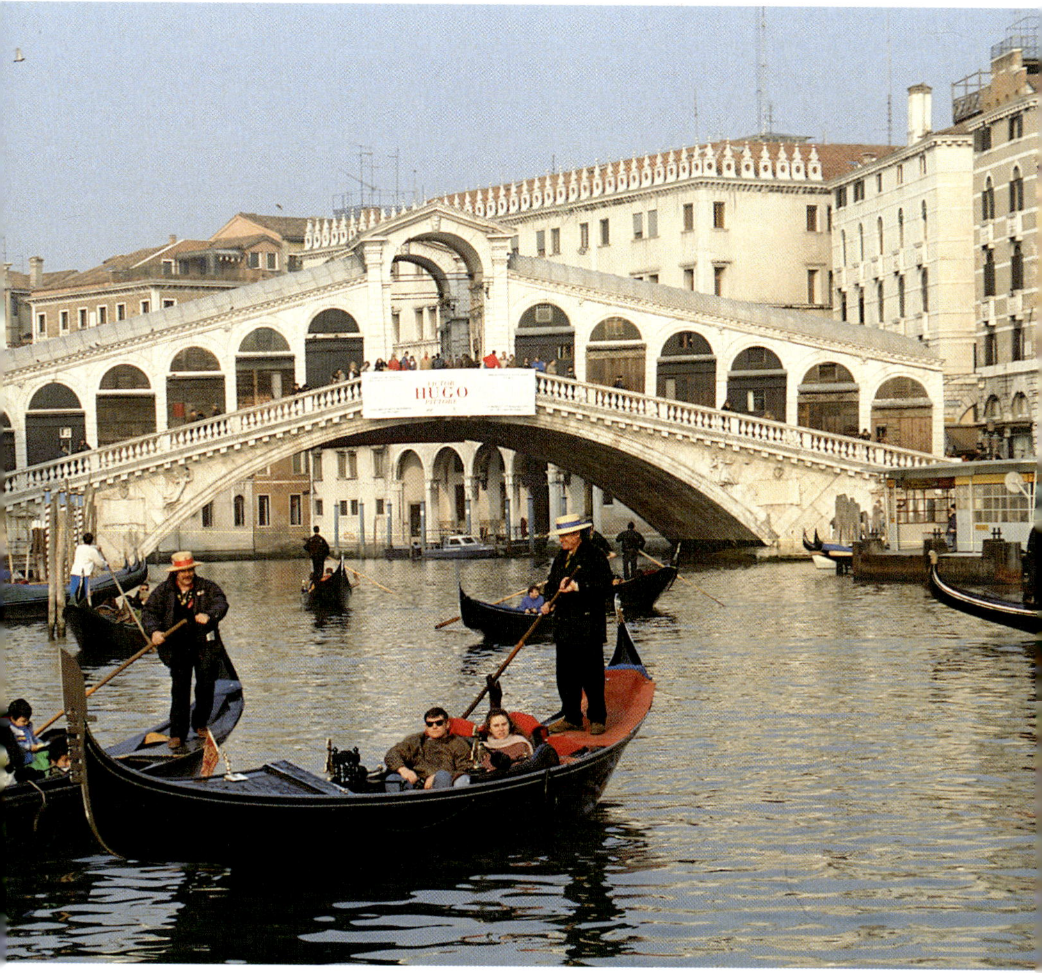
HUGO

Palazzo Grimani

Fast wie ein Fremdkörper erscheint der monumentale, mit kräftigen Formen prunkende Palazzo Grimani (errichtet 1541–1575) zwischen den zierlich wirkenden, von der venezianischen Gotik inspirierten Bauwerken seiner Umgebung. Der Palast ist das Meisterwerk des Veroneser Architekten Michele Sanmicheli. Sein Entwurf entfernt sich so weit wie möglich vom venezianischen Palastschema. Der Mittelteil des Bauwerks bleibt nahezu unbetont. Lediglich die einfachen Säulen neben den Mittelfenstern lassen die drei zentralen Fenster enger verbunden erscheinen. Doppelsäulen rahmen die anderen Fensterachsen. Bei entsprechenden Lichtverhältnissen wirkt die Fassade fast zweischichtig. Die vordere Schicht bilden die kräftig hervortretenden profilierten Säulen und Pilaster, dahinter liegt die eigentliche Wandzone. Die für venezianische Verhältnisse ungewöhnlich großen Fenster haben sogar zu einer Legende geführt. Ein verschmähter Liebhaber, der seiner Angebeteten oder ihrer Familie nicht vermögend genug war, soll diesen Bau mit dem Ziel errichtet haben, jedes Fenster größer zu machen als den Haupteingang am Haus der spröden Geliebten. Dieses Märchen ist zwar unglaubwürdig, aber es zeigt, daß das Bauwerk für venezianische Verhältnisse so ungewöhnlich ist, daß selbst der Volksmund nach einer Erklärung suchte.

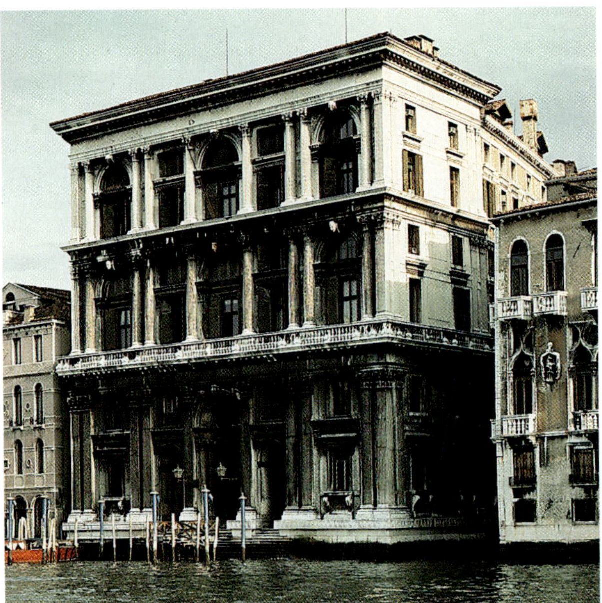

Bei Sanmichelis Tod 1559 war nur das untere Stockwerk vollendet und das »Piano nobile« begonnen, so daß wahrscheinlich nur diese beiden Etagen seinem Plan entsprechen. Das flachere, gedrückt wirkende Obergeschoß ist ein Werk Giangiacomo de' Grigi. Es wurde jedoch erst 1575 unter der Bauleitung von Antonio Rusconi vollendet.

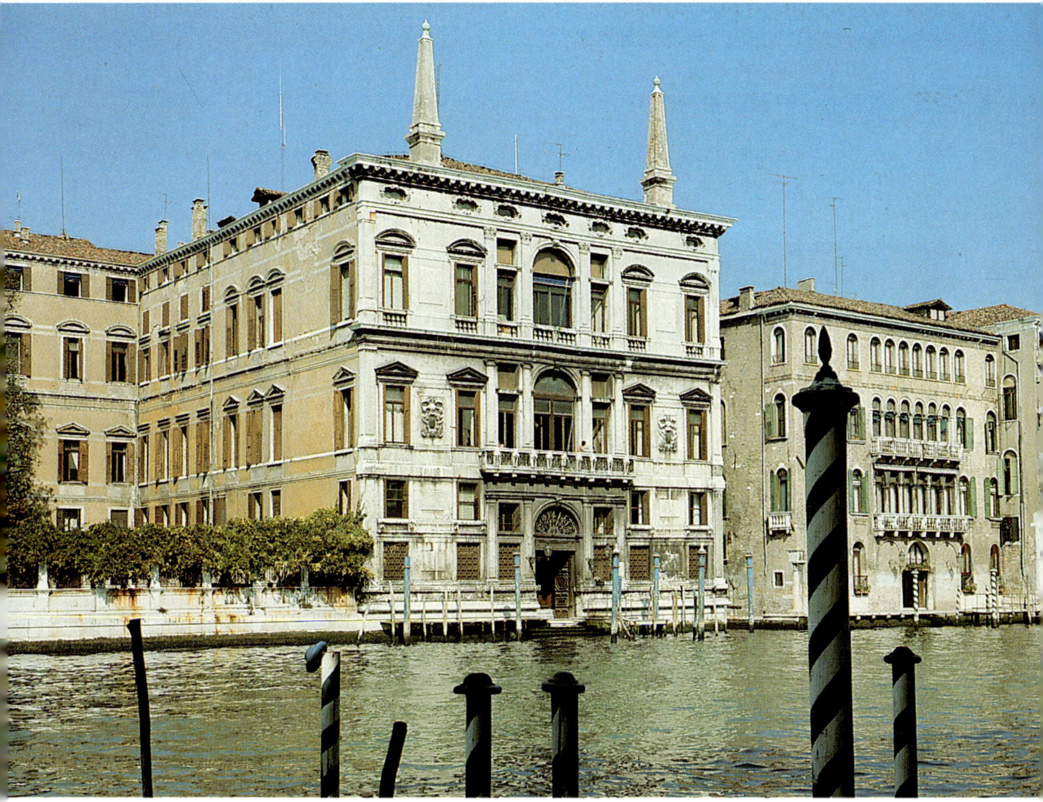

Palazzo Papadopoli

Der Hochrenaissancepalast wurde Mitte des 15. Jh.s von Giangiacomo de' Grigi, Sohn und Mitarbeiter des berühmteren Guglielmo de' Grigi aus Bergamo, für die Familie Coccina errichtet, die ebenfalls aus Bergamo stammte. Mit diesem eher schlichten Bauwerk setzt sich Grigi von den älteren Lombarden ab, die man wegen ihrer aufwendigen Bauweise schätzte. Nur die Hauptachse ist mit großen Rundbogenfenstern und Säulen akzentuiert. Auffallend sind auch die beiden Obelisken auf dem Dach des Palazzo.

Paolo Veronese:
Die Madonna des Hauses Coccina, 1571
Öl auf Leinwand, 164 x 416 cm
Gemäldegalerie Alte Meister, Dresden

Von der Auftraggeberfamilie des Palazzo Papadopoli hat sich mit Veroneses »Madonna des Hauses Coccina« (oder Cuccina), heute in Dresden, ein Porträt aus der Erbauungszeit erhalten. Es zeigt die gesamte Familie vor der Madonna kniend. Zusammen mit einer Anbetung der Könige, einer Hochzeit zu Kana und einer Kreuztragung von gleicher Dimension schmückte das Bild einst eine »sala« des Palastes.

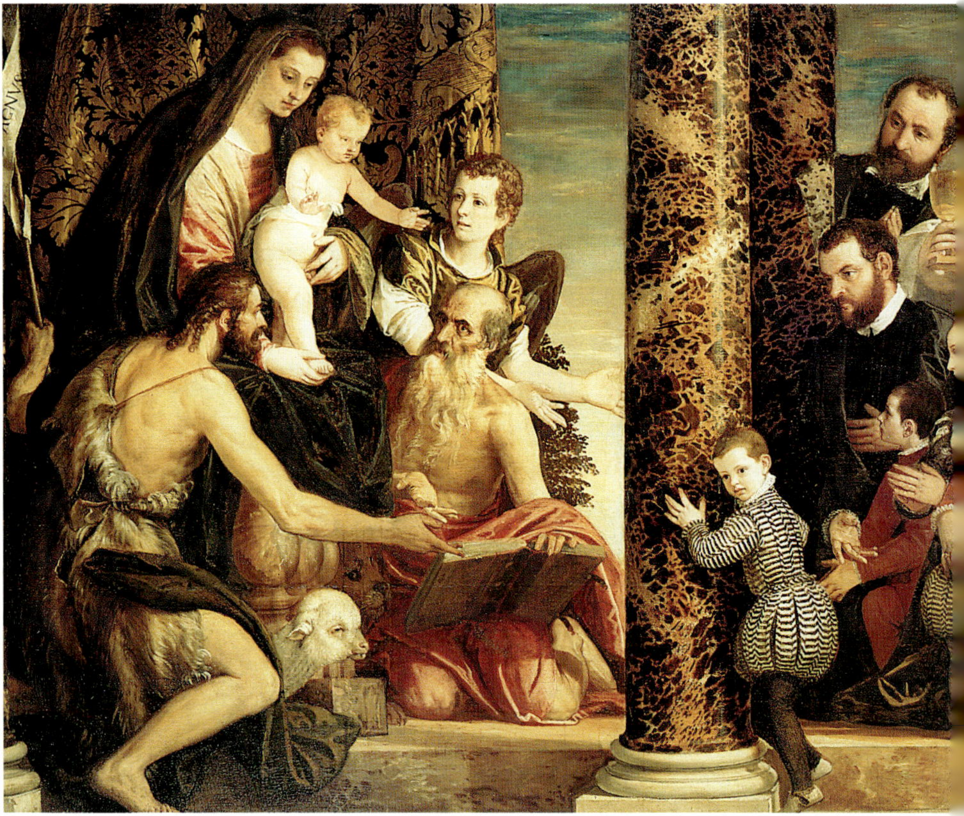

Die Madonna ist umgeben von einem Engel und den Heiligen Johannes und Hieronymus. Verkörperungen der theologischen Tugenden Glaube, Hoffnung und Caritas begleiten die Familie. Die Allegorie des Glaubens im weißen Umhang ergreift die Hand des Familienoberhauptes Zuanantonio. Hoffnung und Caritas flankieren ihn. Weiter links erscheinen seine Brüder Alvise (stehend) und Antonio (kniend) mit seiner Ehefrau Zuana, der Tochter Marietta und weiteren Kindern. Im Hintergrund sieht man den neu erbauten Familienpalast. Ganz am rechten Rand trägt eine Amme den jüngsten Sproß der Familie, Zuanbattista, herein.

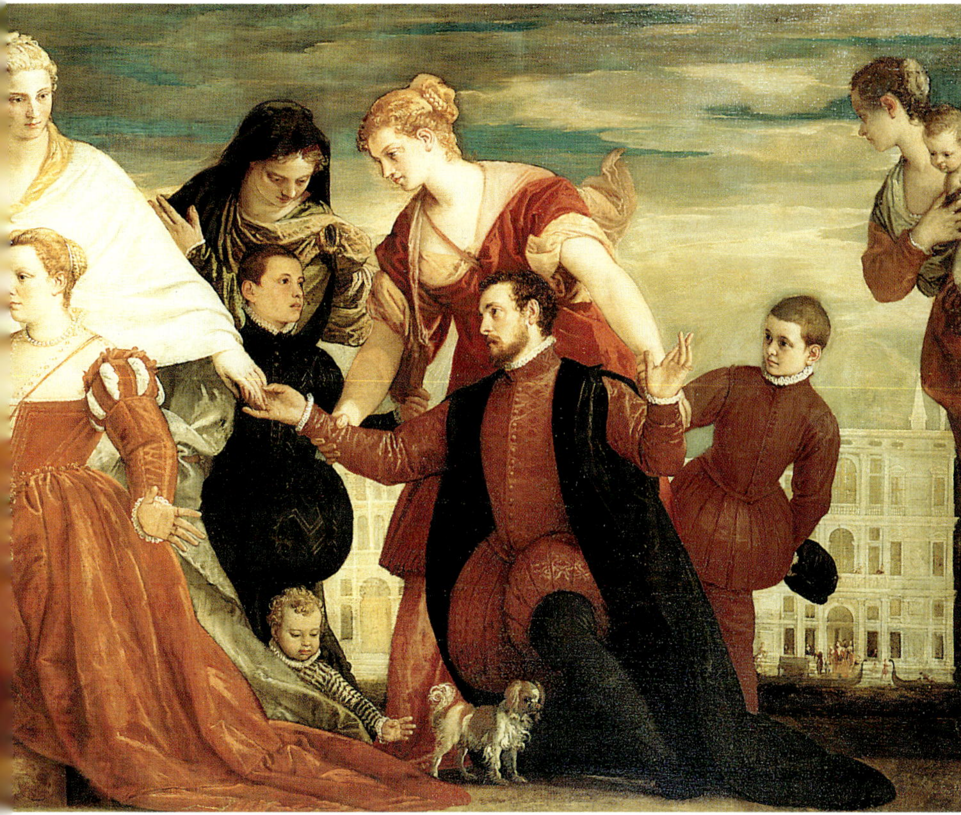

Paläste und andere Wohnungen

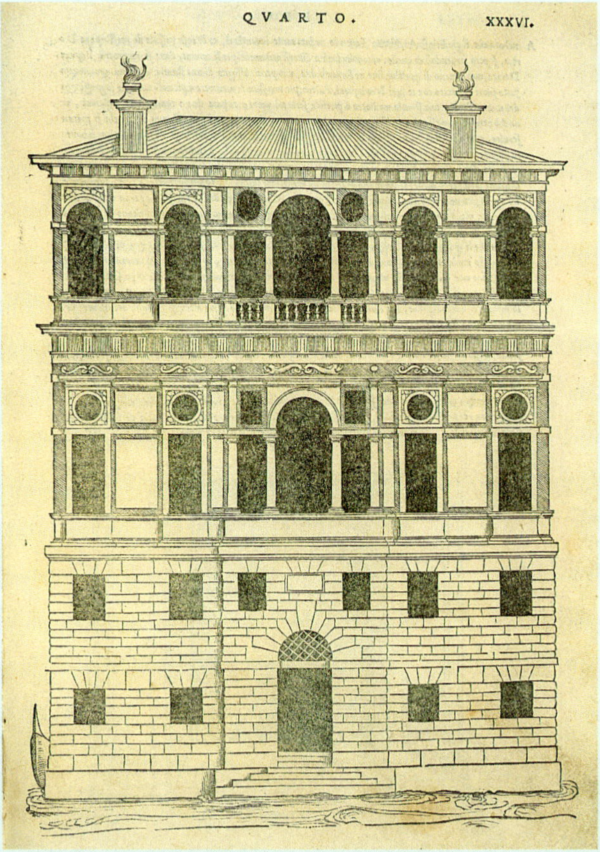

Ein typisch venezianischer Palast, Holzschnitt (aus: Sebastiano Serlio, Regoli Generali di Architettura, Venedig 1537, S. 156)

In Venedig gibt es nur eine Piazza, die Piazza San Marco, und nur einen Palast, den Dogenpalast. Alle anderen Palazzi heißen im venezianischen Sprachgebrauch einfach »Ca'«, was schlicht die Abkürzung für »casa« (Haus) ist. Der Architekt Sebastiano Serlio (um 1475–1554), hat die venezianischen Paläste in ihrer gleichförmigen Bauweise voller Bewunderung für die Bescheidenheit des Adels beschrieben. In der Tat besitzt Venedig verglichen mit anderen großen Städten Italiens wie Rom, Mailand und Florenz eine ungeheure Fülle von nicht übermäßig großen, aber reich ausgestatteten Wohnbauten, die fast immer den gleichen Aufbau aufweisen, der sich spätestens im 13. Jh. herausgebildet hat.

An der Fassade kann man viel von der Raumaufteilung im Inneren ablesen. Im ersten Stock, im »piano nobile«, liegen die Repräsentationsräume des Hauses, wo man Gäste empfing oder sich zu Festen versammelte. Nach außen hin

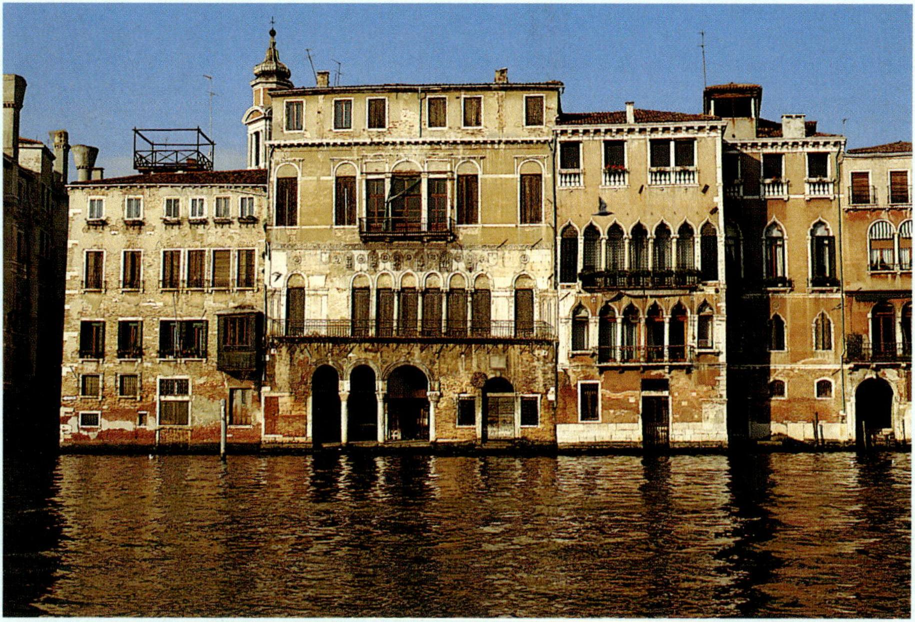

Die Ca' da Mosto, einer der ältesten Paläste am Canal Grande (im 17. Jh. aufgestockt).

Ca' da Mosto (Detail), die unteren beiden Stockwerke stammen aus dem späten 12. oder frühen 13. Jh.

ist der größte Raum, die »sala« oder der »portego«, durch eine geschlossene breite Fensterreihe gekennzeichnet. Einige Paläste haben auch noch einen kleineren Raum dieser Art im zweiten Obergeschoß. Auch er wird durch mehrere eng beieinanderliegende Fenster hervorgehoben. Seitlich schließen sich schmalere Wohnräume an, die durch leicht von den Mittelfenstern abgegrenzte Öffnungen am Außenbau sichtbar werden. Dadurch entsteht die charakteristische Rhythmisierung der venezianischen

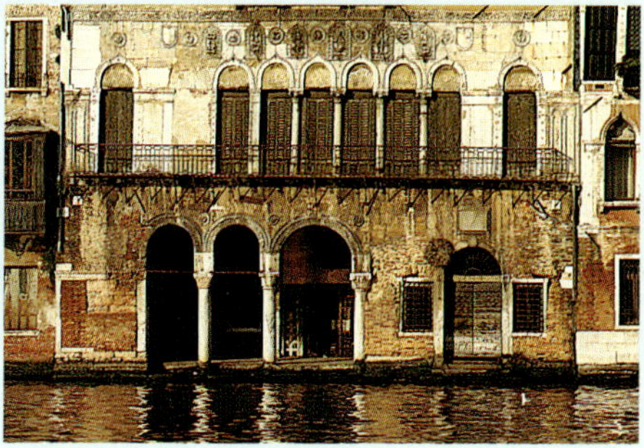

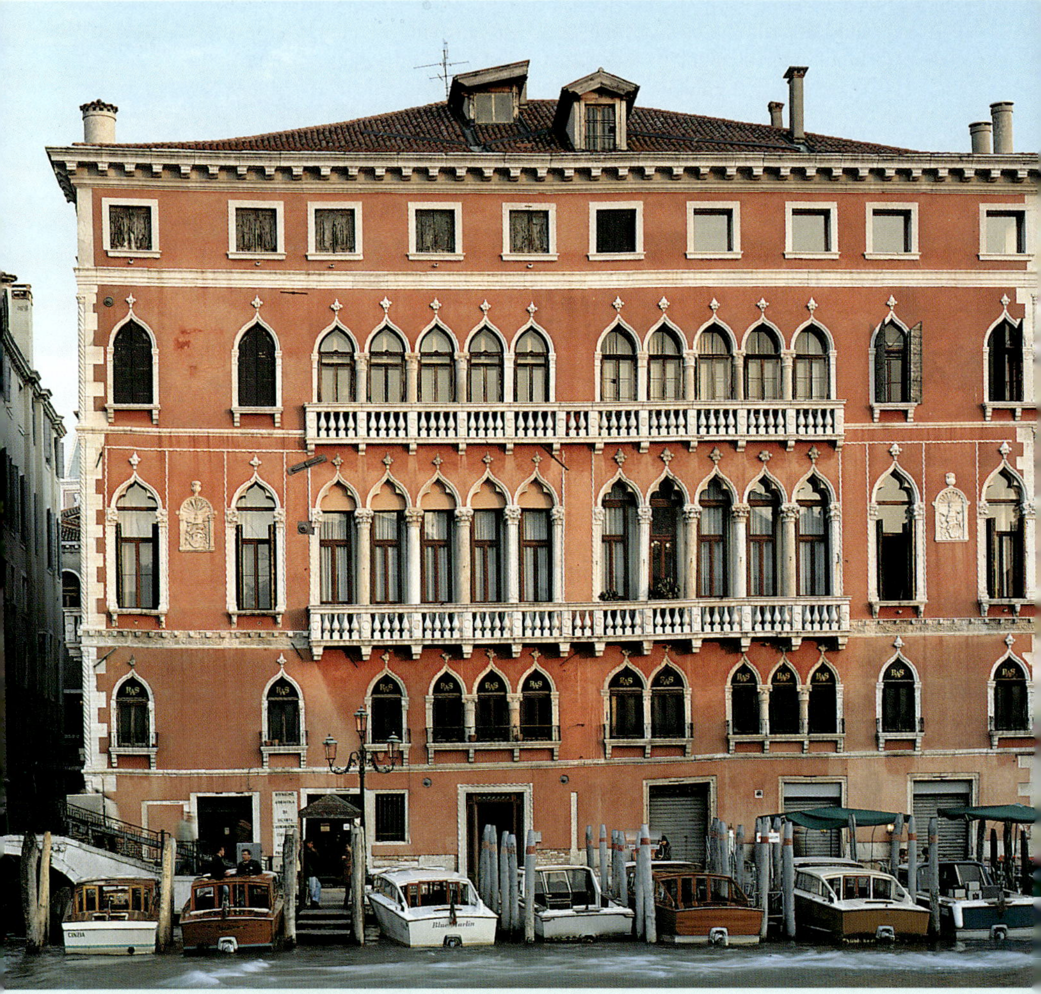

Palazzo Bembo am Canal Grande, eine typische Fassade des 15. Jh.s. Der Palast ist in Teilen jedoch älter.

Fassade. Manchmal sieht man kleinere Fensterreihen zwischen dem untersten Geschoß und dem ersten Stock oder unmittelbar unter dem Dach. Dies sind sog. Mezzanine, Zwischengeschosse, die nicht so hoch sind wie die anderen. Sie wurden als Warenlager, Dienstbotenzimmer, aber auch als leicht zu heizende Winterquartiere oder Büros genutzt.

Auch die Entstehungszeit eines Palastes ist an seinem Äußeren erkennbar. Die frühesten haben eine glatte verputzte Fassade oder sichtbaren Backstein und hohe, oft gestelzte Rundbogen, die häufig von schmalen Schmuckbändern gerahmt werden. Zuweilen sind diese sehr alten Fassaden auch mit sog. »patere« geschmückt, kleinen Relieftäfelchen, die ursprünglich aus Byzanz stammten. In gotischer Zeit, im 14. Jh., wird der Spitzbogen zum bestimmenden Element. Oft erscheint er in der speziellen venezianischen Variante des Kielbogens oder Eselsrückens, der tatsächlich an einen Schiffskiel oder den Rücken eines Grautiers erinnert. Auch bei dieser Form gehen einige Forscher davon aus, daß sie vom Orient beeinflußt wurde. Weitere Ziermotive wie durchbrochenes Maßwerk vervollständigen die gotische Palastfassade. Ende des 15. Jh.s entstanden aufwendige Steininkrustationen, die auf Vorbilder des 13. Jh.s zurückgriffen. Ab dem 16. Jh. setzte sich endgültig eine Gestaltung mit Säulen und Natursteinverkleidung durch, die aber nicht immer aus echten Steinen bestehen mußte, sondern auch gemalt sein konnte. Überhaupt spielte die Bemalung der Fassaden eine große Rolle für das venezianische Stadtbild. Heute ist von diesem reichen Bilderschmuck fast nichts mehr erhalten.

Das Palastschema mit seiner charakteristischen Raumverteilung wurde auch bei bescheideneren Bauwerken eingehalten. Auch bei sehr kleinen, vielleicht nur einstöckigen Häusern, liegen die Hauptwohnräume im ersten Stock, und auch sie verfügen meist in der Mitte über breitere Fensterfronten. Fast immer sind die Bauwerke auf Pfählen errichtet, die durch Wasser und Schlamm bis in festes Erdreich getrieben

Gotisches Maßwerk der Ca' Foscari (Detail), Mitte des 15. Jh.s nach dem Vorbild des Dogenpalastes gestaltet.

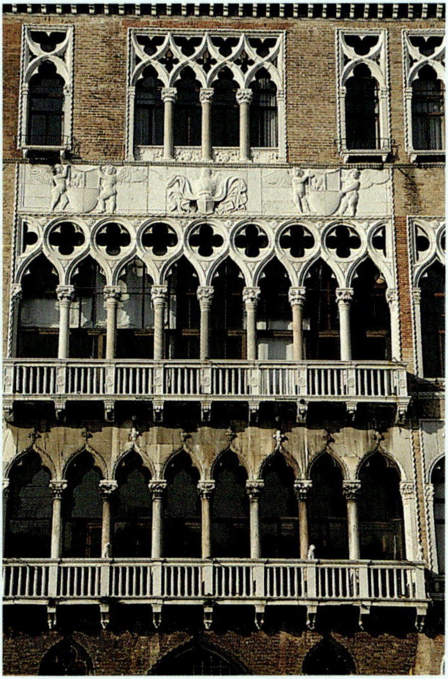

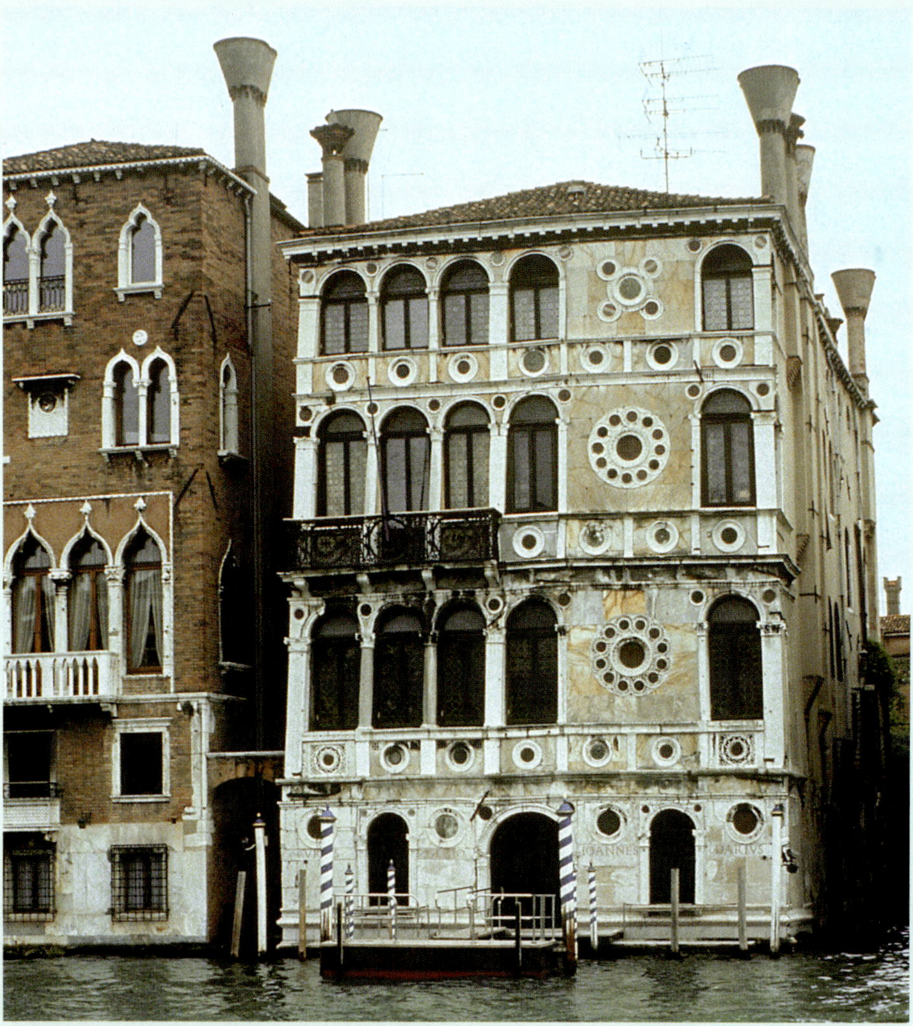

Palazzo Dario am Canal Grande, 2. Hälfte des 15. Jh.s

wurden. Die Baumaterialien mußten deshalb extrem leicht sein. Das galt nicht nur für die Paläste und Einzelhäuser. Besonders interessant sind die vielen Gemeinschaftswohnanlagen, die reiche Privatleute, aber auch Scuole und andere Institutionen errichteten. Viele Wohnungen dieser Art wurden Bedürftigen kostenlos zur Verfügung gestellt. Andere waren Spekulationsobjekte, für die man Miete forderte. Diese Bauten gruppierten sich häufig um einen gemeinsamen Innenhof mit einem Brunnen oder auf beiden Seiten einer Gasse. Sie gehörten zum Wohnkomplex und konnten in der Nacht zum Schutz der Bewohner verschlossen werden. Jede dieser Wohnungen verfügte normalerweise über einen eigenen Eingang. Auch wenn sie noch so klein waren und im zweiten oder dritten Stock lagen, vermied man möglichst einen gemeinsamen Korridor. Viele dieser Wohnanlagen aus den vergangenen Jahrhunderten haben sich erhalten. Bis heute ist man verblüfft über die kluge Raumaufteilung und die relativ gute Wohnqualität, die diese Vorläufer eines sozialen Wohnungsbaus boten.

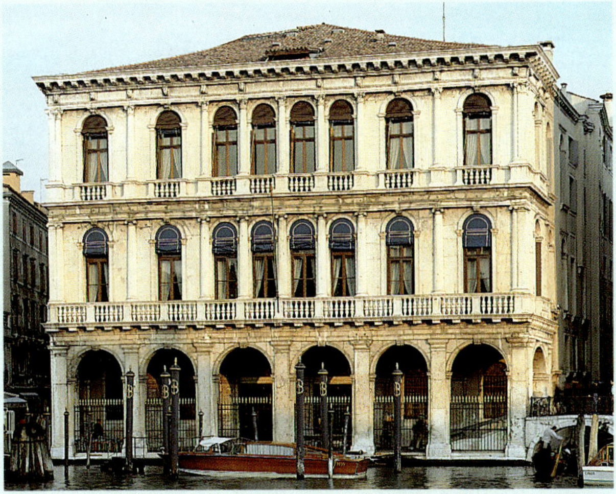

Palazzo Dolfin-Manin am Canal Grande, nach einem Entwurf von Jacopo Sansovino 1536–1545 errichtet.

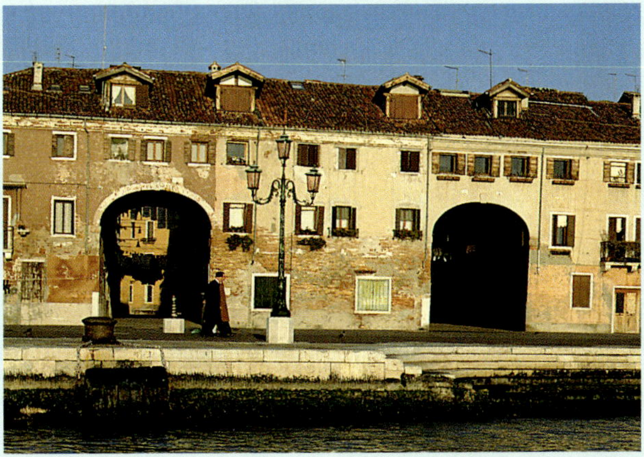

Die Marinarezza, eine Wohnsiedlung für die Arbeiter des Arsenals in Castello aus dem 15. Jh. (im 17. Jh. erweitert).

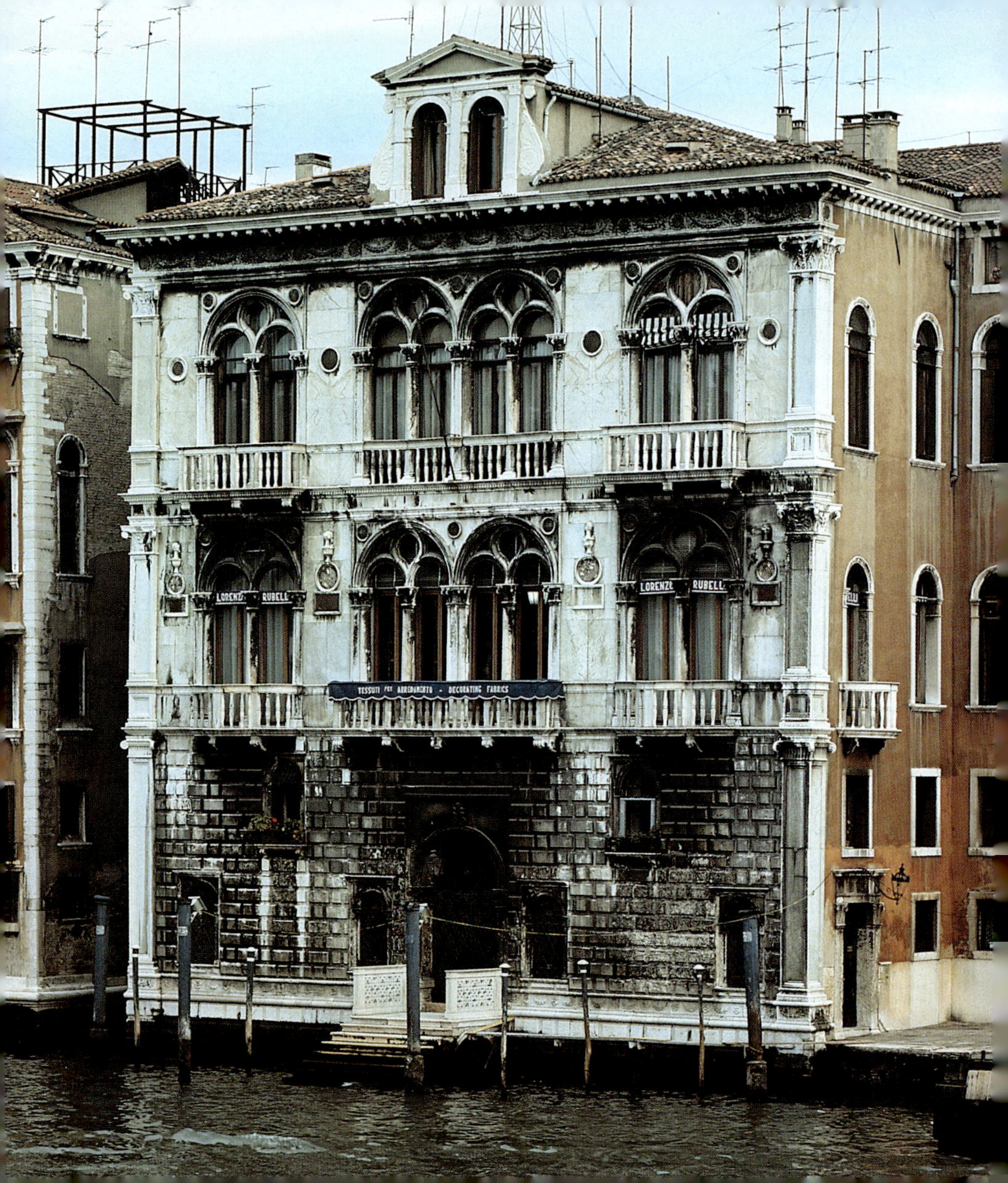
LORENZO RUBELLI
TESSUTI PER ARREDAMENTO - DECORATING FABRICS
LORENZO RUBELLI

Palazzo Corner-Spinelli

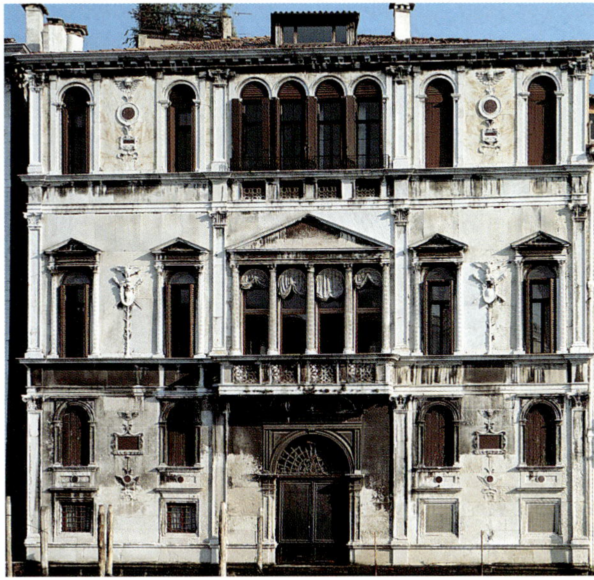

Dieser Palast ist eines der interessantesten Bauwerke der venezianischen Frührenaissance (1490–1510). Der Architekt Mauro Codussi verbindet die klaren Formen der Renaissance mit der lebhaften Wirkung der gotischen Fassade. Antike Motive wandelt er zugunsten einer zarteren Gliederung ab. Das Untergeschoß mit den Lagerräumen erscheint mit der flachen Rustika und den kleinen Fenstern wie ein Sockel für die reich gegliederten Obergeschosse. Die Doppelfenster (Biforien) werden von einem weiteren Rundbogen überfangen. In den so entstehenden Zwickel setzt er eine schlaufenförmige Öffnung ein, die an ein typisch gotisches Motiv erinnert, in der Gotik jedoch als Umrahmung für weitere Ornamente wie Fischblasen diente, während sie hier selbst Zierat ist. Die Schmuckformen aus farbigem Stein, zitieren Marmorinkrustationen des 13. Jh.s. Die hübschen, weit vorragenden, kleeblattförmigen Balkone vor den Seitenfenstern im »piano nobile« sind eine ungewöhnliche Idee Codussis, die die Fassadenwirkung zusätzlich beleben. Er verwendete sie nur an diesem Palast.

Palazzo Contarini delle Figure

Der Renaissancepalast wurde in der ersten Hälfte des 16. Jh.s möglicherweise von Giorgio Spavento begonnen und von Antonio Abbondio gen. Scarpagnino fertiggestellt. Seinen Namen »delle Figure« erhielt er nach den beiden (tatsächlich nicht leicht auszumachenden und künstlerisch wenig spektakulären) Karyatiden, die den Balkon über dem Haupteingang stützen. Doch brauchte man irgendein Merkmal, um diesen Contarini-Palast von den 21 anderen, die im Besitz der weitverzweigten Familie waren, zu unterscheiden.

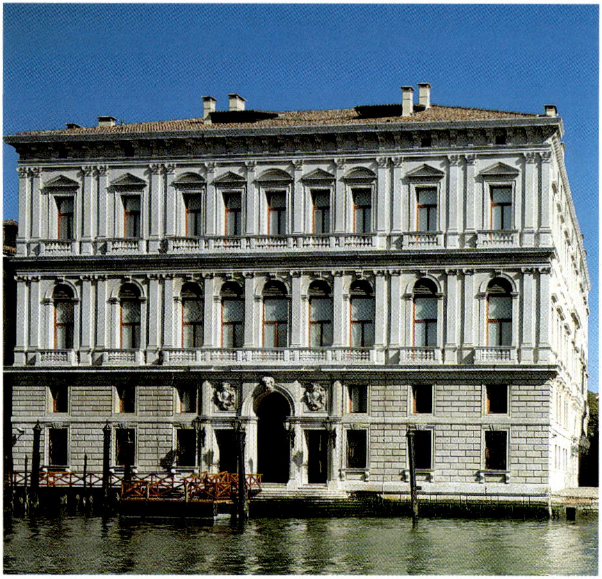

Ca' Foscari

Francesco Foscari, der bedeutendste Doge des frühen 15. Jh.s, war der Bauherr dieses eindrucksvollen Palastes (errichtet ab 1452). Die Fensteröffnungen vor den Prachträumen im zweiten Stockwerk sind auf dieselbe Weise gegliedert wie bei jenem Flügel des Dogenpalastes, der unter Foscari neu errichtet wurde. Vielleicht ist dies als Hinweis auf Foscaris Dogenamt und sein Bauherrentum am Dogenpalast zu verstehen. Auch an anderen Palästen dieser Zeit findet sich dieses Schmuckelement. Es ist vermutet worden, daß der venezianische Adel damit seine Verbundenheit mit dem Regierungssitz demonstrieren wollte. Im Dogenpalast regierte ja nicht nur der Doge. Dort war auch der Versammlungsort des »Maggior Consiglio«, aus dem alle Regierungsämter besetzt wurden und zu dem nur der Adel Zutritt hatte. Daß es die Beliebtheit dieses Fenstermotives gewesen sein soll, das dazu geführt hat, daß man in Venedig so lange am gotischen Spitzbogen festhielt, ist allerdings wohl eine zu einfache Erklärung. Über dem zweiten Stock sieht man im Fries jeweils zwei Putti, die das Foscari-Wappen halten.

Palazzo Grassi

Der Palast wurde von Giorgio Massari ab 1749 für die Familie Grassi aus Bologna errichtet. Durch ihren Reichtum war es ihr gelungen, 1718 in den venezianischen Adel aufgenommen zu werden. Kurz darauf gab sie das prachtvolle Barockgebäude in Auftrag. Obwohl die Fassade sehr einheitlich wirkt, ist sie doch typisch venezianisch. Die mittleren Fenster sind zusammengefaßt, die äußeren werden durch Doppelpilaster getrennt. Heute ist der Palast im Besitz der Fiat AG, die ihn für Ausstellungen zur Verfügung stellt.

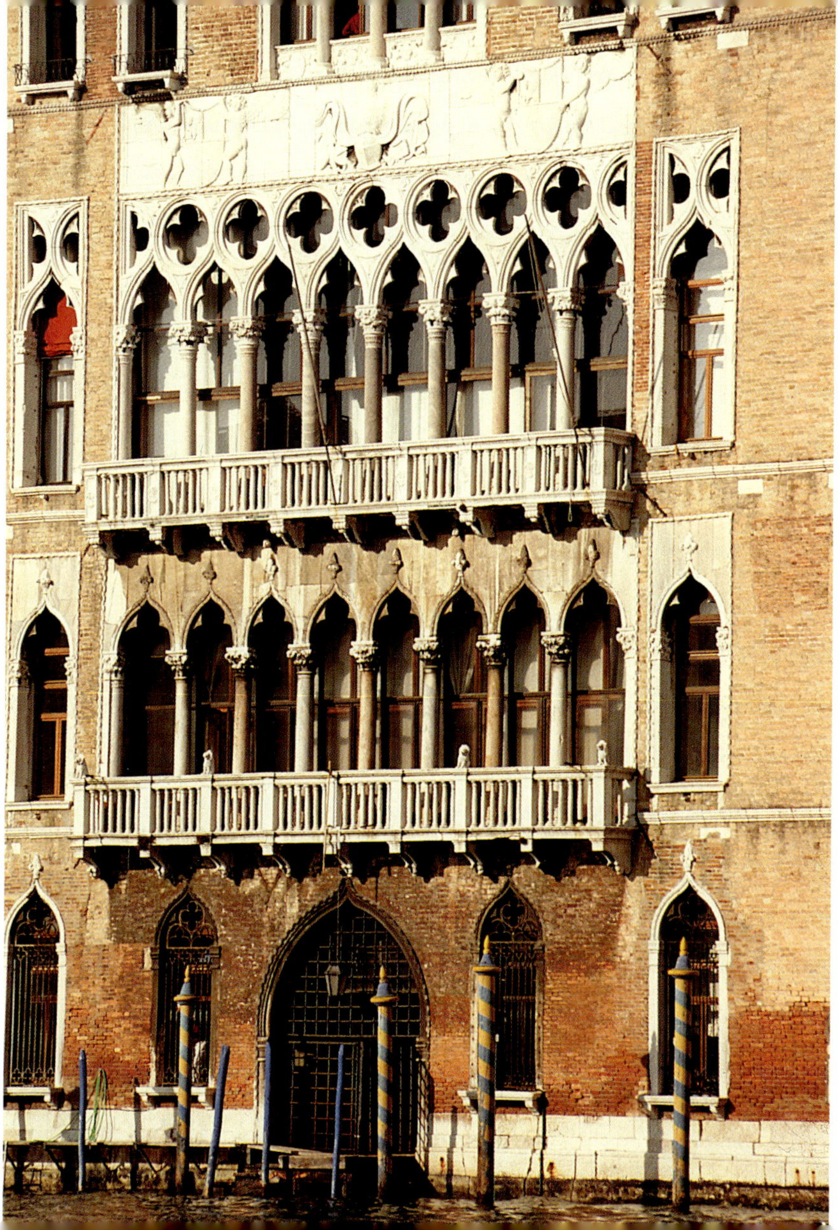

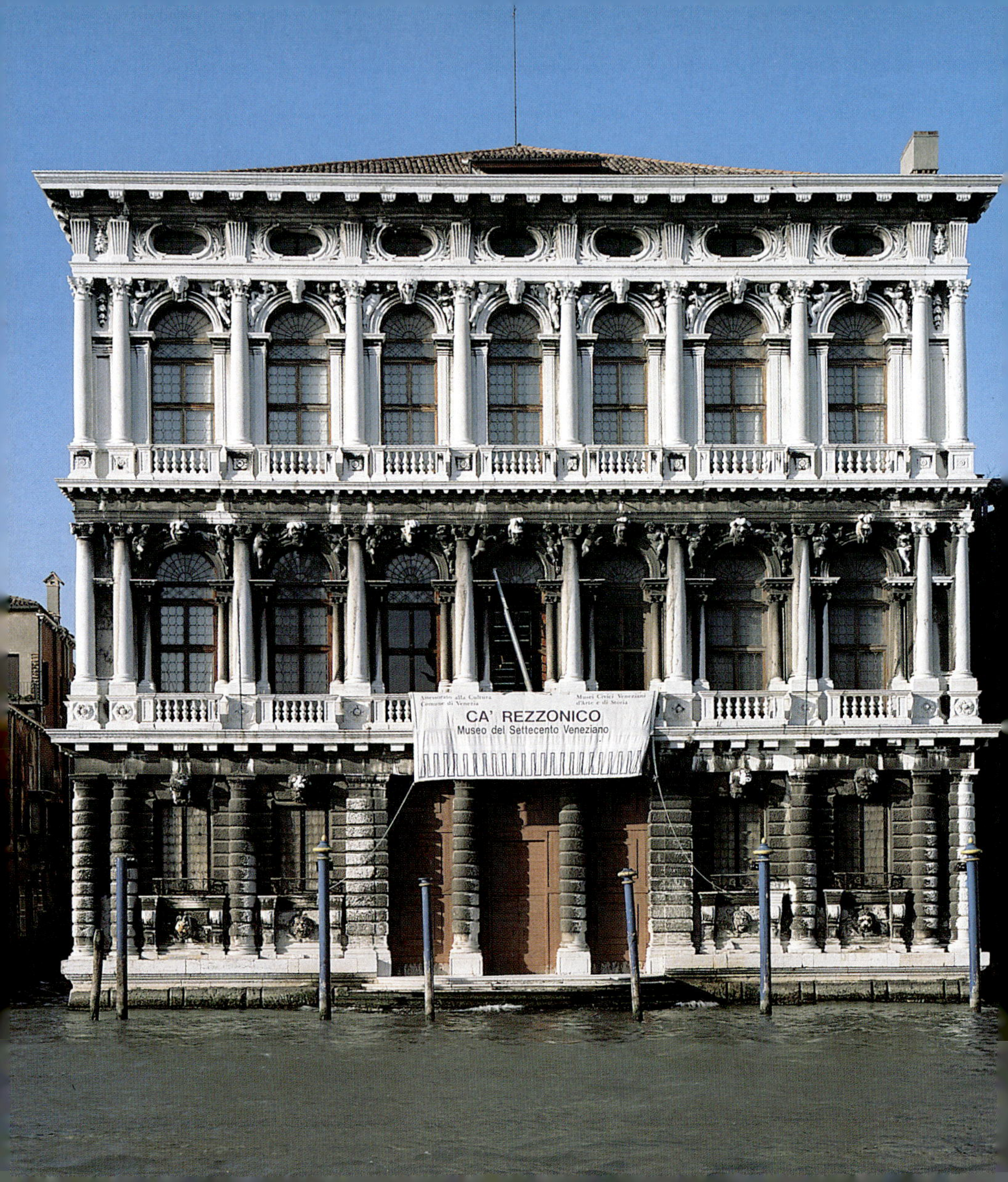
Assessorato alla Cultura
Comune di Venezia
Musei Civici Veneziani
d'Arte e di Storia
CA' REZZONICO
Museo del Settecento Veneziano

Ca' Rezzonico

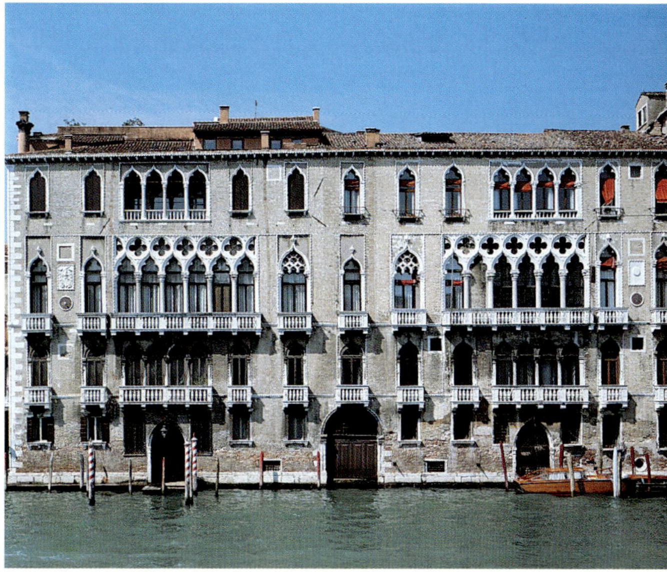

Der schöne Barockpalast wurde Mitte des 17. Jh.s von Baldassare Longhena, dem führenden venezianischen Architekten des Jahrhunderts für die Familie Bon begonnen. Das Bauwerk kam wegen finanzieller Schwierigkeiten und dem plötzlichen Tod des Erben nicht über das »piano nobile« hinaus. Erst ein Jahrhundert später ging der Palast an die Familie Rezzonico über, die das Bauwerk durch Giorgio Massari ab 1750 weiterführen und vollenden ließ. Die vollkommen hinter den Halbsäulen verschwindende Wandfläche, die plastisch hervortretenden Kapitelle und die Festons über den Fenstern sowie die kleinen Doppelsäulen, welche die Rundbogen über den Fenstern tragen, verleihen der gesamten Fassade ein kräftiges Licht- und Schattenspiel, das die Oberfläche verunklärt und das Bauwerk eindeutig als barocke Schöpfung ausweist. Heute befindet sich hier das Museum für die venezianische Kunst des 18. Jahrhunderts (siehe S. 273). Dadurch hat man die Gelegenheit, auch die Innenräume des von der Familie Rezzonico verschwenderisch dekorierten Palastes zu betreten.

Palazzo Giustinian

Der Palazzo Giustinian besteht eigentlich aus zwei Gebäuden. Beide wurden um die Mitte des 15. Jh.s errichtet und sind ebenso wie die angrenzende Ca' Foscari eindrucksvolle Beispiele für das Festhalten an den zarten, schmuckvollen Formen der venezianischen Gotik. Deutlich erkennt man an der um eine mittlere Fensterachse über einem großen Wassertor gespiegelten Fassade, daß es sich hier um zwei Paläste handelt. Im Palazzo Giustinian komponierte Richard Wagner im Winter 1858/59 den zweiten Akt von »Tristan und Isolde«.

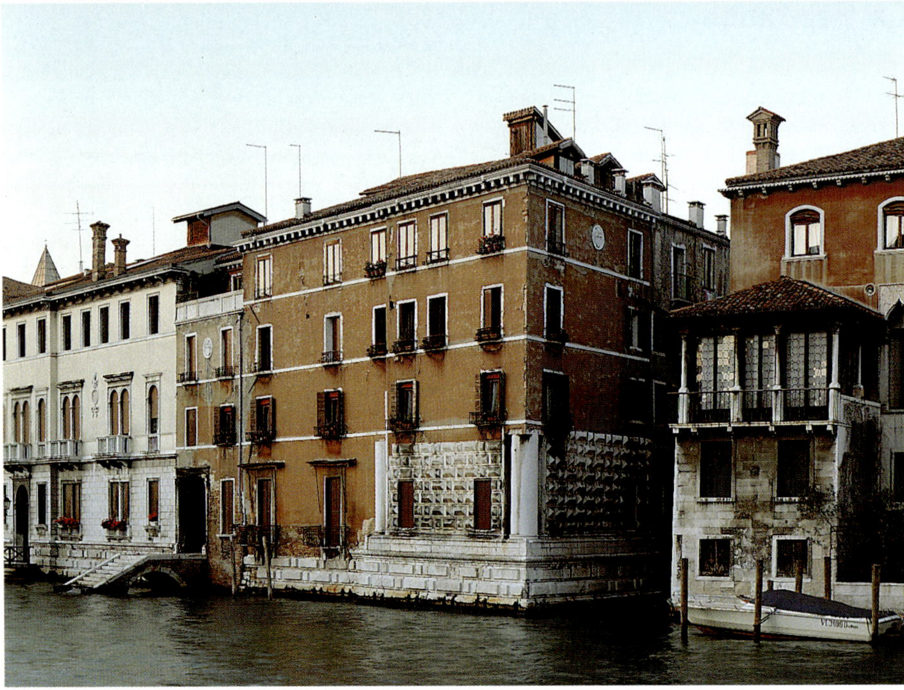

Ca' del Duca

Heute findet man zwei Paläste an der Stelle, wo die Familie Corner sich Mitte des 15. Jh.s durch Bartolomeo Buon einen Palast errichten lassen wollte. Sie verkaufte das eben begonnene Bauwerk jedoch 1461 an Francesco Sforza, den Herzog von Mailand, der eine prächtige Residenz in Venedig plante. Dessen Palast wurde allerdings nie realisiert, sondern in einem sehr frühen Stadium abgebrochen. Am rechten Rand des Baukomplexes sieht man wenige Reste des ursprünglichen Bauwerks, die sich mit ihrem hellen Stein deutlich von den verputzten Teilen des Gebäudes abheben. An ihnen erkennt man, daß ein Palast geplant war, der schon um die Mitte des 15. Jh.s eindeutige Renaissanceformen aufwies und der somit, wäre er denn fertiggestellt worden, die venezianische Architektur vielleicht in eine ganz andere Richtung gewiesen hätte.

Gallerie dell'Accademia

Die Accademia ist in einer ehemaligen Scuola, der Scuola Grande della Carità, der Kirche Santa Maria della Carità und dem gleichnamigen Konvent untergebracht. Der Name »Accademia« erinnert an die Anfänge der bedeutenden Gemäldesammlung, deren Ursprung die Studiensammlung der 1750 gegründeten Malerakademie ist.

Die Fassade für das Akademiegebäude, in der sich heute der Haupteingang des Museums befindet, hat Bernardo Maccaruzzi um 1760 nach Plänen von Giorgio Massari errichtet. Unter Napoleon wurde die private Akademie in eine offizielle Kunsthochschule umgewandelt und gleichzeitig wies man dieser Hochschule die angrenzenden Gebäude der Scuola zu. Kunstwerke aus den unter napoleonischer Herrschaft aufgelösten Kirchen und Klöstern, aber auch zahlreiche private Spenden vergrößerten die Bestände der Galerie, die seit 1807 als Museum der Öffentlichkeit zugänglich ist.

Die Accademia zählt zu den wichtigsten Sammlungen Italiens und gibt insbesondere einen hervorragenden Überblick über die venezianische Malerei vom 13. bis zum späten 18. Jh. (siehe auch S. 310).

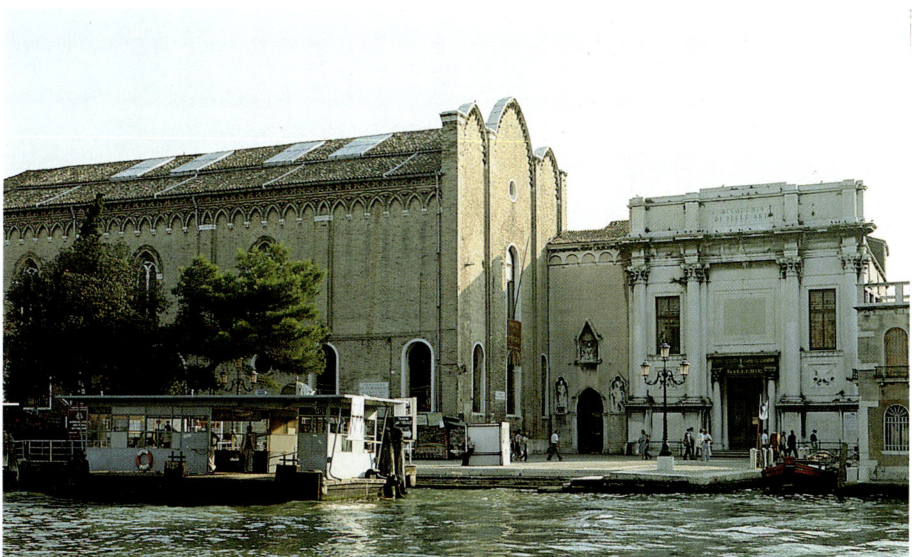

Casino delle Rose (Casetta Rossa)

In diesem kleinen roten Haus, das so gar nicht zu den prachtvollen, nah am Wasser stehenden Palästen seiner Umgebung paßt, hatte Antonio Canova (1757–1822), der bedeutendste venezianische Bildhauer und Maler des 18. und frühen 19. Jh.s seine Werkstatt. Schon zu seinen Lebzeiten waren seine Werke außerordentlich begehrt. Während des Ersten Weltkriegs lebte hier der exzentrische und umstrittene Dichter und Politiker Gabriele d'Annunzio (1863–1938).

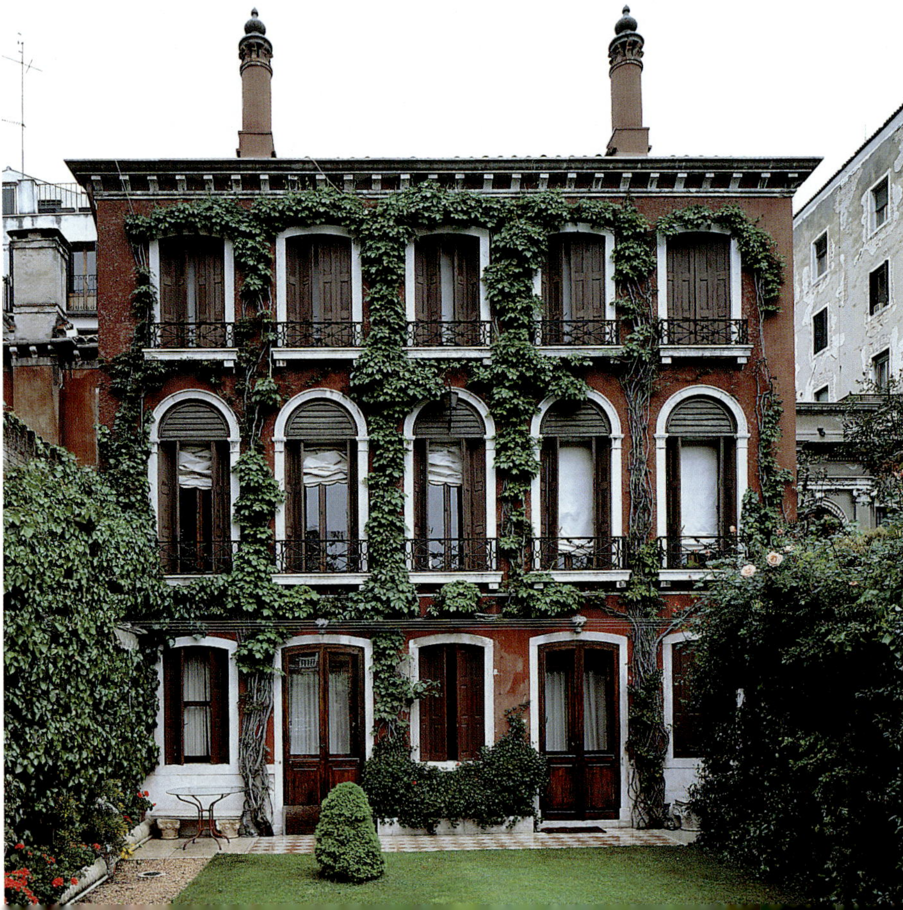

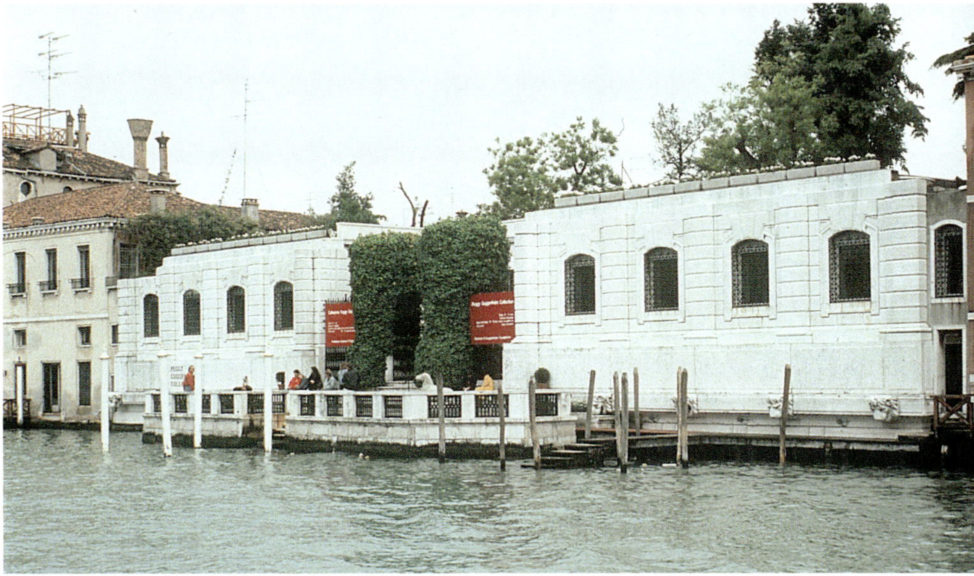

Palazzo Venier dei Leoni (Collezione Peggy Guggenheim)

Der Palazzo Venier dei Leoni, so benannt nach den Löwenköpfen im Sockel der Vorderfront, blieb unvollendet. Ein hölzernes Modell des Architekten Lorenzo Boschetti, das sich heute im Museo Correr befindet, zeigt, welch ein prachtvolles Bauwerk die Familie Venier hier 1749 begonnen hat. Wie so häufig führten finanzielle Schwierigkeiten zu einer Unterbrechung der Bautätigkeit, die man hier jedoch anders als bei anderen Gebäuden nicht wieder aufnahm.

In unserem Jahrhundert wurde der bizarr wirkende Palastrest zum angemessenen Heim für eine große Exzentrikerin. 1949 erwarb die Amerikanerin Peggy Guggenheim (1889–1979) das Bauwerk. Die reiche Sammlerin und Förderin von moderner Kunst verbrachte ihre letzten dreißig Lebensjahre in Venedig. Ihre bedeutende Sammlung für moderne Kunst ist heute der Öffentlichkeit als Museum zugänglich. Es wird von der Samuel R. Guggenheim Foundation betrieben, die auf eine Stiftung von Peggy Guggenheims Onkel zurückgeht (siehe S. 334).

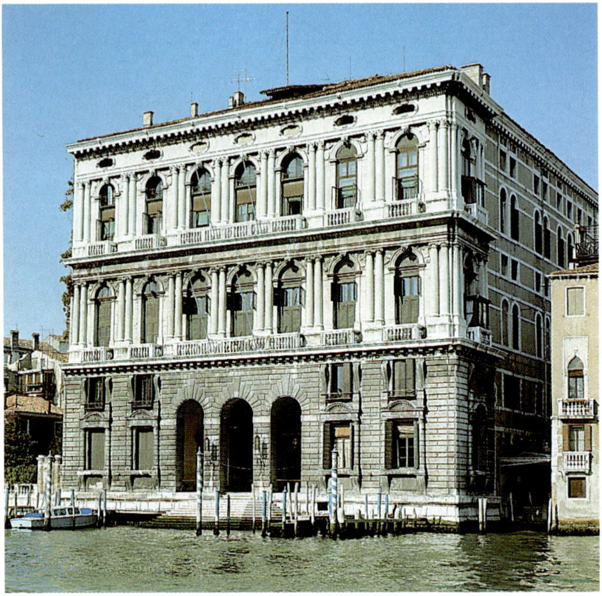

Ca' Grande

Nach einem verheerenden Brand ließ Jacopo Cornaro, ein Neffe der Königin von Zypern, ab 1533 den Vorgängerbau durch Jacopo Sansovino ersetzen. Wegen seiner gigantischen Größe nannten ihn die Venezianer Ca' Grande. Sansovino verwendete mit dem rustizierten Untergeschoß und den ionischen und korinthischen Säulen in den beiden Obergeschossen Formen, wie sie auch die toskanische und römische Hochrenaissance aufweist. Die beiden Obergeschosse mit ihren vielen Fenstern, die die Stockwerke fast wie übereinander gestellte Arkadengänge wirken lassen, sind so jedoch nur in der venezianischen Tradition denkbar. Sie betonen weniger die Gebäudemasse als vielmehr die Auflösung der Wandflächen. Noch im 17. und 18. Jh. wurden mehrere Paläste, z. B. der Palazzo Pisano und die Ca' Rezzonico, nach seinem Vorbild gestaltet.

Ca' Dario

Dem Schriftsteller Henry James erschien dieser Palast wie ein Kartenhaus, das bei der geringsten Berührung zusammenfallen müsse. Tatsächlich zählt die Ca' Dario trotz ihrer inzwischen windschiefen Fassade mit den farbigen Marmorinkrustationen wohl zu den schönsten Palästen Venedigs. Der asymmetrische Palast wurde um 1487 für Giovanni Dario (er verewigte seinen Namen im Sockelgeschoß) errichtet. Baumeister war Pietro Lombardo. Mit der aus der Lombardei eingewanderten Familie der Lombardi gewannen die Marmorverkleidungen, die bereits im 13. Jh. beliebt gewesen waren, wieder an Bedeutung. Solche Fassaden waren sehr kostspielig und deshalb ein sichtbarer Hinweis auf Reichtum.

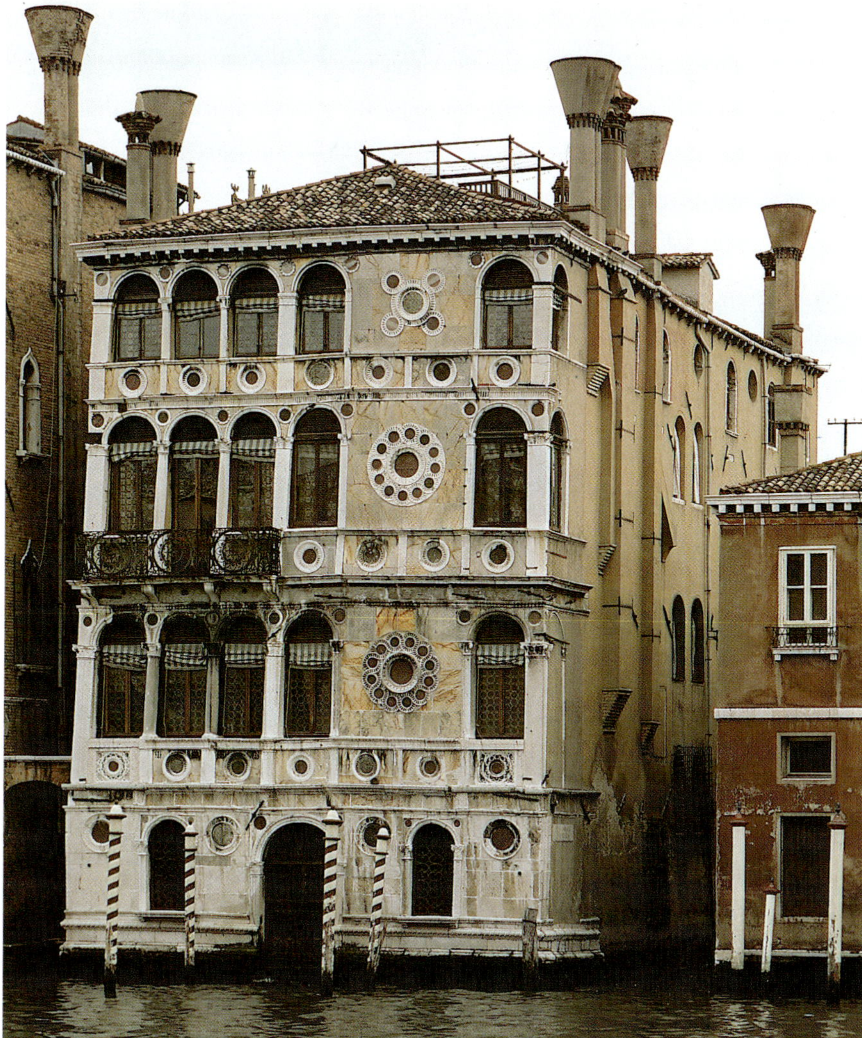

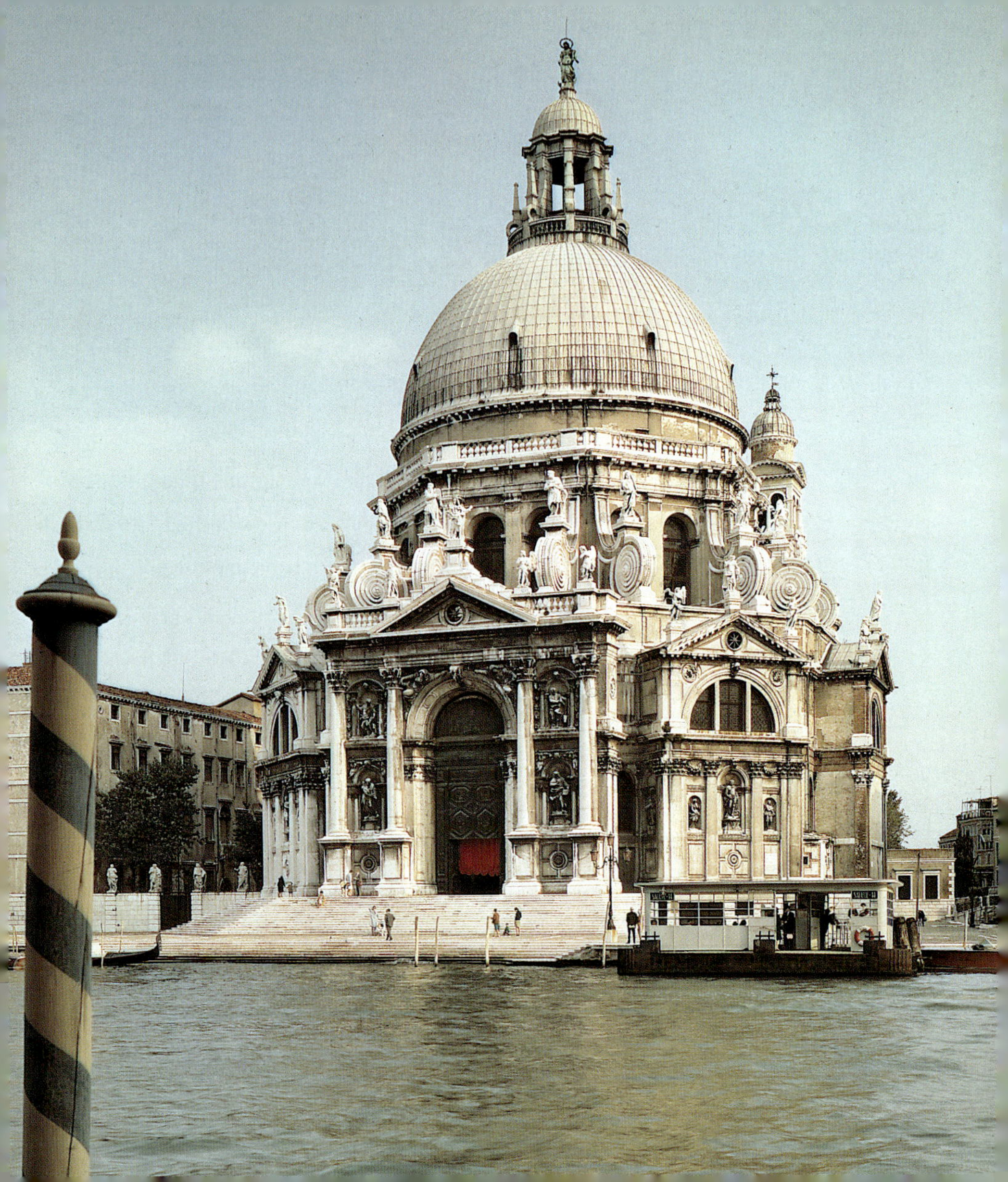

Santa Maria della Salute

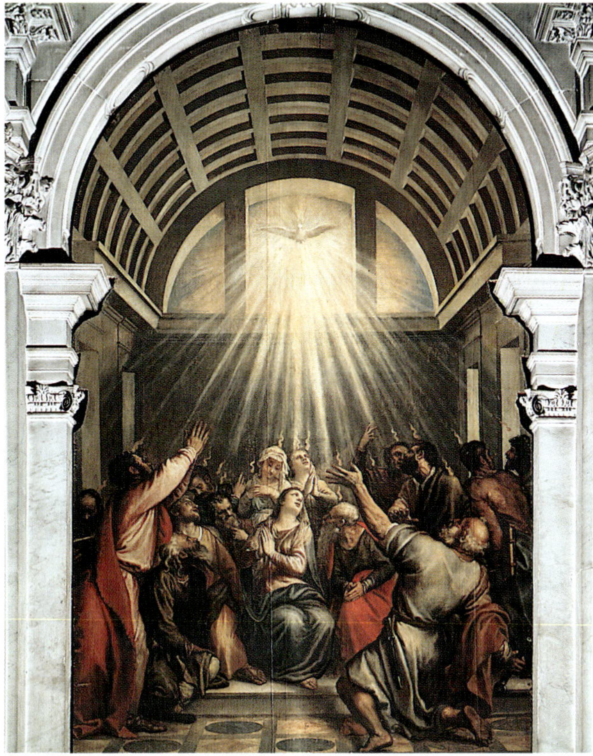

Der erst 33jährige Baldassare Longhena wurde nach einem Wettbewerb damit beauftragt, der Gottesmutter zum Dank für das Ende der Pestepidemie von 1629/30 diese Kirche zu errichten. 1687 wurde sie geweiht. Der Zentralbau mit seiner weithin sichtbaren Kuppel setzt einen wichtigen städtebaulichen Akzent gegenüber dem Dogenpalast und der Piazzetta. Er kommt besonders zur Geltung, wenn man sich dem Markusplatz auf dem Wasserweg von Osten nähert und den Dogenpalast, die Insel San Giorgio und Santa Maria della Salute gleichzeitig im Blick hat. Riesige schneckenförmige Voluten mit Skulpturen leiten vom hohen Untergeschoß zur Kuppel über. Sie geben der Kirche ihr unverwechselbares Aussehen. Der Innenraum ist strenger gegliedert als der verspielt wirkende Außenbau. Der unter der Kuppel liegende große Mittelraum ist von Kapellen umgeben, die nach außen durch zweigeschossige Vorbauten sichtbar werden.

Tizian: Das Pfingstwunder, 1545
Öl auf Leinwand, 570 x 260 cm

Das Gemälde zum christlichen Fest der Ausgießung des Heiligen Geistes über die Jünger stammt, wie fünf weitere Meisterwerke Tizians, die in die Kirche Santa Maria della Salute gelangten, aus dem im 17. Jh. aufgelösten Kloster Santo Spirito in Isola.

Tizian: Der Hl. Markus umgeben von den Heiligen Cosmas, Damian, Rochus und Sebastian, um 1510
Öl auf Leinwand, 218 x 149 cm

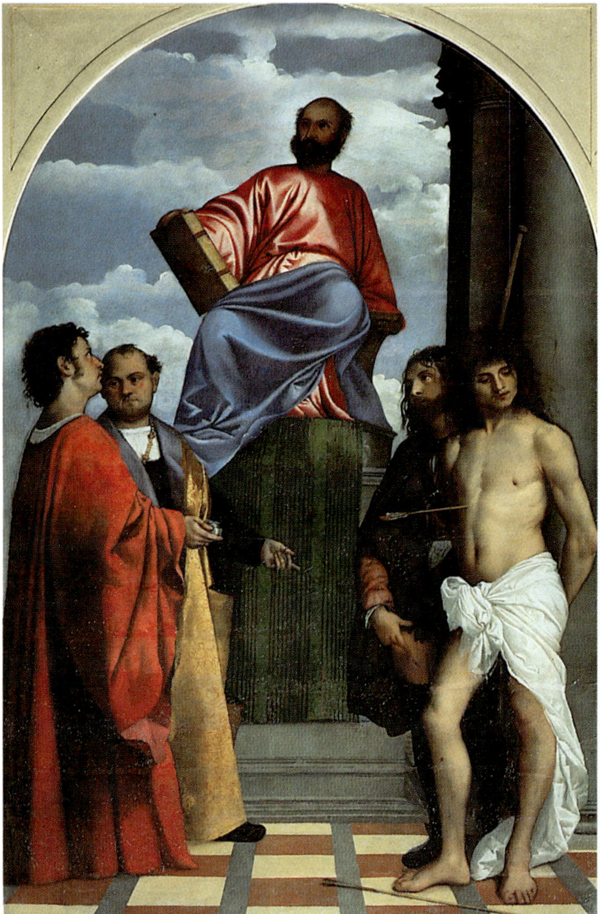

Auch dieses Gemälde wurde anläßlich einer großen Pestepidemie in Auftrag gegeben und entstand für die Augustiner-Chorherren von Santo Spirito in Isola. Es ist eines der frühesten bekannten und durch das Pestende 1510 datierbaren Werke Tizians. Die voluminösen Figuren in ihren schweren leuchtenden Gewändern erinnern noch an seinen Lehrer Giovanni Bellini. Doch die elegante Aktfigur des Sebastian mit ihrem virtuos gemalten weißen Tuch zeigt schon die ganze Meisterschaft des jungen Malers. Die Bitte an den Hl. Markus um Rettung von der Pest wird geschickt inszeniert. Die beiden heiligen Ärzte Cosmas und Damian auf der linken Seite fungieren gleichsam als Einleitung. Der Vordere hat seinen Blick bittend zu dem über ihnen thronenden Stadtpatron Markus erhoben. Beide Ärzte weisen mit den Händen auf die Pestwunde, die der Hl. Rochus rechts vorzeigt. Rochus und der von Pfeilen durchbohrte Sebastian sind die wichtigsten Pestheiligen.

Tizian: Das Isaaksopfer, 1542–1544
Öl auf Leinwand, 328 x 282 cm

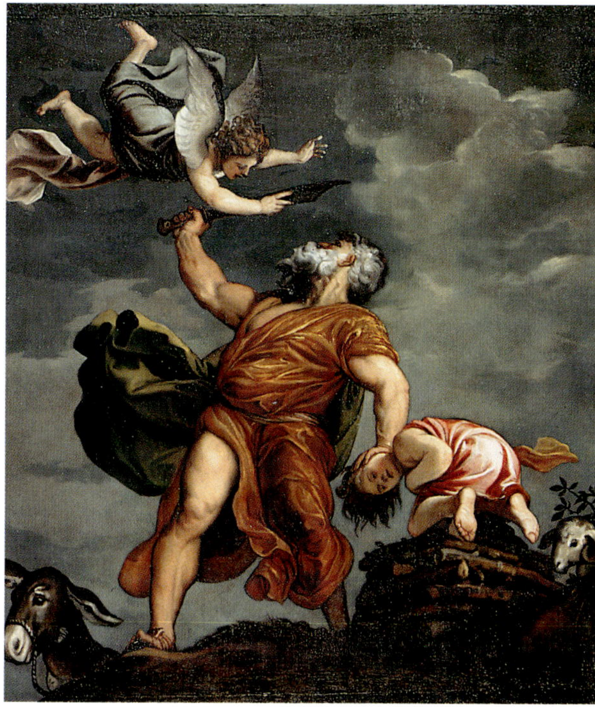

Die Opferszene war Teil einer reichen, geschnitzten Deckendekoration und stammte ursprünglich ebenfalls aus Santo Spirito in Isola. Die Decke, zu der Jacopo Sansovino den Entwurf geliefert hatte, ist nicht erhalten. Nur Tizians Leinwandbilder wurden 1656 in die Sakristei von Santa Maria della Salute überführt. Sie zeigen außer der Opferung Isaaks auch Kain und Abel sowie David und Goliath. Zudem gehören zur Gesamtdekoration noch acht kleine Rundbilder mit den vier Evangelisten sowie den vier Kirchenvätern.

Schon die Zeitgenossen bewunderten die gekonnte Behandlung der Untersicht. Tizian erhöhte den Schwierigkeitsgrad der Darstellung, indem er seine Figuren in starker Bewegung zeigt, die eine perfekte Beherrschung von extremen perspektivischen Verkürzungen verlangt.

Das »Isaaksopfer« gilt seit dem Mittelalter als sog. Präfiguration, als Vorausdeutung des Alten Testaments auf den Opfertod Christi. Tizian stellt diese Szene in Zuspitzung auf den dramatischsten Moment hin dar. Der Junge Isaak kniet bereits auf dem Altar. Der Vater Abraham drückt mit schwerer Hand den Kopf seines Sohnes herunter, in der anderen hält er das Messer. Der Junge ist ohne Angst. So wie sein Vater Gott vertraut, vertraut er seinem Vater. Gerade in diesem Augenblick stürzt ein Engel mit flatterndem Gewand heran. Den Mund zum Schrei geöffnet, ergreift er das Messer und verhindert so den Tod des Kindes.

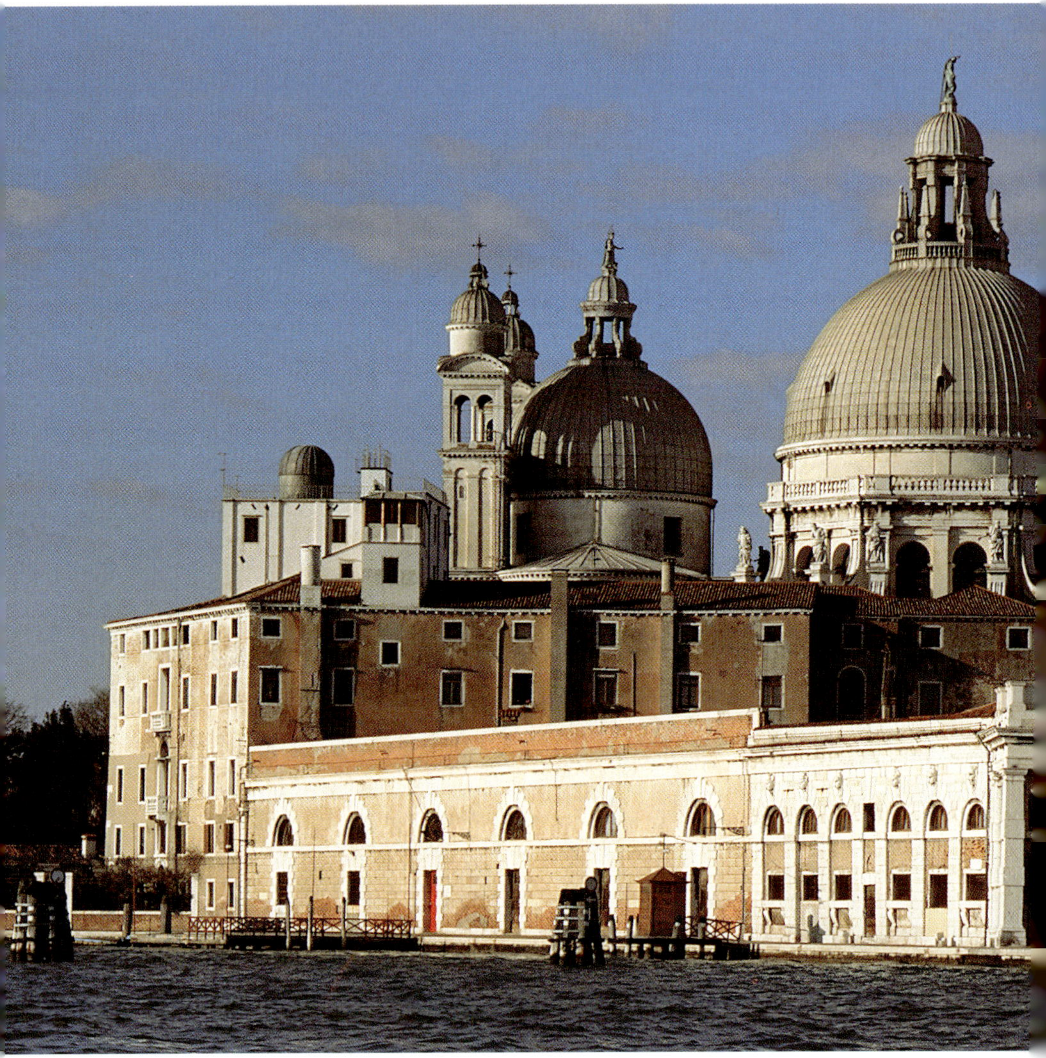

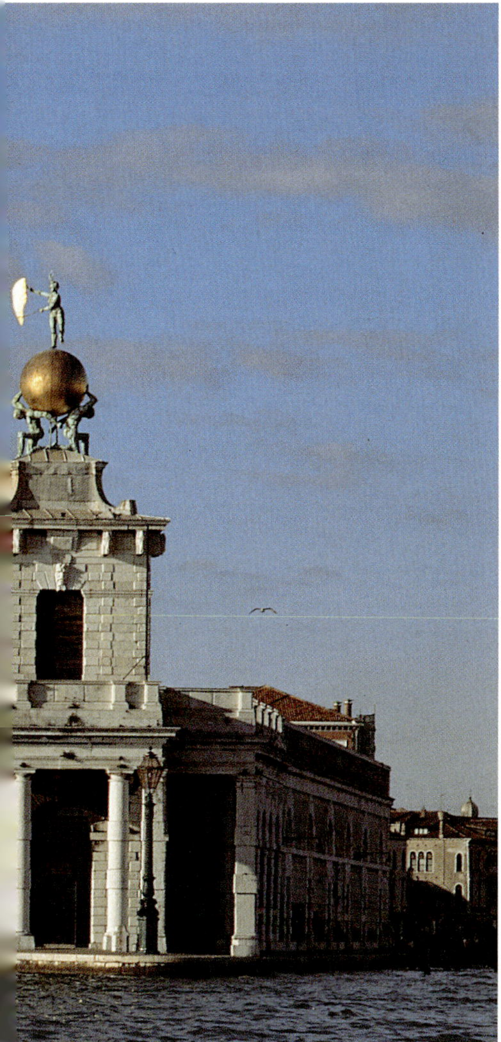

Dogana da Mar

Die Einfahrt in den Canal Grande wird, vom Markusplatz kommend, auf der linken Seite von dem langgestreckten Gebäude der Dogana da Mar, der Meereszollstation begrenzt. Das schmucklose, gedrungene Bauwerk wurde 1677–1682 von Guiseppe Benoni errichtet. Der Bacino di San Marco, d. h. die Wasserfläche vor dem Dogenpalast mit der Piazzetta auf der einen und San Giorgio Maggiore sowie der Giudecca auf der anderen Seite, war einst einer der wichtigsten Häfen Europas. Hier ankerten Segelschiffe, die die begehrten Waren aus aller Welt in die Lagunenstadt brachten. Güter, die Venedig über den Seeweg erreichten, wurden hier entladen und verzollt. Die große Zollstation mit ihren riesigen Lagern zeugt noch immer von diesem alten Glanz, auch wenn das geschäftige Treiben, das hier einst herrschte, nur noch schwer vorstellbar ist.

Dort, wo sich früher ein niemals benötigter Wachturm gegen feindliche Angriffe befunden hatte, wird die Spitze der Dogana von einem Turm mit einer goldenen Kugel markiert. Zwei Atlanten tragen die große Weltkugel, Fortuna, die Göttin des Glücks balanciert darauf mit einem Steuerruder als Windfahne. Sie zeigt nicht nur die vorherrschende Windrichtung an, sondern führt den ankommenden und abfahrenden Schiffen die Unberechenbarkeit des Schicksals deutlich vor Augen. Die Skulptur wurde von Bernardo Falcone geschaffen.

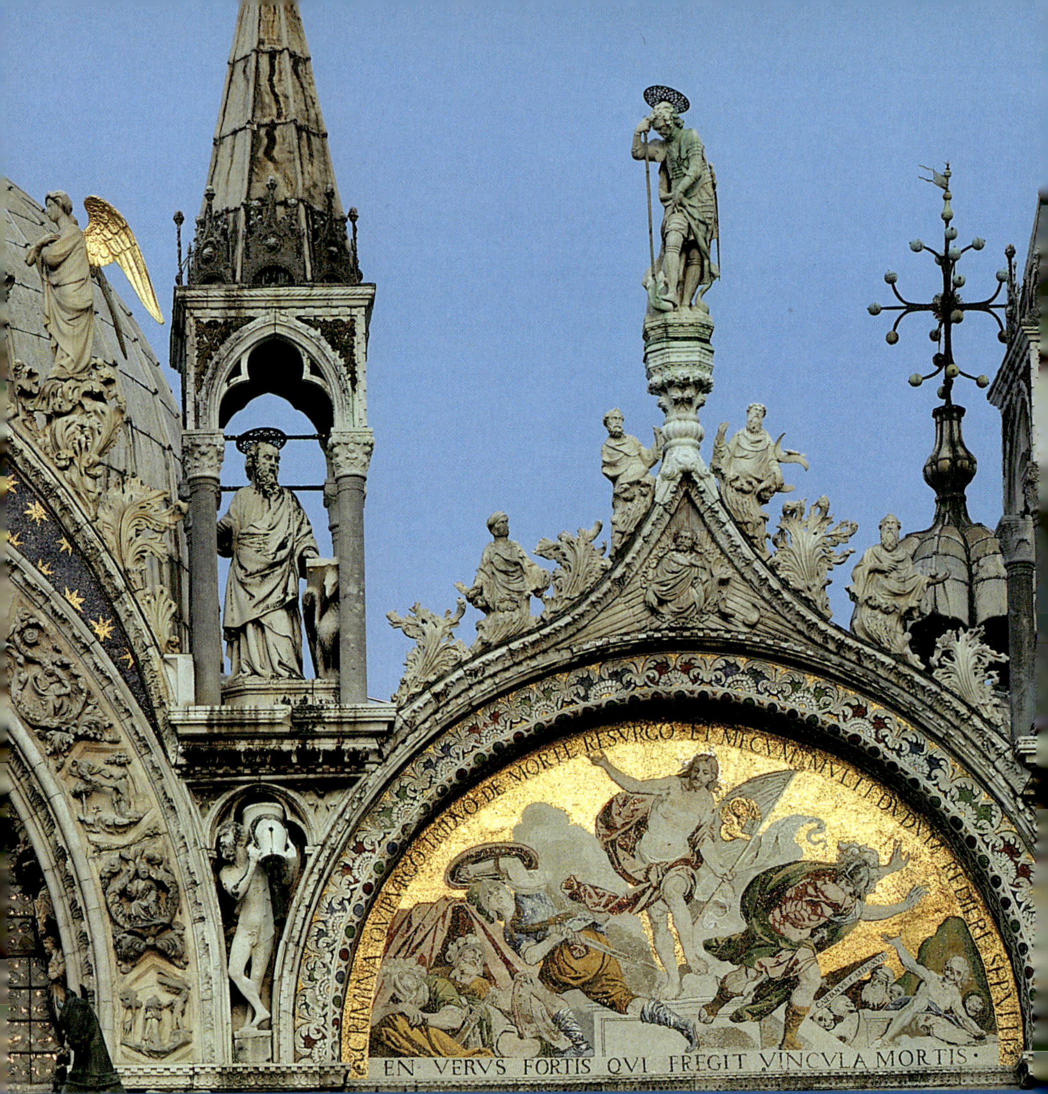
EN VERVS FORTIS QVI FREGIT VINCVLA MORTIS

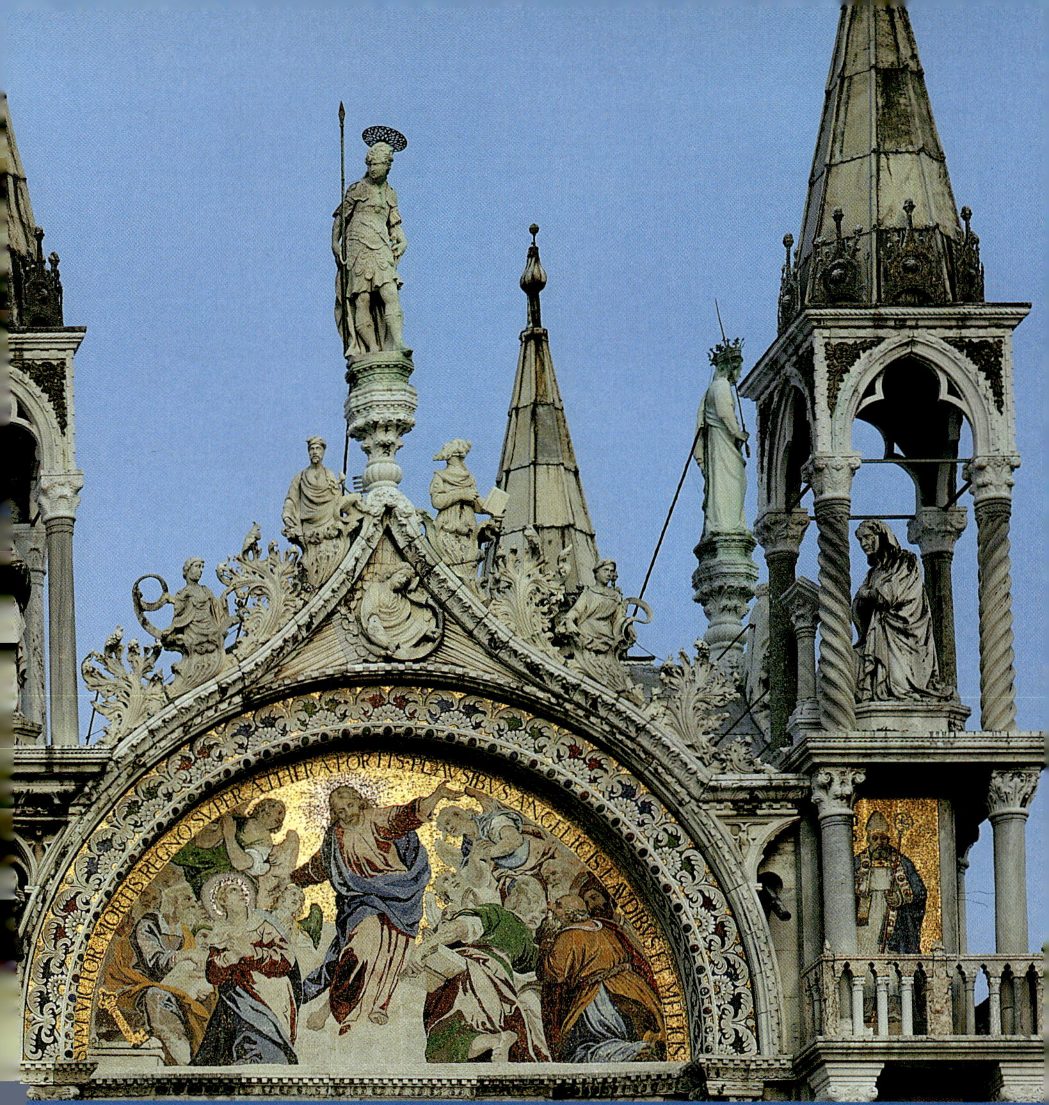

Sestiere San Marco

San Marco

Im Sestiere San Marco lag das politische Machtzentrum der Stadt, das sich um die Piazza San Marco mit der Markuskirche und dem Dogenpalast konzentrierte. Dies war bereits im Mittelalter das eigentliche, mit einer Wehrmauer aus Holz umgebene Herz der Stadt. Allein hier könnte der Besucher, der sich für die venezianische Geschichte interessiert, mehrere Tage verbringen, wollte er historisch und kunsthistorisch interessante Bauwerke umfassend kennenlernen. Zum Machtzentrum der Stadt gehörten auch Beamtenwohnungen und Büros, die Münze, die große Bibliothek, Getreidespeicher und das Gefängnis. Rund um den Markusplatz und um die Piazzetta hatten zahlreiche Händler ihr Quartier. Bis in das 16. Jh. hinein wurden hier v. a. auch Backwaren, Fleisch und andere Handelsgüter angeboten. Dann versuchte man, der Vornehmheit des Regierungsviertels entsprechend, solche Läden anzusiedeln, die mit Luxusgütern und Juwelen handelten. Daran hat sich bis heute nur wenig geändert. Im San-Marco-Viertel findet man die vornehmsten Hotels sowie internationale und venezianische Luxusgeschäfte, die zum Einkaufsbummel durch die engen Gassen einladen.

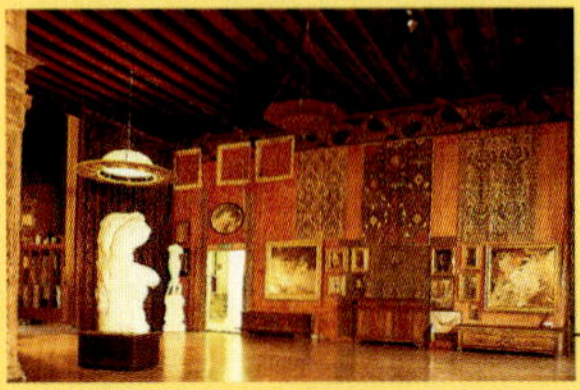

Museo Fortuny (Innenraum), S. 207

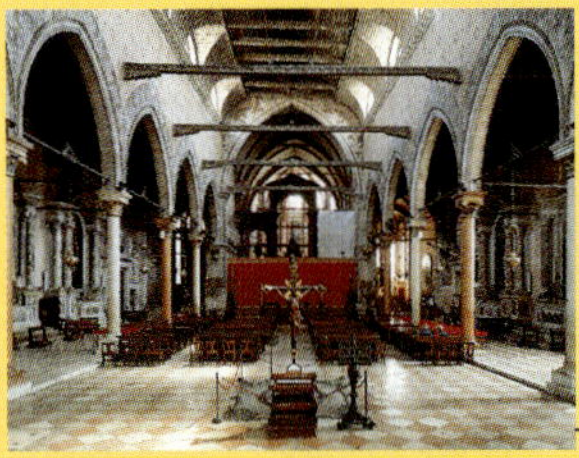

Santo Stefano (Innenansicht), S. 203

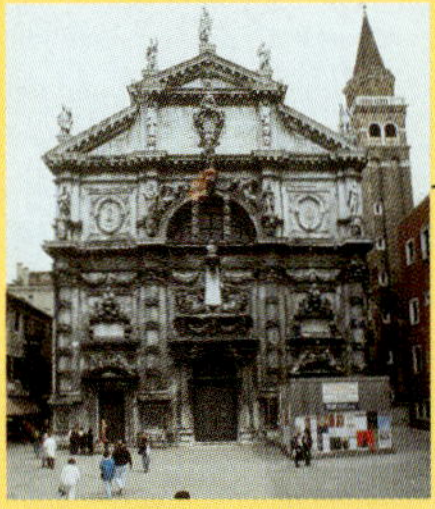

San Moisè, S. 200

Weitere Sehenswürdigkeiten:

1 Dogenpalast **2** Piazzetta **3** Piazza San Marco **4** Libreria/Biblioteca Marciana **5** Campanile von San Marco und Loggetta **6** Café Florian **7** Museo Civico Correr **8** Neue Prokuratien **9** Napoleonischer Flügel **10** Alte Prokuratien **11** Teatro La Fenice **12** San Salvatore

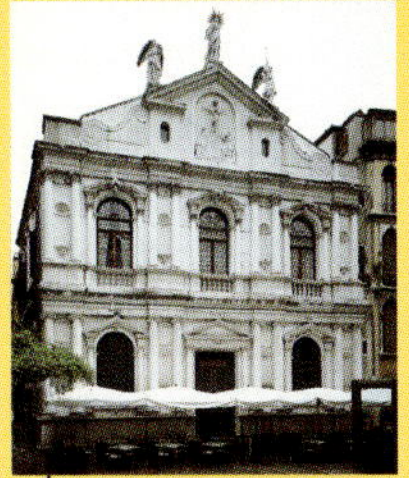

Ateneo Veneto (Scuola di San Girolamo/Scuola di San Fantin), S. 205

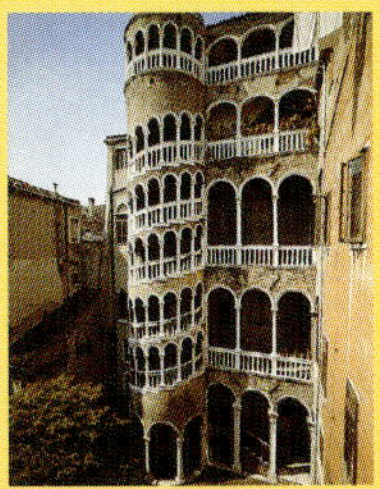

Scala del Bovolo, S. 209

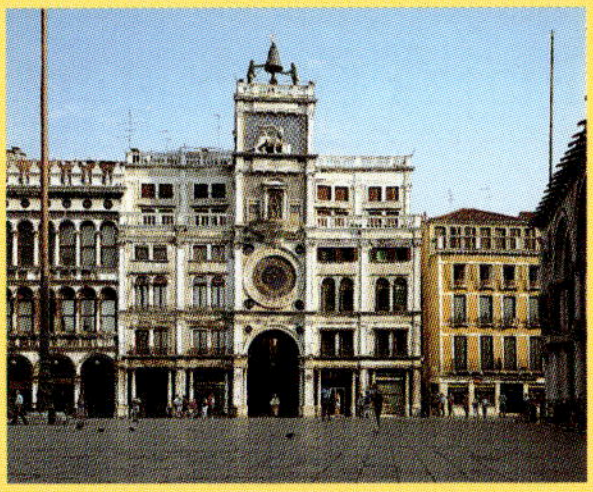

Torre dell' Orologio, Uhrturm, S. 183

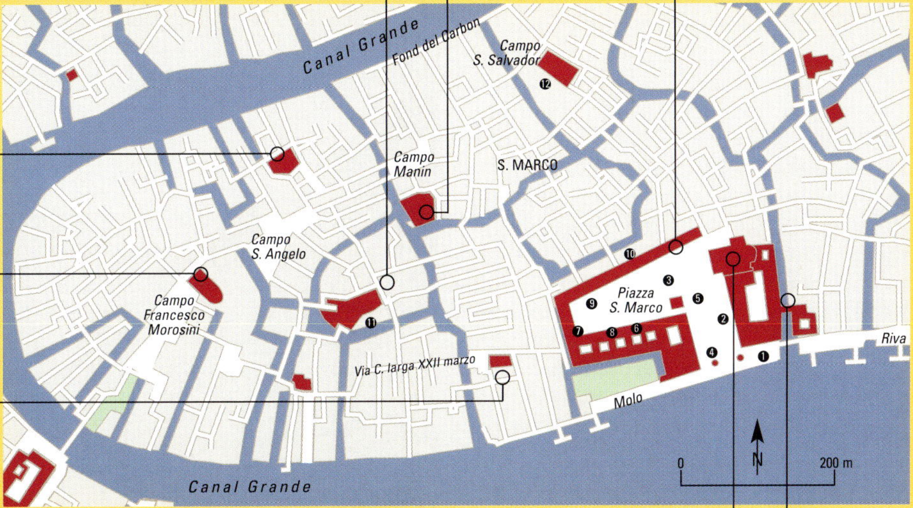

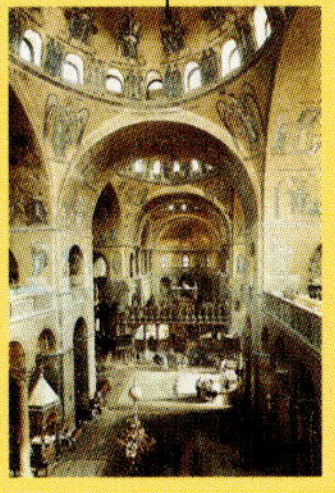

San Marco (Innenraum), S. 107

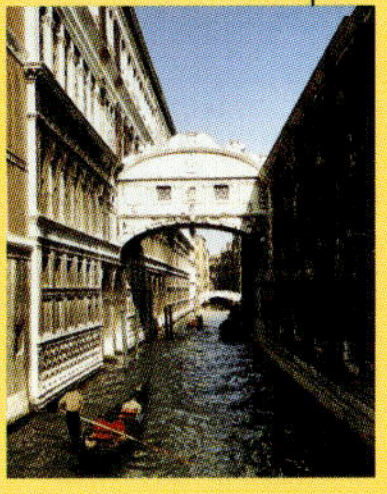

Ponte dei Sospiri (Seufzerbrücke), S. 179

Piazza San Marco

In Venedig gibt es nur eine »Piazza«, den Platz vor San Marco, an den sich die Piazzetta vor dem Dogenpalast zur Lagune hin anschließt. Alle anderen Plätze heißen »Campo«. Ursprünglich bezeichnete dies vielleicht einmal den Gegensatz zwischen dem gepflasterten Platz vor der Markuskirche und dem Herrschersitz im Unterschied zu den ehemals unbefestigten anderen Plätzen der Stadt. Später wurde »Piazza« zu einer Art Ehrenbezeichnung für den Ort, an dem sich das gesamte öffentliche Leben der Stadt mit seinen Festen und Zeremonien abspielte. Der Markusplatz war der Festsaal Venedigs, in dem Arm und Reich ihre Stadt und ihren Staat gemeinsam in Prozessionen, Umzügen und großen Begrüßungszeremonien für fremde Herrscher feierten und auf dessen Ausschmückung sie über Jahrhunderte ihre künstlerische und wirtschaftliche Kraft verwandten. Das hielt die praktischen und handelstüchtigen Venezianer keineswegs davon ab, ihn an weniger festlichen Tagen als Marktplatz zu gebrauchen. Vom Markusplatz als »dem schönsten Salon Europas« zu sprechen, wie Napoleon es tat, war zu Zeiten der Serenissima deshalb schlichtweg eine Untertreibung. Bis heute ist der Platz einer der Hauptanziehungspunkte Venedigs und wimmelt von Besuchern. Nur früh morgens oder wenn abends die Tagestouristen abgereist sind, kann man ihn in seiner Größe bewundern.

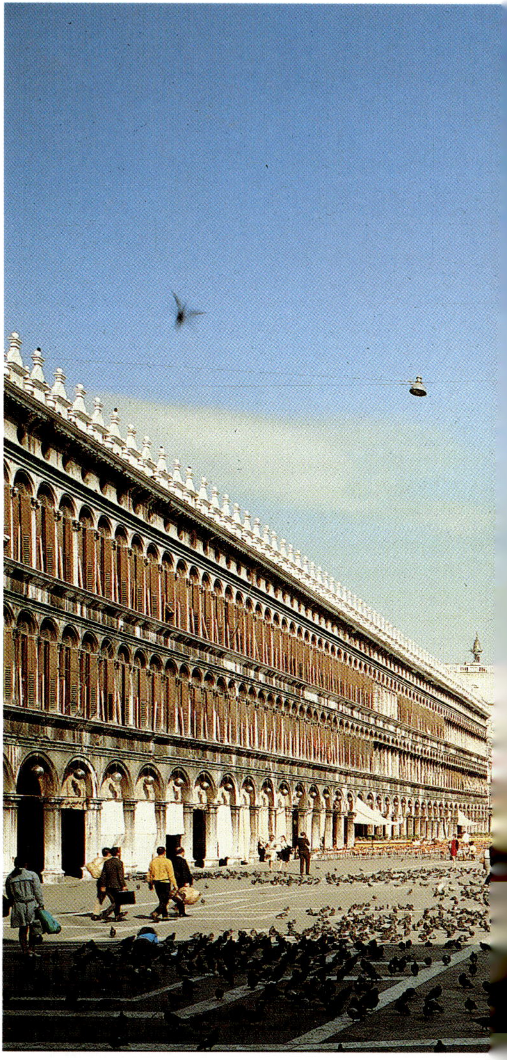

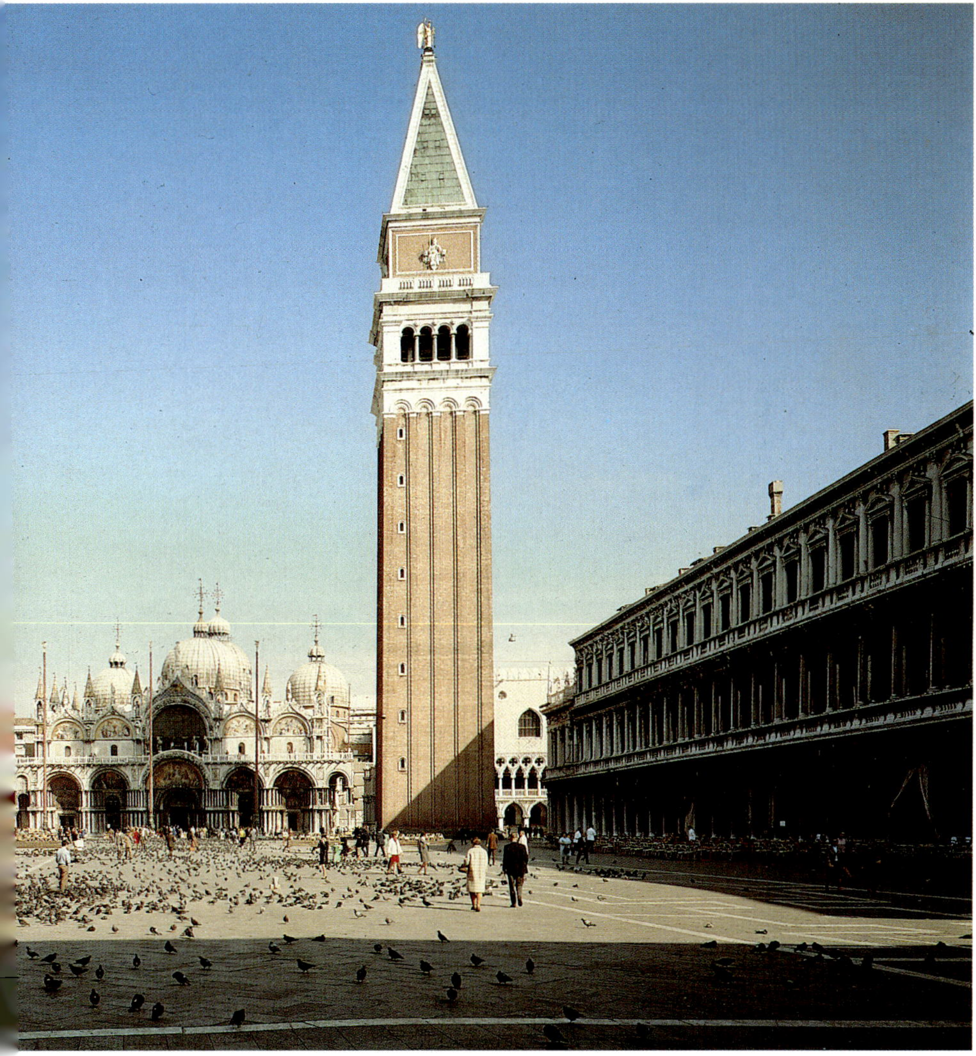

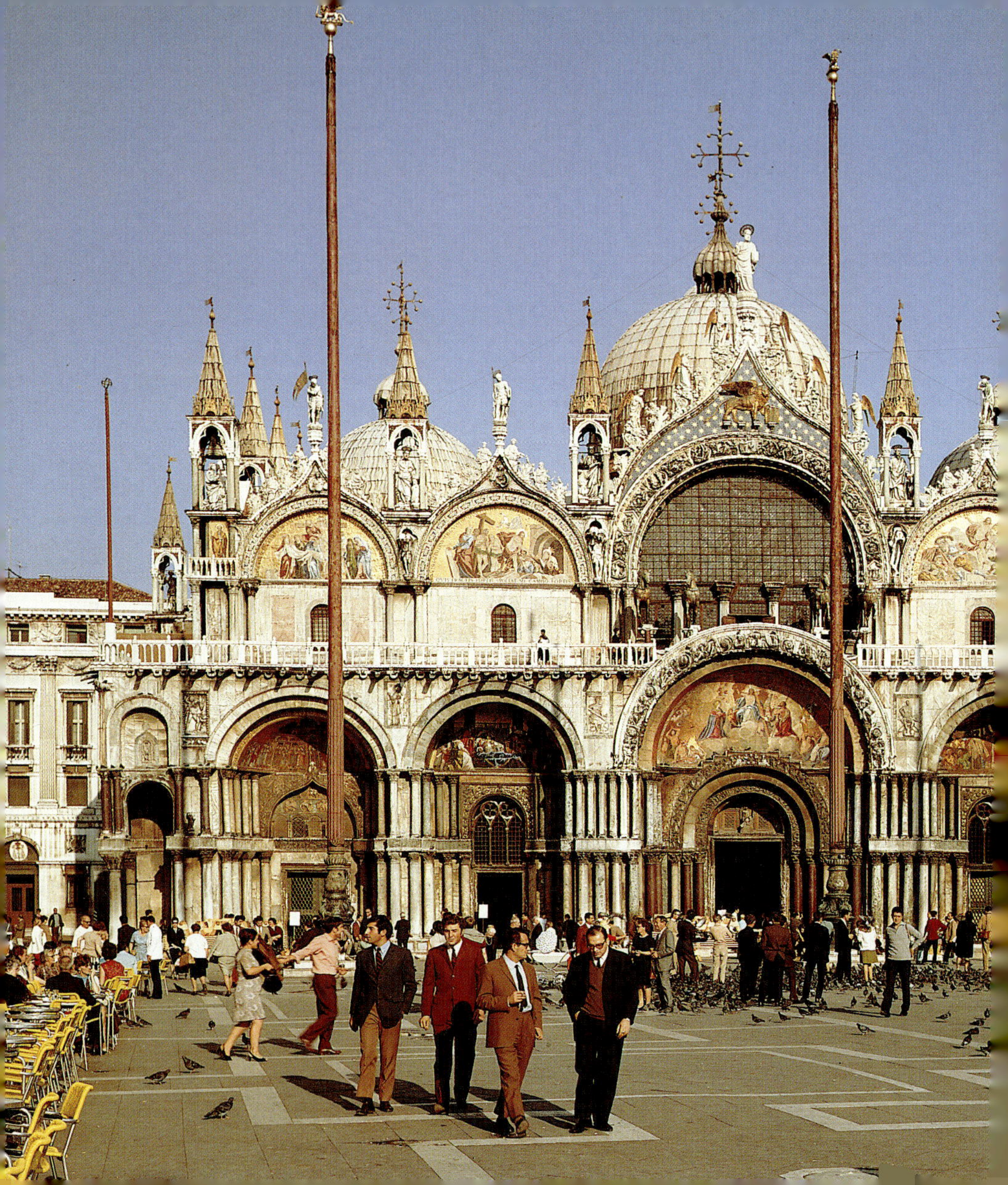

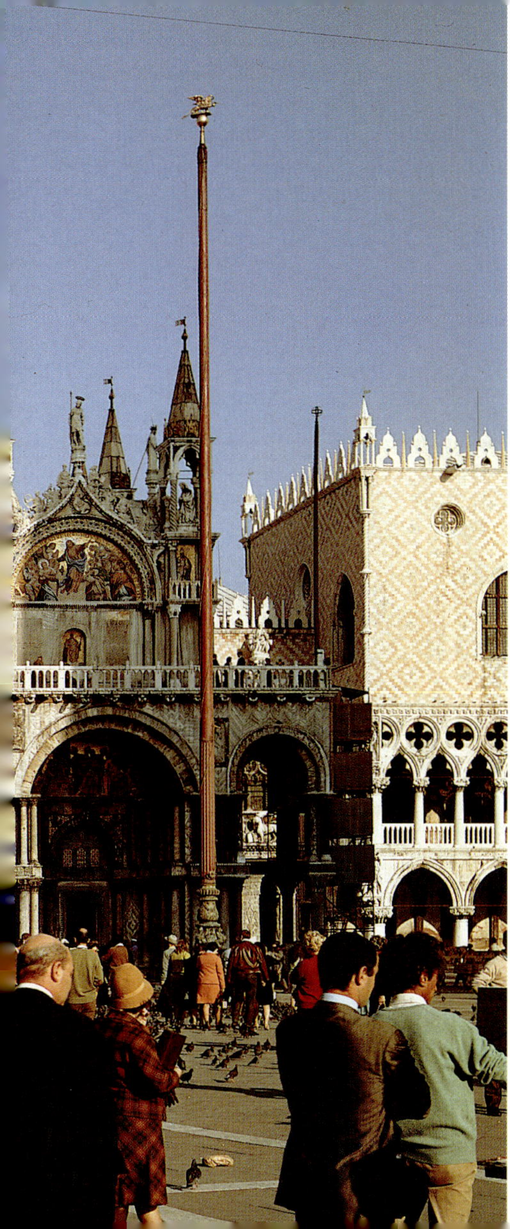

San Marco

Die Kirche des Hl. Markus beherrscht die gesamte östliche Front der Piazza. Sie gehört seit ihrer Errichtung um 830 zum Dogenpalast. Das heutige Bauwerk wurde um 1060 als dritter Neubau geschaffen. Erst nach dem Ende der venezianischen Unabhängigkeit wurde die Markusbasilika 1807 auch Bischofssitz. San Marco spiegelt nicht in erster Linie den Machtanspruch und den Reichtum der Kirche, sondern Glanz und Geschichte des venezianischen Staates wider. Mit ihren Kuppeln und Türmchen, den vielfarbigen Marmorsäulen, goldblitzenden Mosaiken, cremeweißen, ehemals vergoldeten, vegetabilisch anmutenden Bogenbekrönungen, Skulpturen und bunten Marmorinkrustationen wirkt die Markuskirche wie eine kostbare Schmuckschatulle. Der Bau hat auf den ersten Blick nur wenig gemein mit den hochaufragenden, klar gegliederten Fassaden der europäischen Romanik und Gotik, die zur selben Zeit wie der Markusdom zwischen dem 11. und 13. Jh. errichtet wurden. Die Außenansicht von San Marco ist das Ergebnis mehrerer, immer wieder neue Schmuckelemente hinzufügender Bauphasen, die sowohl westeuropäische als auch byzantinische Anregungen aufnahmen und zu einem einzigartigen Gesamtkunstwerk verschmolzen. Im Innenraum überwiegt der byzantinische Einfluß, doch auch dort umgedeutet zu einem neuen, venezianischen Ganzen.

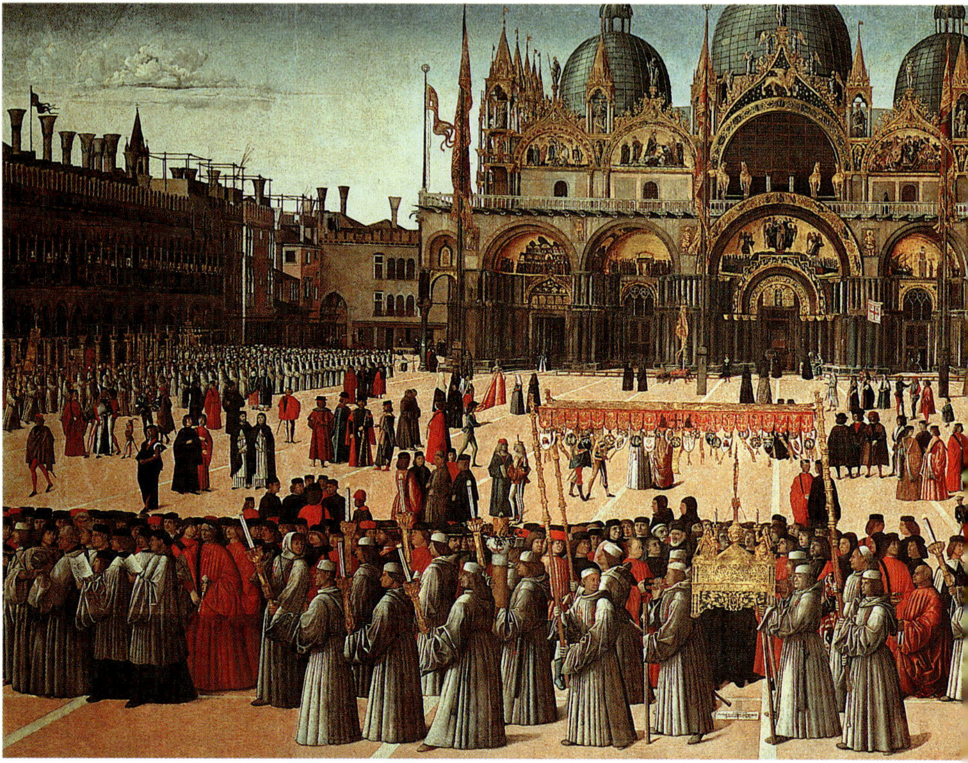

Gentile Bellini: Prozession der Kreuzesreliquie auf dem Markusplatz, 1496
Tempera auf Leinwand, 376 x 745 cm

Zu Festzeiten entfaltete die Piazza San Marco, wie auf dem Gemälde von Gentile Bellini zu sehen, ihre ganze Pracht. Aus den Fenstern hingen bunte Wimpel, vor der goldschimmernden Markuskirche wurden prächtige Fahnen gehißt. Die feierlichen Prozessionen und Aufmärsche trugen durch die Pracht der Gewänder und durch die mitgeführten Fahnen und Kerzen selbst zur Ausschmückung bei. Bei anderen Gelegenheiten, z. B. beim Besuch hochgestellter Persönlichkeiten, diente der Platz großen Aufbauten, die ihn in einen noch prachtvolleren Stadtraum verwandelten.

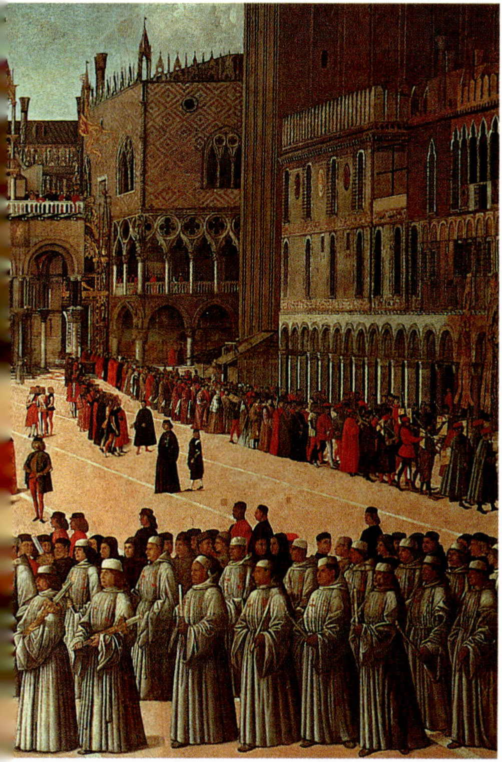

Bellinis Gemälde gehört zu einem Zyklus, den er zusammen mit Vittore Carpaccio, Lazzaro Bastiani, Giovanni Mansueti, Benedetto Diana und Perugino für die Scuola Grande di San Giovanni Evangelista geschaffen hat. Die Gemälde zeigten Wunder einer kostbaren Kreuzesreliquie, welche die Scuola seit 1393 besaß. Dargestellt ist die Prozession, die am Markustag, dem 25. April 1444, stattfand. Als die Reliquie an dem Brescianer Kaufmann Jacopo Salis vorbeigetragen wird (er kniet vorne rechts), erfolgt augenblicklich die Heilung seines Sohnes, die er erfleht.

Das Gemälde Bellinis vermittelt einen genauen Eindruck vom Aussehen des Platzes um 1496. Auf der linken Seite sind noch die mittelalterlichen Alten Prokuratien sichtbar, die um 1515 neu errichtet wurden. Auch der Uhrenturm ist der Vorgänger des heutigen, ab 1496 errichteten Torre dell' Orologio. Rechts davon erkennt man die Fassade der 1661 zerstörten Kirche San Basso, und auf der Piazzetta dei Leoncini links neben der Markuskirche steht noch die Casa dei Canonici, das Haus der Kanoniker von San Marco. Auf der rechten Seite ist neben dem Glockenturm das Ospizio Orseolo zu erkennen, das beim Bau der Neuen Prokuratien abgerissen wurde. Zwischen San Marco und Dogenpalast sieht man die farbige Porta della Carta. Der Platz selbst zeigt die alte, typisch venezianische Pflasterung mit Ziegeln, wie sie nur an einigen wenigen Stellen, etwa in Innenhöfen von Palästen, erhalten ist.

Auf Grund der detailgenauen Darstellung des Schauplatzes wird Gentile Bellini häufig als der Vorläufer der großen venezianischen Vedutisten des 18. Jh.s bezeichnet. Seine Auftraggeber dürften sich allerdings viel mehr für die eigenen Porträts interessiert haben, die der Künstler 1496 in sein Bild integriert hat, das ein Ereignis darstellt, welches fünfzig Jahre zuvor stattgefunden hatte.

Säulen an der Fassade

Während Venedig sich anschickte, zur beherrschenden Seemacht im östlichen Mittelmeer aufzusteigen, sammelte man in allen eroberten Gebieten Schätze, Marmor, Säulen, Kapitelle, Reliefs, kostbare Gefäße und Gemälde, mit denen man die Kirche des Hl. Markus ausschmückte. Die vielfarbigen Marmorsäulen am Außenbau sind ein beredtes Zeugnis dieser Praxis. Sie stammen aus verschiedenen Orten und Zeiten und wurden zur Verschönerung der Fassade hier neu zusammengestellt. Manche wurden auch mit neuen, kostbar gearbeiteten Kapitellen versehen, die den Wert der Marmorsäulen unterstreichen. Allein ihre Farben trugen schon zur Belebung der ursprünglichen Ziegelfassade bei.

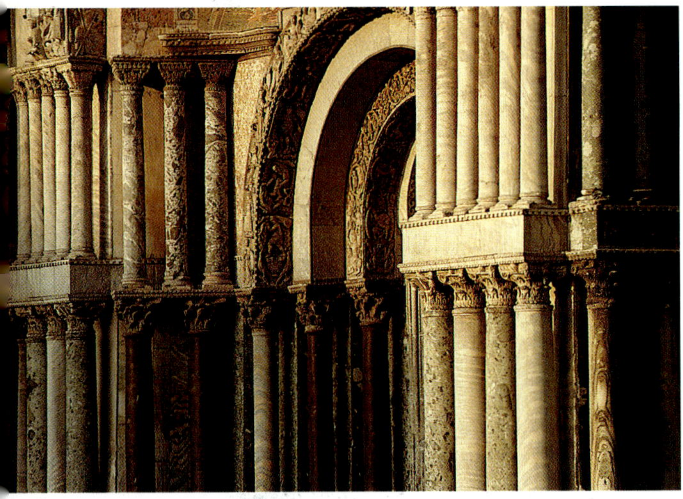

Die Pferde von San Marco

Auf dem sog. 4. Kreuzzug brachten die Venezianer 1204 eine Quadriga aus vergoldeter Bronze (4. Jh.) von Konstantinopel nach Venedig. Die Überführung dieser edlen Pferdegruppe in die Stadt des Hl. Markus war ein letzter symbolischer Akt, der die endgültige Überwindung der alten Schutzmacht besiegelte. Ab Mitte des 13. Jh.s waren die Pferde über dem Hauptportal auf der Galerie aufgestellt. Dort erschien bei feierlichen Staatsanlässen der Doge und sein Gefolge. Die Pferde von San Marco sowie der gesamte Bau wurden zu einem Symbol der Macht für den venezianischen Staat. Obwohl die Feinde Venedigs immer wieder damit gedroht haben, den Rossen Zügel anzulegen, gelang es erst Napoleon, sie zu entführen. Als er 1797 der venezianischen Republik ein Ende bereitete, schickte er die Pferde mit anderen kostbaren Beutestücken nach Paris. Erst 1815 kehrten sie an ihren alten Platz zurück. Heute sind es nicht mehr feindliche Mächte, sondern Umweltgifte, die die Rösser bedrohen. Die Originale befinden sich aus diesem Grund seit 1982 im Museum von San Marco, welches man über die schmale Treppe aus der Vorhalle der Kirche erreicht.

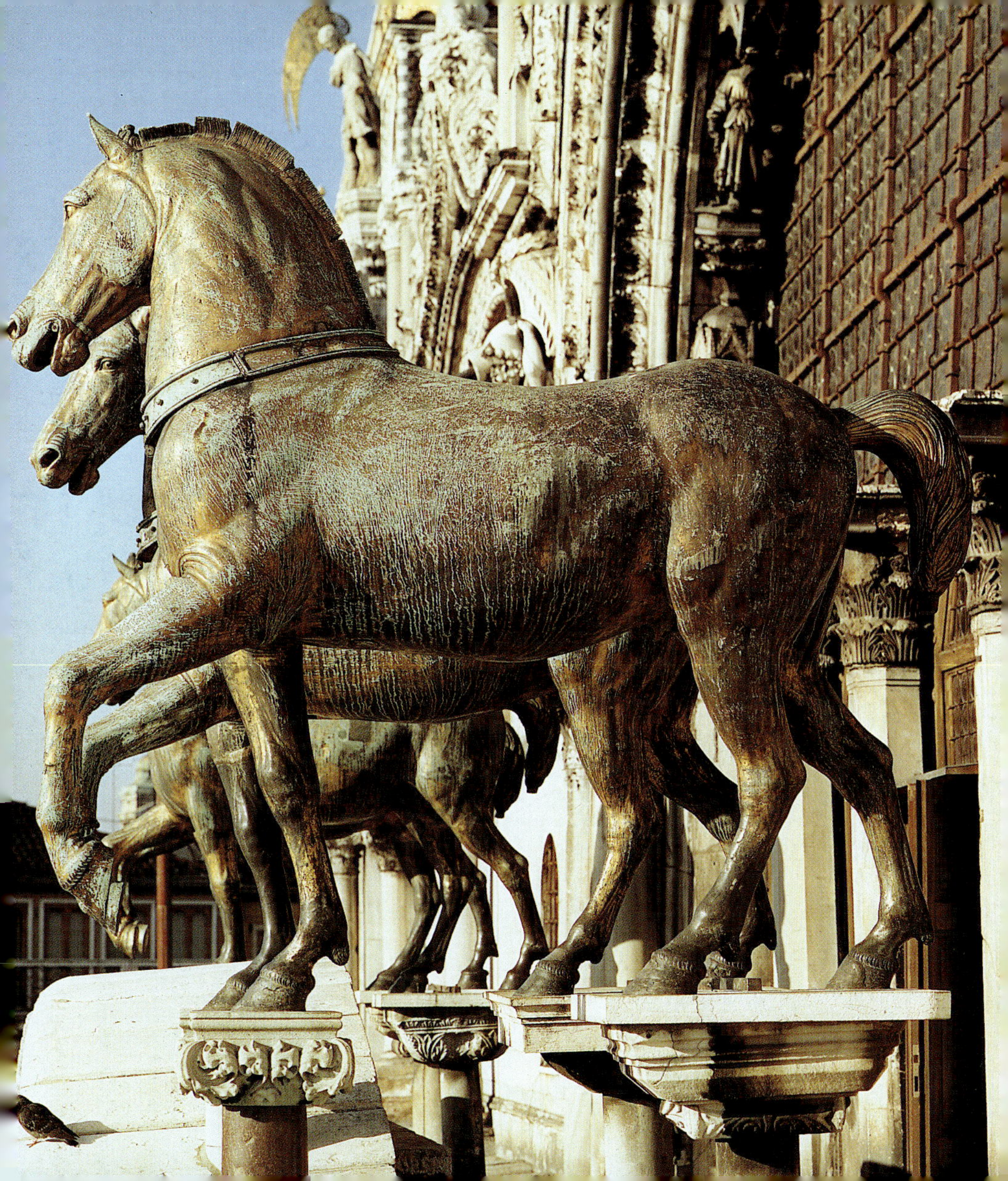

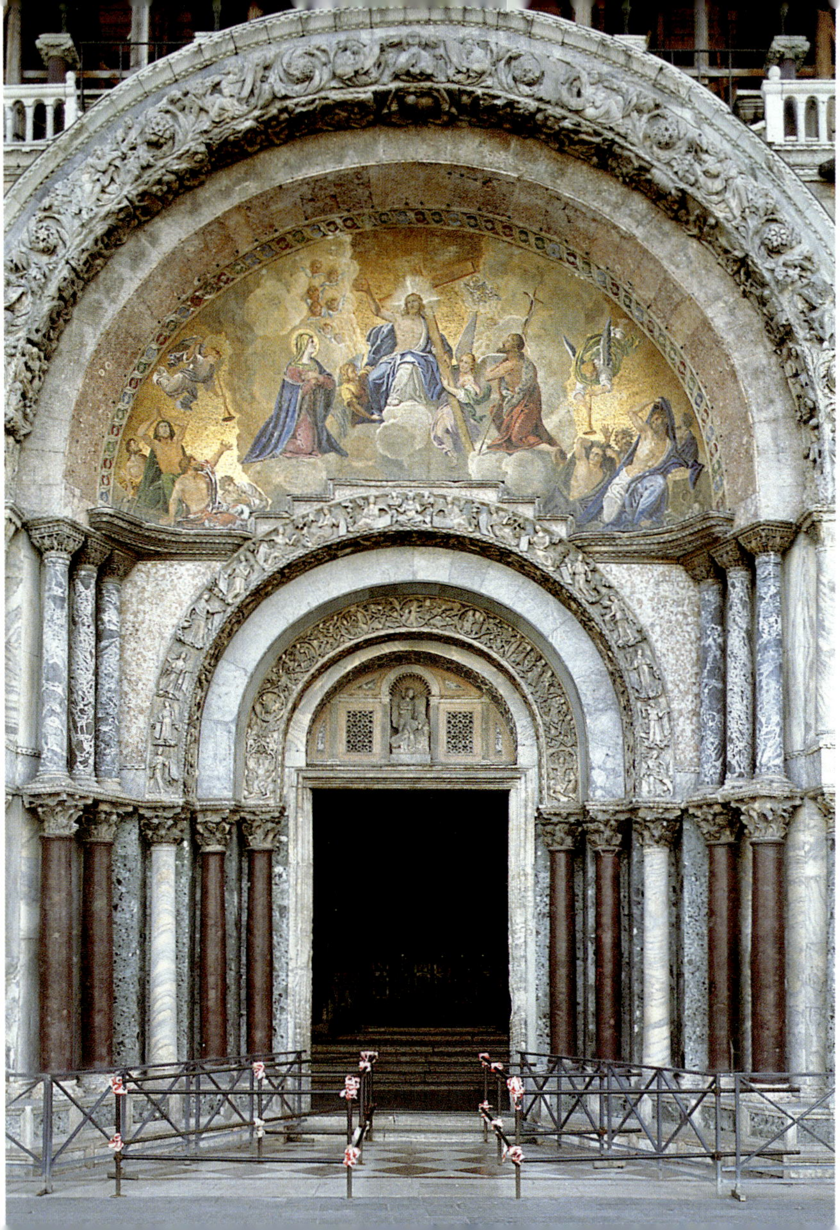

Hauptportal (mit Detail)

Der Haupteingang ist durch ein über die Terrasse hinausragendes, mehrfach gestuftes Bogenportal ausgezeichnet, das ursprünglich blau und golden gefaßt war. Drei Bogen des Portals sind mit plastischem Schmuck versehen. Sie geben einen Eindruck von der stilistischen Entwicklung der venezianischen Skulptur des 13. bis 14. Jh.s. Der innere Bogen zeigt frühromanische, veneto-byzantinische Formen vom Beginn des 13. Jh.s. In der Bogenlaibung erscheinen Tiere in Weinlaub.
Die Anfangssteine des Bogens sind mit symbolischen Darstellungen besetzt, die als Terra (Erde) und Oceanus (Meer) oder als Kirche und Häresie (Ketzerei) gedeutet werden. Die Bogenstirn ist mit Darstellungen der Wildnis und des zivilisierten Lebens geschmückt. Der zweite Bogen zeigt mit seinen naturalistischen Formen den Übergang von der Romanik zur Gotik. In der Bogenlaibung erscheinen allegorische Darstellungen der Jahreszyklen, während an der Stirn christliche Tugenden zu sehen sind. Der äußere Bogen ist im Innern mit Bildern der wichtigsten venezianischen Zünfte besetzt. Der Mann mit den Krücken, der sich in die Finger beißt, gilt einer alten Legende zufolge als der lahme Architekt der Kirche, der erkennt, daß das Bauwerk nicht vollkommen ist. Die Bogenstirn ist mit Prophetenfiguren, Weinranken und dem segnenden Christus geschmückt.

Über dem Hauptportal ist ein Mosaik angebracht, das erst 1836 entstand. Es zeigt das Weltgericht.
Auf den Bogenlaibungen der Archivolte befinden sich allegorische Verbildlichungen der Monate. Sie sind durch typische Tätigkeiten der entsprechenden Jahreszeit sowie den dazugehörigen Tierkreiszeichen dargestellt. Auf dem Detail der inneren Bogenlaibung des mittleren Bogens ist die Kornernte im Juni mit den Sternzeichen Zwilling und Krebs zu sehen.

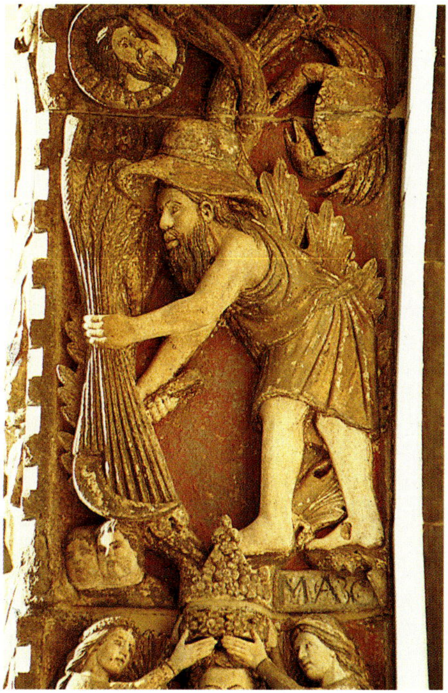

Die Überführung der Markusreliquie nach San Marco um 1265, Mosaik über der Porta di Sant' Alippio

Die Mosaiken an der Fassade stammen zum größten Teil aus dem 17. bis 19. Jh. Sie ersetzen ältere Werke des 13. Jh.s, deren Themen sie zumeist mit den stilistischen Mitteln ihrer eigenen Zeit wiederholen. Über dem nördlichen Portal der Hauptfassade, der sog. Porta di Sant' Alippio, ist jedoch das originale Mosaik aus dem 13. Jh. erhalten. Es zeigt die Überführung der sterblichen Überreste des Heiligen nach San Marco. Zwei venezianische Kaufleute hatten den Körper des Hl. Markus 828/29 von Alexandria nach Venedig gebracht. Der Legende zufolge beschloß man, die kostbare Reliquie zunächst in den Dogenpalast zu bringen, um sie sicher aufgehoben zu wissen. Dann erst wollte man darüber entscheiden, wo eine prächtige Kirche für den Evangelisten zu errichten sei. Kurz vor dem Palast wurde der Leichnam so schwer, daß man ihn nicht mehr bewegen konnte. Alle erkannten das Wunderzeichen des Heiligen, der damit selbst kundgetan hatte, wo er in Zukunft verehrt werden wollte. Auf dem Mosaik erscheint jedoch nicht der erste Bau der Kirche, sondern das Bauwerk des 13. Jh.s. Es ist ein wichtiges Zeugnis für das Aussehen des Markusdomes vor den Umbauten im 14. und 15. Jh. Man erkennt deutlich die flacheren Kuppeln und die ursprüngliche Gestaltung der Fassade, der noch die gotischen Bogenbekrönungen und Skulpturen fehlen.

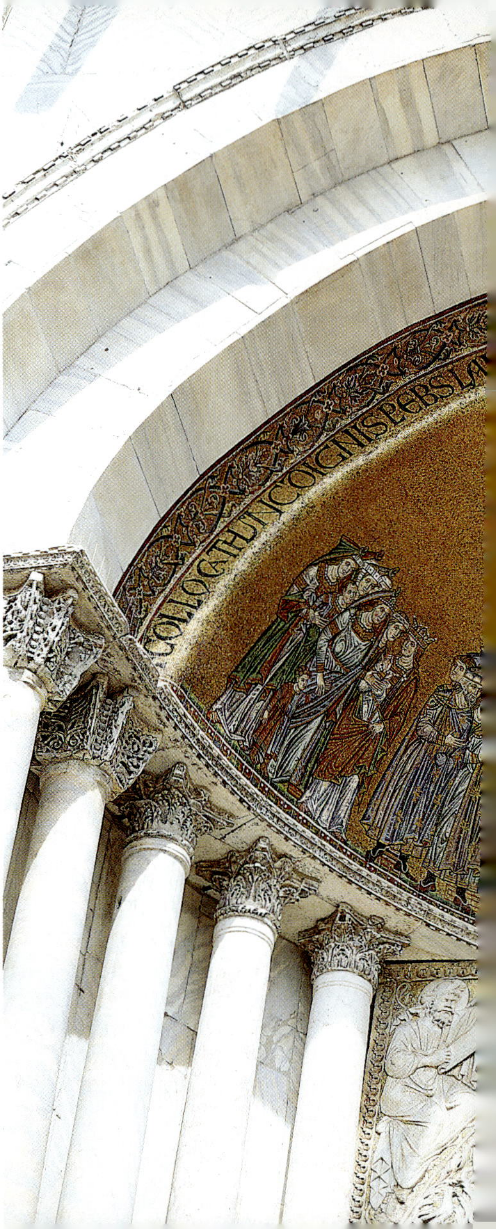

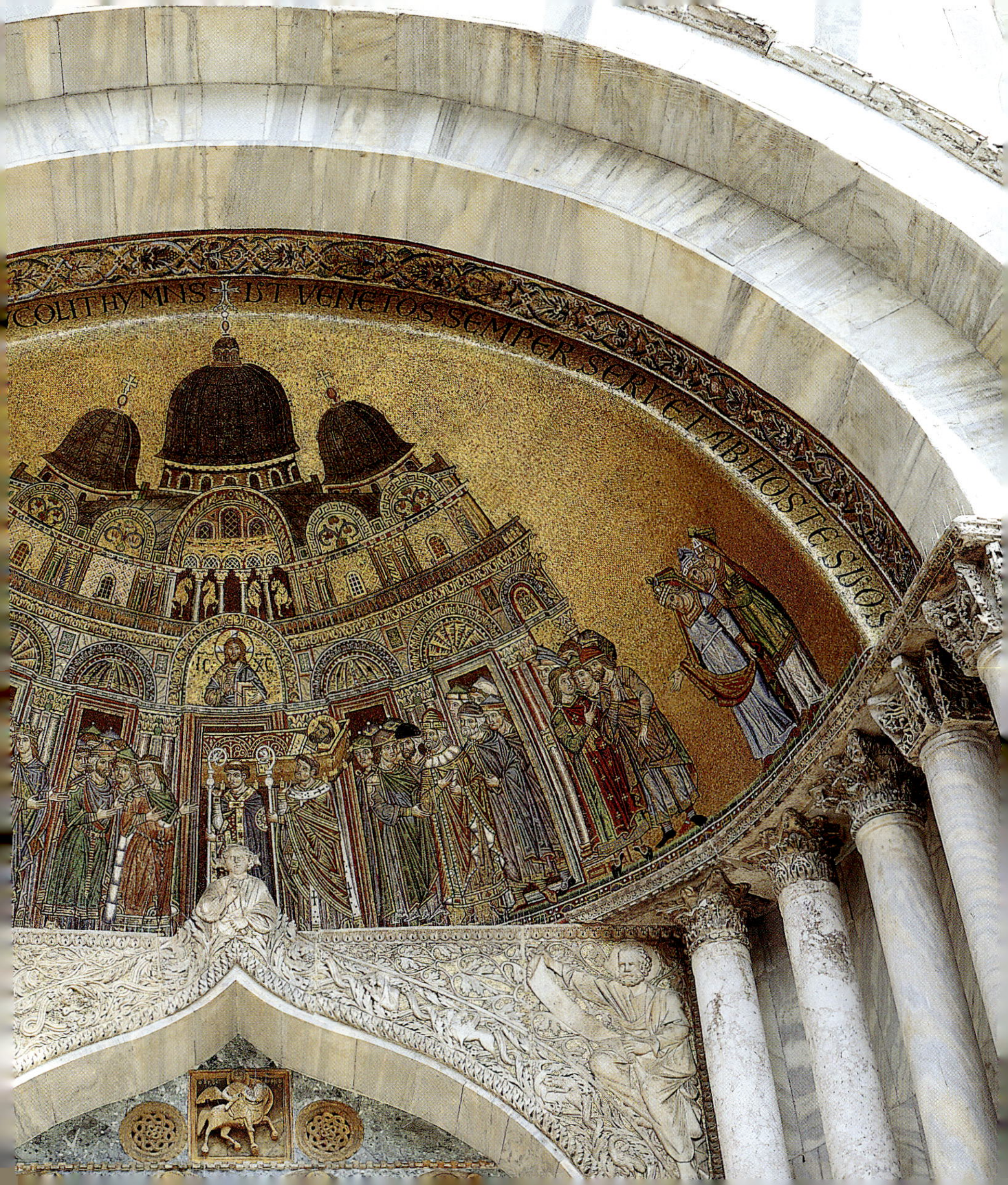
VENETOS SEMPER SERVET AB HOSTE

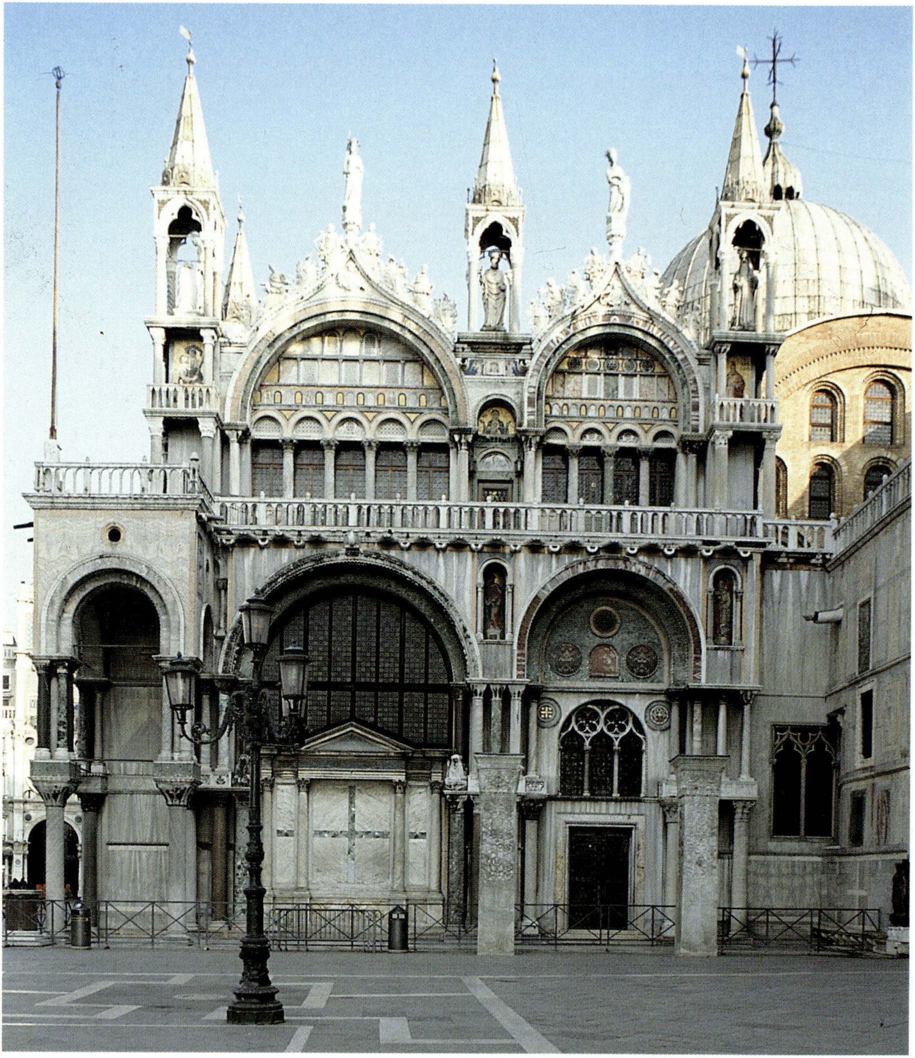

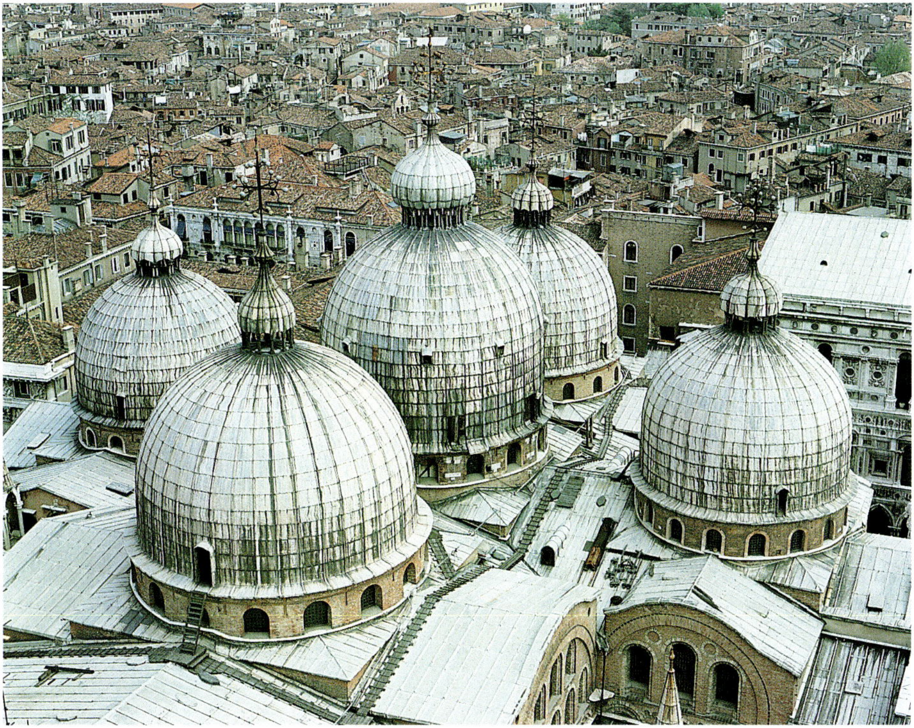

Südfassade

Die Fassade zum Dogenpalast hin sieht der Venedigbesucher als erstes, wenn er an der Piazzetta sein Boot verläßt. Entsprechend prachtvoll wurde sie gestaltet, während man die Nordfassade eher vernachlässigte. Ursprünglich befanden sich auch hier zwei Eingänge.

Die Kuppeln von San Marco

Goethes Bezeichnung der Markuskirche als Krebs erschließt sich aus der Luftperspektive. Der breite Baukörper mit den Kuppeln erinnert tatsächlich an einen dieser Meeresbewohner. Die Kuppeln sind zweischalig: Innen flach, außen eine zweite, höhere Hülle aus Blei.

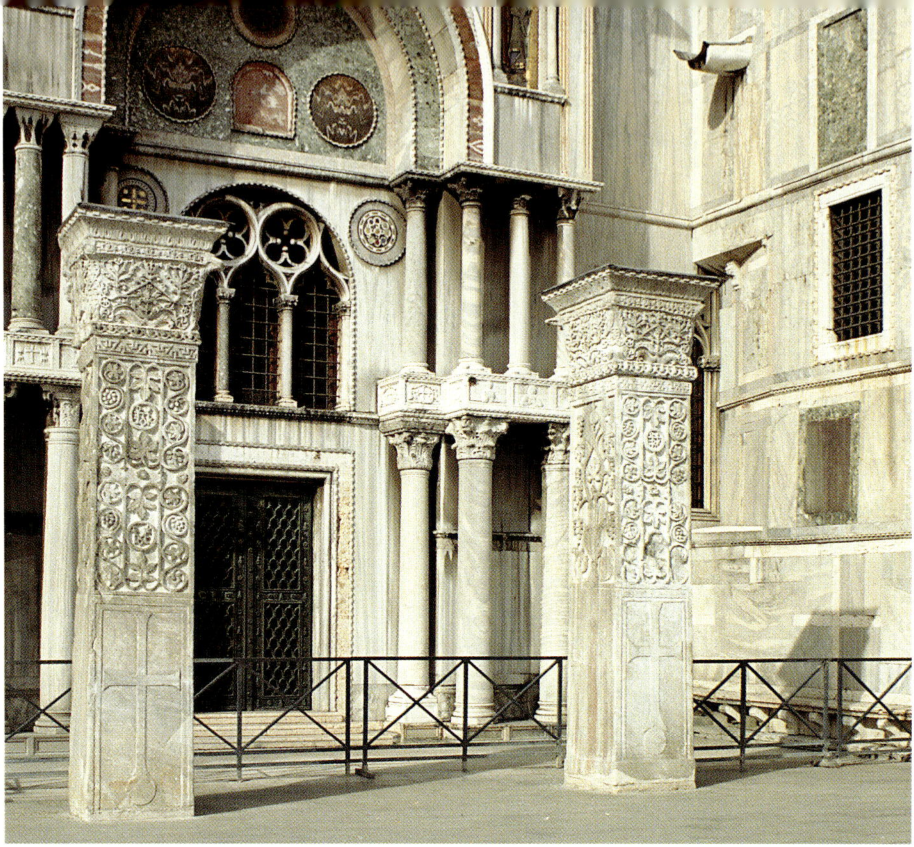

Säulen vor der Südfassade

Die beiden kostbaren syrischen Säulen, die vor der Fassade stehen, sollen einer Überlieferung zufolge vor dem befestigten Haus der Genuesen in Akko aufgestellt gewesen sein. Von dort raubten sie angeblich die Venezianer nach ihrem Sieg 1256, der den venezianischen Händlern wieder freien Zugang zum Orienthandel brachte. Eine neuere Untersuchung von 1977 sieht in ihnen dagegen Reste einer schon 1204 verfallenen Kirche in Konstantinopel. Folgt man dieser Annahme, gelangten die Säulen wie so viele andere Dekorationselemente für die Kirche erst während des 4. Kreuzzuges als Beutestücke nach Venedig.

Tetrarchen

Ein weiteres bemerkenswertes Relikt der venezianischen Beutezüge rund ums östliche Mittelmeer ist die Porträtgruppe aus rotem Porphyr an der Ecke der Schatzkammer. In diesem fensterlosen, blockartigen Anbau werden die Schätze der Markuskirche sowie Reliquien und liturgisches Gerät aufbewahrt.

Die in das 4. Jh. datierte Skulptur, stellt wahrscheinlich die sog. Tetrarchen dar. Es handelt sich hier um stilisierte Bildnisse des Kaisers Diokletian (284–305) und seiner Schwiegersöhne und Mitregenten Maximian, Konstantinus und Valerius. Jeder von ihnen herrschte über ein Viertel des römischen Reiches. Eine venezianische Legende deutete die Figuren jedoch als vier Mauren, die den Schatz von San Marco stehlen wollten. Durch ein Wunder des Hl. Markus wurden die Diebe in Stein verwandelt und zur Abschreckung für zukünftige Räuber an dieser Stelle eingemauert.

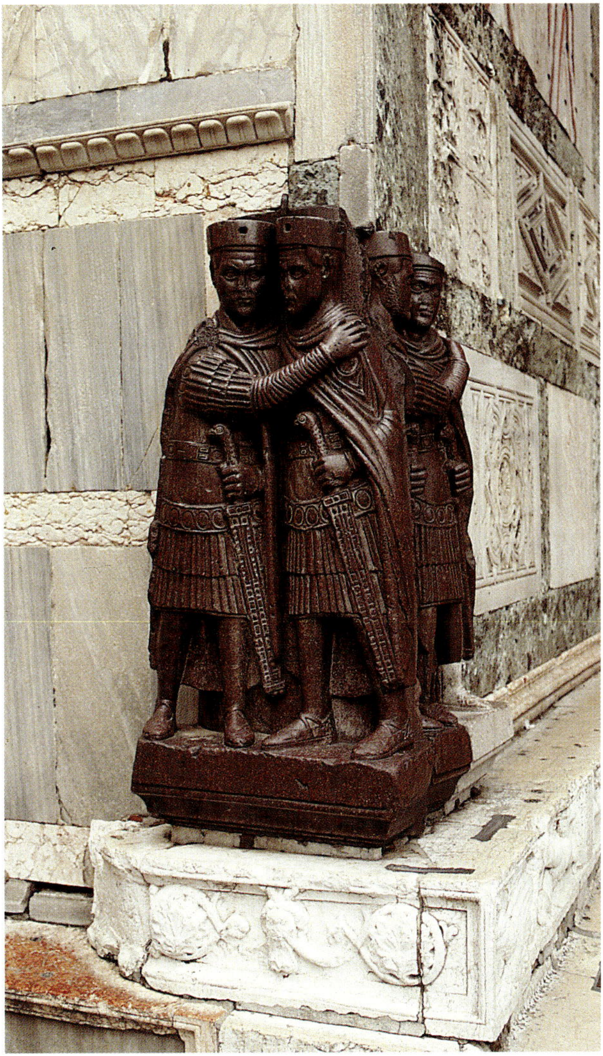

Grundriß der Markuskirche

Nach dem Vorbild der Apostelkirche in Konstantinopel entstand der dritte Bau der Markuskirche ab 1063 als ein nach Osten verlängerter Zentralbau in Form eines griechischen Kreuzes mit fünf Pendentifkuppeln, eine in der Mitte und vier in den Kreuzesarmen. Durch den über der Krypta erhöhten Altarraum mit Apsis im Osten und die mit Apsiden versehenen Seitenkapellen neben dem Presbyterium erhält der Bau eine Ausrichtung auf den Altarraum. Dazu trägt auch bei, daß die Kuppeln in West-Ost-Richtung größer sind, als die Seitenkuppeln über dem nördlichen und südlichen Kreuzesarm. So entsteht im Grundriß der Eindruck von einem Langhaus mit schmaleren Querarmen. Dies unterstützt auch der Narthex, der die westliche Kuppel ehemals an drei Seiten umgab und das »Langhaus« im Grundplan nach Westen vergrößert. Der nördliche und der westliche Arm sind erhalten, während der Südarm durch den Einbau des Baptisteriums und die Cappella Zen aufgegeben wurde.

Die wichtigsten Mosaiken der Markuskirche

Die Mosaiken der drei großen Kuppeln aus dem 12. Jh. zeigen zentrale Themen der christlichen Theologie, die Vorhersehung des Christentums durch die Propheten, die Himmelfahrt Christi und die daran geknüpften Vorstellungen von Heilserwartung und Gericht, sowie die Ausgießung des Heiligen Geistes und die Verkündigung des Evangeliums. In der Apsis erscheint Christus als Weltenherrscher und darunter die in Venedig verehrten Heiligen Nikolaus, Petrus, Markus und Hermagoras.

Die wichtigsten Mosaiken in San Marco

1 Apsis. Der segnende Christus Pantokrator. Darunter: Die Heiligen Nikolaus, Petrus, Markus und Hermagoras, frühes 13. und 16. Jh. (mit Resten der ältesten Dekoration aus dem späten 11. Jh.)
2 Chor. Szenen aus dem Leben des Evangelisten Markus, 13. Jh. z. T., stark restauriert
3 Chorkuppel. Die Kirche und die Weissagungen der Propheten, 12. und 13. Jh.
4 Kapelle des Hl. Isidor, 14. Jh.
5 Cappella dei Mascoli, 15. Jh.
6 Johanneskuppel. Das Leben des Evangelisten Johannes, Anfang 13. Jh.
7 Himmelfahrtskuppel. 13. Jh.
8 Leonhardskuppel. 4 Heilige: Nikolaus, Blasius, Clemens und Leonhard, 13. Jh.
9 Einzug in Jerusalem, Versuchung Christi, Abendmahl, Fußwaschung, spätes 12./frühes 13. Jh.
10 Szenen aus dem Leben Christi und der Apostel, 13. Jh.
11 Pfingstkuppel, 12. Jh.
12 Maria, Propheten, um 1250
13 Baptisterium. In der Kuppel über dem Altar: Christus und die neun himmlischen Chöre. In der Kuppel über dem Taufstein: Die Apostel taufen Bekehrte. Das Leben Johannes des Täufers. Das Gastmahl des Herodes und der Tanz der Salome. 14. Jh.
14 Cappella Zen, 13.–16. Jh.
15 Genesiskuppel, um 1230
16 Die Sintflut, Mitte 13. Jh.
17 Tod Noahs und der Turm zu Babel, Mitte 13. Jh.
18 Abrahamskuppel, 1240–1250
19 Kuppeln mit Szenen aus der Josephsgeschichte, um 1270, stark restauriert
20 Moseskuppel, 13. Jh., im 19. Jh. stark restauriert.

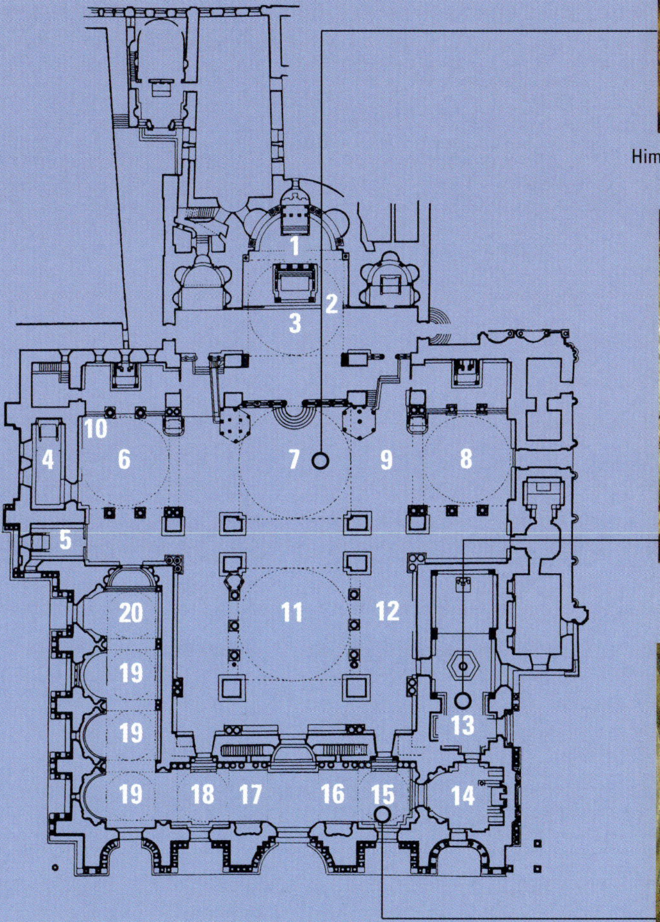

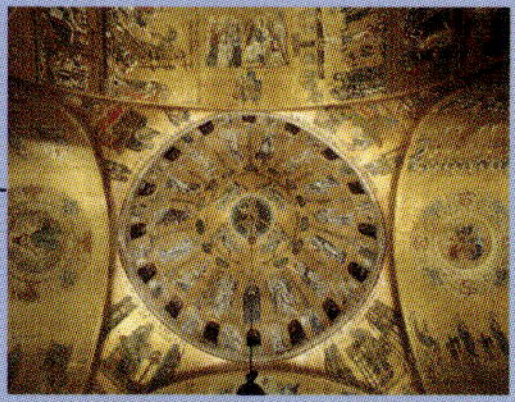

Himmelfahrtskuppel, 13. Jh., S. 109

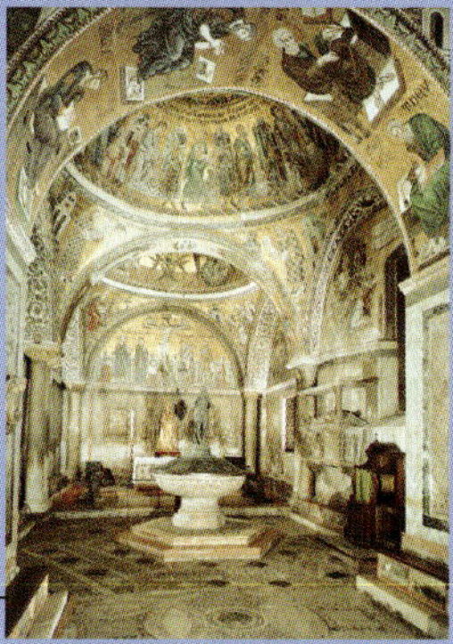

Baptisterium, 14. Jh., S. 113

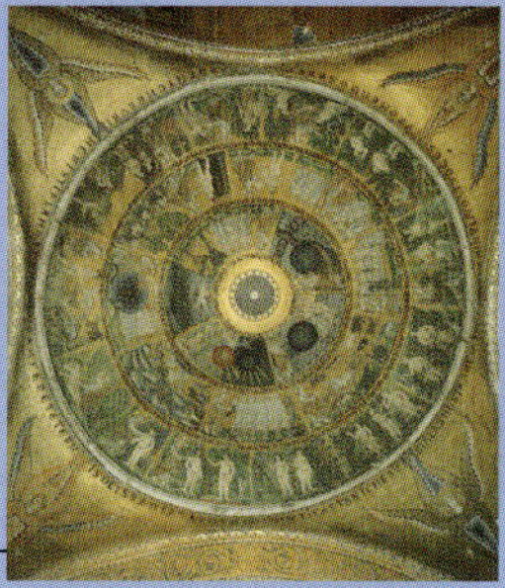

Genesiskuppel, frühes 13. Jh., S. 104

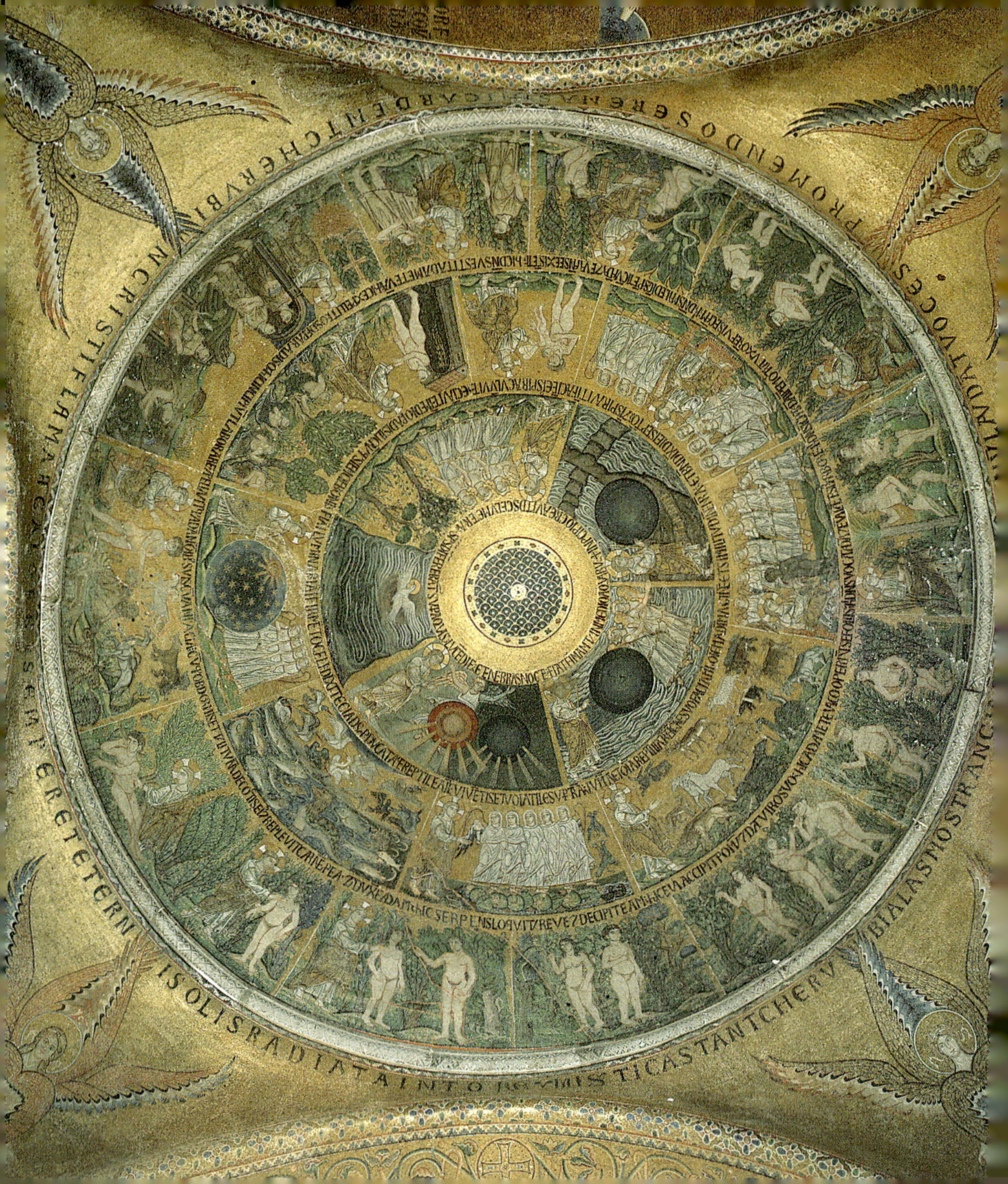

Genesiskuppel in der Vorhalle (Narthex), frühes 13. Jh.

Die Mosaiken im Atrium von San Marco gehören in technischer und ikonographischer Hinsicht zu den bedeutendsten Werken dieser Art in Westeuropa. Bei der Darstellung der Schöpfungsgeschichte in der südlichen, d. h. in der vom Platz aus gesehen rechten Kuppel, orientierten sich die Handwerker an Buchmalereien aus dem 6. Jh. In drei Bändern ziehen sich die Szenen der Genesis um die Kuppel herum. In der Mitte schwebt die Taube des Heiligen Geistes.

Die Schilderung entwickelt sich von der Kuppelmitte ausgehend gegen den Uhrzeigersinn mit der Erschaffung des Himmels und der Erde, dem Geist, der über den Wassern schwebt, der Trennung von Licht und Finsternis, der Erschaffung des Firmaments, des Mondes und der Sterne, der Kreation der Fische, Vögel und Tiere bis hin zur Erschaffung des Menschen. Es folgt ein Mosaik mit Gott, der Adam Geist einhaucht – die Seele wird bildlich mit feinen Flügeln dargestellt – und ihn ins Paradies führt, wo er den Tieren ihre Namen gibt. Im Anschluß daran erkennt man die Erschaffung Evas und die Zusammenführung des ersten Menschenpaares, die Versuchung, die Erkenntnis der Nacktheit, Gottes Gericht über die Sünder und schließlich die Vertreibung aus dem Paradies. Die Lünetten über den Türen unter der Kuppel zeigen Szenen aus der Geschichte von Kain und Abel.

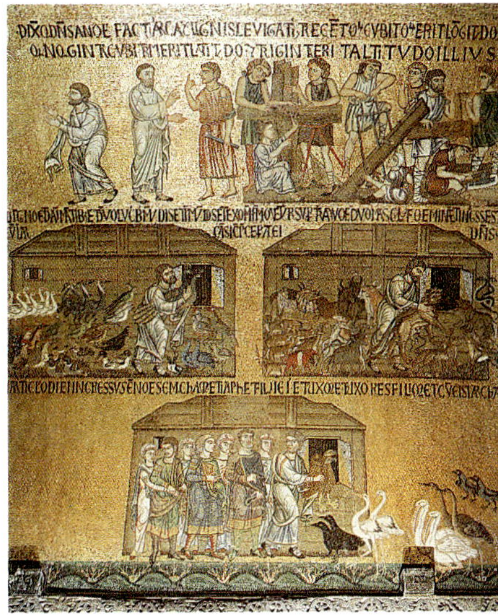

Der Bau der Arche, 13. Jh., südlicher Bogen in der Vorhalle

In ungewöhnlich zarten Farben, Licht und Schatten modellierend, schildern die Künstler den Verlauf der Sintflut. Der Bau des Schiffes, der den Venezianern besonders geläufig sein mußte, ist mit zahlreichen Arbeitsschritten dargestellt. Mit faszinierender Detailfreude widmen sich die Mosaizisten der Wiedergabe von Einzelheiten, die entschieden zur Vermittlung der Atmosphäre beitragen. Dies zeigt sich etwa im untersten Bildstreifen, wo die Geretteten die Arche besteigen, während im Vordergrund kleine blühende Sträucher langsam in den Fluten versinken.

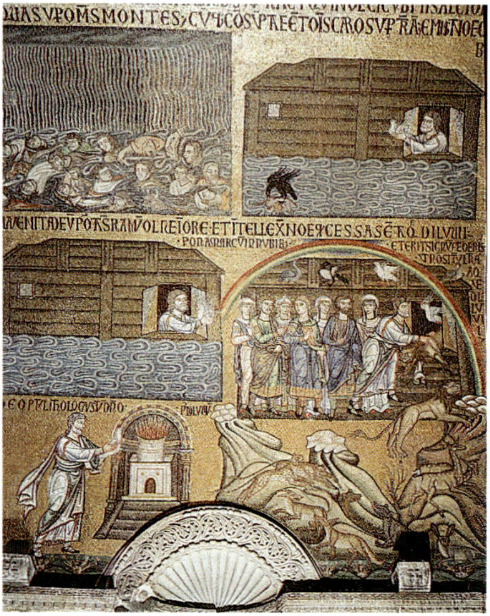

Die Sintflut, 13. Jh., südlicher Bogen in der Vorhalle

Mit derselben Liebe zum Detail wie beim Bau der Arche werden die Szenen vom Ende der Sintflut auf der anderen Seite des Bogens geschildert. Besonders interessant ist hier das Bild oben links mit den Auswirkungen der Wassermassen. Die Künstler schildern nicht, wie später häufig, einen dramatischen Kampf mit den Fluten. Mensch und Tier schwimmen tot, mit geschlossenen Augen. Eine gespenstische Stille scheint sich unter dem Rauschen des Regens, der in undurchdringlichen Streifen vom Himmel fällt, auszubreiten. Um so mehr rührt das Detail einer Mutter, die im Tod ihr Kind im Arm hält. Himmel, Regen und Wasser, alle in denselben Farben Grau, Weiß, Blau, Schwarz und Gold, sind nur durch eine andere Struktur der Farbschichten unterschieden.

Innenraum

Zunächst wies die Kirche innen und außen reines Ziegelmauerwerk auf. Erst im Laufe vieler Jahrhunderte wurde sie mit der geheimnisvoll glühenden Goldschicht der Mosaiken und den mit ihrer prachtvollen Maserung oft wie Halbedelsteine wirkenden Marmorplatten überzogen. Auch der Fußboden ist ein Kunstwerk aus Marmor. Die im Grundriß sehr klare Raumordnung, die Form eines breiten Kreuzes, wird im Innenraum durch die schiere Größe der Gliederungselemente und v. a. durch die Mosaiken verunklärt. Ihr goldenes Schimmern und Funkeln erschwert es dem Auge, architektonische Strukturen zu erkennen. Am Anfang waren es byzantinische Meister, die die Einlegearbeiten schufen. Bald jedoch bildete sich eine venezianische Schule, die besonders im 13. Jh. großartige Beispiele einer eigenständigen venezianischen Mosaikkunst lieferte. Ab dem 15. Jh. weiß man von berühmten Malern, die Entwürfe für die Mosaiken fertigten. Die ganz besondere ästhetische Wirkung eines Mosaiks erreichen diese späten, allein an der Malerei orientierten Werke jedoch nicht mehr.

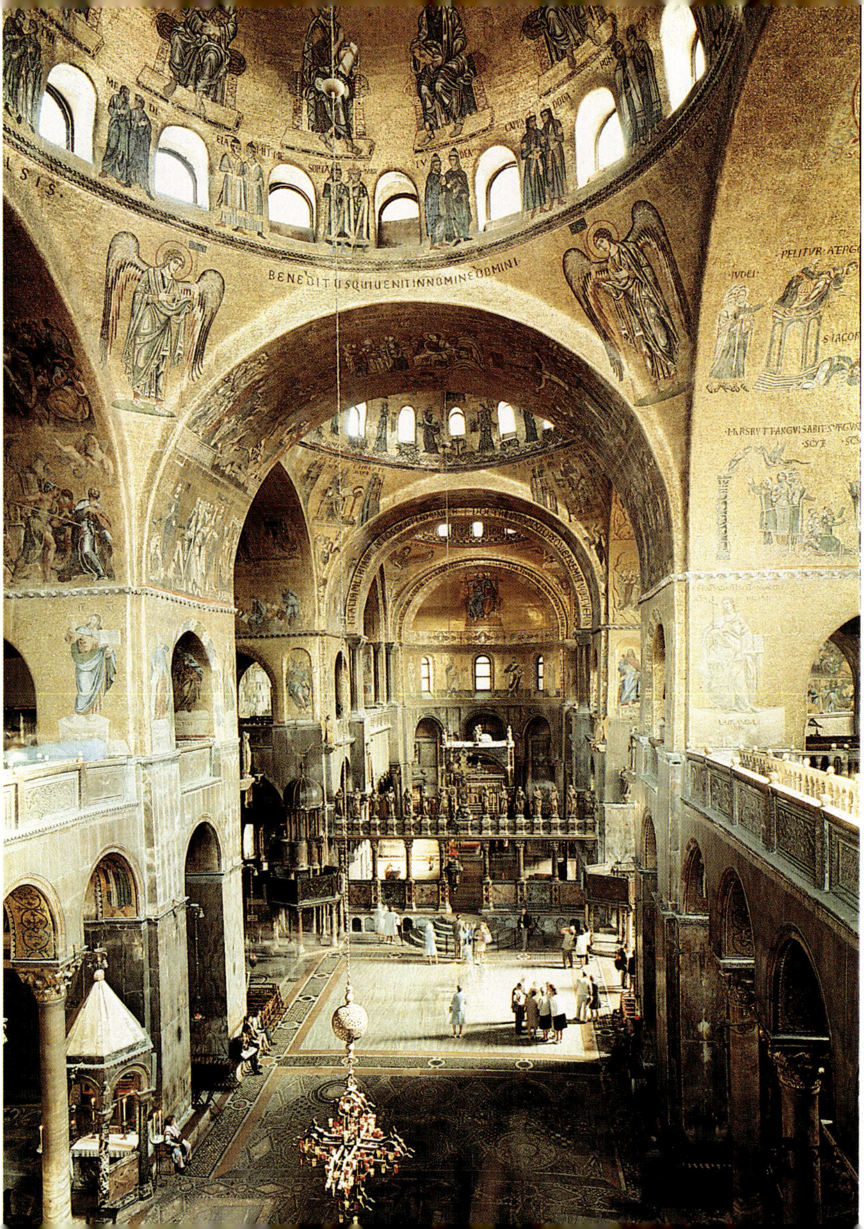
BENEDITUSQUIUENITINNOMINEDOMINI

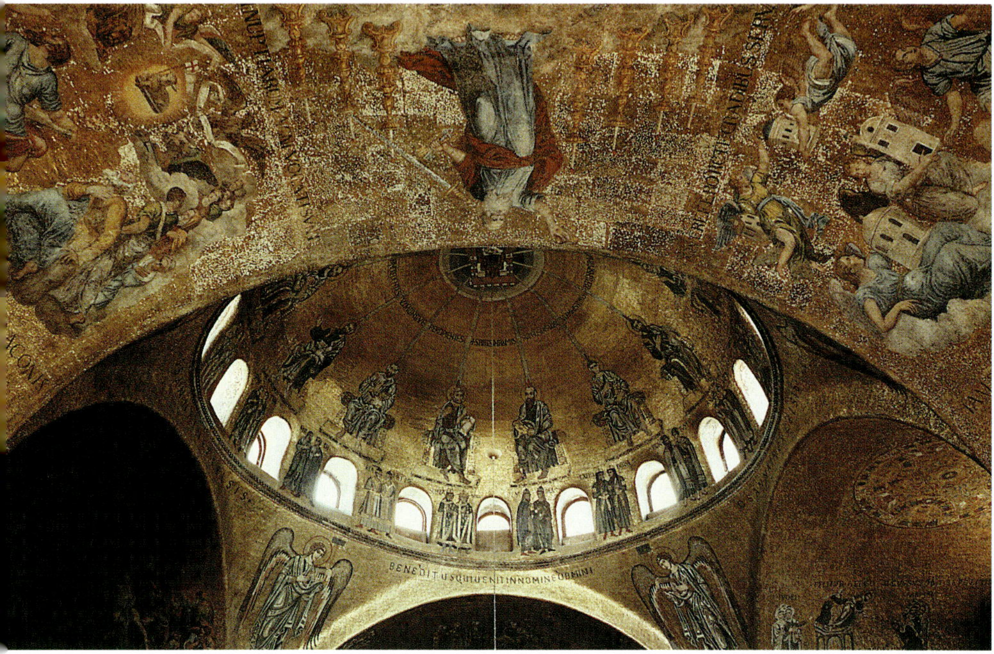

Pfingstkuppel, 1. Hälfte des 12. Jh.s

Die Mosaiken der westlichen Kuppel entstanden in der ersten Hälfte des 12. Jh.s. Sie gehören damit zu den frühesten Dekorationen des heutigen Baus von San Marco. Die Pfingstkuppel thematisiert die Verkündigung des Evangeliums durch die Apostel. In der Mitte erscheint die Taube des Heiligen Geistes. Von dem mit kostbaren Stoffen ausgelegten Thron gehen die Feuerzungen des Heiligen Geistes zu den Aposteln. In der darunterliegenden Fensterzone sind paarweise Figuren angebracht. Diese verkörpern die Nationen, denen die darüber dargestellten Apostel das Evangelium verkündet haben. Die vier Evangelisten Matthäus, Markus, Lukas und Johannes, die über den Pendentifs dargestellt sind, werden hier zu den Aposteln gezählt. Sie unterscheiden sich von den anderen nicht nur durch die stärker golddurchwirkten Kissen und übereinstimmenden Kleiderfarben (purpurnes Untergewand und hellblaues Obergewand), sondern v. a. durch ihre frontale Haltung.

Die zahlreichen Restaurierungen und Überarbeitungen, denen die Kuppel ausgesetzt war (man beachte z. B. die Schnabelschuhe der Kreter, die der Mode des 15. Jh.s entsprechen), haben die klare Gliederung der Kuppel nicht beeinträchtigt. Sie basiert auf den silbernen Strahlen, die sie in vollkommen gleichmäßige Kompartimente teilen und auf der feinen Farbsymmetrie der Apostelgewänder. Die Reparaturen haben im Laufe der Zeit allerdings ein nahezu neues Mosaik geschaffen.

Himmelfahrtskuppel, 1. Hälfte des 13. Jh.s

Die mittlere Kuppel zeigt Christi Himmelfahrt. Der segnende Christus steigt von schwebenden Engeln gestützt in einen blauen und goldenen Sternenhimmel empor. Im zweiten Register gruppieren sich die Madonna mit zwei Erzengeln und die Apostel um ihn. Zwischen den kleinen Fenstern am Fuß der Kuppel sind weibliche Gestalten angebracht, die die Tugenden und Seligkeiten verkörpern.

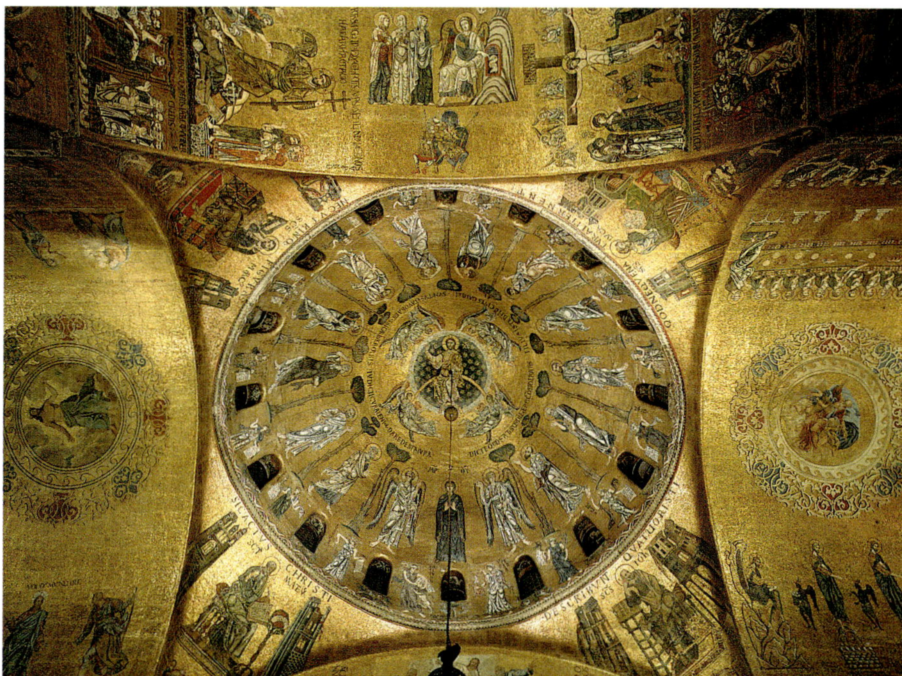

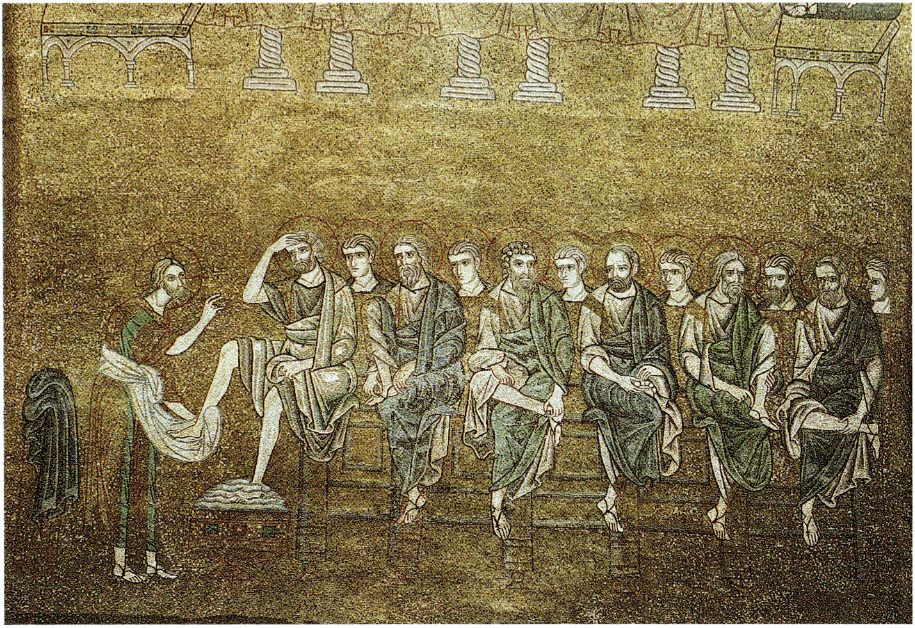

Die Fußwaschung, südliches Seitenschiff

Einen ganz anderen Stil als die übrigen Mosaiken des späten 12./ frühen 13. Jh.s weisen die Szenen in der Wölbung neben der Mittelkuppel auf. Dargestellt sind verschiedene Szenen aus dem Leben Christi. Diese Mosaiken sind charakterisiert durch eine filigrane, wie mit dem Stift gezogene Figurenzeichnung und durch ein gleichsam freies Schweben der Figuren im goldenen Untergrund, da auf jede überflüssige Raumangabe verzichtet wird. Gerade dadurch gewinnen diese Bilder ihren feinen ornamentalen Reiz. In der Fußwaschungsszene sind alle zwölf Apostel dargestellt. Sechs sitzen auf einer Bank mit hoher Rückenlehne. Die Köpfe und ein kleiner Teil des Oberkörpers der übrigen erscheinen wie Büsten dahinter. Während Christus begonnen hat, die Füße von Petrus zu waschen, lösen die anderen Apostel auf der Bank noch die Bänder ihrer Sandalen. Später entbrannte ein theologischer Streit darüber, ob Judas tatsächlich anwesend war. Hier ist er ganz hinten rechts im Profil dargestellt, gekennzeichnet durch eine übertriebene und entstellende Hakennase.

Die Auffindung der Markusreliquie, südliches Seitenschiff

Neben Heiligenbildern in der Südkuppel und Szenen aus dem Leben der Heiligen Jungfrau, die im 17. Jh. überarbeitet wurden, bietet das südliche Querhaus unterhalb der Wölbung zum rechten Seitenschiff auch die Darstellung der Auffindung des Leichnams des Hl. Markus. Diese Mosaiken stimmen stilistisch mit der »Überführung der Markusreliquie nach San Marco« am nördlichen Fassadenportal, der sog. Porta di Sant' Alippio, überein. Sie können wie dieses in die zweite Hälfte des 13. Jh.s datiert werden. Das Mosaik zeigt, wie sich der Pfeiler, in dem die verloren geglaubte Reliquie verborgen war, vor den Augen der Priester, des Dogen und zahlreicher vornehm gekleideter Venezianer und Venezianerinnen öffnet. Besonders die Frauen und Mädchen sind reich geschmückt.

Der Tag des Wiedererscheinens der Reliquie des Stadtheiligen Markus, der 25. Juni 1094, wird noch heute in Venedig als Feiertag begangen.

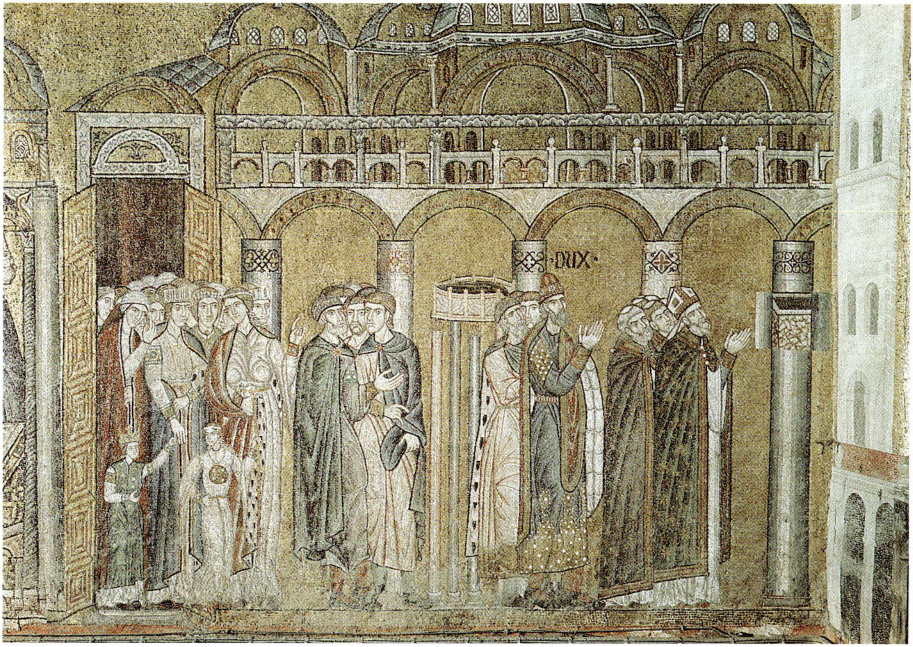

Ort der Wiederauffindung der Markusreliquie, südliches Seitenschiff

Während des Neubaus der Markuskirche im 11. Jh. hatte man den Körper des Heiligen an einem geheimen Ort verborgen, der nur dem Dogen und dem obersten Priester von San Marco bekannt war. In den Wirren am Ende der Regierungszeit von Domenico Selvo 1084 ging die Überlieferung des Geheimnisses verloren. Erst nach langem Fasten und Beten unter dem

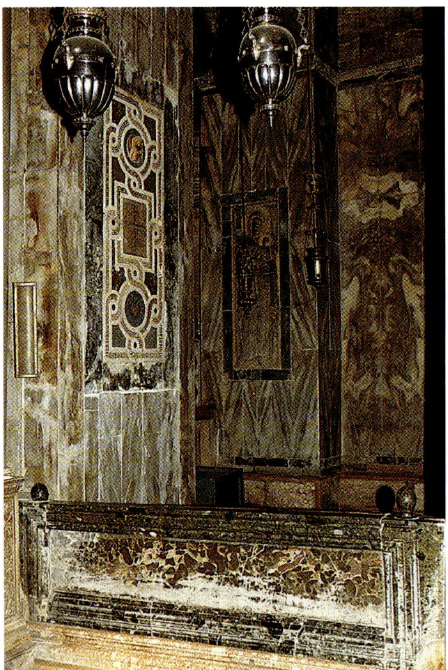

Dogen Vitale Falier, an dem sich die gesamte venezianische Bevölkerung beteiligte, öffnete ein Wunder das Versteck des Leichnams im Pfeiler des südlichen Querhauses. Die Stelle, wo sich die Reliquie befand, ist durch eine Marmorplatte gekennzeichnet.

Baptisterium

Das heutige Baptisterium wurde in der ersten Hälfte des 14. Jh.s unter dem Dogen Andrea Dandolo als Taufkirche eingerichtet. Er wendete große Summen für die hochwertige Mosaikdekoration auf. Sie zeigt Szenen aus dem Leben Johannes des Täufers und aus der Jugendzeit Christi. Der Tanz der Salome vor Herodes, für den sie den Kopf des Täufers forderte, ist ein schönes Beispiel für die lebhafte Farbigkeit und das Interesse an der Bewegung, mit der die Mosaizisten die Begebenheiten schilderten. Dandolo ließ sich nicht nur im Baptisterium bestatten, sondern auch gemeinsam mit seinem Kanzler Caresini auf dem Kreuzigungsmosaik über dem Altar darstellen, wo beide zu Seiten des Kreuzes knien. Sein Grabmal befindet sich gegenüber dem Eingang. Das sechseckige Taufbecken wurde 1545 nach einem Entwurf von Jacopo Sansovino errichtet. Dessen Grabstein wurde 1929 hinter dem Altar angebracht. Die Bronzefigur von Johannes dem Täufer schuf Francesco Segala 1575. Der Granitblock auf dem Altar soll ein Teil jenes Felsens sein, von dem Christus in Tyrus predigte.

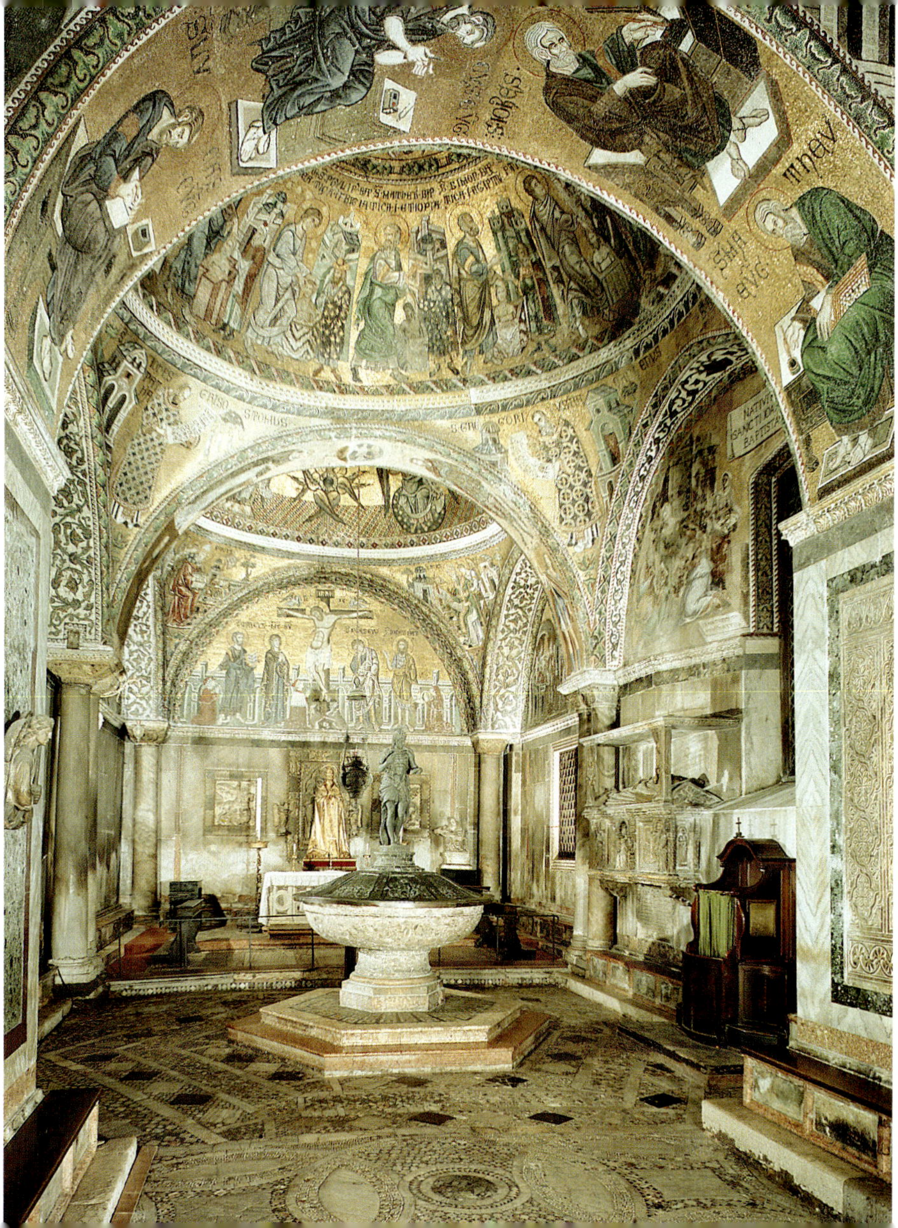

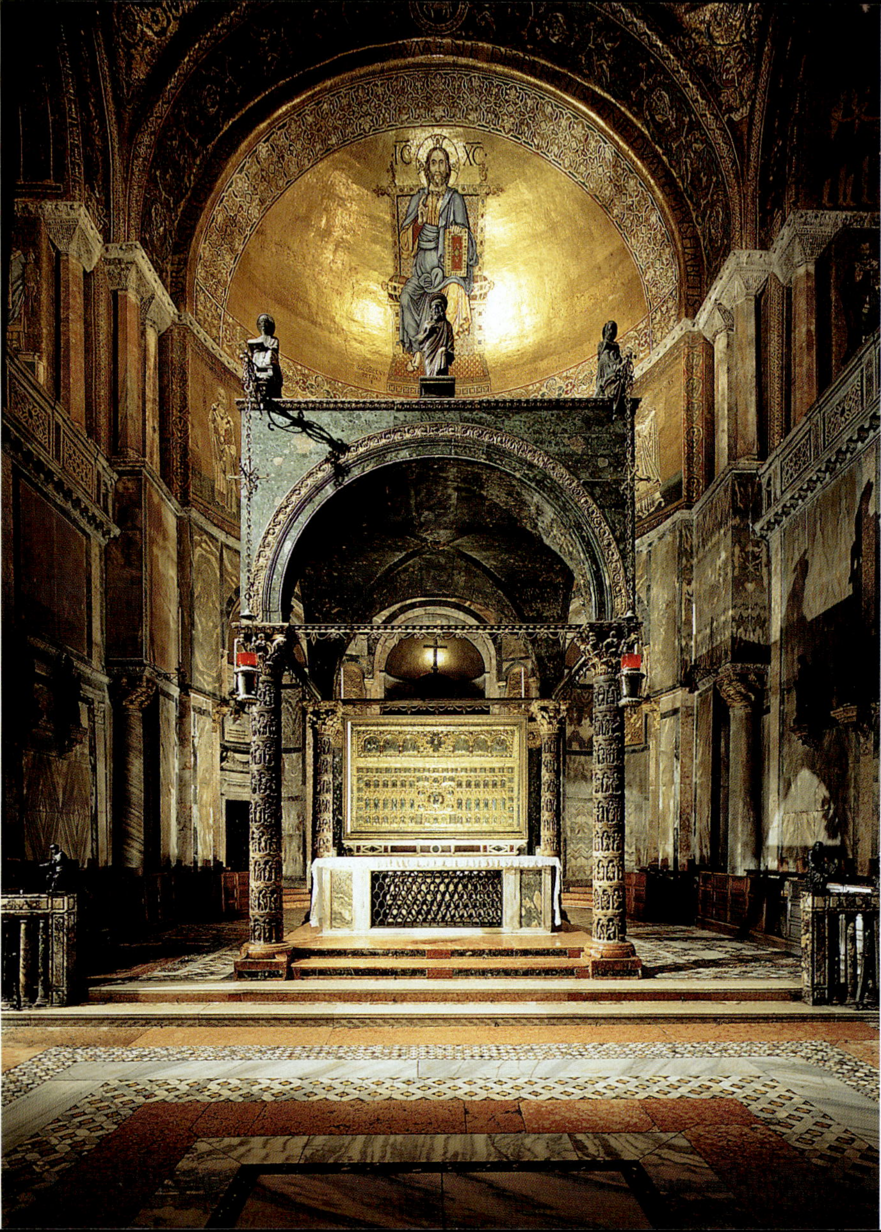

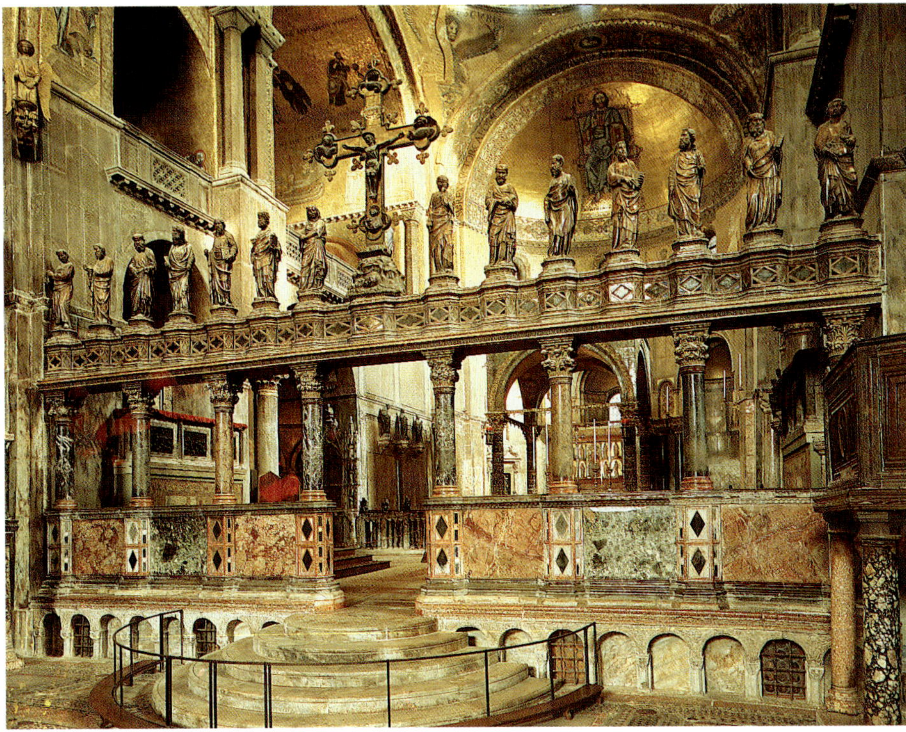

Baldachin über dem Hochaltar

Über dem Hochaltar, der 1834 seine heutige Form erhielt, sind die vier geschnitzten Alabastersäulen des Baldachins bemerkenswert. Sie sind mit Reliefs dekoriert, die Christus- und Marienszenen darstellen. Die Säulen gelten einem Teil der Forscher als Arbeiten des 5. oder 6. Jh.s., andere datieren sie ins 13. Jh.

Ikonostasis

Wie in byzantinischen Kirchen trennt eine Ikonostasis den Bereich der Laien vom Hochaltar. Die offene Säulenwand aus Marmor trägt auf dem Architrav ein großes Kreuz und die Figuren der Heiligen Jungfrau und der Apostel von Jacobello und Pietro Paolo dalle Masegne (1393–1395), Hauptwerke der venezianischen Spätgotik.

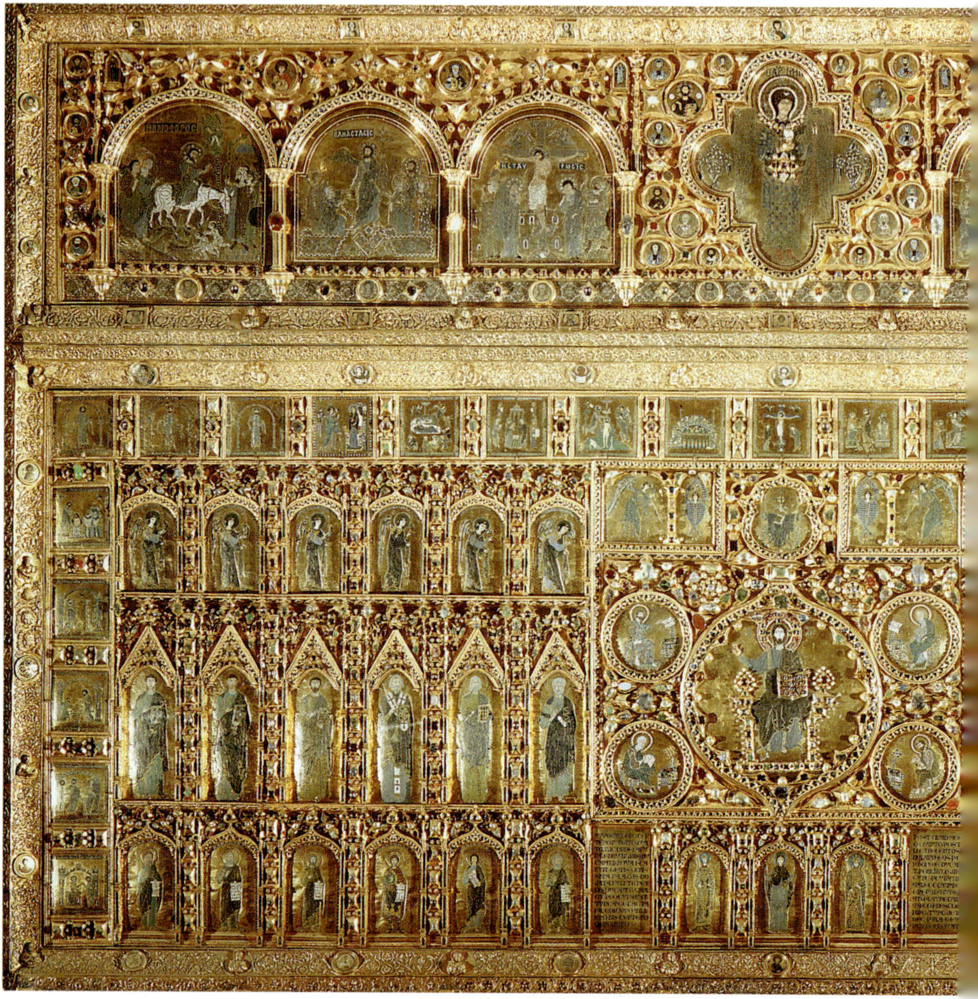

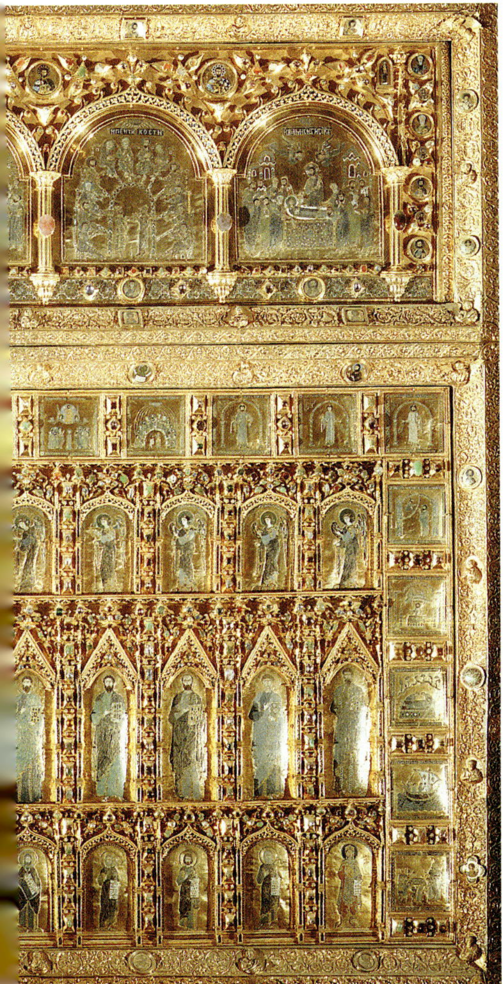

Pala d'Oro, Hochaltar

Unzählige byzantinische Emailarbeiten des 10. bis 13. Jh.s und kostbare Edelsteine wurden in mehreren Arbeitsschritten zur »goldenen Tafel« zusammengefügt. Ein erster goldener Altaraufsatz wurde 976 vom Dogen Pietro Orseolo I. in Auftrag gegeben. Dieses Retabel ist unter den Dogen Ordelaffo Falier (1105) und Pietro Ziani (1209) überarbeitet und noch reicher ausgestaltet worden und erhielt seine heutige Form unter Andrea Dandolo 1342. Die 3,45 x 1,40 m große Tafel ist in zwei Zonen geteilt. Im oberen Drittel ist in der Mitte ein Email mit dem Erzengel Michael angebracht, das von sechs in Rundbogen eingeschlossenen Szenen aus dem Leben Christi flankiert wird. Alle sieben Emailtafeln sind byzantinische Werke des 13. Jh.s. Der untere Teil des Retabels wird von einem großen mittleren Rechteckfeld mit dem thronenden Christus beherrscht. Es ist reich mit Juwelen geschmückt. Im unteren Teil des Mittelfeldes sind drei Tafeln mit Darstellungen der Kaiserin Irene, Maria und dem Kaiser Johannes Komnenos (1118–1145) verarbeitet. Letztere wurde später in ein Bildnis des Dogen Ordelaffo Falier umgewandelt. In drei Zonen übereinander sind seitlich des Mittelfeldes Propheten, Apostel und Engel angeordnet. Der ganze untere Teil wird an drei Seiten von quadratischen Feldern mit Szenen aus dem Leben Christi sowie des Evangelisten Markus gerahmt.

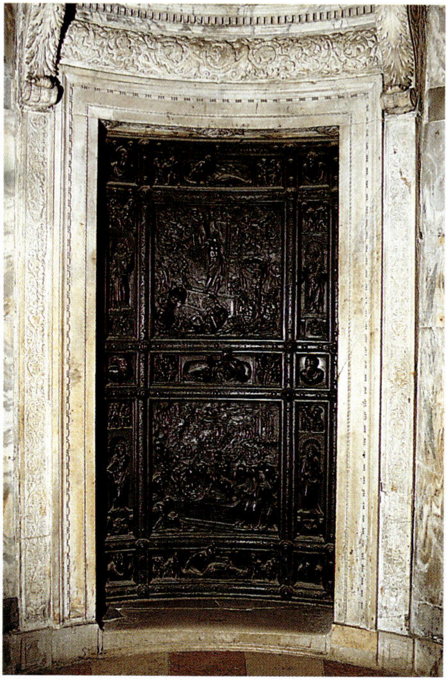

Jacopo Sansovino: Sakristeitür, 1546–1569

Wenn man den Altarraum betritt, sollte man es nicht versäumen, einen Blick auf die bronzenen Türen des Sakramentstabernakels und der Sakristei zu werfen. Sie wurden von Jacopo Sansovino Mitte des 16. Jh.s geschaffen. Die Bronzetür der Sakristei zeigt die Grablegung und die Auferstehung. Bei diesem Werk orientierte sich Sansovino an Lorenzo Ghibertis Türen des Baptisteriums von Florenz. Wie jener hat er kleine Porträtköpfe in den rahmenden Leisten angebracht. Einer stellt Sansovino selbst dar. Der lange Bart ist ein Kennzeichen des Künstlers, mit dem er auch auf weiteren Porträts seiner Zeit erscheint. Die anderen Köpfe sollen die Künstler Pietro Aretino, Tizian, Paolo Veronese und Andrea Palladio sein.

Madonna Nicopeia, 11. Jh.

Im nördlichen Querschiff ihrer Staatskirche haben die Venezianer eine besonders kostbare Ikone untergebracht. Es handelt sich um die Madonna Nicopeia, die Siegbringerin, die dem byzantinischen Kaiser in seinen Schlachten vorausgetragen wurde. Byzantinischem Glauben zufolge gehen alle Madonnenikonen auf ein authentisches Porträt der Gottesmutter zurück, das der Evangelist Lukas gemalt haben soll. Das Bildnis in der Markuskirche, das lange Zeit zu den kostbarsten Besitztümern der Basilika zählte, ist ein Hauptwerk der byzantinischen Malerei des 11. Jh.s. Wie so viele byzantinische Kunstwerke kam es als Beutestück des 4. Kreuzzuges 1204 nach Venedig. Es wurde sofort in die besondere Madonnenverehrung der Lagunenstadt einbezogen. Die Tatsache, daß ein so wertvolles und glückverheißendes Gemälde in die Hände der Venezianer gefallen war, konnte nach mittelalterlicher Lesart nur bedeuten, daß die Madonna selbst die venezianische Republik unter ihren Schutz stellte.

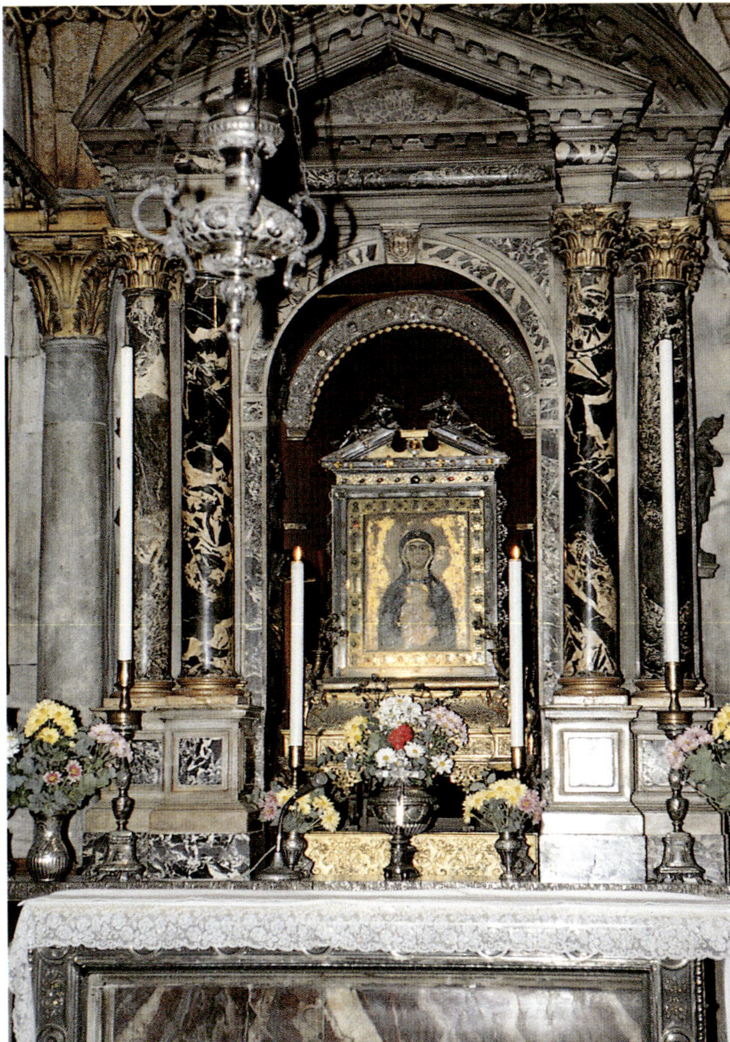

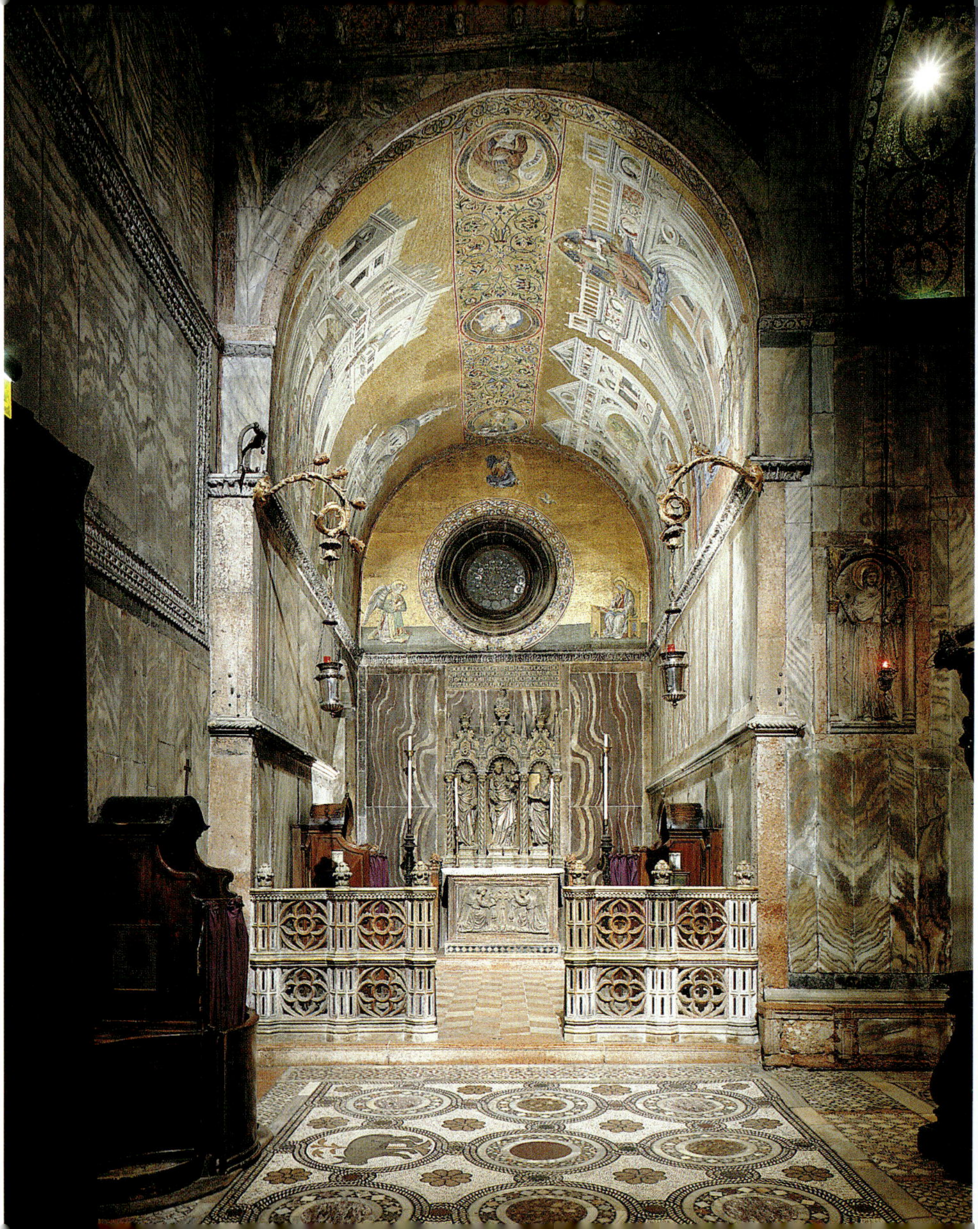

Cappella dei Mascoli (Cappella della Madonna dei Mascoli)

Diese Kapelle ist nach einer Männerbruderschaft benannt, die sich hier seit 1618 traf. Die Mosaiken mit Szenen aus dem Leben der Jungfrau Maria bieten den ungewöhnlichen Fall einer allein aus dem 15. Jh. stammenden Mosaizierung. Die Bilder lehnen sich eng an die zeitgenössische Malerei an. Sie wurden 1430 von dem venezianischen Maler Michele Giambono begonnen, waren allerdings zwanzig Jahre später noch nicht fertiggestellt. Der Altar, von einem anonymen Florentiner Bildhauer geschaffen, stammt ebenfalls aus der Zeit um 1430.

Marientod, Mitte 15. Jh.

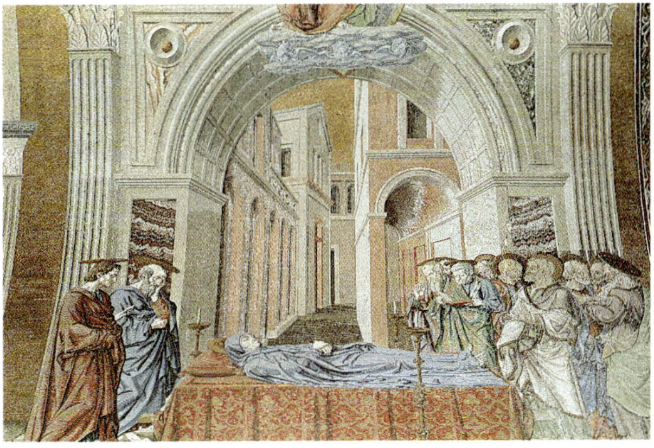

Während man die Entwürfe für die altertümlich wirkenden Szenen aus dem Marienleben dem Venezianer Michele Giambono zuschreibt, wurde für den »Marientod« der Name des Florentiners Andrea del Castagno ins Spiel gebracht, der 1442 in Venedig an Fresken in San Zaccharia gearbeitet hat. Die stark plastische, fast steinerne Wirkung der Figuren und die kühle Zentralperspektive erinnern an diesen Künstler. Vielleicht haben Maler aus dem Umkreis Andrea Mantegnas oder Mantegna selbst einen Karton für den »Marientod« geliefert. Die sehr harte Wirkung der Mosaiken, die frühere Forscher ebenso an Castagno denken ließ, wie die großflächigen, einfach gegliederten Gesichter mit den großen Augen, wären dann eventuell der Übertragung vom einen in das andere Medium zuzuschreiben. Unabhängig davon, ob dieses Mosaik von Castagno stammt oder ob ein lokaler Künstler wie Mantegna oder Jacopo Bellini, der ebenfalls genannt wird, den Entwurf anfertigte, kommt dem »Marientod« eine zentrale Bedeutung für die venezianischen Malerei zu. Denn hier konnten die ortsansässigen Künstler schon um die Jahrhundertmitte die neuen, auf starke plastische Wirkung setzenden Formen kennenlernen.

Ein Heiliger wird für die Republik geraubt

Außer dem Hl. Petrus, auf den das Papstamt zurückgeht, und mit großem Abstand dem Hl. Jacobus, dem mit Santiago de Compostella (Spanien) und Santiago de Chile gleich zwei Städte gewidmet sind, kann kaum ein anderer Heiliger einen ähnlichen politischen Erfolg für sich beanspruchen wie Markus, der 829 zum Beschützer der venezianischen Republik erkoren wurde. Unter seinem Banner siegten die Venezianer. Sein Symbol, der geflügelte Löwe, wurde zum Sinnbild Venedigs, das aufgestellt wurde, wo immer venezianisches Gebiet lag. Das Bildnis des Markuslöwen schmückte nicht zuletzt die venezianischen Münzen, die überall auf der Welt benutzt wurden. Und die Venezianer errichteten dem Heiligen neben dem Sitz ihres Herrschers eine der prächtigsten Kirchen der Christenheit. Doch wie kam der Hl. Markus eigentlich nach Venedig?

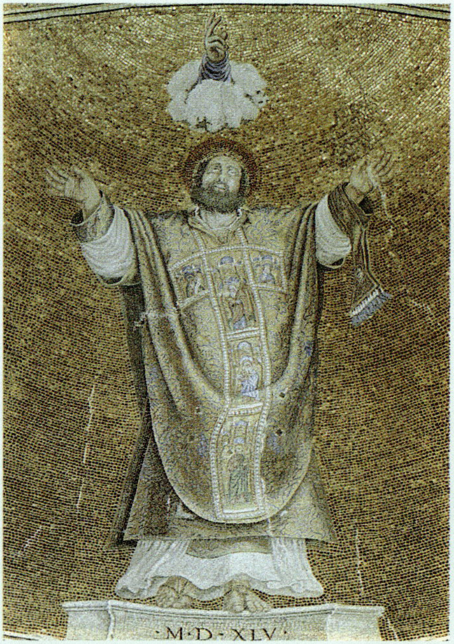

Nach der Heiligenlegende kam Markus, einer der zwölf Apostel und einer der vier Evangelisten auf Wunsch des Hl. Petrus als Missionar nach Nordostitalien und gründete das Erzbistum Aquilea. Ihm unterstand auch Venedig bzw. das Gebiet, das einmal Venedig werden sollte. Auf einer dieser Missionsreisen, so die Geschichte, verirrte sich der Heilige in der Lagune und legte sich bei einbrechender Dunkelheit auf einer Insel nieder. Im Traum erschien ihm ein Engel, der ihn mit den Worten »pax tibi Marce« (Friede sei mit dir, Markus) begrüßte. Er prophezeite ihm, daß genau an dieser Stelle einmal seine letzte Ruhestätte und der Ort seiner höchsten Verehrung sein werde.

Seine Reisen führten den Apostel dann weiter in die ägyptische Stadt Alexandria, die er gleichfalls für das Christentum gewann und wo er

Der Hl. Markus. Mosaik über dem Haupteingang zur Markuskirche nach einem Entwurf von Tizian aus dem 16. Jh.

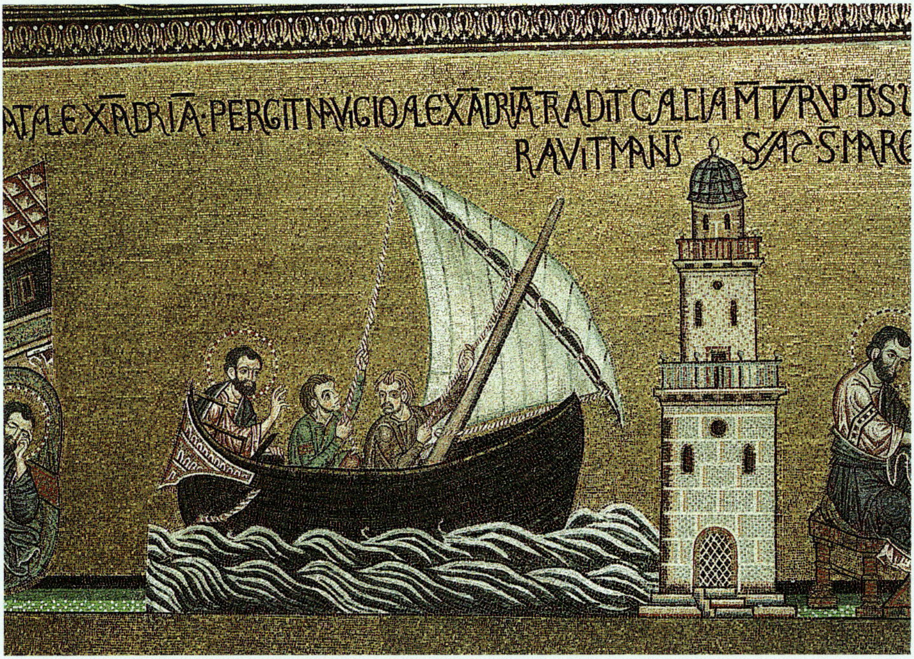

Die Reise des Heiligen nach Alexandria, Mosaik, 12.–13. Jh., San Marco, Venedig

einen Bischofssitz einrichtete. Dort erlitt der Heilige auch sein Martyrium. Die heidnische Partei, welche wieder die Oberhand gewonnen hatte, nahm ihn gefangen und schleifte ihn an Stricken gefesselt zu Tode. Die alexandrinischen Christen begruben ihn in seiner Bischofskirche.

Im 9. Jh. aber war die Stadt im Besitz der moslemischen Sarazenen. Ihr Kalif ordnete den Bau eines prächtigen Palastes an. Da man nicht schnell genug das dafür notwendige Baumaterial herbeischaffen konnte, bediente man sich in den christlichen Kirchen. Damit geriet die letzte Ruhestätte des Evangelisten in äußerste Gefahr. Glücklicherweise hielten sich zu dieser Zeit gerade zwei venezianische Händler namens Rusticus und Bonus in Alexandria auf, die nicht lange zuvor mit ihren reich beladenen Schiffen bei einem schweren Sturm in den Hafen von Alexandria getrieben worden waren. Als sie eines Tages wie immer ihre Andacht in der Kirche des Hl. Markus verrichten wollten, berichteten die griechischen Geistlichen, die dort ihren Dienst versahen, mit Sorgen von den Plä-

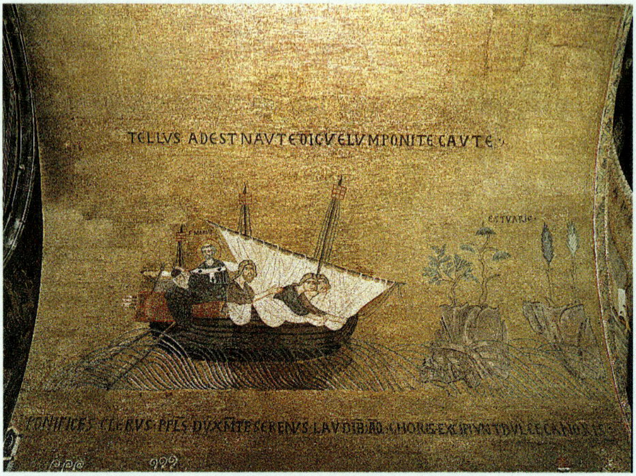

Der Hl. Markus bringt das Schiff von Rusticus und Bonus sicher nach Venedig zurück, Mosaik, 12.–13. Jh., San Marco, Venedig

nen des Kalifen. Die Venezianer schmiedeten sofort einen Plan, wie sie die Reliquie des Heiligen retten konnten. Zunächst mußten sie die widerstrebenden Mönche davon überzeugen, daß es besser wäre, die Reliquie in ihre Hände zu geben als sie von den Sarazenen mißhandeln zu lassen. Dann mußten sie sich den Schwierigkeiten stellen, die sowohl von Seiten der christlichen Gemeinde als auch von Seiten der Sarazenen zu erwarten waren, wenn sie den Körper des Heiligen aus Alexandria fortschaffen wollten. Denn es war nicht zu erwarten, daß die Christen vom Raub ihres Schutzheiligen begeistert sein würden. Inbrünstig flehten Rusticus und Bonus den Hl. Markus um Beistand an. Und so geschah es, daß gerade zu der Zeit, als sie seinen Leichnam aus der Kirche fortschafften, ein heftiges Unwetter über der Stadt niederging, das alle Menschen in ihre Häuser trieb. So gelangten sie unbemerkt mit ihrer kostbaren Beute aus der Kirche. Doch wie sollten sie den Körper an den moslemischen Zöllnern vorbeibringen? Die Venezianer wußten sich auch hier zu helfen. Sie transportierten den Leichnam in einer Kiste. Da er aber einen so wunderbaren Geruch verströmte, bedeckten sie ihn mit Schweinefleisch. Dies war für die Zöllner so abscheuerregend, daß sie die Venezianer unkontrolliert passieren ließen. In einer durch den Heiligen bewirkten wundersam schnellen Fahrt über das Meer brachten sie ihn so am 31. Januar nach Venedig, wo er vom Bischof und vom Dogen sowie der gesamten Bevölkerung feierlich empfangen wurde. Man wollte die kostbare Reliquie in den Dogenpalast bringen. Beim Transport dorthin wurde sie jedoch, genau an der Stelle, wo später seine Kirche stehen sollte, so schwer, daß auch mehrere Männer den Toten nicht mehr zu tragen vermochten. Erst als der Doge in einem Gelübde versprach, dem Heiligen genau an dieser Stelle eine Kirche zu errichten, ließ sich der Leichnam aufheben und zu seiner vorläufigen Ruhestätte tragen.

Soweit die Geschichte der Translation, also der Übertragung des Heiligen nach Venedig. Daß gerade zu dieser Zeit Venedig in heftige Auseinandersetzungen mit dem Erzbistum Aquilea um eine unabhängige venezianische Diözese verstrickt war, machte das Eintreffen des Apostels in Venedig zu einem ausgesprochenen Glücksfall. Denn nun, wo der Missionar des Erzbistums Aquilea in Venedig war, konnte nicht einmal mehr der Papst, geschweige denn der widerspenstige Erzbischof den Venezianern ein eigenes Bistum verweigern. Nicht wenige Historiker haben deshalb behauptet, Rusticus und Bonus seien keineswegs als Händler nach Alexandria gekommen, sondern hätten schlichtweg die Mission gehabt, die lästige Bistumsfrage durch den Raub der Heiligenreliquie ein für allemal zugunsten der Venezianer zu entscheiden. Und konnte man überhaupt sicher sein, den richtigen Leichnam mit sich zu führen? Immerhin war der Apostel vor mehr als 700 Jahren bestattet worden. Doch dies sind Zweifel aus der heutigen Zeit, die einen Gläubigen des Mittelalters kaum befallen haben dürften. Das Wunder seiner Überführung nach Venedig macht nur um so deutlicher, wie sehr der Apostel Venedig vor allen anderen Städten auszeichnete. Daß ein weiteres Wunder den Ort seiner letzten Ruhestätte neben dem Sitz des weltlichen Herrschers und nicht etwa in der Bischofskirche anzeigte, und damit die Überlegenheit der weltlichen Macht gegenüber der Kirche in Venedig christlich einwandfrei legitimierte, fügte sich in denselben Kontext. Der Verehrung des Heiligen und dem Glauben an die Anwesenheit seiner Reliquie in Venedig tat es auch keinen Abbruch, daß der Leichnam im Laufe der Zeit mehrmals verschwand und dann immer wieder durch ein Wunder unversehrt auftauchte.

Und wer je die Markuskirche und die letze Ruhestätte des Heiligen, die sich heute unter dem Hochaltar befindet, besucht hat, wird zumindest in dem Augenblick, in dem er sich in der Kirche befindet, keinen Zweifel daran haben, daß er wirklich in der Grabeskirche des Evangelisten steht.

Jacopo Tintoretto: Die Bergung des Leichnams des Hl. Markus (Detail), 1562, Gallerie dell' Accademia, Venedig

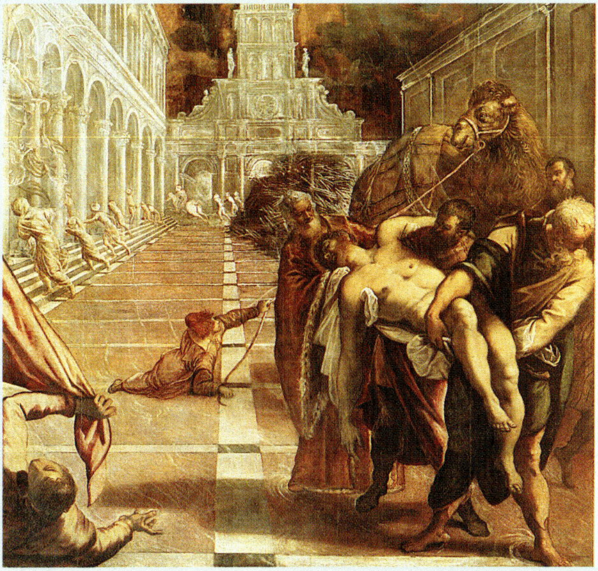

Palazzo Ducale

Südfassade von der Riva degli Schiavoni

Von der Riva degli Schiavoni sieht man besonders gut, daß der Dogenpalast keineswegs ein einheitlicher Baublock ist, wie es von der Piazzetta aus scheinen mag. An den unterschiedlichen Farben ist deutlich zu erkennen, daß sich der gotische Bau aus Backstein von dem dahinterliegenden Renaissancebau mit seinen weißen Steinen absetzt. Dies entspricht sowohl der Baugeschichte als auch den unterschiedlichen Funktionen des Palastes. Denn der Dogenpalast war niemals nur Herrschersitz. Er vereinigte vielmehr drei unterschiedliche Funktionen. Er war Rathaus, Gericht und Dogenwohnung. Der heute älteste Teil des Dogenpalastes ist der zum Wasser hin gelegene. Er wurde ab 1340 als neuer Versammlungsraum für den großen Rat erbaut. Am 30. Juli 1419 hielt der Doge Michele Steno die erste Versammlung in der fertigen Halle ab. 1424 ließ der Doge Francesco Foscari auch den Teil des Palastes an der Piazzetta neu errichten. Die Architekten mußten dabei den Bauteil für den Maggior Consiglio genau kopieren, von dem bereits sieben Arkaden an der Piazzetta ausgeführt waren. Erst dadurch erhielt der Palast sein heutiges einheitliches Aussehen, das wirkt, als wäre er das Ergebnis einer einzigen Bauphase.

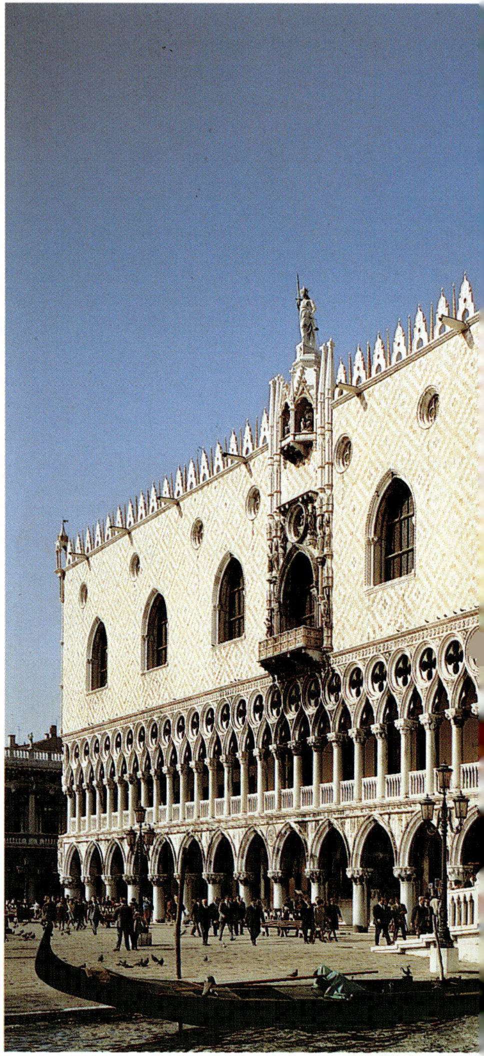

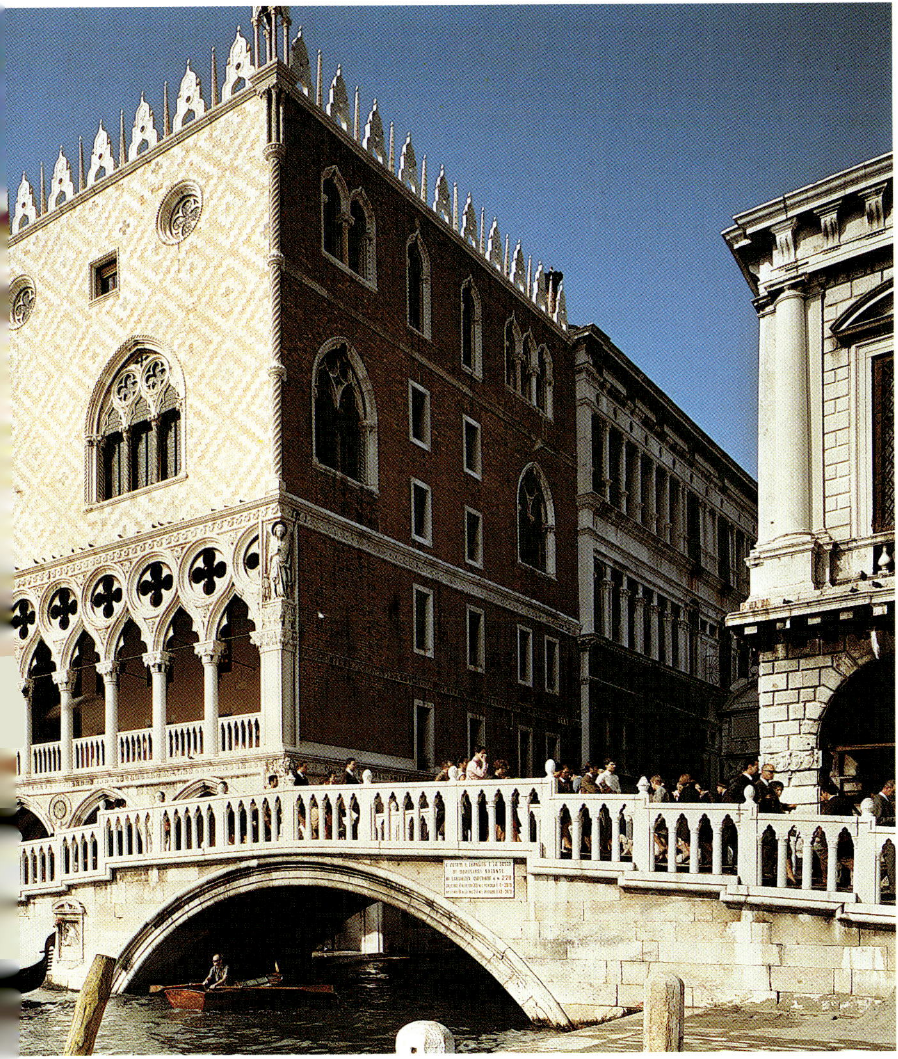

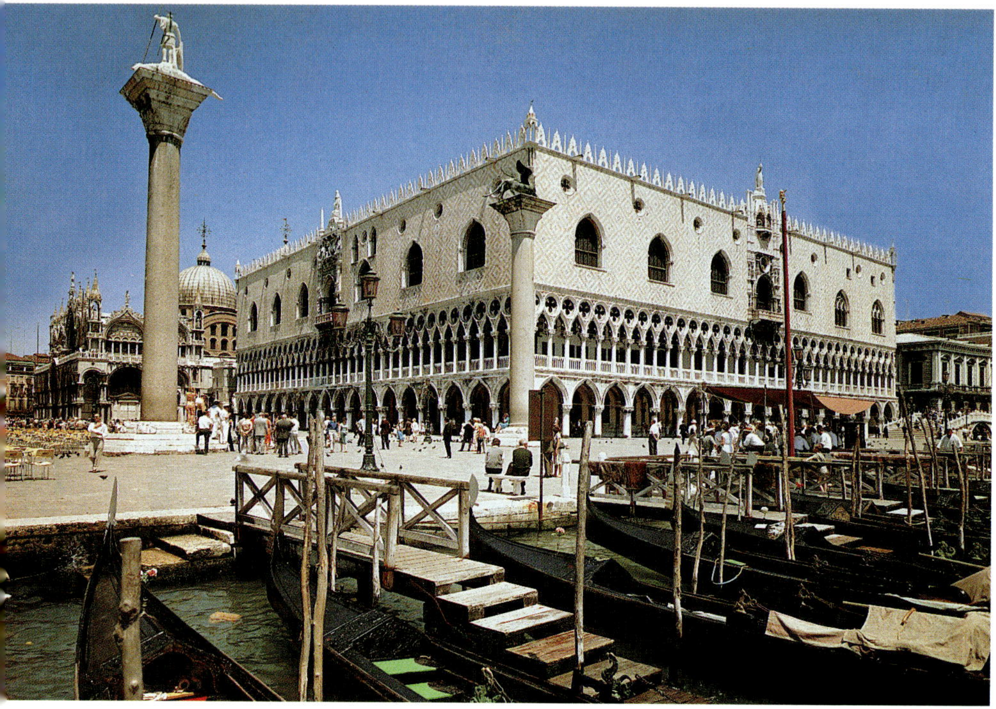

West- und Südfassade

Die Gestalt des Bauwerks mit dem offenen Portikus und der darüberliegenden Loggia war schon für die venezianischen Wohnhäuser der damaligen Zeit typisch. Hier am Dogenpalast erscheint sie zusammen mit Spitzbogen und einem durchbrochenen Maßwerk in gotischen Formen, die bald in ganz Venedig an den Palästen der Adeligen kopiert werden sollten. Das Weiß der Arkaden, die reich geschnitzten Kapitelle, Licht- und Schattenwirkung des Maßwerks und die hellen Farben des Obergeschosses verleihen dem venezianischen Regierungssitz eine heitere, festliche Wirkung. Die beiden geöffneten Arkadengeschosse erwecken den Eindruck, als würde der geschlossene Baukörper darüber gleichsam über den offenen Untergeschossen schweben. Tatsächlich aber ruht der

71 x 75 m große Bau auf riesigen Lärchenpfählen. Im Vergleich mit anderen europäischen Herrschersitzen des 14. Jh.s fällt auf, daß der Dogenpalast vollkommen unbefestigt ist. Schon für die Venedigbesucher vergangener Jahrhunderte war dies ein sicherer Hinweis auf das friedliche Zusammenleben aller Bevölkerungsschichten in der Lagunenstadt.

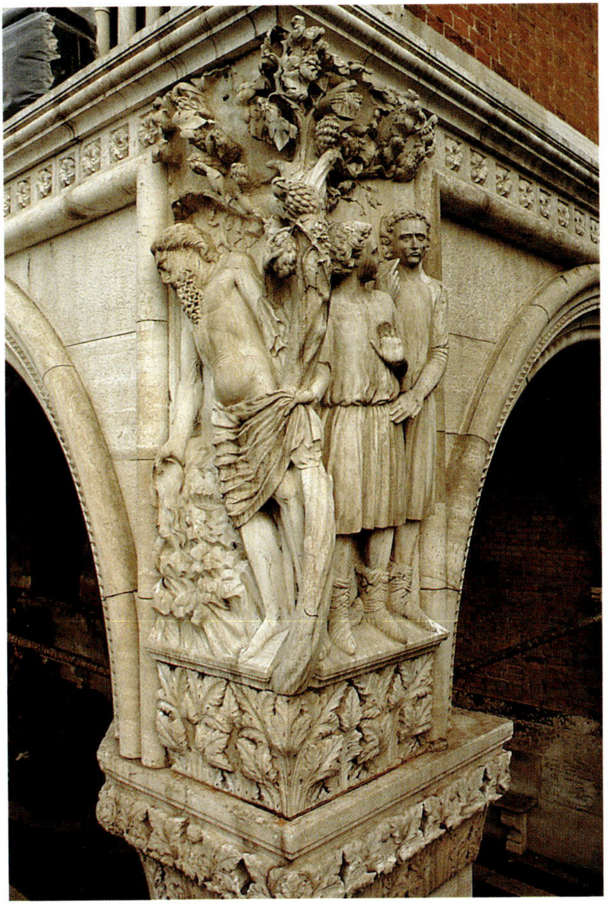

Filippo Calendario: Die Trunkenheit Noahs, um 1344, Südfassade

Filippo Calendario, 1355 als Mitverschwörer des Dogen Falier hingerichtet, war ursprünglich nicht nur der leitende Architekt des Dogenpalastes, er hat auch eine Reihe vorzüglicher Skulpturen der Arkadenzonen geschaffen. An der äußeren rechten Ecke der Wasserfront befindet sich »Die Trunkenheit Noahs«. Links erkennt man den alten Noah, dem die Schale mit Wein aus den Händen gleitet. Seine Söhne, die seine Trunkenheit und seine Nacktheit bemerkt haben, stehen auf der anderen Seite. Der eine bedeckt die Blöße des Vaters mit einem Tuch, während der andere keinerlei Mitleid zeigt. Die feine Beobachtung der Figuren und die genaue Wiedergabe der Pflanzen zeugen von Calendarios großer Meisterschaft.

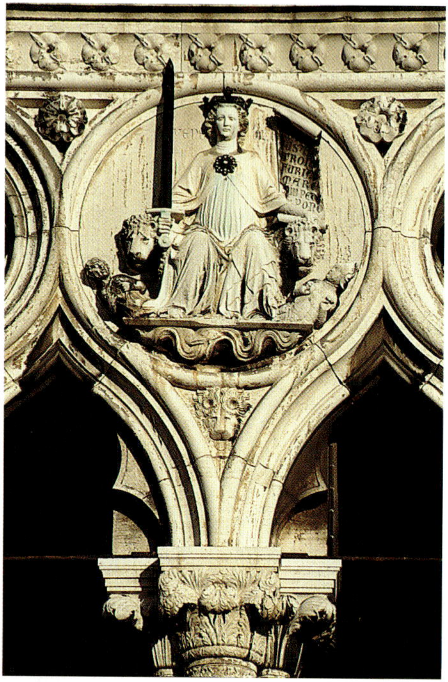

Westfassade

Zu den sieben älteren Arkaden des Palastes an der Piazzetta gehört auch Filippo Calendarios Maßwerktondo mit der Darstellung einer Venetia, die durch das Schwert gleichzeitig als Justizia gekennzeichnet ist. Es handelt sich hierbei um die erste öffentliche Darstellung einer Allegorie auf den venezianischen Staat. Venetia, die in der Rolle der Justizia die Gerechtigkeit verkörpert, wurde zu einem der beliebtesten Symbole für die Republik. Denn die Venezianer sahen in der Gerechtigkeit die Haupttugend ihres Staatswesens. Unter dem Löwenthron der Venetia sieht man zwei Laster, die sie niederhält, auf der linken Seite den Zorn, der sein Hemd zerreißt, auf der rechten Seite den Hochmut, dem Eselsohren aus dem Helm wachsen.

Porta della Carta, 1438

Der stolze Doge Francesco Foscari ließ nicht nur den nordwestlichen Piazzettaflügel des Dogenpalastes anbauen, sondern errichtete zusammen mit diesem Palastteil auch ein neues Tor zum Innenhof, die sog. Porta della Carta. Über der Tür ließ er sich vor dem Markuslöwen kniend darstellen. Woher der Name Porta della Carta (ital. Papier) stammt, ist umstritten. Zum einen wird behauptet, daß er sich vom Staatsarchiv ableitet, das sich hier befunden haben soll. Andererseits heißt es, daß der Name von den Urteilen und Erlässen herrührt, die hier verlesen wurden. Wieder andere meinen, der Name komme daher, daß man hier einst sein Anliegen an die Regierung in schriftlicher Form einreichen mußte. Foscari gab das Portal 1438 auf dem Höhepunkt seiner Macht bei der venezianischen Bildhauerfamilie Buon in Auftrag. Mit den wuchernden gotischen Formen wirkt das Tor eher wie eine Goldschmiedearbeit. Dieser Eindruck wurde durch die ehemals farbige Fassung des Portals in Gold und Blau noch verstärkt.

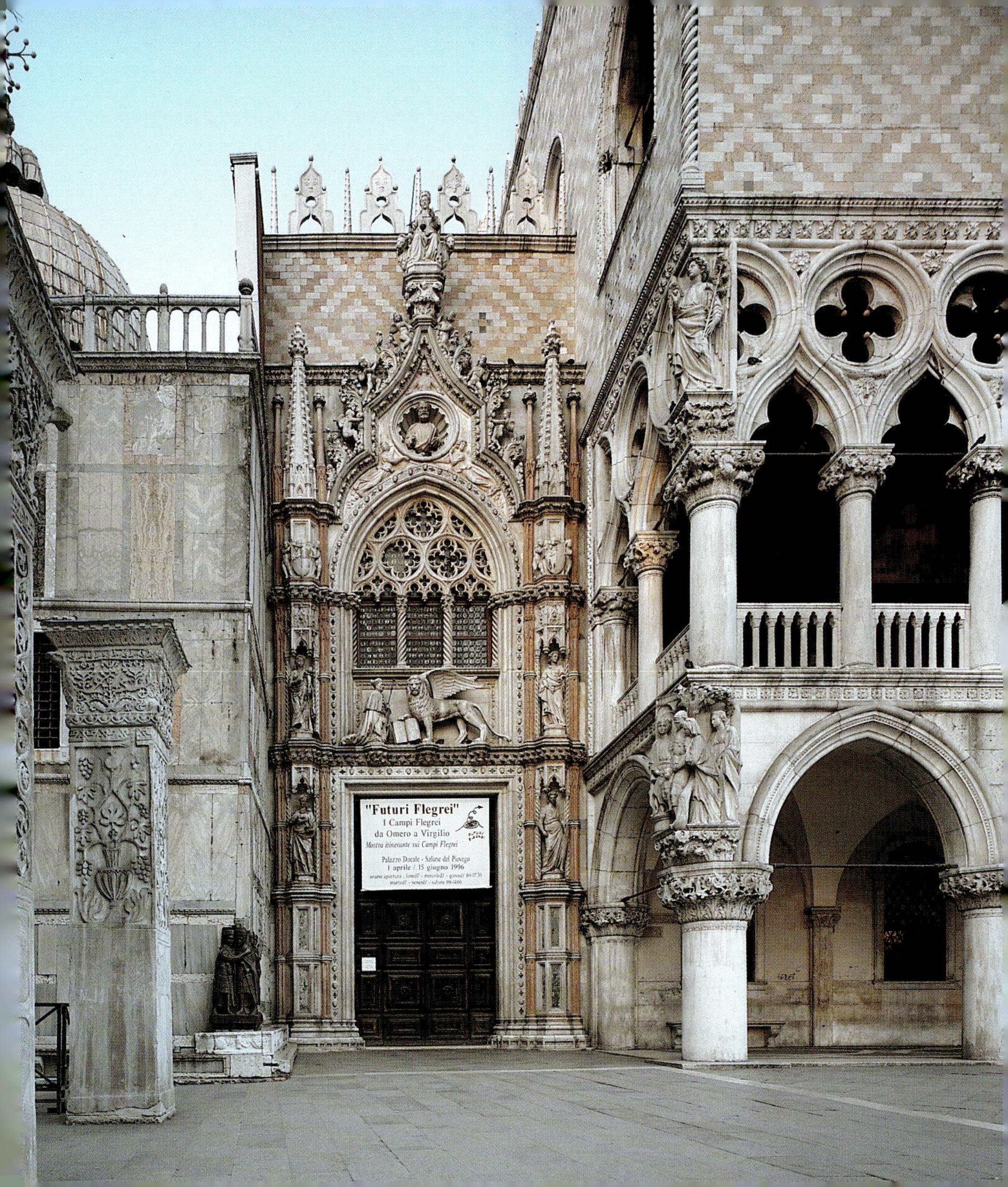
"Futuri Flegrei"
I Campi Flegrei
da Omero a Virgilio
Mostra itinerante sui Campi Flegrei
Palazzo Ducale - Salone del Piovego
1 aprile / 15 giugno 1996

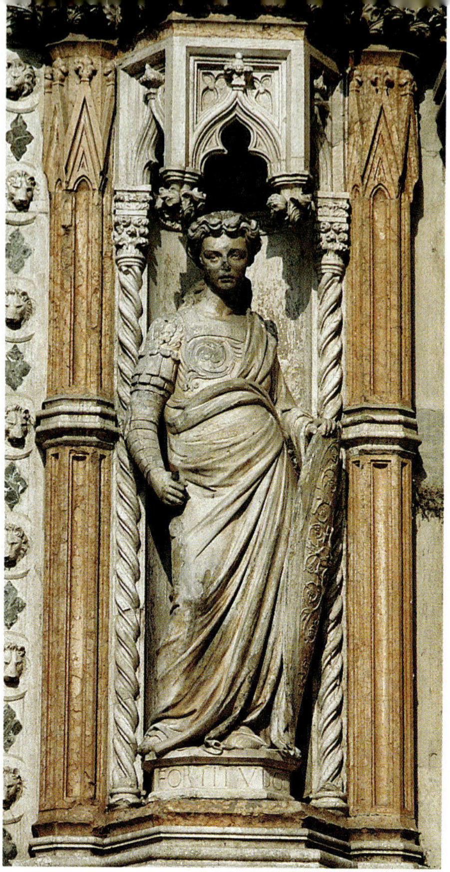

Fortitudo, Porta della Carta, 1438

Bartolomeo Buon, der die Familienwerkstatt zusammen mit seinem Vater führte, galt seinen Zeitgenossen als der beste venezianische Bildhauer. Doch nicht alle Skulpturen an dem Portal stammen von seiner Hand. Der große Werkstattbetrieb, der schnelles Arbeiten erlaubte, brachte es mit sich, daß er viele Figuren an fähige Mitarbeiter vergeben konnte. Auch die hochwertigen Tugendfiguren in den seitlichen Nischen, die Weisheit, Barmherzigkeit, Besonnenheit und Tapferkeit verkörpern, wurden wohl nicht von Buon selbst geschaffen. Als Bildhauer der kraftvollen Fortitudo, der Tapferkeit, in der ersten Nische von unten auf der rechten Seite wird Antonio Bregno genannt, der später ähnliche Figuren für Foscaris Grabmal (siehe S. 235) schuf.

Scala dei Giganti, 1484–1501

Wenn man die Porta della Carta und den dunklen Arco Foscari durchschritten hat, erhebt sich vor dem Eintretenden die letzte von einst vier Treppen, die früher zu den Amtsräumen im Loggiageschoß führten, die »Treppe der Riesen«. Sie wurde ab 1484 von Antonio Rizzo errichtet. Ihr Name leitet sich von den beiden kolossalen, weit überlebensgroßen Statuen Jacopo Sansovinos ab, die 1567 aufgestellt wurden.Sie verkörpern Merkur, den römischen Gott des Handels, und Neptun, den Gott des Meeres, und verweisen damit auf den Ursprung des venezianischen Reichtums. Ebenso unmißverständlich ist der Markuslöwe über dem Eingangsbogen zur Loggia, das Symbol des Stadtheiligen Markus und des venezianischen Staates. Die Scala dei Giganti war stets Schauplatz für die prunkvolle Krönungszeremonie des Dogen.

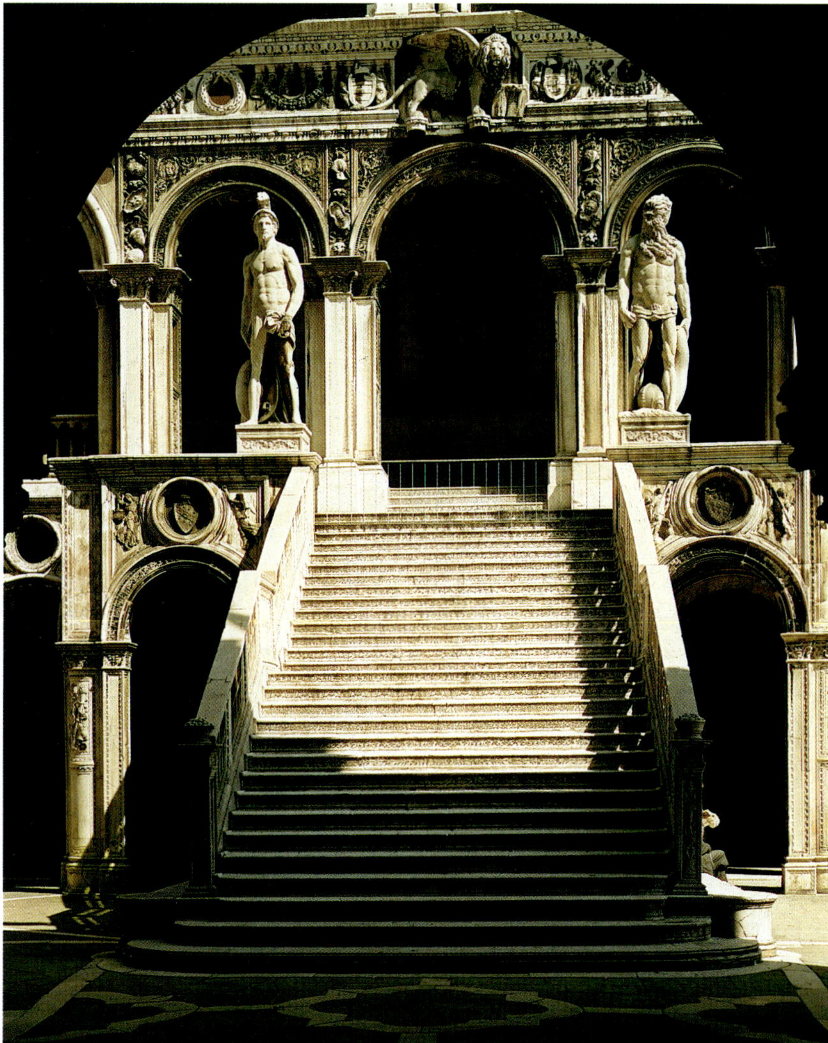

Gabriel Bella: Die Krönung des Dogen auf der Scala dei Giganti, vor 1792
Öl auf Leinwand, 95 x 147 cm

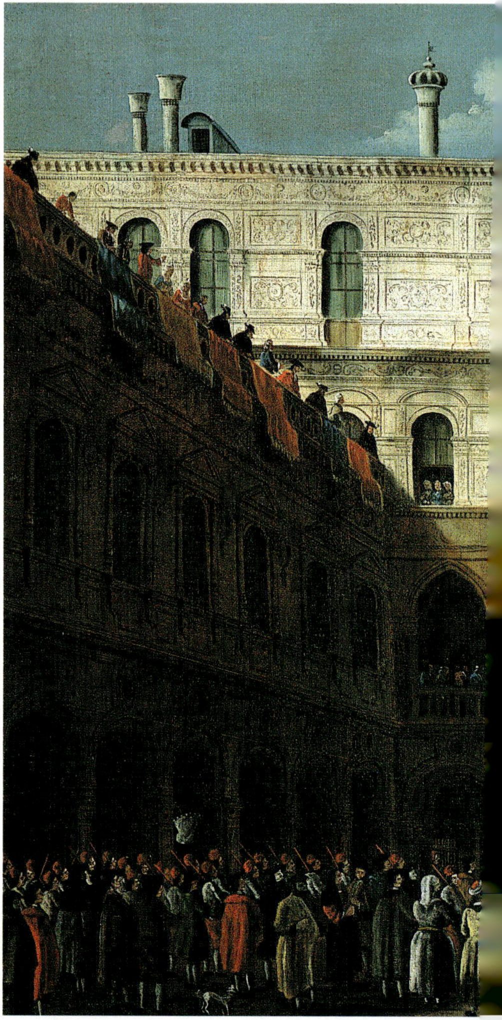

Das Relief des Markuslöwen über der Scala dei Giganti erhebt sich über den Statuen von Meer und Handel. So wurde jedem Besucher, der durch die Porta della Carta und über die prunkvolle Freitreppe in den Dogenpalast eintrat, vor Augen geführt, daß Geschäfte und Seefahrt der Venezianer unter dem besonderen Schutz des Evangelisten stehen. Wie symbolträchtig gerade dieses Relief war, zeigt die Tatsache, daß das Original 1797 bei der Eroberung Venedigs durch die Napoleonischen Truppen zerstört wurde. (Das heutige Relief ist eine Kopie des alten Löwen.) Prachtvoll und feinsinnig ausgestattet spielte die Treppe eine wichtige Rolle beim Empfang von Staatsgästen und bei der Dogenkrönung. Der Hauptteil des feierlichen Zeremoniells wurde auf der Freitreppe durchgeführt.

Wie so viele andere Begebenheiten aus dem Alltag der Venezianer hat Gabriel Bella auch die Krönung des Dogen auf der Scala dei Giganti festgehalten. Umgeben von den Senatoren und allen Räten schwor der neu gewählte Doge auf dem obersten Treppenabsatz seinen Eid auf den venezianischen Staat und seine Gesetze. Danach wurde er vom jüngsten Ratsmitglied mit dem Camauro, einer Mütze aus feinstem weißen Gewebe bekleidet, woraufhin der älteste Ratgeber dem Dogen Kappe und Krone auf das Haupt setzte.

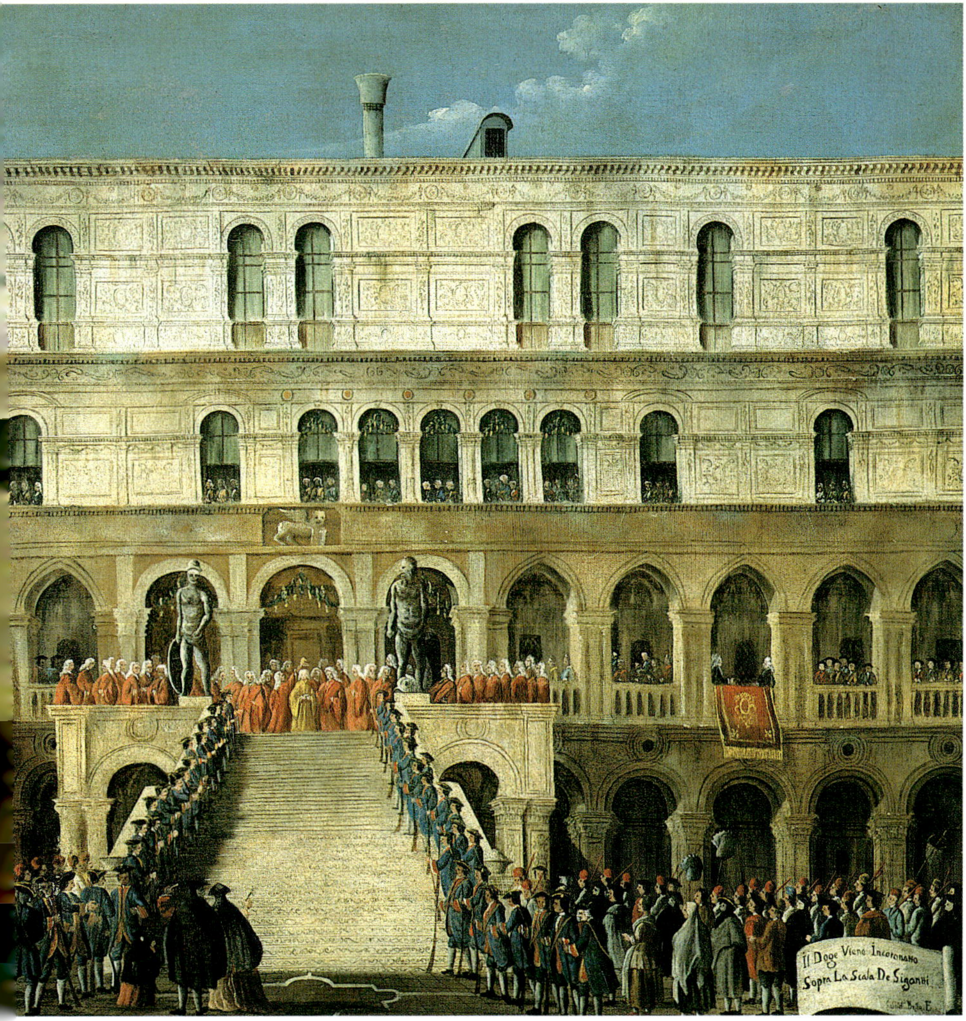
Il Doge Viene Incoronatto
Sopra La Scala De Siganti

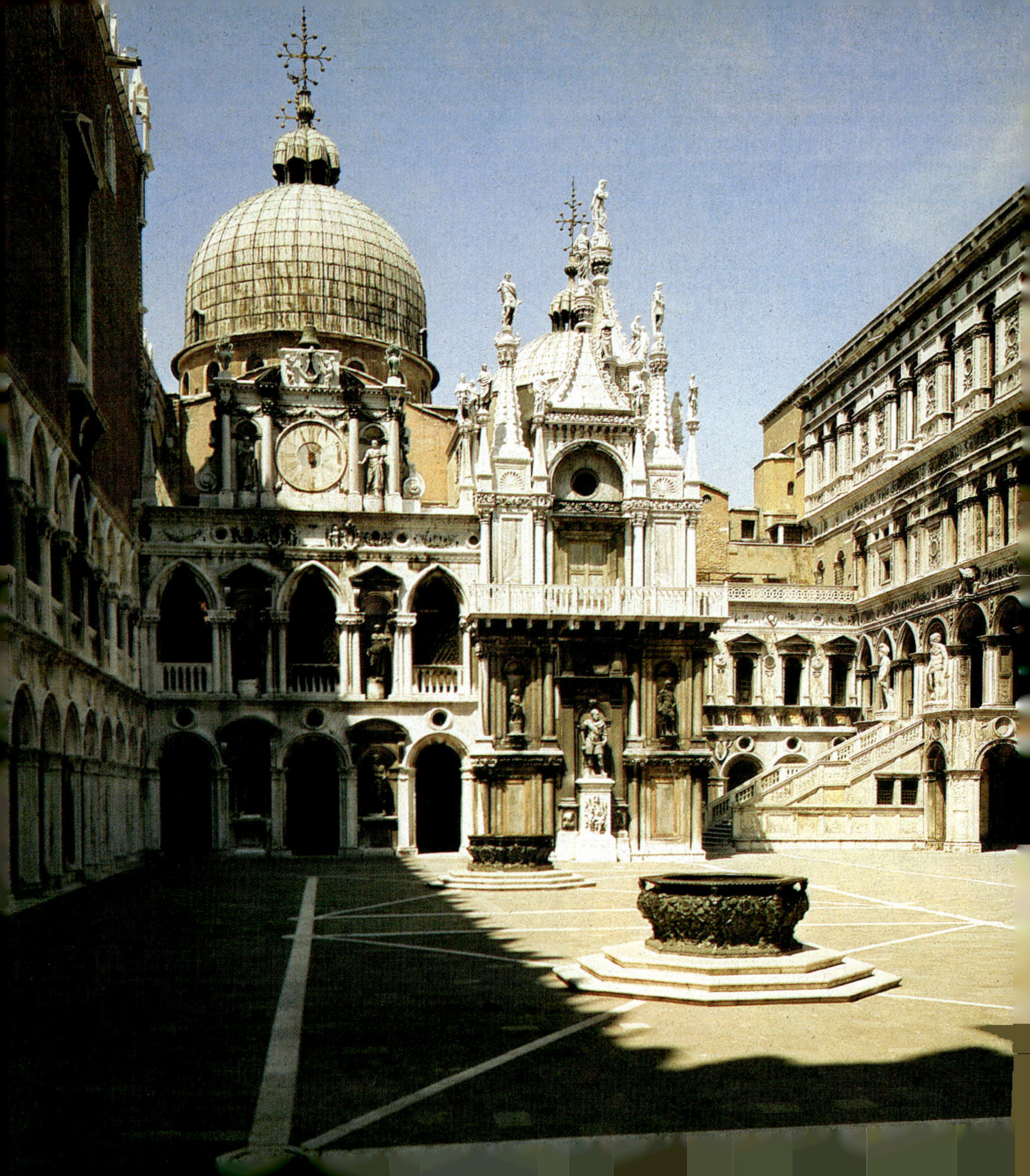

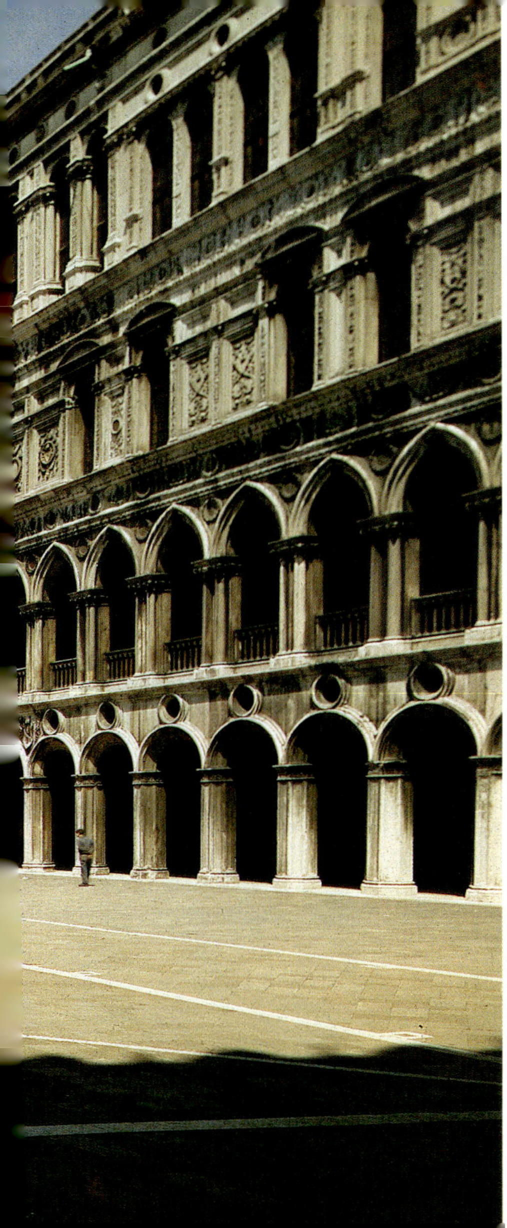

Innenhof

Der Ostflügel des Dogenpalasts wurde 1483 nach einem schweren Brand neu errichtet. Dabei hat man wahrscheinlich nutzbare Teile des alten Bauwerks einbezogen. Lange galt die reich geschmückte Fassade als Werk des für den Dogenpalast zuständigen Baumeisters Antonio Rizzo und seines Nachfolgers Pietro Lombardo. Inzwischen weiß man jedoch, daß der führende Renaissancearchitekt Venedigs, Mauro Codussi, die Gebäudefront entworfen hat. An keinem anderen Bauwerk hat er so aufwendige Verzierungen angebracht wie am Ostflügel des Dogenpalastes, in dem die Wohnung des Dogen liegt. Erst um 1600 wurden die Arkaden im West- und Südflügel des Palastes geöffnet, und somit das Erscheinungsbild des Hofes vereinheitlicht. Früher hatte sich hier der Gemüsegarten der Nonnen von San Zaccaria befunden, weshalb man den Hof auch weiterhin Broglio (ital. Garten) nannte. Im Hof war ein zwangloses Gespräch zwischen Beamten, Räten und Regierungsmitgliedern möglich. Diese Zusammentreffen wurden auch für illegale Absprachen oder den Ämterhandel genutzt, bei dem man dem Mitglied eines Wahlgremiums die Stimme abkaufte. Wie Gerüchte besagen, war dies eine wichtige Einnahmequelle für den verarmten venezianischen Adel. Jedenfalls werden bis heute unlautere Machenschaften im Italienischen nach diesem Ort als »Broglio« bezeichnet.

Der Doge und die Räte

Der Doge von Venedig – mit diesem Titel verbinden sich Macht und Glanz, aber auch etwas Geheimnisvolles. Was dieser oberste Repräsentant der Stadt tatsächlich tat, welchen Einfluß er hatte und mit welchen Mitteln er regierte, blieb meist hinter der starren Maske von Pomp und Zeremonie verborgen.
Am Anfang, in den Jahrhunderten, als sich der venezianische Staat formte, hatten die Dogen nahezu uneingeschränkte Macht. Der Name seines Amtes ist vom lateinischen »dux«, der Bezeichnung für die oströmischen Verwalter, abgeleitet, die ab dem 8. Jh. die Lagune regierten. Die Autorität der frühen, bald von Byzanz weitgehend unabhängigen Dogen war so groß, daß es ihnen vom 8. bis zum 12. Jh. häufig gelang, ihre Söhne oder andere nahe Verwandte zu ihren Nachfolgern zu bestimmen.
Doch im Laufe des 12. Jh.s gewann die Kommune immer größeren Einfluß. Der Doge wurde nun nicht mehr nur durch Akklamation von der Volksversammlung aller venezianischen Bürger, dem »Arengo«, bestätigt. Die Versammlung wählte nunmehr tatsächlich mit Hilfe von Wahlmännern den Dogen. Etwa zur selben Zeit, Ende des 12. Jh.s, wurde ihm auch ein vom Arengo gewählter Rat zur Seite gestellt. Dieser bestand aus je einem Vertreter der sechs Stadtviertel, die als unmittelbare Ratgeber des Dogen fungierten, sowie einem großen Rat. Die Mitglieder der beiden Räte, die sog. Sapientes, waren durch Vermögen oder Kenntnisse herausragende Persönlichkeiten, die zuvor nur in besonderen Fällen zur Beratung des Dogen herangezogen worden waren. Nun wurden sie zu einer dauerhaften Einrichtung. Die sechs Ratgeber aus den Stadtteilen und die übrigen »Sapientes« wurden am Anfang durch Wahl vom »Arengo« bestimmt. Theoretisch konnte zu jener Zeit jeder Venezianer zum Dogen gewählt werden. Tatsächlich kamen jedoch nur wenige reiche Familien in Frage, die seit langem die Machtpositionen besetzt hielten. Die Tatsache, daß andere Familien, die im Laufe der Zeit ebenfalls zu Reichtum und Ansehen gelangt waren, an der Regierung teilhaben wollten und die Vorherrschaft der alten Geschlechter nicht länger hinnahmen, führte vom 12. bis zum 14. Jh. immer wieder zu heftigen Auseinandersetzungen. Der Höhepunkt dieser Machtkämpfe war die »Serata« des Großen Rates (Maggior Consiglio), die zwischen 1297 und 1323 vollzogen wurde. Nur diejenigen, deren Vorfahren bereits Ratsmitglieder waren, konnten von nun an noch zugelassen werden. 1323 wurde die Mitgliedschaft erblich. Die Ratsmitglieder wurden hinfort als Nobili, als Adelige betrachtet. Der venezianische Adel definierte sich also ursprünglich nicht aus

Tizian: Bildnis des Dogen Andrea Gritti, um 1545, Kress Collection, National Gallery, Washington. Das Porträt, das lange nach Grittis Tod (1538) entstand, verkörpert den vollkommenen Ausdruck der dogalen Macht.

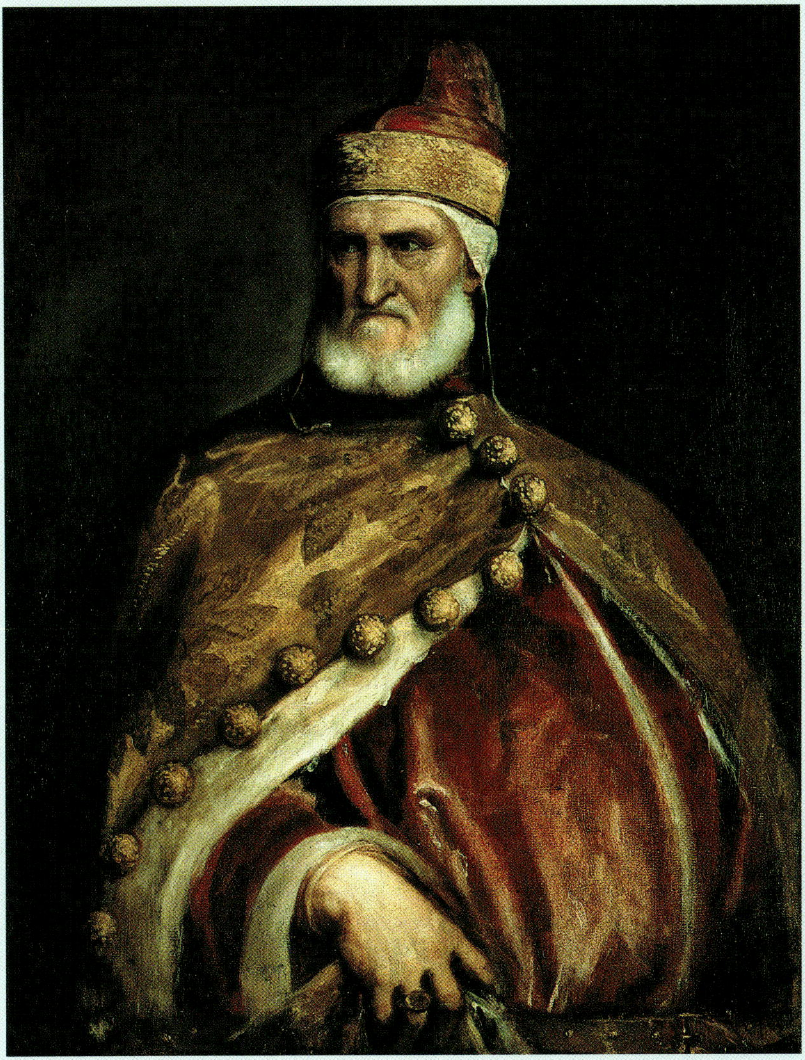

kaiserlichen und königlichen Titeln und wird deshalb häufig auch als Patriziat bezeichnet. Die Namen der ratsfähigen Geschlechter, ihre Hochzeiten und die Geburt ihrer Söhne wurden im Libro d'Oro, dem Goldenen Buch festgehalten. In späteren Jahrhunderten gelang es nur wenigen Familien, wegen besonderer Verdienste oder durch ihren Reichtum in das Verzeichnis aufgenommen zu werden.
Die Erblichkeit der Teilnahme am Maggior Consiglio führte dazu, daß die Mitgliederzahl ab dem 14. Jh. ständig wuchs, denn jetzt wurde ja nicht mehr nur eine begrenzte Anzahl von Bewerbern gewählt. Als Regierungsinstrument war der Große Rat somit kaum noch geeignet.

Dogenkappe, Museo Correr, Venedig

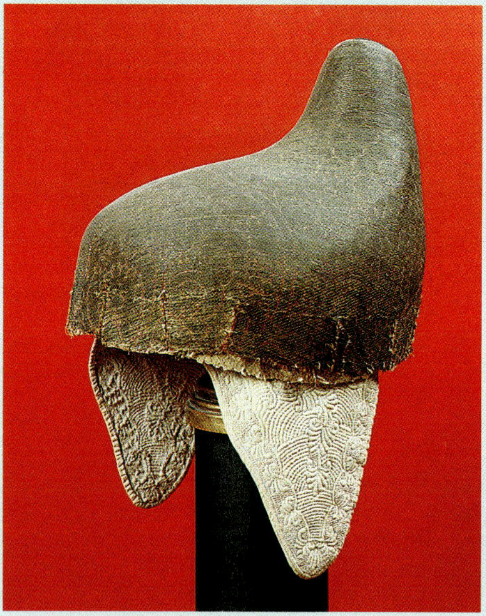

Deshalb entstanden viele Kommissionen und Unterbehörden, die mit Einzelproblemen befaßt waren. Die Ämter dieser Behörden wurden durch den Maggior Consiglio und mit seinen Mitgliedern besetzt.
Während der Adel so im 13. Jh. zur allein regierenden Schicht aufstieg und es bis zum Ende der Republik blieb, verlor der Doge nach und nach an Macht. Er wurde vom 13. bis zum 15. Jh. immer mehr ein Gefangener seiner Würde. 1229 hatte man das Amt der fünf »Correctores« geschaffen. Sie prüften die Amtsführung des Dogen nach seinem Ausscheiden aus dieser Funktion und legten dann die »Promissiones«, die Versprechen fest, die der neue Doge bei seiner Amtsführung ablegen mußte.
Wie bei allen venezianischen Ämtern war es bei Strafe verboten, die Wahl zum Dogen abzulehnen, die in einem komplizierten Wahlmodus mit verschiedenen Los- und Wahlgängen getroffen wurde. Der Doge bekam eine Art Gehalt, das aber kaum ausreichte, seine Ausgaben zu decken. Private Geschäfte waren ihm verboten, so daß Reichtum eine der ersten Voraussetzungen für das Dogenamt war. Trotzdem mußte er wie jeder Bürger Steuern zahlen. Er führte zwar den Vorsitz in allen Räten, war aber sonst nur einfaches Mitglied. Ausschließlich im Maggior Consiglio konnte er den Rednern das Wort entziehen. Er war stets gehalten, den Dogenpalast nur in feierlicher Weise zu verlassen, und außer im Kriegsfall nicht ohne Erlaubnis und Begleitung eines Mitgliedes des kleinen Rates (ab 1412 Collegio genannt), ins Ausland zu reisen. Fremde Gesandte durfte er nur im Beisein des Collegio empfangen. Den Räten war es gestattet, an den Dogen gerichtete ausländische Briefe zu

öffnen. Die übrige Post mußte er in Anwesenheit des Rates lesen. Kein Brief und keine Verordnung des Dogen durfte ohne die Unterschrift von mindestens vier Räten den Palast verlassen. Seine Söhne und Enkel konnten nur venezianische Ämter annehmen und nur mit Erlaubnis des Rates die Töchter ausländischer Fürsten heiraten. Wenn es einzelnen Dogen trotz dieser Beschränkungen immer wieder gelang, große Macht auszuüben, so ist dies v. a. ihrer überragenden Persönlichkeit zuzuschreiben.

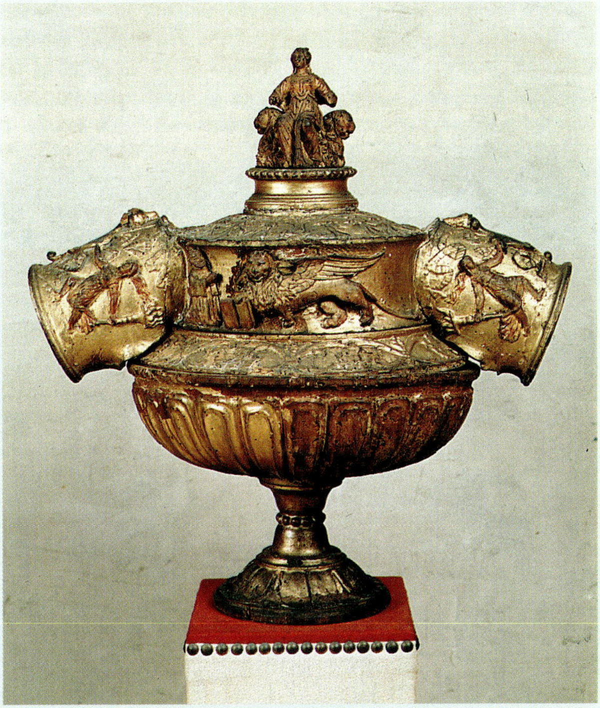

Venezianische Wahlurne, Museo Correr, Venedig

Die eigentliche Regierungsgewalt hatte das Collegio. Es bestand aus sechs Mitgliedern, die ab dem 13. Jh. vom Maggior Consiglio gewählt wurden. Hinzu kamen die drei Vorsitzenden der Quarantia (der Gerichtsbehörde) und im Laufe des 14. und 15. Jh.s zehn »Savi«, Behördenvertreter, die aus einem Gremium des Senats hervorgingen. Auch die Mitglieder des Collegio durften ihre Wahl nicht ablehnen und wie der Doge keine Privatgeschäfte führen. Es war ihnen verboten, Venedig ohne Erlaubnis des Großen Rates zu verlassen, und sie durften keine Verwandten des Dogen sein. Ein einstimmiger Beschluß des Collegio konnte den Dogen absetzen. Bei Meinungsverschiedenheiten zwischen Collegio und Doge sollte stets die Meinung des Rates gelten. Gemeinsam mit den Dogen führte der Rat, für den sich auch der Name »Signoria« einbürgerte, den Vorsitz in allen Versammlungen. Gesetze wurden zunächst im Collegio beraten und dann dem Senat zur Beratung und Beschlußfassung vorgelegt.

Im 15. Jh. hatte der Senat etwa 300 Mitglieder, darunter alle Söhne, Neffen und Brüder des Dogen. Senatsposten waren beim venezianischen Adel außerordentlich beliebt, weil sie mit großem Prestige aber wenig Einschränkungen verbunden waren. Man konnte weiter seinen Geschäften nachgehen und mußte seine Heimatstadt auch nicht verlassen, wie es der Fall war, wenn man ein ehrenvolles Flottenkomando oder die Verwaltung einer Stadt in venezianischem Besitz übertragen bekam. Außerdem herrschte im Senat unbegrenzte Redezeit, so daß man sich als glänzender Rhetoriker hervortun konnte. Die Mitglieder des Senates trugen

Gabriel Bella: Eine nächtliche Sitzung des Consiglio dei Dieci, vor 1792, Pinacoteca Querini Stampalia, Venedig

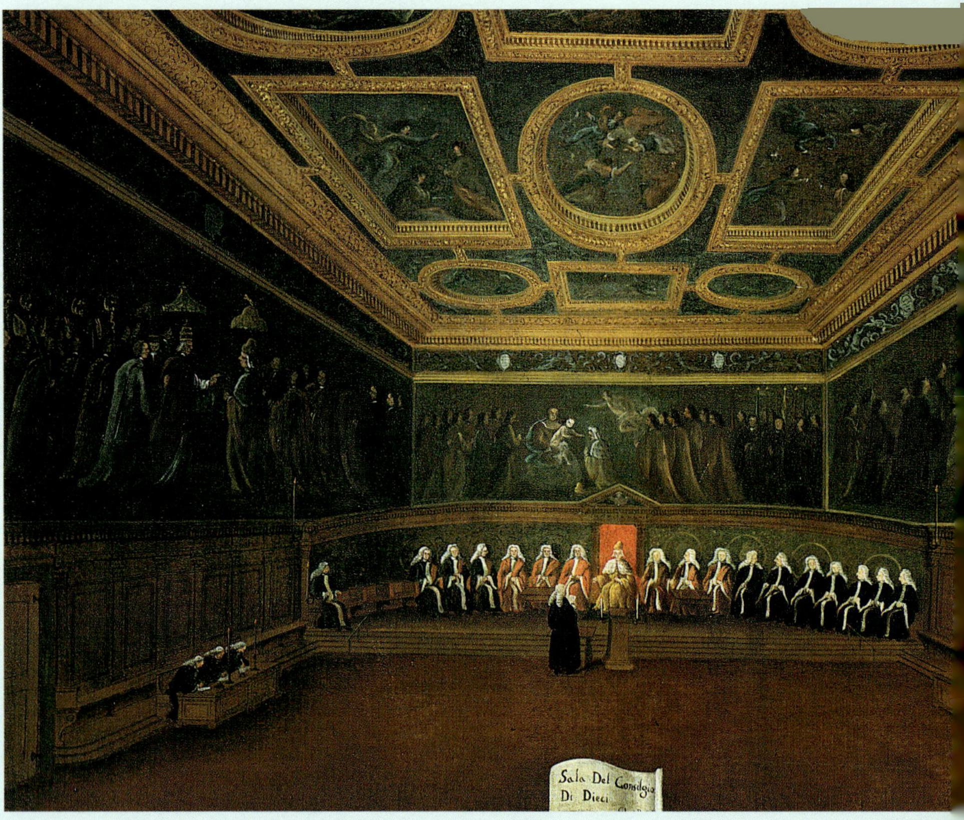

eine prachtvolle Purpurtoga, die nur noch durch das Scharlachrot des Collegio übertroffen wurde.
Die Vertreter der beiden obersten Rechtsbehörden, der Quarantia und des Consiglio dei Dieci, des Rates der Zehn, waren dagegen in Schwarz gehüllt. Der Zehnerrat war in ganz Europa gefürchtet. Er war eine Art Geheimdienst mit richterlicher Gewalt, der zur Bekämpfung der zahlreichen Verschwörungen des 14. Jh.s gegründet worden war. Das Gremium sollte den Staat v. a. vor internen Feinden schützen. Seine Verhandlungen führte der Rat der Zehn vorzugsweise bei Nacht und im Geheimen. Keine Zeugen wurden gehört, und den Geständnissen wurde mit der Folter nachgeholfen. Doch mußten die Untersuchungen innerhalb von einem, höchstens zwei Monaten abgeschlossen sein. In besonders schweren Fällen wurden weitere Berater hinzugezogen. Abstimmungen über die Schuld des Angeklagten erfolgten fünf Mal. Wurde keine Einstimmigkeit erzielt, war der Gefangene freizulassen.

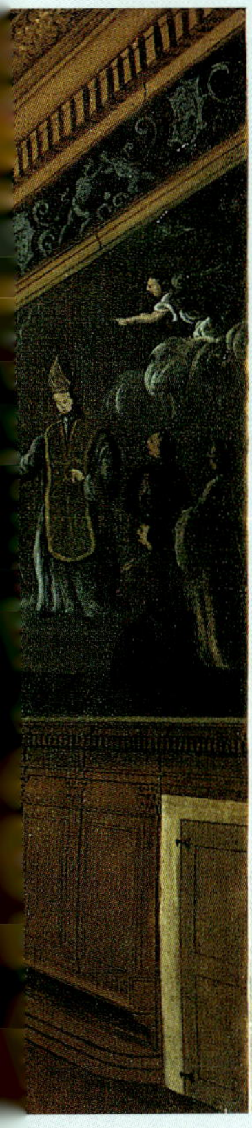

Den führenden Behörden waren unzählige kleinere nachgeordnet. Das erstaunlichste an der venezianischen Administration ist die Tatsache, daß kaum jemals ein Amt aufgelöst wurde, dafür aber immer wieder neue Verwaltungs- und Entscheidungsgremien geschaffen wurden, deren Kompetenzen absichtlich nicht eindeutig voneinander unterschieden waren. Das Machtgefüge zwischen den Ämtern wurde auf diese Weise fein ausbalanciert; Entscheidungen wurden wieder und wieder geprüft.
Die Venezianer schufen nicht nur ständig neue Behörden, sie änderten auch häufig ihre Gesetze, so daß der Ausspruch »mutate rege mutata lex« (ändert sich die Regierung, ändert sich das Gesetz) von Domenico Morosini, einem Kapitän und Geschichtsschreiber des späten Mittelalters, für die gesamte venezianische Geschichte gelten muß. Die eigentliche Tragweite dieser Tatsache kann man erst ermessen, wenn man weiß, daß die meisten Regierungsmitglieder außer dem Dogen bereits nach einem oder sogar schon nach einem halben Jahr ihr Amt wieder verlassen mußten. Daß dies erst gegen Ende der Republik dazu führte, daß sich die verschiedenen Institutionen vollkommen blockierten und jegliche Politik lähmten, mag daran liegen, daß Venedig als Stadtstaat relativ überschaubar blieb. Die alteingesessenen Familien, Adelige und Bürgerliche kannten sich untereinander und waren durch vielfältige Beziehungen miteinander verbunden. Sei es, daß man aus demselben Stadtviertel stammte, sei es, daß man gemeinsam Handel trieb oder Krieg führte oder daß man Mitglied derselben Scuola war. Politische Entscheidungen konnten so durch persönliche Kontakte vorbereitet werden. Vielleicht war dies das eigentliche Geheimnis des mehr als tausendjährigen Erfolges des venezianischen Regierungssystems.

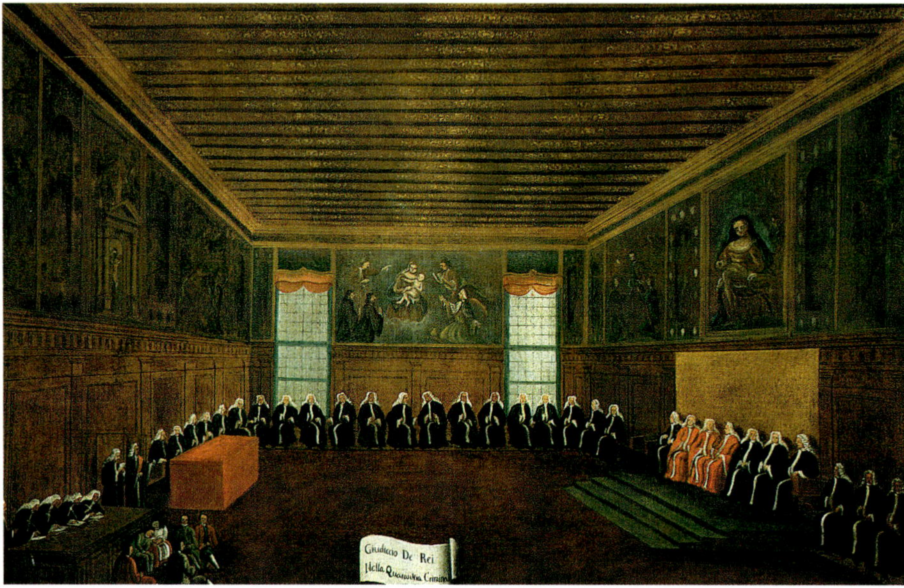

Gabriel Bella: Die Quarantia Criminale (Das Kriminalgericht), vor 1792
Öl auf Leinwand, 95 x 147 cm
Biblioteca Querini Stampalia, Venedig

Der Hof und die beiden ersten Stockwerke des Dogenpalasts waren allen Bürgern zugänglich. In den beiden unteren Geschossen lagen Schreibstuben und untergeordnete Behörden. Im Erdgeschoß befanden sich einige Gefängniszellen. Die Amtsräume der Avogardi im Loggiageschoß sind mit einer modernen Staatsanwaltschaft vergleichbar. Durch die Anordnung ihrer Büros auf dieser Etage hatten die Staatsanwälte während der Ermittlungen jederzeit Zugang zu den Gefängnissen und zu den Folterräumen. Über die berühmte Seufzerbrücke waren die Avogardi auf dieser Höhe auch mit dem seit 1560 neu erbauten Gefängnis verbunden. Die Gerichtssäle, die Räume der Quarantia mit je vierzig Richtern, befinden sich dagegen im ersten Stock. Hier wurden sowohl Zivil- als auch Kriminalprozesse geführt. Bellas Gemälde zeigt, wie klein sich das Häufchen Angeklagter oder Zeugen in bunten Kleidern auf der linken Seite gegenüber dem großen Richterkollegium des Kriminalgerichts ausnimmt.

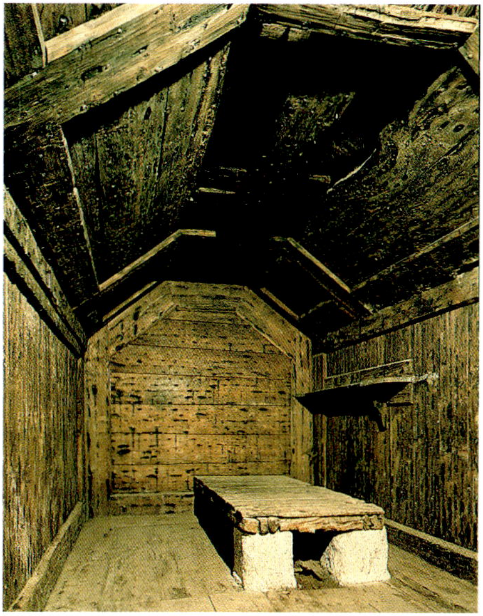

Erdgeschoß, I Pozzi

Pozzi (Brunnen) wurden die Gefängnisse im Erdgeschoß des Dogenpalasts wegen ihrer Feuchtigkeit genannt. Sie waren aus istrischem Stein gemauert und mit dicken Holzbohlen ausgeschlagen. Eine Holzpritsche diente als Bett. Die Schauerliteratur des 19. Jh.s hat aus den venezianischen Gefängnissen einen Ort noch größeren Schreckens gemacht als sie in der Realität waren. Verbunden mit dem Ruf des Consiglio dei Dieci, den man mit einem mächtigen Geheimdienst vergleichen könnte, hat man diese Gefängnisse als besonders grausam denunziert. Im Vergleich zu dem, was einen im übrigen Europa an lichtlosen, schmutzigen Massenkerkern erwartete, in denen die Gefangenen ihr Schicksal nicht nur mit anderen Unglücklichen, sondern auch mit zahlreichem Ungeziefer teilen mußten, waren die venezianischen Gefängnisse vielleicht gar nicht so übel. Die Venezianer selbst priesen sie jedenfalls als besonders menschenfreundlich.

Bocca del Leone

In solche »Löwenmaul« genannten Briefkästen konnte man anonyme Anzeigen wegen Steuerhinterziehung, Bestechlichkeit oder Veruntreuung von Staatsgeldern und andere Denunziationen einwerfen.

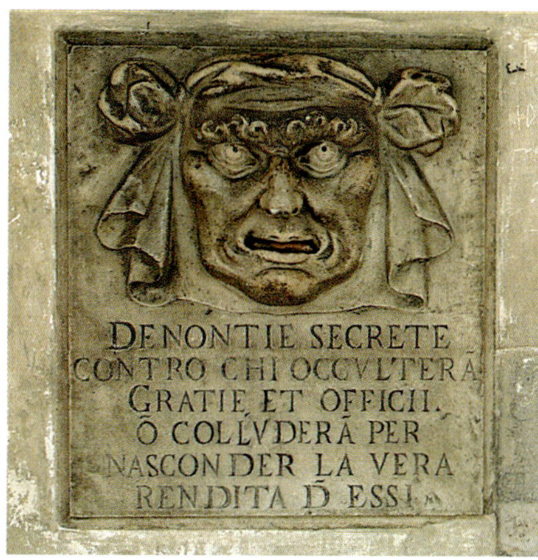

Palazzo Ducale, Erdgeschoß und Loggia

Im Dogenpalast gab es eine Ansammlung von Amtsräumen, Gerichten, Gefängnissen, Empfangszimmern, Prunkräumen und Festsälen sowie die Dogengemächer. Je nach dem Grund eines Aufenthaltes wurde ein Besucher in früheren Zeiten durch unterschiedliche Treppen, Gänge, Korridore und Wartezimmer zu seinem Ziel geleitet. Auf diesem Weg begegnete er einem Bilderschmuck, der ihm Macht und Reichtum Venedigs und die Tugenden des Amtes, das er aufsuchen wollte oder mußte, vor Augen führte. Eine andere typisch venezianische Ausstattung waren die unzähligen Porträts von Beamten. Auch sie dienten dazu, die Tradition und Kontinuität der Republik zu bekräftigen und Respekt vor ihren Tugenden, ihrer Geschichte und ihrem Reichtum einzuflößen.

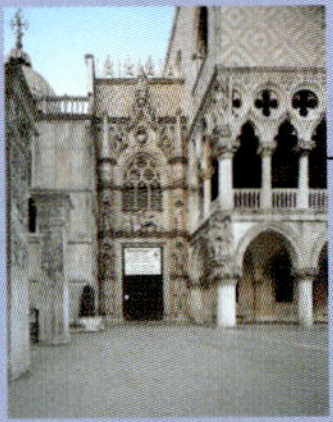

Porta della Carta, S. 131

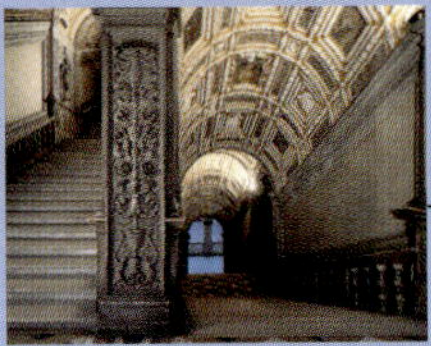

Scala d'Oro, S. 147

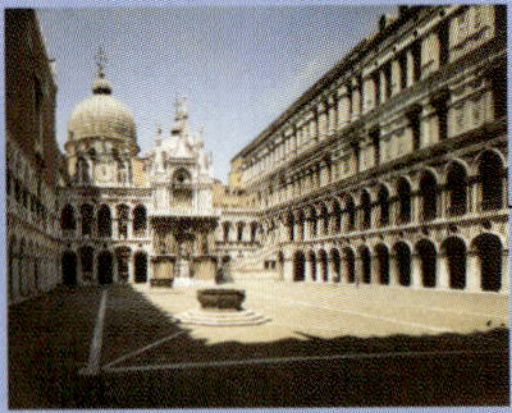

Innenhof des Dogenpalastes, S. 136

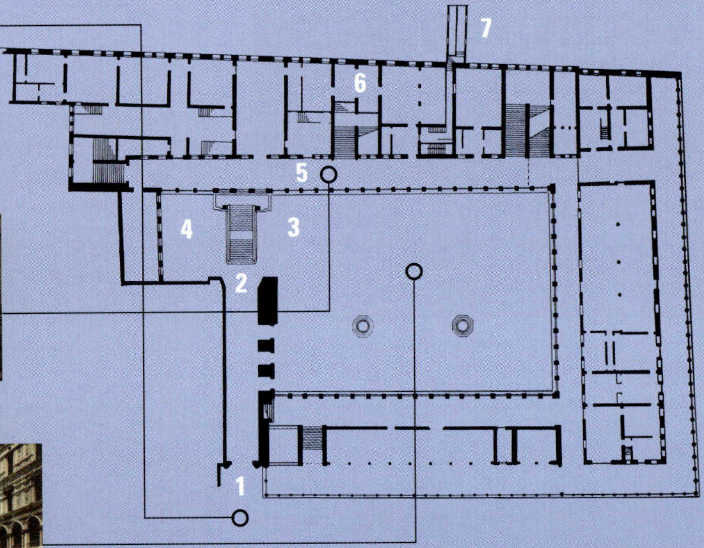

1 Porta della Carta
2 Arco Foscari
3 Scala dei Giganti
4 Cortile dei Senatori
5 Scala d'Oro
6 Avogaria
7 Seufzerbrücke

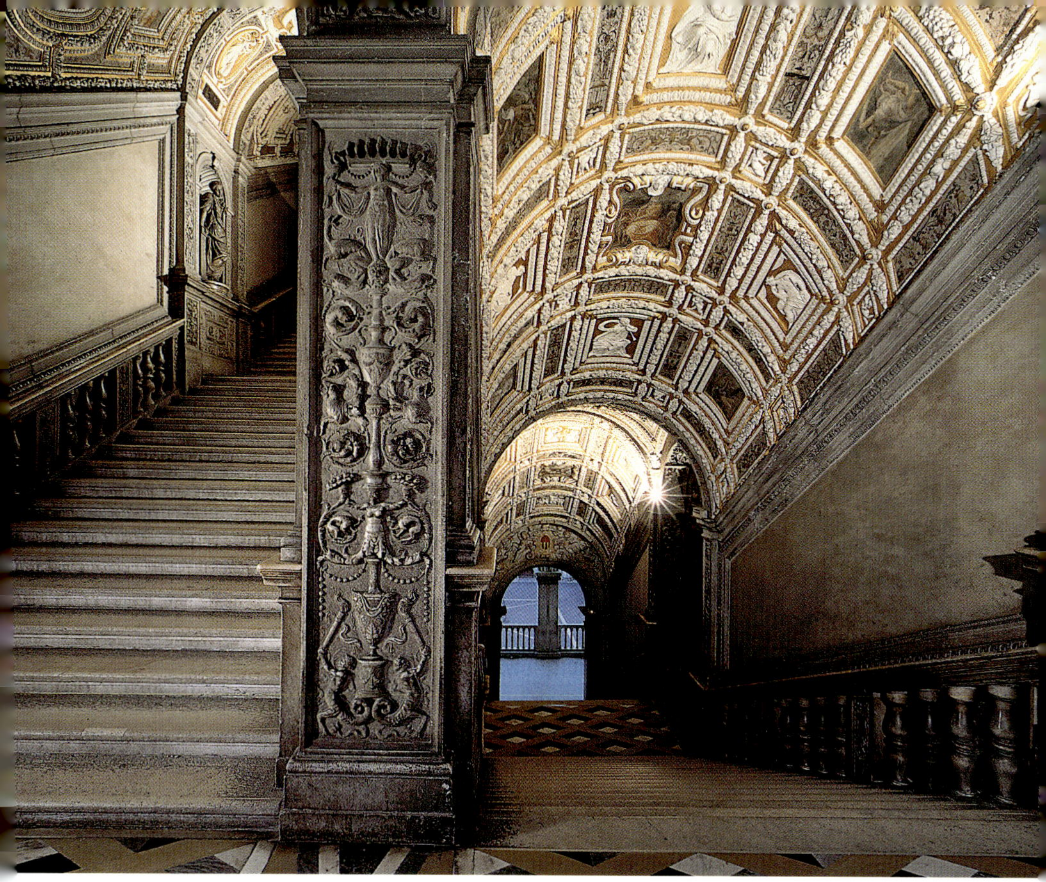

Scala d'Oro

Die Regierungsräume befanden sich in den beiden oberen Stockwerken des Palastes. Hochrangige Besucher wurden ab 1559 vom Loggiageschoß aus über eine prunkvolle, einläufige Treppe mit einer Decke aus vergoldetem Stuck dorthin geführt. Der entwerfende Architekt war Jacopo Sansovino. Unter seiner Beteiligung wurde die Scala d'Oro 1530 begonnen und von Antonio Abbondio 1559 vollendet. Der feine Stuck und die Malerarbeiten stammen von Alessandro Vittoria und Giovanni Battista Franco.

Palazzo Ducale, Erstes Stockwerk

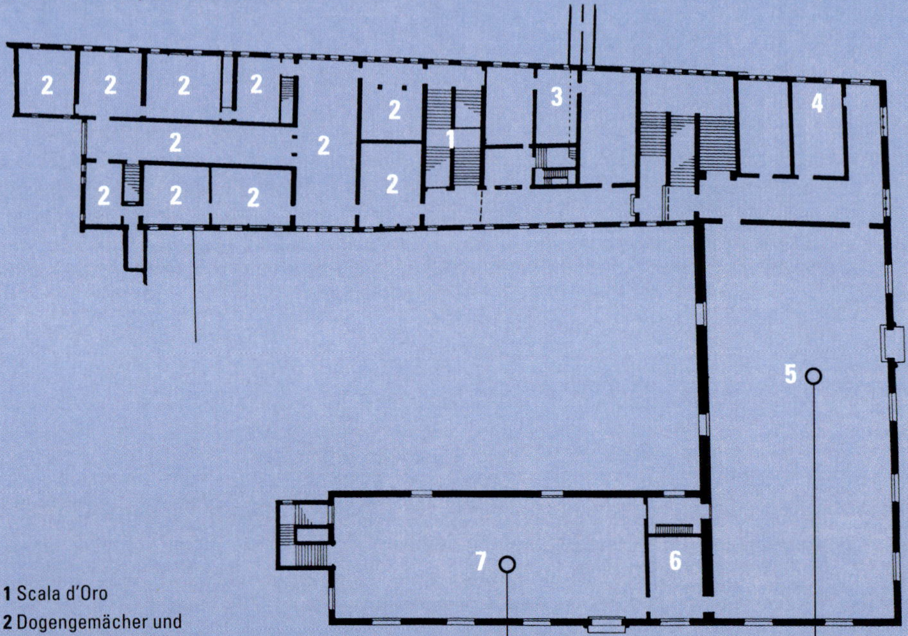

1 Scala d'Oro
2 Dogengemächer und Gemäldesammlung
3 Quarantia Criminal
4 Sala del' Armamento oder del Guariento
5 Sala del Maggior Consiglio
6 Quarantia Civil Nuova
7 Sala dello Scrutinio

Sala dello Scrutinio, S. 154

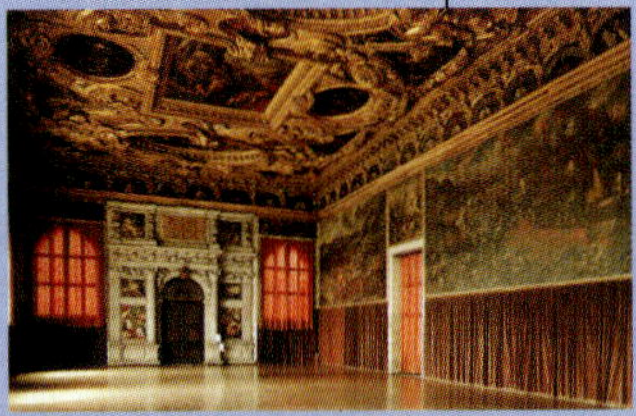

Sala del Maggior Consiglio, Jacopo Tintoretto: Das Paradies, 1588–1594, S. 149

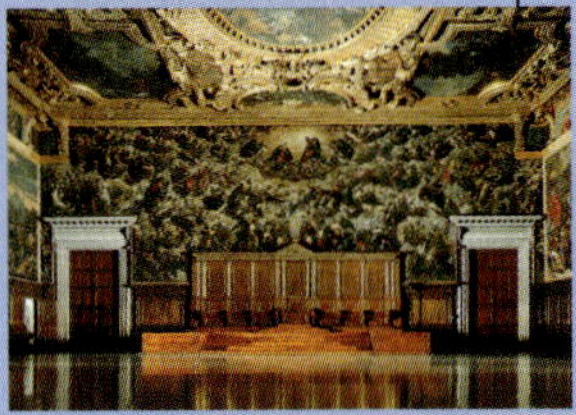

Sala del Maggior Consiglio

Der Saal des großen Rats an der Südseite des ersten Stockwerks war der Versammlungsraum des Maggior Consiglio. Zu ihm waren alle adeligen Venezianer über 25 Jahre zugelassen. Es handelt sich um eine Art Parlamentsraum, auch wenn die Mitglieder nicht gewählt wurden, sondern das politische Mitbestimmungsrecht durch Geburt erwarben und deshalb auch nicht die gesamte Bevölkerung repräsentierten.

1577 zerstörte ein großer Brand den Saal. Dabei verbrannten alle Kunstwerke und kostbaren Ausstattungsstücke, die hier ab dem 14. Jh. gesammelt worden waren. Nach kurzer Beratung darüber, ob man ein neues, dem Zeitgeschmack entsprechendes Gebäude entwerfen sollte, entschloß man sich zum Wiederaufbau. Die Sala wurde in ihrer alten Form rekonstruiert und zwischen 1578 und 1594 mit einer modernen Ausstattung versehen. Unter der prächtigen geschnitzten Decke sind an drei Seiten des Raumes die ersten 76 Dogen Venedigs bis 1556 dargestellt. Die anderen folgen in der angrenzenden Sala dello Scrutinio. An der Decke über den Porträts sind die Dogenwappen eingelassen. Ein Bildnis ist mit einem schwarzen Tuch übermalt. Es handelt sich dabei um jenes von Marino Falier, der 1355 die Republik stürzen wollte.

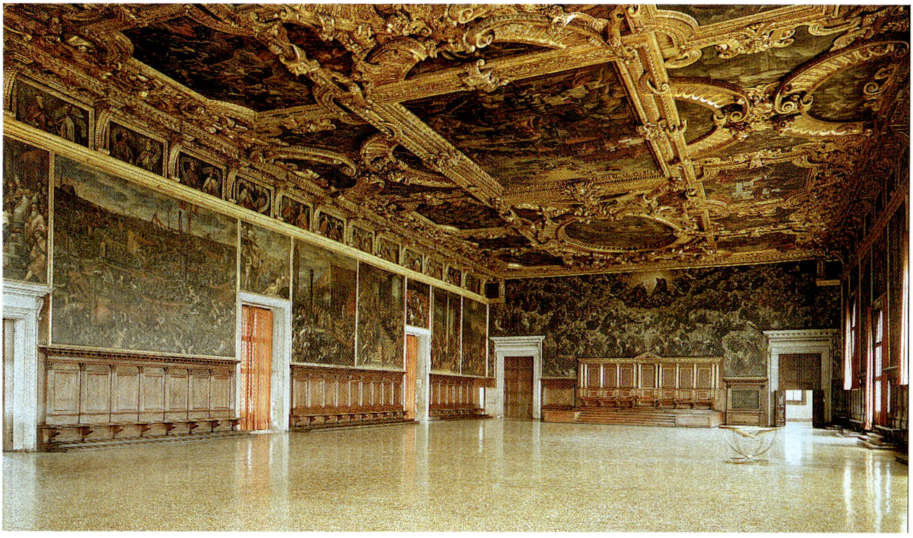

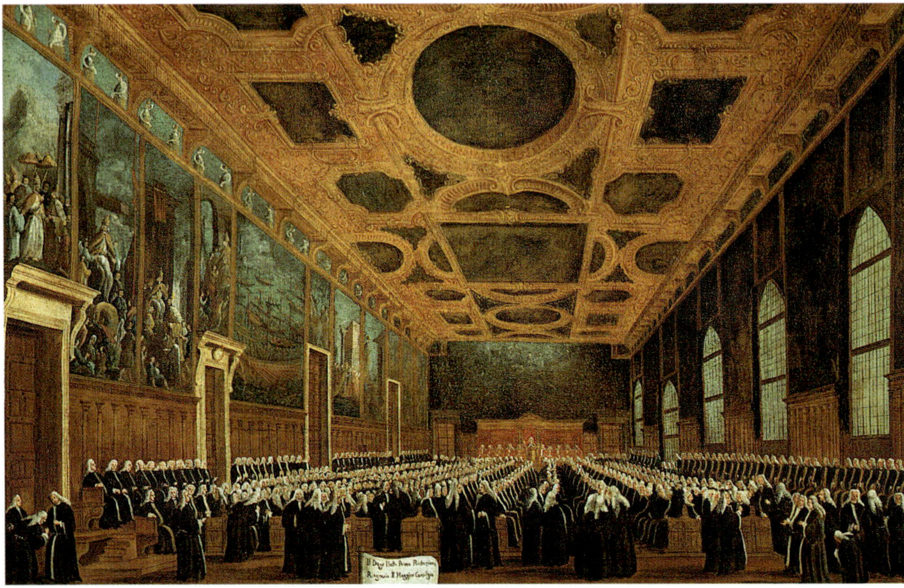

Gabriel Bella: Der Doge dankt dem Großen Rat für seine Wahl, vor 1792
Öl auf Leinwand, 94,5 x 146,5 cm

Bellas Gemälde zeigt die Halle des Maggior Consiglio in Anwesenheit aller Ratsmitglieder. Der Große Rat war mit seinen zeitweise über 2000 Mitgliedern viel zu groß, um effektiv zu arbeiten, statt dessen wurden adelige Beamte und die Mitglieder der Räte gewählt. Dies geschah selten in direkter Wahl. Um Manipulationen vorzubeugen, wurden jeweils Wahlgremien in einem komplizierten Verfahren aus Los- und Wahlentscheidungen bestimmt.

Jacopo Tintoretto: Die freiwillige Unterwerfung der Provinzen, 1578–1585
Öl auf Leinwand

Die herrlich geschnitzte Decke der Sala del Maggior Consiglio wurde nach einem Entwurf von Cristoforo Sorte geschaffen, der Ingenieur und Kartograph war, aber auch als Maler und Ausstatter arbeitete. In das Schnitzwerk sind 35 Bildfelder eingelassen, deren Malereien den venezianischen Staat verherrlichen. Auch ein offizielles Programm der Gemäldefolge und überlieferte Beschreibungen sind erhalten. Die schriftliche Formulierung dessen, was im Parlamentssaal der Republik darzustellen war, ist ein eindrucksvolles Zeugnis für das venezianische Selbstverständnis der Zeit, in der die Ausstattung vorgenommen wurde. Allerdings geht aus der Schrift v. a. hervor, daß die Künstler sich keineswegs an das gehalten haben, was ihnen vorgeschrieben war. Seitenbilder sollen die Taten der Venezianer zeigen, während die mittleren Bilder die Ergebnisse dieser Taten darstellen.

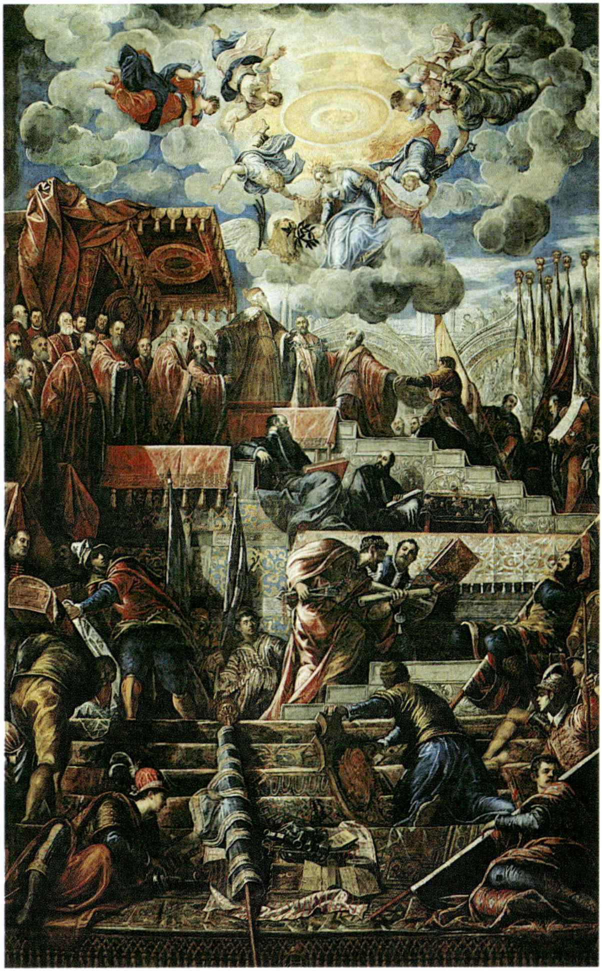

Tintorettos zentrales Gemälde thematisiert die Unterwerfung der venezianischen Provinzen, die nicht näher gekennzeichnet sind. Sie schleppen als Zeichen ihrer Untertänigkeit Kriegszeichen und Schätze heran. Ganz oben steht der Doge Nicolò da Ponte (1585–1595). Im Hintergrund werden gerade noch die Giebel der Markuskirche sichtbar. Unterhalb des Dogen auf der linken Seite stehen die Regierungsmitglieder. Über allen erscheint Venezia in den Wolken, neben ihr der Markuslöwe mit dem Lorbeerkranz des Sieges im Maul. Er bringt den Lorbeer der Venezia. Es scheint jedoch, als wolle sie das Siegeszeichen an den Dogen weitergeben.

Paolo Veronese: Apotheose der Venezia, 1578–1585
Öl auf Leinwand, 904 x 580 cm

Während Tintorettos Mittelbild schon von seinen Zeitgenossen negativ beurteilt wurde, weil der Meister zuviel seiner Werkstatt überlassen hatte, war man sich einig über die herausragende Qualität von Veroneses Gemälde. Es ist eine Allegorie auf den Frieden, den die venezianische Regierung allen von ihr beherrschten Menschen bringt.

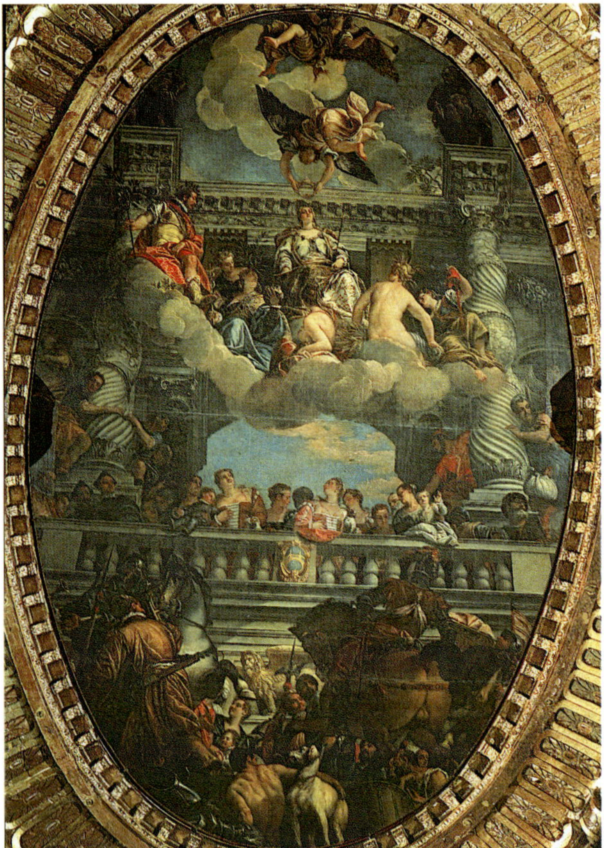

Jacopo Tintoretto: Das Paradies, 1588–1594
Öl auf Leinwand, 700 x 2200 cm

Vor dem Brand hatte sich an dieser Stelle eine berühmte Marienkrönung von Guariento, einem Paduaner Maler des 14. Jh.s, befunden, die ebenfalls als Paradies bezeichnet wurde. Auch in Tintorettos Gemälde ist die Krönung Mariens der Höhepunkt. In konzentrischen Kreisen sind Engel, Heilige und Selige angeordnet. Das riesige Gemälde vermittelt tatsächlich den Eindruck, als blicke man geradewegs ins himmlische Paradies, wo sich die Krönung der Madonna vollzieht. Tintoretto findet eine adäquate Lösung für die Aufgabe, alle Heiligen zu zeigen, die bei der Krönung der Gottesmutter versammelt sind. Während in älteren Szenen dieser Art meist

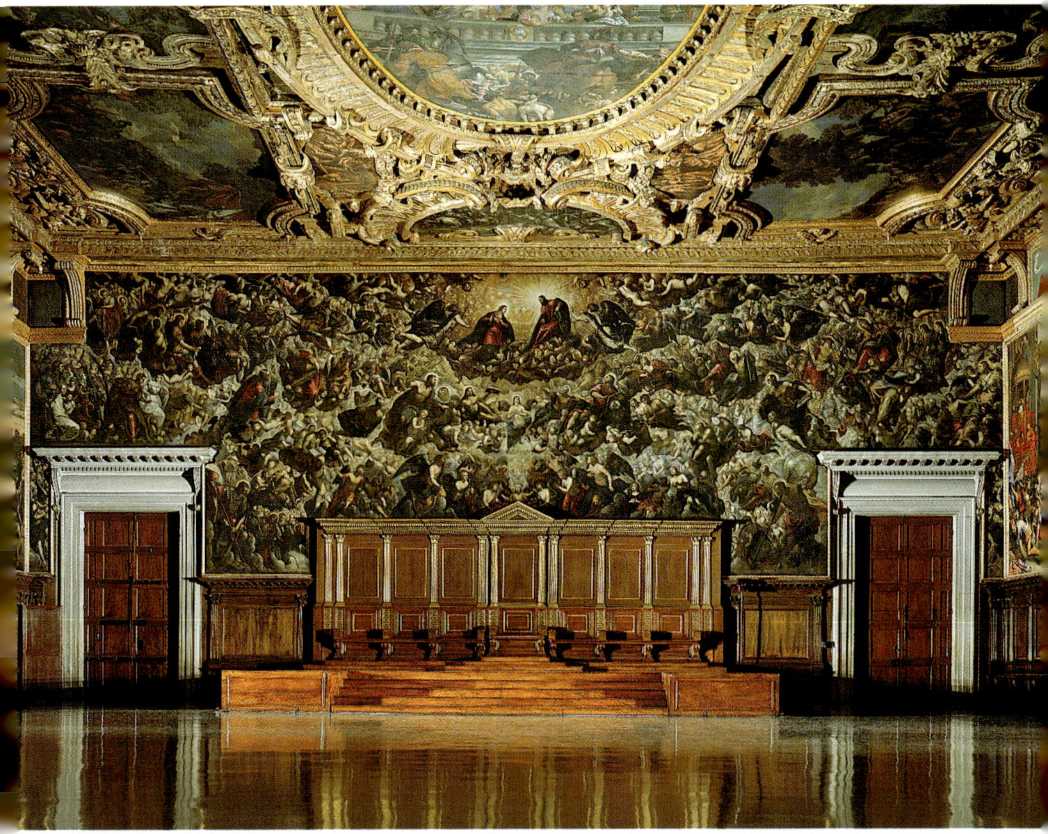

nur einige Heilige stellvertretend für die gesamte Menge erscheinen, ist bei Tintoretto die Krönungsszene der Höhepunkt dieser Ansammlung. Die Unübersichtlichkeit der Versammlung wird durch die starke Bewegung vieler Figuren verstärkt, die die konzentrische Anordnung durchbrechen. Durch die kunstvolle Verteilung von Licht und Schatten läßt Tintoretto den Eindruck räumlicher Tiefe entstehen. Die Hauptfiguren seines Gemäldes wären kaum auszumachen, wenn er nicht gerade um sie herum eine Lücke im Gewimmel gelassen hätte.

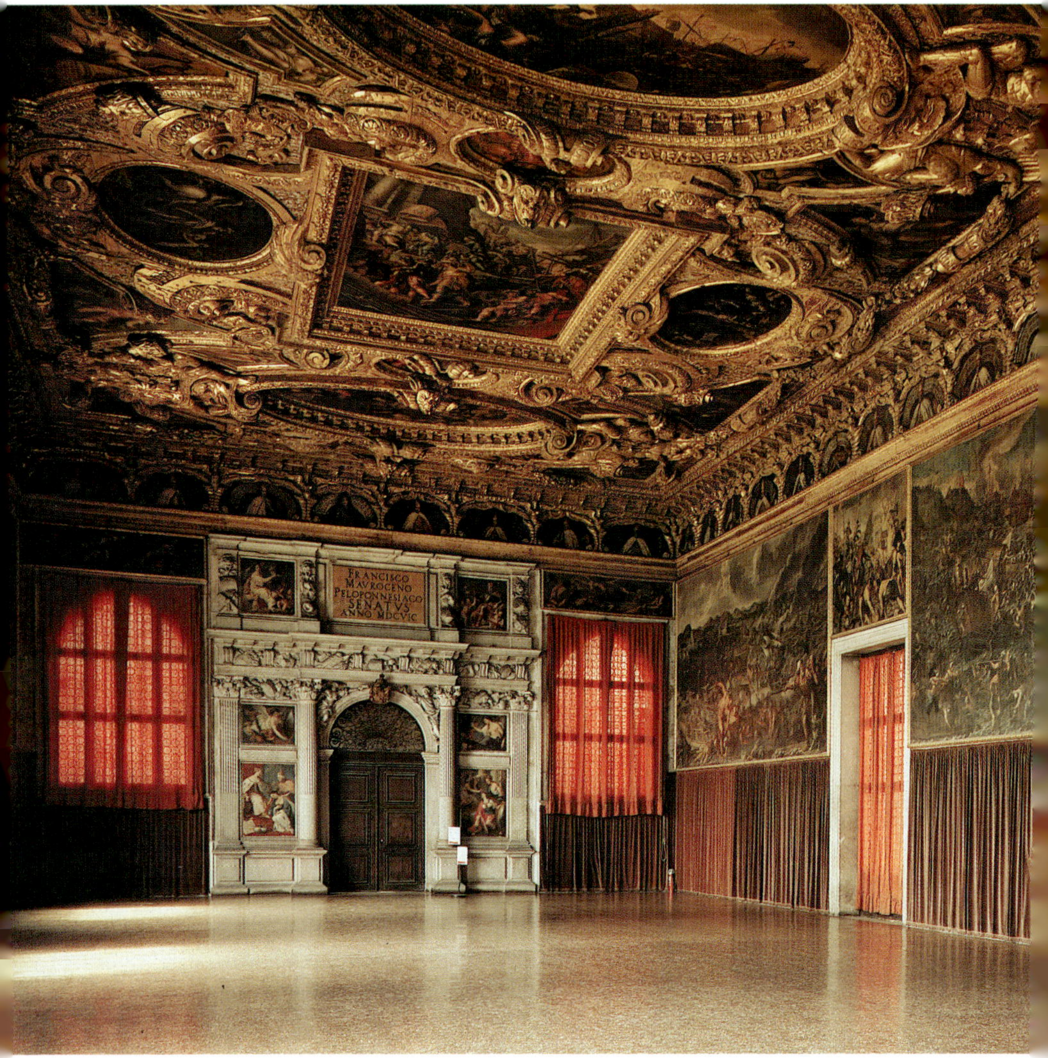
FRANCISCO
MAVROCENO
PELOPONNESIACO
SENATVS
ANNO MDCVIC

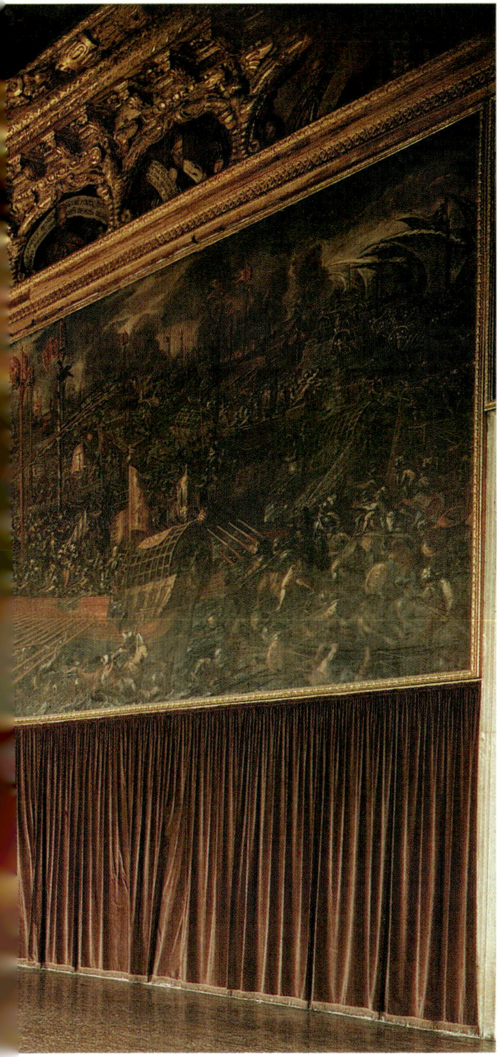

Sala dello Scrutinio

Der zweite große Saal des ersten Stockwerks wurde etwas später als die Sala del Maggior Consiglio bei der Erweiterung des Palasts durch Francesco Foscari im 15. Jh. errichtet. In diesem Raum zählte man die Stimmen bei den Wahlgängen des Maggior Consiglio aus. Hier tagten die verschiedenen Kommissionen, die durch Los und Wahl immer wieder neu gebildet wurden, bis die Wahl zum Dogen oder für eine hohe Beamtenstelle endlich entschieden war. Auch dieser Sitzungssaal ist bei dem Brand von 1577 so schwer beschädigt worden, daß seine gesamte Ausstattung in den folgenden Jahren ab 1578 erneuert werden mußte. Heute betritt man die Sala dello Scrutinio in der Regel nach der Sala del Maggior Consiglio, früher jedoch gingen die meisten Besucher und auch die Mitglieder des Rates durch diesen Saal in den großen Ratssaal. Dies ist für die Abfolge des Ausstattungsprogramms von Bedeutung. Während im Maggior Consiglio die Wirkung der venezianischen Herrschaft verherrlicht wird, zeigt das Bildprogramm im Scrutinio an den Wänden die kriegerischen Auseinandersetzungen, die zur Herrschaft Venedigs im östlichen Mittelmeer geführt haben. An der Decke sind die Kämpfe mit den anderen italienischen Seefahrerstädten Pisa und Genua dargestellt, die schließlich von Venedig besiegt wurden. Bei dem Fries mit Bildnissen der Dogen handelt es sich meist um echte Porträts.

Palazzo Ducale, Zweites Stockwerk

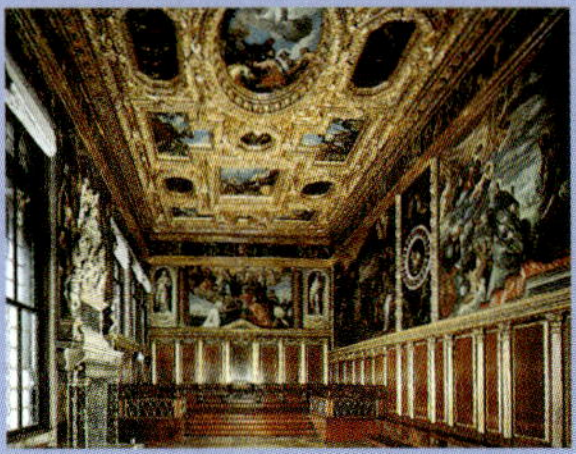

Sala del Collegio, S. 162

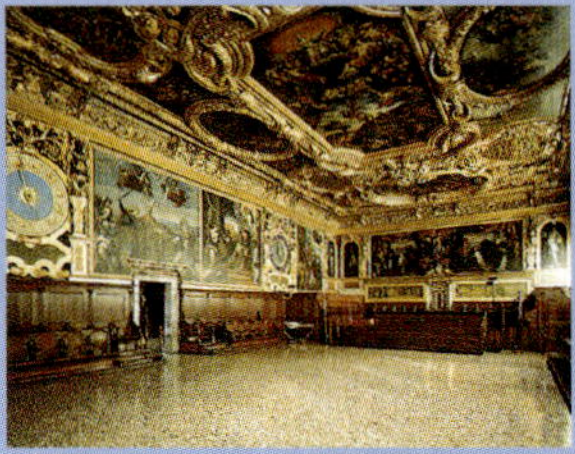

Sala del Senato, S. 163

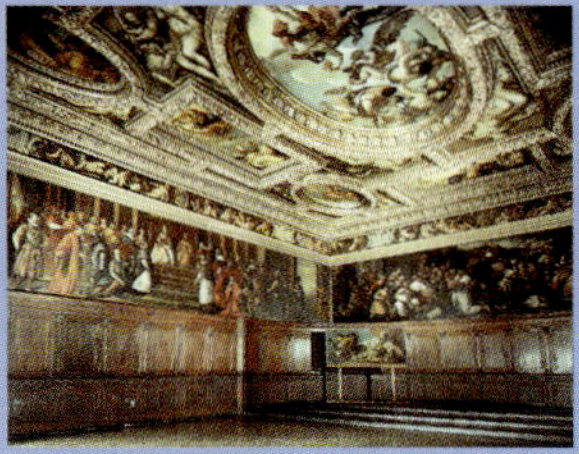

Sala del Consiglio dei Dieci, S. 164

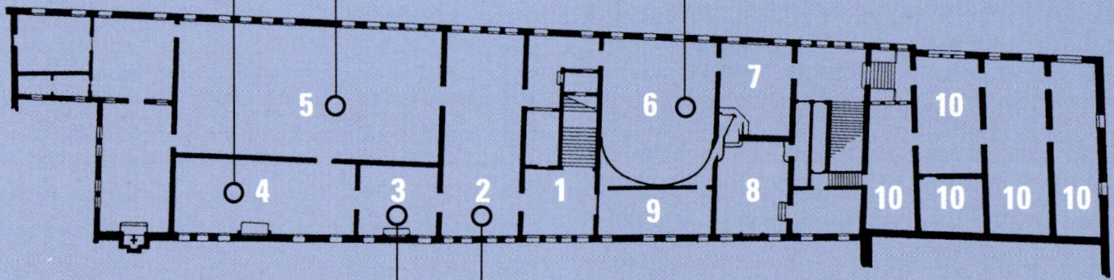

Anticollegio, S. 161

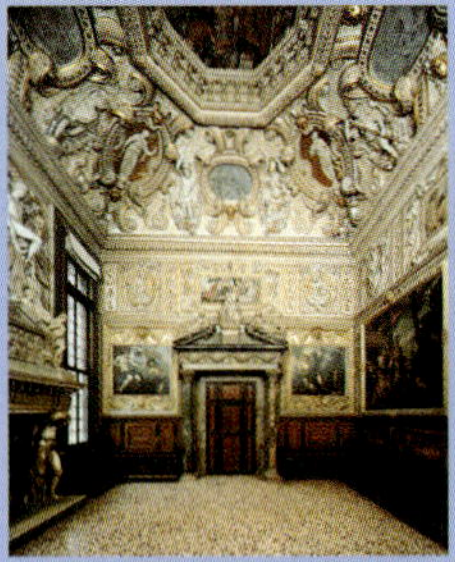

Sala delle Quattro Porte, S. 158

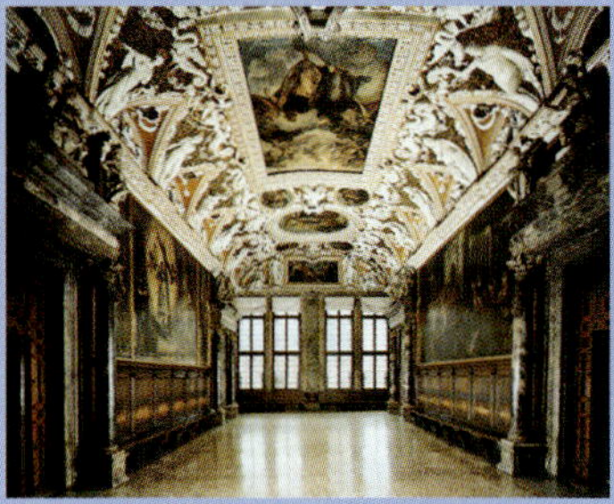

1 Scala d'Oro
2 Sala delle Quattro Porte
3 Anticollegio
4 Sala del Collegio
5 Sala del Senato
6 Sala del Consiglio dei Dieci
7 Sala della Bussola
8 Sala degli Inquisitori
9 Sala dei Tre Capi
10 Waffensammlung

Tizian: Der Doge Antonio Grimani vor dem Glauben, um 1555–nach 1576
Öl auf Leinwand, 365 x 500 cm

Tizians Gemälde mit dem Dogen Antonio Grimani, der vor der Allegorie des Glaubens kniet, wurde zwar vom Meister selbst um 1555 begonnen, aber erst lange nach seinem Tod vollendet. Es ist eines jener Votivbilder mit dem knienden Dogen, die sich überall im Dogenpalast finden. Jeder Herrscher war verpflichtet, während seiner Amtszeit ein solches Bild in Auftrag zu geben. Von manchen haben sich mehrere dieser Porträts erhalten. Andere kamen dieser Verpflichtung nur sehr widerwillig nach. Doch die Behörden blieben unerbittlich. Das Bildnis von Grimani ist ein Sonderfall. Es wurde erst dreißig Jahre nach seinem Tod vom Rat der Zehn geordert. Vielleicht war die Amtszeit des Dogen von 1521 bis 1523 zu kurz, als daß er noch die Gelegenheit zu einer solchen Bestellung hatte. Schließlich verzögerte sich die Fertigstellung des Bildes noch einmal um mindestens zwanzig Jahre.

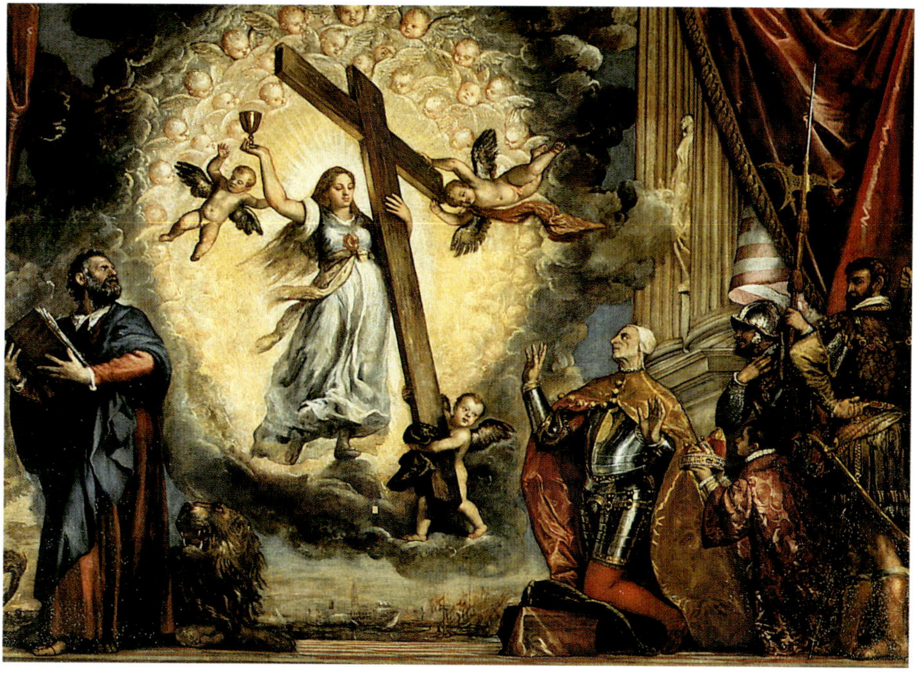

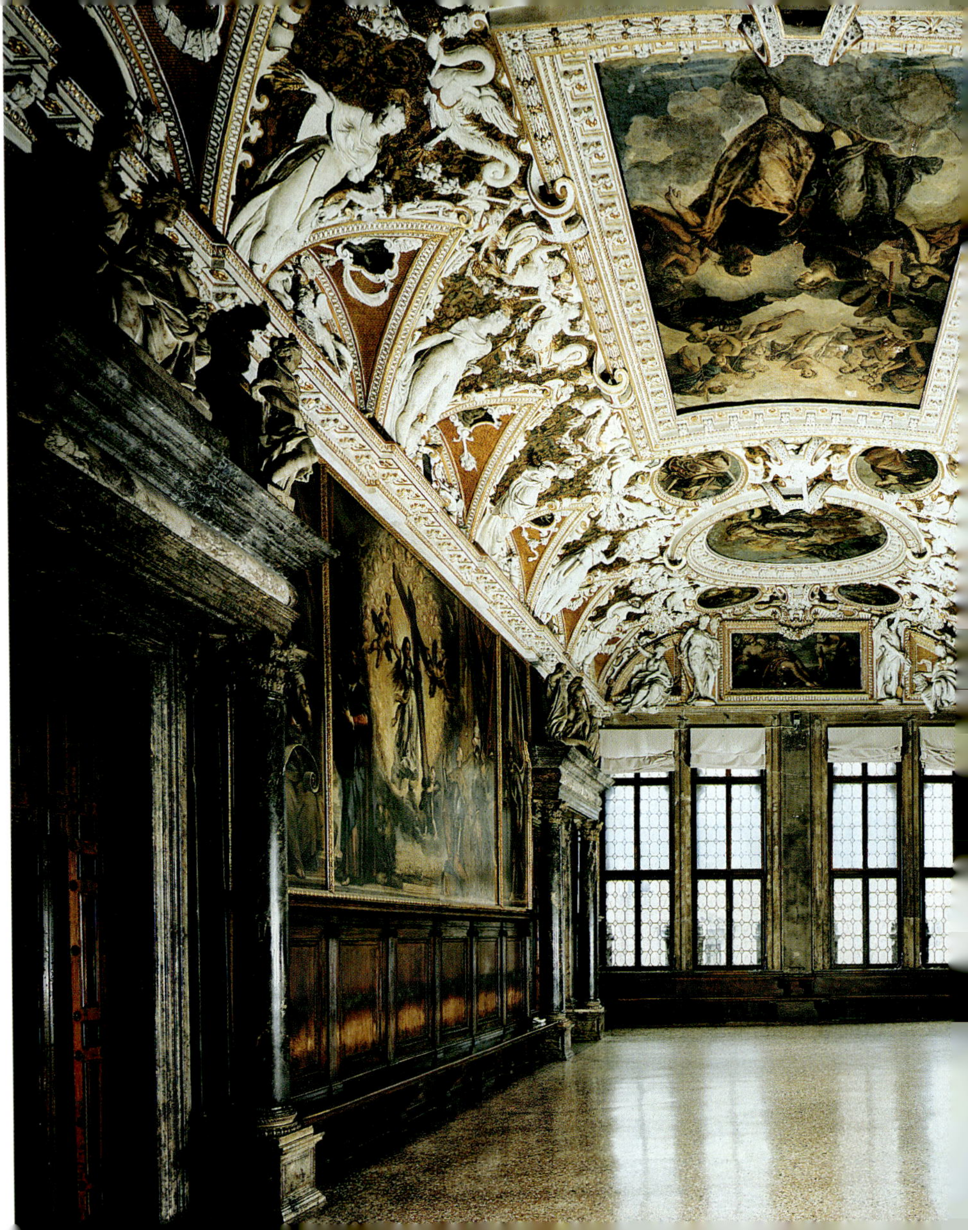

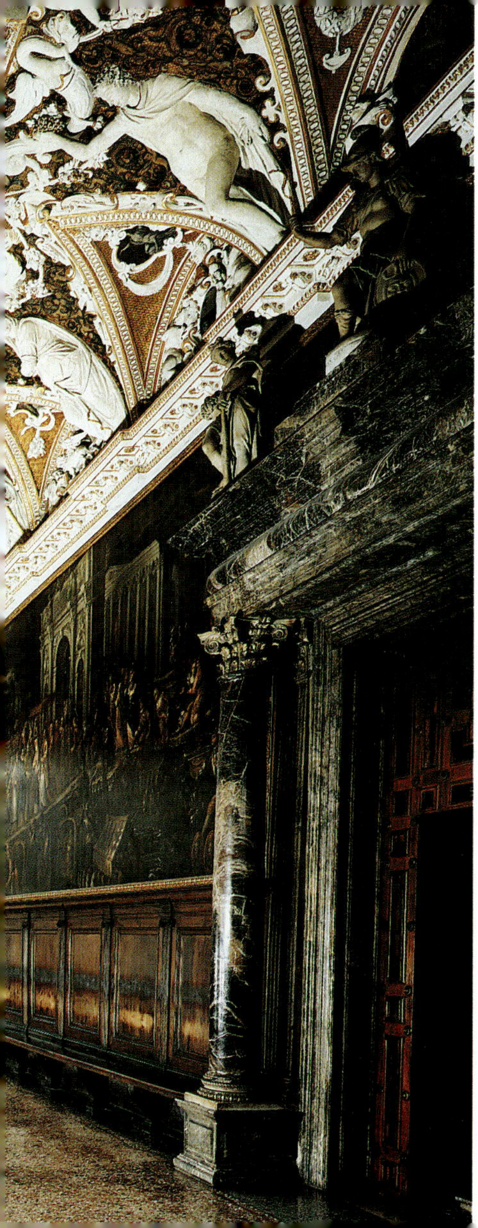

Sala delle Quattro Porte

Die Ausstattung der ursprünglichen Sala delle Quattro Porte wurde beim großen Brand 1577 zerstört. Als verantwortlicher Architekt für die Renovierung wurde immer wieder der Name Palladio ins Gespräch gebracht, doch sind die Quellen nicht aussagekräftig genug, um ihm den Entwurf der innenarchitektonischen Ausstattung zuzuschreiben. Möglicherweise hatte er nur beratende Funktion.
Der Name des Raumes erklärt sich fast von selbst. Die vier Türen führen zu den Amtsräumen der obersten Regierung, in den Consiglio dei Dieci, den Versammlungsraum des Senats und zum Anticollegio. Die Gemälde der gewölbten Decke in diesem Vorraum zu den hohen Regierungsgremien spielen auf Venedigs Herrschaft über das Meer, seine Stärke, seine Unabhängigkeit und seinen Reichtum an. Außerdem sind Städte und Regionen dargestellt, die zum venezianischen Herrschaftsgebiet gehören, etwa Istrien mit der Krone und Verona mit seiner Arena. Über den Türen wurden 1589 Skulpturen von Alessandro Vittoria und Girolamo Campagna angebracht, die auf die Funktionen der dahinterliegenden Räume hinweisen. Über der Tür zum Collegio erscheinen etwa die Allegorien der Wachsamkeit, der Beredtheit und des guten Zuhörens, über der des Consiglio dei Dieci die Figuren der Autorität, der Religion und der Gerechtigkeit.

Anticollegio

Durch die Sala delle Quattro Porte gelangt man in einen weiteren, noch aufwendiger dekorierten, aber kleinen Warteraum, das sog. Anticollegio. Es ist das Vorzimmer zum Versammlungsraum des höchsten Regierungsgremiums. Die prächtige Stuckdecke wurde von Andrea Palladio entworfen und 1576/77 ausgeführt. Die Deckenfresken, ursprünglich von Paolo Veronese und seiner Werkstatt, wurden im 17. Jh. stark überarbeitet. Sie führen Macht und Reichtum der Venezianer vor Augen. Als die Republik 1713 Paolo Veroneses berühmtes Gemälde »Raub der Europa« erhielt, ein Gemälde, das noch fast 150 Jahre nach seiner Entstehung in ganz Europa berühmt war, wurde der ganze Raum neu dekoriert. Die vier Gemälde von Tintoretto, die 1577/78 entstanden und ursprünglich an der Längswand hingen, wurden neben die Türen plaziert. Auch diese Bilder mit Szenen aus der antiken Mythologie konnten auf venezianische Tugenden und Stärken bezogen werden. Doch waren diese Verbindungen so außerordentlich kompliziert, daß wohl jeder eine Erläuterung brauchte. An einem Ort wie diesem, wo hochrangige Besucher Muße hatten, während ihrer Wartezeit die Bilder zu betrachten, war das anspruchsvolle Bildprogramm vielleicht ein guter Anknüpfungspunkt für gelehrte Gespräche, bei denen die Mitglieder des Collegio mit Bildung prunken konnten.

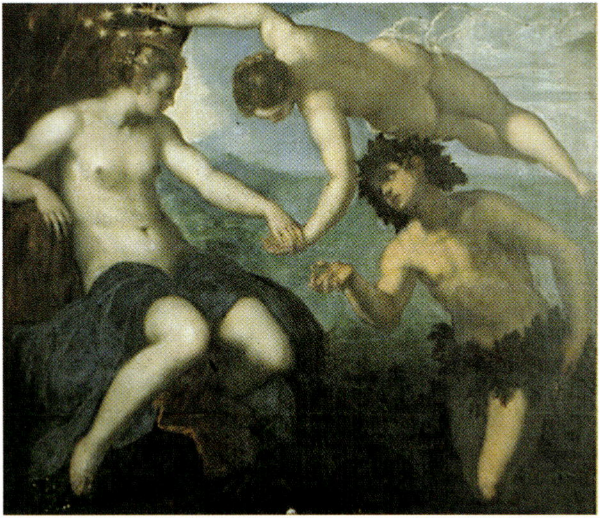

Jacopo Tintoretto:
Die Hochzeit von Bacchus und Ariadne, 1577/78
Öl auf Leinwand, 146 x 167 cm

Ariadne, die von Theseus einsam am Strand zurückgelassen wurde, erhält den Hochzeitsring von Bacchus. Venus, die Göttin der Liebe, hält eine Brautkrone aus funkelnden Sternen über sie. Man hat vermutet, daß mit dieser mythologischen Szene auch auf Venedig als Braut des Meeres angespielt werden soll.

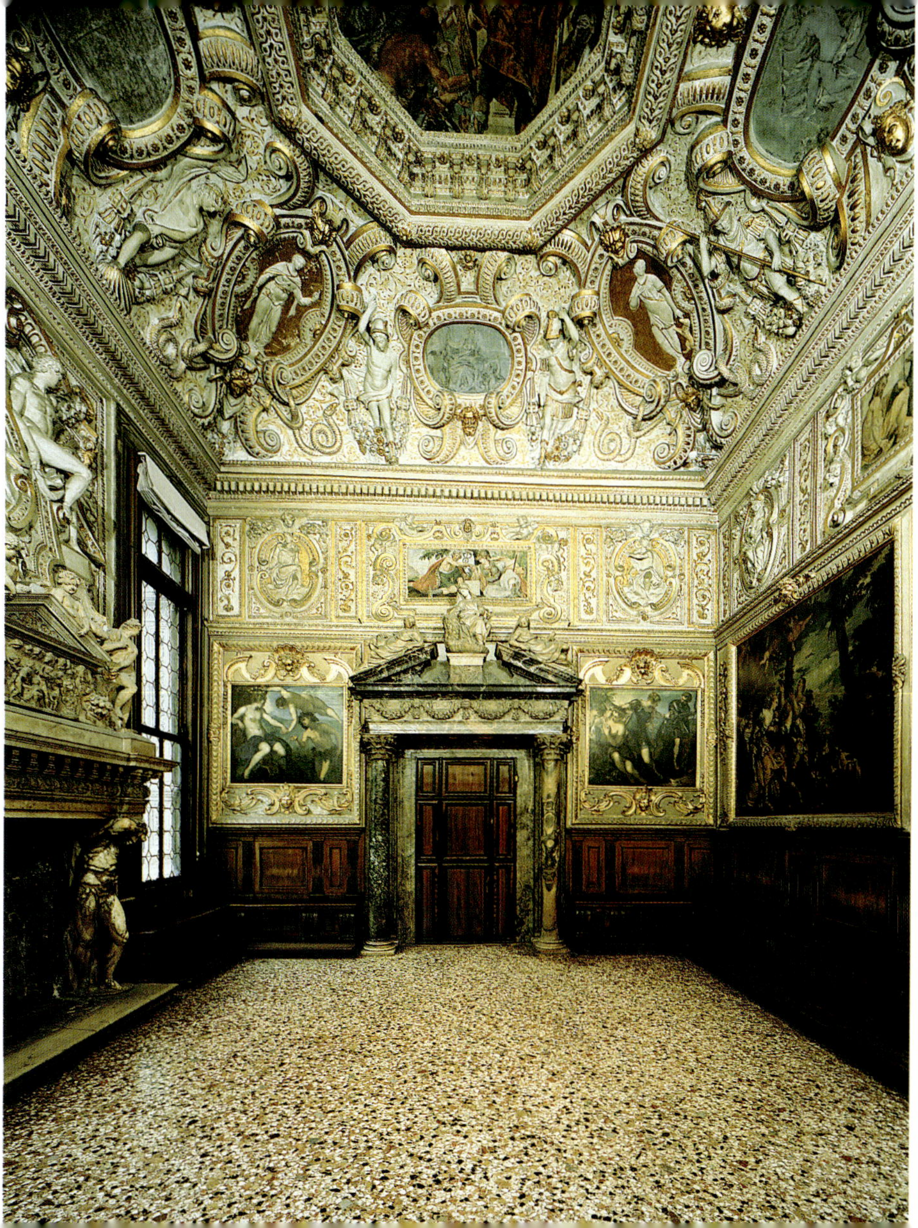

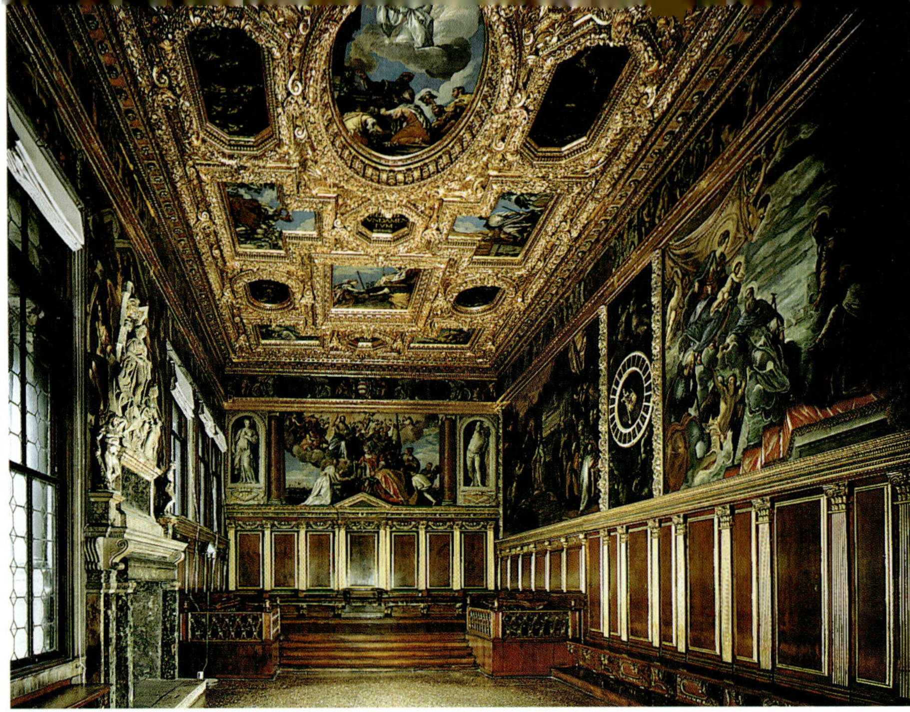

Sala del Collegio

Dieser Versammlungsort ist vielleicht der prachtvollste Raum im ganzen Dogenpalast. Hier tagte das höchste Regierungsgremium der Republik, das Collegio, auch Signoria genannt. Es bestand aus dem Dogen mit seinen sechs engsten Beratern, den sog. Savi, 17 hohen Staatsbeamten aus unterschiedlichen Ämtern, den Vorsitzenden des Rates der Zehn und dem Großkanzler. Hier wurden die fremden Botschafter ebenso empfangen wie die eigenen, die aus fernen Ländern Bericht erstatteten, und die Sitzungen der anderen Gremien vorbereitet. Die Wände sind bedeckt mit großen Gemälden, die verschiedene Dogen kniend vor Heiligen zeigen. Der gesamte Raum wurde nach 1574 neu dekoriert. So ist es nicht verwunderlich, daß hinter dem Podest des Collegio in ähnlicher Form wie bei den übrigen Dogenbildern der Sieg in der Seeschlacht von Lepanto gegen die Türken 1571 dargestellt ist. Dies war der bedeutendste Triumph, den die Republik in jenen Jahren erfochten hatte und der noch einmal (vielleicht zum letzten Mal) ihre einzigartige Machtstellung im östlichen Mittelmeer unterstrich. Die Deckengemälde thematisieren dagegen in allegorischer Form die Stärke Venedigs, die aus dem Glauben erwächst. Während im Vorraum Szenen mit antiken Göttern in gelehrten Anspielungen die Republik feiern, dominiert hier im eigentlichen Machtzentrum der christliche Glaube.

Sala del Senato

Neben der Sala del Consiglio und von dort oder über die Sala delle Quattro Porte erreichbar liegt der Saal der Senatoren, wo sich das zweite, fast kann man sagen das eigentliche Regierungsgremium versammelte. Hier wurden Gesetze verabschiedet, die das Collegio vorbereitet hatte. Pro forma trat der Senat erst auf Einladung des Collegio zusammen, weshalb die Senatoren auch als Pregadi (ital., die Geladenen) bezeichnet wurden. Sie waren teils vom Maggior Consiglio gewählt, teils waren hohe Beamte Kraft ihres Amtes Mitglied des Senats. Ebenso wie den Mitgliedern des Collegio war es den Senatoren erlaubt, sich in Purpurgewänder zu kleiden. Die hohe Ehre, die ihnen Würde einbrachte, verlangte auch nach enormem Fleiß. Während der Sitzungen, die zuweilen zweimal pro Woche stattfanden, wurden die Türen der Sala geschlossen und erst wieder geöffnet, wenn alle Tagesordnungspunkte erledigt waren. Jedem Mitglied war es erlaubt, solange wie nötig zu jedem Thema zu sprechen. Vielleicht hat man deshalb gleich zwei große Uhren angebracht, die Sternzeichen und Stunden anzeigen, um den Senatoren das Verrinnen der Zeit deutlich vorzuführen. Trotzdem dauerten die Debatten häufig bis spät in die Nacht oder gar bis zum nächsten Morgen. Das große Deckenbild von Jacopo Tintoretto und seiner Werkstatt zeigt die Verherrlichung von Venedigs Seemacht.

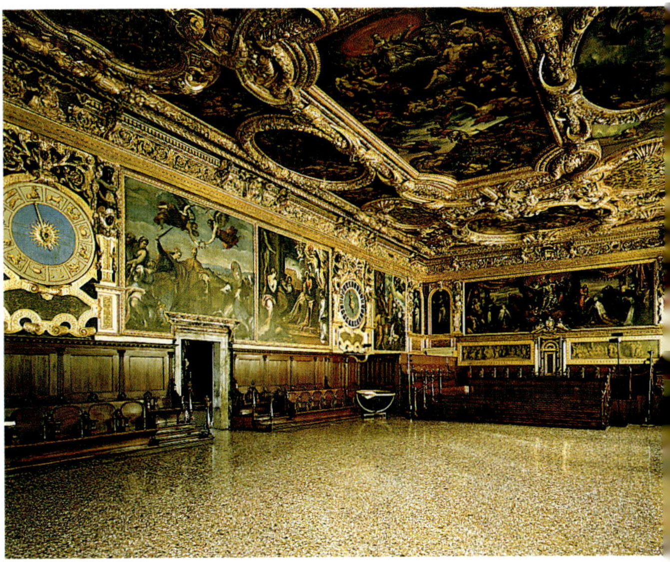

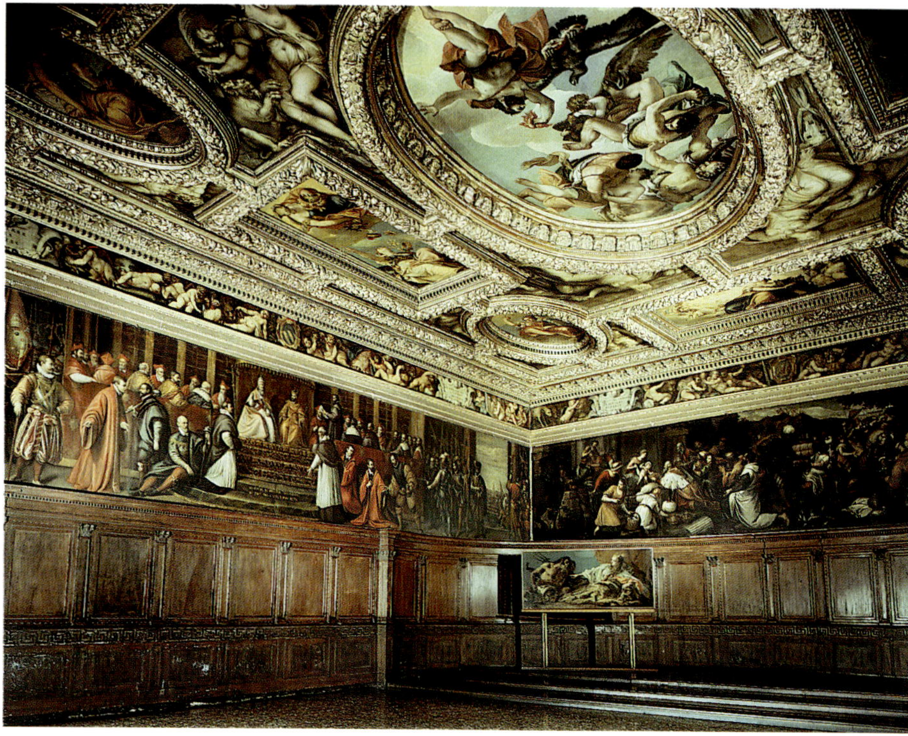

Sala del Consiglio dei Dieci

Vom Senat oder dem Collegio, also dem eigentlichen Regierungszentrum aus mußte man die Sala delle Quattro Porte durchqueren, um in den Saal des Zehnerrats zu gelangen. Diese Behörde war 1310 nach einer entdeckten Verschwörung gegen die Regierung eingerichtet worden, um als Kontrollstelle selbst noch den Senat, das Collegio und den Dogen zu überwachen. Die etwas abgesonderte Lage machte auch deshalb Sinn. Dem Rat der Zehn mußten alle Schriftstücke vorgelegt werden, die an die Regierung gerichtet waren oder von ihr versandt wurden, darunter auch die geheimsten Anweisungen. Außerdem hatte der Zehnerrat das Recht, die Regierung, ja selbst den Dogen abzusetzen, sollte er sich eine Verfehlung zuschulden kommen lassen. Der Consiglio dei Dieci verfügte über ein gut organisiertes Spitzelsystem, das ihn jederzeit über alle Vorgänge in der Stadt unterrichtete. Er überwachte so das gesamte venezianische Leben. Die Macht dieser Behörde, die ohne Vorwarnung und ohne Rechenschaft ablegen zu müssen, Menschen vor Gericht stellen oder sogar heimlich umbringen ließ, war die negative Seite der alles regelnden venezianischen Verwaltung.

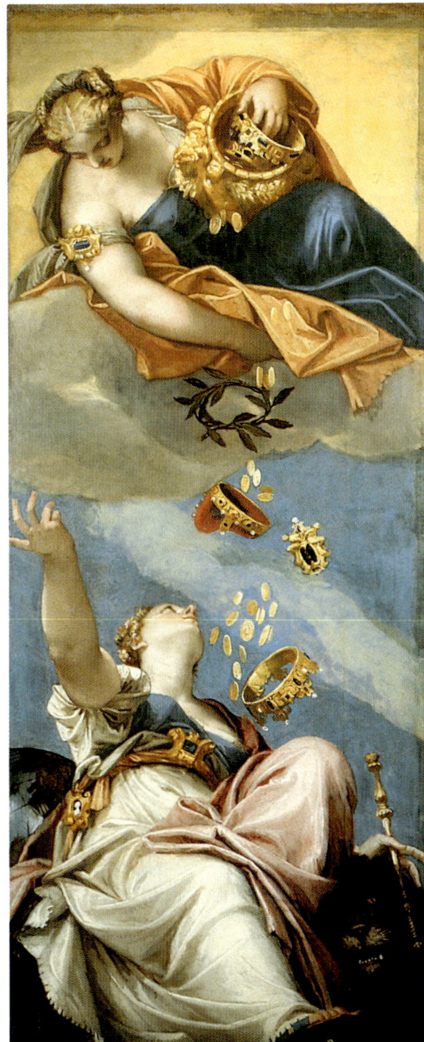

Paolo Veronese:
Juno überhäuft Venedig mit Gratie, 1553
Öl auf Leinwand, 365 x 147 cm

Das Ausstattungsprogramm des Raumes ist ikonographisch noch ungeklärt. Es beschäftigt sich aber offenbar mit der Vertreibung von Lastern und bezieht sich so mit den Bildern der angrenzenden Räume auf die Bestimmung des Rates. Mit den Deckengemälden wurde 1553 der kaum fünfundzwanzigjährige Veronese beauftragt, der hier wahre Meisterwerke schuf. Das mittlere Bild ist die Kopie eines Gemäldes, das 1797 von den Franzosen in den Louvre gebracht wurde. Das Seitenbild, eine personifizierte Venezia, die von Juno reich beschenkt wird, spielt wohl auf die Bedeutung von Gratia als Gnade an. Gnade erfolgt hier durch Geschenke. Für den Consiglio dei Dieci war sie als Milde gegenüber den Verurteilten eine wichtige Tugend.

Giovanni Battista Tiepolo: Neptun überreicht Venedig seine Gaben, 1748–1750
Öl auf Leinwand, 135 x 275 cm

Tiepolos Gemälde wurde erst im 20. Jh. in der Sala del Consiglio dei Dieci aufgestellt. Ursprünglich war es für die Sala delle Quattro Porte bestimmt, wo es ein zerstörtes Bild des 16. Jh.s ersetzen sollte.

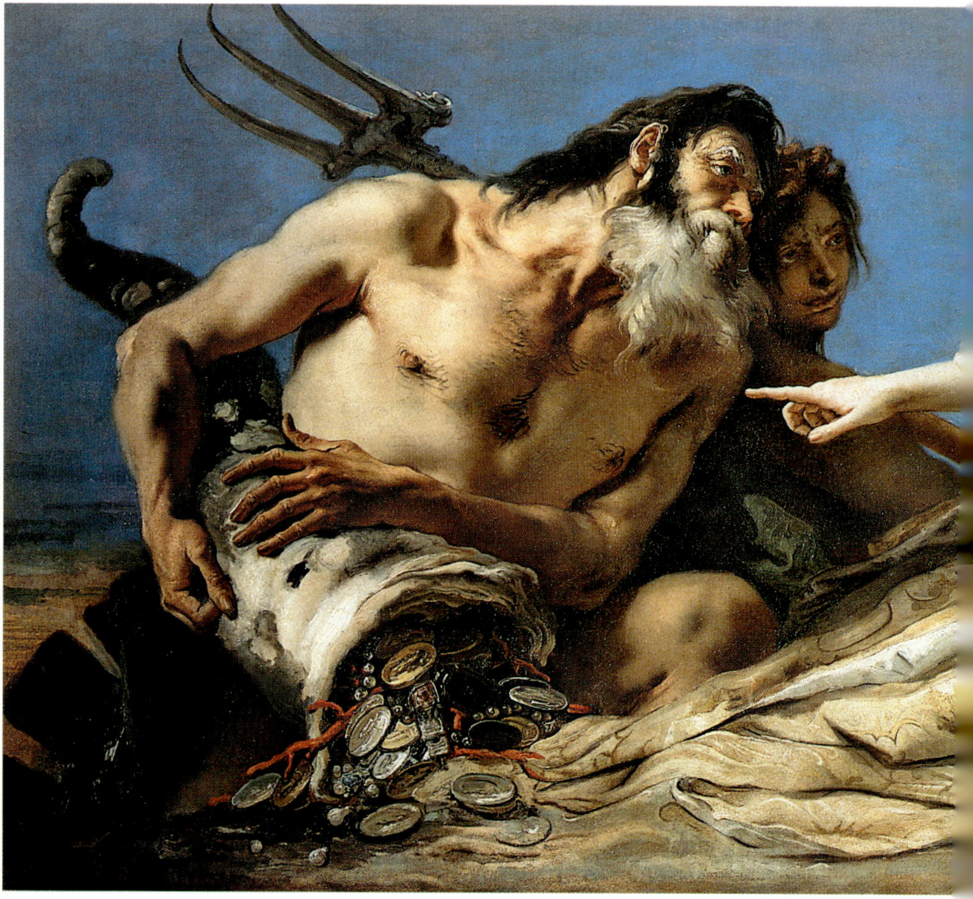

Im direkten Vergleich mit Veroneses Deckenbildern in diesem Saal wird sehr schön erkennbar, wieviel Tiepolo, der rund 150 Jahre nach Veronese lebte und arbeitete, diesem in Bezug auf Farbe und Form verdankt. Allerdings wählt Tiepolo mit dem hellem Türkisblau sowie dem Rot und Orange einen Farbkanon, der sich so nicht in einem Gemälde seines Vorbildes finden ließe.

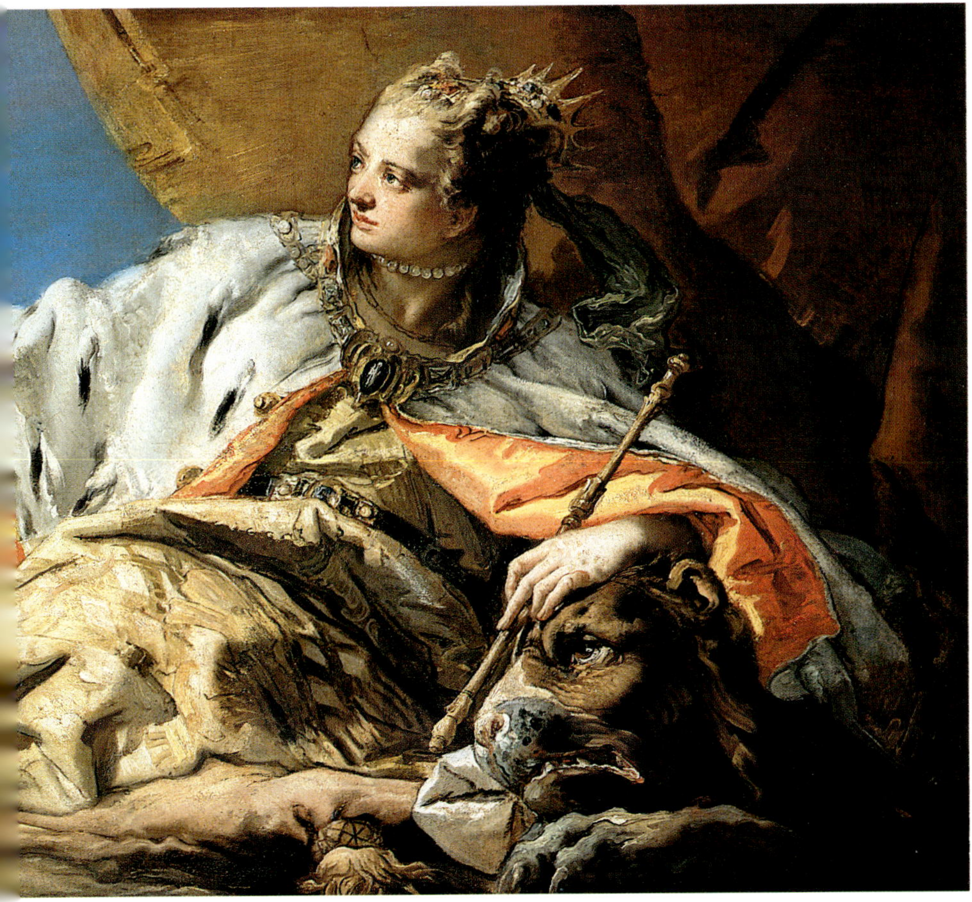

Warum ist ein Dogenporträt mit einem schwarzen Vorhang übermalt?

Kaum ein Besucher des Dogenpalasts wird angesichts der endlosen Reihen von Dogenporträts, die die Wände des Maggior Consiglio schmückte, alle Bilder eingehend betrachten, zumal nur die späteren als authentisch gelten dürfen. So entgeht ihm leicht eine merkwürdige Besonderheit der Porträtgalerie: Das Bild eines Dogen aus dem 14. Jh., nämlich das von Marino Falier, ist mit einem schwarzen Vorhang übermalt. Man fragt sich, welches schreckliche Verbrechen dieser Doge wohl begangen haben mag, daß sein Bild für immer getilgt wurde. Eine lateinische Inschrift von 1570 besagt nur, daß sein Bild wegen seiner Verbrechen entfernt wurde. Sie ersetzt eine ältere Inschrift, auf der zu lesen war, daß es sich dabei um Verrat gehandelt hat. Warum hat ausgerechnet Falier dieses Verbrechen begangen, der bis zur Aufdeckung seiner Tat der angesehenste Mann der Stadt war?

Lange bevor Falier als fast Siebzigjähriger am 11. September 1354 gewählt wurde, war er immer wieder als Doge im Gespräch. Er stammte aus einem alten Adelsgeschlecht, war erfolgreicher Admiral, General und Diplomat. Als Mitglied des Rates der Zehn hatte er 1310 sogar die Aufgabe, den gefährlichen Verschwörer Bajamonte Tiepolo auf den Tod zu verfolgen. Tiepolo wurde zwischen den Säulen auf der Piazzetta hingerichtet, und noch heute geht kein abergläubischer Venezianer zwischen ihnen hindurch. Doch Falier, so behauptet die venezianische Legende, der von seiner Wahl zum Dogen erfuhr, als er als Gesandter beim Papst in Avignon weilte, soll an dem Tag, als er mit dem Staatsschiff nach Venedig zurückkehrte, im

Tintoretto: Das übermalte Porträt Marino Faliers, Sala del Maggior Consiglio, Palazzo Ducale, Venedig.

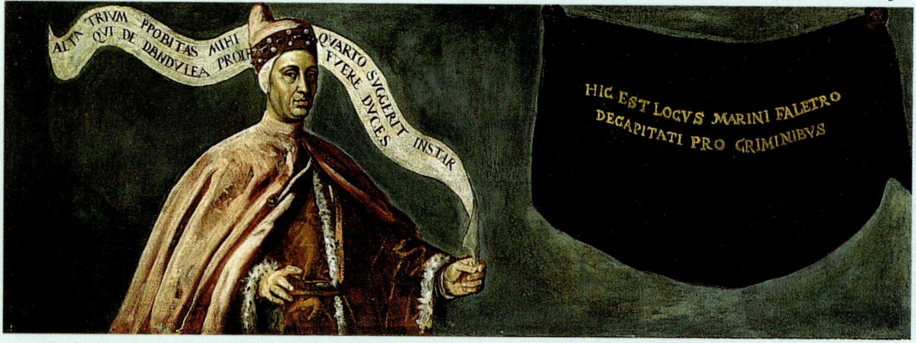

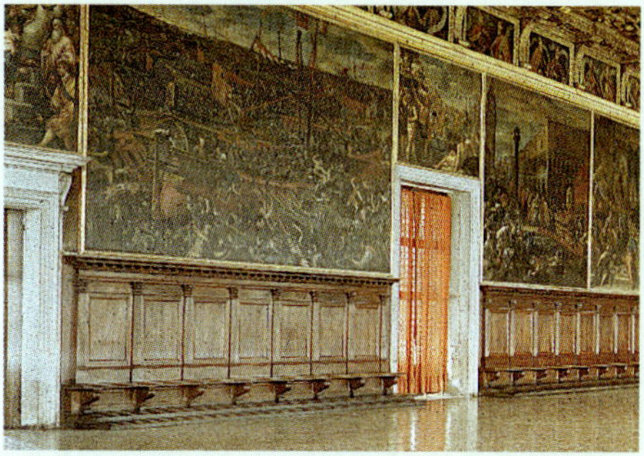

Dogenbilder in der Sala del Maggior Consiglio

dichten Nebel zwischen den Säulen hindurch an Land gegangen sein. Man hatte also das Schlimmste zu befürchten, noch dazu, weil er, wie der berühmte Dichter Petrarca in einem Brief erzählt, den Dogenpalast mit dem falschen Fuß zuerst betrat.

Tatsache ist, daß Falier zwei bedeutende Vertreter der nichtadeligen venezianischen Gesellschaft, den Kapitän und Kaufmann Bertuccio Isarello und den Baumeister des Dogenpalasts Filippo Calendario, für seinen Umsturzplan gewinnen konnte. Sie sollten wiederum weitere Verschwörer anwerben. Mit dem Vorwand, die Genueser, mit denen sich die Venezianer ständig im Krieg befanden und gegen die sie bei Portolongo unter dem Vorgänger des Dogen eine schwere Niederlage erlitten hatten, seien in die Lagune eingedrungen, wollte Falier in der Nacht vom 15. auf den 16. April 1355 die Räte einberufen. Die Verschwörer sollten dann die versammelte Regierung festnehmen und den Dogen zum alleinigen Herrscher ausrufen.

Warum Falier sich zu diesem Verrat hinreißen ließ, kann man nur mutmaßen. Sicher scheint zu sein, daß es nach der Niederlage von Portolongo großen Unmut in der einfachen Bevölkerung Venedigs gab. Sie warf den Adeligen vor, durch ihre Feigheit das Fiasko verursacht zu haben. Die Chroniken berichten auch von verschiedenen Beleidigungen, die gerade zu dieser Zeit von Adeligen an Popolanen und eben auch an dem Verschwörer Isarello verübt worden waren, und die nur unzureichend gesühnt wurden. Hinzu kam, daß die Bevölkerung und vielleicht auch der Doge dringend nach Frieden mit den Genuesen verlangte, den die Regierungsmitglieder jedoch verweigerten. Außerdem mag Falier auf die anderen norditalienischen Städte geblickt haben, wo die Adelsherrschaft nach und nach durch einen Einzelherrscher abgelöst wurde. Diese Städte schienen in ihrer Politik und – siehe Genua – auch in Handel und Kriegsführung mit dieser Regierungsform weitaus erfolgreicher zu sein als Venedig. Daß der Doge glaubte, durchaus im Sinne seiner Heimatstadt zu handeln und nicht etwa, um persönliche Macht für sich oder seine Familie anzuhäufen, zeigt die Tatsache, daß er bereits siebzig Jahre alt war und keine männlichen Nachkommen hatte. Ihm kam seine Verschwörung damit kaum zugute.

Doch die Venezianer legten sich eine andere Erklärung zurecht. Sie behaupteten, der spätere Doge Michele Steno hätte am Dogensitz im großen Ratssaal einen Spottvers angebracht, der die Dogaressa des Ehebruchs bezichtigte und ihren Mann als den Betrogenen bloßstellte. Steno sei daraufhin zwar angeklagt worden, aber für diese Beleidigung von den anderen Adeligen viel zu milde mit nur einem Monat Kerker bestraft worden. Das habe den Dogen dazu veranlaßt, die parteiische Adelsregierung endgültig abschaffen zu wollen. Aus den Akten ist bekannt, daß Steno tatsächlich wegen Beleidigung des Dogen verurteilt wurde. Daß es dabei um die Gattin Faliers ging, ist jedoch nicht nachzuweisen. Was auch immer der Grund für die Verschwörung gewesen sein mag, das Komplott wurde verraten und entdeckt.

Offenbar haben sich viele der einfachen Leute, die von den Verschwörern angesprochen worden waren, nicht beteiligt, sondern statt dessen die Adeligen alarmiert. Diese gingen zum Dogen, um ihm von bevorstehenden Unruhen zu berichten. Es gelang Falier nicht, eine eingehende Untersuchung zu verhindern. Zunächst wurden seine Mitverschwörer und schließlich auch er selbst aufgedeckt und bei Nacht und Nebel zum Tode verurteilt. Elf seiner Helfer aus der Bevölkerung hängte man in den nächsten Tagen mit einem Knebel im Mund, damit sie nicht etwa durch Rufe und Parolen doch noch zum Umsturz aufwiegeln konnten, an den Fenstern des Dogenpalasts auf. Falier selbst wurde am 17. April, nachdem man ihn all seiner Dogeninsignien entkleidet hatte, auf der Treppe des Dogenpalasts enthauptet, eben dort, wo er wenige Monate zuvor gekrönt worden war. Seine Sterbeglocke hängte man ohne Klöppel und Seil in den Turm von San Marco, auf daß sie nie wieder läuten sollte. Elf Jahre später wurde der Vorhang über seinem Porträt angebracht.

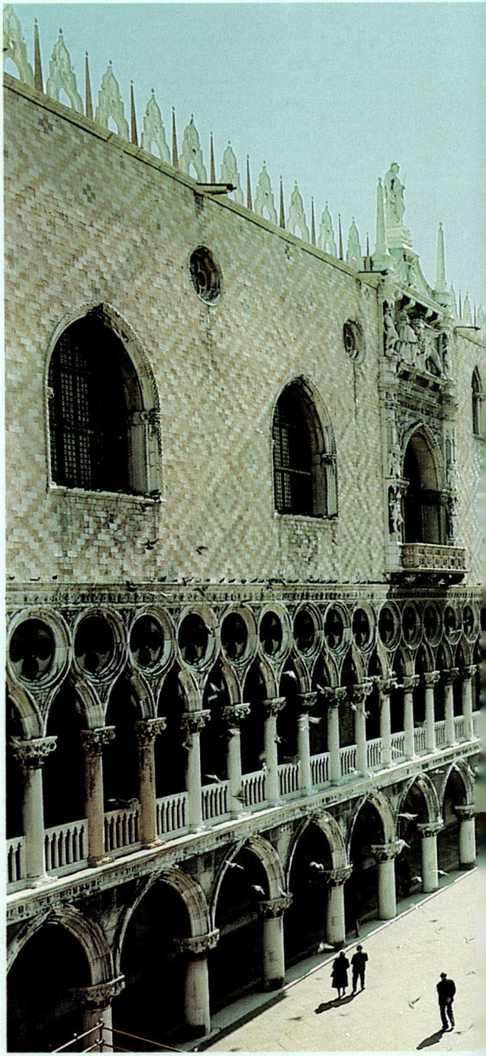

Die Säulen auf der Piazzetta, zwischen denen Bajamonte Tiepolo hingerichtet wurde.

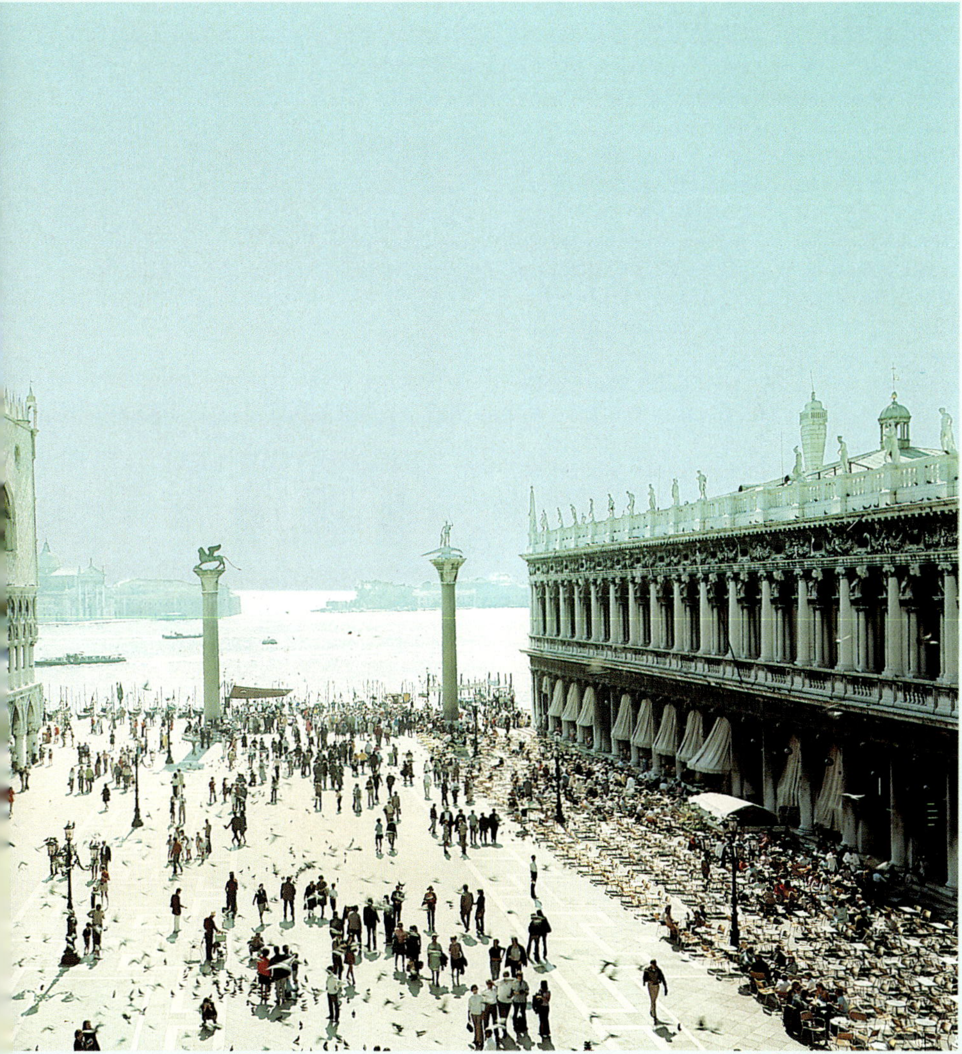

Biblioteca Marciana

Gegenüber dem Dogenpalast erhebt sich seit Mitte des 16. Jh.s ein Bauwerk, das die Prokuratoren von San Marco als neuen Amtssitz geplant hatten. Mit dem Entwurf wurde 1537 Jacopo Sansovino beauftragt. Der Architekt war 1527 aus Rom nach Venedig gekommen, als kaiserliche Truppen die Heilige Stadt verwüsteten. Er brachte einen neuen römischen Stil mit nach Venedig, der vorher in der Lagunenstadt unbekannt war. Andrea Palladio, der große Architekt des späten 16. Jh.s, hat die Libreria als »das vielleicht am reichsten dekorierte Bauwerk seit der Antike« bezeichnet. Die Arbeiten begannen an der Ecke zum Campanile und waren 1545 schon weit fortgeschritten, als am 18. Dezember große Teile des unfertigen Bauwerks einstürzten. Sansovino wanderte ins Gefängnis und konnte sich nur mit Hilfe einflußreicher Freunde wieder daraus befreien. 1547 wurde er erneut als Chefarchitekt eingesetzt, nachdem er den Wiederaufbau aus eigener Tasche finanziert hatte. 1554 war das Bauwerk bis zur 16. Arkade vom Campanile aus gesehen fertig. In diesem Zustand blieb es bis 1582, als Vincenzo Scamozzi das Gebäude bis ans Wasser verlängerte. Heute ist hier die Biblioteca Marciana, eine der bedeutendsten Bibliotheken Italiens, untergebracht. Außerdem befindet sich unter den Arkaden der Eingang ins archäologische Museum, das neben der Bibliothek liegt.

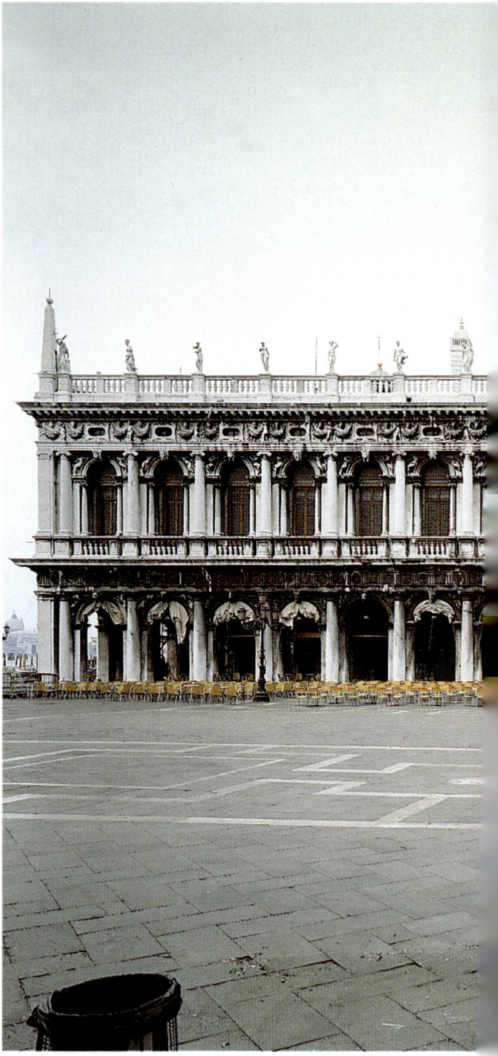

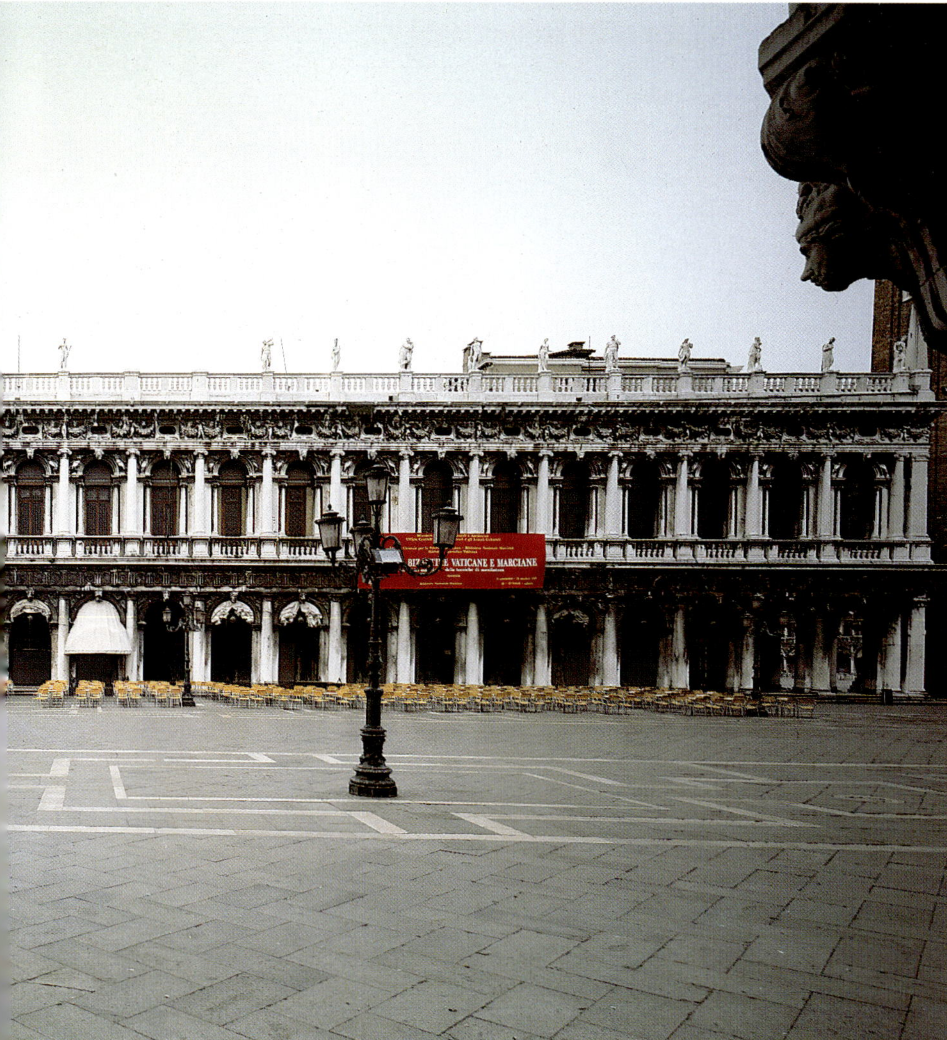
VATICANE E MARCIANE

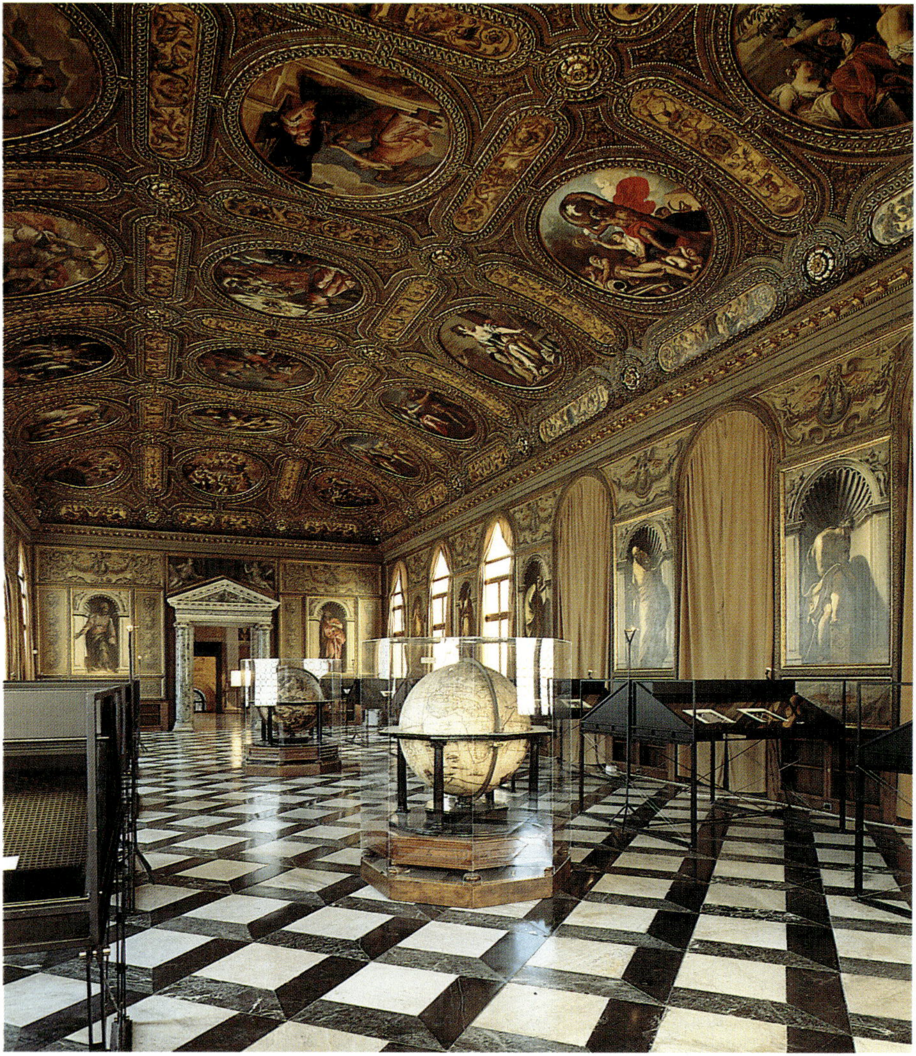

Bibliothekssaal

Die wertvolle Sammlung von griechischen und lateinischen Handschriften, die der griechische Kardinal Bessarion 1468 der Republik vermacht hatte, wurde in dem damals neuen Bauwerk untergebracht. Die Idee dazu entstand erst, während der neue Amtssitz der Prokuratoren schon im Bau war. Die Sammlung des Kardinals bildet den Grundstock für eine der wertvollsten Bibliotheken Italiens. Für die Republik war sie v. a. ein Prestigeobjekt. Entsprechend dem hohen Stellenwert, den Bildung in der Renaissance genoß, wie auch als Ausdruck der Wertschätzung, die man den kostbaren Handschriften Bessarions entgegenbrachte, wurde der Bibliothekssaal im Obergeschoß reich dekoriert.

kamen die Aufgabe, antike Götter als Verkörperungen der Künste und Tugenden zu gestalten. Den Preis, eine wertvolle Goldkette, erhielt Paolo Veronese für sein Bild über Musik, Gesang und Ehre. Tizians Bild der »Sapientia«, also der Weisheit, im Vorraum zum Lesesaal, entstand etwa sieben Jahre später. Es wirkt wie ein Kommentar zu den Bildern der jüngeren Generation im Saal. Tizian greift die hellen Farben Veroneses auf und zeigt, daß er immer noch in der Lage ist, ein Bild zu schaffen, das in Bezug auf Farbharmonie und schwierige Körperdarstellung mit denen der Jüngeren konkurrieren kann.

Das Vestibül mit Tizians »Sapientia« war ursprünglich als Vorlesungshalle geplant, in der Gelehrte öffentliche Vorträge für den venezianischen Adel halten sollten.

Tizian: Sapientia, um 1564
Öl auf Leinwand, 179 x 189 cm

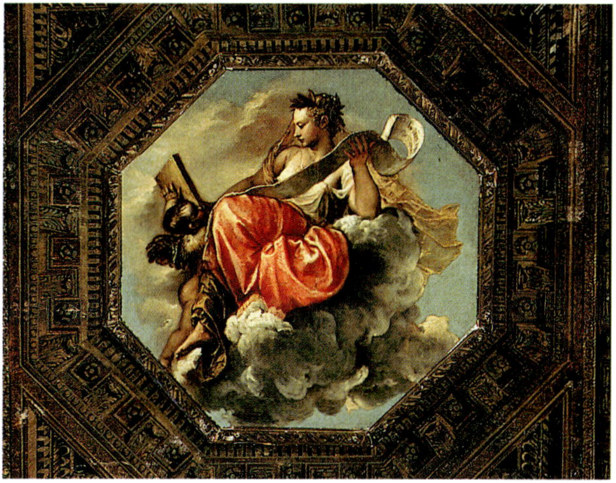

Für die 21 Gemälde, die in die vergoldete Decke der Libreria eingelassen waren, wurde 1556/57 ein Wettbewerb unter den aufstrebenden Malern Venedigs veranstaltet. Die Vorsitzenden der Jury waren der Architekt Sansovino selbst und sein enger Freund Tizian, der bedeutendste Maler der Stadt. Die jungen Maler be-

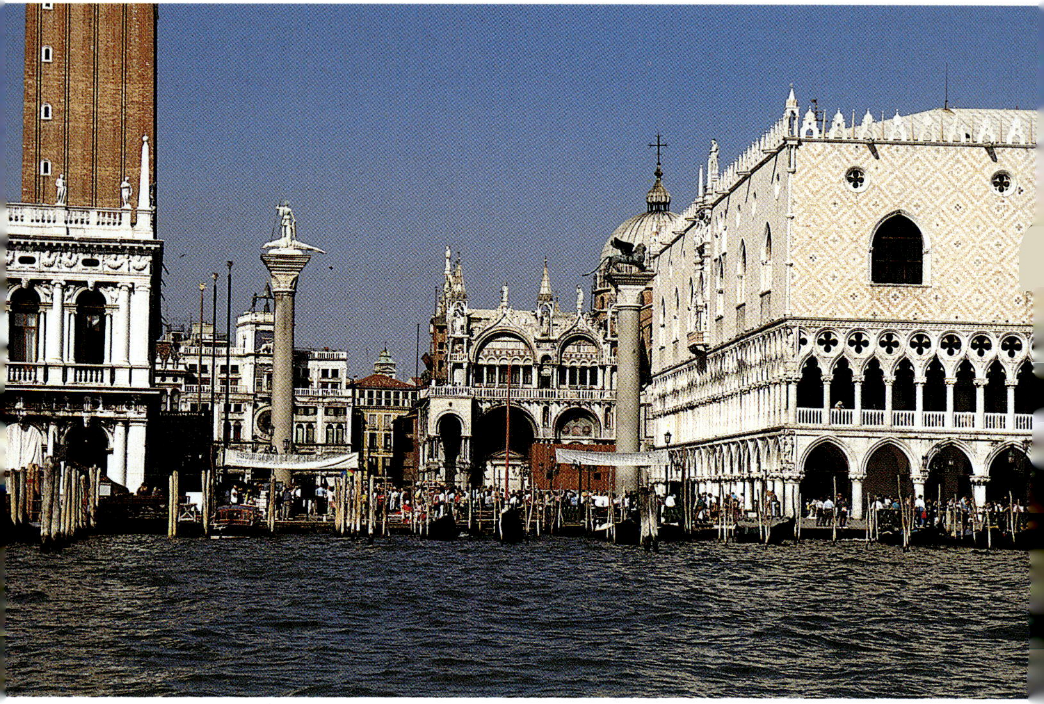

Blick vom Bacino di San Marco auf die Piazzetta

Der Platz zwischen Libreria und Dogenpalast wird im Gegensatz zur großen Piazza San Marco als Piazzetta, also als »kleiner Platz« bezeichnet. Noch im 16. Jh. war sie bevölkert von zahlreichen Läden des täglichen Bedarfs, v. a. Bäckereien und Metzgereien. Erst unter Jacopo Sansovino ging man daran, den Platz von den zahlreichen Buden und Bretterverschlägen zu säubern. Sansovino schuf einen festlichen Stadtraum, der der Würde der Republik entsprach. Die beiden mächtigen Granitsäulen an der Wasserfront wurden bereits im 12. Jh. errichtet. Sie tragen den Markuslöwen als Symbol des Stadtheiligen und die Statue des Hl. Theodor, jenes griechischen Heiligen, der als erster Stadtpatron Venedigs fast vergessen ist.

Zecca

An der Südwestseite der Libreria schließt sich die Zecca, die staatliche Münzstätte an. Ursprünglich befand sich die venezianische Münze in der Nähe des Rialto. 1277 wurde sie hierher verlegt. Die Nähe zum Wasser war wichtig, weil beim Schmelzen des Metalls durch Funkenflug schnell große Brände entstehen konnten. Im Rahmen der Umgestaltung der gesamten Piazzetta begann Sansovino 1536 auch, die neue Münze zu errichten. Er selbst entwarf nur ein zweistöckiges Gebäude. Das dritte Stockwerk wurde 1558–1566 zwar noch zu seinen Lebzeiten errichtet, gilt aber allgemein nicht als sein Werk. Die kräftige Rustika der Steine, die sich auch über die Säulen zieht, gibt dem gesamten Gebäude einen strengen, wehrhaften Charakter. Sansovino weist damit schon von außen auf die harte Industriearbeit des Metallschmelzens hin. Denn die schwere Rustika in Verbindung mit einfachen Säulenkapitellen, wie der Architekt sie hier verwendet, galt als einer niederen Tätigkeit oder einem Wehrbau angemessen. Der wehrhafte Charakter des Gebäudes deutet an, daß es darin etwas äußerst Wertvolles, nämlich Edelmetalle und fertige Münzen, zu beschützen gab. Heute ist die ehemalige Münze ein Teil der Biblioteca Marciana.

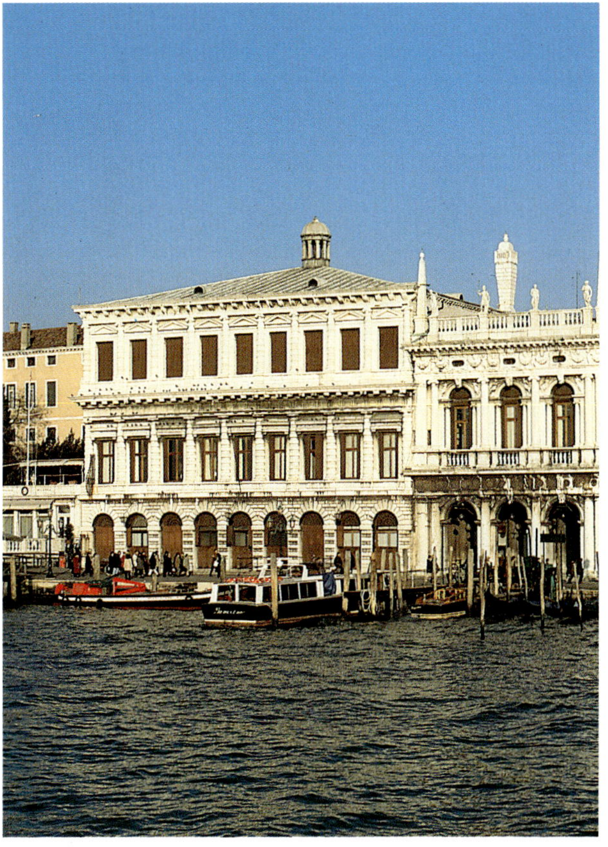

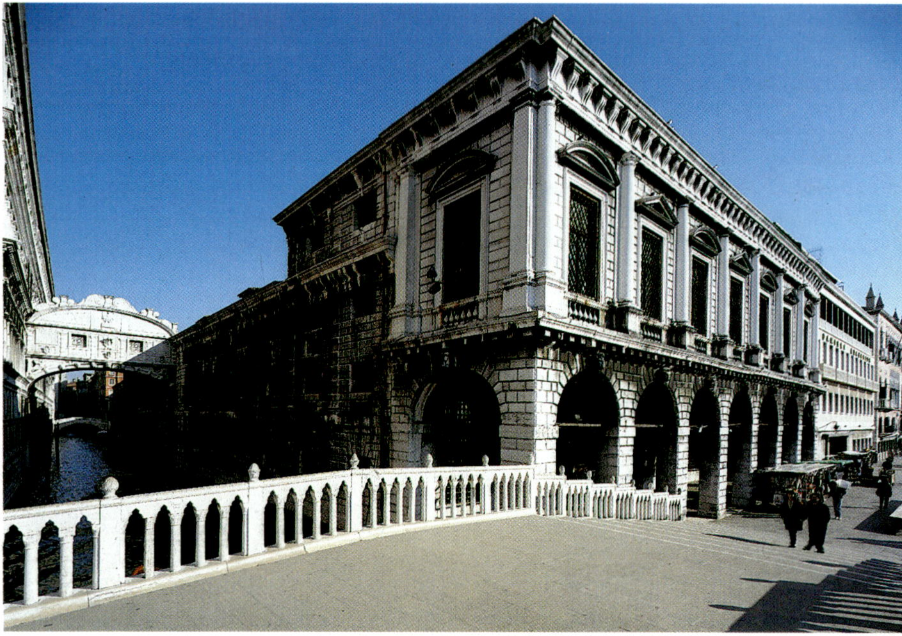

Gefängnis (Prigioni Nuove)

Auf der Ostseite des Dogenpalasts liegt das Gefängnis. Das Gebäude wurde in zwei Etappen errichtet. Ab 1589 wurde der vordere Teil mit der Fassade gebaut. Der Architekt Antonio da Ponte hat wie Sansovino bei der Zecca eine sehr sprechende Architektur geschaffen. Die grobe Rustika zeigt auch hier wie bei Sansovinos Zecca, daß dieses ein wehrhaftes Gebäude ist, in das man nicht ohne weiteres hinein- und vor allem nicht herauskommt.

Seufzerbrücke

Der Ponte dei Sospiri (Seufzerbrücke), um 1602 erbaut, ist wohl die nach der Rialtobrücke berühmteste Brücke Venedigs. Sie verbindet die Räume der Untersuchungsrichter und die Gefängnisse im Dogenpalast mit dem neuen Gefängnis. Der romantische Name stammt von den »Sospiri«, den Seufzern der unglücklichen Verurteilten, die durch das Fenster der Brücke zum letzten Mal für lange Zeit das Tageslicht, das Meer und die Freiheit erblickten.

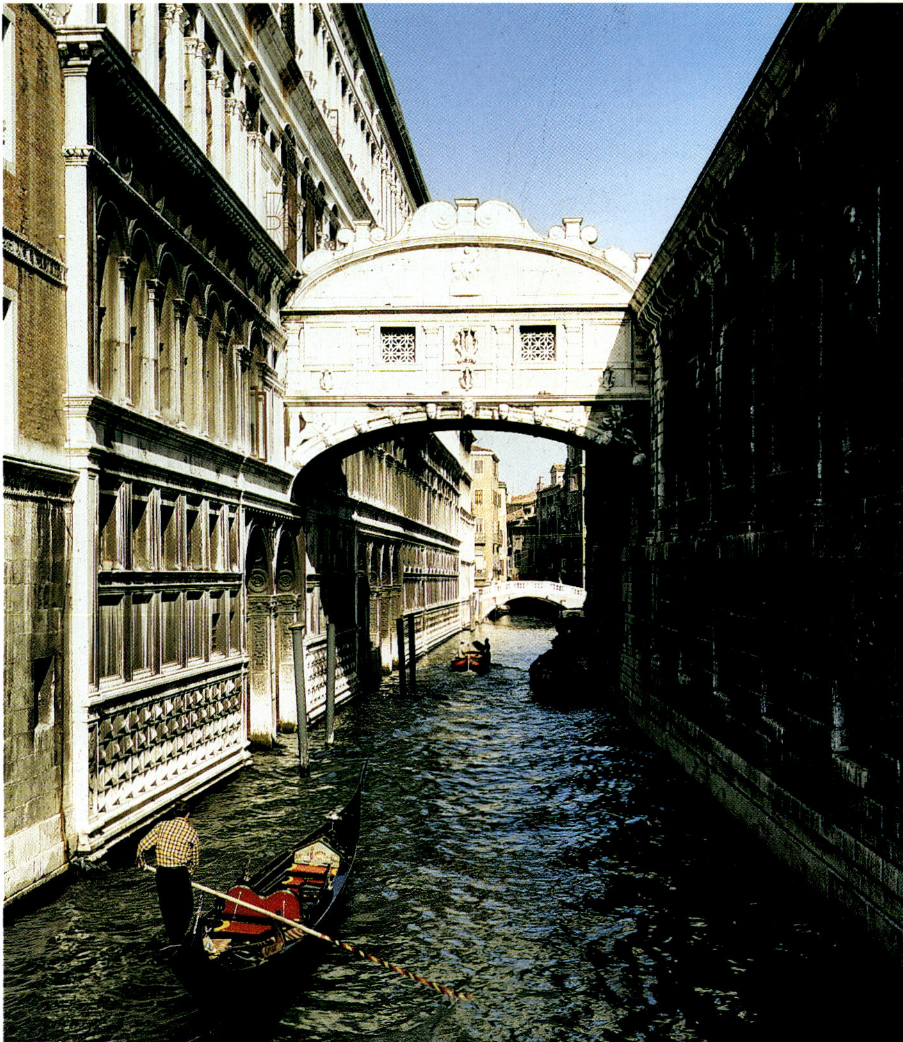

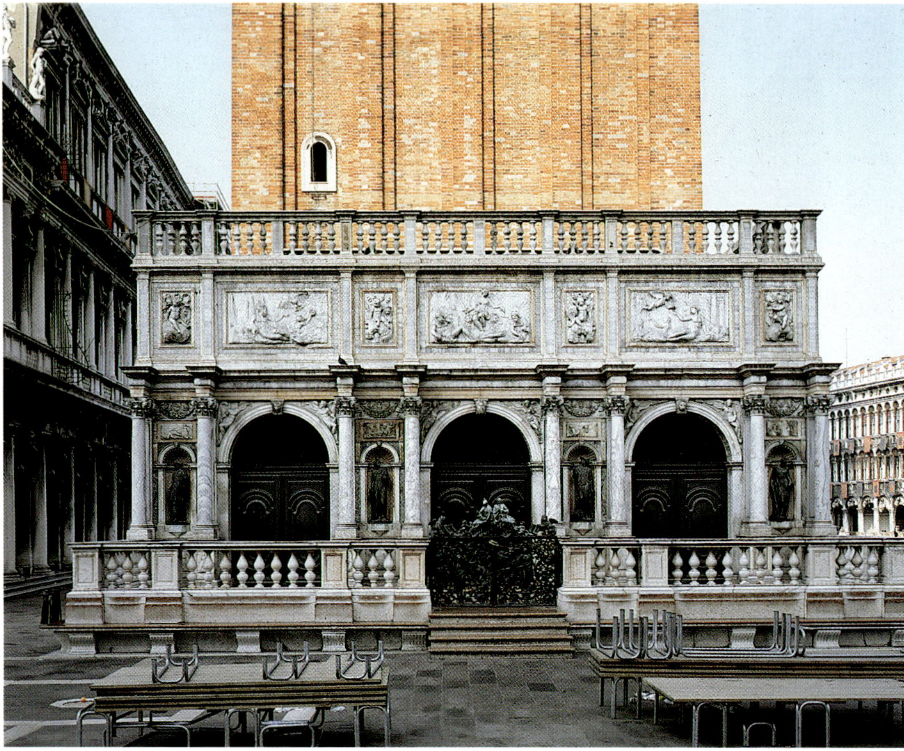

Loggetta

Vielleicht schon im 15. Jh., spätestens jedoch Anfang des 16. Jh.s wurde der Versammlungsort der Adeligen unter den Campanile verlegt, der damals noch von kleinen Läden und Buden umgeben war. Jacopo Sansovino entwarf dann 1537 das jetzige kleine Bauwerk am Fuße des Campanile, die Loggetta, die bis 1547 fertiggestellt wurde. Aber sie diente nur noch kurz als Versammlungsraum der Nobili. Schon ab 1569 zog die Ehrengarde der Arsenalarbeiter ein, die hier während der Sitzungen des Maggior Consiglio Wache hielt, um jederzeit sofort zum Schutz der Versammlung zur Verfügung zu stehen. Erst 1663 wurde die Terrasse hinzugefügt und die Bogen mit Türen versehen.

Jacopo Sansovino: Merkur
Bronze

In die vier Nischen der Loggetta sind Bronzestatuen gestellt, welche Minerva, die römische Kriegs- und Weisheitsgöttin, Apoll, den Gott der Künste, Merkur, den Gott der Kaufleute, Diebe und der Redekunst sowie die Allegorie des Friedens darstellen. Alle Figuren sind unterlebensgroß. Bei Merkur unterstreicht das dünne, in feine Falten gelegte Gewand eine gewisse Zartheit, die sich auch in seinem jugendlichen Gesicht widerspiegelt. Die muskulösen Arme und Beine dagegen zeigen Kraft und Stärke. Sansovino verbindet Jugendlichkeit und Kraft auf meisterliche Weise. Merkur scheint sich zu Apollo auf der anderen Seite der Tür zurückzuwenden. Durch diesen Impuls wirkt die Figur nicht vollkommen in ihrer Nische gefangen, sondern in einem lebendigen Dialog mit den anderen Statuen. Sansovino war nicht nur ein guter Architekt, sondern auch ein hervorragender Bildhauer. Zuweilen verbinden sich seine beiden Talente, wie hier an der Loggetta, auf ideale Weise. Das Bauwerk wirkt durch die vielen Reliefs, Säulen und Figurennischen, v. a. aber durch die Verwendung von verschiedenen Materialien in unterschiedlichen Farben wie Plastik und Architektur zugleich.

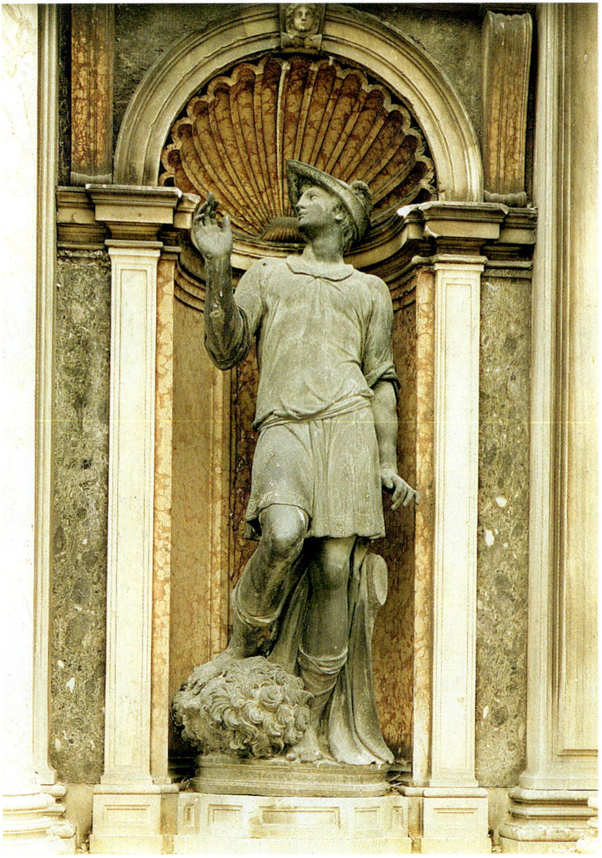

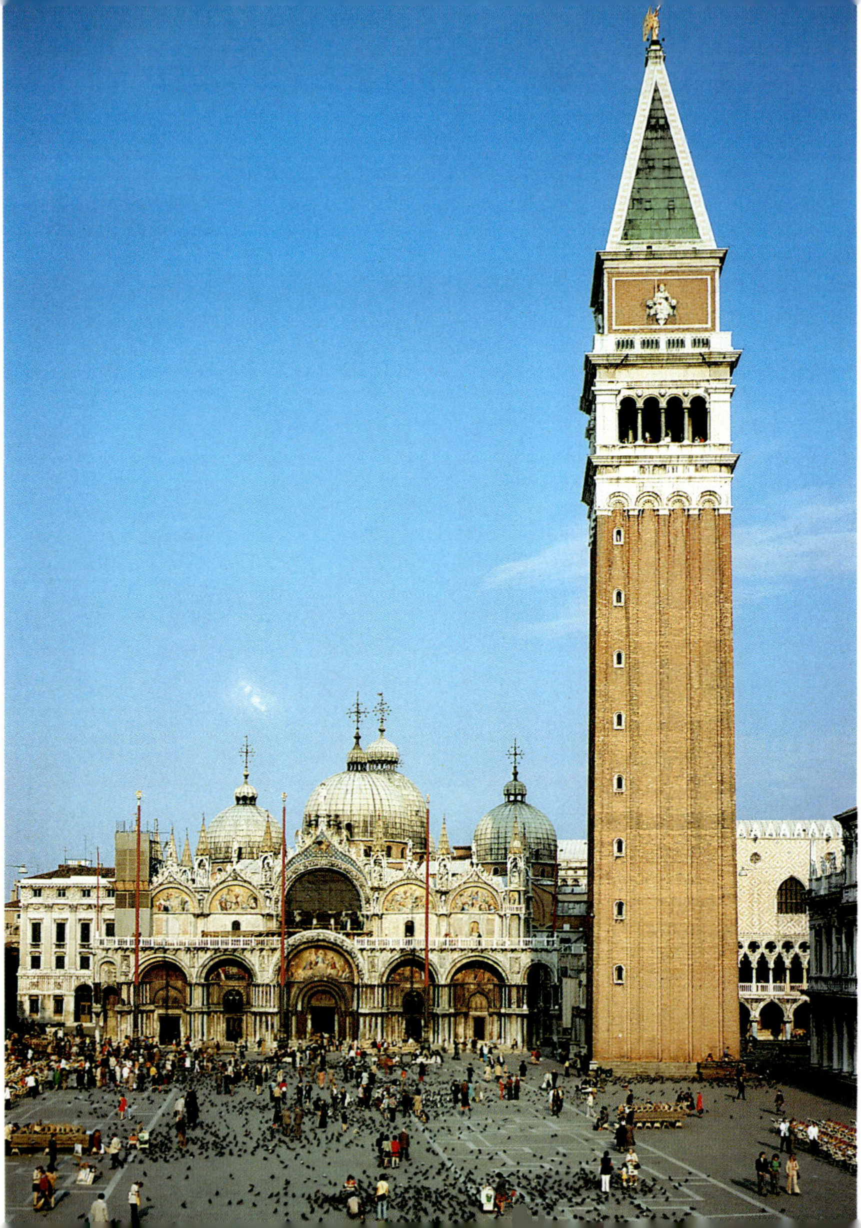

Piazza San Marco

Campanile

Der Kirchturm von San Marco beherrscht die beiden Plätze vor und neben der Markuskirche und ist eine Art Angelpunkt zwischen der großen Piazza und der kleinen Piazzetta. Der Turm, an dem viele Generationen gebaut haben, erhielt seine endgültige Gestalt zu Beginn des 16. Jh.s. Nachdem 1489 ein Blitz den Campanile wieder einmal beschädigt hatte, wurde er 1511–1514 in seiner heutigen Gestalt rekonstruiert. Die Turmspitze schmückt seitdem der Erzengel Gabriel.
Am Morgen des 14. Juli 1902 stürzte der Campanile in sich zusammen. Sofort entschied sich die Regierung, ihn an Ort und Stelle in seiner alten Form und Höhe von 95 m wiederaufzubauen. Von oben hat man einen wunderbaren Blick über Venedig und die Lagune. An besonders klaren Tagen sieht man bis zu den Alpen.

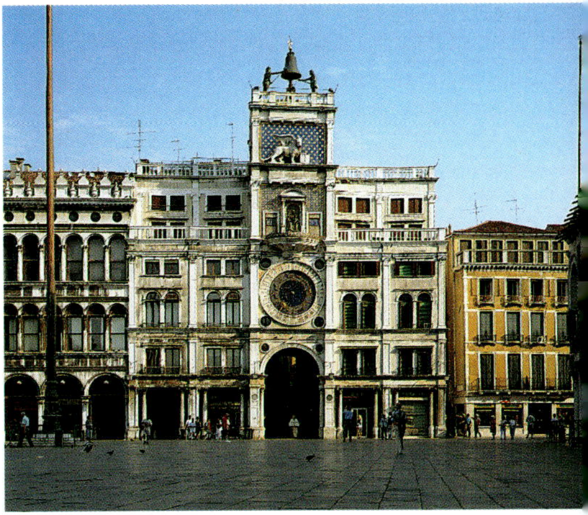

Torre dell´Orologio (Uhrturm)

1496 erhielt Mauro Codussi den ehrenvollen Auftrag, am Eingang der Mercerie, der Hauptgeschäftsstraßen zum Rialto, einen Uhrturm zu errichten. 1499 kamen die Seitenflügel hinzu. Der Turm ist ein architektonisches Wunderwerk aus farbigen Steinen, in Blau und Gold, das dem mechanischen Wunder der Uhr durchaus ebenbürtig ist. Das unterste Stockwerk erinnert an einen antiken Triumphbogen. Die darüberliegende Uhr zeigt außer der Zeit auch die Mond- und Sonnenphasen und die Tierkreiszeichen an. In der nächsten Etage folgt die Bronzestatue einer Madonna. In den Fensterchen neben dieser Marienstatue wird (alle fünf Minuten weiter zählend) noch einmal die Uhrzeit angezeigt. Am 6. Januar und in der Himmelfahrtswoche erscheinen aus den seitlichen Türen die Heiligen Drei Könige. Darüber steht der Markuslöwe vor einem blauen Sternenhimmel, 1755 von Giorgio Massari errichtet, vor dem bis 1797 der Doge Agostino Barbarigo kniete. Den Abschluß bildet die bronzene Glocke, an der zwei Mohren aus Bronze (1497) die Stunden schlagen. Sie gehörten bereits zur Anlage von Codussi.

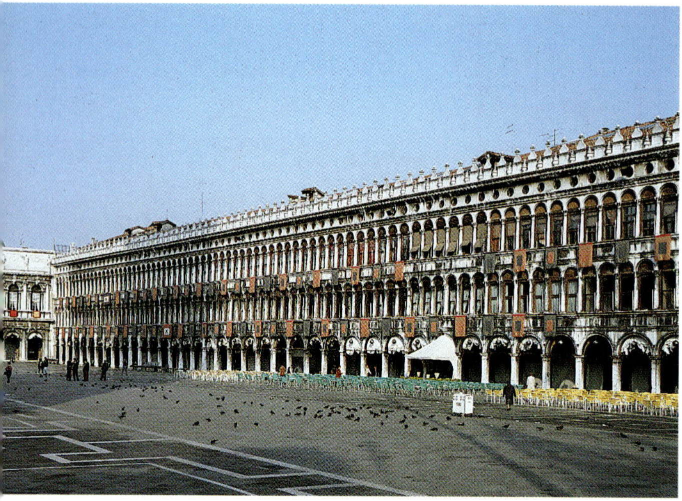

Ab dem 12. Jh. residierten sie im Vorgängerbau der heutigen Alten Prokuratien. Die Architekten des 16. Jh.s griffen mit den schmalen Rundbogenarkaden ein Motiv auf, das auch der veneto-byzantinische Vorgängerbau aufwies. Darin zeigt sich einmal mehr die konservative Haltung der venezianischen Architektur.

Auf der anderen Seite der Piazza begann man 1582/84 mit dem Bau der Neuen Prokuratien unter der Leitung von Vincenzo Scamozzi. Hier befanden sich Wohnungen für die neun Prokuratoren von San Marco. Per Gesetz waren sie verpflichtet, sich immer in der Nähe von San Marco niederzulassen.

Scamozzi griff bei seinem Bau die Gliederung der angrenzenden Libreria auf, verwendete aber ein drittes Stockwerk in Korrespondenz zu den gegenüberliegenden Alten Prokuratien. Mit den regelmäßigen Arkaden, die heute auf Erdgeschoßhöhe die ganze Piazza umziehen, erhält der Platz ein gleichmäßiges und geschlossenes Erscheinungsbild. Es läßt auf den ersten Blick fast vergessen, daß die beiden Prokuratien und der Verbindungsbau dazwischen, die die Piazza im Süden, Westen und Norden umgeben, zu ganz unterschiedlichen Zeiten entstanden sind.

Alte und Neue Prokuratien

Mit dem Bau des Uhrturms ab 1496 war an der Nordseite der Piazza San Marco ein erster Schritt zur Erneuerung getan. Als nächstes errichtete man die angrenzenden Prokuratien ab 1514 neu. Die Prokuratien waren der Amtssitz der Prokuratoren von San Marco, die für die Verwaltung aller staatlichen Bauwerke an der Piazza, außer dem Dogenpalast und einer Reihe anderer Staatsbauten, zuständig waren. Durch die großen Summen, die San Marco aus Geschenken des Staates oder Spenden der Bürger aber auch durch geschickt angelegte Gelder zuflossen, verfügten die Prokuratoren über ein relativ großes Vermögen.

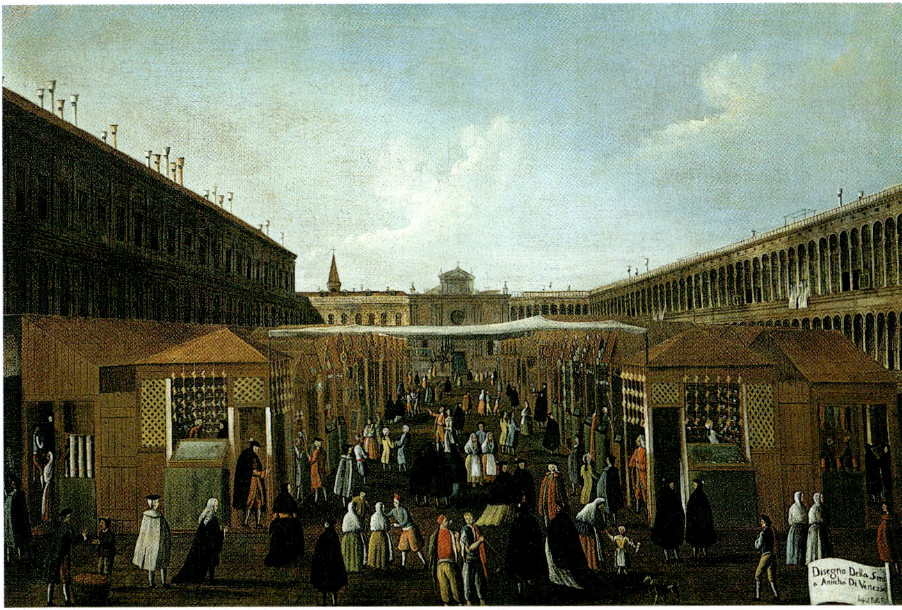

Gabriel Bella: Der alte Markt auf der Piazza am Himmelfahrtstag, vor 1792
Öl auf Leinwand, 95,6 x 145,5 cm

Bellas Gemälde zeigt die Piazza San Marco am Himmelfahrtstag (venezianisch: Sensa), an dem seit dem Mittelalter ein großer Markt mit allen in Venedig produzierten Waren stattfand. Dieses Ereignis zog auch viele Pilger an, die anläßlich eines besonderen Ablasses, den Papst Alexander III. 1177 für diesen Tag San Marco gewährt hatte, in Massen in die Stadt strömten. Die Venezianer nutzten ihn für gute Geschäfte, und für die Pilger war es eine Gelegenheit, sich mit venezianischen Gütern einzudecken. Auf Bellas Gemälde sieht man noch den »alten Markt«, ein Gewirr von Buden und Ständen, der in dieser Form 1777 abgeschafft wurde.

Im Hintergrund erkennt man zwischen den beiden Prokuratien die Kirche San Giminiano. Ihre Fassade wurde im 16. Jh. von Jacopo Sansovino neu gestaltet, der in dieser Kirche auch beerdigt wurde. Anfang des 19. Jh.s mußte sie dem dritten Flügel weichen, der heute die beiden Prokuratien verbindet.

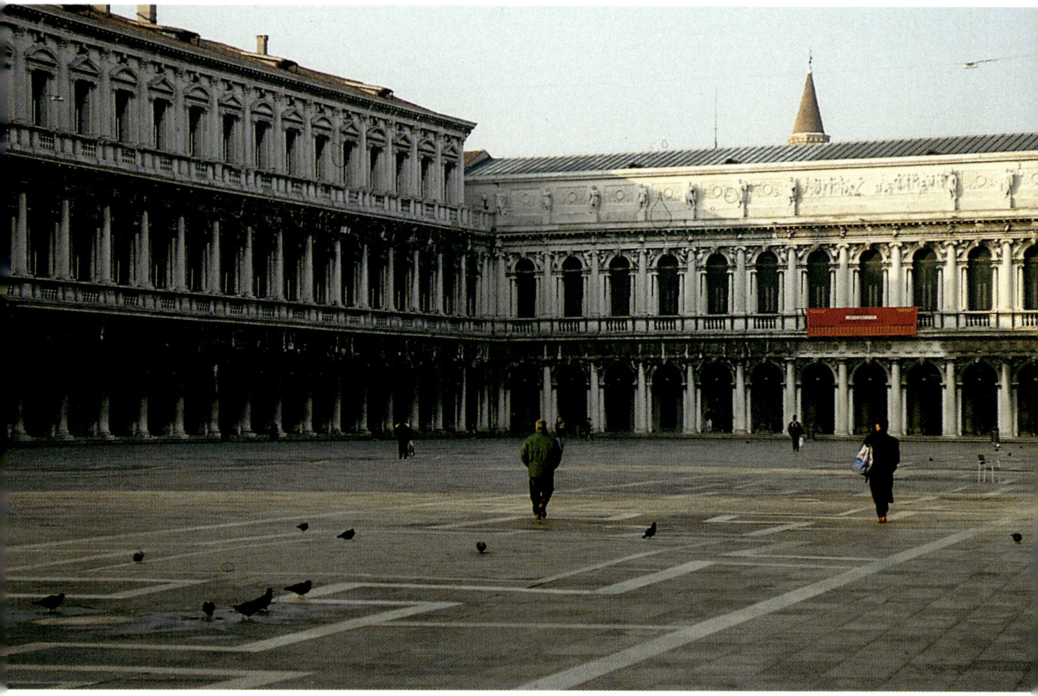

Neue Prokuratien, Napoleonischer Flügel

Obwohl die Franzosen Venedig Anfang des 19. Jh.s nur wenige Jahre besetzt halten konnten, setzte die Napoleonische Herrschaft im venezianischen Stadtbild Zeichen. Weil eine angemessene Wohnung für den Franzosenkaiser bzw. seine Statthalter und ein großer Ballsaal fehlten, wurde die alte Kirche San Giminiano abgerissen. Statt dessen erbaute man ab 1808 den sog. Napoleonischen Flügel zwischen den Prokuratien. Damit okkupierte der neue Herrscher mit einer eigenen, neuen Residenz das Herz des venezianischen Machtzentrums. Der Architekt Giuseppe Soli orientierte sich an den Neuen Prokuratien. Aber statt des dritten Stockwerks errichtete er ein schweres Attikageschoß, das den riegelartigen Charakter dieses Prokuratienflügels unterstreicht.

Neue Prokuratien, Museo Civico Correr

Die prächtige Treppe mit den Wandmalereien führt zu den für Napoleon errichteten Festsälen im ersten Stock des Napoleonischen Flügels. Die neun Prokuratorenwohnungen hatte man in eine Wohnung für den Kaiser umgebaut. Napoleon hat weder die Treppe noch die Räumlichkeiten jemals betreten. Als sie 1820 fertiggestellt waren, hatte er die weltgeschichtliche Bühne schon wieder verlassen. Heute gelangt man über die Treppe in das städtische Museum, das Museo Civico Correr, das zusammen mit dem archäologischen Museum (Eingang unter den Libreria-Arkaden) in den Neuen Prokuratien untergebracht ist. Den Kern bildet die Sammlung des venezianischen Adeligen Teodoro Correr, der der Stadt 1830 seine Schätze vermachte. Im Laufe der Zeit mußten die städtischen Sammlungen auf verschiedene Häuser aufgeteilt werden. Im Correr befinden sich heute v. a. historisch interessante Gegenstände. Die große venezianische Sammlung zur Kunst und Kultur des 18. Jh.s ist in der Ca' Rezzonico.

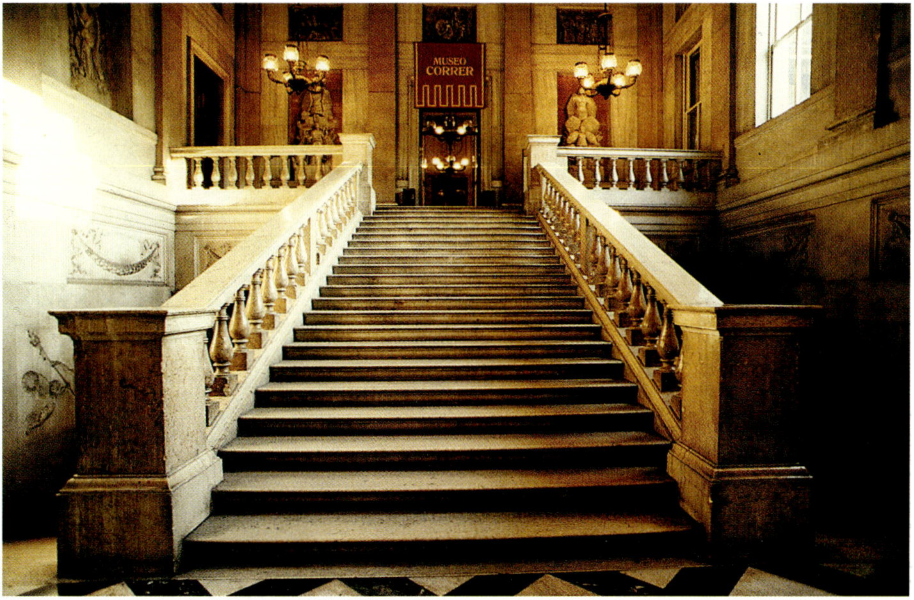

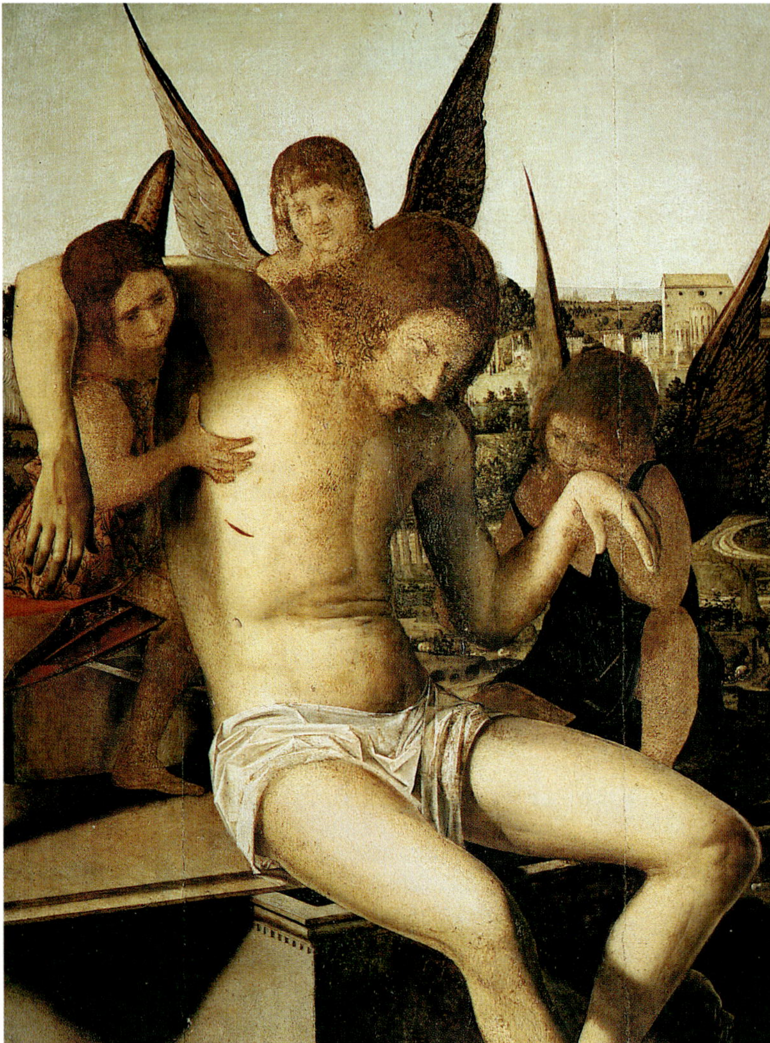

Antonello da Messina:
Toter Christus, 1475/76
Öl auf Holz, 117 x 68 cm

Antonello da Messina (um 1430–1479), der in Süditalien ausgebildet wurde, hatte einen unermeßlich großen Einfluß auf die venezianische Kunst des 15. und 16. Jh.s. Mit größter Wahrscheinlichkeit war er es, der die Technik der Ölmalerei nach Venedig brachte, die von den niederländischen und nordfranzösischen Malern perfektioniert worden war. Der Ort Messina war wie ganz Süditalien zeitweise in französischem Besitz, deshalb war der künstlerische Austausch mit dem Norden dort besonders intensiv. Antonello hatte darum schon sehr früh die Gelegenheit, das Geheimnis der Ölmalerei kennenzulernen. Als Antonello sich von 1475 bis 1476 in Venedig aufhielt, hat Giovanni Bellini sehr viel von ihm gelernt. Trotz der schweren Beschädigungen, die Antonellos »Toter Christus« im Correr aufweist, ist noch etwas von seiner geschickten Darstellung des Lichts und der schönen Landschaft zu erahnen.

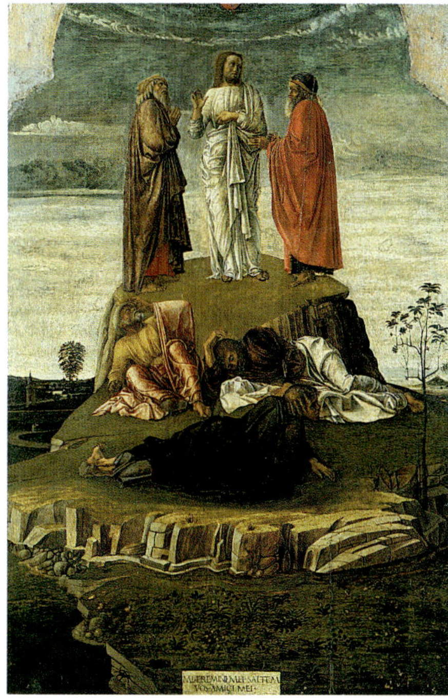

Giovanni Bellini:
Transfiguration (Verklärung Christi)
Tempera auf Holz, 134 x 68 cm

Bei der »Transfiguration« arbeitet Bellini (um 1430–1516) noch in traditioneller Technik mit einer ölhaltigen Tempera. Aber auch damit gelingt es ihm, Licht, Schatten und feine Farbübergänge meisterhaft zu gestalten und seinen Figuren Plastizität zu verleihen. Sie stehen noch ganz unter dem Einfluß seines Schwagers Andrea Mantegna. Doch zeugen die mit komplizierten Drehungen und Verkürzungen wiedergegebenen Körper der Jünger am Fuße des Berges von Giovannis Meisterschaft. Man beachte die übereinandergeschlagenen Füße des Liegenden. Drei Evangelisten berichten von der Verklärung Christi, deren Zeugen die Apostel Petrus, Johannes und Jakobus d. Ä. waren.

Das Ende.
Venedigs letzter Kampf um die Unabhängigkeit

Als am 12. Mai 1797 der Maggior Consiglio auf Wunsch Napoleons das Ende der venezianischen Republik erklärte und französische Truppen kurz darauf die Stadt besetzten, war dies nur mehr der letzte Akt eines das ganze 18. Jh. währenden Abstiegs der einst mächtigsten Stadt im östlichen Mittelmeer. Mehr als ein Autor hat das venezianische Leben seit dem Frieden von Passarowitz 1718, dem letzten, den die Venezianer als selbständig handelnde politische Kraft schlossen, als einen Traum beschrieben, aus dem es nur ein böses Erwachen geben konnte. Das Venedig des 18. Jh.s war gelähmt durch Geldmangel und ein ineffizientes

Giuseppe Borsato: Der Treueschwur der venezianischen Provinzen auf den österreichischen Kaiser Franz I. am 15. Mai 1815 in San Marco, Museo Correr, Venedig

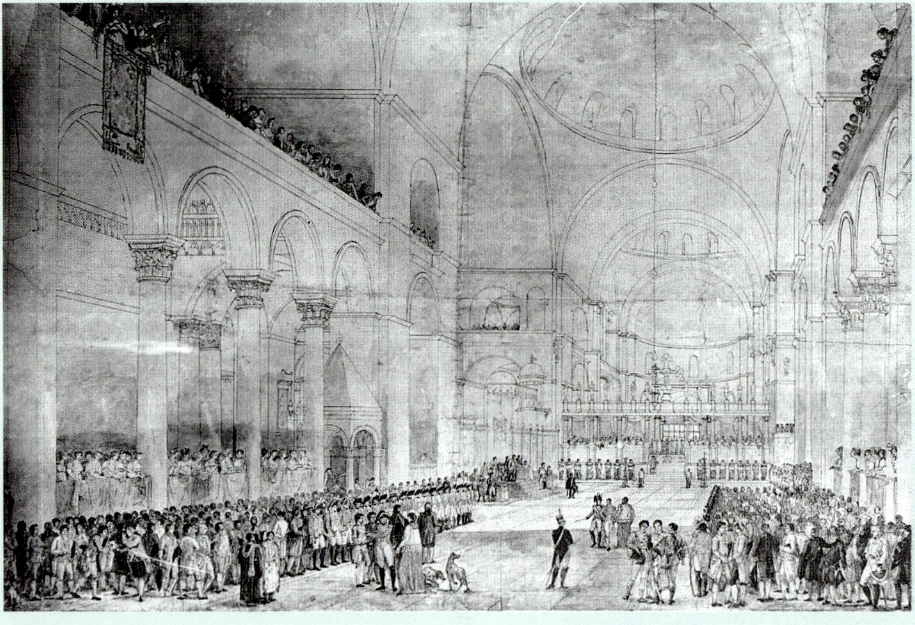

Ämtersystem. Die Jahrhunderte dauernden Kriege gegen die Türken hatten die Stadt ausgelaugt. Trotzdem strömten Fremde aus ganz Europa herbei. Sie kamen nicht mehr um Handel zu treiben, sondern um die einzigartige Atmosphäre der Stadt zu genießen. Der Karneval schien das ganze Jahr zu dauern. Fest reihte sich an Fest, Spielsalon an Spielsalon und Freudenhaus an Freudenhaus. Reichtümer wurden verschwendet, ohne daß neue erworben wurden. All dem machte Napoleon ein Ende. Manch ein Venezianer hoffte noch einmal für seine Republik. Bürgerliche und Adel begannen gemeinsam, lange notwendige Reformen des Staatswesens durchzuführen. Aber die Freiheiten der Französischen Revolution, die Napoleon gewährte, waren nur Schein. Schon vor der Eroberung hatte der Franzosenkaiser beschlossen, Venedig mit den Österreichern gegen ein anderes Gebiet zu tauschen. Er gab die Stadt im Oktober 1797 in die Hände der Macht, gegen deren Übergriffe sich die Venezianer seit zweihundert Jahren zur Wehr gesetzt hatten. Nach einer kurzen zweiten Episode französischer Herrschaft machte die endgültige Übergabe an Österreich 1814 alle Hoffnungen auf ein Wiedererstarken im neuen Geist endgültig zunichte. Venedig wurde zur österreichi-

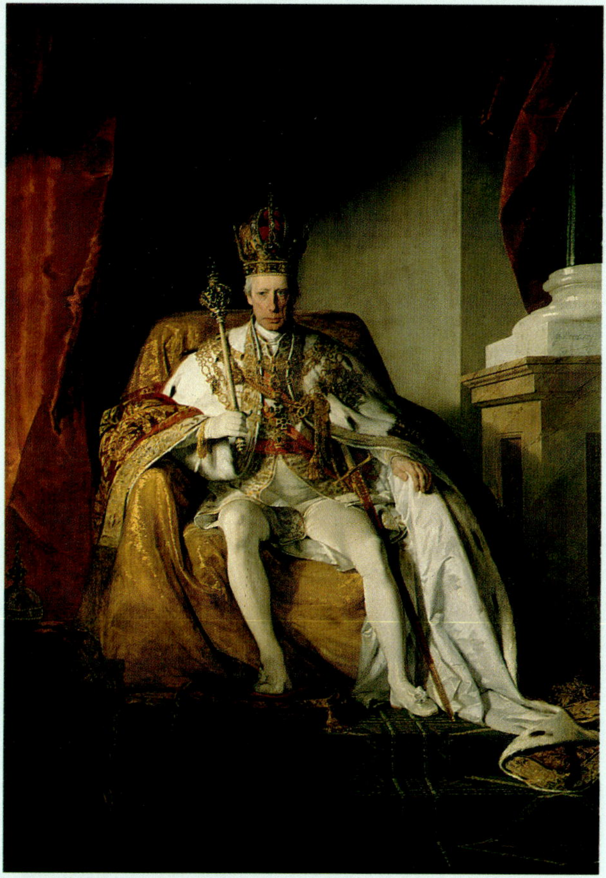

Friedrich von Amerling: Franz I., 1832, Öl auf Leinwand, Weltliche Schatzkammer in der Hofburg, Wien

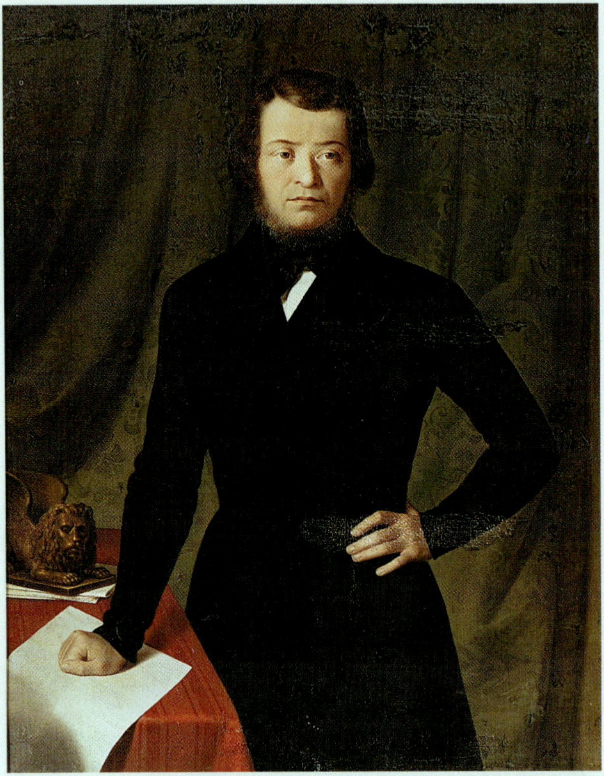

Unbekannter Künstler: Daniele Manin (1804–1857), Museo del Risorgimento, Venedig

Erst Mitte der zwanziger Jahre, als die Zölle gemildert wurden, besserte sich die Situation.

In den vierziger Jahren begannen die Österreicher, die rückständige Lagunenstadt zu modernisieren. Man baute das Straßensystem aus und sorgte für eine fortschrittliche Gasbeleuchtung. 1846 wurde der Eisenbahndamm über die Lagune fertiggestellt, der Venedig mit Mailand verband und das Jahrhundert währende Inseldasein beendete. Doch alle Zeichen des Fortschritts vermochten nichts mehr an der tiefsitzenden Unzufriedenheit der Venezianer und aller Norditaliener zu ändern, die unter den Folgen der Fremdherrschaft, den hohen Steuern und der mangelnden politischen Beteiligung litten. Der Blick nach Frankreich, wo das Bürgertum immer mehr Einfluß gewann, verstärkte bei den Italienern die Verdrossenheit über das strenge Regime der

schen Provinzhauptstadt, in der ein Regent des Kaisers residierte. Venedig mußte sich diese letzte politische Bedeutung mit Mailand teilen.

Unter den Österreichern litt ganz Norditalien anfänglich bittere Not. Der Landstrich wurde mit hohen Steuer- und Zollforderungen belegt, die jegliche Wirtschaft zum Erliegen brachten.

Habsburger. Die Wahl von Papst Pius IX. 1846 setzte ein Zeichen. Der reformfreudige Papst revolutionierte das feudale System des Kirchenstaates gewissermaßen von oben, indem er seinen Untertanen mehr politische Rechte zugestand und dies auch anderen Herrschern empfahl. In ganz Italien wurde der neue Papst enthusiastisch gefeiert. Die Begeisterung für ihn hatte bei vielen auch einen nationalen Unterton; man beschwor das italienische Vaterland gegen die Fremdherrschaft. Auf einem Kongreß der italienischen Wissenschaftler in Venedig 1847 wurde mehr oder weniger offen gegen die Österreicher agitiert. Das venezianische Opernhaus, das Teatro La Fenice, wurde zum allabendlichen Demonstrationsort, wenn im vierten Akt von Verdis »Macbeth« der Chor vom betrogenen Vaterland, das es zu retten gilt, sang. Die Geheimpolizei versuchte vergeblich, derjenigen habhaft zu werden, die Blumensträuße in den italienischen Nationalfarben Rot, Weiß und Grün auf die Bühne warfen. Ebensowenig konnte man das Opernpublikum verhaften, das bevorzugt Kleider in diesen Farben trug. Doch gab es in Venedig keine offenen Übergriffe, auch nicht, als Tote aus Mailand gemeldet wurden und die Studenten in Padua gegen die

Vincenzo Giacomelli: Daniele Manin und die Aufständischen übernehmen das Arsenal (Daniele Manin erzwingt die Kapitulation), 1890, Museo del Risorgimento, Venedig

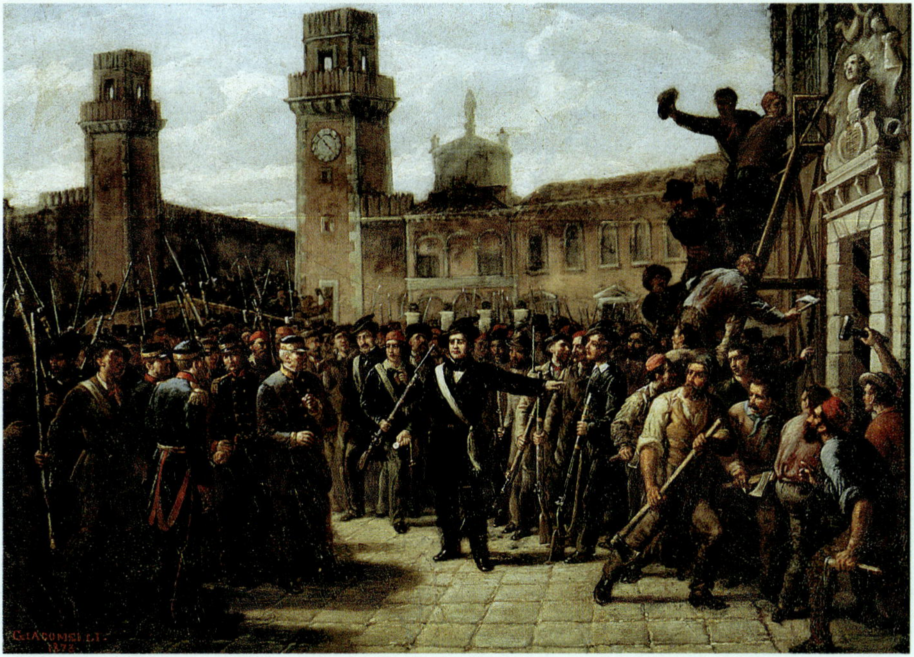

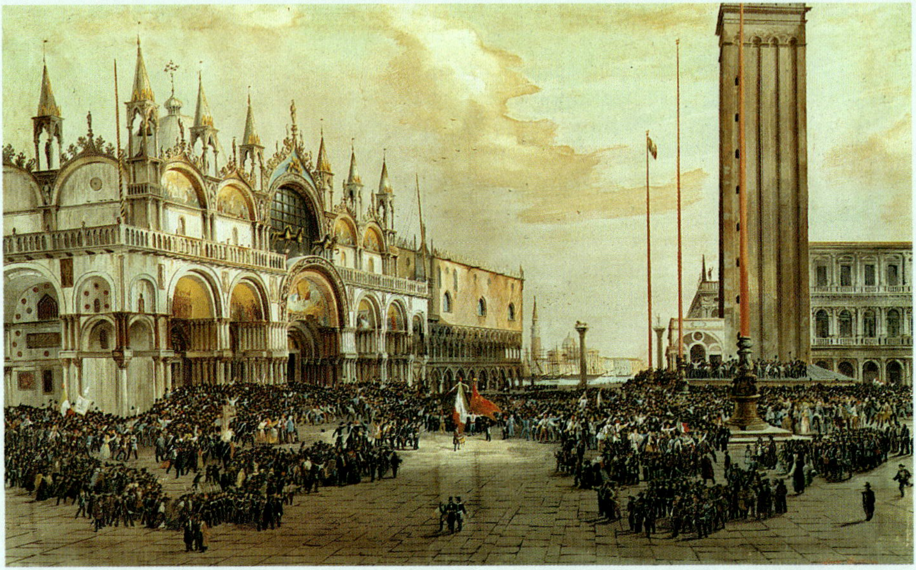

Luigi Querena (1768–1853): Das venezianische Volk hißt die italienische Flagge auf dem Markusplatz, Museo del Risorgimento, Venedig

Besatzungstruppen revoltierten. Man versuchte noch, sich auf legale Weise gegen die Fremden zu wehren. Ein Anwalt namens Daniele Manin (1804–1857) tat sich v. a. mit zahlreichen Eingaben hervor. Verängstigt durch den Aufruhr in anderen Städten ließ ihn die österreichische Regierung zusammen mit einem anderen feurigen Gegner der Besatzung, Niccolò Tommaseo, schließlich am 18. Januar 1848 verhaften. Auch Venedig hatte nun seine Symbolfiguren im Kampf um die Freiheit. In anderen Teilen des Habsburger Reiches gärte gleichermaßen die Unzufriedenheit. Die revolutionären Umtriebe erfaßten schließlich sogar Wien. Der Kaiser wurde von den Aufständischen gezwungen, eine konstitutionelle Monarchie zu garantieren. Unter dem Eindruck dieser Nachrichten stürmte eine aufgebrachte Volksmenge am 17. März 1848 die Residenz des österreichischen Repräsentanten in den Neuen Prokuratien und erzwang die Freilassung Tommaseos und Manins. Am folgenden Tag gab es ein Scharmützel auf dem Markusplatz mit den ersten venezianischen Toten, die man feierlich in die Hochburg des nationalen Widerstandes, das Café Florian, brachte. Daniele Manin und seine Anhänger waren nun dazu entschlossen, die Österreicher notfalls mit Gewalt zu vertreiben. Als die venezianischen und italienischen Teile der Truppen den Gehorsam verweigerten und die Waffen des Arsenals in die Hände der Aufständischen spielten, mußten sich habsburgische Armee und Verwaltung zurückziehen. Sehr schnell wurde Daniele Manin zum Führer aller Venezianer, der es wie kein anderer verstand, mit seinen Reden im venezianischen Dialekt auch das gemeine Volk auf der Straße für sich zu gewinnen.

Schon im Sommer 1848 kehrten die Österreicher mit verstärkten Truppen in das Veneto zurück. Einige Städte im Friaul konnten sie schnell zurückerobern, doch Venedig widerstand ebenso wie große Teile Norditaliens. Erst nach und nach gelang es den Habsburgern, verlorene Gebiete zurückzugewinnen. Begünstigt wurden ihre Siege durch die Uneinigkeit der Italiener über das zukünftige politische System. Auch Manins Haltung zur italienischen Frage war schwankend und unentschieden. Sein ganzes Denken und Trachten galt zuerst seiner Heimatstadt. Deshalb verpaßte er Gelegenheit um Gelegenheit, durch militärische Hilfe für das Festland die venezianische Ausgangslage zu verbessern. Während dort ein Ort nach dem anderen fiel, gelang es den Venezianern auszuharren. Anfänglich hatten sie dies in erster

Luigi Querena: Truppenparade auf dem Markusplatz, Museo del Risorgimento, Venedig

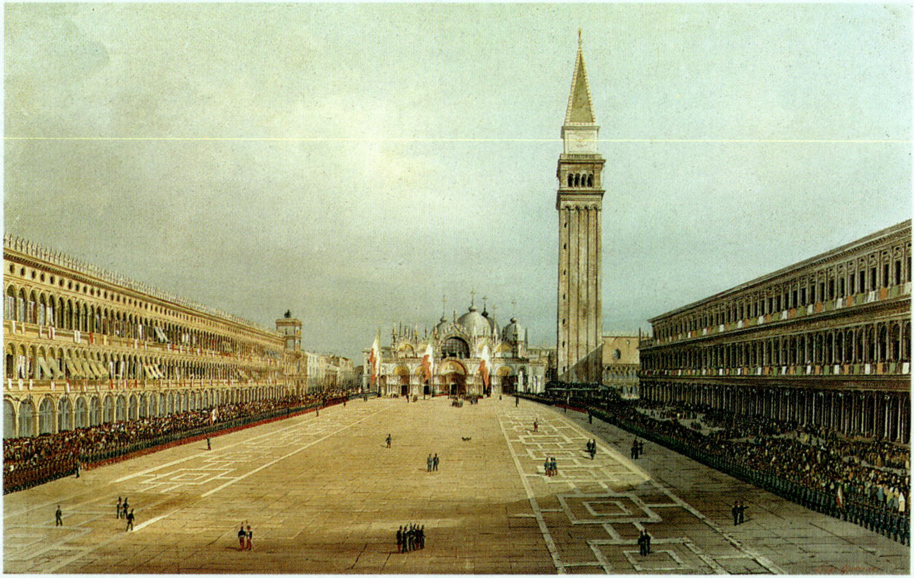

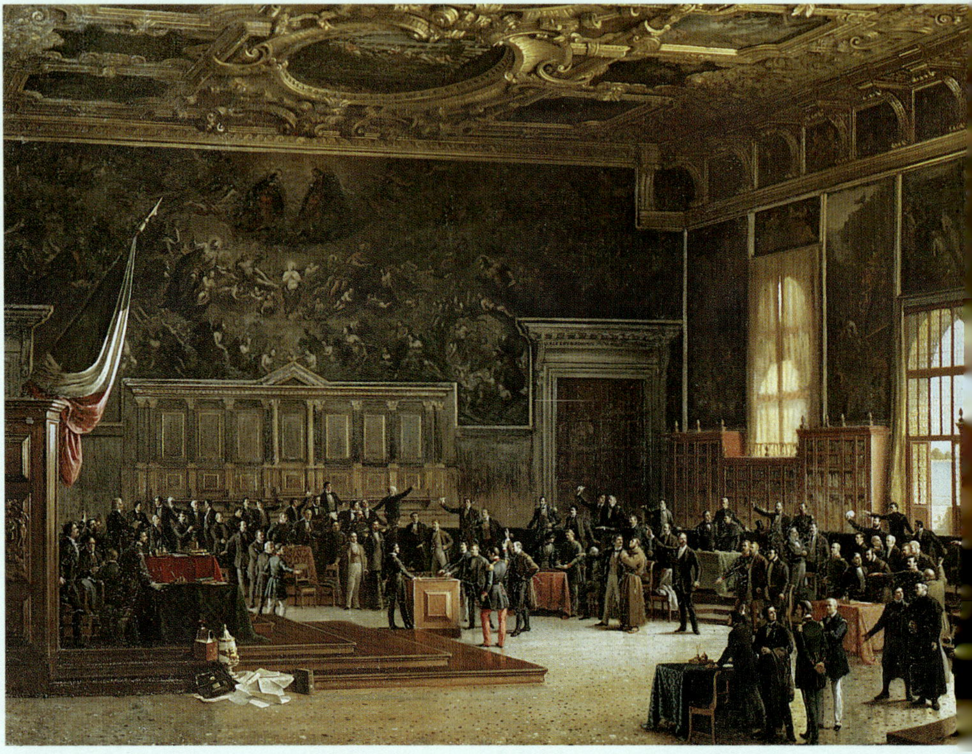

Dalla Gribera: Venedig leistet Widerstand, koste es was es wolle, Museo del Risorgimento, Venedig

Linie ihrem natürlichen Festungsring, der Lagune, zu verdanken. Doch je aussichtsloser die Lage zu werden schien, desto fester stand die Bevölkerung zusammen. Im Herbst 1848 begann die Belagerung der Stadt, in die sich im Laufe des Sommers zahlreiche Truppen aus eroberten Gebieten geflüchtet hatten. Die Versorgung der Bevölkerung, die Bezahlung der Soldaten und des Kriegsgerätes konnte schon bald mit staatlichen Mitteln nicht mehr gedeckt werden. Aber die Venezianer leisteten zähen Widerstand. Sie zeichneten Kriegsanleihen, reiche Familien garantierten die Deckung des wegen Münzmangels eingeführten Papiergeldes und gaben ihren Schmuck und ihr Silber für den Krieg. Allein aus der letztgenannten Sammelak-

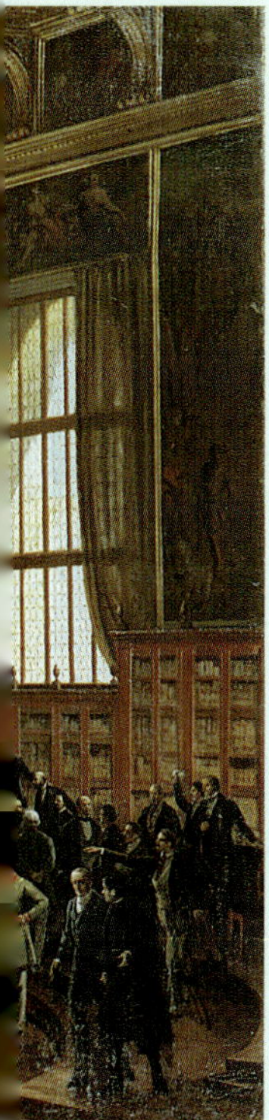

tion ging ein Wert von 1,3 Millionen Lire hervor.

Das belagerte Venedig wurde zu einem leuchtenden Vorbild für all die Italiener, die immer noch auf die Befreiung hofften. Niemand allerdings war bereit oder in der Lage, die Venezianer zu unterstützen. Eine Aktion für Kriegsanleihen zugunsten der eingeschlossenen Stadt brachte in ganz Italien nicht einmal 200 000 Lire ein. Hunger und Krankheit verbreiteten sich im Winter 1848/49. Die Preise für Lebensmittel stiegen; Fleisch, Butter und Wein waren bald kaum noch zu finden. Doch die Venezianer hielten aus. Als im Frühling 1849 die Lage nach der Schlacht von Novara, in der die piemontesischen Truppen von Österreich besiegt worden waren, vollkommen hoffnungslos geworden war, mußten sich die Venezianer zum wiederholten Male mit der Frage der Kapitulation befassen. Aber die Regierungsversammlung unter dem Vorsitz von Daniele Manin beschloß am 2. April in einer dramatischen und bewegenden Sitzung im Dogenpalast unter allen Umständen auszuharren, koste es, was es wolle. Und es kostete das Leben unzähliger Venezianer, v. a., als im Frühsommer 1849 in der überfüllten, von Hunger und Bomben terrorisierten Stadt auch noch die Cholera ausbrach. Als Manin am 13. August 1849 die Nachricht erhielt, daß die Lebensmittelvorräte am 24. des Monats endgültig verbraucht sein würden, entschloß er sich – immer noch gegen den Willen eines Teils der Bevölkerung und der Truppen – zur Kapitulation. Am 27. August 1849 besetzten österreichische Truppen erneut den Markusplatz. Es sollte noch 17 Jahre dauern, bis Venedig Teil des Königreiches Italien wurde. Die Tage der alten Republik, die Daniele Manin und andere für eine neue, von den Bürgern regierte Republik beschworen hatte, waren endgültig Vergangenheit.

Bekanntmachung der Abdankung der Regierung Manin, 1849, Museo del Risorgimento, Venedig

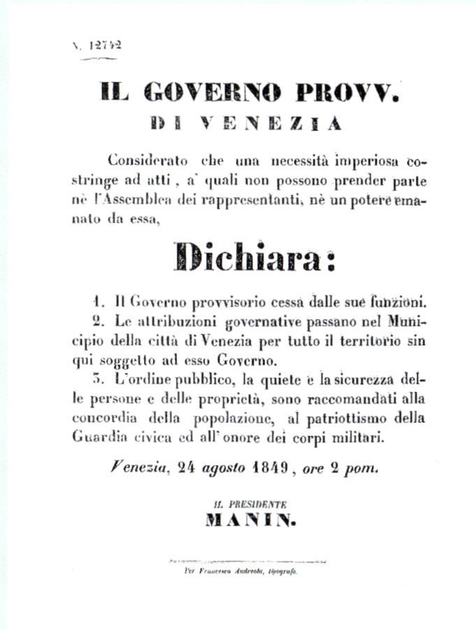

N. 12742

IL GOVERNO PROVV.
DI VENEZIA

Considerato che una necessità imperiosa costringe ad atti, a' quali non possono prender parte nè l'Assemblea dei rappresentanti, nè un potere emanato da essa,

Dichiara:

1. Il Governo provvisorio cessa dalle sue funzioni.
2. Le attribuzioni governative passano nel Municipio della città di Venezia per tutto il territorio sin qui soggetto ad esso Governo.
3. L'ordine pubblico, la quiete e la sicurezza delle persone e delle proprietà, sono raccomandati alla concordia della popolazione, al patriottismo della Guardia civica ed all' onore dei corpi militari.

Venezia, 24 agosto 1849, ore 2 pom.

IL PRESIDENTE
MANIN.

Per Francesco Andreola, tipografo.

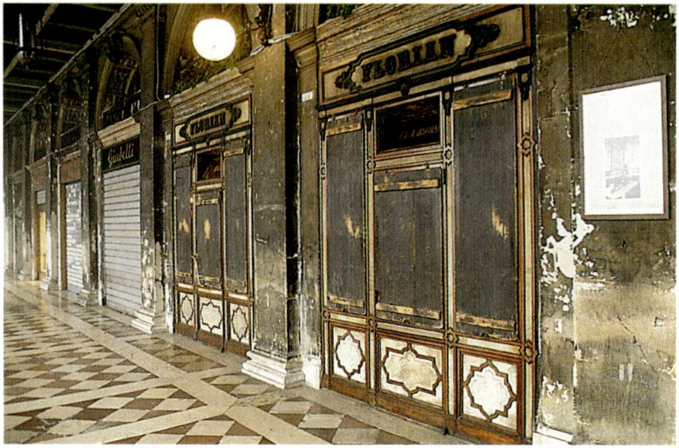

Café Florian

Die Piazza San Marco ist nicht allein berühmt für ihre Kunstschätze. Unter den Arkaden der Neuen Prokuratien liegt auch das erste Café Italiens, das »Florian«. Es wurde 1720 von Floriano Francesconi eröffnet. Damals nippten die Damen und Herren aus aller Welt hier edle Schokolade. Der herbsüße Trunk war das Modegetränk des 18. Jh.s. Die Tasse Schokolade war ein Symbol von Reichtum und Luxus. Pietro Longhi hat die gesellschaftliche Bedeutung der Schokolade in einigen seiner bezaubernden Bilder festgehalten. Mit dem Ende der luxuriösen Rokokogesellschaft begann der bittere Kaffee seinen Siegeszug. Bei Kaffee- und Zigarrenduft ließ es sich gut diskutieren und politisieren. Auch in der Weltliteratur hat das Café Florian seinen Platz.

Maurisches Zimmer

Im 19. Jh. war das Café Florian der Treffpunkt der Venezianer, die Pläne schmiedeten, wie man sich von der verhaßten österreichischen Fremdherrschaft befreien könne. Die österreichischen Offiziere trafen sich auf der gegenüberliegenden Seite des Platzes im fast ebenso traditionsreichen Café Quadri. Die Einrichtung des »Café Florian« versetzt den Besucher ins 19. Jh. zurück. Ludovico Cadorin gestaltete 1858 vier Zimmer im Florian, kleine, wohnzimmerartige Räume die jeweils nach ihren Dekorationen benannt sind. Das maurische Zimmer schmücken Bildnisse von schönen Orientalinnen. Man kann sich gut vorstellen, wie Lord Byron, Giuseppe Verdi oder andere berühmte Venedigreisende hier zwischen zeitunglesenden oder leise debattierenden Venezianern ihre Tage verbrachten. Es soll bis heute viele Venezianer von altem Adel geben, die darauf bestehen, ihren Kaffee immer am selben Platz einzunehmen. Der Café-Krieg, der stillschweigend zwischen den Österreichern und den Venezianern tobte, setzte sich übrigens auch in anderen Kreisen fort. Richard Wagner, Verdis großer Konkurrent, bevorzugte demonstrativ ein anderes Café.

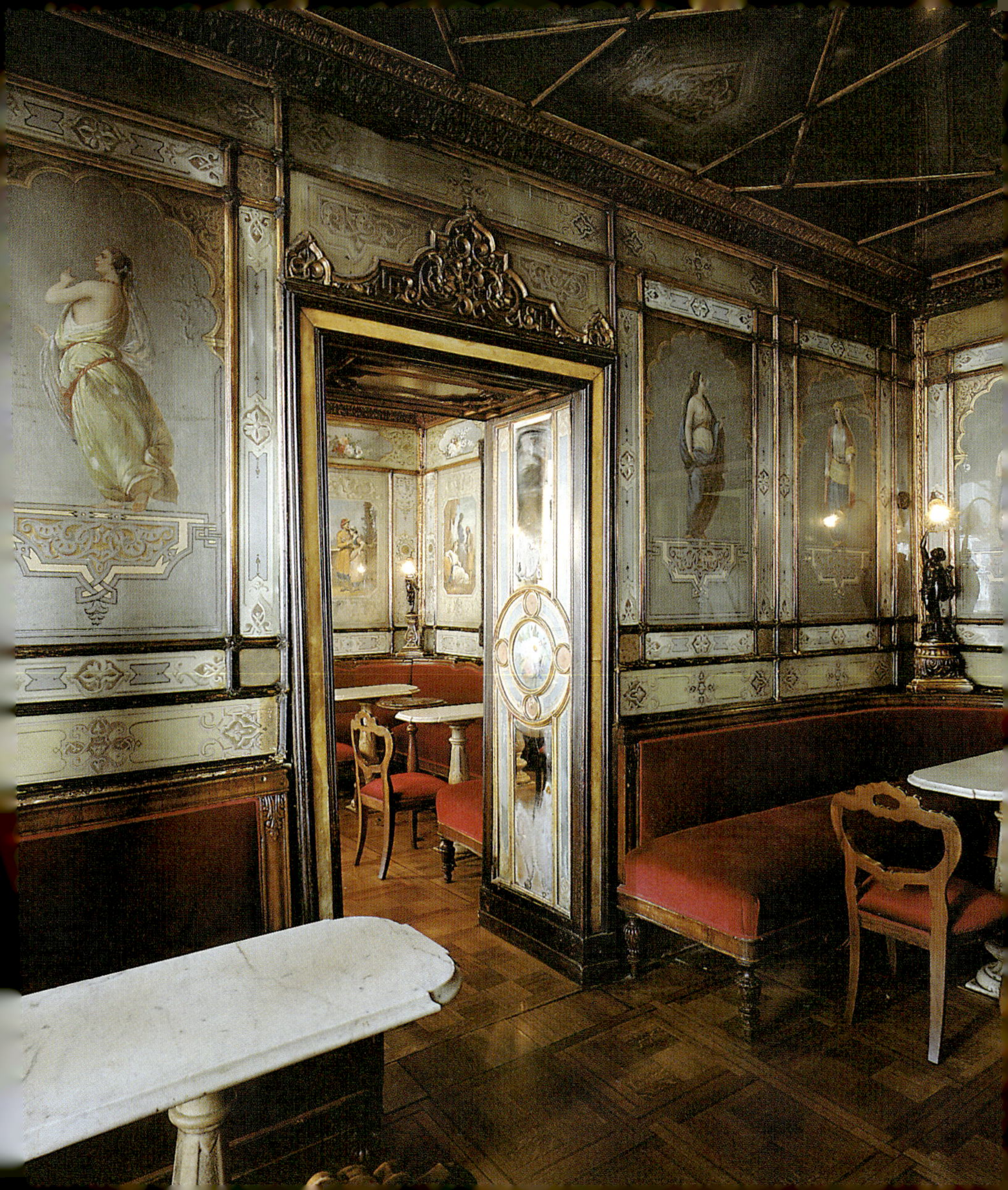

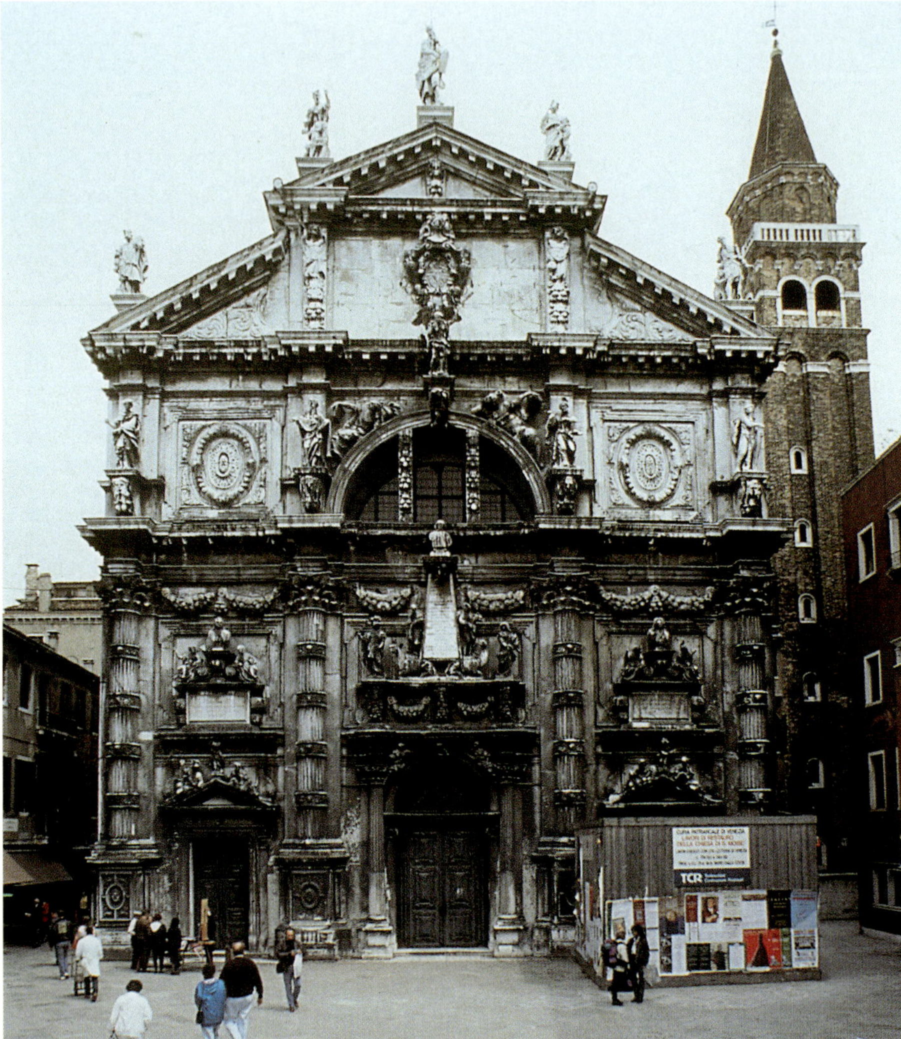
TCR

San Moisè

Die Kirche wurde bereits im 8. Jh. gegründet, aber in der folgenden Zeit immer wieder umgebaut. 1668 erhielt sie ihre Fassade, die die Familie Fini finanziert hat. Der Entwurf stammt von Alessandro Tremignon, der Bildhauer Heinrich Meyring wurde mit dem Skulpturenschmuck beauftragt, der die Kirchenfront in ein einziges Monument für die Fini verwandelt. Öffentliche Standbilder waren in Venedig verboten. Aber so konnten sich einige venezianische Familien ein vielleicht noch größeres Denkmal setzen. Die Fini waren von jungem Adel. Vincenzo, dessen Büste auf einem Obelisk über der Tür angebracht ist, hatte den Adelstitel gerade erst für eine große Summe erworben. Etwas zu viel Adelsstolz und neuer Reichtum scheinen aus dieser überladenen Fassade zu sprechen.

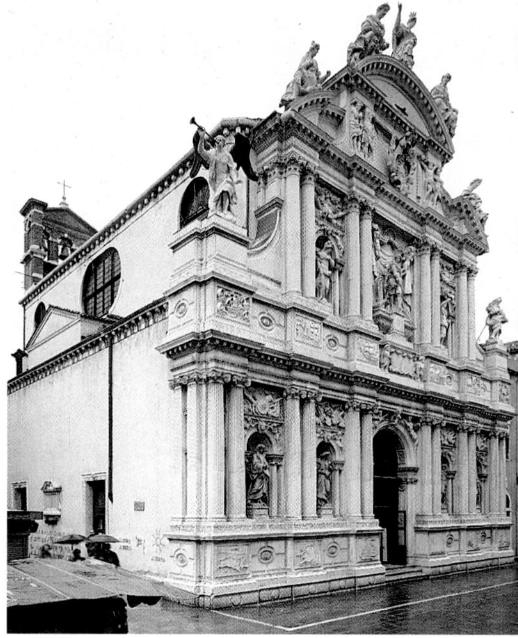

Santa Maria Zobenigo (Santa Maria del Giglio)

Der Name Zobenigo kommt von einer alten venezianischen Familie, die in der Nähe der Kirche ihren Palast hatte. Auch die Fassade von Santa Maria Giglio wurde im 17. Jh., etwa zehn Jahre nach San Moisè, von Gioseppe Sardi in eine Gedenkstätte für die reiche Familie Barbaro verwandelt. Die kräftigen, weit vorstehenden Dreiviertelsäulen und die tiefen Figurennischen lassen das Verhältnis von Architektur und Skulptur jedoch ausgewogener wirken als bei San Moisè. In beiden Fällen ist interessant, daß Sterbliche an Stellen der Kirchenfassaden erscheinen, wo man eigentlich Heilige erwartet würde. Man kann diesen Umstand allerdings auch als gutes Geschäft betrachten. Die Kirchen erhielten eine reich geschmückte Ansichtsseite und vermögende Venezianer die Möglichkeit zur öffentlichen Selbstdarstellung.

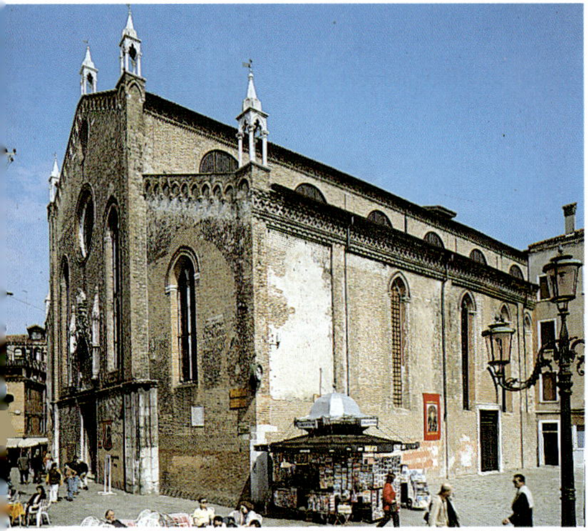

Santo Stefano

Wie viele gotische Sakralbauten Venedigs gehört die Kirche zu einer Ansiedlung von Bettelmönchen, in diesem Fall den Augustinereremiten. Das Kloster wurde bereits 1294 gegründet, aber die Kirche erhielt ihre heutige architektonische Gestalt im wesentlichen erst im 14. Jh. Die einfache, fast schmucklose Backsteinarchitektur ist charakteristisch für die venezianischen Kirchen der Bettelorden dieser Zeit. Ungewöhnlich ist jedoch, daß das Bauwerk dem großen Platz, an dem es liegt, nicht seine Fassade, sondern die Längsseite zuwendet. Komplizierte Grundstücksverhältnisse und jahrelange Streitigkeiten mit den übrigen Anliegern führten dazu, daß die Augustinereremiten beim Neubau ihrer Kirche deren Ausrichtung nicht verändern konnten. Um trotzdem eine Kirche von so großem Ausmaß zu erreichen, wie sie heute vor uns steht, nahmen es die Mönche sogar in Kauf, einen Rio, also einen Wasserweg, mit dem hinteren Teil der Kirche zu überbauen.

Portal

Vielleicht war die etwas versteckte und dunkle Lage des Eingangs der wichtigste Grund dafür, daß die Mönche ihr Kirchenportal aufwendig dekorieren ließen.

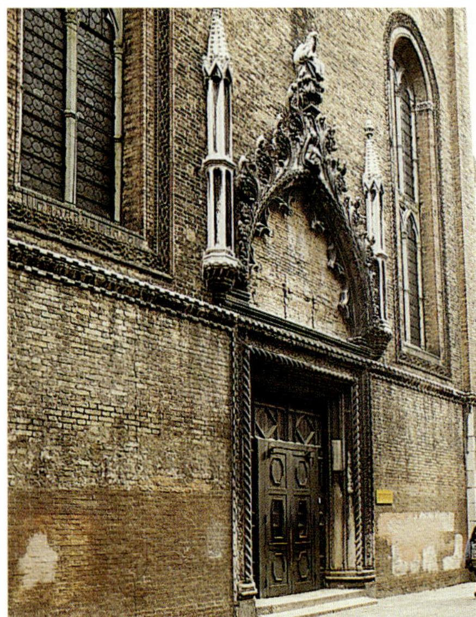

Es wird von den meisten Forschern der Werkstatt der Bildhauerfamilie Buon zugeschrieben und auf 1438–1442 datiert. Die wild wuchernden, saftigen Akanthusblätter des gotischen Spitzbogens und auch das feine gedrehte Tau, welches das Portal umgibt, sind Steinmetzarbeiten von außergewöhnlicher Qualität.

Innenraum

Das Innere der Kirche aus dem 14. und 15. Jh. gibt einen ausgezeichneten Eindruck von einer reich dekorierten spätgotischen Kirche Venedigs, in Verbindung mit dem ursprünglichen schlichten Bettelordenstil. Die Altäre in den Seitenschiffen stammen z. T. aus späterer Zeit. Ursprünglich muß man sich den Kirchenraum wohl etwas dunkler vorstellen, denn die großen Thermenfenster wurden ebenfalls in späterer Zeit eingesetzt. Dadurch wird nun der hölzerne Dachstuhl mit seiner prunkvollen Bemalung besonders gut sichtbar. Die Decke hat die Form eines umgekehrten Schiffsrumpfes. Bemerkenswert sind auch die Malereien an den Wänden, die ebenso wie die Decke in der ersten Hälfte des 15. Jh.s entstanden. Die Backsteinwand des Obergadens wurde mit einem Rautenmuster überzogen, das sich farblich nur schwach von den gemauerten Ziegeln unterscheidet. Die Spitzbogen, die Mittel- und Seitenschiffe trennen, und auch der dreiteilig geschwungene Abschluß der Kielbogendecke zum Chor erhielten wie Steinmetzarbeiten wirkende, graue Malereien. Sogar die Säulen sind in das rot-weiße Farbenspiel einbezogen. Sie sind abwechselnd aus rotem Broccatello aus Verona und aus weißem griechischen Marmor gefertigt. Als ob die natürliche Farbigkeit des Steines noch nicht ausreichte, sind die schönen Kapitelle ebenfalls in Gold und Farbe gefaßt.

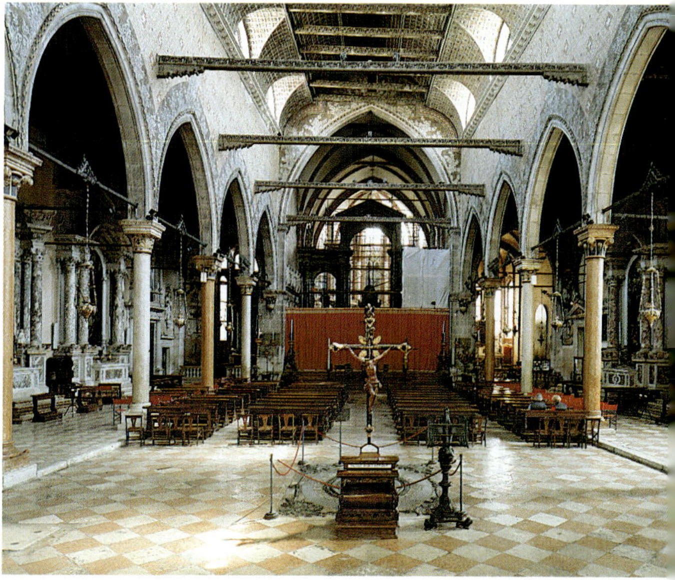

Teatro La Fenice

Der Name des Theaters, Phönix-Theater, scheint sich noch einmal zu bewahrheiten. Wie der mythologische Vogel Phönix sich immer wieder aus seiner Asche regeneriert, steigt auch das Fenice schon zum zweiten Mal in seiner zweihundertjährigen Geschichte aus der Asche empor. Am 29. Januar 1996 vernichtete ein Feuer das 1792 eröffnete Opernhaus. Aber wie schon nach dem ersten großen Brand von 1836 entschlossen sich die Venezianer, das Theater wieder aufzubauen. »Come era e dove era« (wie es war und wo es war), ein geflügeltes Wort, das beim Wiederaufbau des Campanile von San Marco zu Beginn unseres Jahrhunderts geprägt wurde, ist nach kurzer, heftig geführter Diskussion auch zu einer Art Schlachtruf für den Wiederaufbau von Venedigs berühmtem Opernhaus geworden. Dank großzügiger Spenden aus aller Welt, aber v. a. auch dank der Venezi6aner wird das Theater in seiner alten Form von 1790 wiedererstehen.

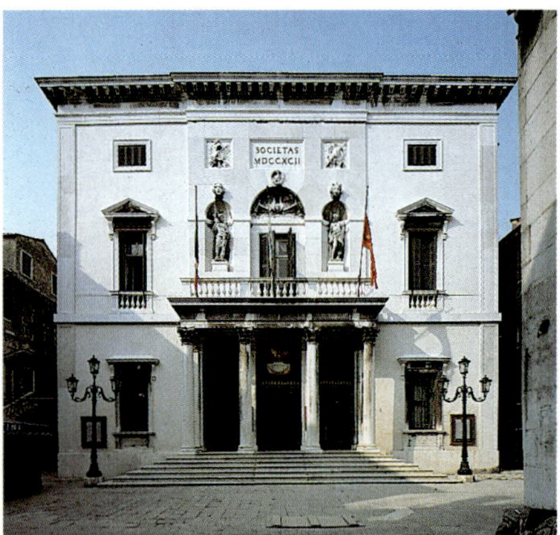

Ateneo Veneto (Scuola di San Girolamo oder Scuola di San Fantin)

Das Bauwerk, das 1592–1604 errichtet wurde, diente ursprünglich der Scuola di San Girolamo und der Scuola Santa Maria della Giustizia, auch Scuola di San Fantin genannt. Die Bruderschaft, die auch Bruderschaft des guten Todes hieß, hatte es sich zur Aufgabe gemacht, die zum Tode Verurteilten auf ihrem letzten schweren Gang zu begleiten. Dafür erhielt sie nicht nur Spenden aus der Bevölkerung, sondern auch einen bestimmten Betrag vom venezianischen Staat. Nach der Auflösung der Scuola 1806 zog die Società Veneziana di Medicina ein, die unter der Napoleonischen Regierung gegründet worden war. Bald wurde diese medizinische Gesellschaft mit anderen wissenschaftlichen Vereinigungen zu einer Gesellschaft mit dem Namen Ateneo Veneto zusammengefaßt. Bis heute trifft sie sich regelmäßig und lädt auch die Öffentlichkeit in die Räumen der ehemaligen Scuola zu Vorträgen. Die Malereien im Inneren stammen von Jacopo Palma il Giovane und Malern des späteren 17. Jh.s.

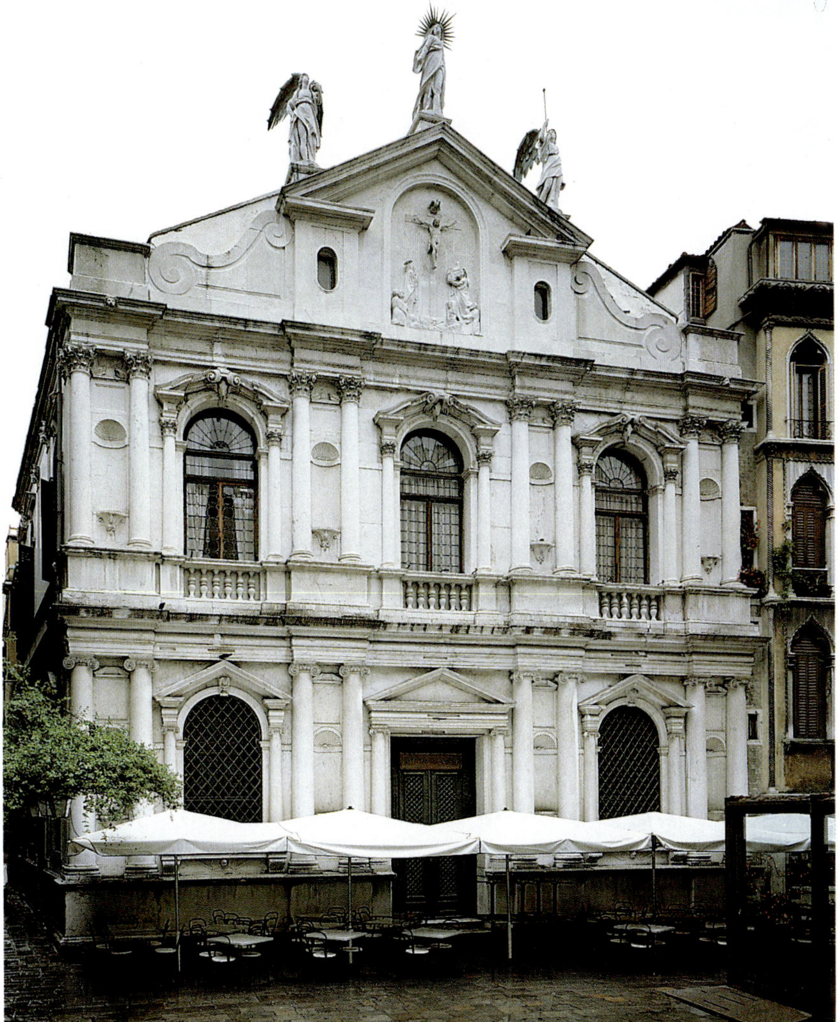

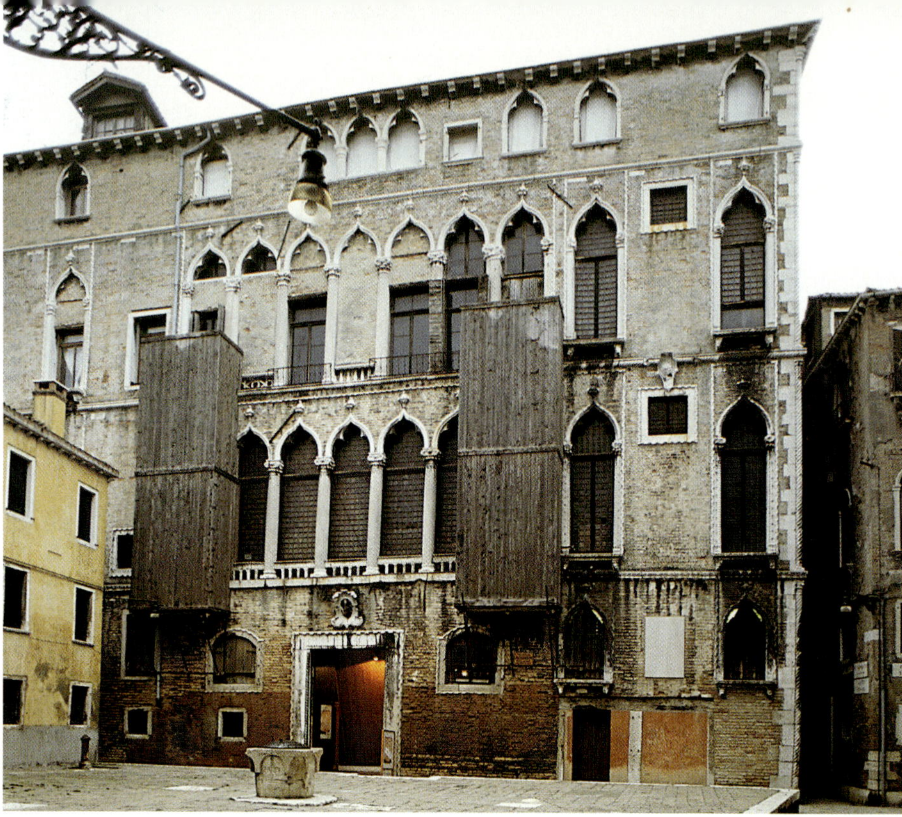

Museo Fortuny (Palazzo Pesaro degli Orfei)

Die Adelsfamilie der Pesaro errichtete diesen Palast am Campo San Beneto im 15. Jh. Er ist ein Beweis dafür, daß prachtvolle Paläste durchaus nicht nur am Canal Grande zu finden sind. Die schönen Fensterarkaden mit ihren Eselsrückenbogen sind ein eindrucksvolles Beispiel der venezianischen Gotik, an der viele Bauherren auch im 15. Jh. festhielten. Ab 1786 hatte hier eine der berühmten venezianischen Musikvereinigungen, die Società Filarmonica L'Apollinea, ihren Sitz. Vor dem Palast erkennt man sehr schön, den angehobenen Boden, unter dem sich der Brunnen befindet. Auch der originale Brunnenrand ist noch erhalten.

Innenraum

Mariano Fortuny y Madrazo (1871–1949), Sohn eines berühmten spanischen Salonmalers, verlegte sich auf Bühnenbilder und Stoffkreationen. Zu Beginn unseres Jahrhunderts erwarb er den Palazzo Pesaro in Venedig, wo sich seit 1956 ein Museum für seine außergewöhnlichen Stoffe, Bühnenbilder und Gemälde befindet. Der spätgotische Palast bildete genau den richtige Rahmen, um seine illustren Kundinnen zu empfangen. Dazu zählten v. a. Schauspielerinnen und Tänzerinnen, aber auch amerikanische Erbinnen, die sich in Fortunys kostbaren Seidenstoffen wie Renaissance-Prinzessinnen fühlen konnten. Allerdings mußten sie nicht mit der Unbequemlichkeit eines Kleides aus jener Epoche rechnen. Fortunys Kreationen gehören stilistisch dem Jugendstil und der Art deco an. Aus seinen Stoffen entstanden unglaublich weich fließende Gewänder, die noch heute auf internationalen Auktionen begeisterte Liebhaberinnen finden, die bereit sind, horrende Summen für ein Original von Fortuny auszugeben.

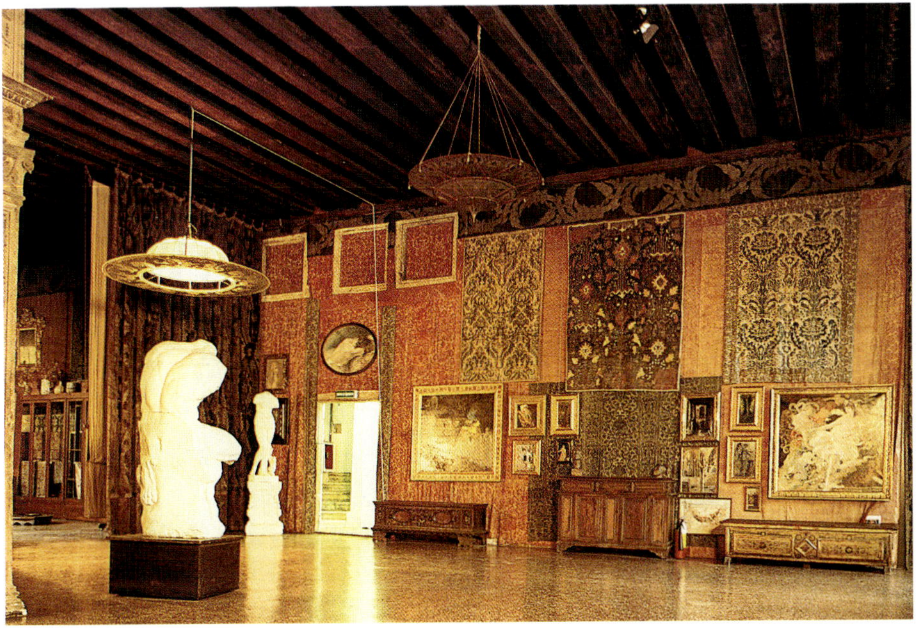

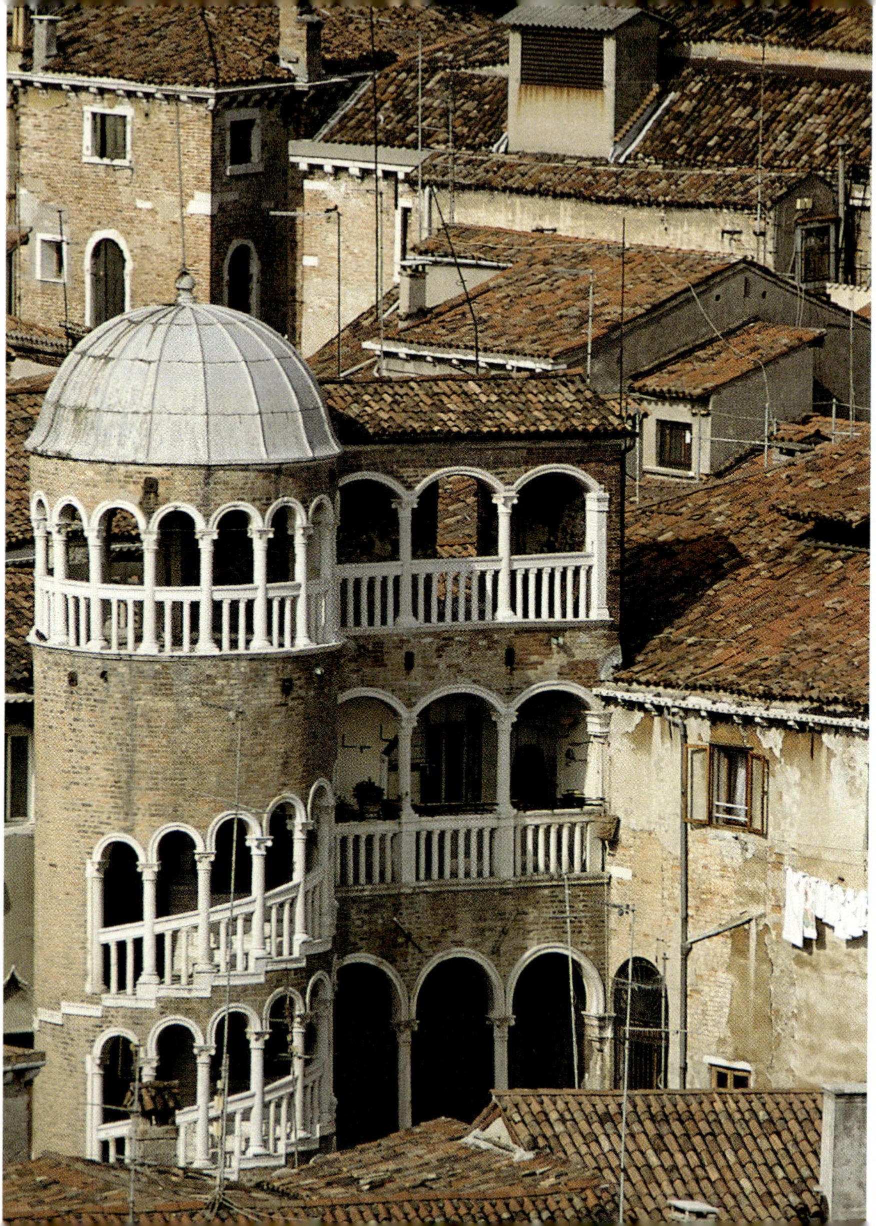

Palazzo Contarini del Bovolo Treppenturm

Wenn man von einem erhöhten Standpunkt, z. B. vom Campanile von San Marco aus, seinen Blick über venezianische Häuser und Dächer schweifen läßt, wird schon von weitem ein turmartiges Gebilde sichtbar, dessen weiße Rundbogen weithin leuchten. Es handelt sich um den Treppenturm am Palazzo Contarini del Bovolo, der in den letzten Jahren aufwendig restauriert wurde. Außentreppen waren im 14. und 15. Jh. an venezianischen Häusern üblich. Die Treppe am Contarini-Palast war jedoch wegen ihrer Größe und Form schon zur Erbauungszeit Ende des 15. Jh.s ungewöhnlich. Der Bau erhielt zur Unterscheidung von den 24 anderen Contarini-Palästen der Stadt den Namen del Bovolo (venezianisch: Schnecke), der auf den schneckenförmigen Treppenlauf anspielt. Ab dem 16. Jh. wurden Aufgänge meistens ins Innere des Hauses verlegt und häufig zu aufwendigen, prächtig geschmückten Treppenanlagen ausgebaut. Der Treppenturm am Palazzo Contarini ist über einen seitlichen Anbau mit dem Palast verbunden. So gewann man vier Loggien. Solche Räume waren im Sommer beliebte Aufenthaltsorte der Venezianer, v. a., wenn sie auf einen kleinen Garten hinausgingen. Doch auch in Innenhöfen haben sich häufig Loggien befunden, die wie hier über eine Außentreppe erschlossen wurden. Allerdings findet sich in Venedig keine zweite Treppenanlage von ähnlicher Pracht.

Der schneckenartig gewundene Treppenturm wurde 1499 von Giovanni Candi errichtet. Rundbögen aus weißem istrischen Stein geben der vier Stockwerke hinaufführenden Treppe Licht. Gleichzeitig sind sie zusammen mit dem Geländer, das ebenfalls von zierlichen Säulchen getragen wird, ein auffälliges Gliederungselement.

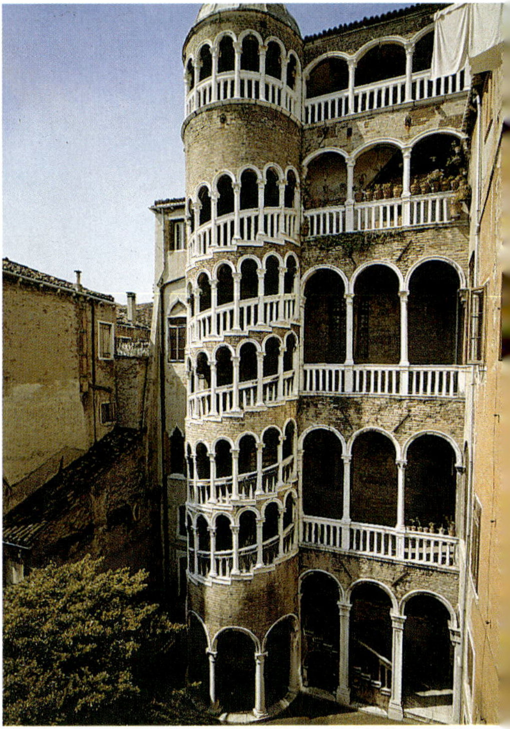

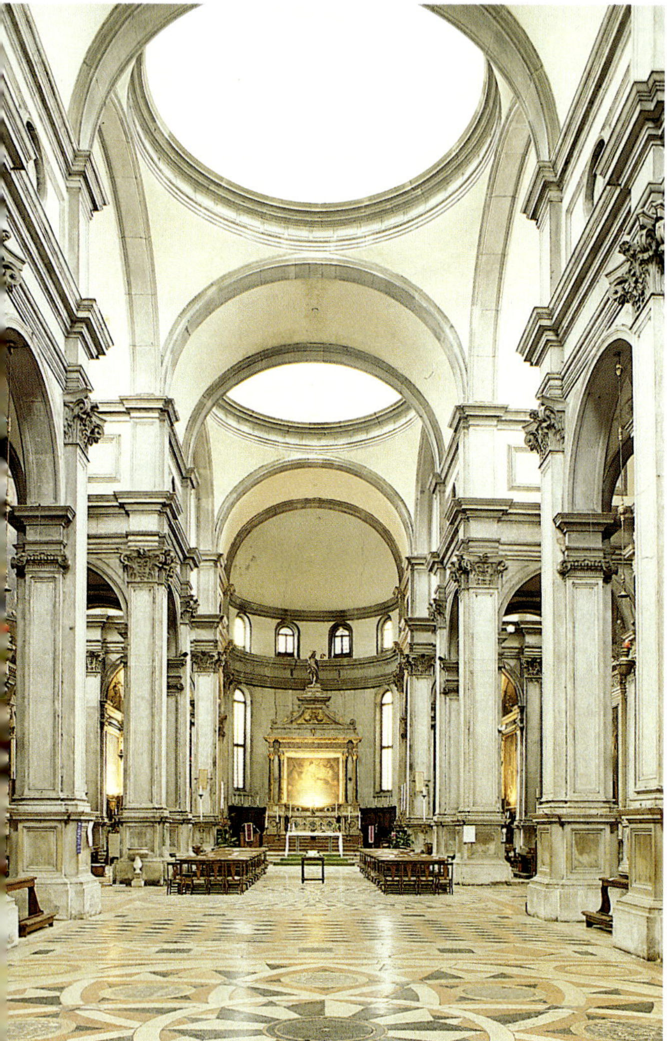

San Salvatore

Die Kirche (1507–1534) ist ein eindrucksvolles Bespiel der Hochrenaissance-Architektur in Venedig, die v. a. aus traditionellen venezianischen Formen schöpft. Die Architekten Giorgio Spavento und Tullio Lombardo verwendeten 1507–1534 ein Kreuzkuppelschema, wie es schon San Marco aufweist. Drei große Kuppeln hintereinander gestaffelt ergeben den Längsraum, jede ruht auf vier Pfeilern. Die Pfeiler der Hauptkuppeln erhalten jeweils ein Pendant, das hier als Pilaster halb in der Außenwand zu verschwinden scheint. Die so entstandenen kleinen quadratischen Räume sind noch einmal durch kleinere Kuppeln überwölbt. Aus ganz einfachen quadratischen Modulen mit Kuppeln entsteht so ein abwechslungsreiches Raumgefüge, das in der Art eines Baukastensystems beliebig verlängerbar ist. Das alte System der Kreuzkuppelkirche hatte Mauro Codussi im 15. Jh.

erfolgreich mit Renaissanceformen wiederbelebt. Daß sich auch die Baumeister im frühen 16. Jh. an seinem Vorbild orientierten, zeigt schon die graue Hervorhebung aller konstruktiven Teile des Baus. Durch eine Glasplatte vor dem Hochaltar sieht man alte Grabkammern unter der Kirche. Auf dem Hochaltar ist Tizians Verklärung Christi aufgestellt, die einen kostbaren Altaraufsatz aus vergoldetem Silber aus dem 14. Jh. verdeckt. Er wird nur zwischen dem 3. und dem 15. August und an hohen Feiertagen enthüllt.

Jacopo Sansovino: Grabmal des Dogen Francesco Venier, 1555–1561
Marmor

Vielleicht ist Caterina Cornaro, die 1510 verstorbene Königin von Zypern, deren Grabstätte Ende des 16. Jh.s nach San Salvatore verlegt wurde, die berühmtere Tote. Das eindeutig prunkvollere Grabmal erhielt der Doge Francesco Venier, dessen Grabmonument von Jacopo Sansovino, dem Baumeister der Libreria, errichtet wurde. Architektur und Skulptur sind an dem Monument ziemlich gleichwertig behandelt. Farbiger Marmor und Blattgold geben ihm ein sehr kostbares Gepräge. In der Skulpturenausstattung bleibt das Grabmal eher zurückhaltend, obwohl Sansovino auch eine angesehene Bildhauerwerkstatt betrieb. In der Forschung ist umstritten, welche Figuren er selbst ausführte und was Mitarbeitern und Schülern zuzuweisen ist. Für die Liegefigur des Dogen und das darüber angebrachte Relief mit der Pietà und dem rechts davor knienden Dogen wurde Sansovinos begabtester Schüler Alessandro Vittoria genannt. Die Personifikation der Hoffnung in der rechten Nische gilt als eigenhändige Arbeit Sansovinos, auch die Caritas auf der linken Seite wird ihm von einigen Gelehrten zugeschrieben. Andere Forscher vermuten, daß sie das Werk eines Mitarbeiters ist.

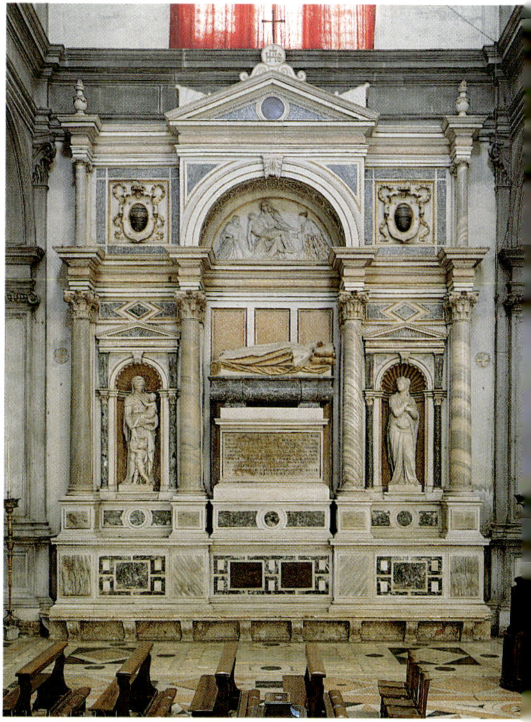

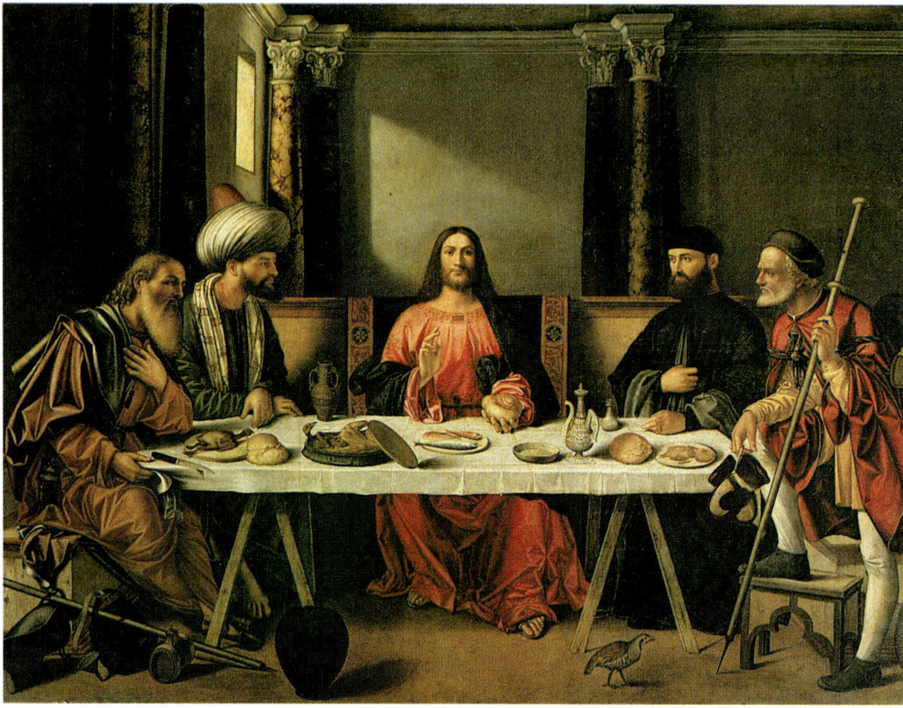

Kopie nach Giovanni Bellini: Das Emmausmahl
Öl auf Leinwand

Das querformatige Bild galt früher als Gemälde Giovanni Bellinis. Es war wegen seines großen Formates nie unumstritten. Stilistisch muß es jedoch mindestens in das fortgeschrittene 16. Jh., nach Bellinis Tod 1516, eingeordnet werden. Heute gilt es als eine alte Kopie eines Gemäldes von Giovanni Bellini aus der Zeit um 1490.

Tizian: Die Verkündigung, 1560–1565
Öl auf Leinwand, 405 x 235 cm

»Die Verkündigung« von San Salvatore ist ein faszinierendes Spätwerk Tizians, das etwa zehn Jahre vor seinem Tod entstand. Der Maler faßt das Geschehen als Vision oder als mystisches Wunder auf und setzt die Textquelle in seine Bildersprache um. Der offene Raum, in dem Maria sitzt, ist mit architektonischen Elementen, wie den

Säulen links und Einrichtungsgegenständen, wie dem Pult und der Vase rechts, gekennzeichnet. Das Wunder von Mariä Verkündigung füllt als geradezu materielle Erscheinung den gesamten Raum. Der Engel tritt nicht einfach in einen vornehmen Wohnraum, wie auf den vielen berühmten Bildern des vergangenen Jahrhunderts. Der Erzengel Gabriel, der zu Maria getreten ist, um ihr zu verkünden, daß sie Gottes Sohn gebären wird, scheint ein Teil einer großen vielfarbigen Farbwolke zu sein, in der sich unzählige Engelsgestalten erst bei genauerem Hinsehen abzeichnen. In einer ganz realistisch gemalten Glasvase vor der Heiligen Jungfrau sind Blüten angeordnet, die wie Feuer glühen. Dies ist ein Hinweis auf die alttestamentarische Erzählung von dem brennenden Dornenbusch, den Moses in der Wüste gesehen hat. Der entflammte Strauch, der nicht verbrannte, gilt als Vorausdeutung auf die Geburt Christi durch die Jungfrau Maria.

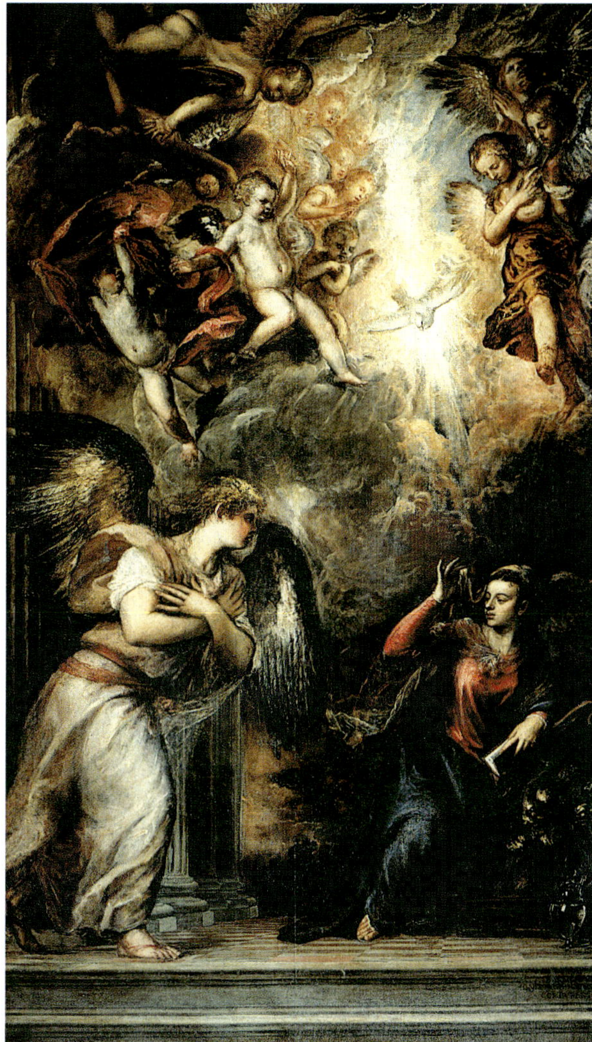

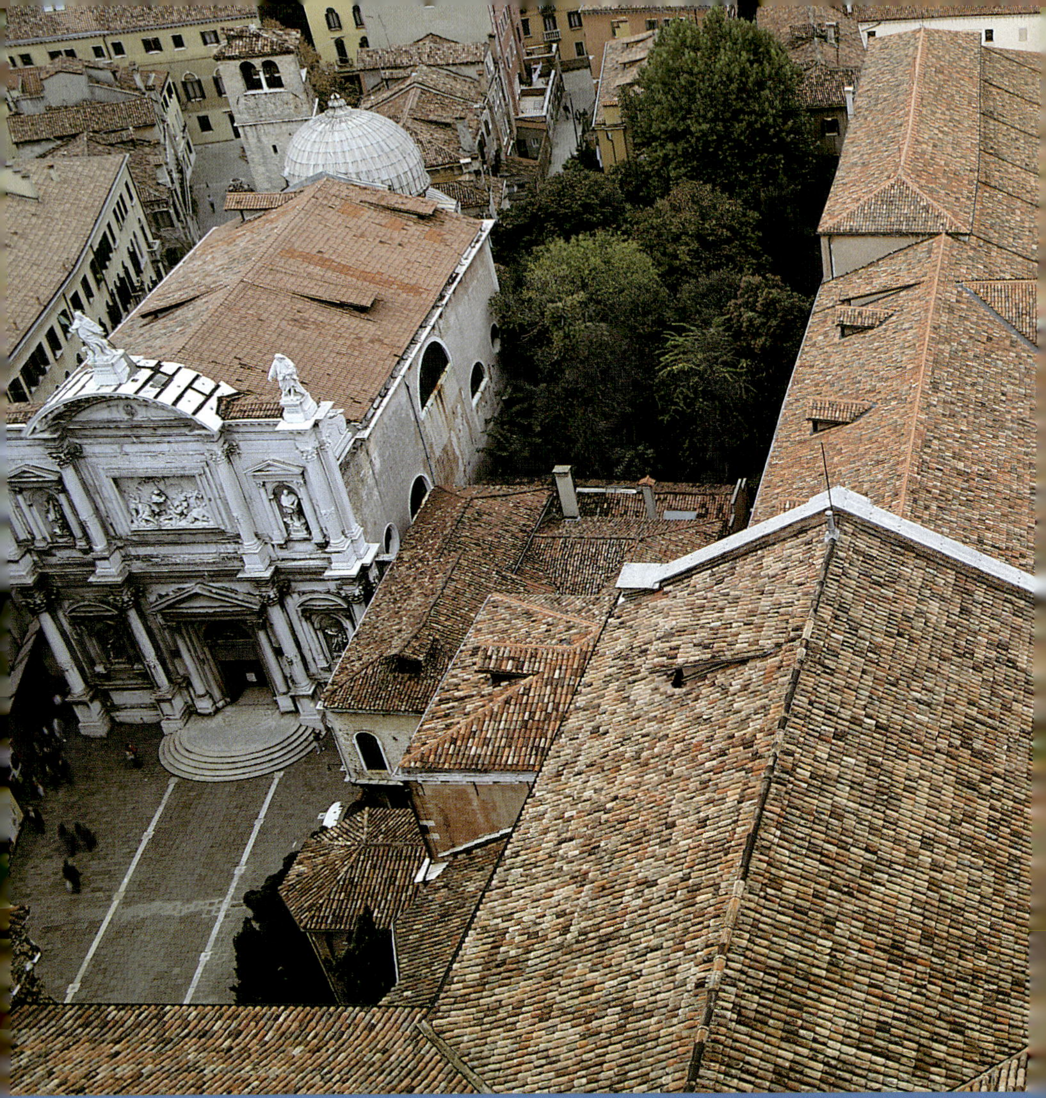

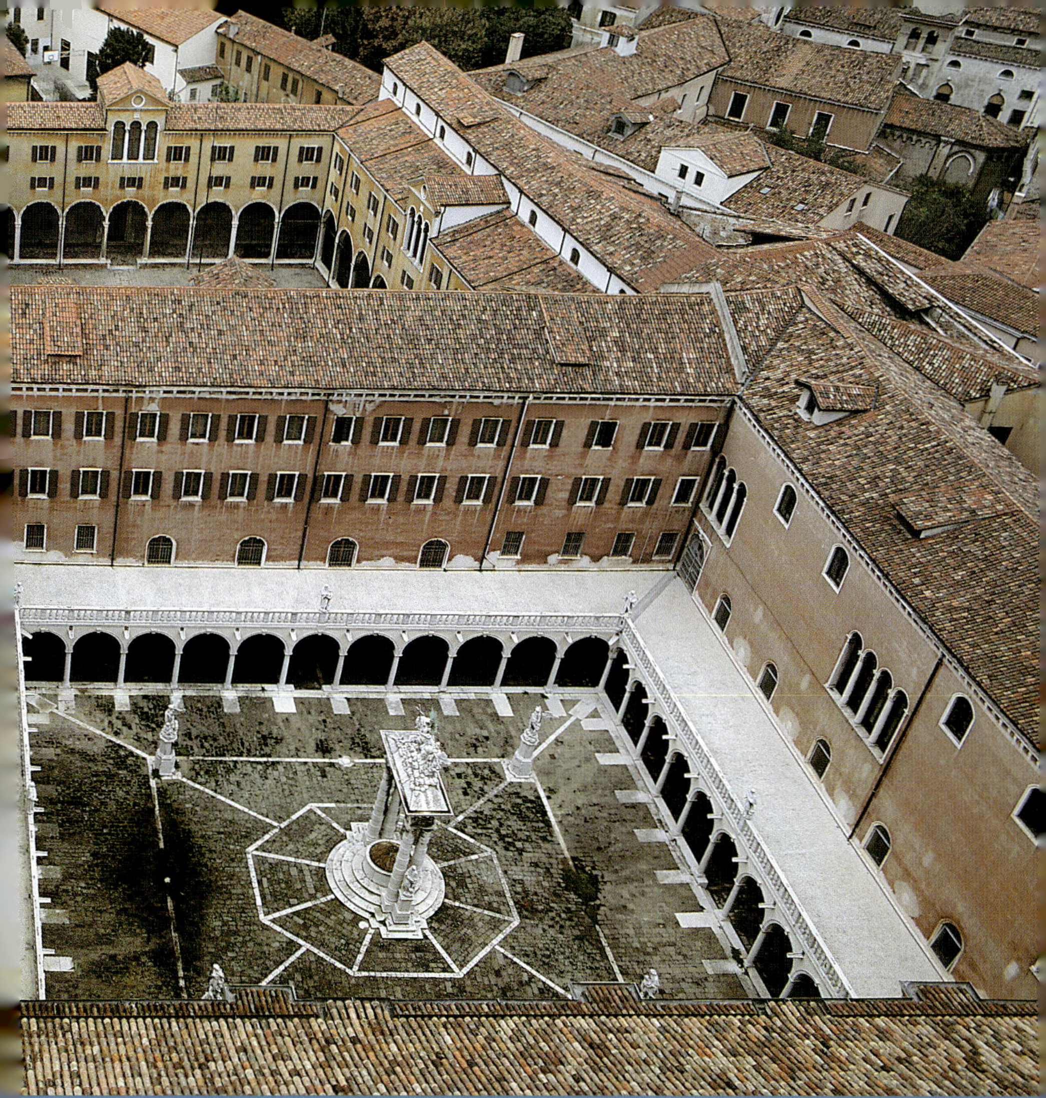

Sestiere San Polo und Santa Croce

Santa Croce und San Polo

In den beiden kleinen Bezirken Santa Croce und San Polo liegen beliebte Wohnviertel der Venezianer. San Polo ist der am dichtesten besiedelte Stadtteil Venedigs. Bei einem Spaziergang durch die engen, winkeligen Gassen und über kleine Plätze eröffnen sich immer wieder überraschende malerische Eindrücke. Santa Croce schließt Gebiete ein, die erst im 19. und 20. Jh. auf neu aufgeschütteten Inseln entstanden. Die Wohnungen bieten deshalb oft größeren Komfort als die älteren Häuser. Zu San Polo gehört auch der Rialto und damit das heutige Marktviertel und das alte geschäftige Handelszentrum der Stadt. In diesem wirtschaftlichen Machtzentrum waren auch die Kontore der venezianischen Wirtschaftsbehörden, die den Handel überwachten und die Steuern erhoben. Außerdem fungierte der Rialto vom Mittelalter bis in die Neuzeit als Bankenzentrum. Hier saßen die Bankiers und Geldwechsler. Weil am Rialto naturgemäß die meisten Ausländer anzutreffen waren, haben sich nicht weit davon auch die Prostituierten in eigenen Gassen angesiedelt. Straßennamen wie »Ponte delle tette« (Brücke der Brüste) sprechen eine deutliche Sprache.

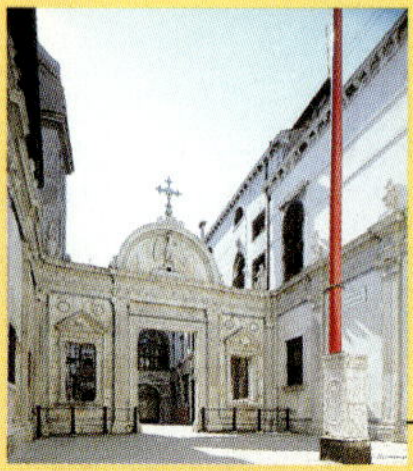

Scuola Grande di San Giovanni Evangelista, S.

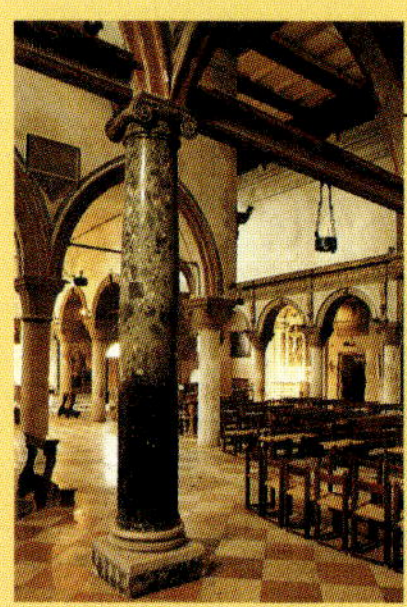

San Giacomo dell'Orio (Innenraum), S. 263

Frari-Kirche, Tizian: Assunta, 1516–1518, S. 24

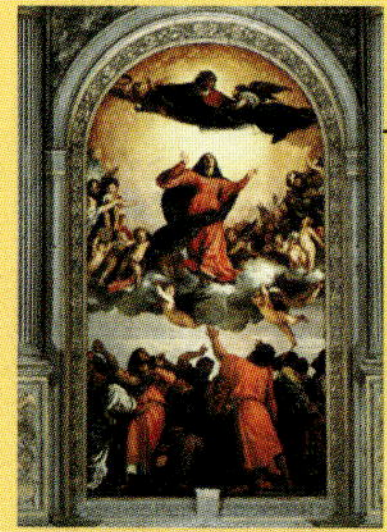

Scuola Grande di San Rocco, Jacopo Tintoretto: Die Aufrichtung der Ehernen Schlange, 1575–1577, S. 256

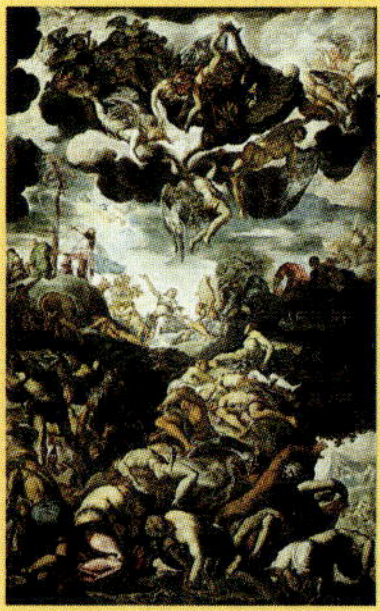

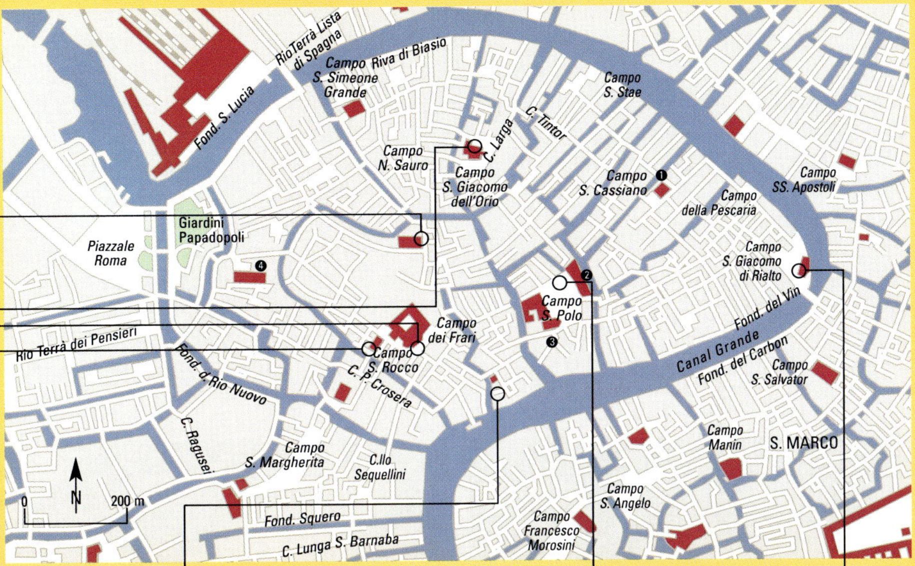

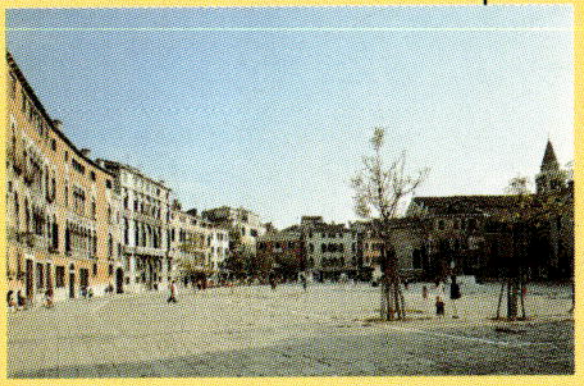

Campo San Polo, S. 220

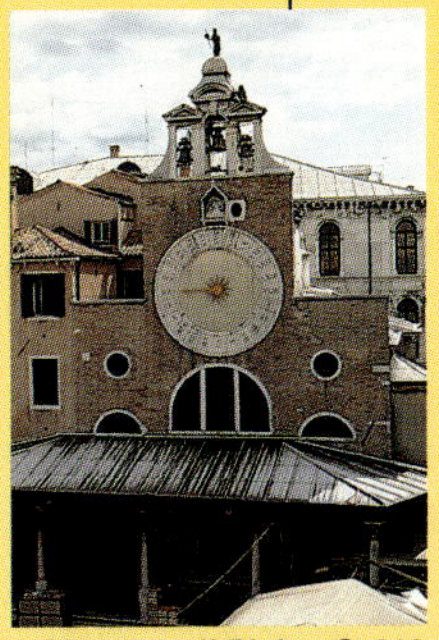

San Giacomo di Rialto, S. 219

asa Goldoni, S. 222

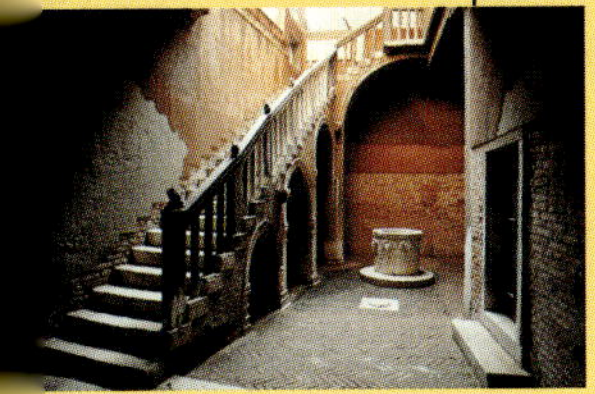

Weitere Sehenswürdigkeiten:

1 Palazzo Soranzo
2 San Polo
3 San Nicolò dei Tolentini
4 San Simeon Profeta

Rialto

Rialto, vom lateinischen »rivo alto« (hohes Ufer) abgeleitet, war eines der ersten Siedlungszentren Venedigs. Wie der Name schon sagt, ragte Rialto offenbar weit aus den Wassern der Lagune auf. Dies in Kombination mit dem tiefen Wasserweg des Canal Grande, der auch von relativ großen Schiffen befahren werden konnte, machte den Ort zu einem idealen Warenumschlagplatz. Im Mittelalter lag hier das venezianische Handelszentrum. Viele Schiffe dieser Zeit kamen den Canal Grande herauf und legten direkt am Rialto an, um ihre erlesene Fracht, schimmernde Seidenstoffe, edle Gewürze und ähnliche Kostbarkeiten des Orients, zu löschen. Händler, Makler, Kreditvermittler, Steuereintreiber und Schaulustige wogten hin und her. Etwas von der damaligen Lebendigkeit ist noch heute zu spüren, wenn die Venezianer auf ihrem Gemüse- und Fischmarkt die Lebensmittel des täglichen Bedarfs erstehen. Farben und Gerüche des Marktes vor der einzigartigen Kulisse des Canal Grande sind ein Erlebnis.

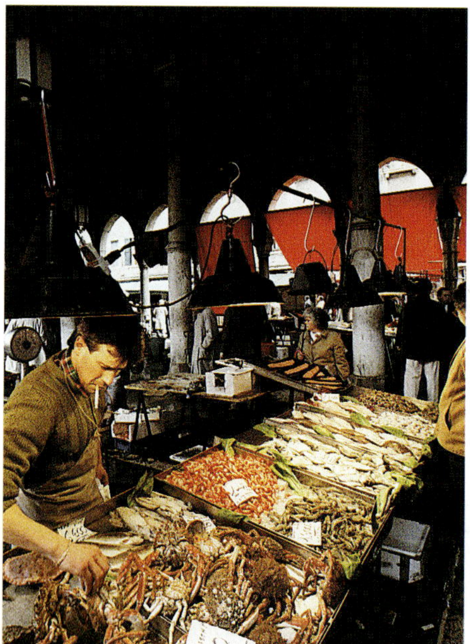

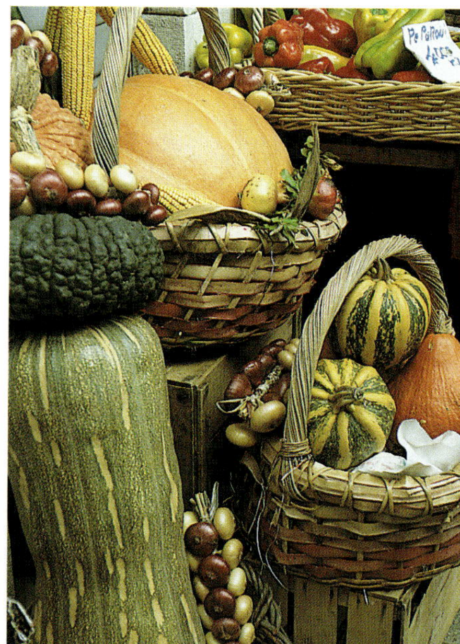

San Giacomo di Rialto

Die kleine Kreuzkuppelkirche gilt als eines der ältesten Gotteshäuser der Stadt. Der erste Grundstein soll bereits 429 gelegt worden sein. Ihre Fassade zeigt noch die charakteristische Vorhalle, die ehemals viele venezianische Kirchen aufwiesen. Heute ist sie die einzige erhaltene ihrer Art. Unter diesem Portikus und nicht nur dort, sondern rings um den kleinen Platz, saßen früher Geldwechsler und Bankiers und warteten auf ihre internationale Kundschaft. Bankgeschäfte wurden im Freien, unter der Aufsicht der Obrigkeit, getätigt. Die venezianischen Bankiers waren berühmt für ihre erfolgreichen Kreditgeschäfte. Der Begriff Wechsel wurde hier geprägt. Die Kunden gingen mit Zetteln, auf denen bestimmte Summen verzeichnet waren, von einem Bankier zum anderen. Die imposante Uhr zeigt den Händlern seit 1410, welche Stunde geschlagen hat.

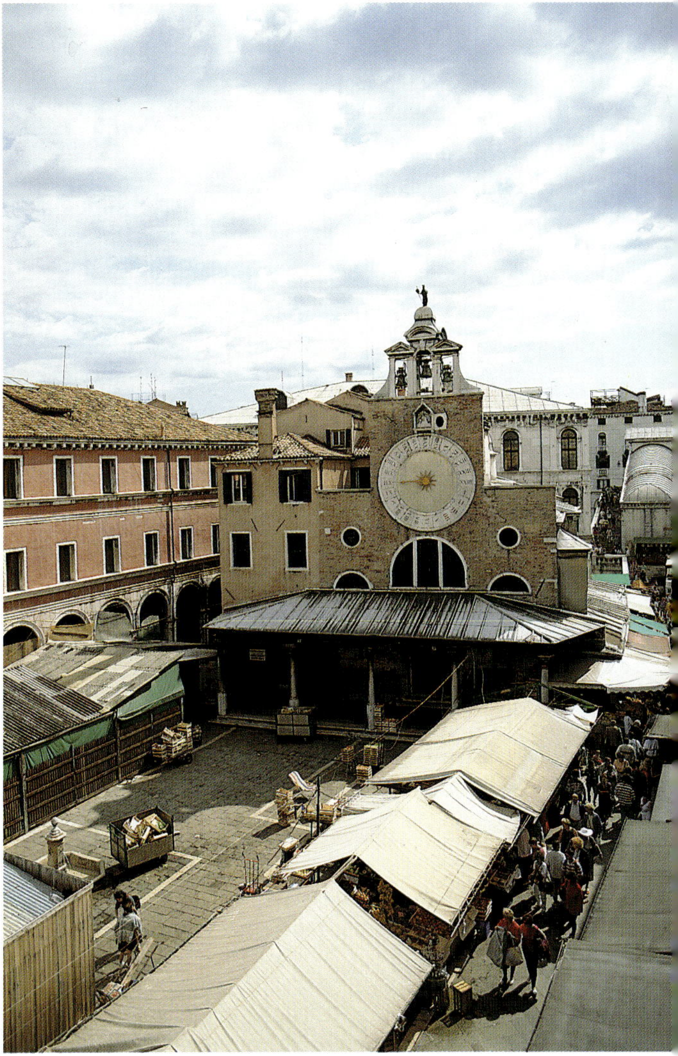

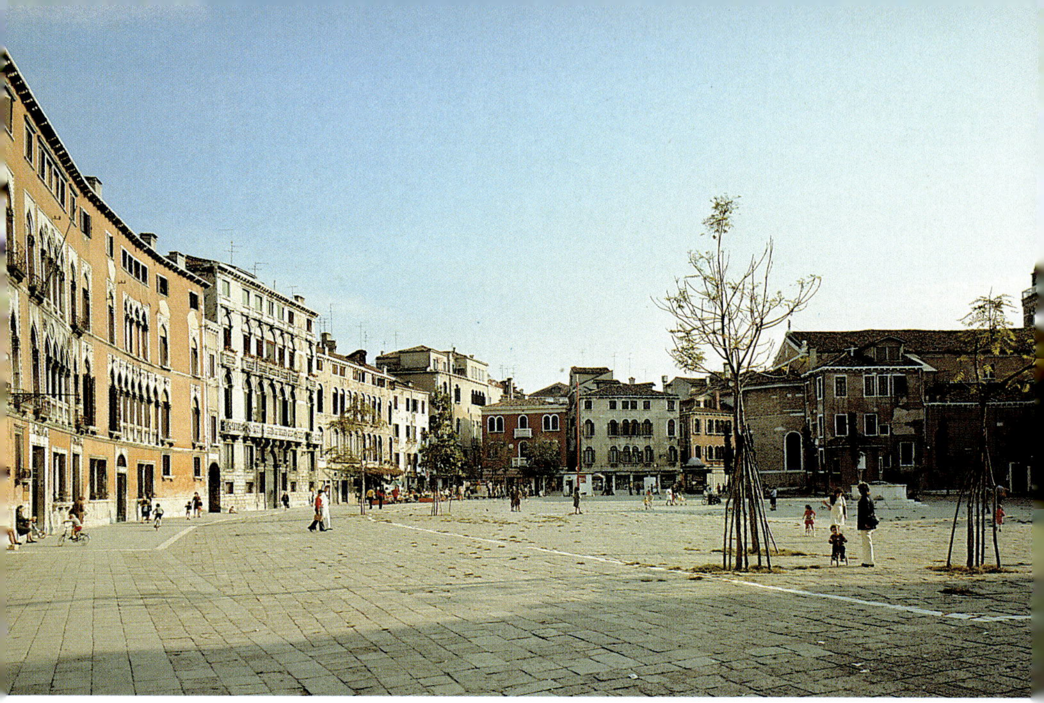

Campo San Polo

Im Unterschied zur Piazza San Marco heißen alle übrigen Plätze in Venedig »campo«. Dies bedeutet Feld oder Wiese. Tatsächlich waren die meisten Plätze bis weit in die Neuzeit hinein ungepflastert und wenn schon nicht mit Bäumen bestanden, so doch wenigstens eine mehr oder weniger gepflegte Wiese. So auch der Campo San Polo, benannt nach der angrenzenden Kirche des Hl. Paulus (venez. Polo). Hier führt der Hauptweg vom Rialto zum Bahnhof vorbei. Die Kirche besteht bereits seit dem 9. Jh. Der heutige Bau aus dem 15. Jh. wurde im frühen 19. Jh. stark überarbeitet. Sie ist mit Gemälden und Altären von Tintoretto sowie Giovanni Battista und Domenico Tiepolo ausgestattet. Obwohl der Campo San Polo nach dem Markusplatz die zweitgrößte Freifläche Venedigs ist, wurde er erst 1494 mit Ziegeln befestigt. Diese typisch venezianische Pflasterung gab damals mit ihrem warmen Rotton allen befestigten Plätzen ein ganz anderes, wärmeres Gepräge, als die grauen Platten von heute.

Joseph Heintz der Jüngere:
Stierhatz auf dem Campo San Polo, um 1625
Öl auf Leinwand
Museo Correr, Venedig

Wie andere große Plätze war der Campo San Polo ein Schauplatz für Volksfeste und Belustigungen aller Art. Dazu gehörte auch die Stierhatz, die sich in Venedig größter Beliebtheit erfreute. Der deutsche Maler Joseph Heintz d. J. (um 1600 – nach 1678), der sich wohl seit 1625 in Venedig aufhielt, hat ein solches Spektakel in einem Gemälde festgehalten. Die Stiere wurden von der Menge mit Hunden bis zur totalen Erschöpfung gejagt. Schließlich tötete man sie, indem man ihnen den Kopf abschlug. Erst 1802 wurde dieses grausame und auch für die Zuschauer nicht ungefährliche Schauspiel verboten. Auslöser dafür war ein katastrophales Unglück: Eine hölzerne Zuschauertribüne brach zusammen und viele kamen dabei zu Tode.
Joseph Heintz schildert in zahlreichen Bildern den venezianischen Alltag. Dabei gibt er immer auch ein genaues Bild der städtischen Architektur. Auch den Campo San Polo beschreibt er detailliert. Auf der rechten Seite erkennt man den gotischen Doppelpalast der Soranzo (links: Foto zeigt den Platz von der anderen Seite). Dieser Palazzo hat sein Aussehen bis heute nur in Details verändert. Deutlich erkennt man, daß an der Seite des Platzes vor dem Palast der Soranzo und seinen Nachbarhäusern im 17. Jh. noch ein Wasserweg, ein Rio, verlief.

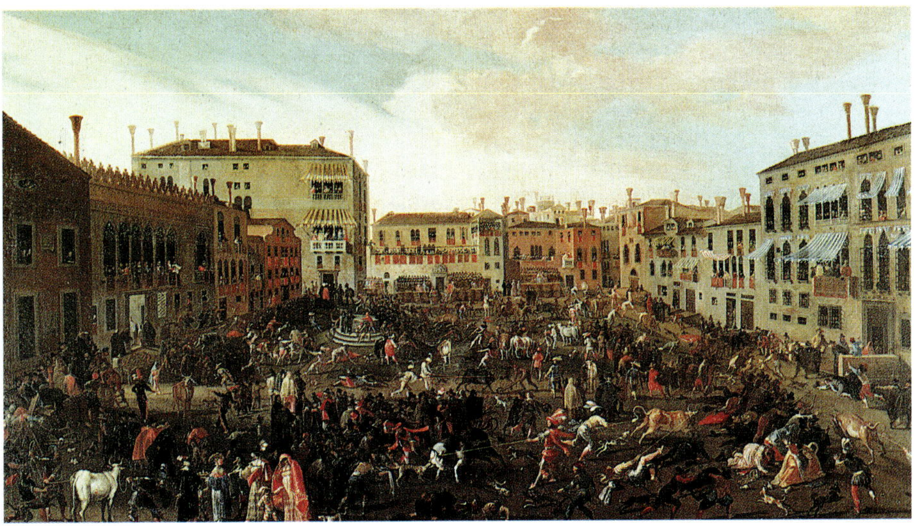

Casa Goldoni

Im Sestiere San Polo liegt auch das Geburtshaus des bedeutenden venezianischen Dramatikers und Lustspieldichters Carlo Goldoni (1707–1793). Er hat wie kein anderer das Leben im Venedig des 18. Jh.s in seinen von der Commedia dell' arte ausgehenden Theaterstücken porträtiert. Der spätgotische Palazzo Centani-Rizzi, ist heute eine Erinnerungsstätte an den Dichter, der hier am 26. Februar 1707 geboren wurde. Es werden Erinnerungsstücke an den großen venezianischen Dichter gezeigt, zudem ist hier die Theaterabteilung des Museo Civico sowie ein theaterwissenschaftliches Institut untergebracht. Auch wenn man kein Theaterwissenschaftler ist, lohnt der Besuch jedoch v. a. wegen Goldoni und nicht zuletzt wegen des Palastes. Wie an kaum einer anderen Stelle kann man hier einen Blick in den gut erhaltenen Innenhof eines venezianischen Wohnhauses werfen. Es ist zwar nicht sicher, ob die Pflasterung des Innenhofes noch aus dem 15. Jh. stammt, doch ist das Fischgrätmuster aus Ziegeln typisch für diese Zeit. Dasselbe gilt für die an zwei Seiten um den Innenhof herumgeführte Treppe, die auf ansteigenden Spitzbogen ruht. Im kleinen Innenhof hat sich auch eine besonders schöne Brunnenmündung, eine »vera da pozzo« erhalten, wie sie früher in den meisten venezianischen Häusern üblich war. Man schöpfte daraus das Wasser der Zisterne, die sich unter dem Innenhof befindet.

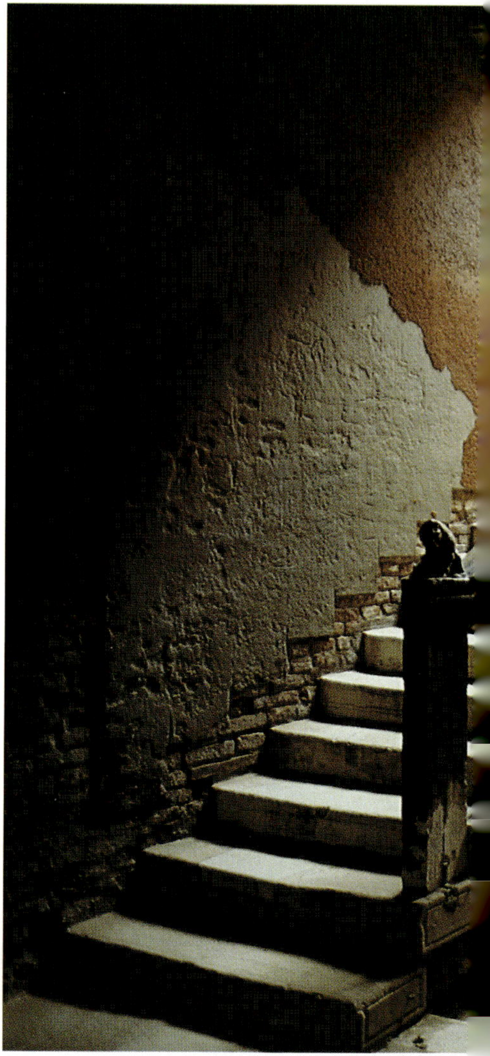

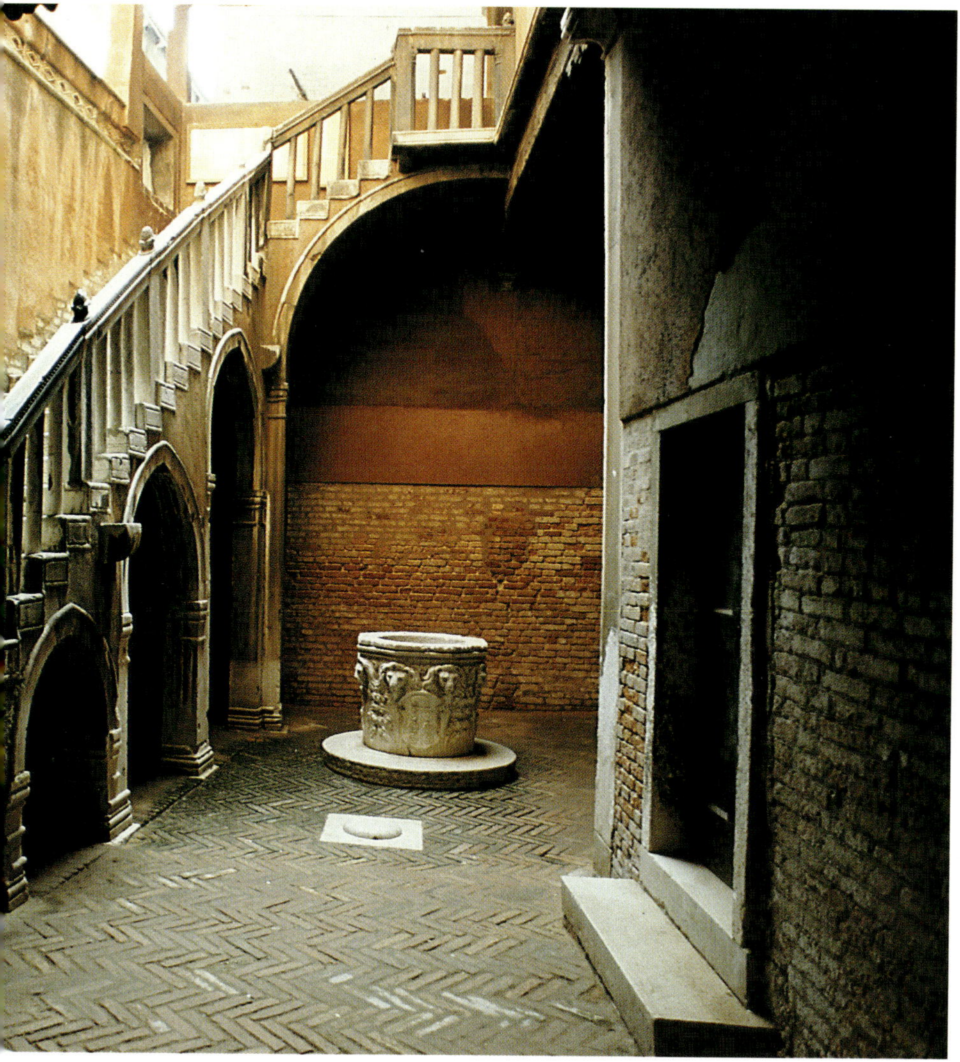

Wasser in einer vom Meer umgebenen Stadt

Nur wenige Venedigbesucher denken heute darüber nach, welche Mühen es in vergangenen Jahrhunderten gekostet haben mag, das lebensnotwendige Naß zu gewinnen. Das nichttrinkbare Meereswasser hat schon manchen Schiffbrüchigen verdursten lassen. Dasselbe Problem stellte sich auch in Venedig, das wie ein Schiff im Meer liegt, umgeben von Wasser, und doch große Schwierigkeiten bei der Trinkwasserversorgung hatte.

Schon in ihren Anfängen konnt der Bedarf der Stadt kaum mit den Brunnen gedeckt werden, die man an nur wenigen Stellen auf den am weitesten aus dem Meer aufragenden Inseln graben konnte. Bereits mit der ersten Besiedelung begann man deshalb, das Regenwasser in

Brunnenrand, »vera da pozzo«, im Innenhof der Ca' d'Oro, 14. Jh.

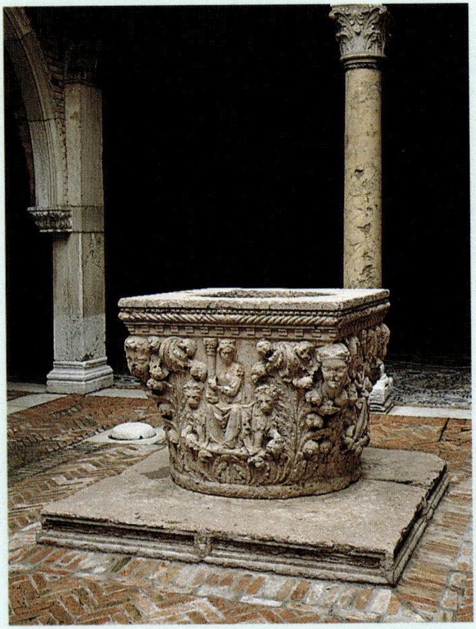

Schema eines venezianischen Brunnens

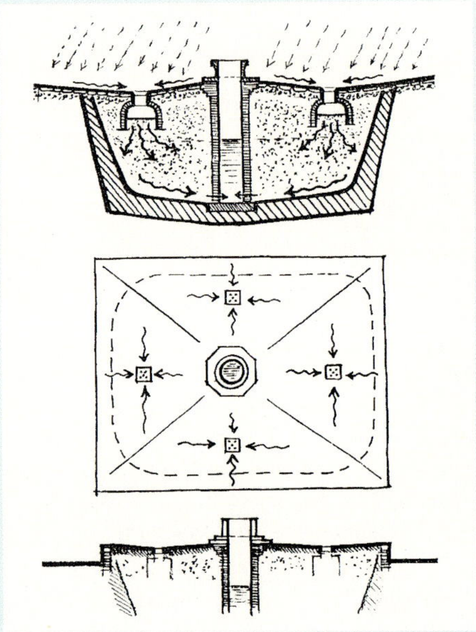

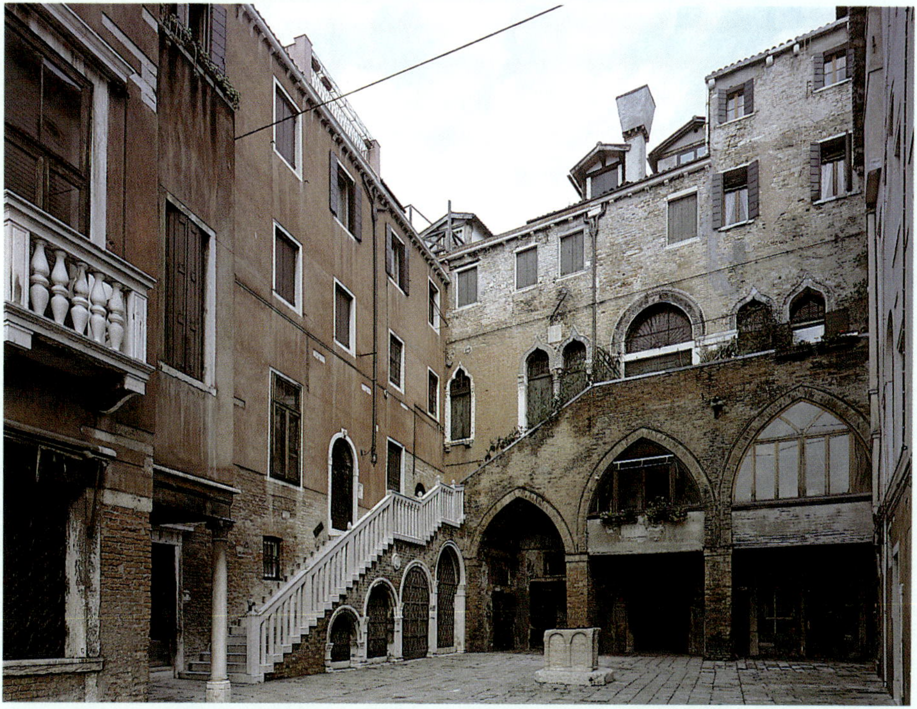

Hof der Ca' Lion-Morosini, mit Brunnen, 13. Jh.

Zisternen zu sammeln. Außerdem wurde Trinkwasser mit Schiffen vom Festland gebracht, denn sowohl die Zisternen als auch die wenigen Brunnen waren ständig in Gefahr, bei Hochwasser überflutet und damit unbrauchbar zu werden. Im Laufe der Zeit wurden die Brunnenanlagen immer weiter perfektioniert.

Beim Bau dieser Wassersammelbecken war zu berücksichtigen, daß möglichst viel Regenwasser aufgefangen wurde, daß auch bei Hochwasser kein Meerwasser in die Brunnen eindrang und daß das Trinkwasser nicht auf andere Weise verunreinigt wurde. Die venezianischen Brunnen sind so, wie sie sich seit dem Mittelalter entwickelt haben, perfekt an diese Aufgaben angepaßt. Es sind komplizierte und kostspielige Anlagen. Jeden geeigneten freien Platz hat man zur Wassergewinnung genutzt. Das meiste Wasser wurde gesammelt, indem man die Umgebung der Zisternen pflasterte

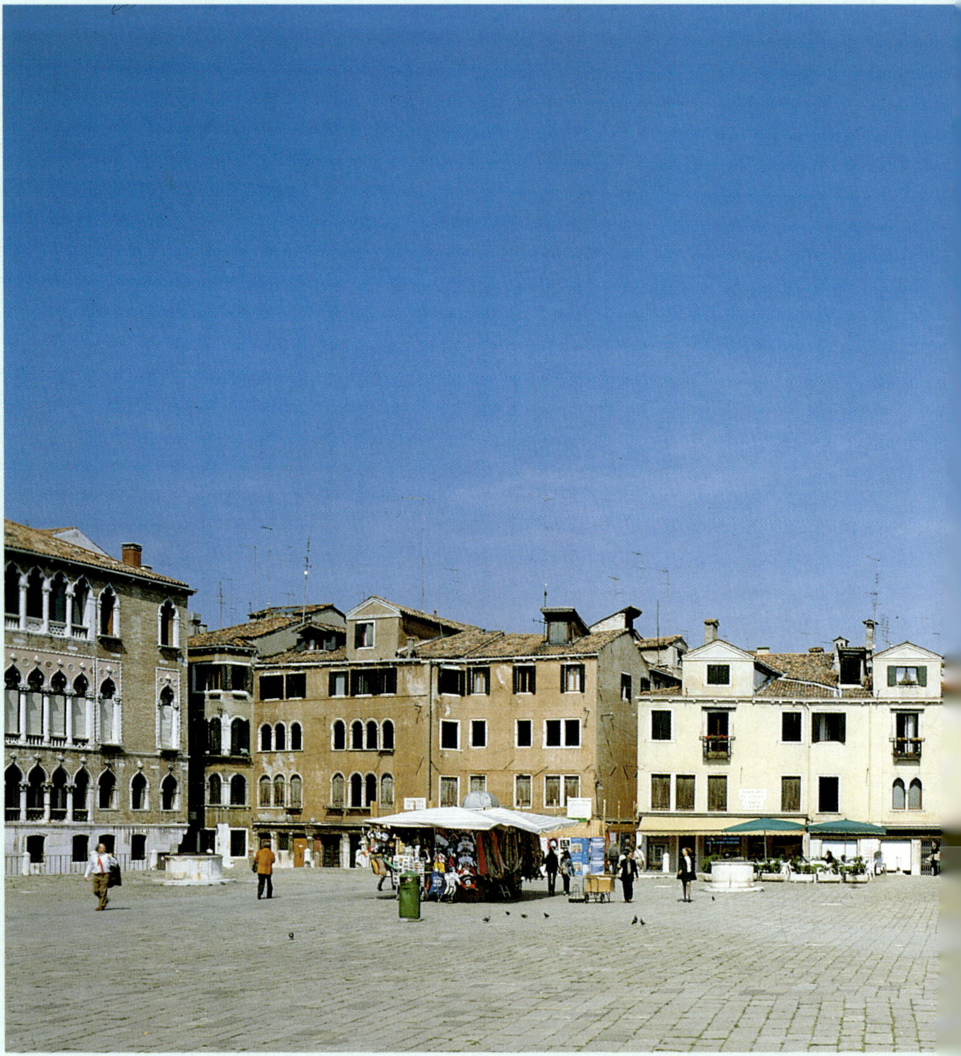

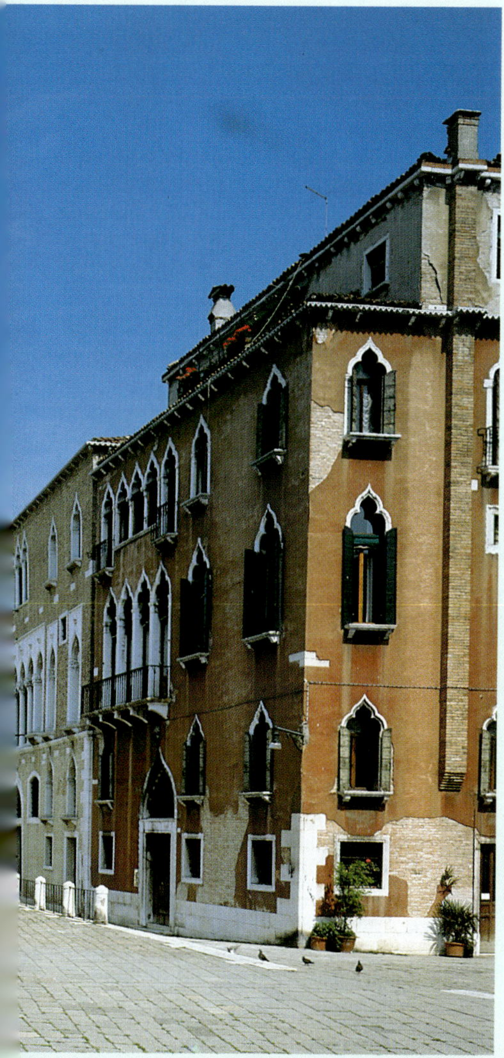

und zu mehreren Wassereinlässen hin neigte. Manchmal führen zusätzlich Rinnen aus glatten Steinen das Wasser zu den Öffnungen, von denen einige rund um den Brunnen verteilt sind. Diese hellen Leitungen und die Wasseröffnungen kann man noch heute auf den meisten Plätzen finden, ohne zu ahnen, wie es darunter aussieht. Das aufgefangene Wasser gelangt nämlich nicht etwa direkt in die Zisterne, sondern wird zuerst durch ein ausgeklügeltes System gefiltert. Man hob dafür zunächst eine tiefe Grube aus, die manchmal den gesamten öffentlichen Platz und fast immer den gesamten Hof eines Palastes einnahm. Diese Vertiefung wurde mit Ton oder Lehm ausgekleidet und dann mit Sand aufgefüllt. In den Sand hinein setzte man einen aus Ziegeln gemauerten Brunnenschacht, der unten, kurz vor der Tonschicht, offen blieb. Auch unter den Öffnungen, zu denen das Regenwasser geleitet wurde, befanden sich nicht weit in den Boden reichende gemauerte Kammern, die nach unten durch unverfugte Natursteine abgeschlossen waren. Sie erlaubten bei Regen einerseits das Speichern größerer Wassermengen, andererseits ein Versickern des Wassers im Sand. Erst wenn der Wasserdruck groß genug war, d. h., wenn genug Wasser im Sand in der undurchlässigen Lehmwanne gespeichert war, stieg das Wasser von unten herauf in den Brunnen. Es hatte die gesamte Sandschicht durchlaufen und war gereinigt.
Die Brunnen spielten auch eine entscheidende Rolle bei der Bauplanung, denn es war äußerst

Brunnen auf dem Campo Sant' Angelo. Der Campo ist deutlich erhöht, um kein Wasser in die Brunnenöffnungen gelangen zu lassen.

schwierig, einmal vorhandene Brunnen zu verlegen, wenn man nicht das ganze Haus abreißen und neu aufbauen wollte. Damit bestimmten die Brunnen, sobald sie vorhanden waren, den Grundriß aller zukünftigen Baumaßnahmen. Wollte man möglichst viel Wasser sammeln, mußte in Privathäusern der gesamte Hof gepflastert werden. Keine Beete, ja nicht einmal Pflanzenkübel durften mit ihrem Wasserbedarf in Konkurrenz zur Zisterne treten. Dies erklärt, warum die venezianischen Höfe in der Regel weder überdacht noch begrünt werden konnten. Nahezu auf jedem Platz, aber auch in den Palästen der Adeligen und in den großen Wohnanlagen befanden sich früher Sammelbrunnen, deren Mündung mit einem Steinkranz, der »vera da pozzo«, versehen war. Manchmal ist der Platz um die Brunnen herum erhöht worden, um ein Eindringen des Meerwassers bei Überschwemmungen zu verhindern. An vielen Stellen, z. B. auf dem Campo San Trovaso oder dem Campo Sant' Angelo, kann man dies noch heute erkennen.

Die Mündungen der öffentlichen Brunnen waren mit einem Deckel und einem Schloß versehen. Nur zu bestimmten Zeiten wurden sie von einem Angestellten der Stadt, der die Wasserentnahme überwachte, für die Bevölkerung geöffnet. Dies geschah, sowohl um den Wasserverbrauch zu reglementieren als auch um eine Verunreinigung des Wassers zu verhindern. Die Vergiftung der Brunnen war eine Bedrohung, die in vergangenen Jahrhunderten beständig über den Menschen schwebte. In Kriegszeiten war sie (und ist es ja in anderen Gegenden der Welt bis heute) ein gefährliches Mittel, um die Zivilbevölkerung zu terrorisieren. Die Angst davor war so groß, daß der Vorwurf der Brunnenvergiftung ein beliebtes Mittel war, die Menge gegen bestimmte Menschen oder Volksgruppen, seien es Hexen, Juden oder Ketzer, aufzuwiegeln. In Venedig konnte dies jedoch nicht geschehen. Denn auch die Wasserversorgung wurde wie so viele andere Belange zur Zufriedenheit und Sicherheit der Einwohner von staatlicher Seite geregelt und kontrolliert. Doch stellte nicht nur die Stadt Brunnen zur Verfügung. Auch reiche Privatleute, die an einem Platz wohnten, ließen zum Wohle der Allgemeinheit Brunnen errichten. Diese sind meist mit den Wappen der edlen Spender verziert.

Bei aller Kontrolle ihrer Wasserversorgung übersahen die Venezianer jedoch jahrhundertelang ein Problem, das erst unter Napoleon geregelt wurde. Die Friedhöfe, die sich um die Kirchen gruppierten, grenzten häufig an öffentliche Plätze, die für die Wassergewinnung genutzt wurden. Bei Hochwasser drückte das Wasser die Leichen nach oben, und beim Abfließen des Wassers konnten Verwesungsgifte in die Brunnen gelangen. Erst 1807 wurde mit der Zuschüttung des Kanals zwischen San Michele und San Cristoforo della Pace eine eigene Friedhofsinsel geschaffen.

Die »vere da pozzo«, die steinernen Brunnenmündungen, waren noch zu Beginn unseres Jahrhunderts ein vertrauter Anblick auf den Campi Venedigs. Sie waren nicht selten reich mit Steinmetzarbeiten geschmückt. Ein besonders schönes Exemplar aus dem 16. Jh. findet man noch heute auf dem kleinen Platz am Chor von Santi Giovanni e Paolo. Heute sind die schönsten Brunnenmündungen, die mit der Einführung einer zentralen Wasserversorgung überflüssig schienen und deren Wert als kleine Kunstwerke in Venedig nicht erkannt wurde, von den meisten Plätzen verschwunden. Ebenso wie zahlreiche Brunnenringe aus Privathäusern fristen viele dieser Zeugnisse venezianischen Lebens heute ihr Dasein vielleicht als Goldfischteich in den Villen der Reichen dieser Welt. Einige wurden in Museen gebracht. Dort tritt ihr Charakter als Skulptur weit hinter die ursprüngliche Funktion als Gegenstand des täglichen Gebrauchs zurück. Erst in den letzten Jahren ist man dazu übergegangen, die letzten ihrer Art als lebendige Denkmale der Vergangenheit an ihrem ursprünglichen Platz zu schützen. Nur dort können sie den Einheimischen und Touristen etwas von der venezianischen Alltagskultur der Vergangenheit vermitteln und davon, daß sich ausgeklügelte Technik und Kunstsinn nicht unbedingt ausschließen.

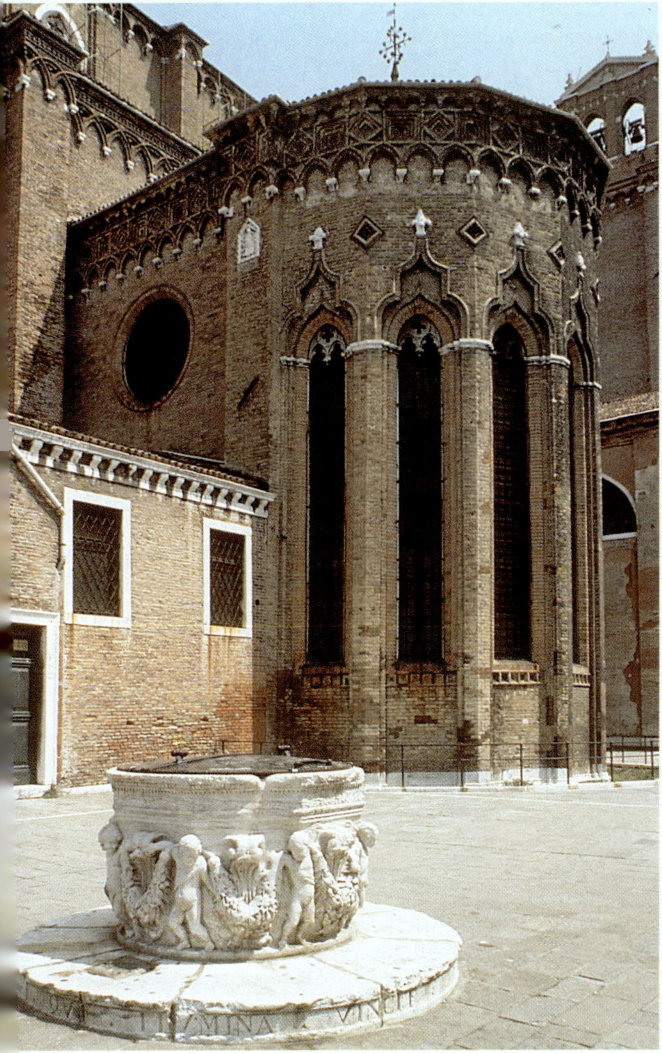

Brunnenrand des 16. Jh.s am Seitenschiff der Kirche Santi Giovanni e Paolo

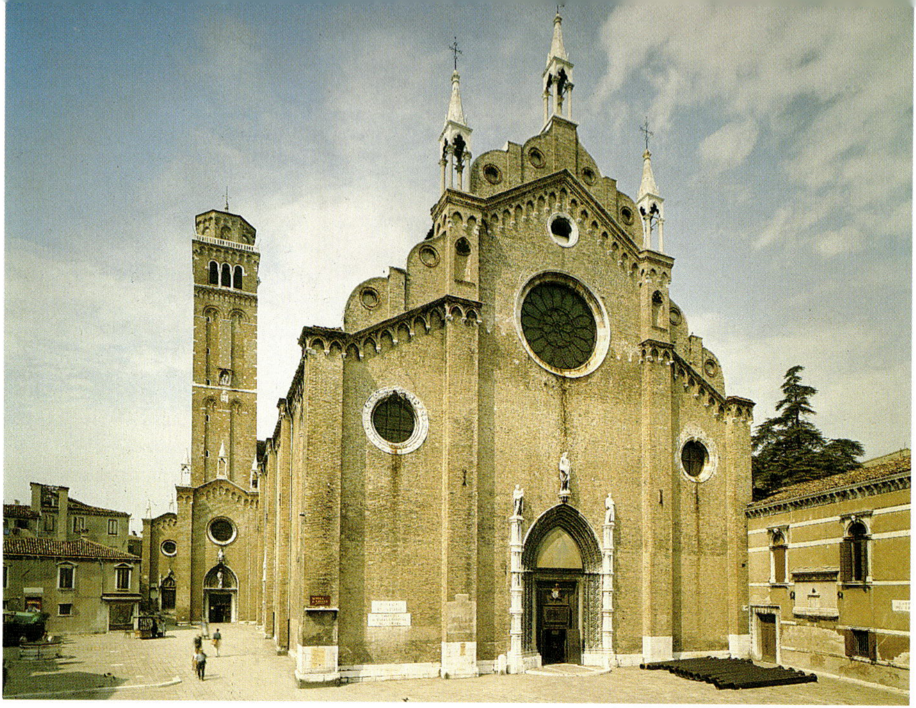

Frari-Kirche (Santa Maria Gloriosa dei Frari oder Santa Maria Assunta)

Schon kurz nach der Gründung ihres Ordens durch den Hl. Franziskus kamen die Franziskaner-Brüder 1222 nach Venedig. Von den Venezianern wurden sie kurz »I Frari« (die venez. Form von »frati«, Brüder) genannt. Um 1250 begannen sie mit dem Bau einer Kirche, der Vorgängerin der heutigen Frari-Kirche. Wie die Dominikaner zogen sich die Franziskaner nicht in abgelegene Klöster zurück, sondern sahen ihre Aufgabe v. a. in der Betreuung und Unterstützung der Bevölkerung. Dabei wurden die beiden Orden manchmal auch zu Konkurrenten, so daß man gut daran tat, ihnen Grundstücke in weit voneinander entfernt liegenden Vierteln zuzuweisen. (Die Dominikanerkirche ist Santi Giovanni e Paolo.)
Der Zustrom zu den franziskanischen Predigten war so groß, daß die ursprüngliche

Kirche schon bald zu klein war. 1340 begann man den heutigen Kirchenbau zu einer der größten Kirchen der Stadt zu erweitern. Erst ein Jahrhundert später um 1445 war sie vollendet. Wie alle mittelalterlichen Kirchen Venedigs ist die Frari-Kirche aus Ziegeln errichtet. Elemente aus weißem »Pietra d'Istria« beleben die Wirkung der Backsteine. Der Außenbau macht daher einen sehr schlichten Eindruck. Auf den zweiten Blick offenbaren sich jedoch architektonische Feinheiten wie die reich gestaffelten, geschwungenen Giebel der Fassade, die umlaufenden Bogenfriese, die filigranen Maßwerkfenster und die fein profilierten Fensterrahmungen.

Innenraum

Der Grundriß der dreischiffigen Frari-Kirche ist T-förmig. An das Querschiff im Südwesten schließen sich sieben Apsiden als Kapellen an. Die jeweils sechs glatten Rundpfeiler aus Haustein lassen den Blick in die nur wenig niedrigeren Seitenschiffe schweifen, so daß die Kirche einen hallenartigen Raumcharakter gewinnt. Bemalte Holzbalken stabilisieren die weiten Kreuzgratgewölbe im Mittelschiff zusätzlich. Die Kirche bot so genug Raum und freie Sicht für die Menge der Gläubigen, die sich zu den Gottesdiensten einfand. Auch die prächtige Ausstattung der Kirche mit zahlreichen Kunstwerken und Altären, die von Bruderschaften oder reichen Familien gestiftet wurden, zeugt von der Beliebtheit der Franziskaner. Der Ausdruck »Predigtscheune«, den man für die riesigen, schmucklosen Kirchen der Bettelorden geprägt hat, trifft auf die Frari-Kirche sicher nicht zu. Im Mittelschiff ist der Mönchschor erhalten, er ist heute einzigartig in Venedig. In diesem von marmornen Chorschranken umschlossenen Bereich waren die Brüder beim Gottesdienst von der Laiengemeinde getrennt. Nur ihr Gesang und ihre Gebete waren für die Gläubigen zu hören.

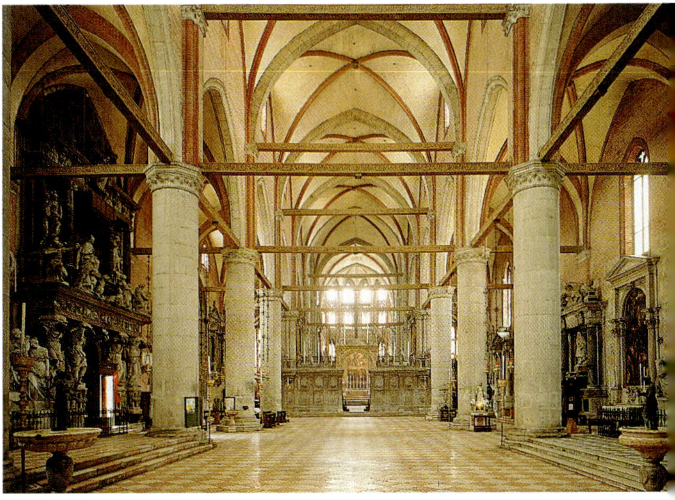

Frari-Kirche

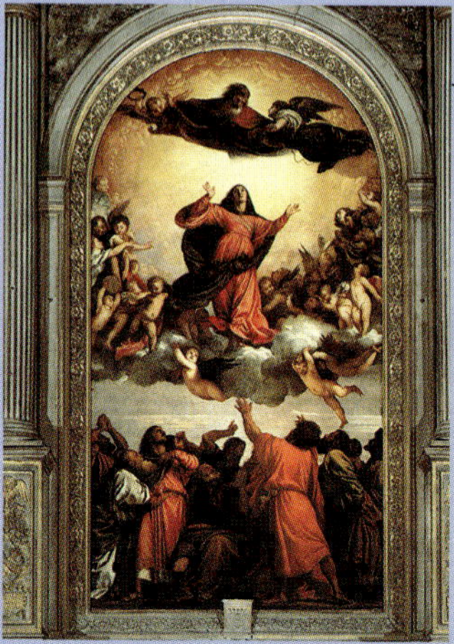

Tizian: Assunta, 1516–1518, S. 242

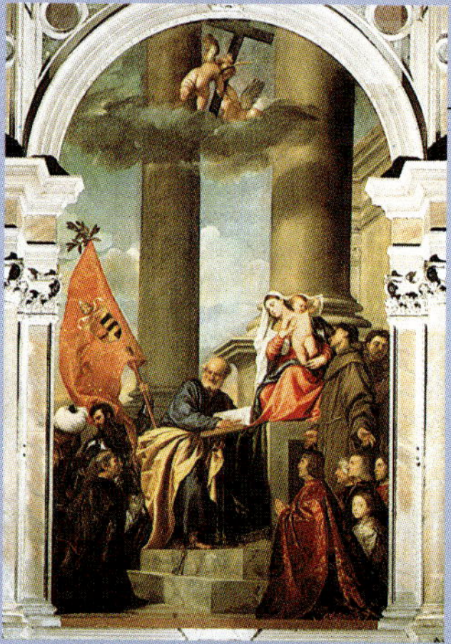

Tizian: Madonna des Hauses Pesaro, 1519–1526, S. 244

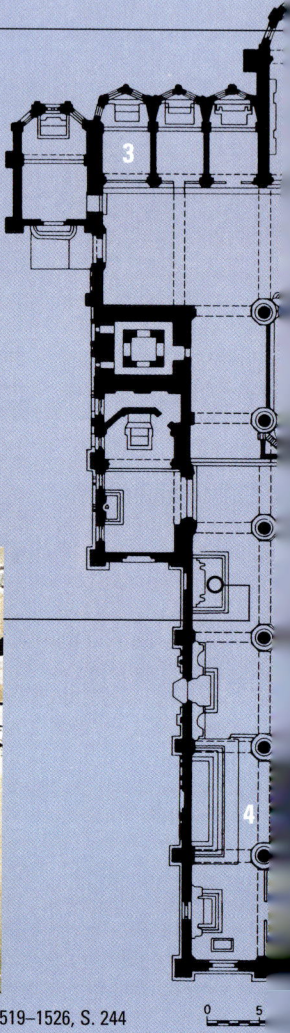

Weitere Sehenswürdigkeiten:

1 Grabmahl Tizians
2 Grabmahl des Dogen Nicolò Tron
3 Grab von Claudio Monteverdi, Altar von Alvise Vivarini und Marco Basaiti (1503)
4 Grabmahl Antonio Canovas

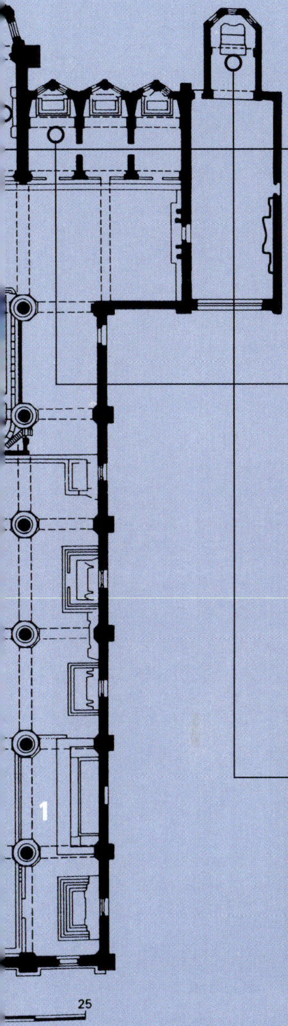

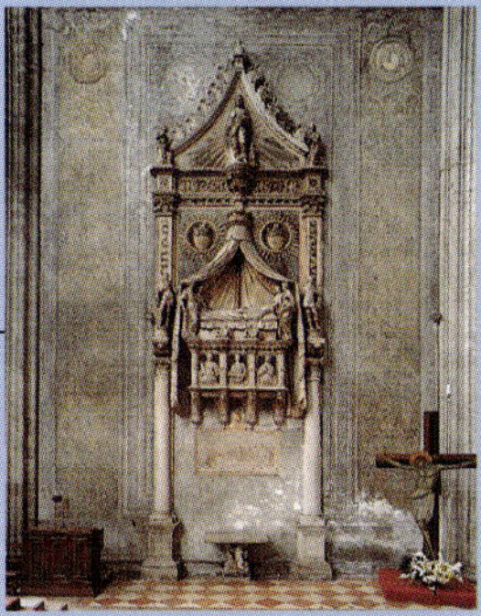

Foscari-Grabmahl, nach 1457, S. 235

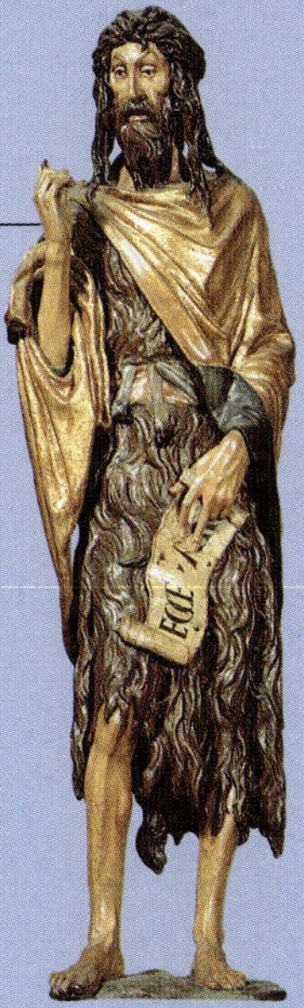

Donatello: Johannes der Täufer, 1438, S. 243

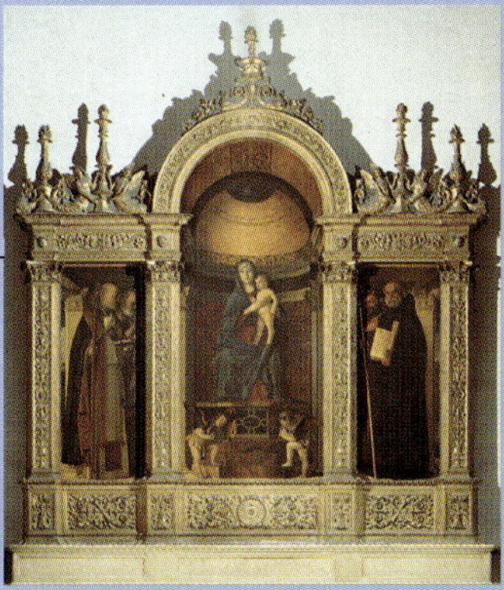

Giovanni Bellini: Pala di Pesaro, 1488, S. 245

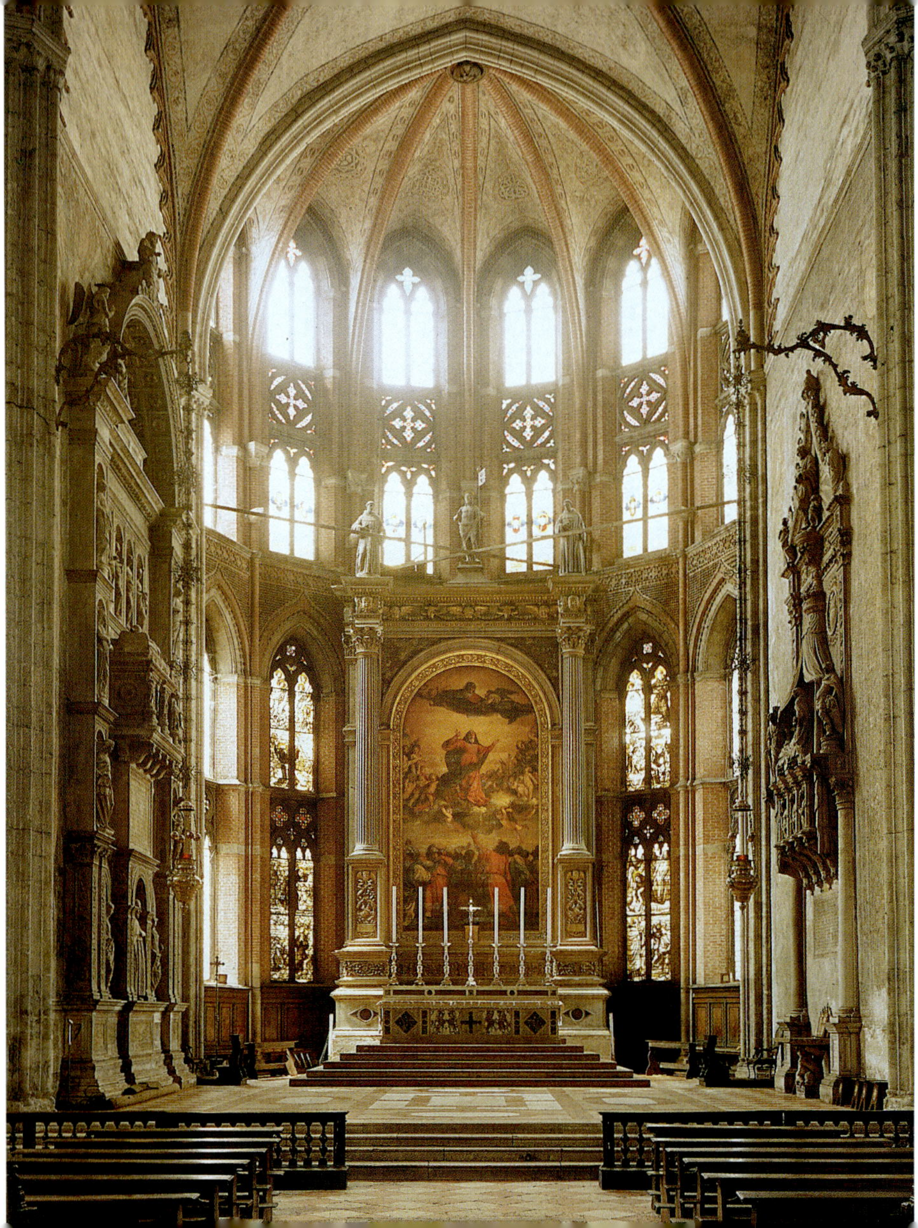

Chorhaupt

Das Chorhaupt ist mit feingliedrigen, in zwei Stockwerken übereinander angeordneten Maßwerkfenstern geschmückt. Die Fari-Kirche wurde mit ihrem Hauptaltar nach Südwesten ausgerichtet. Diese Abweichung von der üblichen Ostung ergibt sich durch den schwierigen Baugrund. Dadurch entsteht besonders am frühen Abend, wenn das Sonnenlicht schräg durch die Fenster fällt, ein besonders schöner Eindruck von den spitzenartig feinen Strukturen der Fenster. An den Seitenwänden des Hauptchores befinden sich zwei prachtvolle Grabmale.

Antonio und Paolo Bregno: Grabmal des Dogen Francesco Foscari, nach 1457
Marmor

An der rechten Wand der Chorkapelle liegt das Grab von Francesco Foscari, einem der mächtigsten und bedeutendsten Dogen (reg. 1423–1457) der venezianischen Geschichte. Er wurde zum Rücktritt gezwungen, weil man fürchtete, der stolze Foscari könnte sich zum Alleinherrscher aufschwingen. Erst nach seinem Tode feierte ihn die Republik als einen ihrer Größten. Sein Monument, das gotische Formen mit denen der Frührenaissance verbindet, wurde nach Foscaris Todesjahr 1457 im Auftrag seines Neffen von Antonio und Paolo Bregno geschaffen. Es zeigt den Toten umgeben von weiblichen Gestalten, welche die Herrschertugenden Klugheit, Gerechtigkeit, Mäßigung und Stärke personifizieren. Gegenüber befindet sich das riesige Grabmal des Dogen Nicolò Tron (reg. 1471–1473), ein Hauptwerk der venezianischen Frührenaissance von Antonio Rizzo. Alle gotischen Formen, die noch das Foscari-Monument aufwies, sind nun zugunsten von an der Antike orientierten Formen aufgegeben.

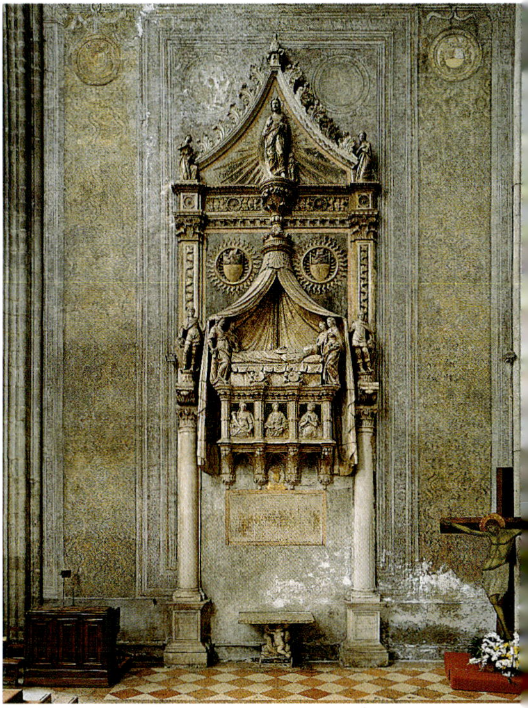

Ein schlichtes Grab für einen großen Musiker: Claudio Monteverdi (1567–1643)

In der Ambrosius-Kapelle der Frari-Kirche ist vor dem Altar eine steinerne Grabplatte in den Boden eingelassen. Häufig findet man Blumen auf dem Grab, und ein schlichter Namenszug informiert den Besucher, daß sich hier die letzte Ruhestätte von Claudio Monteverdi befindet, einem der größten Komponisten Italiens. In seinem Werk verschmolzen erstmalig in der europäischen Musik vokale und instrumentale Elemente in gleichberechtigter Weise, ohne daß das Instrument nur Ersatz für die menschliche Stimme war. Er hat als erster der Einzelstimme zu Geltung verholfen und der Oper den Weg zu ihrer modernen Form bereitet.

Wie alle Komponisten seiner Zeit widmete sich Monteverdi v. a. dem Madrigal, jener kunstvollen Liedform, die sein Schaffen vom ersten Liederbuch des Zwanzigjährigen bis zu seinem letzte selbst veröffentlichten achten Madrigalbuch, das fünf Jahre vor seinem Tode erschien, durchzieht. Das Madrigal, ein auf lyrischen Texten basierendes Lied, war die wichtigste kammermusikalische Form des 16. Jh.s. In den frühen Stücken dieser Art war es das höchste Ziel, die meist fünf Gesangsstimmen in unterschiedlichen Lagen auf kunstvolle Weise ineinander zu verschränken und dem Text so einen kongenialen Klang zu verschaffen. Monteverdi entwickelte die alte, von der Motette beeinflußte, polyphone Form weiter zu kantatenartigen Stücken oder gar zum Vokalkonzert, in dem solistische Stimmen mit den Instrumenten eine Verbindung eingehen. Seine Harmonien wurden dabei zunehmend chromatisch, d. h. sie enthalten Töne, die durch eine Halbtonverschiebung aus der eigentlichen Tonleiter herausfallen. Auch vor Dissonanzen schrak er nicht zurück.

Neben den Madrigalen schrieb er zehn Opern, von denen nur drei vollständig erhalten sind.

Domenico Fetti: Claudio Monteverdi, um 1623, Öl auf Leinwand, Gallerie dell'Accademia, Venedig

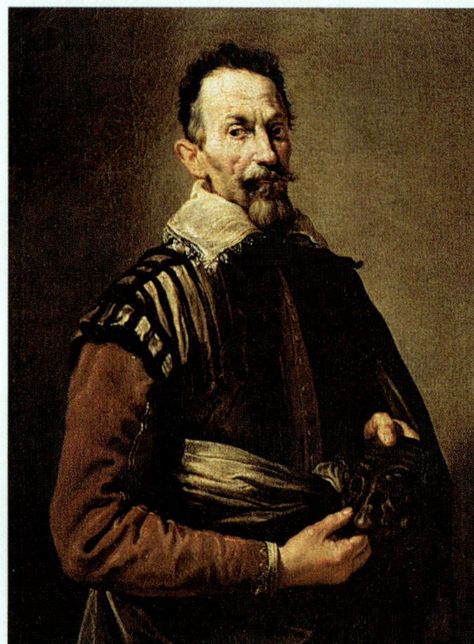

Monteverdi mischte unterschiedliche musikalische Formen. Neben Rezitativen und Arien finden sich Madrigale und instrumentale Passagen. Seine Opern gewannen dadurch eine Vielfalt und Lebendigkeit, die jede von ihnen zu einem durchschlagenden Erfolg werden ließ.

Nur in der Kirchenmusik, die erst in seinem zweiten Lebensabschnitt in Venedig zu seiner eigentlichen Aufgabe wurde, blieb er auch älteren Kompositionsprinzipien verhaftet. Viele seiner Stücke zeigen eine »altmodische« polyphone Harmonik. Ein Grund dafür mag sein, daß die Kirchenmusik für San Marco entstand, und daß ein bedeutender Teil der älteren Kirchenmusik von großartigen Komponisten wie Adriaen Willaert oder Andrea Gabrieli eben gerade für den Raumklang von San Marco mit seinen Kuppeln und Emporen entwickelt wurde. Ein Musikliebhaber, dem sich die Gelegenheit bietet, eine polyphone Komposition Monteverdis oder seiner Vorgänger in San Marco zu hören, sollte sie sich keinesfalls entgehen lassen. In anderen Werken jedoch verfolgte Monteverdi konsequent den neuen Stil der sog. »seconda maniera«, die auch seine Madrigale kennzeichnete und die durch virtuos eingesetzte Einzelstimmen, eine reiche instrumentale Begleitung und konsequente musikalische Ausdeutung der Affekte des Textes gekennzeichnet ist.

Auch wenn Monteverdi seine größten Erfolge in Venedig genoß, war er doch kein Venezianer von Geburt. Er wurde 1567 in Cremona geboren. Schon früh kam er mit der venezianischen Musik in Berührung. Sein Lehrer war der aus Verona stammende Domkapellmeister von Cremona, Marcantonio Ingegneri, ein solider Vertreter der venezianischen Polyphonie. Nach

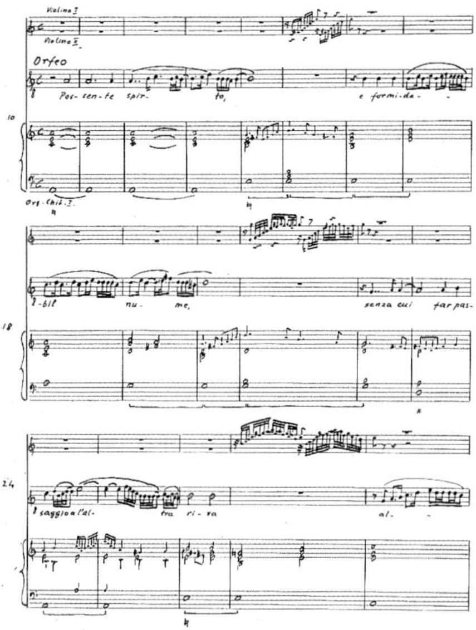

Beginn des Possente Spirito im Dritten Akt von Monteverdis erster Oper »Orfeo« (1607), gedruckt 1609

seiner musikalischen Ausbildung und ersten Erfolgen trat Claudio Monteverdi 1590 in die Dienste des Herzogs Vincenzo I. von Mantua. Zunächst war er Lautenspieler in der dortigen Hofkapelle.

Als Herzog Vincenzo 1595 einem Aufruf von Kaiser Rudolf II. folgte, den habsburgischen Truppen gegen die Türken beizustehen, wurde Claudio zum Leiter der Kapelle berufen, die den Herzog begleitete. Denn ein standesgemäßer Kriegszug umfaßte trotz der ständig knappen Kassen nicht nur drei Kompanien berittener

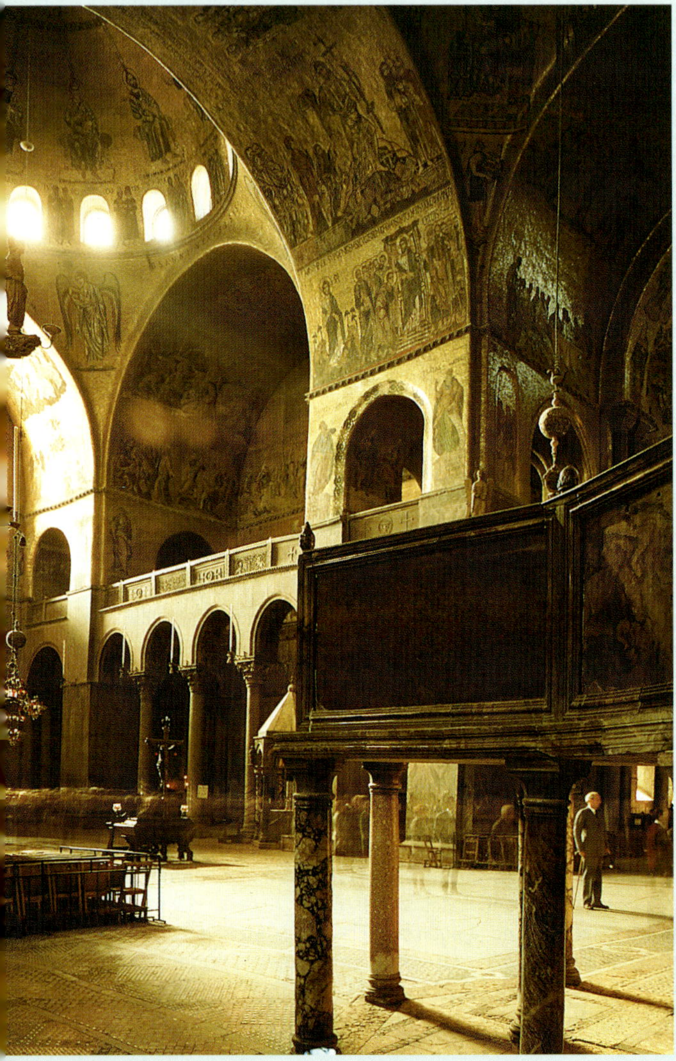

Schützen, sondern auch einen Hofstaat samt Pagen, Schreibern, Ärzten, Köchen, Kellermeistern und Musikern. Der Kriegszug glich zunächst eher einer Vergnügungsfahrt, die über Innsbruck, Wien und Prag führte, wo jeweils glänzende Feste Gelegenheit boten, die Kunst der herzoglichen Kapelle hören zu lassen. Als man schließlich nach Wysherad gelangte, wo die Truppen des Kaisers die von den Türken gehaltene Festung belagerten, erkrankte jedoch der Herzog und ein großer Teil seiner Truppen, und so endete dieser Kriegszug mit der alsbaldigen Rückkehr nach Mantua. Was Monteverdi betrifft, wird mit dieser Unternehmung zum ersten Mal ein Umstand seines Daseins am Mantuaner Hof deutlich, der in Zukunft sein musikalisches Schaffen immer wieder behindern sollte. Als Mitglieder des Hofes nahmen die Künstler eine Stellung zwischen den einfachen Angestellten und den adeligen Höflingen ein. Das Leben im Umkreis des Herrschers wurde durch einen festen Verhaltenscodex zu ewigem, gelehr-

Innenansicht von San Marco

tem Spiel verklärt. Der Künstler wurde dabei weniger als Angestellter denn als Mitglied der Hofgesellschaft verstanden. Anspruch und Wirklichkeit klafften allerdings weit auseinander. Das bedeutete v. a., daß es den Künstlern schwer gemacht wurde, in Zeiten knapper Kassen – und in Mantua waren sie zu Monteverdis Zeit immer knapp – das Gehalt einzufordern. Für Reisen, die notwendige elegante Kleidung und die hofgemäße Ausstattung mußte man sowieso selbst aufkommen. Hinzu kamen zahlreiche Intrigen, denen jeder am Hof ständig ausgesetzt war. Monteverdi jedenfalls mußte lange warten, bevor er die ersehnte Stelle des Hofkapellmeisters erlangte. Trotzdem war er so erfolgreich, daß er auch heftigsten Anfeindungen ausgesetzt war. Ein Bologneser Priester verfaßte eine Streitschrift, welche die neue, von Monteverdi entwickelte Art der Musik mit ihren Dissonanzen und der starken Betonung der Einzelstimmen vehement verurteilte. Monteverdi war davon zunächst schwer getroffen, aber seine Erfolge gaben ihm Recht. Am Mantuaner Hof mußte er allerdings weiter auf seine Beförderung warten. 1599 wurde er noch einmal mit einer ähnlichen Stellung wie 1595 vertröstet, als er den Herzog zu einer mehrmonatigen Kur in die Bäder von Spa begleiten durfte. Immerhin bot ihm dies die Gelegenheit, den neuen deklamierenden Gesangsstil der französischen Komponisten kennenzulernen, den er wohl als erster in Italien einführte. Auch als er 1601 endlich die lang erwartete Position des Hofkapellmeisters erhielt, besserte sich seine Situation nicht wirklich. Immer wieder mußte er auf eine angemessene Bezahlung seiner Musik warten und unter entwürdigenden Umständen um Geld betteln. Häufig mußte das nie erfüllte Versprechen Herzog Vincenzos auf zukünftige Zahlungen ausreichen, um ihm für Dinge des täglichen Bedarfs den notwendigen Kredit zu verschaffen. Die ständigen Auseinandersetzungen um Geld und höfische Reputation und das feuchte Klima Mantuas belasteten Monteverdis Gesundheit auf das Schwerste. Als seine Frau 1607 starb, schien die Situation unerträglich zu werden. Monteverdi erkrankte schwer und zog sich nach Cremona zu seinem Vater zurück, der ihm dringend davon abriet, nach Mantua zurückzukehren. Doch noch einmal ließ Claudio sich von

Titelblatt des »Orfeo«, Ausgabe von 1609

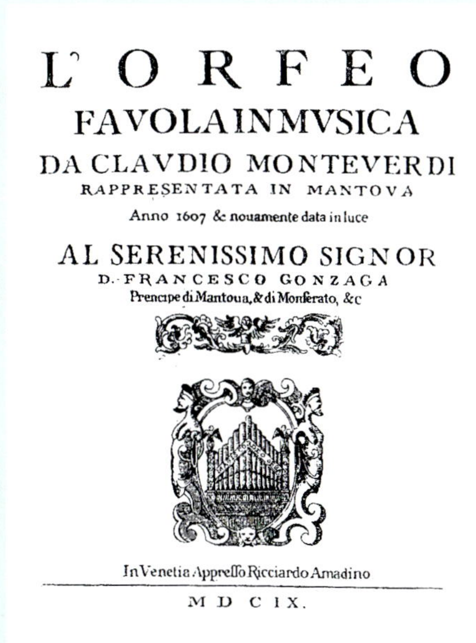
L'ORFEO
FAVOLA IN MVSICA
DA CLAVDIO MONTEVERDI
RAPPRESENTATA IN MANTOVA
Anno 1607 & nouamente data in luce
AL SERENISSIMO SIGNOR
D. FRANCESCO GONZAGA
Prencipe di Mantoua, & di Monferato, &c
In Venetia Appresso Ricciardo Amadino
M D C IX.

den Versprechungen des Herzogs locken – und war wieder schweren Kränkungen ausgesetzt. Als Herzog Vincenzo starb, hinterließ er einen vollkommen zerrütteten Staatshaushalt. Sein Sohn Francesco, der neue Herzog, entließ angesichts der Finanzlage alle Mitglieder des Hofstaates, die ihm nicht notwendig erschienen. Und dazu gehörte auch der inzwischen 45jährige Hofkapellmeister Monteverdi. Er setzte einen der berühmtesten Komponisten Italiens buchstäblich auf die Straße. Wäre nicht sein alter Vater in Cremona gewesen, Monteverdi hätte keine Bleibe gehabt. Die Nachricht von seiner Entlassung verbreitete sich wie ein Lauffeuer durch ganz Italien. Da witterten die musikbegeisterten Venezianer ihre Chance. Sie machten dem mittellosen Exhöfling ein geradezu unglaubliches Angebot. Sie versprachen ihm als neuem Leiter der Capella di San Marco das fürstliche Gehalt von 400 Dukaten plus einer freien Wohnung und anderer Vergünstigungen. Nun sollte auch Monteverdi die venezianische Freiheit kennenlernen, die sich so sehr von der künstlichen Atmosphäre eines Fürstenhofes unterschied. Nicht umsonst hatten schon andere Künstler, wie Tizian, die Möglichkeit, in Venedig zu leben, gegen keinen Hof der Welt eintauschen wollen. Die Venezianer zahlten nicht nur pünktlich, sondern sie erlaubten es ihrem »göttlichen Claudio« – wie man ihn begeistert nannte – selbstverständlich auch, weiter für andere Auftraggeber zu arbeiten. Sobald sich die Finanzlage am Mantuaner Hof konsolidiert hatte, trat man übrigens auch von dieser Seite wieder an den berühmten Komponisten heran. Und es ist eine Freude, in seinen Briefen zu lesen, mit welch kaltem Gleichmut Monteverdi nun dank seiner sicheren venezianischen Stellung seine alten Herren behandeln konnte, auch wenn er durchaus weiter für sie arbeitete. Seine finanzielle Situation war nun ein für allemal bereinigt, und die überaus musikverständigen und -liebenden Venezianer brachten »ihrem« Monteverdi die größte Verehrung entgegen. Kein noch so verführerisches Angebot konnte den Komponisten deshalb aus Venedig fortlocken.

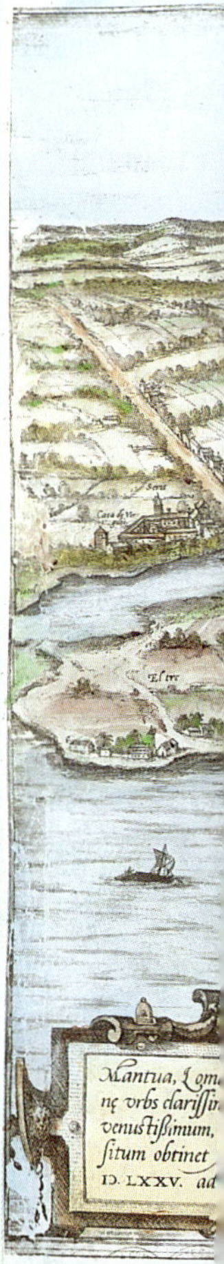

Man darf wohl seine letzten 39 Lebensjahre, die noch einmal von großer Schaffenskraft geprägt waren, als die glücklichsten und friedvollsten seines Lebens bezeichnen. Als Monteverdi schließlich 84jährig starb, ehrten ihn Doge und Regierung mit einem feierlichen Gottesdienst in San Marco. Solch ein Staatsakt für einen Künstler hatte zuvor nur für Tizian stattgefunden. In derselben Kirche, in der der berühmte Maler neben zahlreichen Dogen begraben war, fand auch Monteverdi seine letzte Ruhestätte. Und genau wie Tizian bringen die Venezianer dem großen Musiker ihre Verehrung dar. Denn auch Claudio Monteverdi hat durch seine Kunst zum Ruhm und Glanz der Serenissima beigetragen.

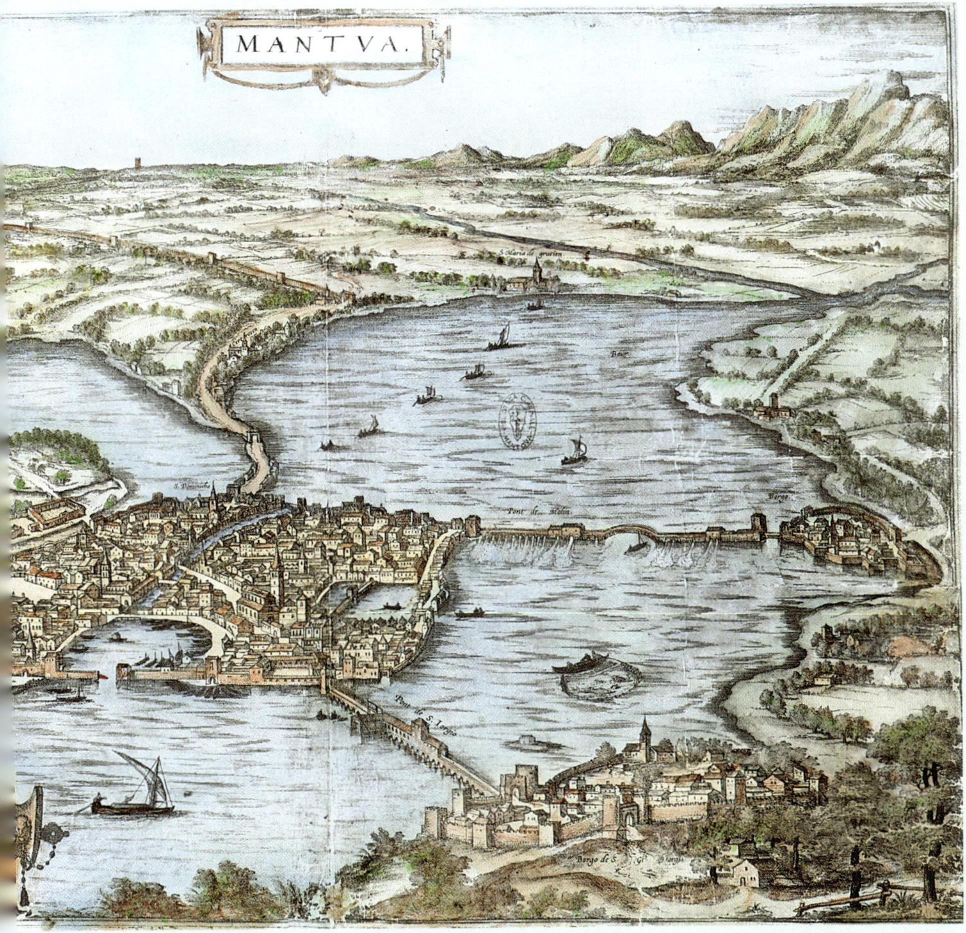

Stadtansicht von Mantua im Jahre 1575

Tizian: Assunta, 1516–1518
Öl auf Holz, 690 x 360 cm

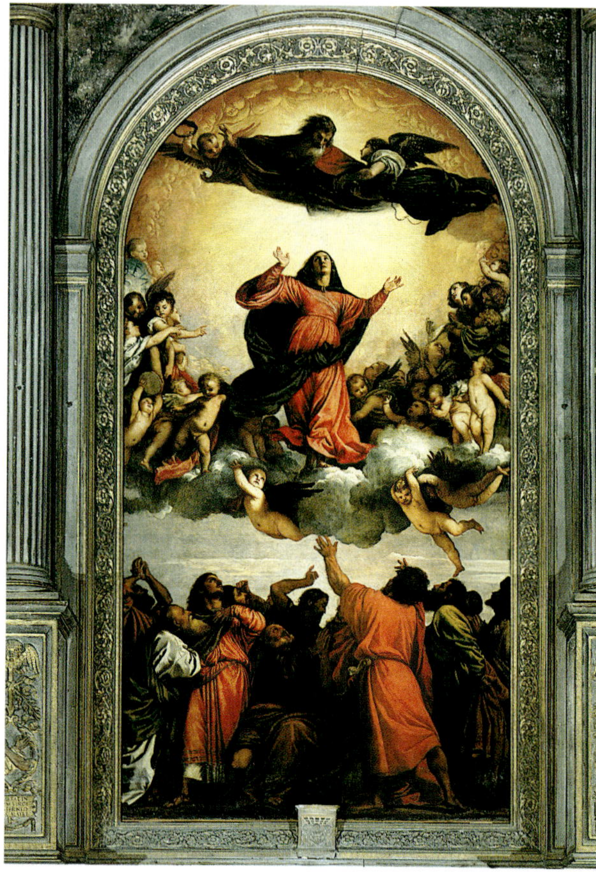

Der riesige Hochaltar mit Tizians »Mariae Himmelfahrt« zieht schon vom Eingang aus die Blicke auf sich. Das imaginäre spitzwinklige Dreieck aus leuchtend roten Farbakzenten in den Gewändern der Apostel, Mariens und Gottvaters macht die Auffahrt augenscheinlich. Nur in der Kirche selbst kann man erfahren, wie genau der Künstler das Gemälde auf seine Umgebung abgestimmt hat. Als das Werk 1518 enthüllt wurde, rief es sowohl unendliches Erstaunen als auch spontane Ablehnung hervor, die schnell in Begeisterung umschlug. So etwas hatte man in Venedig noch nicht gesehen. Dies galt nicht nur für die schöne Gottesmutter, sondern v. a. auch für die Apostel, die die Himmelfahrt beobachten. Ihre Gesten und Blicke, all ihre Körperbewegungen drücken mit Staunen, Erschrecken und religiöser Verzückung das Ungeheure der Szene über ihnen aus. Die goldene Himmelszone Gottvaters ist mit einem Wolkenkranz und Engeln, welche Maria emportragen, vom irdischen Himmelsblau abgegrenzt. Wie eine goldene Kuppel scheint sich der Himmel zu öffnen. Tizians »Assunta« gilt als erstes Meisterwerk der Hochrenaissance in Venedig.

Cappella dei Fiorentini

Rechts neben dem Presbyterium ist seit dem 19. Jh. die Kapelle der Florentiner, die zuvor, vielleicht schon seit 1436, ihren Altar im linken Seitenschiff hatten. Aus diesem Jahr stammt jedenfalls ein Vertrag mit den Franziskanern über die Einrichtung einer florentinischen Kapelle. Interessanterweise scheinen die Florentiner ihren Altar schon vorher und vielleicht auch länger als bis 1436 in der Dominikanerkirche Santi Giovanni e Paolo gehabt zu haben. Denn erst 1443 wird der Transfer in die Frari-Kirche durch den Rat der Zehn bestätigt. Leider ist unbekannt, was die Bruderschaft der Florentiner zu diesem Schritt bewogen hat.

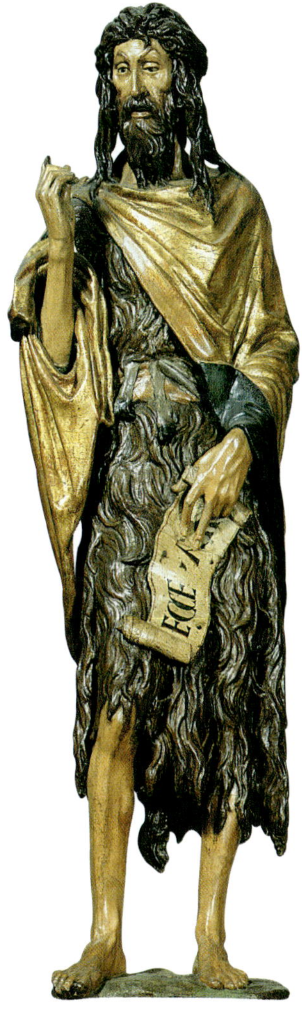

Donatello: Johannes der Täufer, 1438
Holz, Höhe: 141 cm

Für die Kapelle der Florentiner war auch die polychrom gefaßte Holzfigur von Johannes dem Täufer bestimmt. Seit dem 16. Jh. hielt man sie für ein Werk aus dem letzten Jahr von Donatellos Aufenthalt in Padua (1443–1453). Die ausgemergelte Gestalt des Täufers mit den großen Händen und den alles andere als idealschönen Gesichtszügen prägte die Vorstellung vom Spätwerk des Künstlers. Bei einer Restaurierung in den 70er Jahren des 20. Jh.s entdeckte man jedoch die Jahreszahl 1438 auf dem Sockel der Figur.

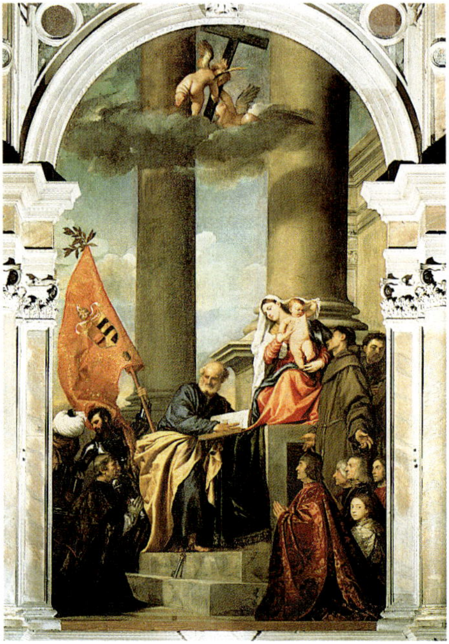

Tizian: Madonna des Hauses Pesaro, 1519–1526
Öl auf Leinwand, 385 x 270 cm

Mit der »Madonna des Hauses Pesaro« schuf Tizian ein weiteres Meisterwerk für die Frari-Kirche. Der Stifter, Jacopo Pesaro, kniet im schwarzen Brokatmantel vor der Gottesmutter. Seitlich befinden sich weitere Mitglieder seiner Familie, über ihnen der Hl. Antonius von Padua. Jacopo erscheint zusammen mit einem Ritterheiligen, der die Fahne mit den Wappen der Pesaro und des Papstes Alexander VI. trägt. Das Banner erinnert an einen Seesieg über die Türken, bei dem Jacopo Pesaro das päpstliche Flottenkontingent kommandierte. Indem Tizian geradezu revolutionär die Gottesmutter aus der Bildmitte an den rechten Rand rückt, trägt er der Position des Gemäldes im Kirchenraum Rechnung. Die Madonna ist schon von weitem sichtbar, wenn man sich vom Haupteingang nähert. Tizian erzielt eine große kompositorische Dynamik, die auch inhaltliche Dimension besitzt. Der Stifter kniet direkt vor der Madonna. Sie wendet sich ihm ebenso aufmerksam zu wie Petrus. Zur übrigen Familie dagegen nehmen die himmlischen Gestalten nur indirekt Kontakt auf.

Giovanni Bellini: Pala di Pesaro, 1488
Öl auf Holz

Giovanni Bellini hat seine 1488 signierte Altartafel (die »pala«) ebenfalls für die weit verzweigte Familie Pesaro geschaffen. Sie befindet sich in der Sakristei die als Kapelle der Pesaro diente. Madonna und Heilige sind zwar noch, wie früher üblich, auf getrennten Tafeln des Triptychons dargestellt, jedoch in einem gemeinsamen Raum. Dadurch gewinnt das Altarbild eine sehr reale Wirkung wie auch durch die kräftigen Figuren der Heiligen in ihren voluminösen Gewändern. Sie beeindruckten selbst Albrecht Dürer, der Bellini als den besten Maler Venedigs rühmte. Dürer wählte die Figuren als Vorbild für seine »Vier Apostel«.

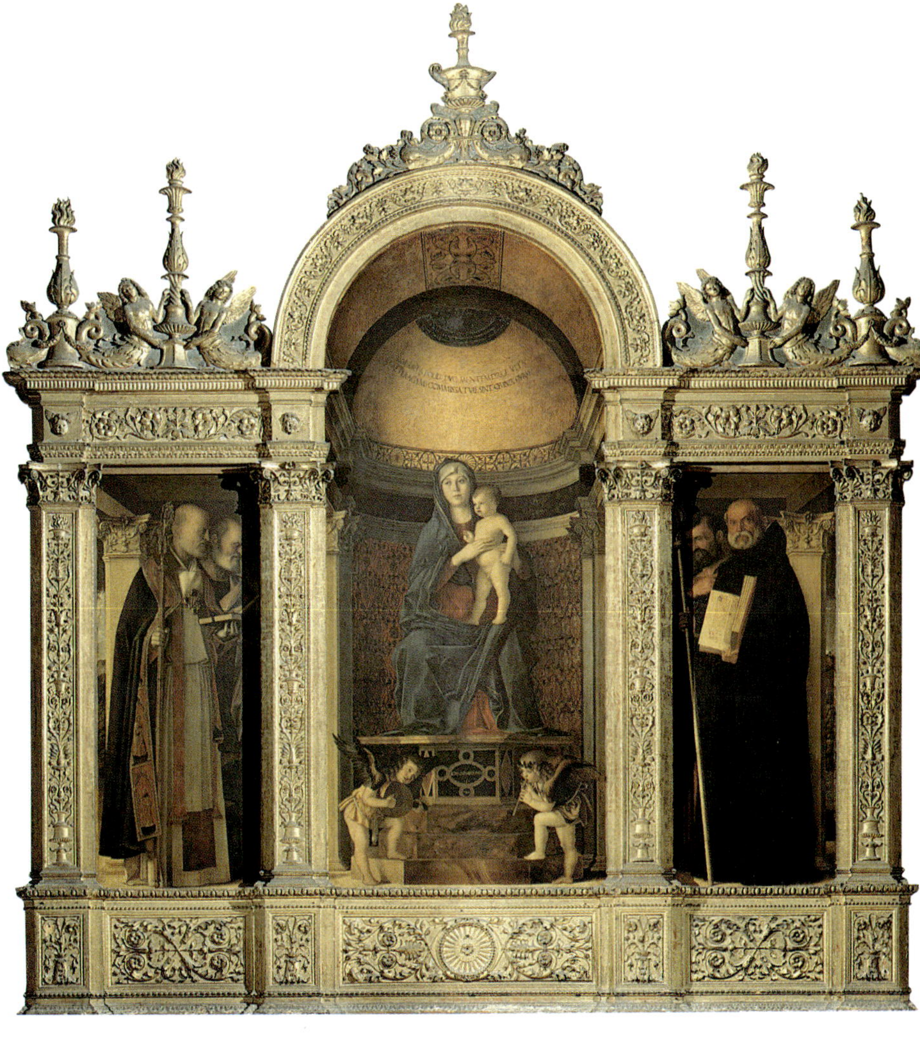

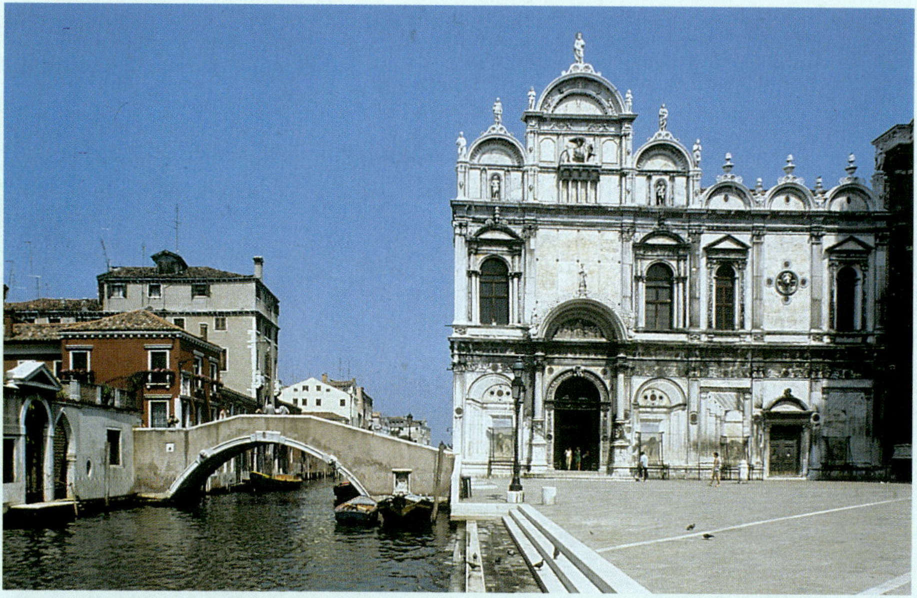

Scuola Grande di San Marco, Ende 15. Jh.

Scuole – mehr als Prachtbauten und Versicherungen

Dem aufmerksamen Venedigbesucher werden zahlreiche prächtige Bauwerke auffallen, bei denen es sich weder um eine Kirche noch um den Palast einer vornehmen Familie handelt. Es sind die Versammlungshäuser der »Scuole«, der Laienbruderschaften, die im gesellschaftlichen Leben der Stadt eine bedeutende Rolle spielten. Solche religiösen Laienorganisationen gab es auch in anderen italienischen Städten, nirgends haben sie jedoch eine so große Macht und Bedeutung erlangt wie hier.

Auch wenn sie aus der Geißlerbewegung des Mittelalters hervorgegangen sind, spielten Bußübungen wie öffentliche Selbstauspeitschungen und ähnliches keine oder nur eine sehr geringe Rolle im Leben der Scuole. Sie waren religiöse Vereinigungen, die sich zu gemeinsamen Gebeten trafen, Geld für gute

Werke bereitstellten und v. a. Messen für ihre kranken, sterbenden und toten Mitbrüder bezahlten. In einer Zeit, die von existentieller Furcht vor den Schrecken des Jenseits als Strafe für irdische Sünden geprägt war, hatten die Scuole eine außerordentliche Bedeutung. Denn nur Geld und gute Werke waren in der Lage, die Jenseitsqualen zu lindern. Menschen, die allein kaum Geld für Stiftungen und Messen aufzubringen vermochten, wurde es durch die gemeinschaftlichen Anstrengungen einer Bruderschaft ermöglicht, diese wichtigen religiösen Pflichten zu erfüllen. Als Mitglied einer Scuola erlangte man Sicherheit über das irdische Leben hinaus.

Die meisten Scuole waren berufständisch oder landsmannschaftlich organisiert, z. B. in Anlehnung an eine Handwerkerzunft oder als Vereinigung der Florentiner, Levantiner, Deutschen usw. Darüber hinaus gab es die »Scuole Grande«, karitative Organisationen, mit mehr als 500 Mitgliedern, denen anzugehören eine besondere Ehre war. Sie verfügten über prachtvolle Versammlungshäuser, während sich die

Mitglieder der Scuola Grande di San Giovanni Evangelista vor dem Heiligen, 14. Jh., Scuola Grande di San Giovanni Evangelista, Venedig

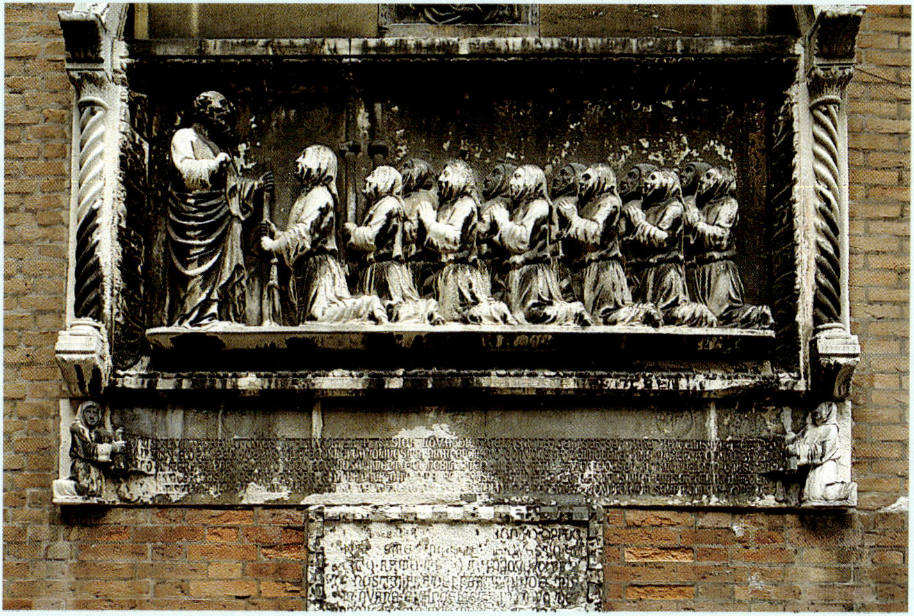

kleinen und weniger vermögenden Scuole mit bescheidenen Bauwerken oder auch nur einem Altar in einer Kirche begnügen mußten. Die kleinen Scuole beschränkten ihre karitativen Aktivitäten in erster Linie auf ihre eigenen Mitglieder. Sie schufen damit nicht nur eine Sicherheit für das Jenseits, sondern auch für die irdischen Wechselfälle des Lebens. Landsmannschaftliche und zünftisch organisierte Scuole erinnern an moderne berufsständische Versicherungen. Durch die Mitgliedsbeiträge, die arme und reiche Mitglieder ihrem Vermögen entsprechend entrichteten und die von den Scuole gewinnbringend angelegt wurden, konnten alte und kranke Mitglieder oder ihre Witwen und Waisen unterstützt werden. Typisch venezianisch war das Stellen eines Ersatzmannes für den Galeerendienst der Mitglieder. Die venezianischen Schiffe wurden nicht etwa von Sklaven, sondern von Venezianern gerudert. Theoretisch hatte jede Kirchengemeinde die Pflicht, im Kriegsfall eine bestimmte Anzahl von Ruderern

Gentile Bellini: Mitglieder der Scuola Grande di San Giovanni Evangelista bei einer Prozession auf dem Markusplatz (Detail), 1496, Gallerie dell'Accademia, Venedig

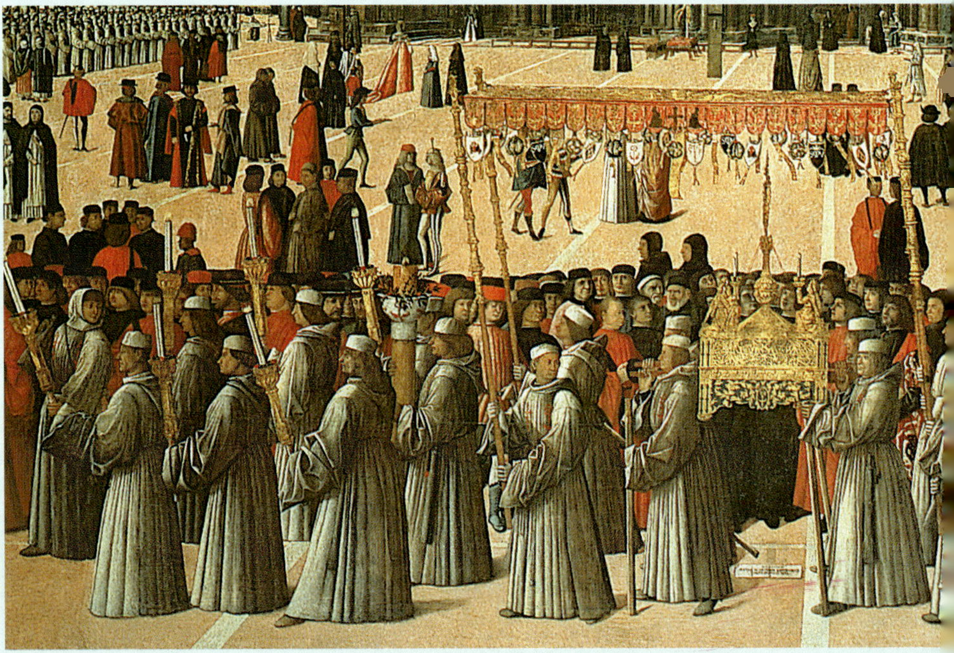

zu stellen. Doch man konnte sich dieser Pflicht entziehen, indem man einen Ersatzmann benannte, dem eine bestimmte Summe bezahlt wurde. Solange die Venezianer im Mittelalter v. a. Fischer und Seeleute waren, funktionierte dieses System. Dies änderte sich jedoch, als mit dem wachsenden Reichtum der Stadt im 13. Jh. und nach der großen Pest Mitte des 14. Jh.s immer mehr Leute vom Festland nach Venedig strömten. Diese neuen Venezianer waren keine Seeleute, sondern Handwerker, die für das harte Leben auf See nicht gerüstet waren. Nun übernahmen es die Zünfte, die notwendigen Seeleute zu stellen. Öfter jedoch waren es die den Zünften angegliederten Scuole, die für ihre Mitglieder einen Ersatzmann bezahlten. Eine andere wichtige Aufgabe bestand darin, bedürftigen Töchtern ihrer Mitbrüder eine Mitgift zu geben und ihnen dadurch eine Heirat zu ermöglichen. Nur so konnten die Mädchen im schlimmsten Fall vor der Prostitution bewahrt werden. Das erklärt, warum besonders schöne Frauen bei der Vergabe dieser Gelder bevorzugt wurden.

Die Scuole Grande waren die eigentlichen Nachfolger der alten Geißlerbruderschaften.

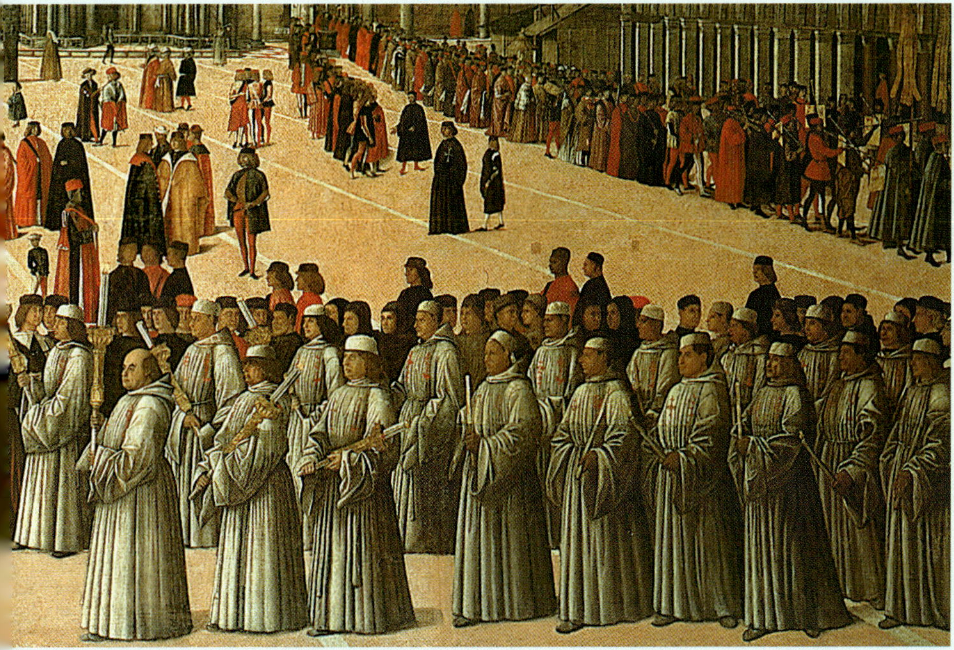

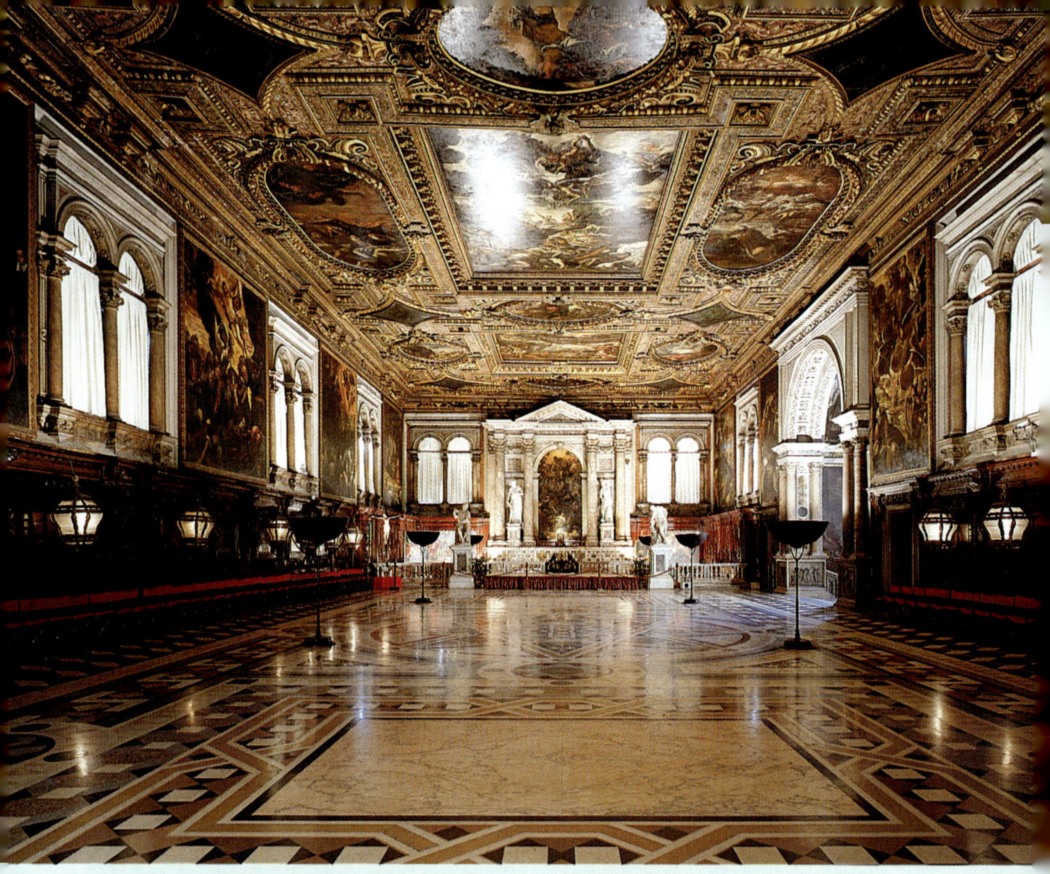

Versammlungssaal im ersten Stock der Scuola Grande di San Rocco

Durch ihre große Mitgliederzahl, zu der auch sehr reiche Venezianer gehörten, sammelten sie im Laufe der Zeit riesige Vermögen an. Zwar konnten auch Adelige Aufnahme finden, doch lag die Leitung immer in den Händen von Bürgerlichen, und zwar jenen wenigen 5–10% der Mitglieder, die nicht auf die Unterstützung der Scuola angewiesen waren. Nur sie konnten in die »Banca«, das Leitungsgremium der Bruderschaft, gewählt werden. Neben den religiösen und karitativen Aufgaben befriedigten die Scuole Grande noch ein anderes großes Bedürfnis der Bevölkerung, nämlich das nach aufwendiger Repräsentation. Die Banca der

Scuole durfte in einer Tracht erscheinen, die an diejenigen der Senatoren und Prokuratoren erinnerte. Der »Guardian Grande«, der erste Vorsteher, trug sogar Kleidung, die der des Dogen nachgebildet war. Bei großen Prozessionen und öffentlichen Auftritten der Stadtregierung waren auch die Scuole zugelassen.

Auf einem anderen prestigeträchtigen Gebiet, der Architektur, konnten die gemeinsamen Anstrengungen der Mitglieder und eine geschickte Finanzpolitik aufwendige, mit wertvollen Kunstwerken ausgestattete Versammlungshäuser verwirklichen. Die Scuole und v. a. die Scuole Grande erfüllten damit eine wichtige Aufgabe im politischen Gefüge der Stadt. Hier konnten Nichtadelige zu einem hervorragenden Ansehen gelangen, das ihnen kein anderes Tätigkeitsfeld im venezianischen Staat ermöglichte. Nicht einmal das Amt des Großkanzlers, das höchste, das einem (und nur einem einzigen, besonders gut ausgebildeten) Bürgerlichen im venezianischen Staat offenstand, ermöglichte eine so große Prachtentfaltung. Noch das unbedeutendste Mitglied einer Bruderschaft konnte sich als Teil der Gemeinschaft fühlen, der die mächtigen Bauwerke und reichen Altäre gehörten.

Es nimmt also kaum Wunder, daß die Scuole Grande einen unglaublichen Aufwand trieben und in scharfer Konkurrenz zueinander standen. Dies konnte, wie etwa bei der Scuola Grande della Misericordia, fast zum Ruin der Bruderschaft führen. Mit dem Ehrgeiz, noch prächtiger und größer zu bauen als alle anderen Scuole, gab die Scuola Grande della Misericordia 1532 ein neues Bruderschaftshaus bei Jacopo Sansovino in Auftrag, dem führenden Architekten der Stadt, der zu dieser Zeit den Umbau der Piazzetta leitete. Doch das ehrgeizige Bauvorhaben erwies sich als zu aufwendig für das Vermögen der Bruderschaft. Zwar wurde der Bau abgeschlossen und innen prächtig freskiert, doch der Außenbau weist nicht die anspruchsvolle Steinverkleidung auf, die vermutlich geplant war. Bis heute blieb das Äußere des großartigen Neubaues der Scuola Grande della Misericordia unvollendet.

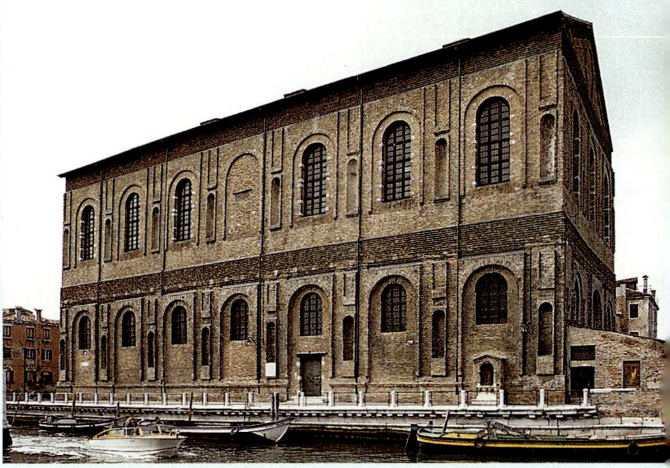

Der unvollendete Bau der Scuola Grande della Misericordia

Scuola Grande di San Rocco

Die Scuola wurde nach der großen Pest von 1477 aus zwei Rochusbruderschaften gegründet. Rochus, der auf einer Reise an der Pest erkrankte und von einem Engel gesund gepflegt wurde, war der Heilige, den man bei den Epidemien anrief. 1485 gelang es der Scuola, die sterblichen Überreste ihres Patrons in Südfrankreich in ihren Besitz zu bringen. Aufgrund dieser bedeutenden Reliquie hatte die Bruderschaft, die sich der Krankenpflege widmete, großen Zulauf und verfügte über ein hohes Einkommen. Schon 1489 konnte der Grundstein für eine Kirche gelegt werden. Um 1516 wurde mit dem Bruderschaftshaus begonnen, dessen Front mit farbigen Steinen überreich geschmückt ist. Diese prächtige Fassade stand in Konkurrenz zur Scuola Grande della Misericordia, die ihren Neubau mit freistehenden Säulen plante. Die Rochus-Bruderschaft veranlaßte daraufhin um 1550 einen Umbau und gab dem Architekten Gian Giacomo de' Grigi den Auftrag, die Fassade noch schmuckvoller und prächtiger zu gestalten.

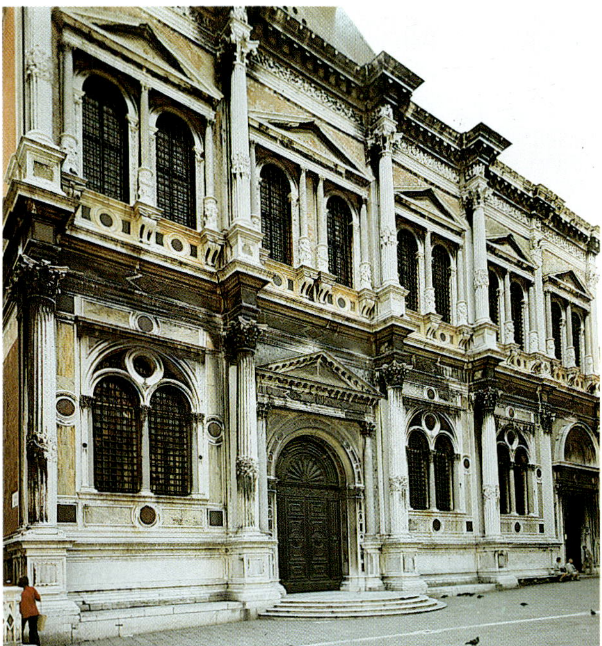

Sala dell' Albergo

Der kunsthistorische Schatz der Scuola verbirgt sich in ihrem Inneren. Jacopo Tintoretto (1518–1594) hat im Laufe seines Lebens immer wieder für die Scuola di San Rocco gearbeitet und nahezu ihre gesamte gemalte Ausstattung geschaffen. Und dies, obwohl viele Mitglieder der Scuola seinen Stil ablehnten, ja sogar Spenden für Malereien ausdrücklich mit dem Hinweis gegeben wurden, sie keinesfalls für Arbeiten Tintorettos zu verwenden.

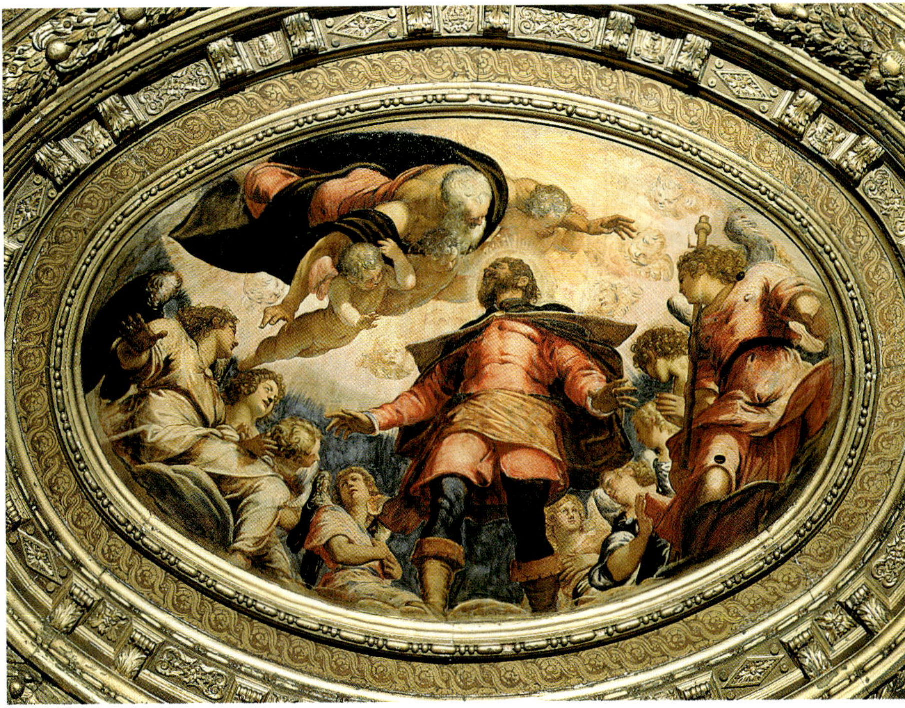

Jacopo Tintoretto: Der Hl. Rochus, 1564
Öl auf Leinwand, 240 x 360 cm

Die Befürworter Tintorettos konnten sich immer wieder durchsetzen; er machte aber auch geradezu unwiderstehliche Angebote. Als man 1564 damit begann, das Innere der Scuola Grande di San Rocco zu gestalten, forderte die Scuola verschiedene Künstler auf, Entwürfe einzureichen. Während die anderen nur Skizzen für die Decke des »Albergo«, des Versammlungsraumes des Vorstands der Bruderschaft, lieferten, malte Tintoretto über Nacht gleich ein fertiges Bild und offerierte es kostenlos. Tintoretto wurde daraufhin selbst Mitglied der Scuola und sogar in die »banca«, das Führungsgremium der Scuola, gewählt. Weil sich die frühesten Arbeiten Tintorettos im Albergo befinden, empfiehlt es sich, die Betrachtung seiner Werke im ersten Stock zu beginnen.

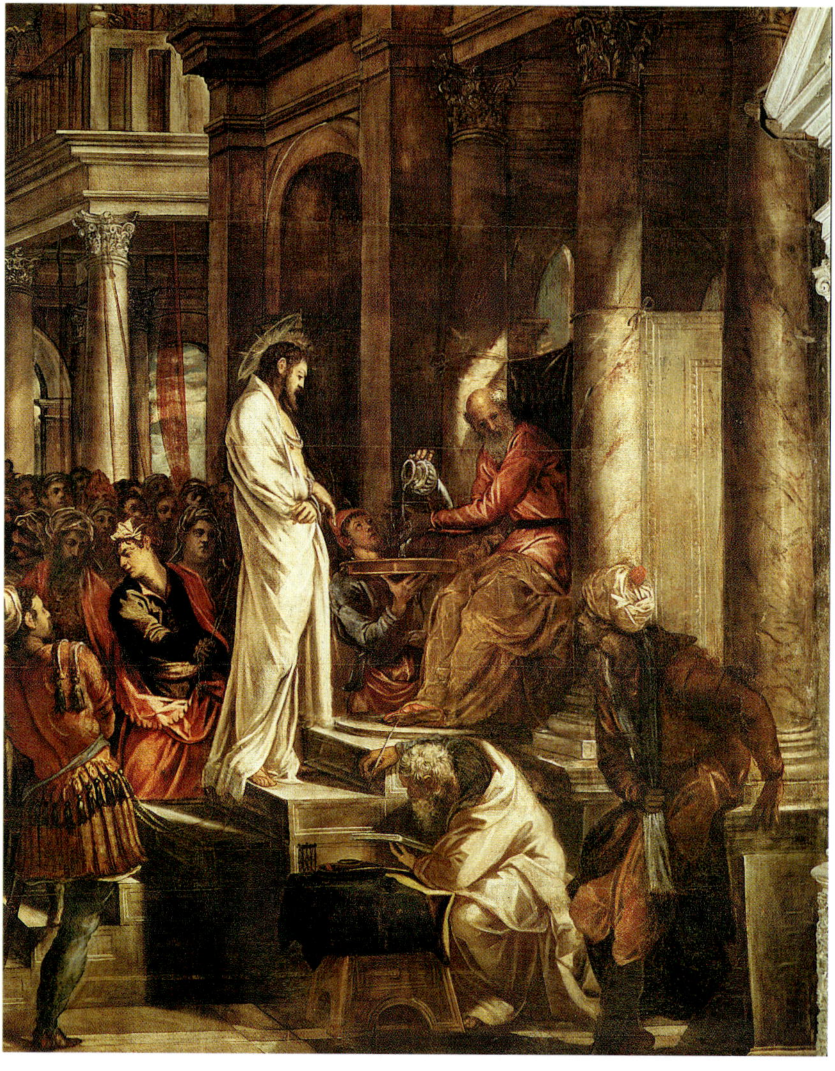

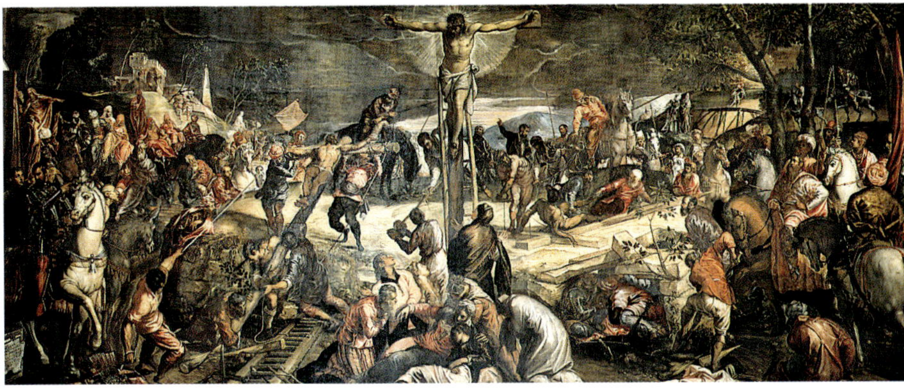

Jacopo Tintoretto: Christus vor Pilatus, 1565
Öl auf Leinwand, 515 x 380 cm

Daß Tintoretto auch den Auftrag für die anderen Bilder im Albergo erhielt, war nach seinem Angebot fast selbstverständlich. Während die Decke dem Titelheiligen der Scuola, den Tugenden und schließlich Venedig und den anderen großen Scuolen gewidmet ist, sind die Wände mit Szenen aus der Passion Christi bedeckt. Das Bild »Christus vor Pilatus« wirkt dabei zunächst weniger dynamisch als die »Kreuztragung« oder gar die atemberaubende »Kreuzigung«. Seine Wirkung beruht auf dem Kontrast, den die ruhig vor Pilatus stehende Figur Christi zur unruhigen Menge bildet. In ein strahlend weißes Gewand gehüllt, scheint alles Licht des Bildes auf ihm konzentriert zu sein, ja von seiner Gestalt auszugehen. Die tiefe Ruhe Christi weist bereits über die Passion hinaus.

Jacopo Tintoretto: Kreuzigung, 1565
Öl auf Leinwand, 536 x 1224 cm

Die »Kreuzigung« ist eines der wenigen datierten und signierten Werke Tintorettos. Obwohl er immer wieder neue und ungewöhnliche Bildlösungen für dieses Thema gefunden hat, gehört diese Version zu seinen bedeutendsten Schöpfungen auf diesem Gebiet. Ungewöhnlich ist schon das breite Format, das durch die Wand vorgegeben ist. Geschickt wählt der Künstler nicht den Moment der Kreuzigung, sondern der Kreuzesaufrichtung, so daß sein Bild nicht dieselbe Höhe beansprucht wie üblich. Der freie Platz in der Bildmitte ist das Segment eines Kreises, der seinen Mittelpunkt genau am Kreuz Christi hat. Die Menge scheint um das Kreuz zu rotieren. Mit dem unterhalb des Querbalkens verdichteten Heiligenschein verstärkt Tintoretto dieses Kompositionsmittel.

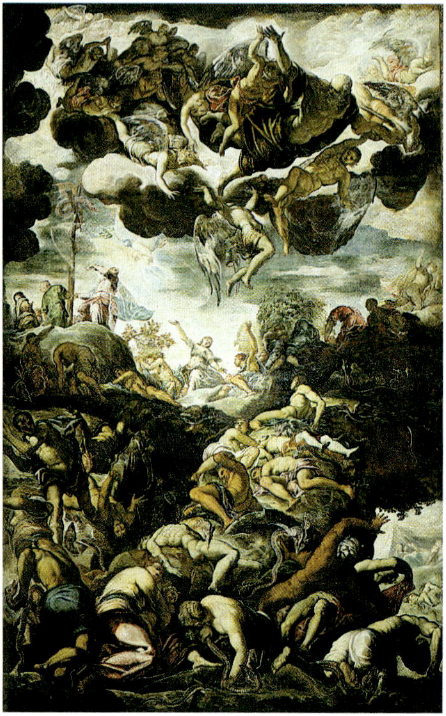

Jacopo Tintoretto: Die Aufrichtung der Ehernen Schlange, 1575–1577
Öl auf Leinwand, 840 x 520 cm

Als man daran ging, auch den großen Versammlungsraum im Obergeschoß mit Malereien auszustatten, bewarb sich Tintoretto ein weiteres Mal um diese Aufgabe. Viele Mitglieder sprachen sich gegen ihn aus, doch wieder machte er der Scuola ein verlockendes Angebot. Statt ein hohes Honorar zu fordern, das die Bruderschaft auf einmal aufbringen mußte, versprach er den gesamten Saal gegen eine lebenslange Leibrente von 100 Dukaten auszumalen. Auch diese Offerte des gewieften Geschäftsmannes Tintoretto konnte man kaum ablehnen. Von 1575 bis 1581 war er mit der Dekoration des Raumes beschäftigt. Die Deckengemälde zeigen Themen des Alten, die Wände Themen des Neuen Testaments. Die drei Hauptbilder der Dekke, die »Mannalese«, »Moses schlägt Wasser aus dem Felsen« und in der Mitte »Die Aufrichtung der Ehernen Schlange«, thematisieren die Tränkung der Durstigen, die Speisung der Hungrigen und die Pflege der Kranken, karitative Aufgaben, denen sich die Scuola verpflichtet hat. Auch die Szenen aus dem Leben Christi an den Seitenwänden geben diesem Thema ein besonderes Gewicht. Im Laufe der Zeit wurde der prächtige Versammlungsraum von der reichen Scuola oder durch Gaben wohlhabender Mitglieder immer prunkvoller ausgestattet. So gelangten Tizians »Verkündigung« von 1525 und zwei Jugendwerke Giovanni Battista Tiepolos, »Abraham mit den Engeln« und »Verstoßung der Hagar« hierher. Die Holzverkleidung mit Szenen aus der Rochuslegende von Giovanni Marchiori, (1743), gehören zu den bedeutendsten Werken venezianischer Bildhauerkunst des 18. Jh.s. Die 12 karikaturhaften Figuren stammen von Francesco Pianta il Giovane (spätes 17. Jh.). Der Merkur (von der Treppe aus rechts) hält eine Schriftrolle mit Erläuterungen.

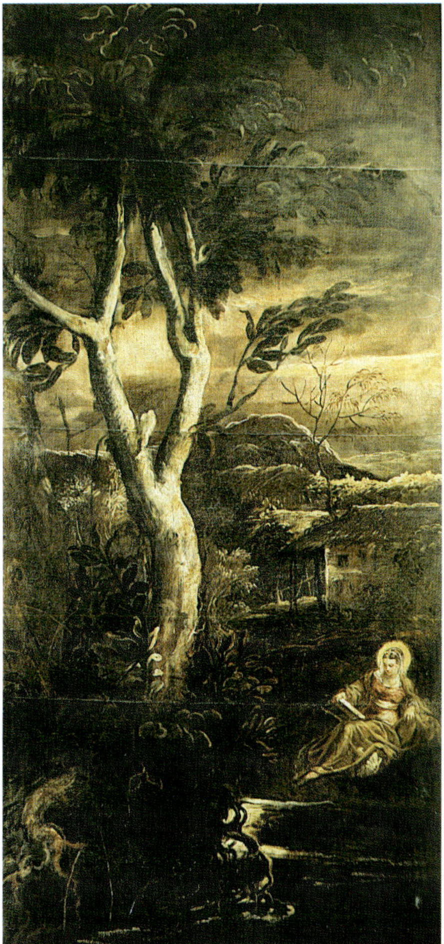

Jacopo Tintoretto: Maria Magdalena, 1583–1587
Öl auf Leinwand, 425 x 209 cm

Der Andachtsraum im Erdgeschoß blieb lange undekoriert. Die schlichte Architektur reichte aus, um hier Gebetsgottesdienste und Versammlungen abzuhalten und Almosen zu verteilen. Wie in anderen Scuolen auch, war es der Saal im ersten Stock, der dem Repräsentationsbedürfnis diente. Erst als dessen Ausstattung vollendet war, dachte man daran, auch das Erdgeschoß mit Bildern aus dem Marienleben zu schmücken. Die sog. Sala Terrena war somit der letzte Raum, den Tintoretto 1583–1587 ausmalte. Er hatte damit 20 Jahre seines Lebens in Dienst der Scuola gestanden und sich selbst und seiner Kunst ein eindrucksvolles Denkmal gesetzt.
Die große Rolle, die das Licht im Spätwerk des Malers spielt, wird in den Gemälden des Erdgeschoßsaales besonders augenscheinlich. In den schmalen Bildern mit den zwei weiblichen Einsiedlerinnen Maria Magdalena und Maria von Ägypten leuchten einzelne Partien der Landschaft wie Lichtblitze auf. Die einsamen Landschaften scheinen magisch aufgeladen. Das tiefe religiöse Erlebnis, das den Heiligen in der Landschaft zuteil wird, wird so dem Betrachter verständlich. Die edle Treppe, die vom Erdgeschoß nach oben führt, wurde vielleicht unter der Aufsicht von Jacopo Sansovino 1544–1546 von Antonio Abbondi gen. Scarpagnino errichtet. Sie gilt als wichtiger Vorläufer für die prunkvollen Treppenanlagen des Barock.

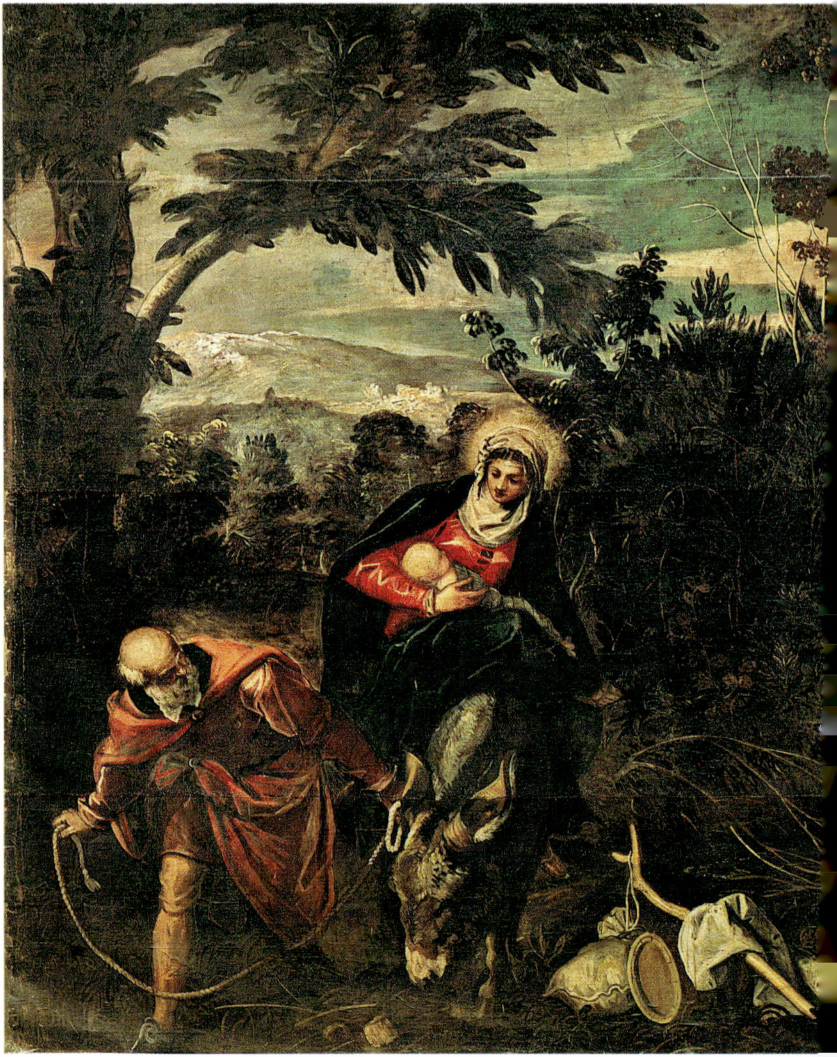

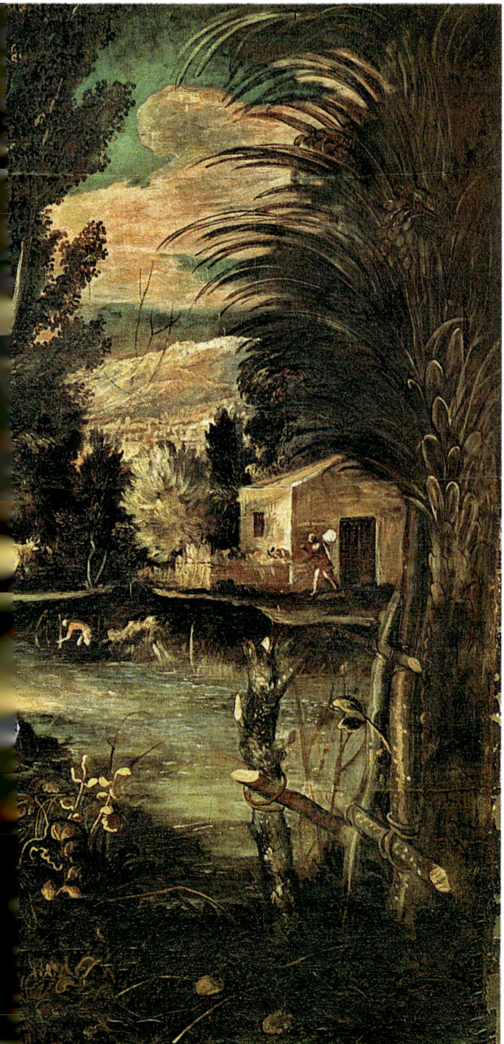

Jacopo Tintoretto:
Die Flucht nach Ägypten, 1583–1587
Öl auf Leinwand, 422 x 580 cm

Die Qualität von Tintorettos Gemälden im Erdgeschoß ist sehr umstritten. Schon seine Zeitgenossen bezichtigten ihn der schlampigen Schnellmalerei. Doch darüber hinaus ist es auch der Aufbau der Bilder, der den Betrachter sowohl irritiert als auch zu Überlegungen zwingt, die über die Frage nach dem Realitätscharakter des Bildes hinausgehen. Das gilt besonders für die »Verkündigung« und die »Flucht nach Ägypten«. Die »Verkündigung« spielt sich scheinbar in einem mehr als ärmlichen Handwerkerhaushalt mit morschen Wänden und durchgesessenen Stühlen ab. Gleichzeitig sieht man jedoch eine prachtvolle venezianische Decke und ein Bett mit weißen Unterbetten und einem roten Seidenvorhang, die der zukünftigen Himmelskönigin würdig sind.
Auch die »Flucht nach Ägypten« verunsichert den Betrachter. Die Fliehenden sind frontal, ganz am Rand einer großen Landschaft gezeigt. Von den anderen Menschen, die auf der gegenüberliegenden Flußseite friedlich ihrem Tagwerk nachgehen, sind sie durch einen undurchdringlichen Busch und das Wasser getrennt. Sie selbst scheinen keinen Raum mehr in der friedlichen Landschaft zu haben, so eng sind sie in die Bildecke gepreßt und wirken, als würden sie im nächsten Augenblick heraustreten. Obdachlosigkeit und Vertreibung sind eindrucksvoll dargestellt.

Scuola Grande di San Giovanni Evangelista

Die Bruderschaft des Hl. Johannes des Evangelisten (gegr. 1261) ist eine der ältesten in Venedig. 1369 erhielt sie eine Kreuzesreliquie zum Geschenk, die der Scuola großes Prestige und damit auch sehr große Einnahmen einbrachte. Anfang des 15. Jh.s konnte man damit beginnen, das Bruderschaftshaus zu erweitern. Als das Bauwerk bis auf seine aufwendige Innentreppe fertig war, beauftragte man 1478 Pietro Lombardo mit der Errichtung eines prächtigen Eingangstores zum Hof der Scuola. In einer Lünette über dem Eingang erscheint der Adler als Symbol für Johannes den Evangelisten und als Emblem der Scuola. Bei Lombardo konnte man sicher sein, daß sein Tor genau jene Mischung von modischen Renaissanceformen und spätgotischer Üppigkeit aufweisen würde, die dem Repräsentationsbedürfnis einer reichen Scuola als Ausweis von Bildung und Reichtum so sehr zustatten kam.

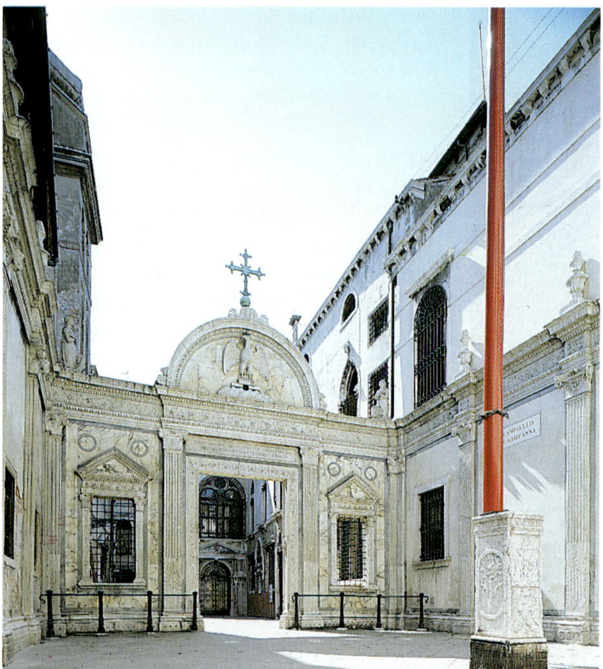

Gentile Bellini: Die Auffindung der Kreuzesreliquie, Ende 15. Jh. (heute in der Accademia)
Öl auf Leinwand, 323 x 430 cm

Heute ist die Scuola ihrer einst reichen Ausstattung weitgehend beraubt. Die Bilder, mit denen sie im 15. Jh. geschmückt wurde, stammten aus der Werkstatt der Familie Bellini, die damals führend in Venedig war. Während die Bilder des Vaters im Erdgeschoß verloren sind, kann man den großen Zyklus der jüngeren Werkstatt noch heute in der Accademia bewundern. Die Kreuzesreliquie,

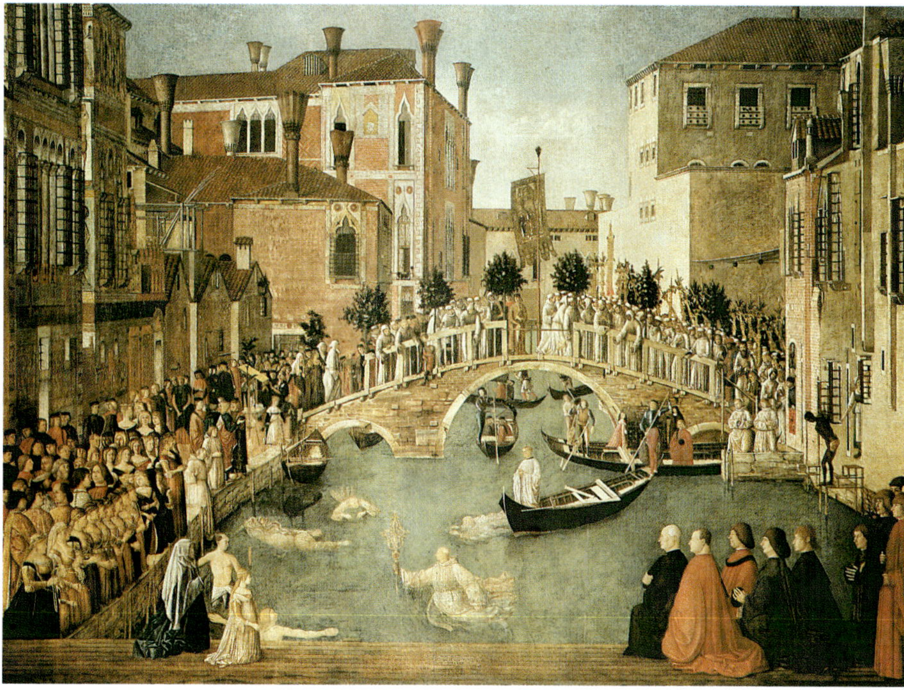

die so sehr zum Ansehen der Scuola beitrug, war das Hauptthema jener Bilder. Gentile Bellinis Gemälde zeigt ein Wunder, das sich zwischen 1370 und 1382 ereignet haben soll. Die Reliquie fiel bei einer Prozession von der Ponte di San Lorenzo in einen Kanal. Immer wieder entglitt sie den Händen der Brüder. Erst der Vorsteher der Scuola, Andrea Vendramin, konnte sie ergreifen. Man sieht jenen Augenblick, als er sie in Händen hält und an das Ufer zurückbringt. Die Bilder mit den Ereignissen um die Reliquie der Scuola erzählen jedoch nicht nur von den Begebenheiten, sie sind auch bedeutende Zeugnisse für das Leben und das Aussehen der Stadt Venedig im 15. Jh.

Außerdem sind in die Gemälde zahlreiche Porträts eingefügt. Wer die Knienden auf der rechten Seite sind, ist umstritten (man hat wohl fälschlicherweise an die Familie Bellini gedacht). Links erscheint die Königin von Zypern, Caterina Cornaro, mit ihrem Hofstaat.

San Giacomo dell'Orio

Am Campo von San Giacomo dell'Orio bemerkt man, daß Venedig abseits der großen Touristenströme den beschaulichen Charakter einer italienischen Kleinstadt annehmen kann. Besonders zur Karnevalszeit lohnt ein Besuch, weil die Bewohner der Umgebung auf dem Platz ihr eigenes Fest organisieren, das mit dem Massenspektakel auf dem Markusplatz nur wenig gemein hat. Der Name der Kirche wird von einem Lorbeerbaum (ital. lauro) abgeleitet, der einst hier stand. Eine andere Geschichte berichtet, daß die Kirche, die zu den ältesten der Stadt gehört (9. Jh.), auf einer Insel errichtet wurde, die von Wölfen bewohnt war. Demnach soll der Name von ital. »lupo« bzw. »lupao« stammen. Die ungewöhnliche Position des hohen Kirchturms aus dem 12./13. Jh. neben und nicht vor der Kirche erklärt sich aus den zahlreichen Umbauten (13. und 15.–17. Jh.), denen das Gotteshaus unterworfen war. Im Mittelalter befand sich tatsächlich dort, wo der Turm steht, die Fassade und der Haupteingang der Kirche.

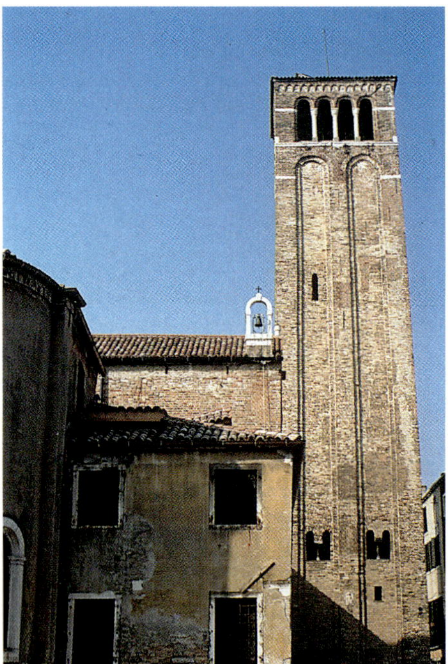

Innenraum

Auch das Innere der Kirche zeigt deutliche Spuren der vielen Umbauten. Einige der Marmorsäulen sind wie bei anderen sehr alten Kirchen Venedigs Beutestücke aus dem östlichen Mittelmeer. Die tulpenförmige Kanzel lehnt an eine Granitsäule, die noch aus dem früheren Kirchenbau stammen soll. Die Kanzel selbst erinnert mit ihren reichen Verzierungen an Kunstwerke der Lombardo-Schule aus dem frühen 16. Jh. Wie wenige andere Kirchen hat sich San Giacomo dell'Orio den Charakter einer echten Pfarrkirche bewahren können. Keine große Familie und kein Kloster hat hier für eine einheitliche Dekoration gesorgt. Nur ganz allmählich wurde die Ausstattung zusammengetragen.

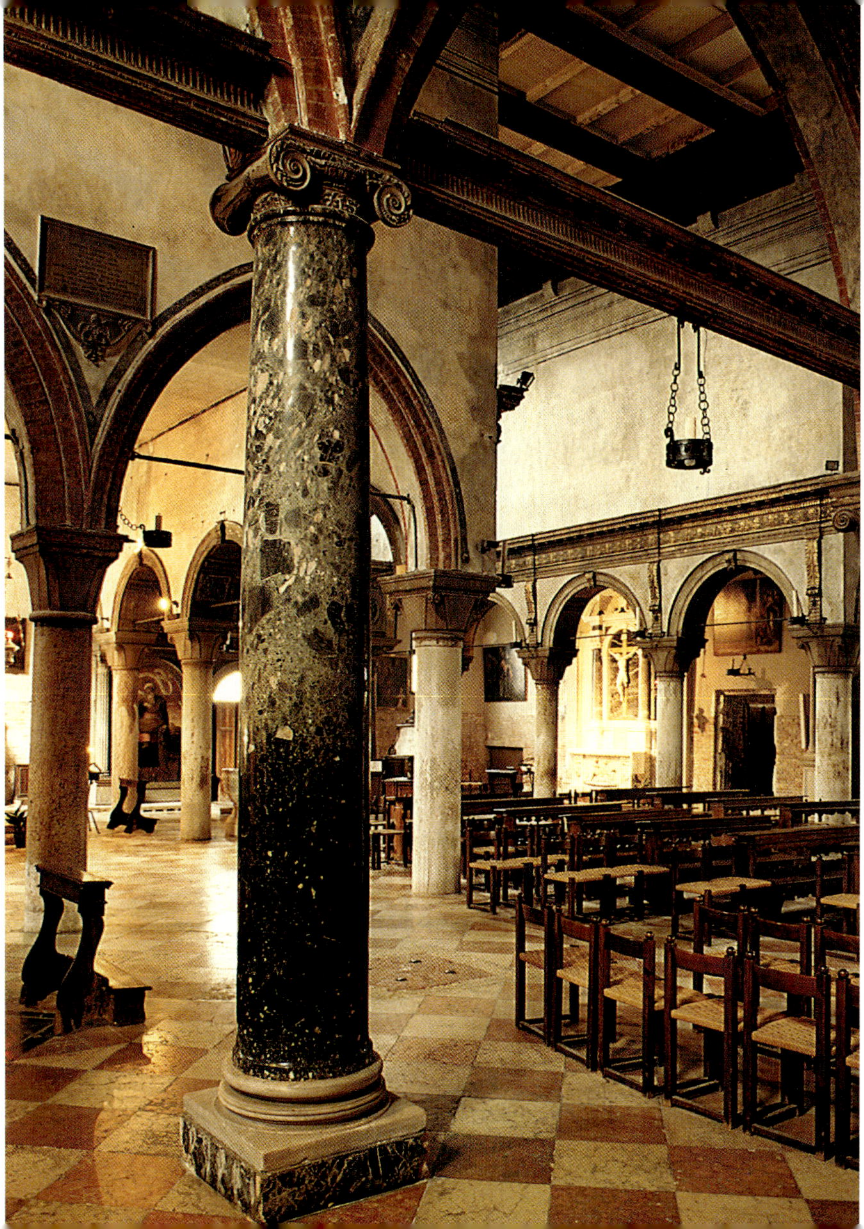

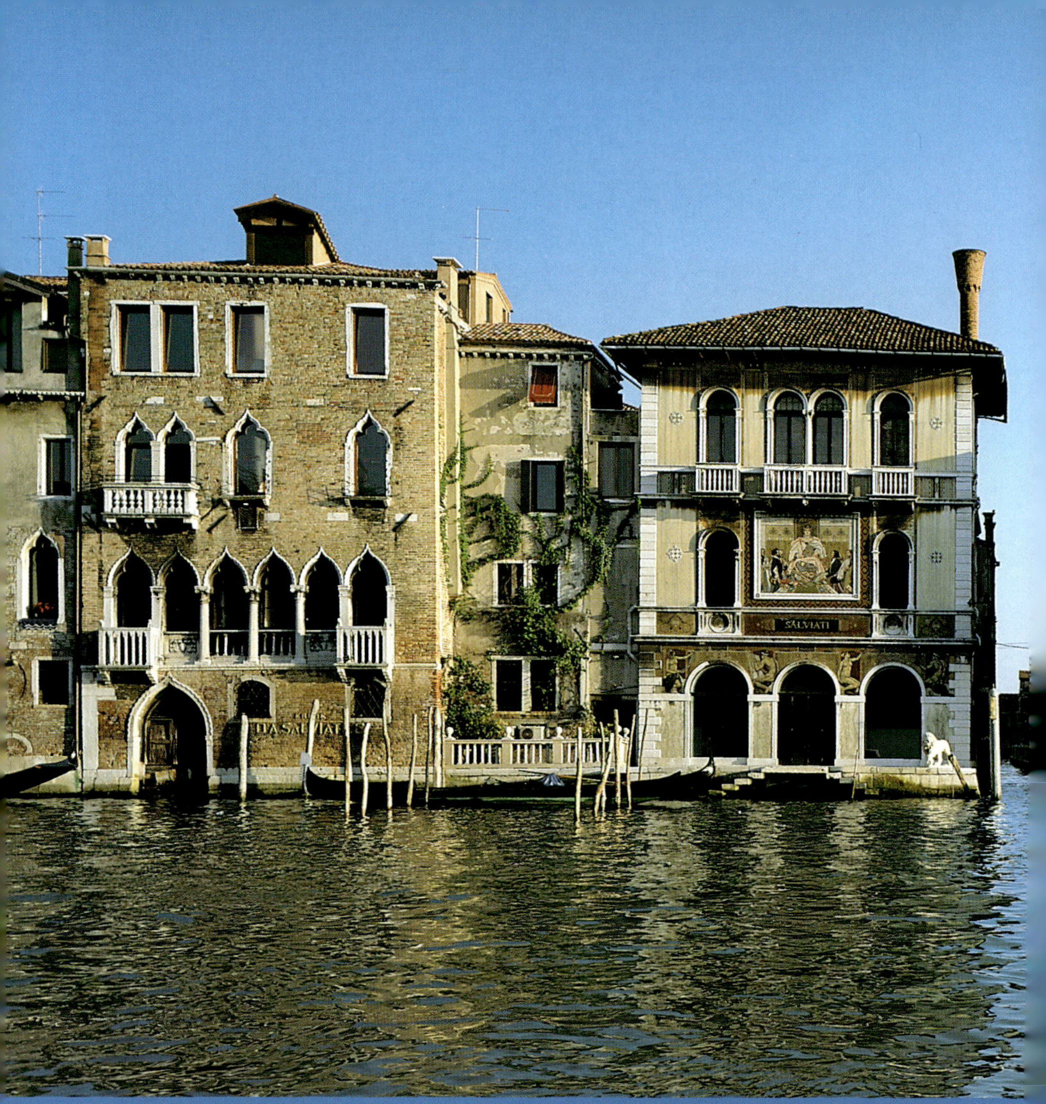
SALVIATI

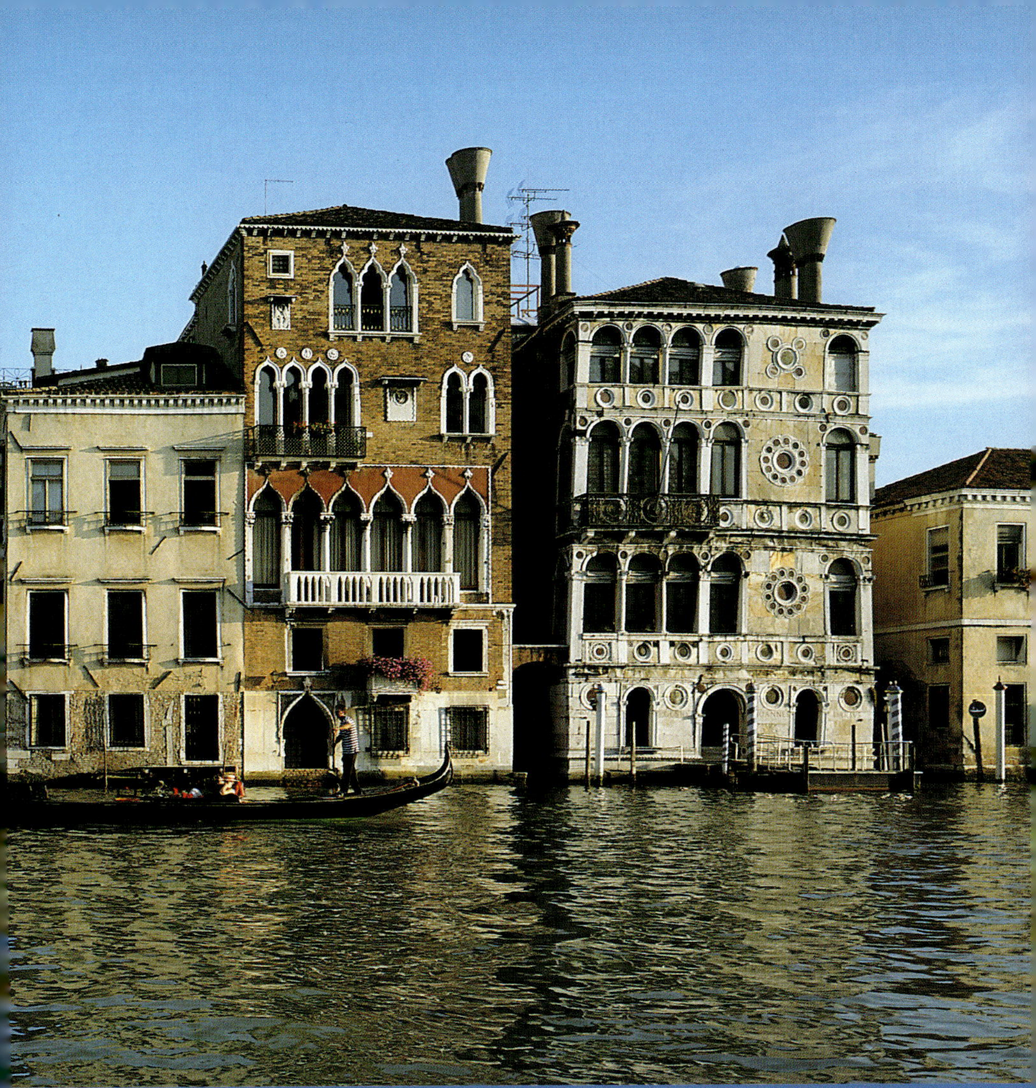

Sestiere Dorsoduro

Dorsoduro

»Dorso duro«, harter Rücken, so heißt der südwestliche Bezirk Venedigs, weil hier im Gegensatz zu anderen Stadtteilen fester, teilweise sogar felsiger Baugrund vorherrscht. Zu Dorsoduro gehören der vornehme Teil am Canal Grande mit der Salute, der Accademia und dem Guggenheimmuseum. Ebenso Teile der Universität, aber auch der Hafen, die eher einfache Gegend um San Nicolò dei Mendicoli und die Insel Giudecca.

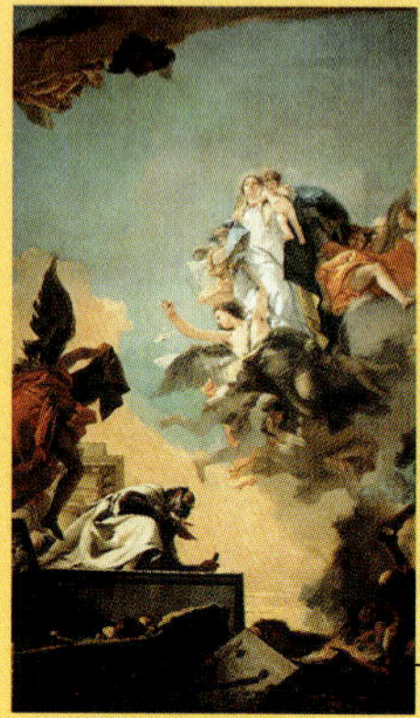

Scuola Grande dei Carmine (Scuola Grande di Santa Maria del Carmelo), Giovanni Battista Tiepolo: Die Madonna mit Kind erscheint dem seligen Simon Stock, 1739–1749, S. 285

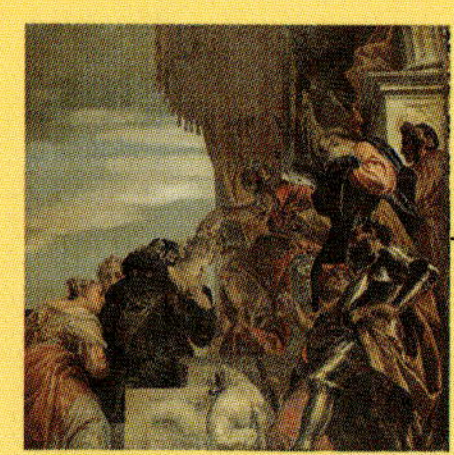

San Sebastiano, Paolo Veronese: Die Krönung der Esther, 1555/56, S. 292

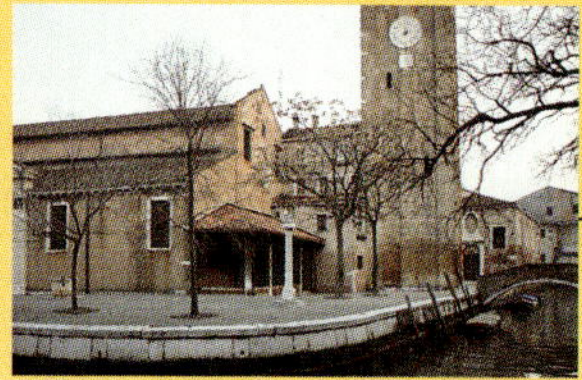

San Nicolò dei Mendicoli, S. 296

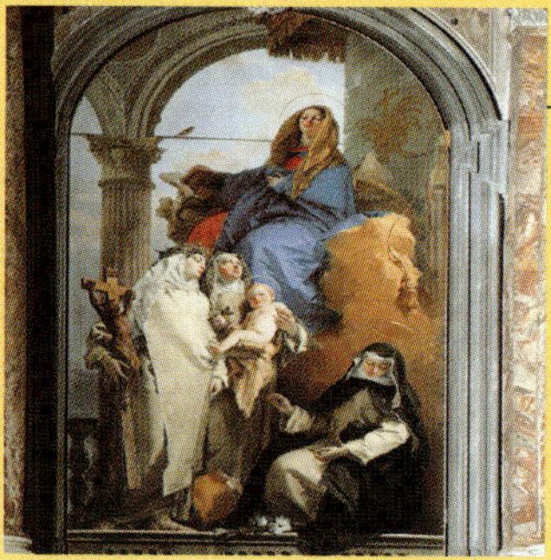

Gesuati-Kirche (Santa Maria del Rosario), Giovanni Battista Tiepolo: Pala delle Tre Sante, um 1748, S. 305

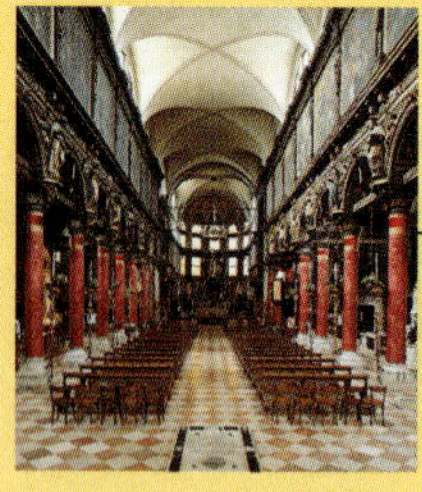

Carmini-Kirche (Santa Maria del Carmelo; Innenansicht), S. 287

Weitere Sehenswürdigkeiten:

1 Chiesa dell' Angelo Raffaele
2 San Trovaso (Santi Gervasio e Protasio)
3 Zattere

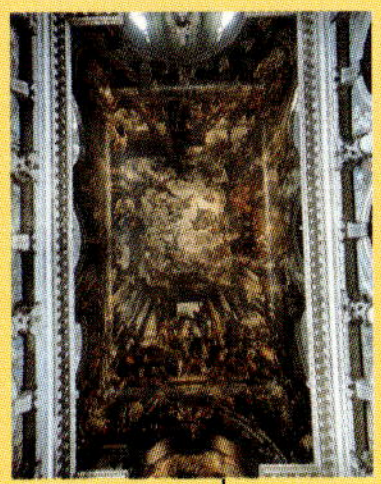

San Pantalon, Antonio Fumiani: Martyrium und Apotheose des Hl. Pantaleon, ab 1684, S. 271

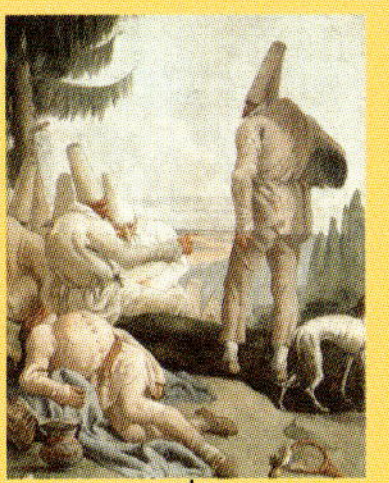

Ca´ Rezzonico, Giovanni Domenico Tiepolo: Pulcinella in Villegiatura, um 1793, S. 277

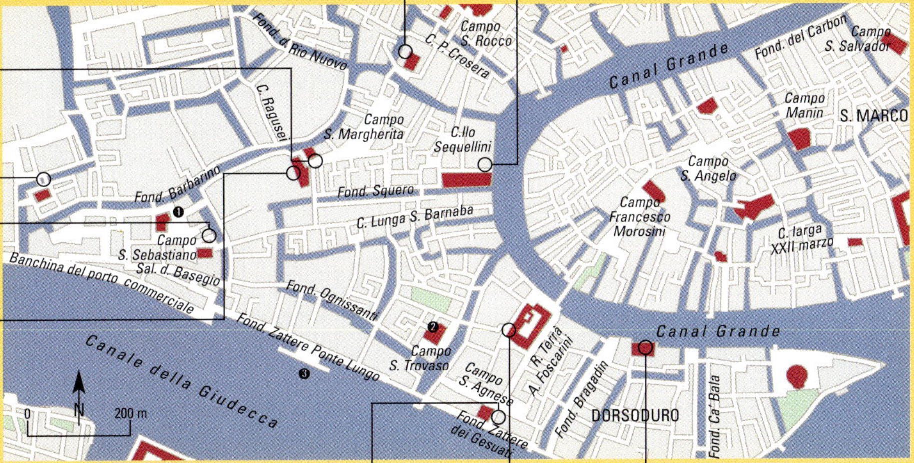

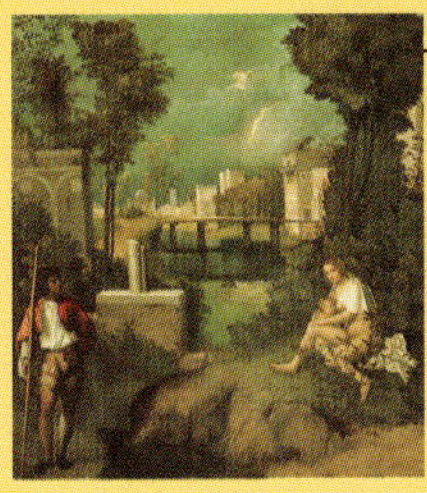

Gallerie dell' Accademia, Giorgione: Das Gewitter, um 1510, S. 318

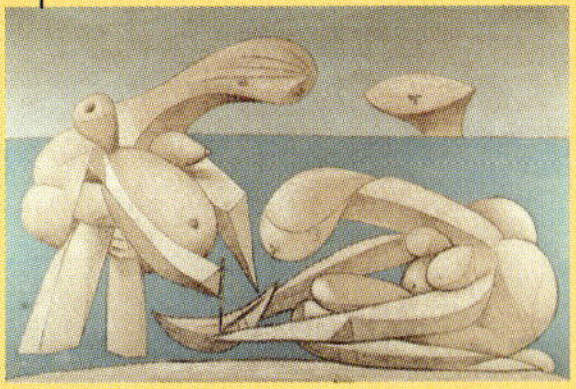

Sammlung Guggenheim, Pablo Picasso: Die Badenden, 1937, S. 338

Zattere

An schönen Frühlings- und Sommerabenden oder auch am Sonntagvormittag trifft man viele Venezianer an den Zattere. Auf dem breiten, kilometerlangen Uferstreifen entlang des Bacino kann man von der Punta della Dogana fast bis an die westliche Spitze Venedigs spazieren. Einige wenige Cafés mit einem schönen Blick auf die gegenüberliegende Giudecca laden den Besucher zum Verweilen ein.
Der Name der Promenade stammt von dem venezianischen »arzere« für Strand. Früher wurden hier die großen Holzflöße angelandet. Sie kamen aus den Bergen herab, um die venezianische Baulust, aber auch den Energiebedarf der großen Stadt zu befriedigen.

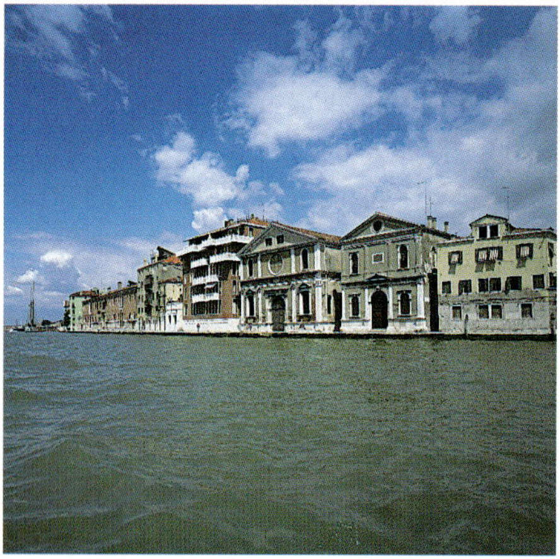

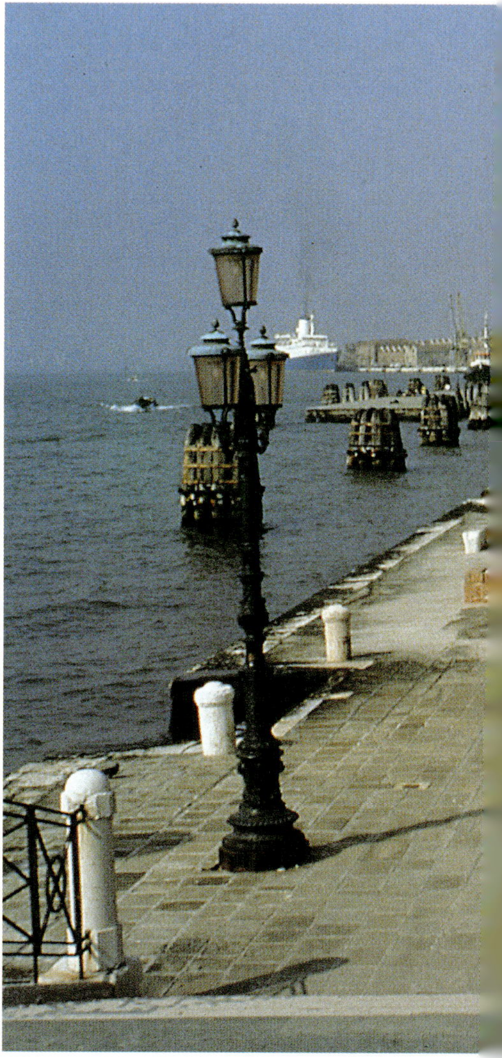

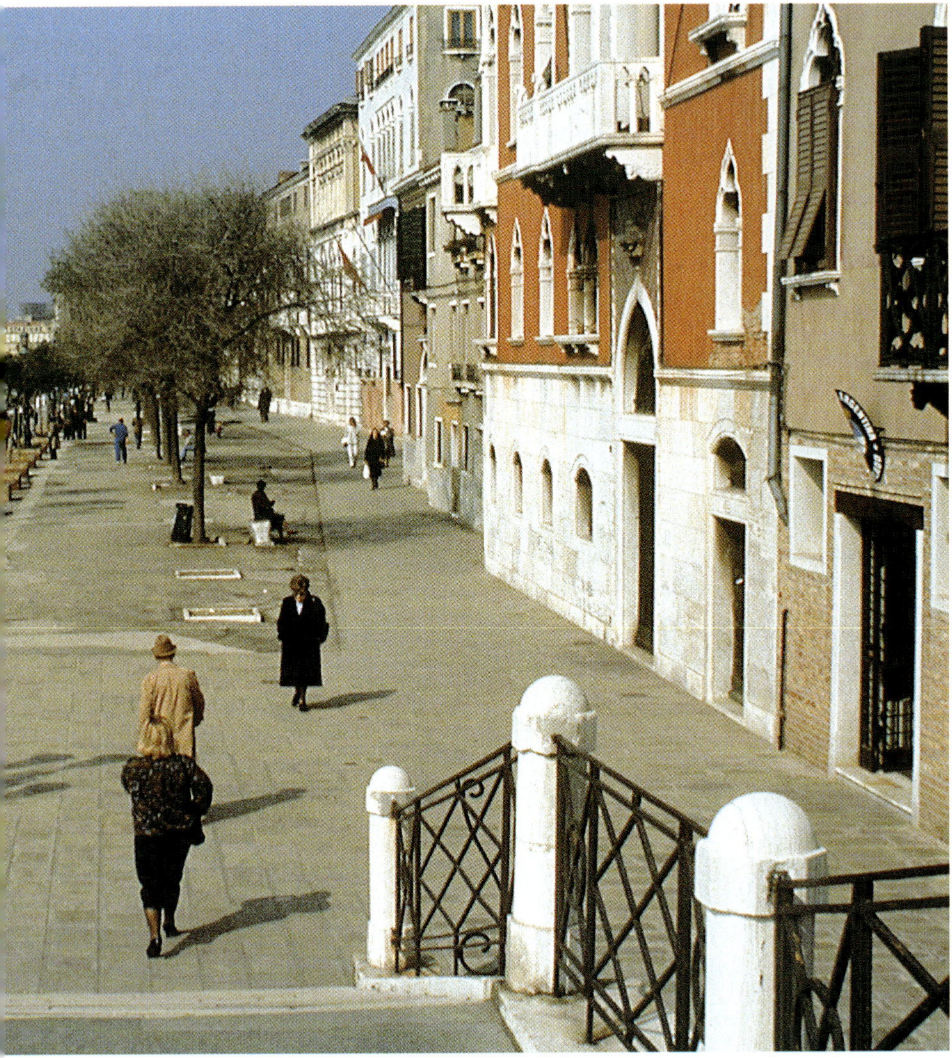

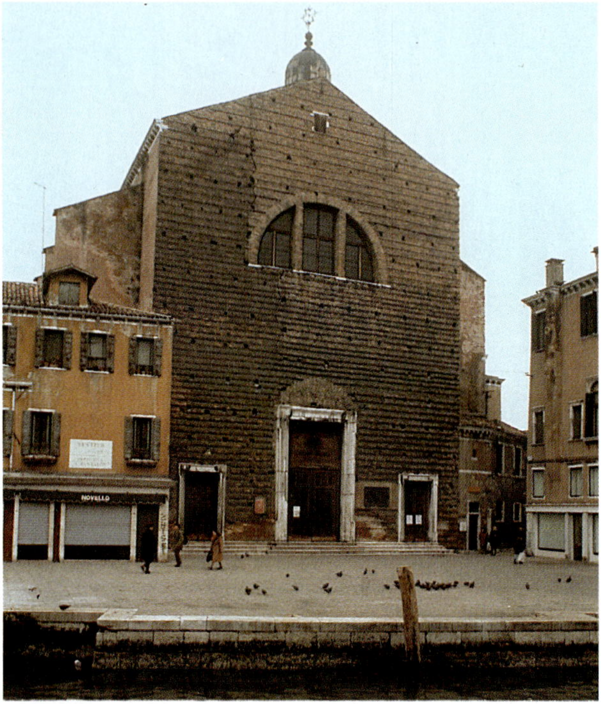

San Pantalon (San Pantaleone)

Das Aussehen der Kirche, der seit ihrer Erbauung im späten 17. Jh. eine richtige Fassade fehlt, bereitet den unvoreingenommenen Betrachter keinesfalls auf das seltsame Wunderwerk barocker Augenlust vor, das sich im Innern entfaltet. Außerdem lohnt die Besichtigung einer besonders schönen Marienkrönung von Giovanni d'Alemagna und Antonio Vivarini aus dem Jahr 1444 in der linken Chorkapelle.

Giovanni Antonio Fumiani: Martyrium und Apotheose des Hl. Pantaleon, ab 1684
Öl auf Leinwand

Giovanni Antonio Fumiani (1643–1710) hat der Ausgestaltung der Kirchendekke ab 1684 fast 25 Jahre seines Lebens gewidmet. Er ist auch hier begraben.
Fumiani malte auf Leinwände. Auf den ersten Blick erkennt man nur eine gewaltige Architektur, die den Kirchenraum in unermeßliche Himmelsweiten öffnet. Erst mit der Zeit macht man die verschiedenen Szenen des Martyriums des Hl. Pantaleon aus. Auf der rechten Seite des Gemäldes befindet sich unter einem Zeltdach der römische Kaiser Diokletian, der Folter und Tod des Heiligen befiehlt. Der Hl. Pantaleon selbst erscheint in sein Schicksal ergeben unter einem hohen Bogen, umrahmt von einer Aura aus hellem Licht. Henkersknechte zeigen ihm die Folterwerkzeuge. Der Himmel ist geöffnet, um die Seele des Heiligen aufzunehmen.

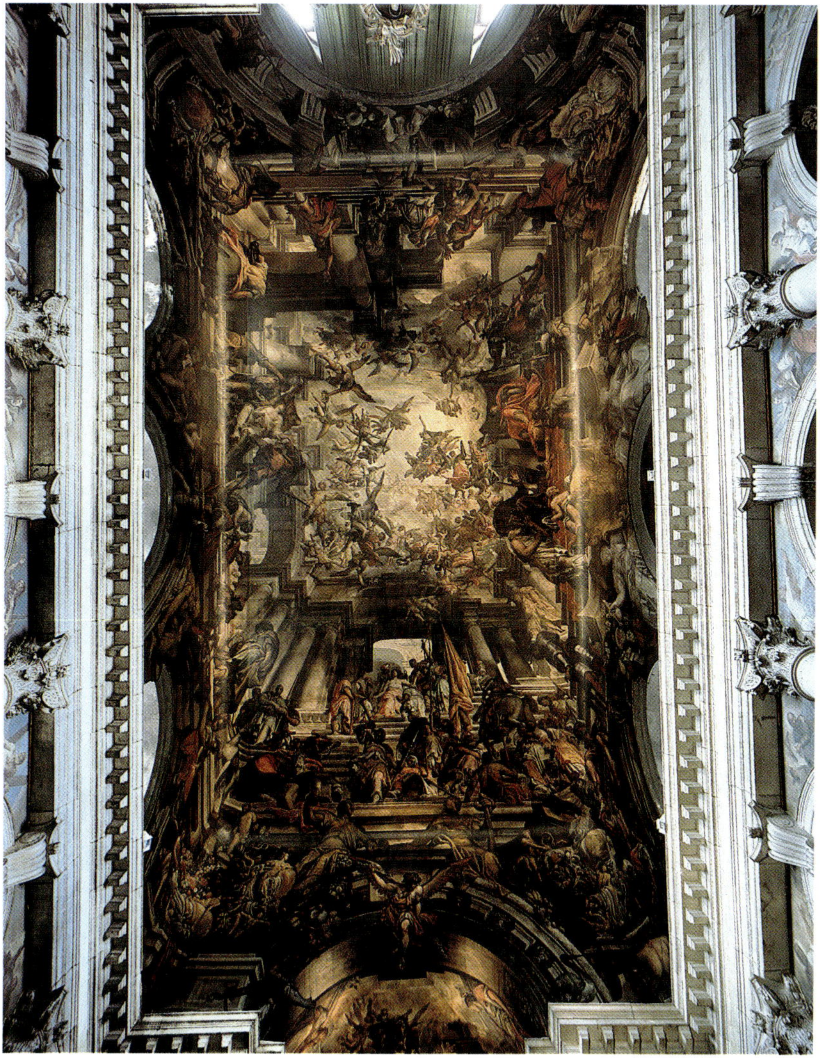

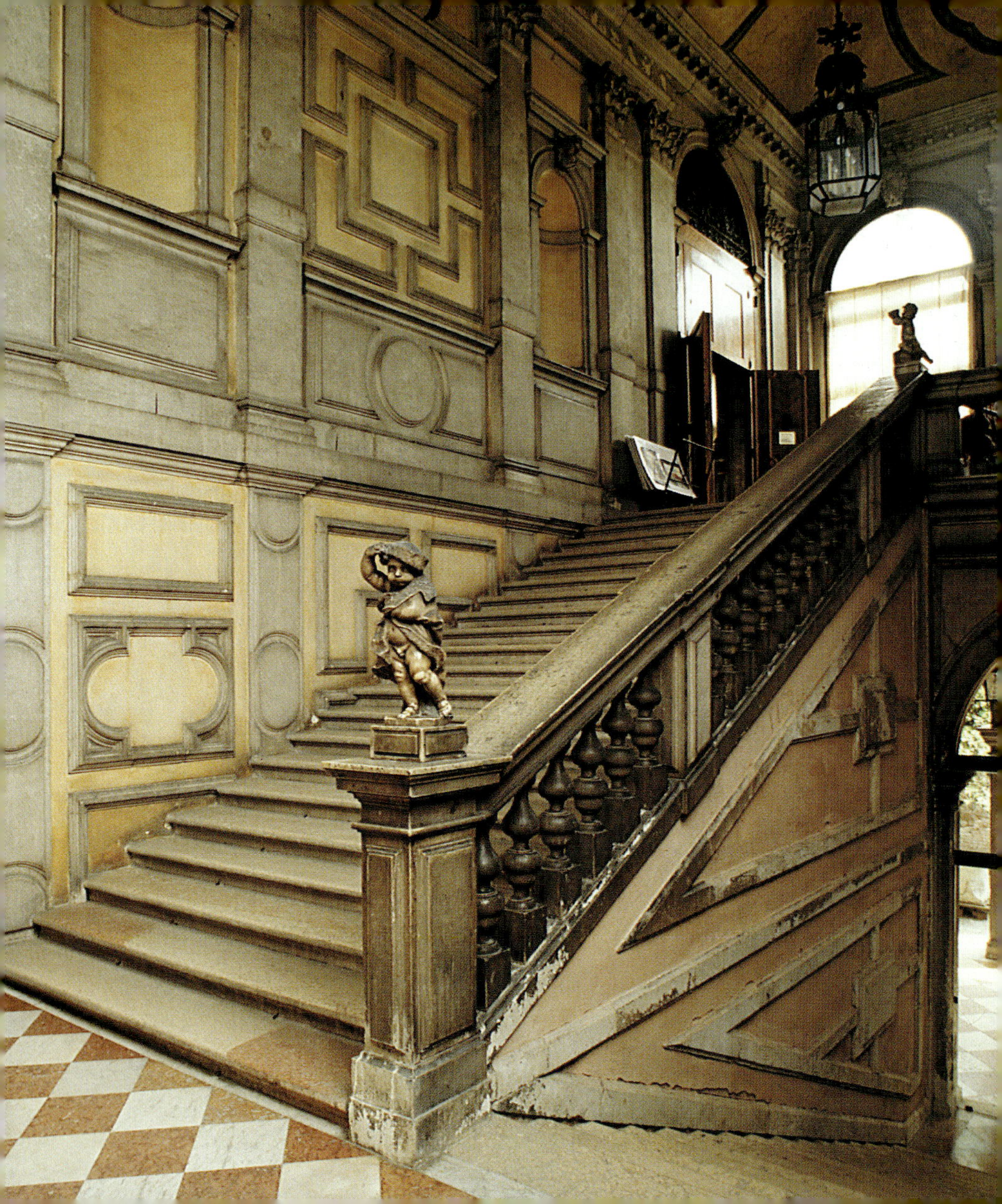

Ca' Rezzonico (Museo del Settecento Veneziano)

Nachdem die Familie Rezzonico den Barockbau (siehe S. 69) 1746 erworben und vollendet hatte, wurde er aufwendig ausgestattet. Giovanni Battista Tiepolo, Andrea Brustolon und andere Künstler wirkten daran mit. Die Innendekoration bietet den einzigartigen und authentischen Rahmen für die venezianische Kunst des 18. Jh.s, die hier ausgestellt ist. Neben Kunstwerken findet man ebenso Porzellan, Möbel, Kleider und andere Gebrauchsgegenstände. Das elegante Treppenhaus, durch das man zu den Prunkräumen im ersten Stock und zu den Ausstellungsräumen hinaufsteigt, wurde von Giorgio Massari geschaffen.

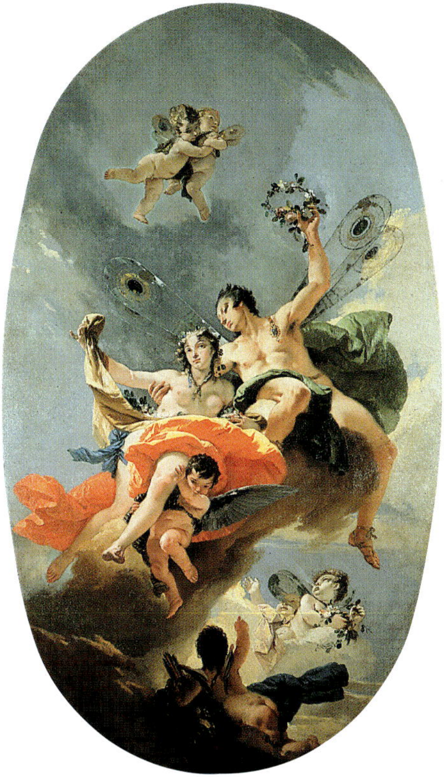

Giovanni Battista Tiepolo:
Der Triumph von Zephyr und Flora, 1731/32
Öl auf Leinwand, 395 x 225 cm

Das Gemälde zeigt die göttliche Personifikation des Westwindes mit der Göttin der Blumen und des Frühlings. Während Zephyros mit zarten, durchscheinenden Flügeln ausgestattet ist, wird Flora, die er sanft umfängt, von einem Putto gestützt. Auf einer schräg aufsteigenden dunklen Wolkenformation schweben die beiden empor. Darunten zeigt Amor, der Liebesgott, auf das Paar. Die Farbpalette ist typisch für Tiepolo und verleiht dem Bild Leuchtkraft und Helligkeit. Es gehörte ursprünglich nicht in die Ca' Rezzonico, sondern in die Ca' Pesaro. Wahrscheinlich entstand das Gemälde anläßlich der Hochzeit von Antonio Pesaro und Caterina Sagredo, die 1732 stattfand. Glück und Fruchtbarkeit, Verheißungen des Gemäldes, blieben dem Paar allerdings verwehrt. Antonio starb kurz nach der Heirat und hinterließ Caterina als kinderlose Witwe.

Giovanni Battista Tiepolo:
Allegorie auf die Hochzeit von Ludovico Rezzonico und Faustina Savorgnan, 1758
Fresko, 630 x 1030 cm

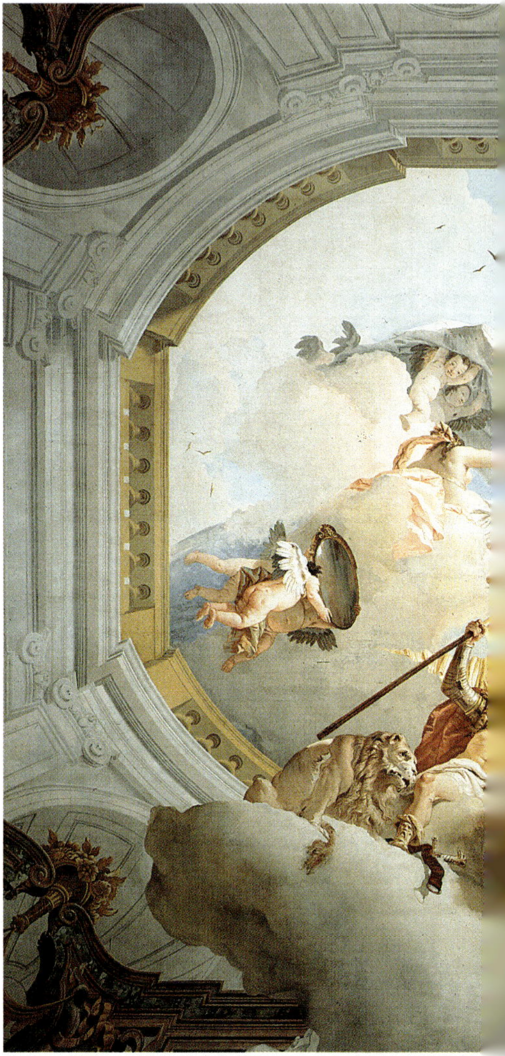

Anläßlich der Hochzeit von Faustina Savorgnan und Ludovico Rezzonico am 16. Januar 1758 ließ die Familie die Decken in zwei Räumen von Giovanni Battista Tiepolo (1696–1770) und seinem Mitarbeiter Gerolamo Mengozzi Colonna ausmalen. Die beiden Fresken beziehen sich direkt auf die glückliche Verbindung. In der sog. Sala dell' Allegoria Nuziale (dem Saal der Hochzeitsallegorie) haben die Neuvermählten auf dem von prächtigen weißen Rössern gezogenen Sonnenwagen des Apoll Platz genommen. Apollo, der u. a. auch als der griechische Sonnengott gilt, steht hinter ihnen. Sie sind umgeben von den drei Grazien und Personifikationen des Ruhmes, der Weisheit und des edlen Verdienstes, die ihnen eine glückliche Zukunft verheißen. Auch das milde Licht des sonnenüberstrahlten Himmels scheint auf Glück und Freude in der Zukunft vorauszudeuten.
Hochzeiten waren häufig ein willkommener Anlaß für die Neuausstattung von einzelnen Räumen oder auch eines ganzen Palastes. Besonders dann, wenn es gelungen war, zwei bedeutende Adelshäuser zusammenzuführen. Persönliche Sympathien des Paares spielten bei den Adelshochzeiten eine kleinere Rolle. Allerdings war es auch keineswegs so, daß immer aus materiellen Gründen geheiratet wurde.

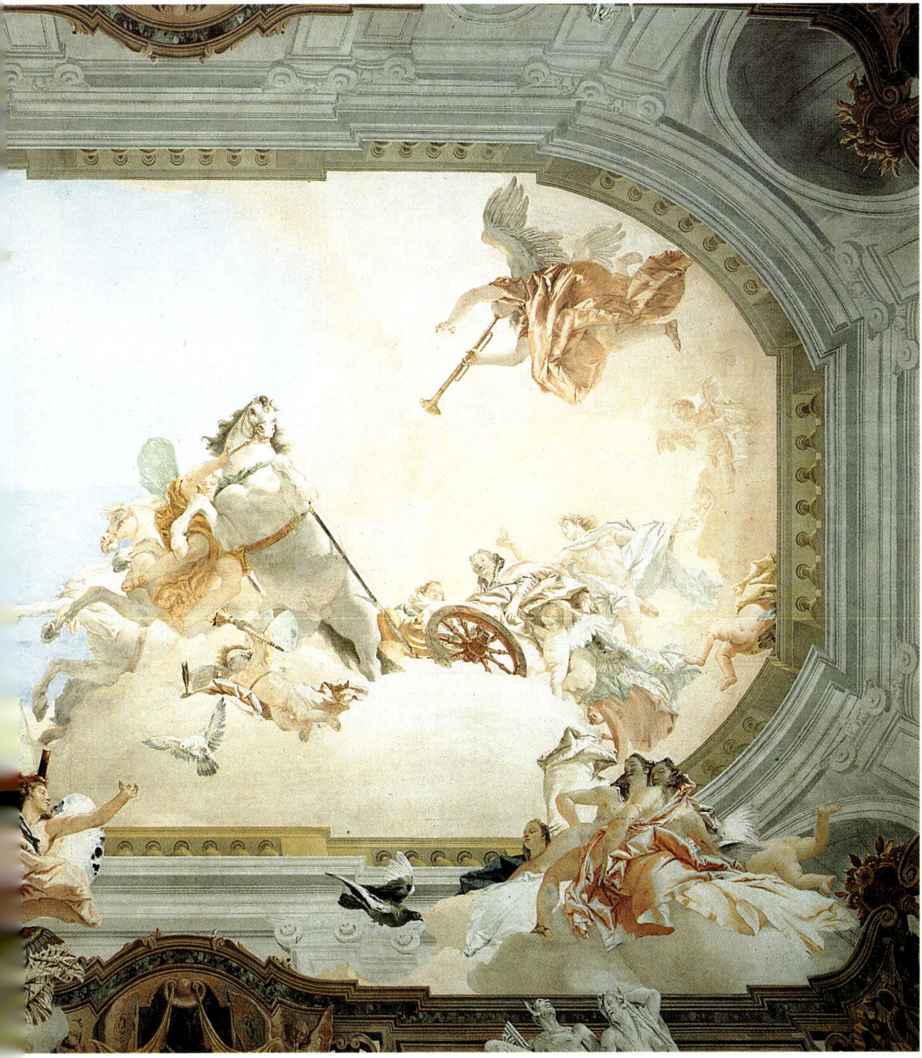

Männerkleidung des 18. Jh.s

Das Museum zeigt eine Vielzahl von Gegenständen aus dem 18. Jh., als sich die vornehme Gesellschaft ganz Europas in Venedig versammelte, um das Leben zu genießen. Die Reisenden erwarben meist Produkte der venezianischen Luxusindustrie, wie Glaskunst und Spitzen, die in diesem Museum zu bewundern sind. Die Ca' Rezzonico verfügt auch über eine interessante Sammlung von Kleidungsstücken aus der Zeit des Rokoko.

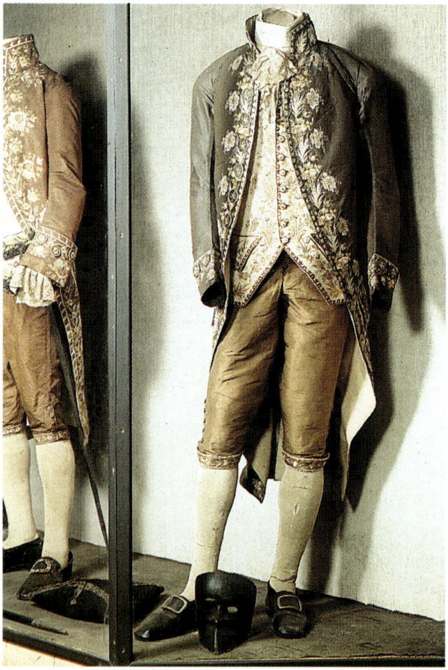

Giovanni Domenico Tiepolo: Pulcinella in Villegiatura, um 1793

Fresko (abgenommen), 198 x150 cm

1753 erwarb der Maler Giovanni Battista Tiepolo, der inzwischen ein stattliches Vermögen verdient hatte, wie andere reiche Venezianer eine Landvilla. Sie befindet sich in Zianigo unweit von Mestre. Sein Sohn Domenico (1727–1804), der sein Handwerk in der Werkstatt des Vaters erlernt hat und häufig mit ihm zusammenarbeitete, schmückte den Landsitz in jahrelanger Arbeit mit Fresken. Im Gegensatz zu anderen Ausmalungen dieser Art wird in der Malervilla keine bedeutende Familientradition verherrlicht. Giovanni Domenico ließ seiner Phantasie freien Lauf und gestaltete die Räume mit Zentauren und Alltagsszenen oder, wie hier, mit Figuren der Commedia dell'arte. Auf den ersten Blick überwiegt der heitere Aspekt einer Versammlung von traditionellen weißen Clowns (Pulcinelle), die sich den Freuden des Villenlebens hingeben. Auf den zweiten Blick erkennt man einen ironischen, teilweise satirischen und durchaus sozialkritischen Unterton. Mit den beliebten Figuren der Commedia dell'arte, die schon in ihrer Rollencharakteristik mit einigen schlechten Eigenschaften wie Verfressenheit, Faulheit und Habgier ausgestattet sind, war eine Thematik zu verwirklichen, die von den bis dahin üblichen Villenausmalungen abweicht. Die Fresken wurden 1906 abgenommen und sind seit 1936 in der Ca' Rezzonico ausgestellt.

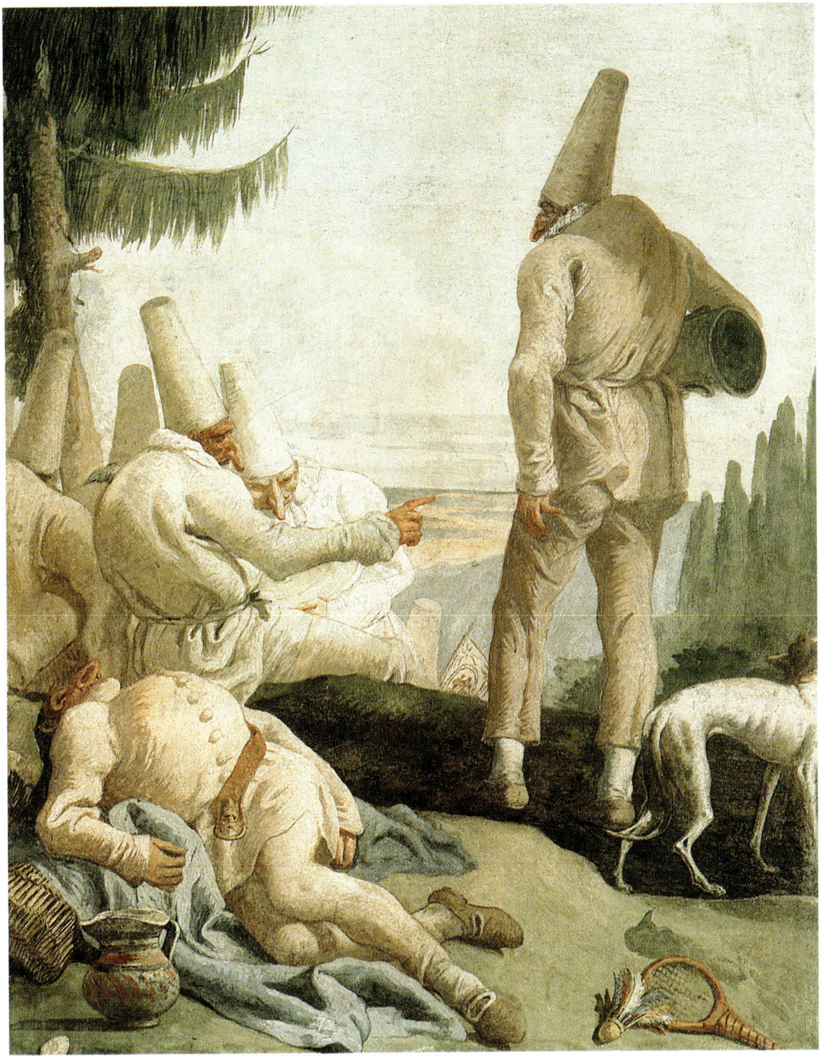

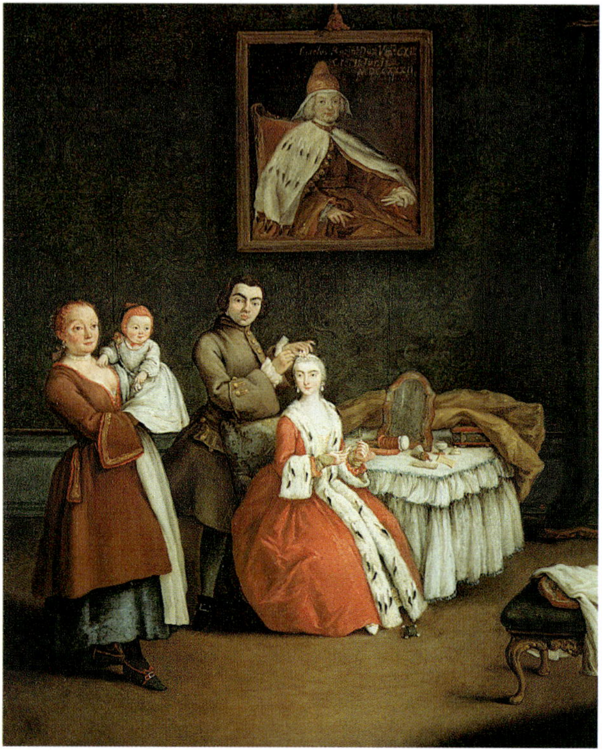

Pietro Longhi:
Der Friseur und die Dame, um 1760
Öl auf Holz, 63 x 51 cm

Das Museum verfügt auch über eine großartige Sammlung von Werken Pietro Longhis (1702–1775), der wie kein anderer Maler das venezianische Leben des 18. Jh.s getreu kopiert hat. Das Gemälde zeigt eine elegante Dame des Rokoko, die an ihrem Frisiertisch unter dem Bild des Dogen Carlo Ruzzini (reg. 1723–1735) sitzt; wahrscheinlich ist sie ein Mitglied der Familie Ruzzini. Auf dem Tischchen sieht man einen Spiegel, eine wertvolle Puderdose aus Porzellan, Kämme und Puderquasten, die für die Toilette notwendig sind. Der Tisch ist mit einem feinen weißen Stoff überzogen, ein anderer goldener Stoff ist hinter den Spiegel zurückgeschlagen. Es bleibt unklar, ob damit der Tisch verdeckt wird, oder ob es vielleicht ein Kleidungsstück ist, das die Dame noch anlegen wird. Eine Amme mit roten Wangen und ungepudertem Haar trägt ein Kind herein, während die Dame des Hauses frisiert wird. Der rote Mantel mit dem überaus wertvollen Hermelinbesatz, den die Adelige trägt, deutet darauf hin, daß sie sich auf ein Fest oder ähnliches vorbereitet. Der Mantel erinnert gleichzeitig an das Dogengewand, das der Porträtierte im Bild über ihr trägt. Und selbst die rote Mütze des Kindes wirkt wie eine Wiederholung der rotgoldenen Dogenkappe. All diese möglichen Bezüge sind spielerische Hinweise auf eine bedeutende Familientradition.

Pietro Longhi:
Der Besuch der Bauta, um 1760 – 1770
Öl auf Holz, 62 x 50 cm

Eine junge Dame in einem rot-blauen, in Schnitt und Farbe an eine fesche Uniform erinnernden Kleid, sitzt mit zwei Männern an einem Nähtischchen. Sie ist mit einer feinen Stickerei beschäftigt. Aus der Tasche des stehenden Mannes ragt ein Notenblatt hervor. Der andere Besucher trägt die traditionelle Maske, die sog. Bauta, die die vornehmen Venezianer im späten 18. Jh. fast ständig trugen. Eine Bedienstete bringt auf einem Tablett eine kleine Kanne und zwei Tassen herein. Wahrscheinlich handelt es sich dabei um Kakao, dem Modegetränk der eleganten Welt des Rokoko. Das Nähtischchen und ein Perükkenkopf auf der Kommode rechts, der eine elegante Haube trägt, vermitteln den Eindruck, als würde es sich um den privaten Raum der jungen Dame handeln. Der stehende Mann, für den weder ein Stuhl noch eine Tasse vorgesehen ist, könnte vielleicht der Musiklehrer sein, der die verfängliche Situation eines Herrenbesuches in den Räumen einer jungen Dame durch seine Anwesenheit mildert. Auch wenn auf diese Weise der eindeutig niedrigere Rang des Musiklehrers deutlich gemacht wird, kommt ihm innerhalb des Bildes doch eine größere Bedeutung zu als dem vornehmen Herren. Dieser verschwindet gleichsam hinter seiner Maske, während die Dame und ihr Lehrer, ja selbst das kleine Dienstmädchen porträtiert werden.

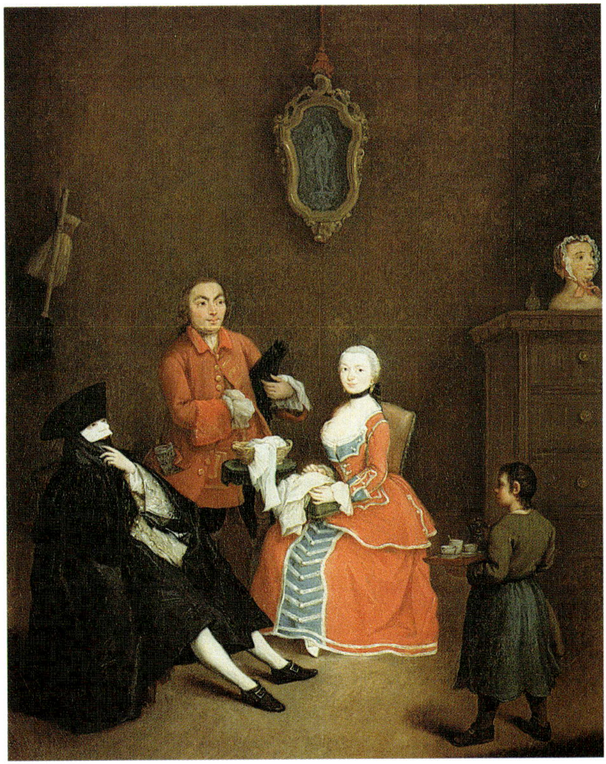

Nicht nur ein begabter Liebhaber: Giacomo Casanova

Es war eine wunderliche Erscheinung, die sich Joseph Karl Emanuel Graf von Waldstein da als Bibliothekar mit 1 000 Gulden Jahresgehalt plus Kutsche und Diener sowie freier Kost und Logie auf seinem Schloß Dux in Böhmen angestellt hatte. Ein alternder, ehemals schöner, hochgewachsener Venezianer, der den anderen Bewohnern des Schlosses und den seltenen Gästen mit seinem altmodischen Französisch, seinem Federhut, seinen goldbestickten Seidenwesten und seinen gepuderten Haaren wie eine Erscheinung aus einem vergangenen Jahrhundert vorgekommen sein muß. In seinen letzten Lebensjahren, die er 1785–1798 hier verbrachte, war Giacomo Casanova, so der Name des Bibliothekars, ein Relikt einer Zeit, die in den Stürmen der Französischen Revolution endgültig hinweggefegt worden war. Die neue Zeit, die nach seinem Tod für ganz Europa anbrach und die an romantische Werte wie Ehrlichkeit, Treue und Vaterlandsliebe glaubte, hätte keine Verwendung mehr gehabt für einen Casanova, einen galanten Schwindler, einen subtilen Betrüger, einen chamäleonhaften Kosmopoliten, der sich

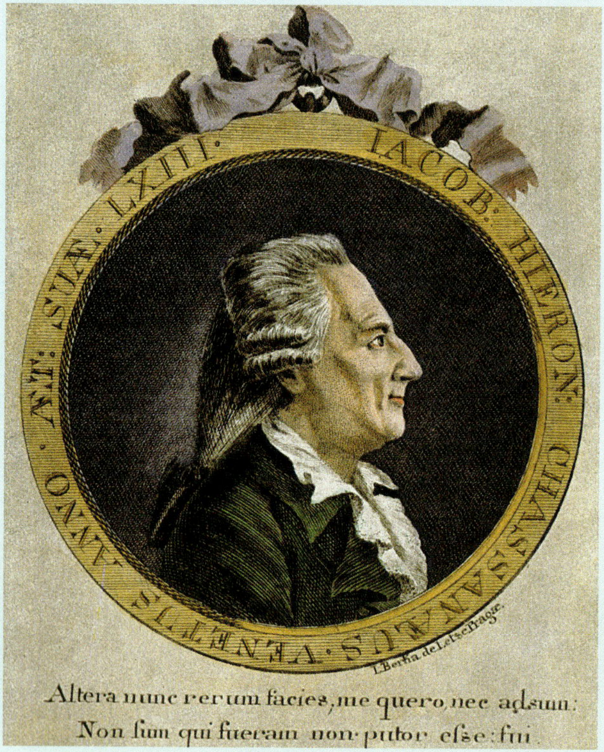

Johann Berka: Giacomo Casanova im Alter von 63 Jahren, kolorierter Kupferstich

auf der ganzen Welt zu Hause fühlte. Er war ein eleganter Liebhaber, für den die Frauen viel zu interessant waren, als daß er sich nur auf eine hätte beschränken mögen. Schon von seinen Zeitgenossen vergessen (mit Ausnahme seiner zahlreichen Gläubiger), widmete er sich auf Schloß Dux dem, was er selbst vielleicht für seine ureigenste Bestimmung gehalten haben mag: alchemistischen Forschungen und der Abfassung seiner Memoiren. Seine Lebensbeschreibung, die so farbig und frivol von der endgültig versunkenen Welt des Rokoko berichtete, fand zwar nach seinem Tode einen Verleger, doch nur in einer mehr oder weniger auf die erotischen Abenteuer reduzierten Form. Ein eifriger Lektor des 19. Jh.s, der sie für das Publikum aufbereitete und dem die Leichtigkeit und die große Sympathie und Diskretion, mit der Casanova von seinem amourösen Abenteuern berichtete, vollkommen unverständlich blieb, hat sie mit drastischen Ausschmückungen versehen. So wurde der Name Casanova zu einem Synonym für männliche Potenz, das für eifrige Verführer ebenso herhalten muß wie für zwielichtige Etablissements. Der echte Casanova war viel mehr als das. Er war mit seiner Lust am Spiel, an der Maskerade eine durch und durch typische Figur des 18. Jh.s. Dazu gehörte auch eine unverstellte Freude an der Erotik, wie sie dem heutigen Leser seiner Lebensbeschreibung nach der Prüderie des 19. Jh.s kaum noch vorstellbar ist. Daß Casanova

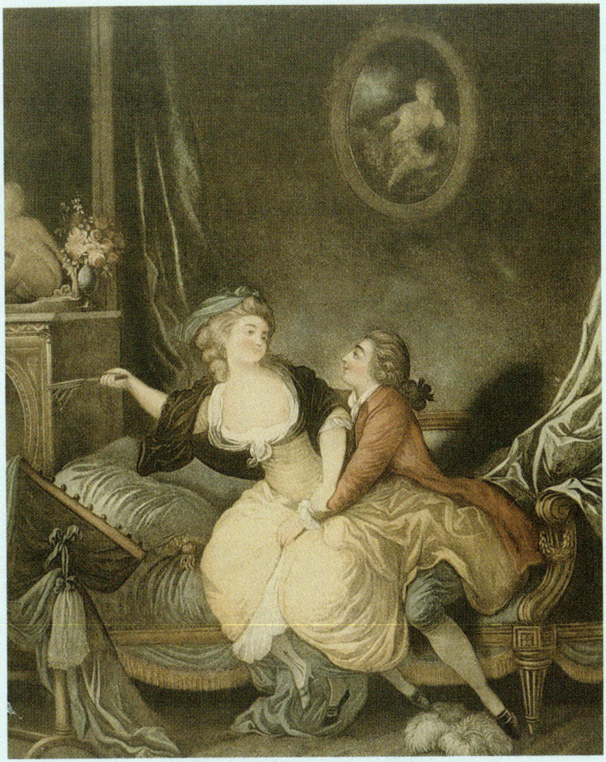

Louis Marin Bonnet: Der zerbrochene Fächer, um 1780, Farbkupferstich nach Jean-Baptiste Huet, Archiv für Kunst und Geschichte, Berlin

1725 in Venedig, im 18. Jh. eine Stadt des Vergnügens und des ewigen Karnevals, als Sohn einer bekannten Schauspielerin und eines Theaterdirektors geboren wurde, scheint symptomatisch. Von seiner Familie war er für die Theologie bestimmt, doch er selbst interessierte sich viel mehr für Medizin, die universelle Naturwissenschaft seiner Zeit. Während des Studiums in Padua bildete er sich auch in dieser Disziplin. In Venedig vervollkommnete er seine Studien auf allen naturwissenschaftlichen Gebieten im Kloster von Santa Maria della Salute bei Pater Barbarigo, einem der führenden Spezialisten in Italien. Daß Casanova seine Kenntnisse v. a. für Betrügereien einsetzte, scheint seiner Beliebtheit in den höchsten Kreisen Europas keinen Abbruch getan zu haben. Sein Wissen diente ihm nicht nur dazu, Tinten herzustellen, die nach einiger Zeit unsichtbar wurden und sich hervorragend zum Schreiben von Liebesbriefen und zum Unterschreiben von Wechseln eigneten. Er setzte es genauso ein, um eine Vermehrung von Quecksilber vorzutäuschen, im Auftrag der französischen Krone eine staatliche Lotterie zu inszenieren, verführerische Duftstoffe herzustellen, einen utopischen Roman zu verfassen oder Farbstoffe für die Webereien seines letzten Gönners Graf Waldstein zu entwickeln. Einmal jedoch hat es ihn aus einer mehr als brenzligen Situation befreit, die seiner Karriere ein sehr frühes Ende hätte bereiten können.

Gefängnistür im Dogenpalast

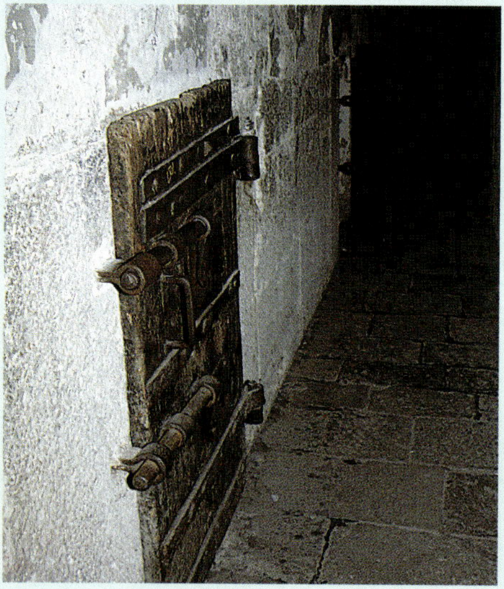

Die venezianischen Behörden waren zwar jederzeit bereit, bei kleinen Betrügereien, wie sie bei den beliebten Spielen in den »Ridotti« ständig vorkamen, ein Auge zuzudrücken. Ein Feld, auf dem sie jedoch keinerlei Spaß verstanden, war die Spionage und der Verrat von Staatsgeheimnissen. Und Casanova verfügte über beste Kontakte zum französischen Botschafter, schließlich teilte man sich eine Geliebte. Allein dies genügte, um den Venezianer unter einem ziemlich fadenscheinigen Vorwand in der Nacht vom 25. auf den 26. Juli 1755 zu verhaften und ohne Gerichtsverhandlung in die Bleikammern, das Gefängnis unter dem Dach des Dogenpalastes, bringen zu lassen. Aus den Akten geht hervor, daß er zu fünf Jahren verurteilt war. Ihm selbst wurde jedoch weder der Grund für seine Verhaftung noch das Urteil mitgeteilt. Der Unglückliche mußte davon ausgehen, bis zum Ende seiner Tage in Haft zu bleiben. Sofort sann er auf Flucht, die vor ihm noch keinem gelungen war.

Bei Spaziergängen auf den Dächern des Dogenpalastes, die er unternehmen durfte, während seine Zelle gereinigt wurde, entdeckte er ein Stück Eisen und ein Stück Marmor. Mit Hilfe des Steines fertigte er sich ein Werkzeug. Auch konnte er sich aus Baumwolle, Salatöl, Schwämmen, die er sich gegen Schweißflecken in seine Jacke hatte einnähen lassen, und Schwefel, den er sich wegen angeblicher Zahnschmerzen kommen ließ, eine Lampe basteln, und so arbeitete er in der Nacht an einem Loch im Boden seiner Zelle.
Dieser erste Ausbruchversuch wurde jedoch entdeckt und Casanova wurde verlegt. Immerhin war es ihm möglich, sein Werkzeug zu retten, das er nun, weil er allzu häufig kontrolliert wurde, in einer Bibel versteckt an einen Mitgefangenen sandte. Jenem, dem Mönch Marino Balbi, trug er auf, diesmal ein Loch in die Zellendecke zu schlagen. Im zweiten Anlauf gelang die Flucht. Beide stiegen über die Dächer in den Dogenpalast ein. Der Türschließer wurde alarmiert und entließ die beiden vermeintlich versehentlich Eingesperrten, die in die nächste Gondel sprangen und Venedig verließen, noch ehe ihr Entkommen entdeckt wurde.
Die Geschichte seiner Flucht, die er 1787 unter dem Titel »Histoires de ma fuite« in Prag herausgab, wurde zu Casanovas Eintrittsbillet zum europäischen Hochadel, das so lange gültig war, wie sich die gesellschaftlichen Verhältnisse nicht wandelten. In der Einsamkeit von Schloß Dux interessierte sich niemand mehr für die Abenteuer eines merkwürdigen und launischen alten Mannes. Erst heute, 200 Jahre nach seinem Tod, beginnt man wieder, seine große allgemeine Bildung auf allen wesentlichen Gebieten seiner Zeit zu würdigen und in Giacomo Casanova mehr zu sehen als nur einen begabten Liebhaber oder einen ausdauernden Verführer.

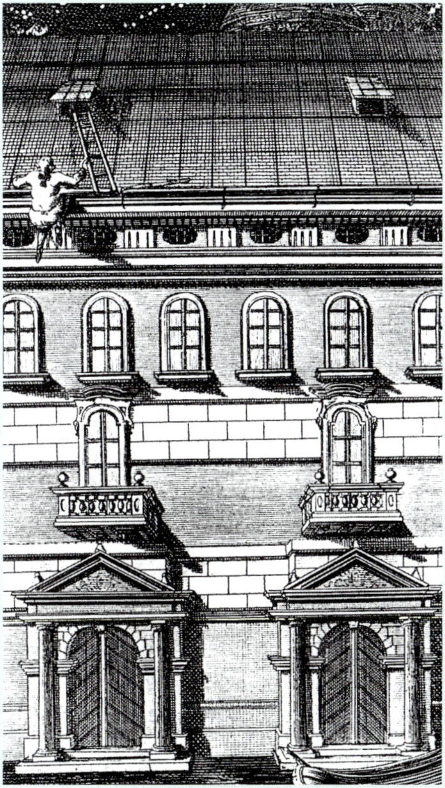

Heinrich Berka: Casanovas Flucht aus den Bleikammern über die Dächer des Dogenpalastes, 1788, Kupferstich, in Erstausgabe: »Geschichte meiner Flucht«.

Scuola Grande dei Carmine (Scoula Grande di Santa Maria del Carmelo)

Die Scuola Grande dei Carmine war 1594 die letzte Neugründung, die zu den sechs großen Bruderschaften gezählt wird. Sie stellte sich unter die Obhut der Maria vom Karmel und lehnte sich eng an das Karmeliterkloster an, in dessen unmittelbarer Nähe sie auch ab 1627 ihr Bruderschaftshaus errichten ließ. Die trotz ihrer reichen Gliederung nicht schwülstig, sondern durch schlanke Säulen und feingliedrige Ornamentik eher verspielt wirkende Fassade des Bauwerks wird Baldassare Longhena zugeschrieben. Die Scuola erfreute sich v. a. im 17. und 18. Jh. außerordentlicher Beliebtheit und war einer der wichtigsten Träger der Laienfrömmigkeit und der karitativen Werke in Venedig. 1675 hatte sie 75 000 Mitglieder, d. h. fast die Hälfte der venezianischen Bevölkerung. Auch diese Scuola wurde unter Napoleonischer Herrschaft aufgelöst. Doch ihr guter Ruf (wie auch einige ihrer angesehenen Mitglieder) überdauerte die kurze Regierungszeit des selbstgekrönten Kaisers. Unter österreichischer Herrschaft veranlaßte 1840 Kaiser Ferdinand I. die Neugründung der berühmten »Scuola«. Sie ist bis heute aktiv. Und wie die Tafeln mit den Namen ihrer Mitglieder im Erdgeschoß zeigen, können heute auch Frauen Mitglied werden.

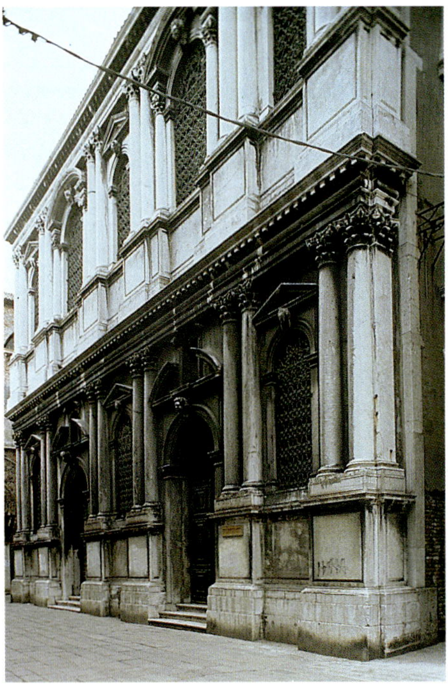

Giovanni Battista Tiepolo:
Die Madonna mit Kind erscheint dem seligen Simon Stock, 1739–1749
Öl auf Leinwand, 533 x 342 cm

Die reiche Scuola beauftragte den führenden venezianischen Maler des 18. Jh.s mit einem Gemälde für die Decke ihres Kapitelsaales (Sala capitolare) im Obergeschoß des Hauses. Im Erdgeschoß, das traditionell weniger reich ausgestattet war, schuf Nicolò Bambini monochrome Gemälde mit Themen aus dem Marienleben. Tiepolos Decke im Obergeschoß zeigt die Übergabe des Skapuliers an den seligen Simon Stock, jenen englischen Ordensgeneral aus dem 13. Jh., der die Karmeliter nach ihrer Vertreibung aus dem Heiligen Land vom Eremitentum zu einem in der Stadt lebenden Bettelorden reformiert hat. Das Skapulier, ein schmaler Tuchstreifen, ist bei den Karmelitern das Zeichen dafür, daß sie sich ganz der Madonna weihen. Denn die Gottesmutter war Simon Stock in einer Vision erschienen und hatte ihm selbst jenes Band zum Zeichen ihres Schutzes überreicht. Um das Mittelbild herum sind Verkörperungen der Kardinaltugenden, Demut, Hoffnung, Wohltätigkeit, Sanftmut, Gerechtigkeit, Mäßigung, Klugheit, und Tapferkeit sowie Engel gruppiert. Von der reichen Ausstattung ist außerdem das Gemälde »Judith und Holofernes« von Giovanni Battista Piazzetta im Gang zwischen der Sala dell'Albergo und dem Archivio interessant.

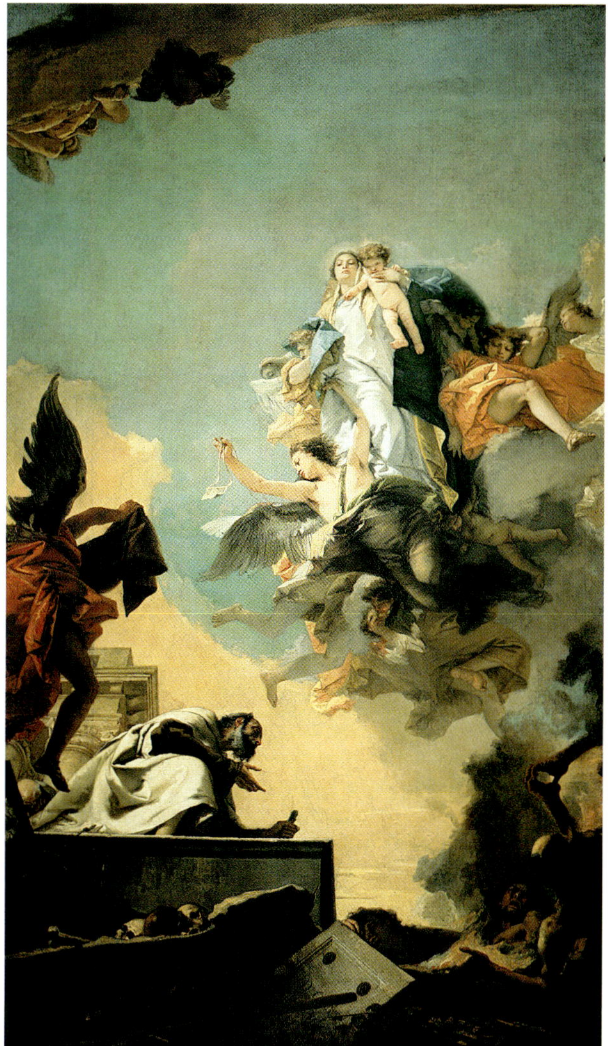

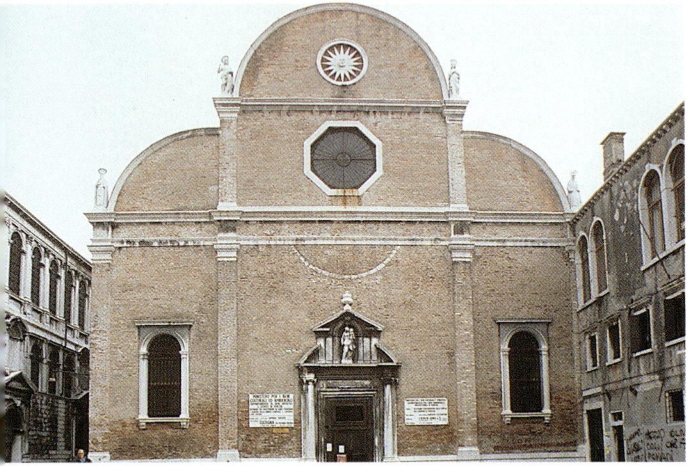

hen 16. Jh. umgestaltet. Über dem Eingang erkennt man noch einen Teil des zugemauerten Rundfensters der alten Kirche. Die Fassade zeigt die typisch venezianische Backsteinfront, schlicht und doch bei näherer Betrachtung gerade in ihrer Einfachheit außerordentlich wirkungsvoll. Meist betritt man jedoch die Kirche durch ihren ursprünglichen Seiteneingang vom Campo Santa Margherita.

Carmini-Kirche (Santa Maria del Carmelo)

Die Kirche des ehemaligen Karmeliterklosters Santa Maria del Carmelo, von den Venezianern kurz I Carmini genannt, liegt etwas versteckt am Campo Santa Margherita. Mit dem Bau des Gotteshauses wurde im Jahre 1286 begonnen. Das bedeutet, daß sich die Karmeliter schon kurz nach der Reform ihres Ordens Mitte des 13. Jh.s in der Lagunenstadt ansiedelten. Durch die neuen Ordensregeln gaben sie ihr Eremitendasein sowie das Schweigegebot und das Verbot des Fleischessens auf und wandten sich als Bettelorden der Seelsorge für die städtische Bevölkerung zu. Die Hauptfassade der Kirche neben dem Kloster am Campo dei Carmini wurde im frü-

Innenraum

Die Grundstruktur des gotischen Bauwerks ist noch gut erkennbar. Schlanke Säulen trennen die Schiffe voneinander. Der Chorbereich wurde ab 1514 zu seiner heutigen Form verändert. Es ist interessant zu sehen, wie es dem Architekten Sebastiano Mariano aus Lugano gelingt, den gotischen Chorabschluß inklusive Rippengewölbe mit Renaissanceformen zu verschmelzen. Er unterteilt die hohen, schmalen Spitzbogen in drei Fensterzonen und setzt in der oberen Reihe Rundbogenfenster ein. Die mächtigen, teilweise vergoldeten und mit Malerei gestalteten Schnitzereien im Mittelschiff stammen aus dem späten 16. und frühen 17. Jh.

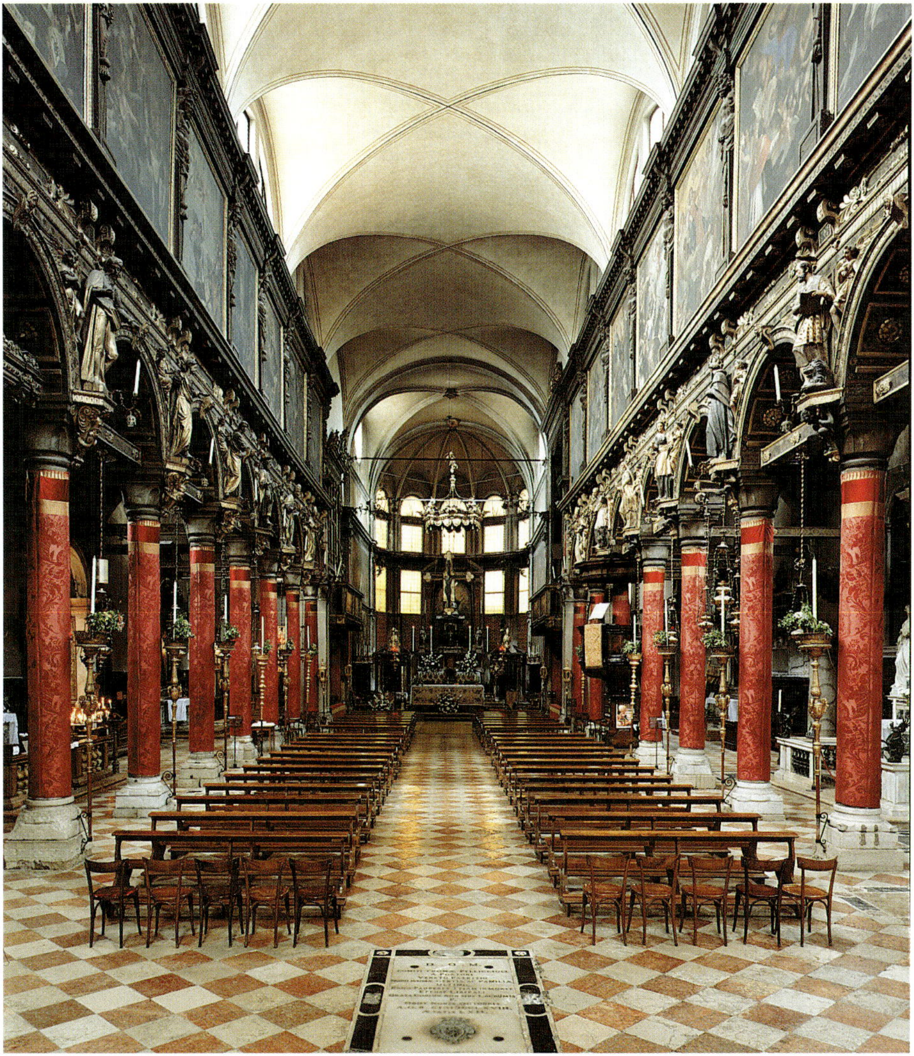

Lorenzo Lotto; Apotheose des Hl. Nikolaus mit Johannes dem Täufer und der Hl. Lucia, 1527–1529
Öl auf Leinwand, 335 x 188 cm

Außer einem bemerkenswerten Altar mit der Geburt Christi von Cima da Conegliano (um 1510) im rechten Seitenschiff verfügt die Carmini auch über ein besonders schönes Altarbild von Lorenzo Lotto (um 1480–1556/57) neben dem Seiteneingang. Es hat die für Lotto typischen ungewöhnlichen Farben: ein tiefes Blau, Grün und Lilatönungen. Doch kaum ein Betrachter wird sich heute noch dem negativen Urteil von Lodovico Dolce, einem Kunsttheoretiker des 16. Jh.s, anschließen wollen, der das Bild als Beispiel für eine »grauenhafte Farbigkeit« anführte.

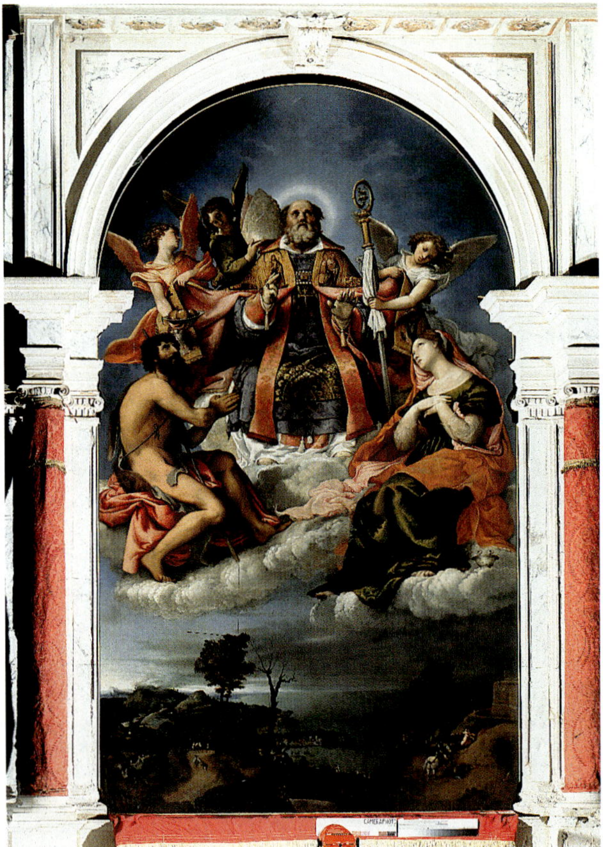

Der Hl. Nikolaus erscheint in einer Glorie, zu seinen Füßen Johannes der Täufer und die Hl. Lucia. Neben ihr steht als Zeichen ihres Martyriums eine kleine Schale mit zwei Augen. Der Legende zufolge wurden Lucia die Augen herausgerissen, woraufhin ihr die Heilige Jungfrau noch schönere Augen gab. Das ungewöhnlichste an diesem Altarbild ist jedoch die großartige weite Landschaft, die das untere Viertel der Tafel einnimmt. Kaum ein anderer Künstler des frühen 16. Jh.s hat Landschaften von solch einer fast schon romantisch zu nennender Anmut geschaffen.

Francesco di Giorgio Martini: Kreuzabnahme, um 1475
Bronze, 86 x 52 cm

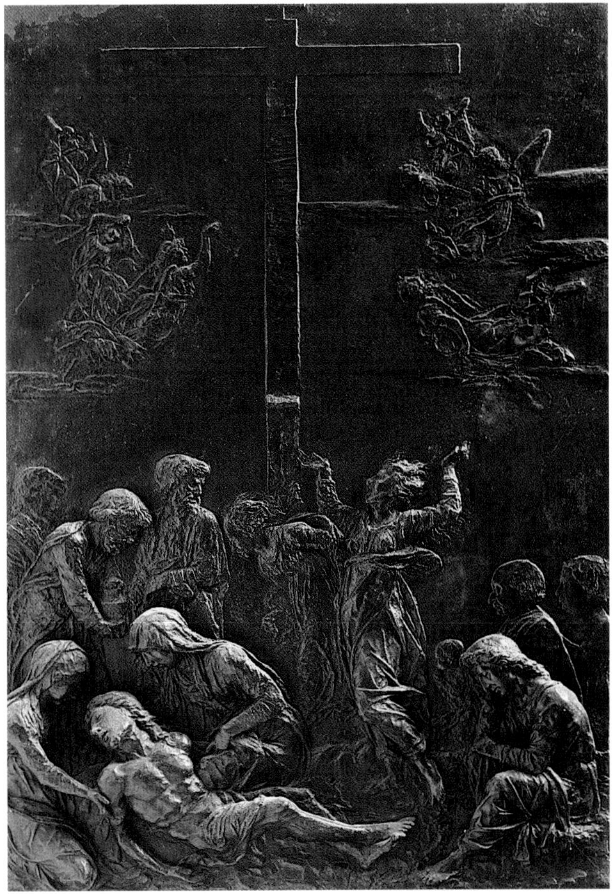

Das erstaunlichste Kunstwerk dieser Kirche ist jedoch Francesco di Giorgios Bronzerelief mit der »Kreuzabnahme«. Die kleine Bronzeplatte (86 x 52 cm), die um 1475 entstand, wurde von dem Sienesischen Künstler, der auch als Architekt, Architekturtheoretiker und Maler hervorgetreten ist, für das Oratorio della Santa Croce in Siena geschaffen. Von dort raubte sie Napoleon und brachte sie nach Mailand. Danach gelangte die Tafel in den Besitz des Freiherrn Margrani, der sie der Carmini-Kirche in Venedig stiftete. In Francesco di Giorgios Kunstwerk vereinigen sich extreme Expressivität und unendliche Zartheit. Man beachte etwa die heftig gestikulierende Magdalena, in deren Oberkörper und deren wehenden Haaren Trauer und Schmerz mit dramatischer Bewegung verbildlicht werden. Die trauernden Engel, die das Kreuz umflattern, sind ebenso stark bewegt und außerordentlich fein reliefiert. Erst bei genauerem Hinsehen scheint sich hier eine Art Wolke in die zarten Engel zu verwandeln. Der Künstler schöpft die Mittel seines Mediums voll aus und erzielt eine sowohl plastische als auch gemäldeartige Wirkung.

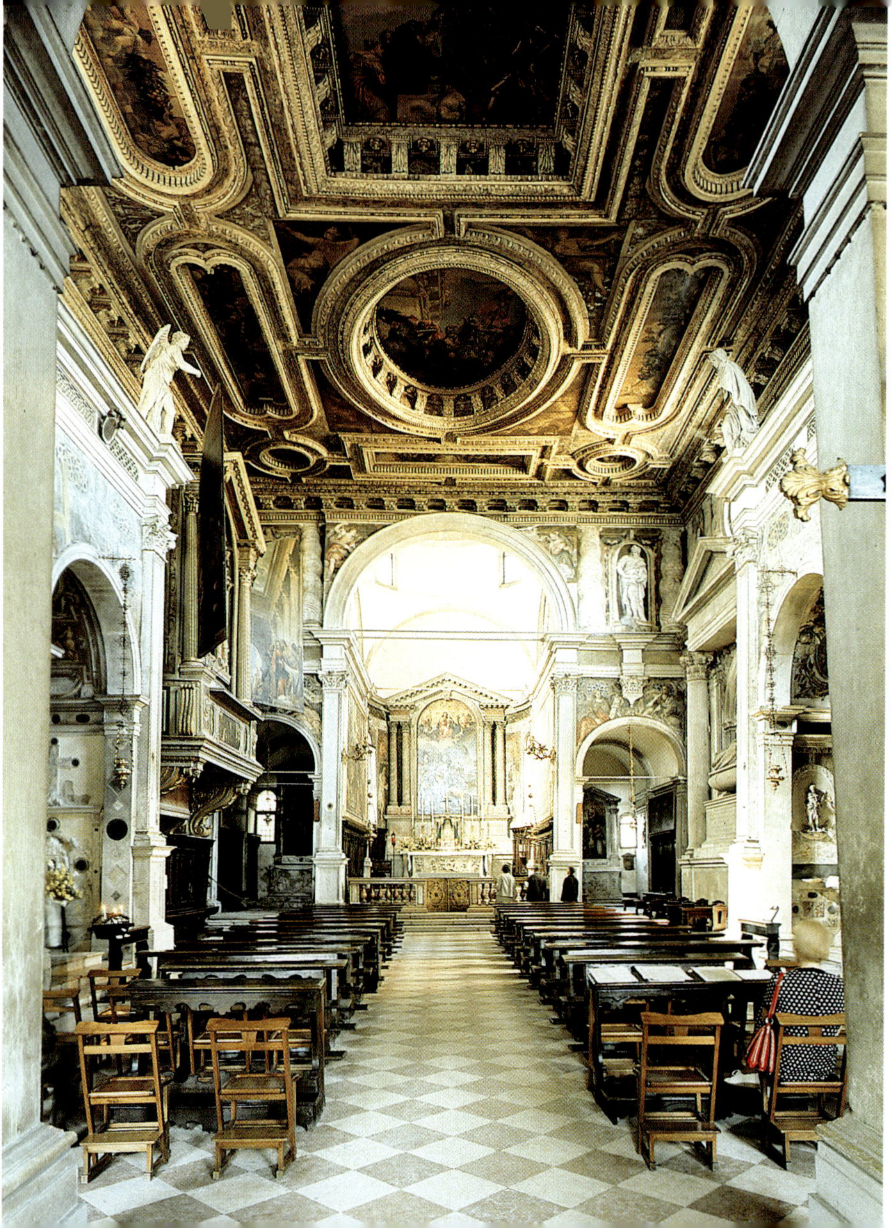

San Sebastiano

Die Sebastianskirche wurde von den Hieronymiten im 16. Jh. erneuert, die ihr Kloster seit dem 15. Jh. an dieser Stelle errichtet hatten. Ein ungewöhnliches, der Forschung bisher nicht bekanntes Ereignis muß dazu geführt haben, daß die Brüder den Vorgängerbau schon wenige Jahre nach seiner Fertigstellung wieder erneuern ließen. Die ursprüngliche Kirche war erst 1468 vollendet worden. Der Plan des neuen Bauwerks stammt mit großer Wahrscheinlichkeit von Antonio Abondio, genannt Lo Scarpagnino, einem derjenigen Architekten, die in der ersten Hälfte des 16. Jh.s eher schlichte Standardarchitektur schufen, als Bauwerke, die wegen ihrer überragenden architektonischen Qualität bemerkenswert waren.

Innenraum

Das Kircheninnere ist auf den ersten Blick eher einfach gestaltet. Überraschend ist lediglich die Mönchsempore. Sie ist nicht nur, wie sonst in venezianischen Kirchen häufig, über dem Eingang angebracht, sondern zieht sich um das Hauptschiff herum. Dadurch entsteht an den Seiten des Hauptraumes der Platz für sechs niedrigere Kapellen. Die Sakristei, die man durch eine Tür unter der Orgel betreten kann, wurde ab 1551 von Künstlern aus Verona mit Gemälden ausgeschmückt. Daß man keine Venezianer beauftragte, lag wohl daran, daß der Prior des Klosters, Bernardo Torlioni, selbst aus Verona stammte. 1555 berief er einen weiteren jungen Künstler aus seiner Heimatstadt, der die Bildfelder für die relativ niedrige, reich mit Gold verzierte Decke malen sollte. Der Name des Malers war Paolo Veronese. In den folgenden zehn Jahren sollte er immer wieder für die Ausgestaltung der Kirche herangezogen werden.

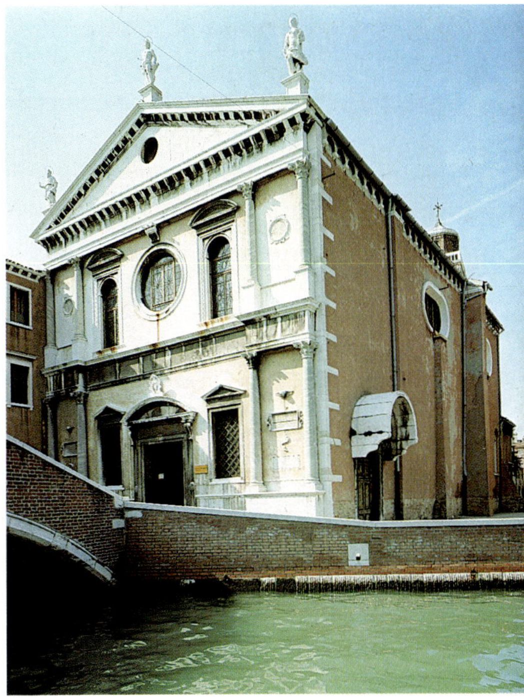

Paolo Veronese: Die Krönung der Esther, 1555/56
Öl auf Leinwand, 500 x 370 cm

Die zweite Aufgabe, die Veronese für San Sebastiano auszuführen hatte, waren die Leinwandbilder, die in die geschnitzte Dekke der Kirche eingelassen werden sollten. Von 1555 bis 1556 entstanden die Gemälde mit Szenen aus der Geschichte der alttestamentarischen Heldin Esther.
Die jüdische Waise lebte bei ihrem Onkel Mordechai in Persien. Als der mächtige König Ahasver seine Gattin Vasti verstieß (dies zeigt das erste ovale Bild), wählte er die schöne Esther zu seiner neuen Gemahlin und Königin. Als der Vizekönig Haman die Vernichtung aller Juden plante, konnte Esther durch ihre Fürsprache das Volk Israel retten. Die Königin Esther galt schon bei den Kirchenvätern als Verkörperung der Kirche. Die Darstellung ihrer Geschichte in einem Gotteshaus des 16. Jh.s muß im Zusammenhang mit den Glaubenskämpfen dieser Zeit gesehen werden. Esther ist hier das Sinnbild für die katholische Kirche, die prächtig geschmückt und gekrönt die Gläubigen rettet und die Feinde vernichtet. Für Veronese bietet diese Geschichte die Gelegenheit, sein Talent bei der Darstellung von prachtvollen Stoffen, Schmuck und dergleichen zur Geltung zu bringen. Mit diesen Malereien eröffnete sich ihm die Möglichkeit, auch potente venezianische Auftraggeber für seine Arbeiten zu gewinnen.

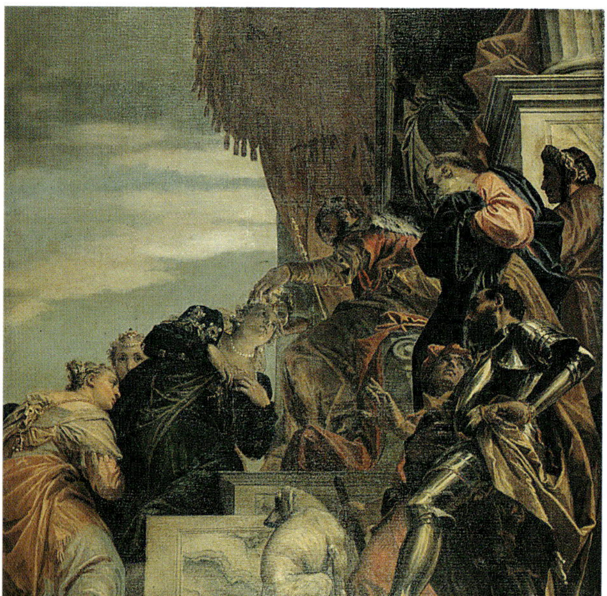

Doch Veronese benutzte die Ausstattung der Kirche nicht nur als Karrieresprungbrett. Kein anderes Bauwerk gibt einen so vollständigen Eindruck von seiner religiösen Malerei. Es scheint nur folgerichtig, daß der große Künstler in dieser Kirche auch begraben wurde. Sein Grab (und das seines Bruders Benedetto) befindet sich vor der Kapelle links neben dem Presbyterium.

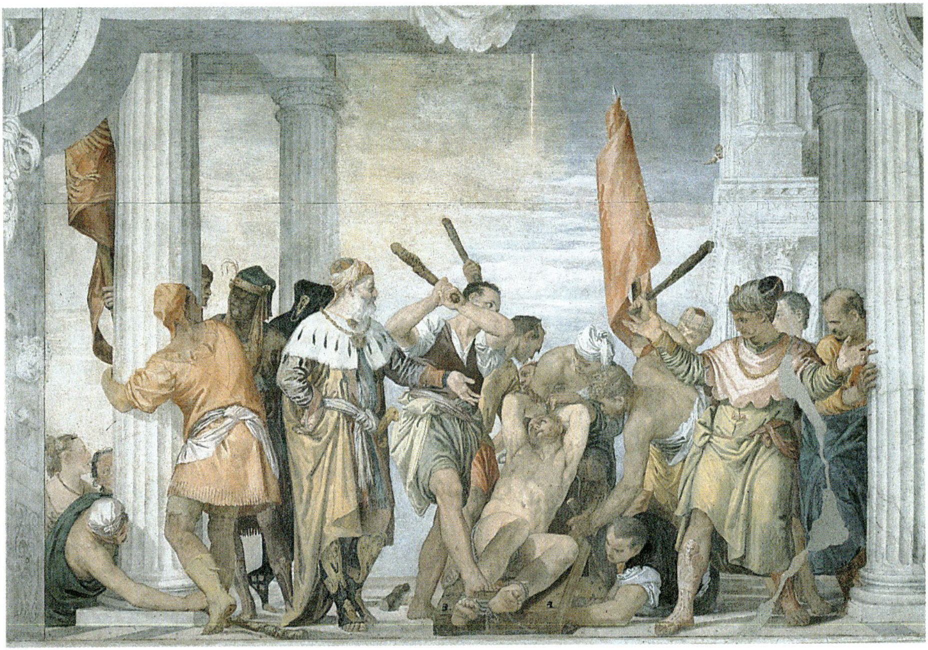

Paolo Veronese:
Das Martyrium des Hl. Sebastian, 1558
Fresko, 350 x 480 cm

Im Obergeschoß, von der Empore aus nur für die Mönche sichtbar, schuf Veronese 1558 Fresken mit Szenen aus der Legende des Namenspatrons der Kirche. Die Figur des Heiligen, der auf eine Bank gebunden von seinen Folterern mit schweren Knüppeln geschlagen wird, und auch die Folterknechte mit ihren komplizierten Bewegungen demonstrieren Veroneses Meisterschaft bei der Bewältigung von schwierigen Körperpositionen und Verkürzungen. Veronese schuf mit seinen Fresken im Obergeschoß nicht nur Bilder aus der Heiligenlegende. Die sie rahmende, gemalte Architektur vermittelt die Illusion eines zu den Seiten hin offenen Gebäudes. Die Wirklichkeit des realen und des gemalten Raumes verschwimmt auch dann, wenn die Soldaten, die mit Pfeilen auf den Hl. Sebastian schießen, auf der einen Seite der Empore plaziert sind und ihr Opfer auf der gegenüberliegenden Seite.

Sant' Angelo Raffaele

Gleich zwei Kirchen, San Sebastiano und die Kirche des Erzengels Raffael, stehen an diesem verwinkelten Platz. Sant' Angelo Raffaele erhielt beim Neubau (1618–1639) eine neue Orientierung auf den Rio dell' Angelo Raffaele. Ursprünglich war geplant, alle Seiten der Kirche mit ausgestalteten Fassaden zu versehen, doch wie so oft reichte es nur zur Hauptfront.

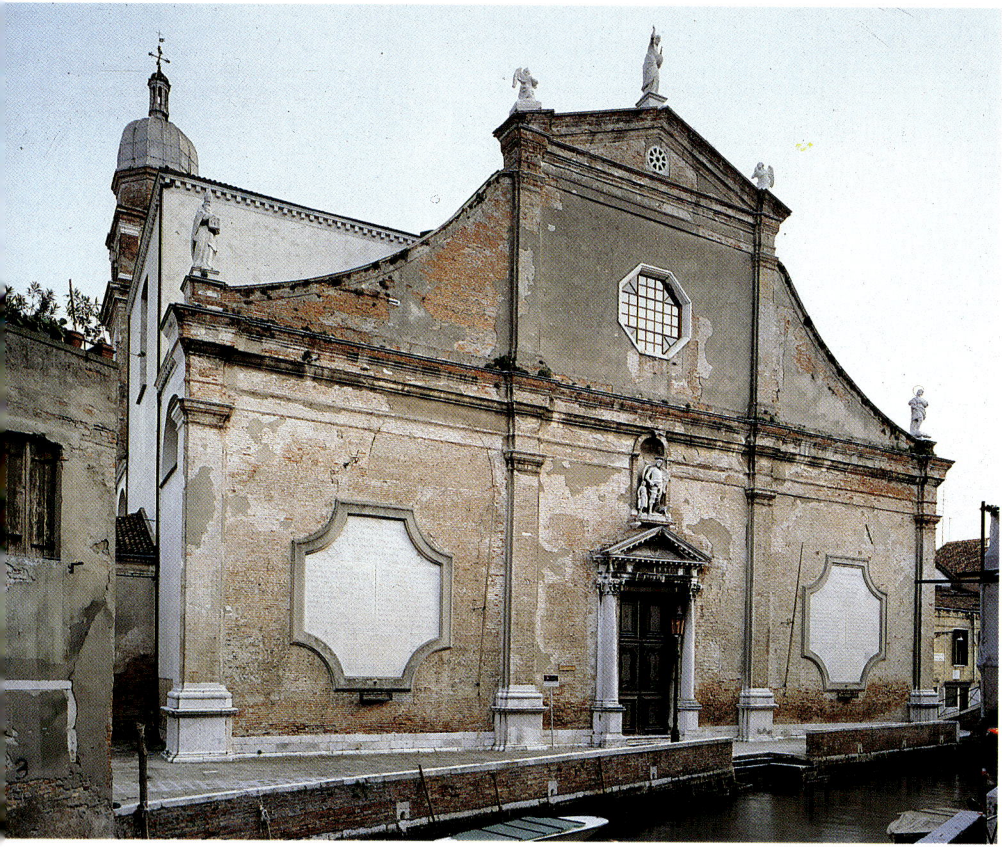

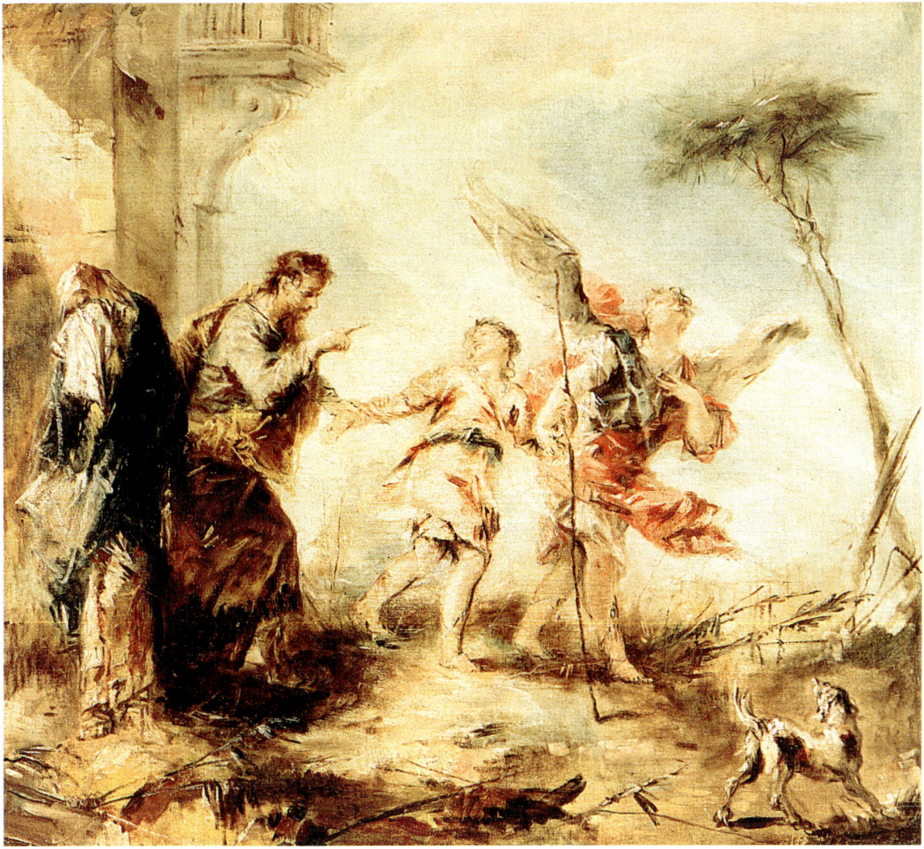

Giovanni Antonio oder Francesco Guardi: Tobit, Tobias und der Engel, 1750–1753
Öl aufLeinwand, 80 x 91 cm

Das Innere der Kirche ist mit Gemälden aus dem 16. und frühen 17. Jh. geschmückt. Die bedeutendsten Malereien entstanden jedoch um die Mitte des 18. Jh.s an der Orgel über dem Haupteingang. In fünf Szenen schildern sie die Geschichte von Tobias, den der Erzengel Raffael auf einer Reise begleitete.

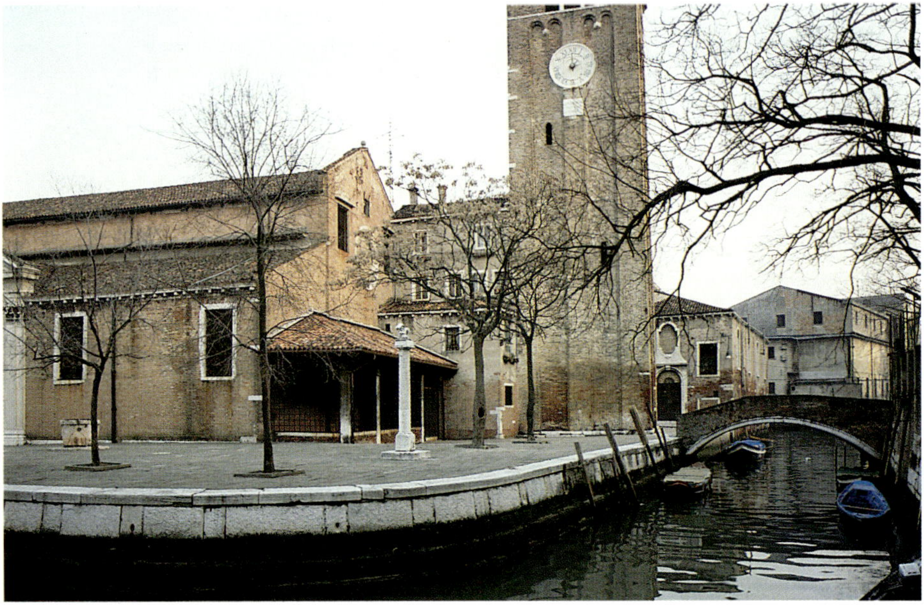

San Nicolò dei Mendicoli

Das westliche Ende Venedigs war wie Castello im Osten schon immer ein Viertel der kleinen Leute, der Seemänner und Fischer. Nach ihrer Pfarrkirche nennen sie sich bis heute die Nicolotti. Bettler jedoch, wie der Zusatz »dei Mendicoli« (von ital. mendico, Bettler) vermuten ließe, waren sie nie. Im Gegenteil, eine Säule vor der Kirche mit dem Markuslöwe zeigt die besondere Stellung, die den Bewohnern dieser Gegend eingeräumt wurde. Sie wählten einen eigenen Vorsteher, einen Fischer aus ihrer Mitte, der auch als Doge der Nicolotti bezeichnet wurde. Ähnlich wie der Doge der Republik trug er eine rote Robe, in der er bei offiziellen Anlässen erschien. Nach seiner Wahl begab sich der Doge der Nicolotti mit zahlreichen Einwohnern seines Viertels in den Dogenpalast, wo er vom Dogen von Venedig in einer feierlichen Zeremonie mit dem Bruderkuß empfangen wurde. Damit demonstrierte die Regierung symbolisch, welch große Bedeutung sie den Fischern und kleinen Leuten für das Staatsgefüge beimaß.

An der Kirchenfront hat sich ein kleiner Vorbau erhalten, wie ihn viele mittelalterliche Kirchen Venedigs aufwiesen. Fast alle diese Vorräume sind heute verschwunden. Sie dienten häufig den Bettlern des Viertels als Schutzraum. In anderen Vorhallen dieser Art wohnten arme Nonnen, fast Bettlerinnen, die sog. pinzochere.

Der Hl. Nikolaus

Auf dem Hochaltar befindet sich nicht wie so häufig ein Gemälde, sondern eine große Holzskulptur des Hl. Nikolaus aus der Mitte des 15. Jh.s. Der Heilige ist in ein über und über vergoldetes Bischofsgewand gekleidet. Nikolaus, der v. a. als der Heilige der Seefahrer gilt, segnet mit erhobener Hand die Gemeinde. Auf seinem Schoß liegen die goldenen Kugeln, die daran erinnern, daß er der Legende zufolge drei mittellosen Mädchen, denen die Mitgift fehlte und denen deshalb als einzig möglicher Lebensunterhalt die Prostitution drohte, in der Nacht mit goldenen Kugeln beschenkte und sie so vor einem schrecklichen Schicksal bewahrte. Obwohl dies gängige Attribute des Hl. Nikolaus sind, kann man sich gut vorstellen, daß diese Skulptur des gütigen Bischofs eine große Bedeutung für die armen Bewohner des Viertels hatte. Dies gilt sowohl für die von den Gefahren des Meeres bedrohten Fischer als auch für ihre Familien, die häufig am Rande der Armut lebten. Die Vergoldung der Skulptur ist Ausdruck der Verehrung, welche die Nicolotti ihrem Heiligen entgegenbrachten.

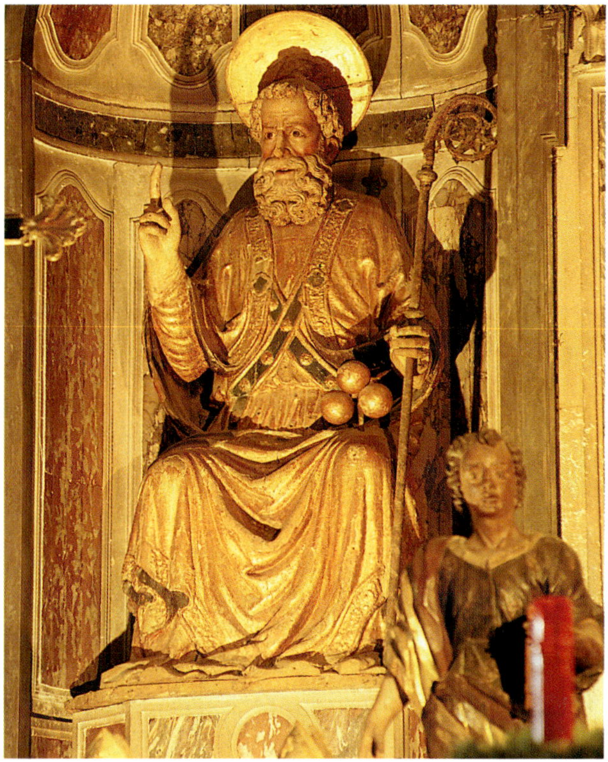

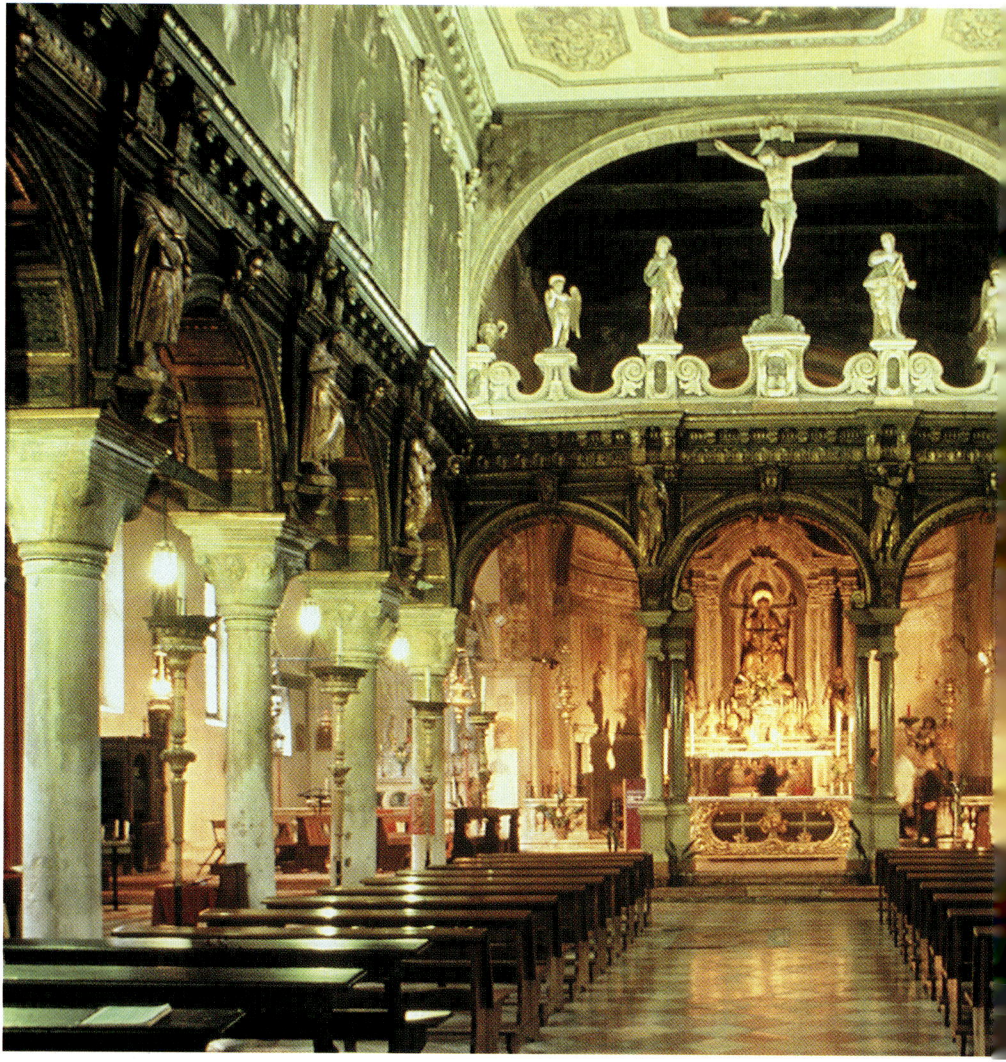

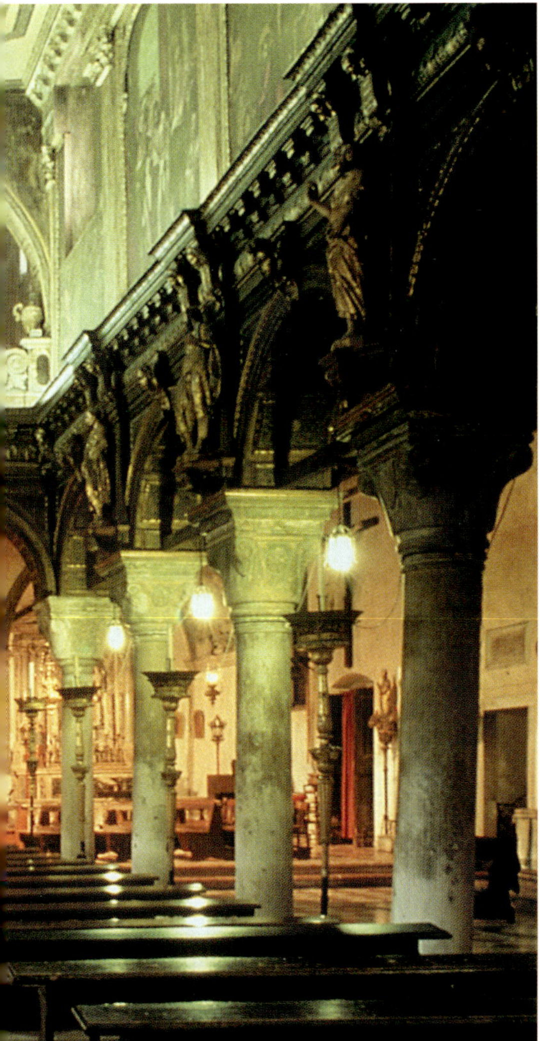

Innenraum

Der reich ausgestaltete Innenraum zeigt, mit wieviel Liebe die Bewohner des Viertels an ihrer Kirche hingen. Doch waren hier im Armenviertel der Fischer, Seeleute und Industriearbeiter nie genug Mittel vorhanden, um die Kirche radikal neu zu gestalten. So hat man offensichtlich den Bau des 12. Jh.s nur nach und nach modernisiert bzw. das ausgetauscht, was baufällig war. San Nicolò dei Mendicoli gehört gerade deshalb zu den besonders stimmungsvollen venezianischen Kirchen, weil sie mit ihrer gesamten, in vielen Jahrhunderten zusammengetragenen Ausstattung ihre ursprünglichen Funktionen vollkommen bewahrt hat.

Im 14. Jh. hat man den Innenraum renoviert und dabei wohl die Bogen zum Presbyterium und zum Querschiff erhöht. Sie zeigen noch eine ornamentale Bemalung aus dieser Zeit. Auch die Kapitelle im Kirchenschiff wurden erneuert. Zwei von ihnen sind mit 1361 und 1364 datiert. Der Dachstuhl wurde ebenfalls im Zuge dieser Renovierung neu errichtet. Der nächste größere Eingriff erfolgte um 1580, als man das Hauptschiff mit einer geschnitzten und vergoldeten Holzdekoration schmückte, in die Gemälde eingelassen sind, die Episoden aus dem Leben Christi zeigen. Über den Säulen sind geschnitzte Figuren der zwölf Apostel angebracht. Die Kreuzigung mit Maria, Johannes und zwei Engeln gehört ebenso zu dieser Ausstattungsphase.

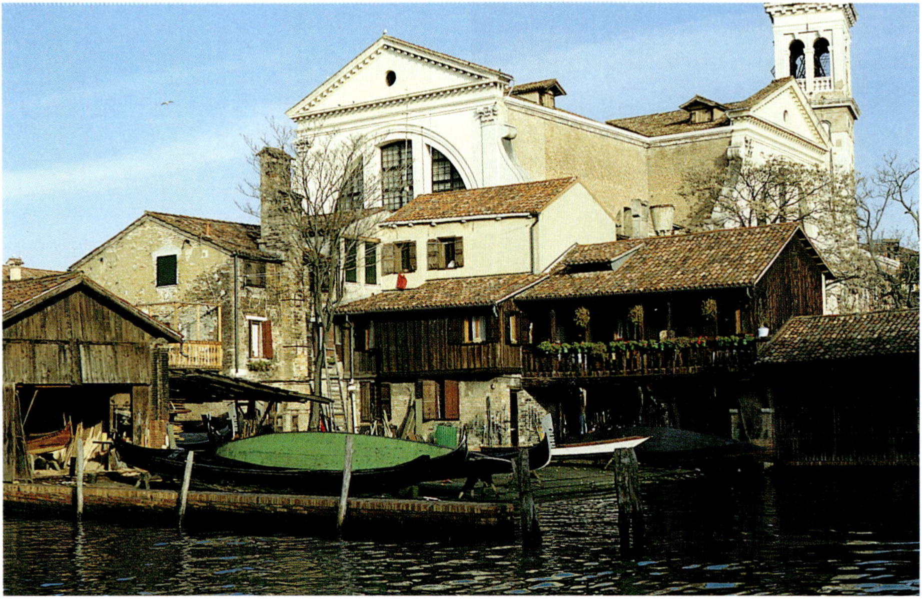

Gondelwerft bei San Trovaso

Die eine von drei noch existierenden Gondelwerften in Venedig liegt am Rio San Trovaso. Auch wenn heute nicht mehr so viele Gondeln gebraucht werden wie in früheren Zeiten, als fast der gesamte Verkehr mit diesen Gefährten abgewickelt wurde, ist die Auftragslage der noch verbliebenen Werften für die über 30 000 DM teuren Boote doch ausgezeichnet. Man muß mehrere Jahre auf eine neue, aus acht verschiedenen Hölzern gearbeitete Gondel warten. Dafür ist sie aber auch außerordentlich lange haltbar. Das Boot ist etwa 11 m lang und 1,40 m breit, wobei die rechte Hälfte 24 cm schmaler ist als die linke, um die Steuerung mit nur einem Ruder, das in seiner Länge auf den Gondoliere abgestimmt ist, zu ermöglichen. Jedermann kann zwar eine Gondel erwerben, aber nur Venezianer dürfen Gondoliere werden. Nur sie erhalten die erforderlichen Lizenzen. Die Lehrzeit, die nötig ist, um die großen Boote sicher und elegant zu steuern, dauert allerdings 10 Jahre. Dennoch herrscht kein Nachwuchsmangel. Vor allem die Söhne alter Gondolierefamilien ergreifen meist den Beruf ihrer Vorfahren.

San Trovaso (Santi Gervasio e Protasio)

Aus den Namen der Heiligen hat der Volksmund kurz San Trovaso gemacht. Eine erste Kirche der beiden Märtyrer existierte bereits im 9. Jh. an dieser Stelle. Auch die Gegend um San Trovaso gehörte zu den Gebieten, die weit aus dem Wasser der Lagune aufragten und deshalb schon früh besiedelt waren. 1028 finanzierte die Familie Barbarigo einen Kirchenneubau, der 1105 durch einen Brand wieder zerstört wurde. Die Kirche des 12. Jh.s war im 16. Jh. so baufällig, daß sie einstürzte und ab 1585 endgültig ersetzt wurde. Erst 1657 wurde der Neubau geweiht. Die Kirche hat zwei identische Fassaden zum Campo San Trovaso und zum gleichnamigen Rio hin.

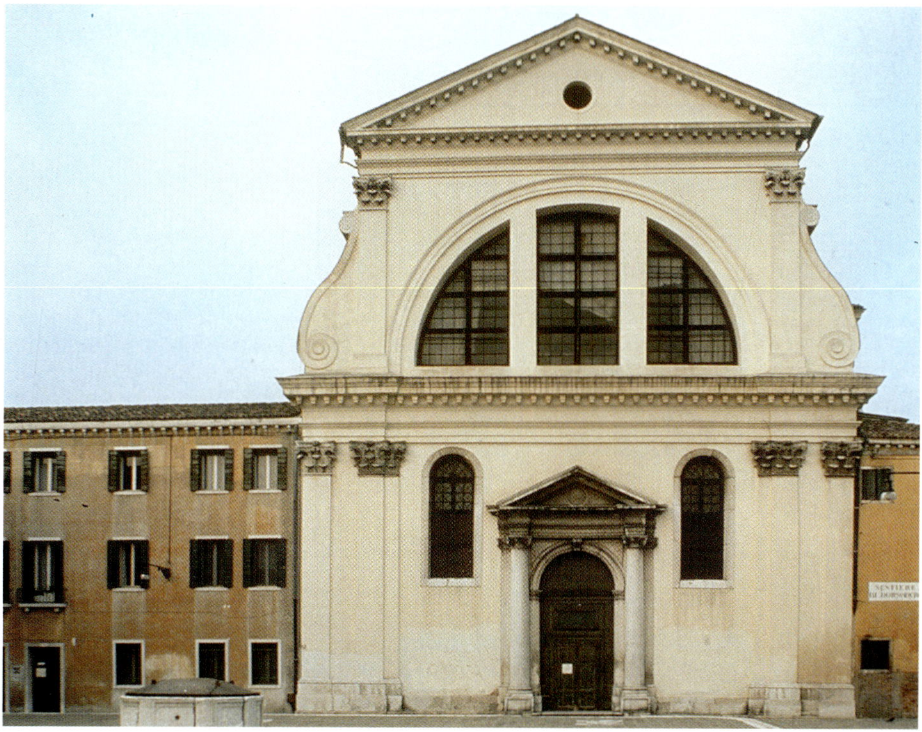

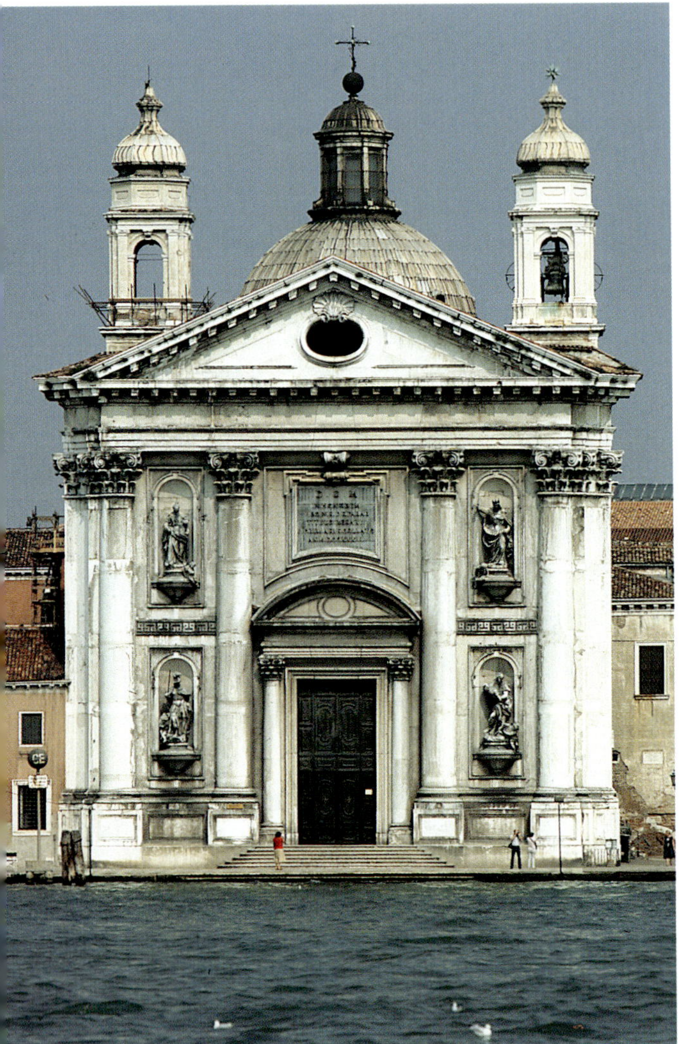

Chiesa di Gesuati (Santa Maria del Rosario)

Wegen des ähnlichen Namens hält mancher die »Chiesa dei Gesuati«, wie sie die Venezianer kurz nennen, für eine Jesuitenkirche. Aber die »Gesuiti«, Santa Maria Assunta, befindet sich am anderen Ende der Stadt. Die »armen Jesuaten« dagegen sind ein venezianischer Orden, der Ende des 14. Jh.s, also lange vor den römischen Jesuiten, gegründet wurde. Anfang des 16. Jh.s errichteten sie ihr dem Hl. Hieronymus geweihtes Kloster auf den Zattere. Die Fassade der dazugehörigen Renaissancekirche ist links neben der »Chiesa dei Gesuati« zu sehen. 1668 wurde der Orden aufgehoben, und die Dominikaner übernahmen das Kloster. Sie ließen auch die Kirche, welche immer noch den Namen ihrer Vorgänger trägt, errichten. Ihre Fassade antwortet auf die Kirchen der gegenüberliegenden Giudecca.

Giovanni Battista Tiepolo: Die Stiftung des Rosenkranzes, 1738/39
Fresko, 1400 x 450 cm

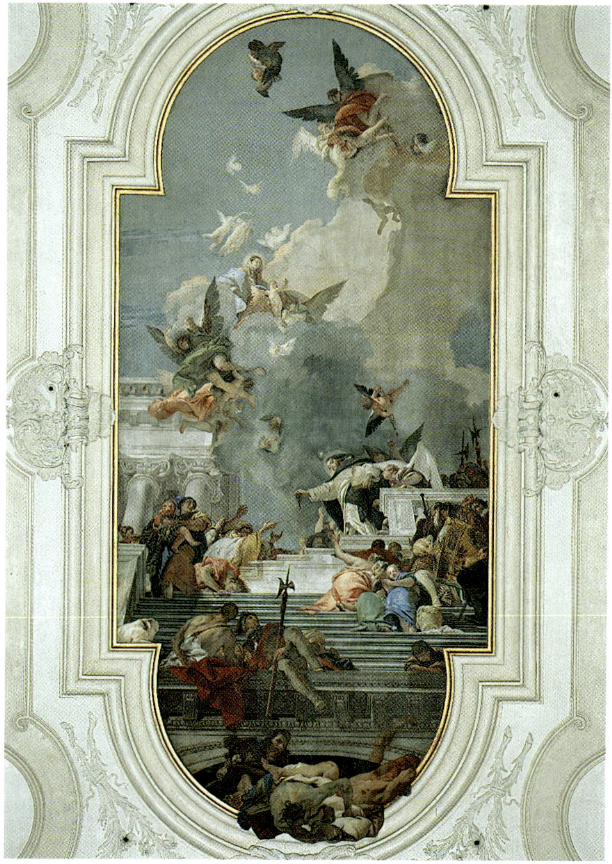

Bald nach der Weihe der Kirche begann Tiepolo mit der Freskierung der Kirchendecke. Dort sind drei Szenen aus der Geschichte des Hl. Dominikus und des Dominikanerordens dargestellt. Über dem Eingang erscheint die Apotheose des Hl. Dominikus, und über dem Altar segnet der Heilige einen anderen Dominikaner, vielleicht den Erbauer der Kirche Fra Paolo. Die Mitte nimmt die Übergabe des Rosenkranzes an Dominikus ein, der das wertvolle Geschenk der Madonna an die Gläubigen weitergibt. Als erster scheint der Doge nach der Heil bringenden Gabe zu greifen. Kirche und Staat sind so auf ideale Weise miteinander vereint. Die Dominikaner erweisen der Stadt ihre Referenz und zeigen gleichzeitig, daß der Glaube im Vordergrund stehen muß, denn ihr Heiliger steht der Madonna näher als der höchste Repräsentant des Staates. Das Böse aber, in einem dunklen Loch am unteren Rand der Szene, stürzt aus der Höhe herab. Tiepolo gibt Farbe und Licht eine besondere Bedeutung. Vom unteren Rand bis zur Madonna nimmt die Helligkeit kontinuierlich zu. Damit gelingt es ihm, der horizontalen Fläche den Eindruck einer vertikal aufsteigenden Räumlichkeit zu verleihen.

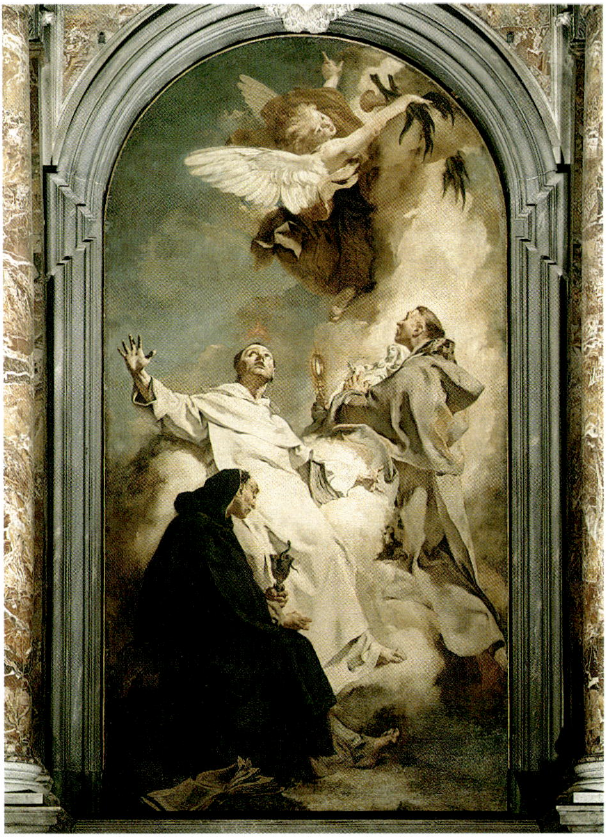

Giovanni Battista Piazzetta:
Die Heiligen Vincent Ferrer, Hyazinth und Louis Bertrand, um 1738/39
Öl auf Leinwand, 345 x 172 cm

In der dritten Seitenkapelle von rechts befindet sich mit dem Altarblatt von Piazzetta ein Gemälde, das eine Art Gegenstück zu Tiepolos »Pala delle Tre Sante« in der ersten Kapelle bildet. Es zeigt die drei Dominikaner Vincent Ferrer, Hyazinth und Louis Bertrand. Auch Piazzetta stellte sich die Aufgabe, eine aus mehreren Einzelfiguren bestehende Komposition zu schaffen. Zwei sehr ähnliche Bilder von zwei aufeinanderfolgenden Malergenerationen treffen hier zusammen. Piazzetta gehörte zur Generation der »Tenebristen« (von ital. tenebroso: dunkel, finster). Diese Maler gestalteten ihre Bilder aus wenigen, dunklen Farben. Typisch für seine Generation ist die Art, wie sich die Figuren aus den Farbmassen des Hintergrundes heraus entwickeln. Der Engel am oberen Bildrand ist ein atemberaubendes Kunststück, sowohl, was die Verkürzung als auch die Herausarbeitung einer farbig wirkenden Figur aus einer Grundfarbe betrifft. Piazzettas Meisterwerk vereinigt die alten Gestaltungsprinzipien mit einer neuen deutlich aufgehellten Farbgebung, die dennoch die Palette von Schwarz-, Braun-, Grau- und Beigetönen nicht verläßt.

Giovanni Battista Tiepolo: Pala delle Tre Sante, um 1748
Öl auf Leinwand, 340 x 168 cm

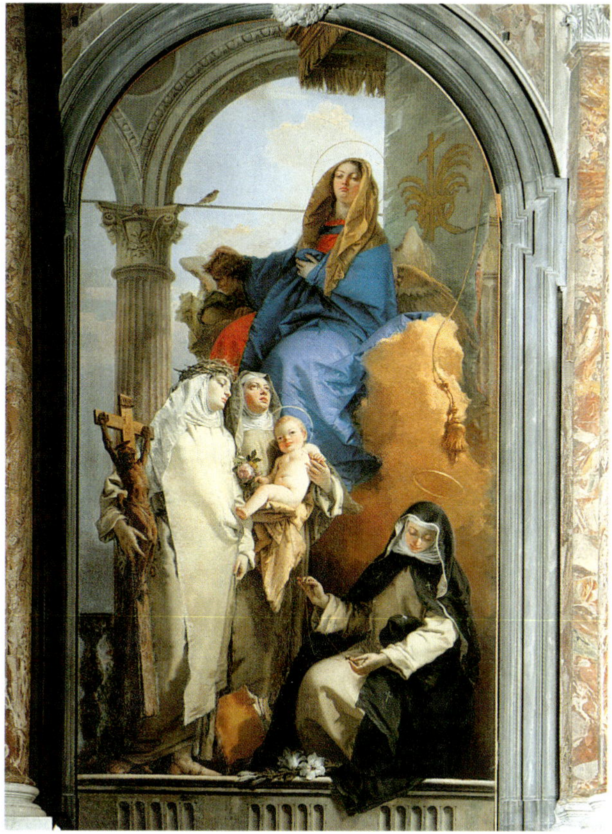

Etwa zehn Jahre später als Piazzettas Altarbild entstand Tiepolos Gemälde mit der Madonna und den Heiligen Katharina von Siena, Rosa von Lima und Agnes. Im Gegensatz zu dem diffusen Himmel, unter dem sich die Heiligen bei Piazzetta versammelt haben, scheinen sich hier die Madonna und die Heiligen an einem sicher festgelegten Ort zu befinden. Ein Stieglitz, der jeden Moment wieder davon fliegen kann, hat sich auf dem Zuganker der Säulenstellung niedergelassen. Dennoch bleibt der Raum seltsam abstrakt, denn nur der Himmel wird hinter den Figuren sichtbar. Tiepolo lehnt sich in seiner Kompositionsweise und auch in der Art, wie er den Lichtschimmer auf den Gewändern der Frauen gestaltet, deutlich an Paolo Veronese, also einen Maler des 16. Jh.s, an. Die goldene, allein aus Farbmasse gebildete Wolke, auf der die Madonna sitzt, und die Art, wie Tiepolo in den Kleidern der stehenden Heiligen unterschiedliche Nuancen aus denselben Grundfarben entwickelt, läßt erkennen, daß er auch aus der Malweise gelernt hat, die Piazzetta und seine Generation kennzeichnet. Beides zusammen vereinigt sich zu einem virtuosen Umgang mit Farbe, wie ihn wohl kein Maler der Lagunenstadt seit Tizian so überragend beherrscht hat.

Komische Ärzte, dumme und kluge Bauern und ein reicher Alter, der immer auf die Nase fällt

Die Welt der Commedia dell'arte – jenes bunte Maskentheater, das von reichen Alten, komischen Ärzten, Gelehrten und als Clowns auftretenden Dienern bevölkert war – fand mit der Übertragung ihrer Typen in die Theaterstücke des berühmten venezianischen Dichters Carlo Goldoni gleichzeitig ihre Vollendung und ihr Ende. Die Commedia riß in ihrer Blütezeit um die Wende des 16. zum 17. Jh. unter dem Titel »Commedia a sogetto« oder »Commedia all'improviso alla Italiana« die Zuschauer in ganz Europa zu wahren Lach- und Begeisterungsstürmen hin. Und Venedig war eine ihrer Hochburgen, denn eine starke Wurzel lag in der Lagunenstadt und in den derben Stücken des Paduaners Angelo Beolco, gen. Il Ruzzante. Sie konnten ohne Requisiten und bombastische Szenenaufbauten überall, auch auf der Straße, gespielt werden und nahm in ihren humorvollen Stücken zeitgenössische Themen und Figuren aus dem Volke aufs Korn. Goldoni und seine Zeitgenossen verarbeiteten ihre Motive. Die alten Figuren jedoch, die mit ihrer stark typisierten Maskierung ein wesentlicher Bestandteil der Commedia dell'arte waren, verschwanden im späten 18. Jh. endgültig von der Bühne. Ihre Themen haben sich in Stücken wie »Diener zweier Herren«, »Der Barbier von Sevilla« und »Die Dienerin als Herrin« erhalten. Ihre einst so bekannten Figuren jedoch sind dem modernen Theaterbesucher kein Begriff mehr, auch wenn Theatermacher wie der Nobelpreisträger Dario Fo im 20. Jh. versucht haben, das alte Spiel wiederzubeleben.

Wie sah nun das Figurenrepertoire der Commedia dell'arte aus? Zunächst einmal lassen sich die Typen in die Jungen und die Alten, also die Giovani und die Vecchi einteilen und in Maskenträger und unmaskierte Figuren. Die Jungen schneiden in den Stücken meist besser ab als

Gabriel Bella: Eine Schauspielertruppe auf der Piazzetta (Detail), vor 1792, Pinacoteca Querini Stampalia, Venedig

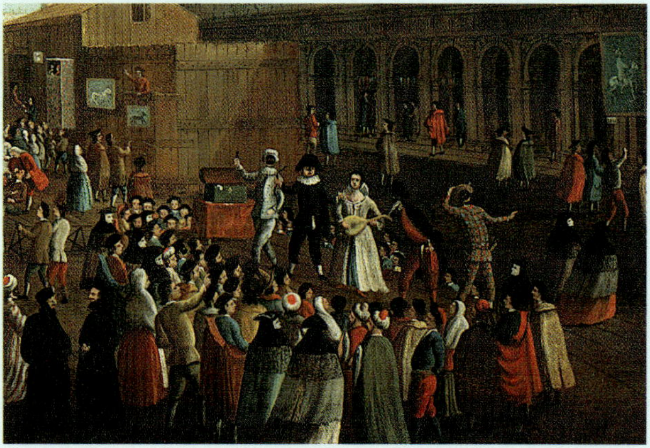

die Alten. Aber ihre Schwächen, wie Leichtgläubigkeit, blinde Liebe, Käuflichkeit, Naivität und Vergnügungssucht werden ebenso karikiert wie der Geiz, die Lüsternheit, das unangemessen jugendliche Gehabe und die auffällig zur Schau getragene Pseudobildung der Alten. Zu den Jungen gehörte stets unbedingt ein junges Paar, die Amorosi, also die Verliebten, deren schöne, jugendliche Gesichtszüge durch keine Maske versteckt waren.

Die junge Frau konnte allerdings auch eine schöne Kurtisane sein und mußte ihrem naiven jugendlichen Liebhaber nicht unter allen Umständen treu sein, v. a. nicht wenn Geld ins Spiel kam. Geldgier und Lüsternheit kennzeichnete fast immer die alte Dienerin der jungen Frau, die häufig auch als Kupplerin auftrat.

Wie sie gehörte auch Pantalone, eine der Hauptfiguren, zu den Alten. Pantalone war stets maskiert. Er trug einen viel zu jugendlichen, eng anliegenden roten Anzug, eine schwarze Kappe und einen weiten schwarzen Umhang sowie eine lange, große Nase und einen Spitzbart. Ein prall gefüllter Beutel symbolisierte zugleich Reichtum und Geiz. Er verkörperte einen reichen venezianischen Kaufmann, der im Dialekt seiner Heimat sprach, während er versuchte, die Gunst der jungen, schönen Frau zu erlangen. Die anderen Figuren waren derweil eifrig damit beschäftigt, ihm sein Geld abzuluchsen. Am Ende stand er immer als der Düpierte da und wurde der Lächerlichkeit preisgegeben. Ihm zugesellt war häufig der Dottore, der schwarz gekleidet und mit einer großen Brille, einen Gelehrte darstellte, der an der berühmten Universität von Bologna studiert hatte. Mit wichtigtuerischem Gebaren und einem unaufhörlichen Redeschwall, der vor leeren Phrasen und Fremdworten nur so strotzte, war er die perfekte Verkörperung eines aufgeblasenen Intellektuellen, sei er nun Arzt, Jurist oder Philosoph, der alle Welt mit seinen Ratschlägen belästigte. Als weiterer Alter konnte noch der Capitano auftreten, ein eitler, mit seinen soldatischen Heldentaten prunkender Geck, der sofort feige verschwand, sobald es brenzlig wurde. In sei-

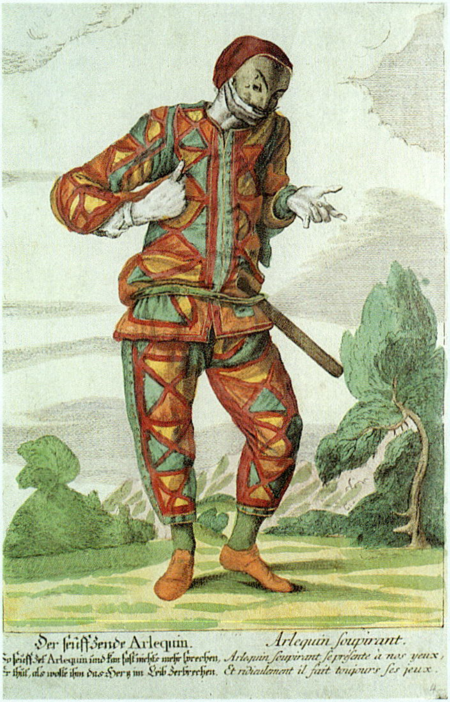

Unbekannter Künstler: Harlekin, kolorierter Stich, Raccolta Teatrale del Burcardo, Rom

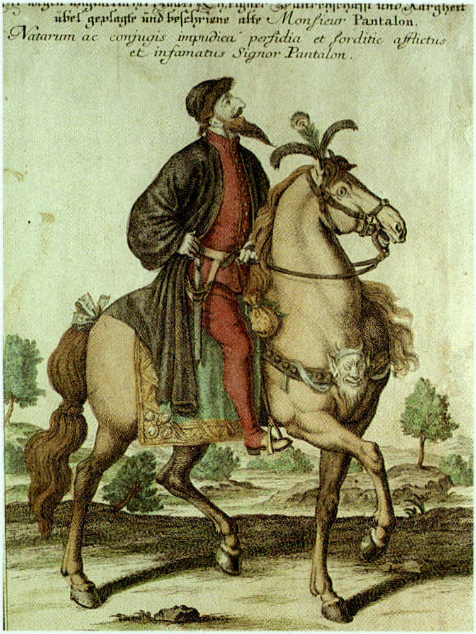

Martin Engelbrecht: Pantalone, kolorierter Stich, Augsburg, Biblioteca e Raccolta Teatrale del Burcardo – S.I.A.E. – Raccolta Teatrale del Burcardo, Rom

ner Sprache wurde er oft als Ausländer verulkt, als Persiflage auf die vielen Soldaten, die v. a. aus Spanien und Deutschland nach Italien kamen. Die wichtigsten Rollen neben Pantalone und der jugendlichen Liebhaberin hatten jedoch die Zanni. Sie waren häufig zu mehreren und erhielten im Laufe der Zeit auch eigene Namen außer dem venezianisch von Giovanni abgeleiteten Zanni. Sie waren meist die Diener des reichen Pantalone. Ihre Kleidung erinnerte mit weiten Hemden und Hosen an die helle Tracht der bergamaskischen Bauern, deren Dialekt sie sprachen und die sich zu Tausenden in den norditalienischen Hafenstädten wie Venedig und Genua als Lastenträger verdingten. Ihre Gesichtsmaske, die das halbe Gesicht verdeckte, trug eher grobe Züge. An ihrer Seite steckte ein (Holz)Messer als Symbol ihrer Rauflust und ihrer übergroßen Gefräßigkeit. Dies war eine aus heutiger Sicht ziemlich grobe Parodie der ständig vom Hungertod bedrohten, äußerst armen Bauern, die ihr Auskommen als Träger und Diener in den Städten suchen mußten. Der Charakter der Zanni schwankte von tölpelhaft und unverschämt bis bauernschlau und gerissen. Immer aber waren sie faul und neugierig zugleich. Ihre echte oder gespielte Dummheit bot die schönste Gelegenheit für Clownerien. Der Schicht der Diener gesellte sich oft auch Harlekin zu, eine Figur, die ursprünglich wahrscheinlich aus Frankreich stammte und die durch ein buntes Flickenkostüm gekennzeichnet war. Harlekin mußte besondere akrobatische Fähigkeiten haben und war äußerst listig und raffiniert. Meist ist er es, der die Fäden der Verwicklungen in der Hand hält, die schließlich dazu führen, daß die jungen Liebenden sich finden und Pantalone wie ein begossener Pudel dasteht.

Ein wesentlicher Teil des Erfolges der Commedia dell'arte beruhte auf dem hohen Bekanntheitsgrad der Masken und der Themen, die auf witzige Weise immer wieder variiert wurden. Jeder kannte den reichen und geizigen Kaufmann Pantalone und seine Diener, die Zanni und ihre zahlreichen Begleiter, die von Theatertruppe zu Theatertruppe wechseln konnten. Für den Zuschauer war schon anhand der Maskierung der Figuren klar, welche Eigenschaften und Probleme sich im Stück lustig entfalten würden. Dadurch war bereits ein großer Teil der Geschichte geklärt. Der eigentliche Reiz des Spiels lag nun in der Improvisation und in den »lazzi« (ital. lazzo: Posse), die ebenso vergnügliche wie halsbrecherische akrobatische Einlagen waren.

Obwohl man weiß, wie beliebt die Commedia dell'arte war, kann man heute ihren Witz, ihr Tempo und den Spaß der schnellen lustigen Dialoge, die häufig ziemlich anzüglich waren und auch die aktuelle Tagespolitik nicht außer acht ließen, nicht mehr ermessen. Denn in Zeiten einer strengen politischen Überwachung und kirchlichen Inquisition tat man gut daran, nur die Harmlosigkeiten schriftlich festzuhalten. Heute wirken die erhaltenen Stücke deshalb oft langweilig. Für die damaligen Zuschauer aber waren sie ein Quell unendlichen Vergnügens.

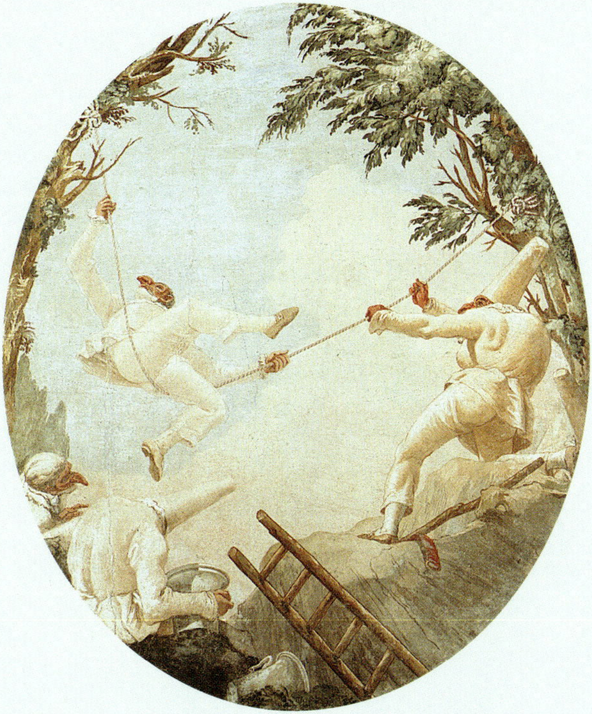

Giovanni Domenico Tiepolo: Pulcinellen auf dem Drahtseil, 1793
Ca' Rezzonico, Venedig
Pulcinella ist ein neapolitanischer Verwandter der Zanni, der seit Ende des 16. Jh.s in der Commedia dell'arte auftaucht.

Gerade in der Offenheit der Dialoge lag ein besonderer Reiz dieser Theaterform denn die Zuschauer konnten am Spiel teilnehmen. Im venezianischen Karneval hüllten sich arm und reich in Kostüme der Commedia dell'arte und ließen sich in das dastellende Spiel der Komödianten einbeziehen. Wenn auch die Commedia dell'arte mit den neuen Theatermoden des 18. Jh.s untergegangen ist, so überliefern doch bis heute zahlreiche Gemälde in den verschiedenen venezianischen Museen das Aussehen ihrer Figuren.

Gallerie dell'Accademia

Paolo Veneziano: Polyptychon di Santa Chiara
Holz, 98 x 63 cm

Die »Marienkrönung« ist das mittlere Bild des Polyptychons, also eines Altaraufsatzes aus vielen kleinen Einzeltafeln, die zu einem Ganzen zusammengefügt wurden. Das Retabel stammt aus der venezianischen Kirche Santa Chiara. Neben der Haupttafel mit der Madonna zeigt es acht Szenen aus dem Leben Christi sowie in der Bekrönung links ein Pfingstbild, rechts Christus als Weltenrichter und dazwischen Szenen mit dem Hl. Franziskus und der Hl. Klara, die vier Evangelisten und seitlich oberhalb der »Marienkrönung« die Propheten David und Jesaia. Der schöne gotische Rahmen ist teilweise original, z. T. wurde er im 19. Jh. erneuert. Paolo Veneziano (gest. um 1360) gehört zu den ersten venezianischen Malern, die namentlich faßbar sind. Zwischen 1333 und 1358 hat er mehrere Werke signiert. Typisch für ihn und seine venezianischen Zeitgenossen ist das starke Festhalten an byzantinischen Traditionen. Sie interessierten sich offenkundig nicht für die Meisterwerke, die der Toskaner Giotto im nahegelegenen Padua schon zu Beginn des 14. Jh.s schuf, und die ein ganz neues Interesse an der Darstellung voluminöser Körper und einer detailreichen Schilde-

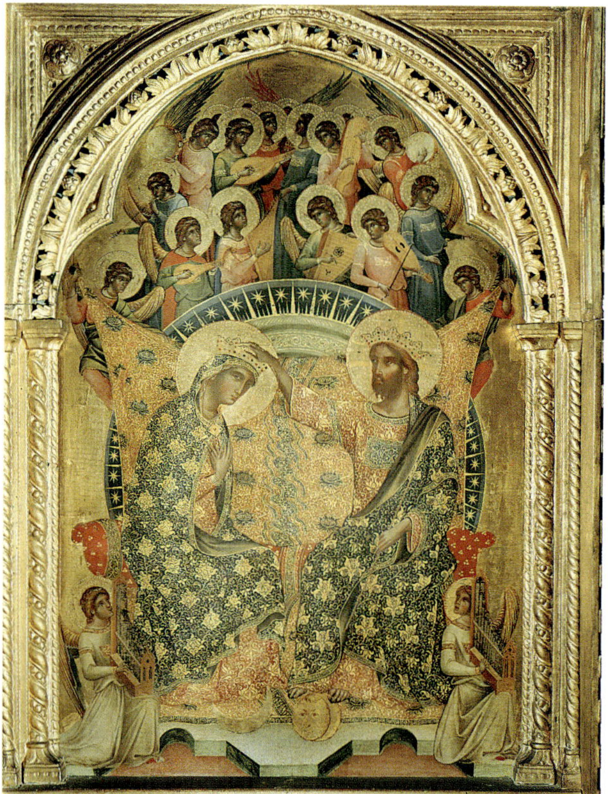

rung offenbaren. Besonders deutlich wird dies an der »Marienkrönung«. Die Körper verschwinden vollkommen zwischen den kostbaren Brokatstoffen, die der gesamten Darstellung einen kostbaren, festlichen Ton verleihen.

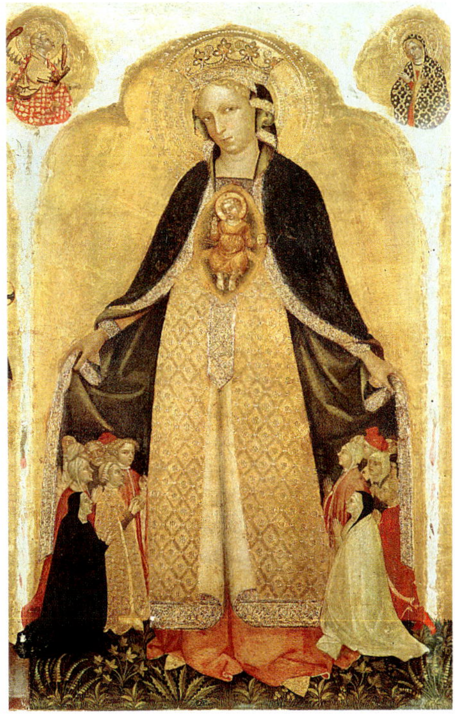

Jacobello del Fiore: Schutzmantelmadonna (Mitteltafel), 1436?
Holz, 86 x 113 cm (gesamt)

Die Madonna bildet den Mittelteil eines Triptychons; die Seitentafeln zeigen links Johannes den Täufer und rechts Johannes den Evangelisten. Der originale, reich verzierte, vergoldete Holzrahmen ist nicht erhalten. Die Madonna, welche die sie anbetende Menschheit unter ihren Mantel nimmt, ist ein beliebtes Sinnbild für den Schutz, den die Gottesmutter vor bösen Mächten gewährt, und Ausdruck für die Hoffnung der Gläubigen auf ihre Fürsprache beim Jüngsten Gericht. Dieser Bildtypus hatte sich während des 13. Jh.s im Westen entwickelt. Die venezianische »Schutzmantelmadonna« von Jacobello del Fiore (1394–1439) kann jedoch auch im Zusammenhang mit einem byzantinischen Kult des Marienmantels gesehen werden. Dies gilt v. a. deshalb, weil 1204 ein Stück des Mantels aus der Blachernenkirche in Konstantinopel nach San Marco gelangte. Auch das Christuskind, das vor der Brust der Madonna erscheint, erinnert an einen ostkirchlichen Madonnentypus. Schutzmantelmadonnen dieser Art finden sich auch schon im Werk der älteren venezianischen Maler. Die weich fallenden Falten und Säume, die von hellen Lichtstreifen durchzogenen sanften Locken und die bunte Blumenwiese, auf der die Madonna und Johannes der Evangelist stehen, sind stilistische Veränderungen gegenüber der älteren venezianischen Kunst. Johannes der Täufer ist dagegen, entsprechend seines Wüstenaufenthaltes, auf einem felsigen Untergrund plaziert.

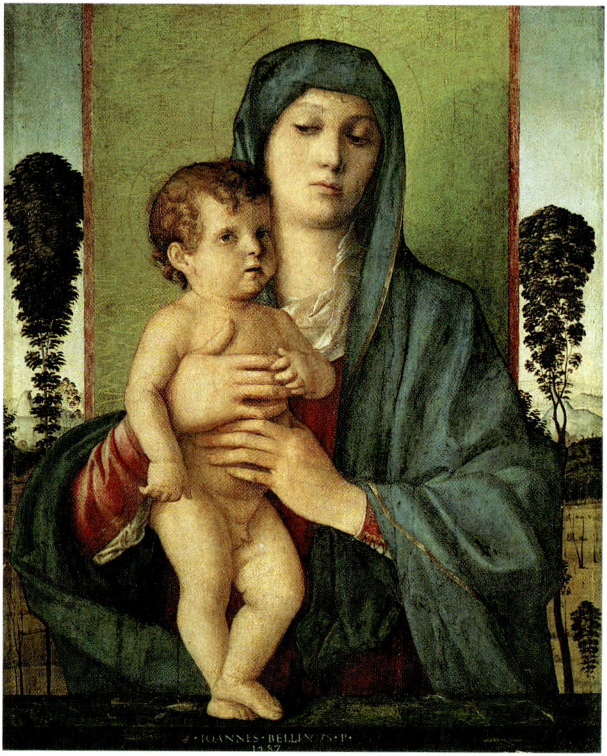

Das 15. Jh., in dem die Grundlagen für die glanzvolle Epoche der venezianischen Malerei des 16. Jh.s gelegt wurde, ist in den Gallerie dell'Accademia mit zahlreichen Beispielen von herausragender Qualität vertreten. Neben den großen Werkstätten der Familien Bellini und Vivarini schufen auch Künstler wie Cima da Conegliano oder Vittore Carpaccio bedeutende Kunstwerke. Einige der großen Gemäldezyklen dieser Werkstätten und der einzelnen Künstler sind ebenfalls in die Galerie gelangt. Sie geben auch einen Eindruck vom venezianischen Leben im späten 15. Jh. Der größte Maler des 15. Jh.s in Venedig ist jedoch zweifelsohne Giovanni Bellini, von dem sich eine Reihe von Hauptwerken in den Gallerie dell'Accademia befinden.

Giovanni Bellini :
Madonna degli alberetti, 1487
Holz, 74 x 58 cm

Giovanni Bellinis (1430–1516) Madonnen-Bilder waren schon zu seinen Lebzeiten überaus geschätzt. Über 80 Werke mit diesem Thema sind aus seiner Werkstatt erhalten. Die »Madonna degli alberetti«, die Madonna mit den Bäumchen, ist sein erstes bekanntes datiertes Madonnenbild. Neben dem religiösen Gehalt ist es v. a. das innige und höchst lebendig wirkende, immer wieder anders dargestellte Verhältnis von Mutter und Kind, das auch einen modernen Betrachter an Giovanni Bellinis Madonnen fasziniert, dem der religiöse Sinn der Bilder vielleicht nur wenig bedeutet.

Giovanni Bellini: Pietà, um 1505
Holz, 65 x 87 cm

Wenn man dieses berühmte Gemälde von Reproduktionen kennt, ist man immer wieder überrascht, wie klein die Tafel tatsächlich ist. Denn die Figuren wirken in ihrer Einsamkeit vor der Weite der Landschaft außerordentlich monumental. Auch wenn man konstruieren könnte, daß man hier Maria sieht, die, kurz bevor Christus ins Grab gelegt wird, Abschied von ihrem Sohn nimmt, drängt sich diese Interpretation, die einen Aspekt von Augenblicklichkeit enthält, keineswegs auf. Im Gegenteil, die Trauer der Mutter um ihren toten Sohn wirkt vollkommen zeitlos. Ihr Platz im Vordergrund ist von der übrigen Landschaft durch eine halbkreisförmige, artenreiche Blumenwiese abgegrenzt. Die weite Fläche bis zur Stadt suggeriert die Trennung von jeglichem irdischen Geschehen. Der andächtige Betrachter kann sich mit seinem Mitleid und seiner Anbetung vollkommen auf die Figuren im Vordergrund konzentrieren.

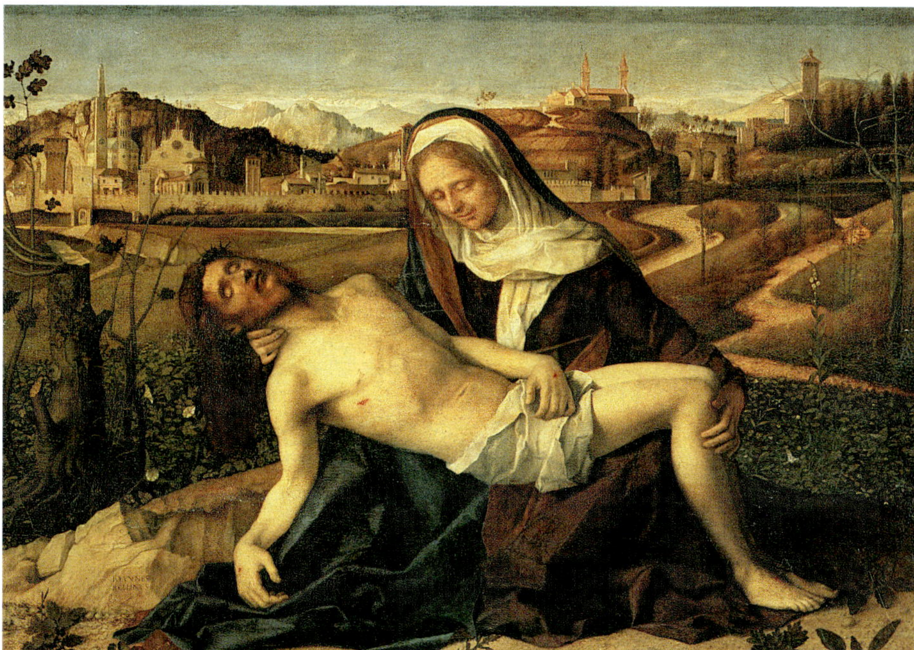

Gallerie dell'Accademia

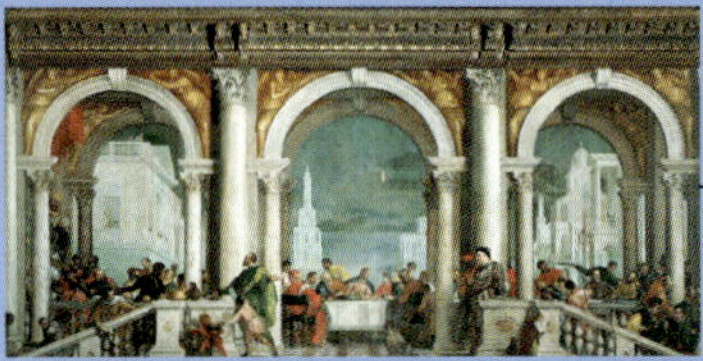

Paolo Veronese: Das Gastmahl im Hause des Levi, 1573, S. 322/323

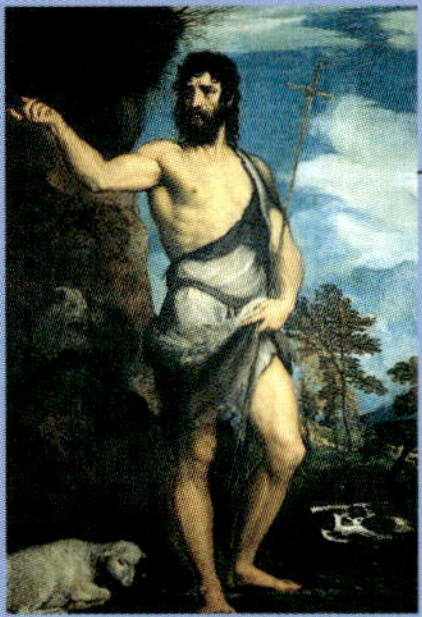

Tizian: Johannes der Täufer, um 1540, S. 319

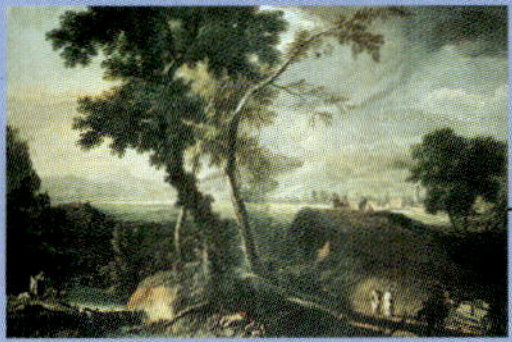

Marco Ricci: Landschaft mit Wäscherinnen, um 1720, S. 326

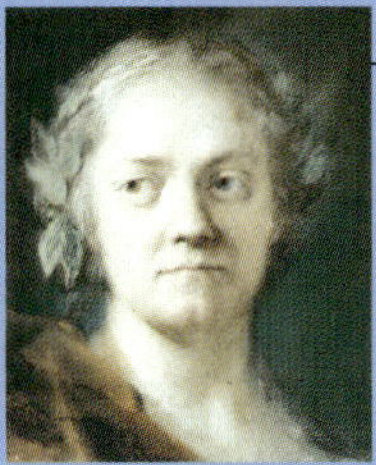

Rosalba Carriera: Selbstbildnis, vor 1744?, S. 329

1 Eingang
2 Ehemaliger Versammlungsraum der Scuola Grande di Santa Maria della Carità, Venezianische Malerei des Tre- und Quattrocento (Paolo Veneziano, Jacobello del Fiore)
3 Venezianische Malerei des Quattro- und frühen Cinquecento (Bellini, Giorgione, Cima da Conegliano, Lotto)
4 Venezianische Malerei des Cinquecento (Tizian, Veronese, Tintoretto)
5 Venezianische Malerei des Cinquecento
6 Venezianische Malerei des Settecento (Tiepolo, Pittoni, Piazzetta, Guardi, Longhi)
7 Landschaftsmalerei des Settecento (Ricci)
8 Malerei des Seicento (Carraci, Strozzi, Fetti)
9 Gemälde der Scuola S. Giovanni Evangelista (Gentile Bellini, Carpaccio)
10 Gemälde der Scuola di S. Orsola (Carpaccio)
11 Sala dell' Albergo der Scuola Grande di S. Maria della Carità
12 Santa Maria della Carità, Venezianische Malerei des Quattrocento (Bellini, Vivarini) und wechselnde Ausstellungen

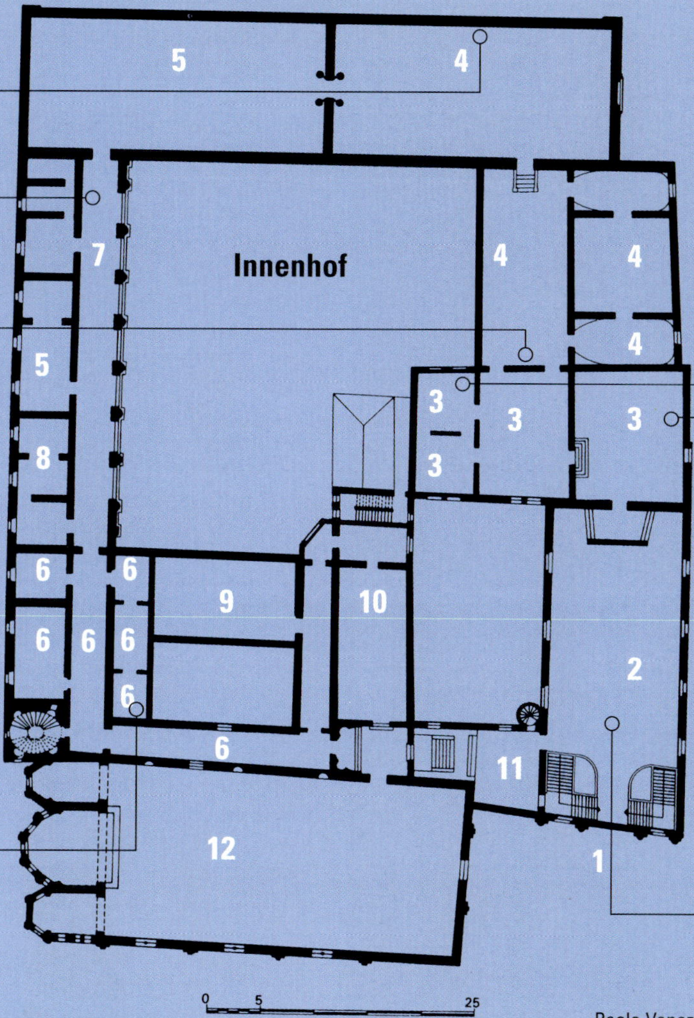

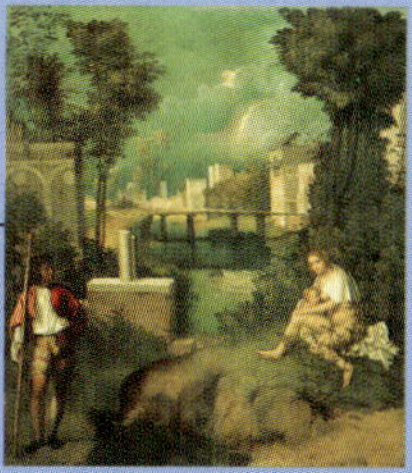

Giorgione:
Das Gewitter,
um 1510, S. 318

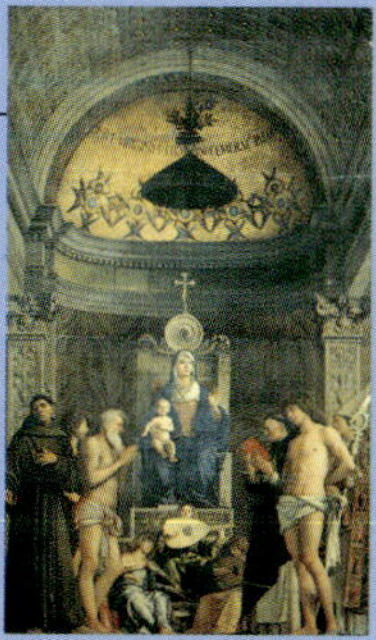

Giovanni Bellini: Pala di San
Giobbe, um 1480, S. 316

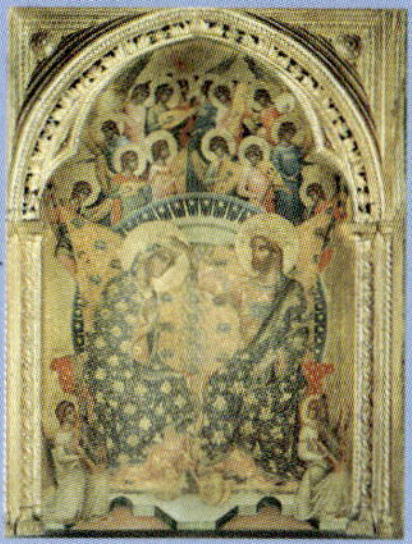

Paolo Veneziano:
Marienkrönung, S. 310

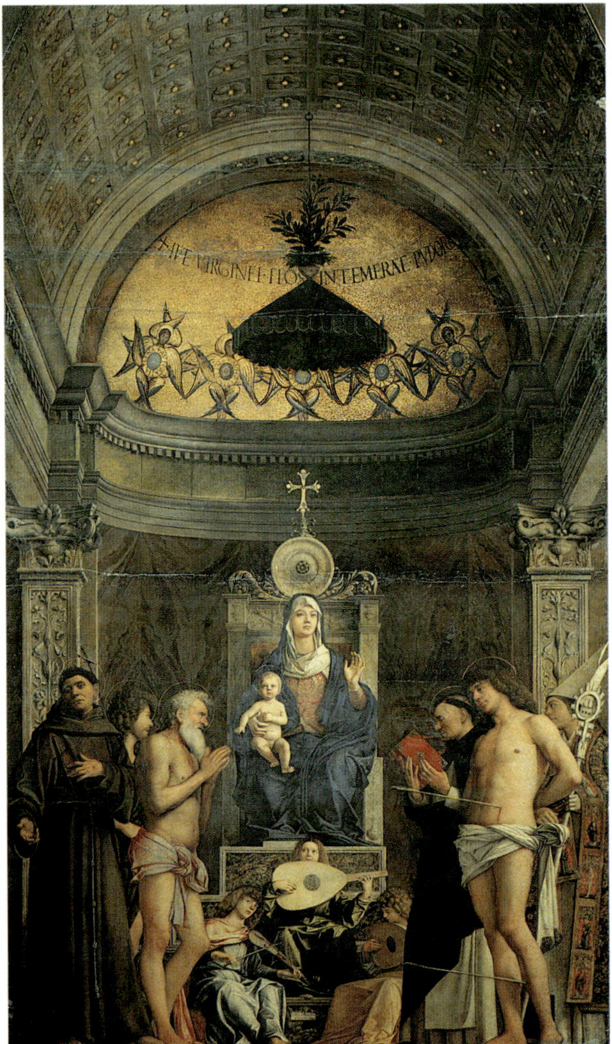

Giovanni Bellini:
Pala di San Giobbe, um 1480
Öl auf Holz, 471 x 258 cm

Das Gemälde stammt aus San Giobbe in Venedig. Dort befindet sich noch heute der Altar, für den das Bild entstand. Bellini hat im Gemälde die Pilaster des Rahmens genau nachgeahmt, so daß es für den Betrachter in der Kirche wirken mußte, als würde das kassettierte Tonnengewölbe des Bildes vorne von den Pilastern des Rahmens und hinten von ihren gemalten Pendants getragen. Damit entstand der Eindruck, als öffnete sich über dem Altar der Blick in eine kleine Kapelle, in der die verschiedenen Heiligen um den Thron der Madonna versammelt sind. Auf Bellinis Zeitgenossen machte dieses Bild einen außerordentlichen Eindruck, nicht nur wegen seiner täuschenden perspektivischen Wirkung, sondern auch wegen der leuchtenden, realistischen Farben, die ein Chronist des späten 16. Jh.s der erstmaligen Verwendung von Ölfarben zuschrieb.

Giovanni Battista da Conegliano: gen. Cima da Conegliano, Die Madonna unter dem Orangenbaum, 1497/98
Holz, 212 x 139 cm

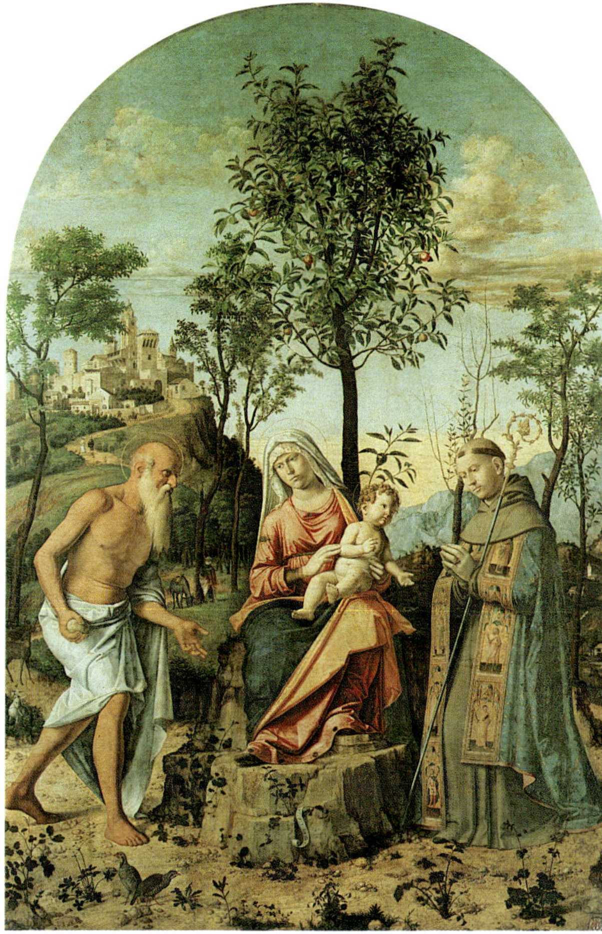

Die Werke von Cima da Conegliano (um 1459–1517/18) bestechen v. a. durch die bezaubernden Landschaften, in die er häufig Orte aus seinem heimatlichen Voralpenland einstreut. Die Burg auf der linken Seite wurde als das Kastell von San Salvatore di Colalto identifiziert. Seine Figuren wirken dagegen ein wenig steif und erreichen nie die Lebendigkeit von Bellinis Gestalten. Indem er seine Madonna mit Heiligen in einer Landschaft darstellt, fügt er der üblichen Szenerie dieses Bildtypus eine weitere inhaltliche Dimension hinzu. Im Hintergrund links wartet der Hl. Joseph mit dem Esel. Damit wird die Madonna gleichzeitig zu einer Maria auf der Flucht nach Ägypten, die sich unter einem Orangenbaum ausruht. Doch mit seinem Vordergrund betont Cima durch das strenge, thronende Sitzmotiv der Madonna und durch die historisch nicht zur Flucht nach Ägypten passenden Heiligen Hieronymus und Ludwig den Charakter einer »Sacra Conversazione«.

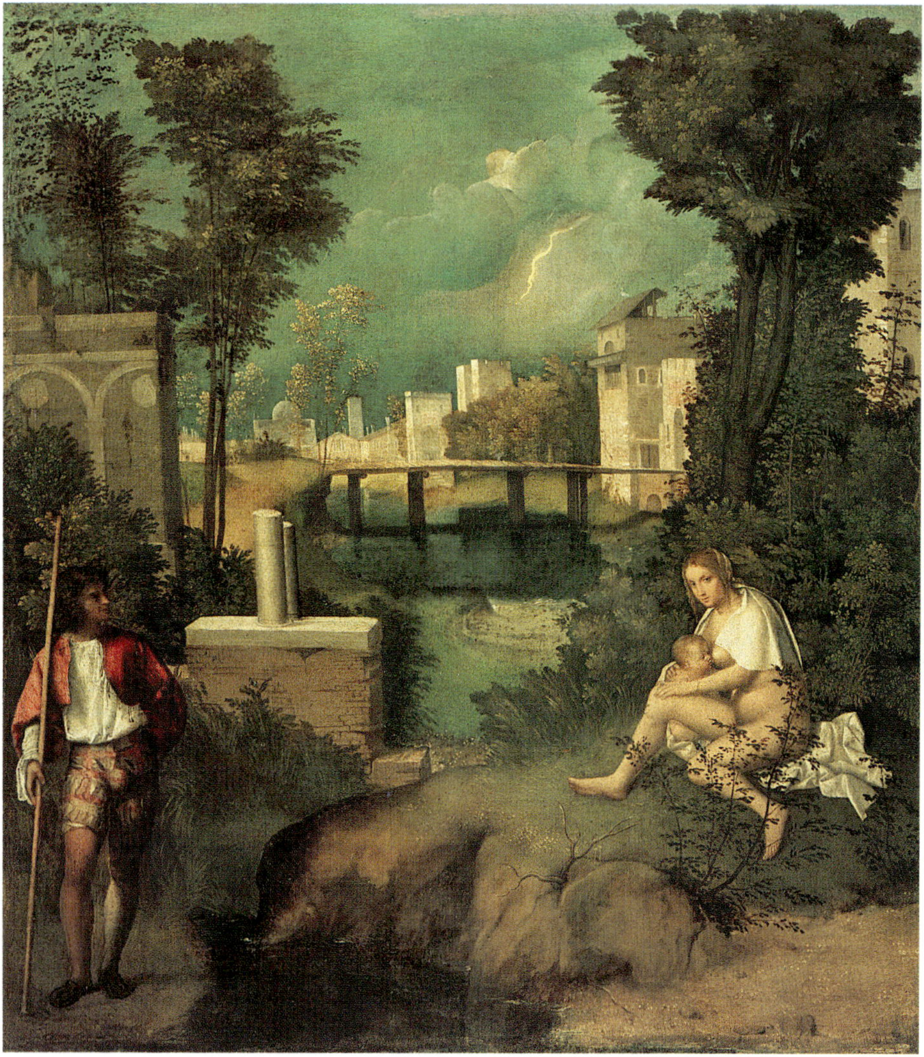

Giorgione:
Das Gewitter, um 1510
Öl auf Leinwand, 68 x 59 cm

Wie kaum ein anderes der wenigen Bilder, die von Giorgione (1478–1510) erhalten sind, wurde dieses Werk immer als Original akzeptiert. Was jedoch die Interpretation betrifft, so war bisher keine Einigung zu erzielen. Den unterschiedlichen Deutungsversuchen, die die Kunstgeschichte für dieses Gemälde bereit hält, ist längst selbst ein Buch gewidmet worden. Was hier dargestellt ist, bleibt weiter rätselhaft. Doch genau dies war wohl auch die Absicht des Künstlers und seines Auftraggebers Gabriele Vendramin. Kunstwerke, deren Sinn sich nur einem kleinen Kreis von Eingeweihten erschloß, waren zu Beginn des 16. Jh.s in dem Zirkel von jungen Adeligen, für den Giorgione häufig arbeitete, außerordentlich beliebt. Und auch dem Nichteingeweihten vermittelt sich etwas von der feuchten und warmen Gewitteratmosphäre, die zwischen Melancholie, Bedrohung und starker Verbundenheit mit der freien Natur zu schwanken scheint. Giorgione war neben Giovanni Bellini der zweite, viel jüngere Künstler, dem die venezianischen Maler zu Beginn des 16. Jh.s nacheiferten. Seine Bilder strahlen etwas von der Sehnsucht nach einem fernen, naturverbundenen, glücklichen Leben aus, wie man es in antiken Gedichten, aber auch in zeitgenössischen Werken wie Jacopo Sannazaros »Arcadia« von 1499 zu finden glaubte.

Tizian:
Johannes der Täufer, um 1540
Öl auf Leinwand, 201 x 134 cm

Auch Tizian (um 1488–1576) gehörte zu den Malern, die Giorgione beeinflußte. Um 1540, als sein Bild von Johannes dem Täufer entstand, hatte er jedoch längst zum eigenen Umgang mit der Gegenüberstellung von Figur und Landschaft gefunden. Der Fluß im Hintergrund deutet auf die Taufe, die der Heilige an Christus vollzieht.

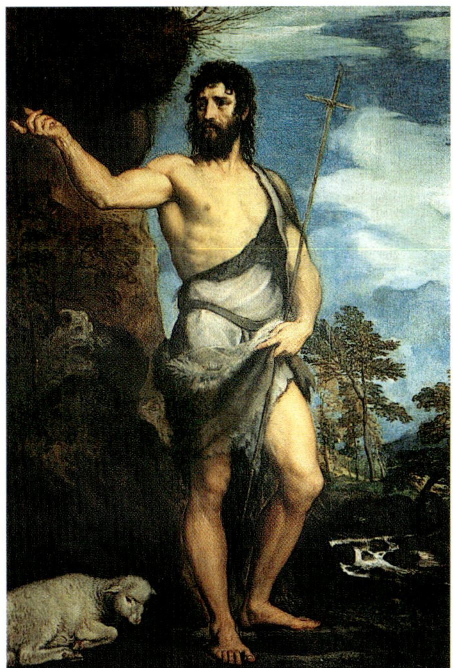

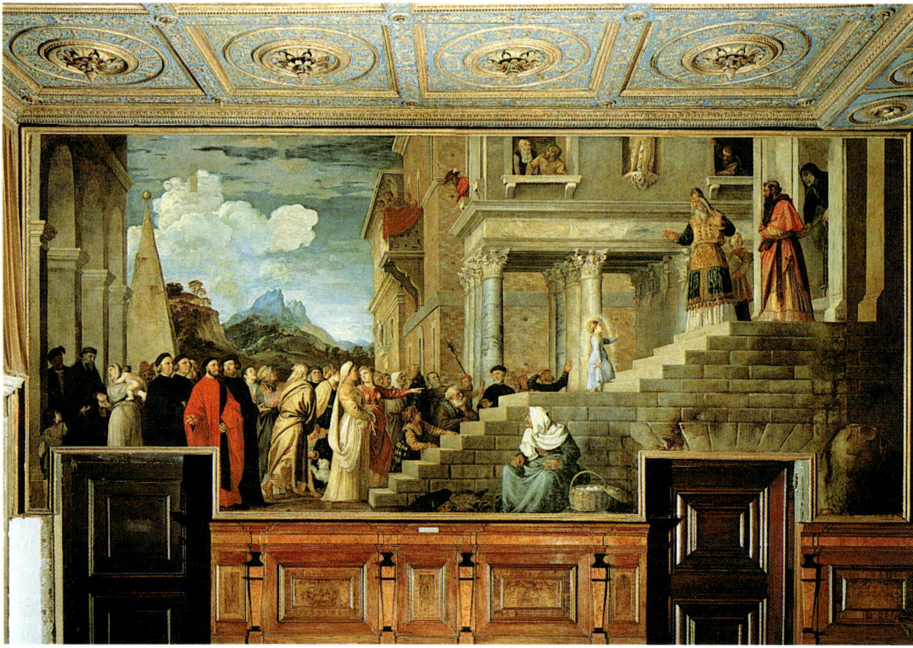

Tizian: Tempelgang Mariä, 1534–1538
Öl auf Leinwand, 335 x 775 cm

In die heutige Accademia ist auch das Gebäude der alten Scuola Grande di Santa Maria della Carità einbezogen. 1534 gab der Vorstand der Scuola bei Tizian ein Gemälde für den Versammlungsraum der Bruderschaft in Auftrag, dem zu dieser Zeit wohl berühmtesten (und wahrscheinlich auch teuersten) Maler der Stadt. Daraus ergibt sich der einzigartige Fall, daß man Tizians »Tempelgang Mariä« in der heutigen Gemäldegalerie und gleichzeitig an seinem originalen Aufstellungsort bewundern kann. Tizian setzt die Legende von der Madonna, die schon im Alter von drei Jahren ohne Hilfe die steilen Stufen des Tempels emporsteigen kann, mit großem Geschick in Szene. Auf der linken Seite ist eine Menschenmenge vor einer weiten Alpenlandschaft dargestellt. In dieser Gruppe ist der Vorstand der Scuola porträtiert. Auf der rechten Seite dagegen erklimmt die Heilige Jungfrau einsam die Treppe. Die Architektur hinter ihr versperrt den Blick in die Ferne. Eine goldene Aureole hebt das heilige Kind zusätzlich hervor. Tizian verbindet und trennt auf diese Weise die inhaltlichen Ebenen eines Gruppenporträts und des christlichen Geschehens. Porträts und Heiligenszene erscheinen im selben Bild. Aber schon durch die Wahl des Hintergrundes macht der Maler auf subtile Weise klar, daß hier Verschiedenes zusammengefaßt wird. Gleichzeitig gibt er dem Betrachter die Möglichkeit, sich vollkommen getrennt auf beide Motive zu konzentrieren.

Jacopo Tintoretto:
Die Bergung des Leichnams des Hl. Markus, 1562
Öl auf Leinwand, 398 x 315 cm

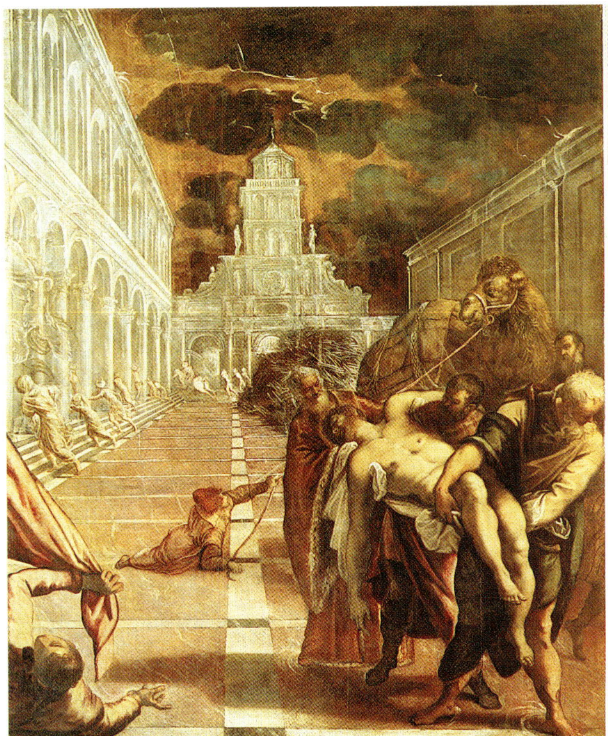

Nachdem er mit dem »Sklavenwunder des Hl. Markus« 1548 für die Scuola di San Marco (das sich heute ebenfalls in der Accademia befindet) einen sensationellen Erfolg errungen hatte, erhielt Tintoretto 14 Jahre später den Auftrag für ein weiteres Gemälde für den großen Saal der Scuola mit Szenen aus der Markuslegende. Wie schon beim »Sklavenwunder« spielt die Raumdarstellung eine entscheidende Rolle für die Bilddramaturgie. Doch geht die Dramatik nun weniger von einem mit atemberaubender Verkürzung gezeigten Körper aus, als vielmehr vom perspektivischen Aufbau des gesamten Bildes. Dargestellt ist der Moment, in dem ein heftiges Unwetter losbricht, das es den Venezianern ermöglicht, den kostbaren Leichnam zu entführen, während alle anderen vor dem Gewitter fliehen.

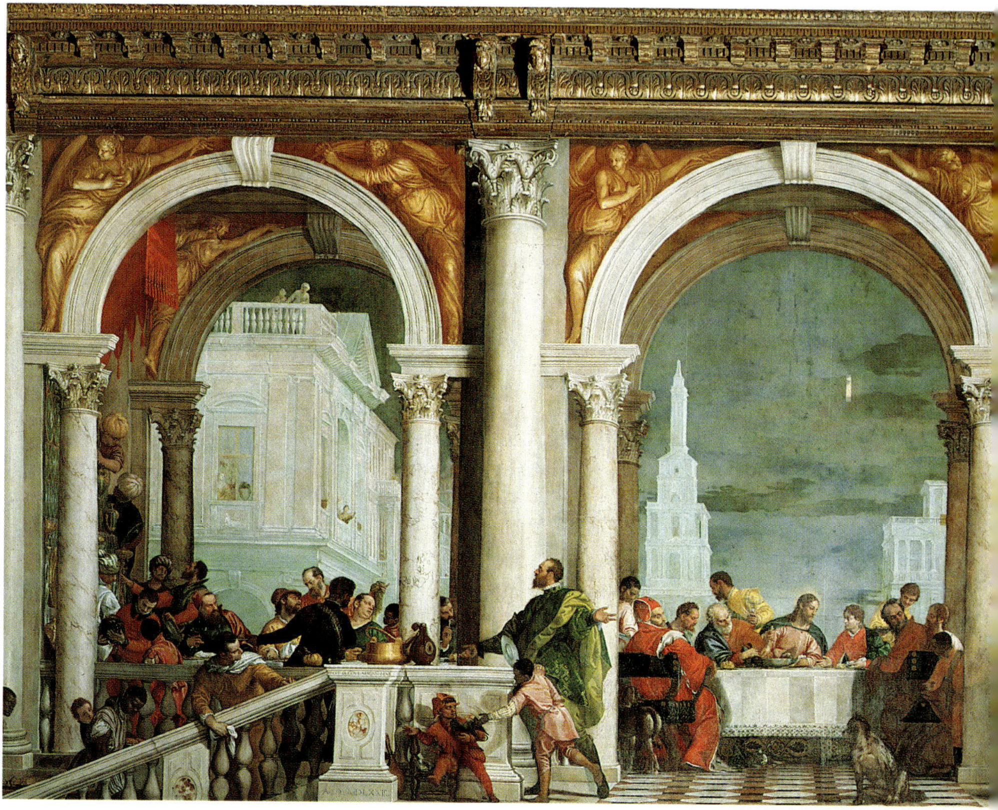

Paolo Veronese (Paolo Caliari): Das Gastmahl im Hause des Levi, 1573
Öl auf Leinwand, 555 x 1310 cm

Ursprünglich befand sich das riesige Gemälde an der Wand des Refektoriums, des Speiseraums der Dominikanermönche von Santi Giovanni e Paolo. Es war Ersatz für ein Abendmahlsbild von Tizian, das 1571 bei einem Brand vernichtet worden war. Auch Veroneses Bild war als »Abendmahl« geplant. Doch am 18. Juli 1573 wurde der Künstler vor die Inquisition gerufen. An einem anderen Ort als in Venedig, wo die Inquisitoren dem mäßigenden Einfluß der Regierung unterstanden, hätte dies ein

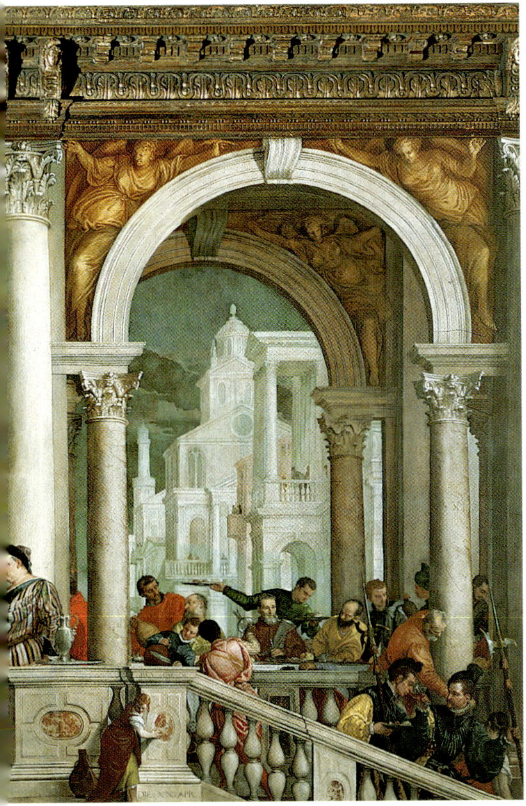

äußerst gefährlicher Vorgang für den Befragten sein können. Die Inquisitoren monierten an dem Bild die unangemessene Darstellungsweise und befragten den Künstler eingehend, was er sich wohl dabei gedacht habe, bei einem so heiligen Thema Betrunkene, deutsche Landsknechte und einen Mann mit Nasenbluten darzustellen.

Veronese antwortete mit einem erstaunlichen Bewußtsein für die künstlerische Freiheit, indem er klarmachte, daß der Maler an manchen Stellen seiner Phantasie freien Lauf läßt. Aufgefordert, die von den Inquisitoren beanstandeten Stellen zu ändern, modifizierte er einfach den Titel. Aus dem »Abendmahl« wird nun das »Gastmahl im Hause des (reichen und zunächst noch ungläubigen Zöllners) Levi«. Dort erscheint ein prächtiges, buntes Gelage passender, als bei der Darstellung des letzten Abendmahls.

Veronese kann dabei die ganze Kunst seines Stiles entfalten. Wie kein anderer Maler des 16. Jh.s war er auf kostbare Stoffe, Edelsteine und Perlen spezialisiert. Wie für Tizian ist auch für Veronese die Farbe das wichtigste Gestaltungsinstrument. Aber anders als der große Tizian, der in seinem Spätwerk vollkommen auf Lokalfarben verzichtet und seine Bilder in einer Art Farbnebel auflöst, bleiben die Farben bei Veronese immer an den Gegenstand gebunden. Ja, die kostbaren Seidenstoffe, die er in alle seine Bilder integriert, sind geradezu ein Vorwand, um möglichst viele Schattierungen zu zeigen, ohne daß sich die Farbe vom konkreten Gegenstand emanzipiert. Man kann ihm deshalb aus anderen Gründen als denen der Inquisitoren durchaus unterstellen, daß es ihm v. a. um die dekorative Wirkung seiner Malerei ging. Doch es ist gerade das wohlüberlegte farbliche Zusammenspiel, das der Gesamtkomposition ihre eindringliche Wirkung verleiht.

In der Nacht vom 27. auf den 28. Oktober 1915 zerstörten österreichische Bomben die Decke der venezianischen Kirche Santa Maria degli Scalzi (siehe S. 34). Damit ging auch das riesige Deckengemälde Tiepolos mit dem Transport der Santa Casa von Loreto zugrunde. Glücklicherweise sind jedoch zwei Entwürfe des zentralen Stückes erhalten (der andere befindet sich in London). Das Modell entspricht, wie man auf alten Fotos sehen kann, allerdings nicht ganz der ausgeführten Version und zeigt nur das zentrale Motiv. Doch auch im Entwurf kommt die aus dem Zentrum versetzte Anlage des Hauptmotives zur Geltung, die dem Bild seine Dynamik verleiht.

Von Engeln getragen und von musizierenden Engeln begleitet wird das Hl. Haus der Madonna von Nazareth zunächst nach Dalmatien und kurze Zeit später von dort in das italienische Loreto transportiert. Dieses Wunder soll sich 1295 ereignet haben. Loreto gehört noch heute zu den bedeutendsten Marienwallfahrtsorten.

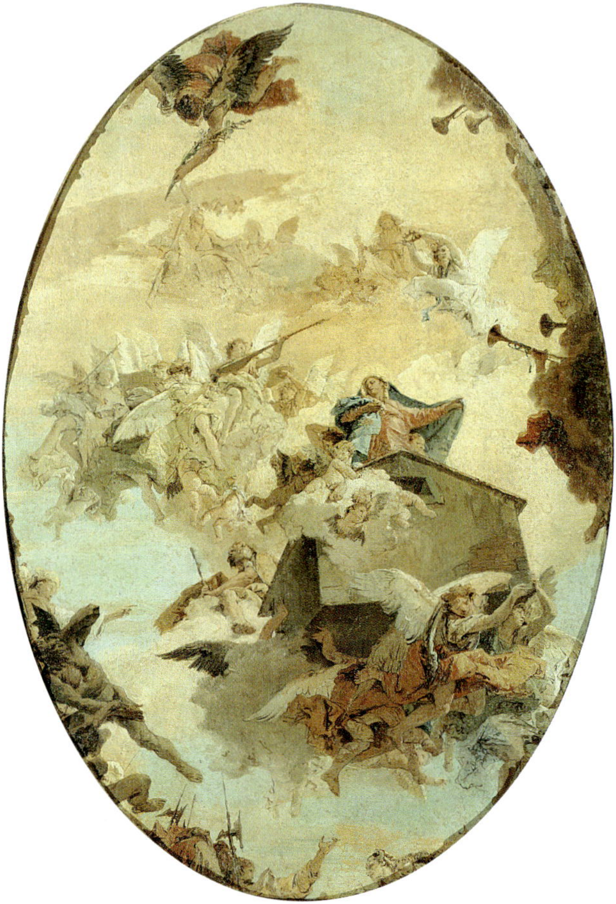

Giovanni Battista Tiepolo:
Das Wunder des heiligen Hauses von Loreto, 1744/45
Öl auf Leinwand, 124 x 85 cm

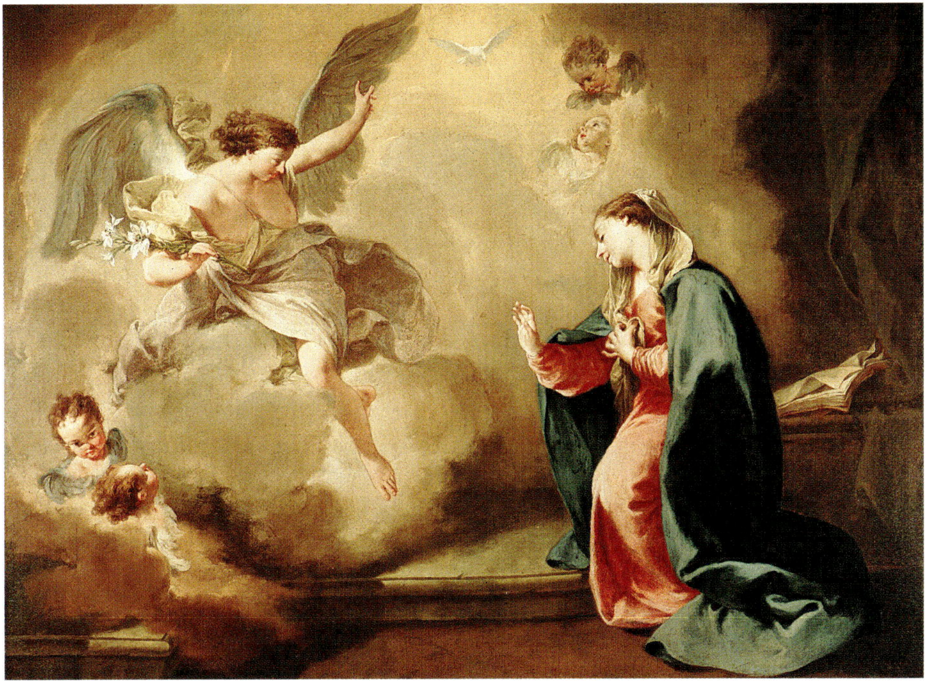

Giovanni Battista Pittoni:
Verkündigung, 1757
Öl auf Leinwand, 153 x 205 cm

Der geborene Venezianer Giovanni Battista Pittoni (1687–1767) war nur wenig älter als Tiepolo, von dessen Malweise er sich ebenso anregen ließ wie von der mittelitalienischen Malerei seiner Zeit. In seiner Jugend hielt Pittoni sich länger in Rom und in der Emilia-Romagna auf. Aber anders als sein berühmterer Kollege Tiepolo lebte er später nur in Venedig, obwohl auch seine Gemälde in ganz Europa begehrt waren. Ein besonderes Kennzeichen seiner Malerei, das sich auch an der »Verkündigung« beobachten läßt, ist die Verwendung von sanften Rosa- und Grünblautönen in allen Schattierungen, die mit einem weichen hellen Braun verwoben sind und die seine Bilder zum Inbegriff der Rokokomalerei werden ließen. Das Gemälde offenbart jedoch in der unsicheren Zeichnung auch typische Schwächen Pittonis.

Marco Ricci:
Landschaft mit Wäscherinnen, um 1720
Öl auf Leinwand, 136 x 198 cm

Schon im 16. Jh. hatten die Venezianer eine besondere Vorliebe für Landschaften. Von diesen frühen Bildern sind, wenn überhaupt, v. a. Fresken in den Villen erhalten. Aus dem 17. und 18. Jh. dagegen sind zahlreiche Gemälde von mittlerem bis kleinem Format bekannt, mit denen die reichen Venezianer ihre Paläste schmückten. Marco Ricci (1676–1730) ist der Begründer der venezianisch-oberitalienischen Landschaftsmalerei des 18. Jh.s. An seinen weiten, abwechslungsreichen mit feinen Farbabstimmungen gestalteten Landschaften haben sich die nachfolgenden Malergenerationen orientiert. Ricci selbst hatte nicht nur die venezianischen Landschaften der älteren Zeit und die Bilder des Süditalieners Salvator Rosa studiert, sondern lernte auf einer mehrjährigen Englandreise auch die niederländische Landschaftsmalerei kennen. Die »Landschaft mit Wäscherinnen« zeigt das Piave-Tal, das Ricci in seinen Landschaftsbildern immer wieder porträtiert hat.

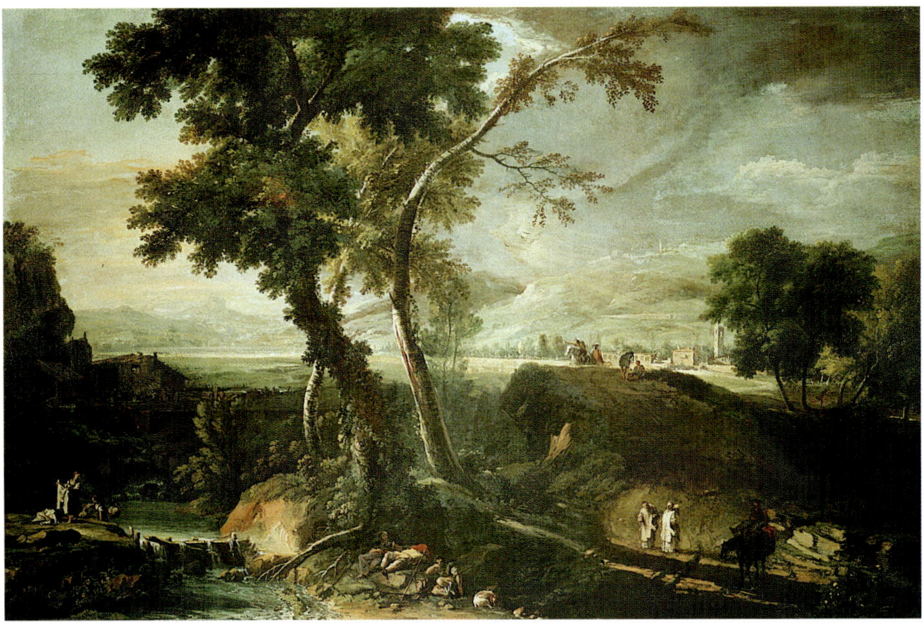

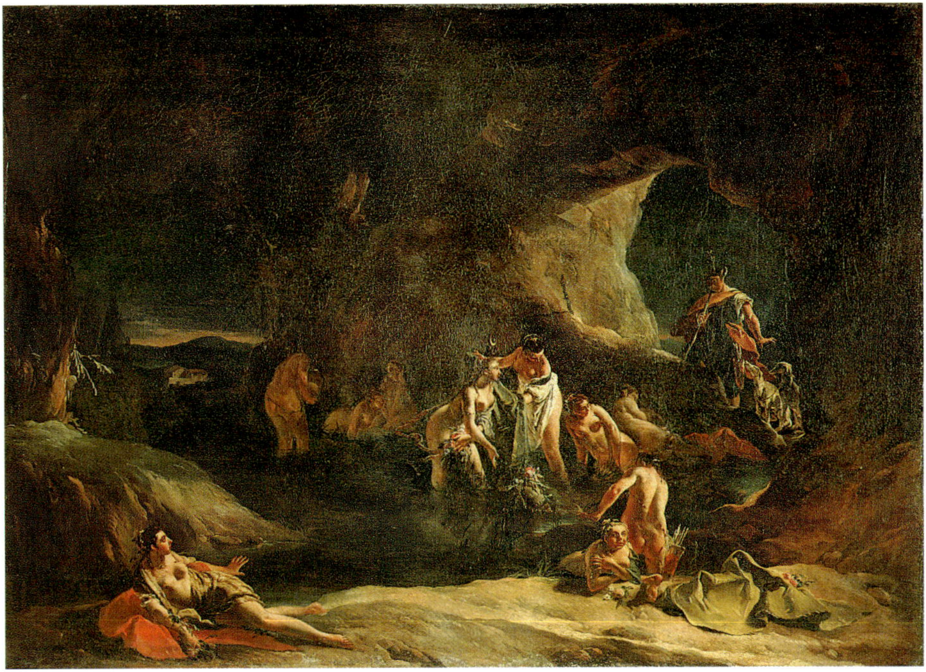

Giovanni Battista Tiepolo: Diana und Aktäon, 1720–1722
Öl auf Leinwand, 100 x 135 cm

Dieses Bild gehört zu einer Serie von vier Gemälden mit Szenen aus den »Metamorphosen« des antiken Schriftstellers Ovid. Der Jäger Aktäon beobachtet Diana, die keusche Göttin der Jagd, mit ihren Nymphen beim Baden. Als sie seinen Frevel entdeckt, verwandelt sie ihn in einen Hirsch, und seine eigenen Hunde zerreißen ihn. Die Bilder galten lange als Werke von Sebastiano Ricci. Erst 1922 entdeckte man, daß es sich um Jugendwerke Tiepolos handelt, als er noch ganz unter dem Einfluß der älteren venezianischen Maler des

17. Jh.s stand. Tiepolo zeigt eine von jeder Zivilisation – bis auf das Bauernhaus im Hintergrund – weit entfernte Grotte. Die hellen Leiber der Nymphen und der silbrig glänzende Halbmond über Diana bilden einen schimmernden Kontrast zum

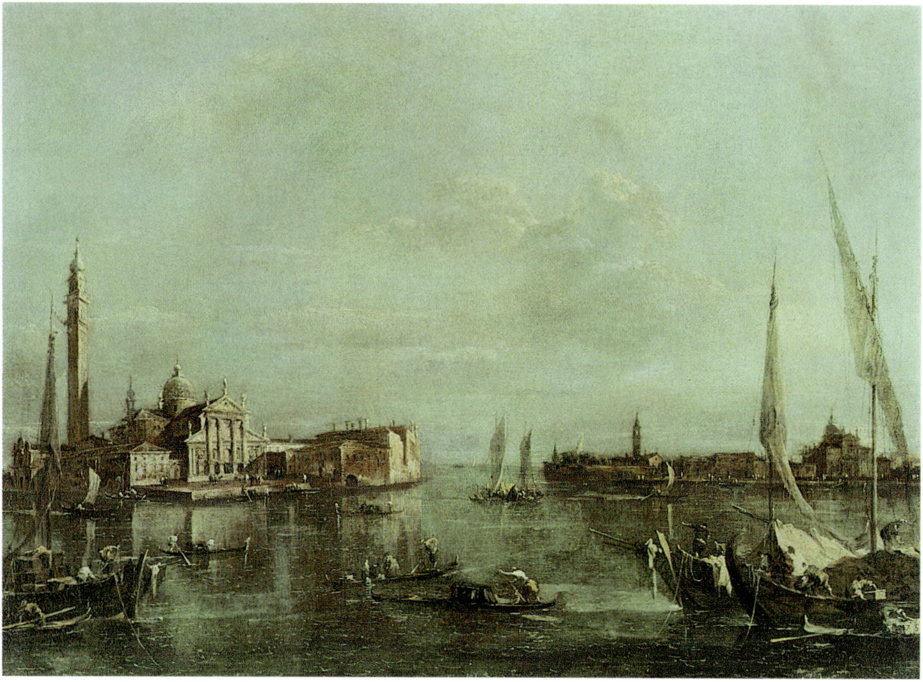

Francesco Guardi:
Der Bacino di San Marco mit San Giorgio Maggiore und der Giudecca, 1780–1790
Öl auf Leinwand, 72 x 97 cm

Francesco Guardi (1712–1793) hat im Laufe seines Lebens die Klosterinsel San Giorgio Maggiore immer wieder gemalt. In dieser späten Fassung wird noch einmal besonders deutlich, daß es Guardi in den unzähligen Bildern von seiner Heimatstadt nicht nur um eine Dokumentation von Bauwerken und Örtlichkeiten oder malerischen Beschäftigungen der Venezianer ging. Obwohl alle wesentlichen Aspekte der Architekturen, der Boote und Schiffe erkennbar sind, scheint das eigentliche Thema dieses Bildes doch das Licht und die Farbe zu sein. Die Szenerie ist von milder Sonne beschienen. Das Wasser des Bacino, in dem sich die Boote und auch San Giorgio spiegeln, schlägt leichte Wellen. Doch eigentlich sind es nur feine Lichtbogen auf einer spiegelnden Fläche, wie sie der Bacino auch an einem besonders windstillen Tag kaum bietet. Niemand wird wohl jemals beobachtet haben, daß sich San Giorgio so im Wasser spiegelt, als läge es an einem glatten, dunklen See. Der helle Himmel mit weißlich-grauen Wolken wiederholt die Farben des Wassers, der Schiffe und der Architektur in helleren Nuancen. Guardi wählt seine Farben aus kompositorischen Gründen und nicht, weil er die reale Farbigkeit der Inseln und des Meeres wiedergeben will. Aber gleichzeitig trifft er damit ein typisch venezianisches Kolorit, das sich an einem leicht bedeckten Tag hundertfach am Himmel oder im Meer finden läßt. Die gleichmäßige Farbgebung und das stille Wasser verleihen dem Bild trotz der zahlreichen menschlichen Aktivitäten, die zu beobachten sind, eine sehr ruhige Atmosphäre. San Giorgio und die Giudecca wirken weniger wie Inseln, sondern vielmehr, als wären auch sie große Boote, die zwischen Himmel und Wasser dahintreiben.

Rosalba Carriera: Selbstbildnis, vor 1744?
Pastell auf Papier, 31 x 25 cm

Als sich 1705 die junge Rosalba Carriera (1675–1757) um die Aufnahme in die berühmte römische Malerakademie, die Accademia di San Lucca, bewarb, verglich sie deren Direktor, der Maler Carlo Marratta, mit dem zu dieser Zeit wohl berühmtesten Künstler des 17. Jh.s, Guido Reni. Auch sonst war die Karriere von Rosalba ein einziger Siegeszug. Sehr früh schon fand sie bedeutende Gönner und wurde von allen führenden Fürstenhäusern Europas gefördert. Rosalba Carriera war berühmt für ihre einfühlsamen Porträts. Dabei schuf sie keine bedeutungsschweren Ölgemälde, sondern feine, zarte Pastelle, also Kreidebilder, auf Papier. Dem Verlangen des beginnenden Rokoko nach Einfachheit und Intimität kam sie damit ebenso entgegen wie mit der Nahsichtigkeit ihrer Bilder, die die Porträtierten nicht aus respekteinflößender Ferne und in ganzer Figur zeigen, sondern nur den Kopf und ein kleines Stück des Oberkörpers. Ihr Selbstporträt zeigt sie im Alter von etwa 70 Jahren.

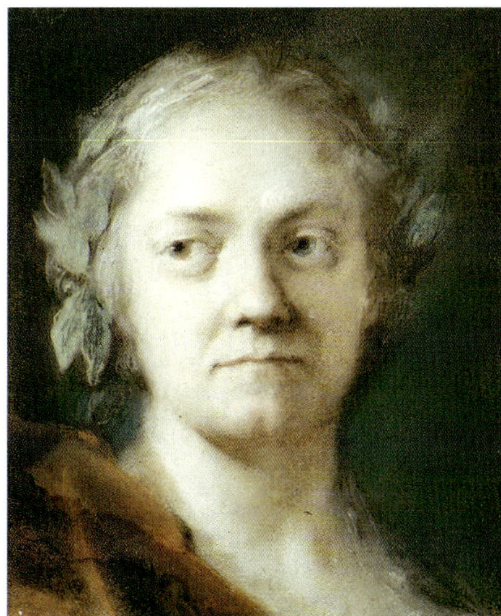

Venedig, wie es war

Die Vorstellung von der Lagunenstadt wird bis heute stark von den Bildern der Stadtlandschaftsmaler, der sog. Vedutisten des 18. Jh.s beeinflußt. Ihre Farben und ihr Licht sucht der Tourist in Venedig bis heute. Der neben Francesco Guardi bedeutendste unter den venezianischen Vedutisten war zweifellos Antonio Canal, genannt Il Canaletto.

Canaletto: Der Rio dei Mendicanti, 1723, Ca' Rezzonico, Venedig
Der Rio dei Mendicanti führt an San Zanipolo vorbei nach Norden. Die angeschnittene, hell beleuchtete Kirchenfassade auf der linken Seite ist San Lazzaro dei Mendicanti. Daran schließt sich das Kloster und die Scuola Grande di San Marco an – heute nicht viel anders als damals.

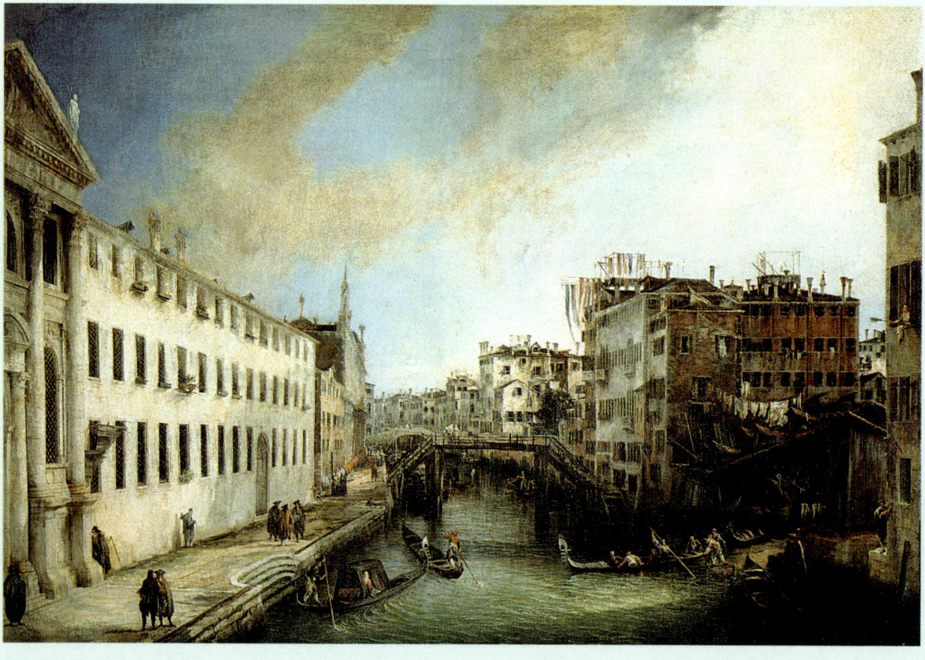

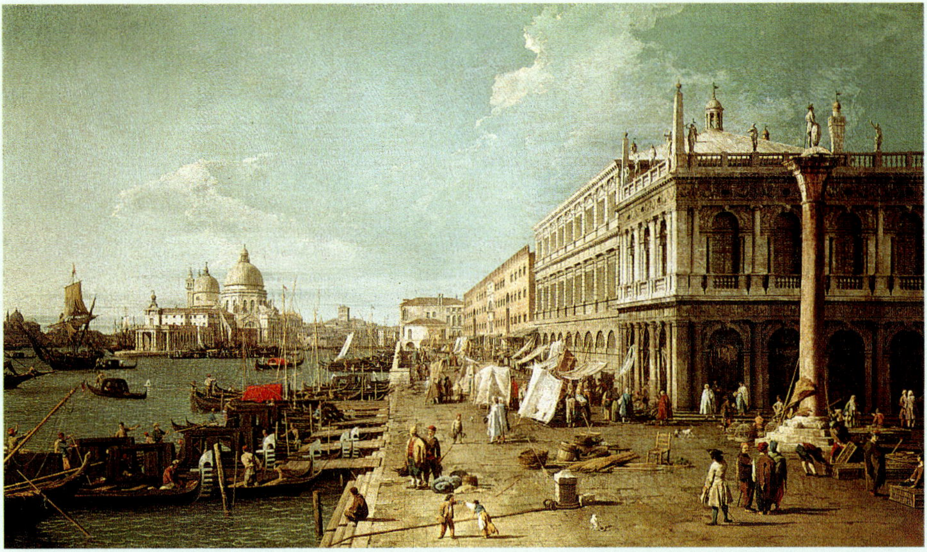

Canaletto: Der Molo gegen die Libreria gesehen, vor 1740, Privatsammlung, Rom
Im rechten Bilddrittel erscheint die Libreria. Dahinter erstreckt sich entlang des Molo die Zecca, die staatliche Münze, deren Erdgeschoß im Gegensatz zu heute bis auf eine kleine Lichtöffnung verschlossen ist. Dies diente, ebenso wie die Gitter vor den Fenstern, zum Schutz vor Dieben. Daran schließt sich ein Getreidespeicher an, der im 19. Jh. abgerissen wurde, als er den königlichen Gärten weichen mußte.

Canaletto wurde am 18. Oktober 1697 in Venedig geboren und verstarb dort am 20. April 1768. Sein Vater, Bernardo Canal, war ein berühmter Theatermaler. Auch Antonio erlernte zunächst diesen Beruf, bevor er sich als Maler den Stadtansichten zuwandte. Die hervorragenden Kenntnisse der Perspektive und der Wirkung von Architekturen, die er sich als Theatermaler erarbeitete, sollten ihm später sehr zugute kommen.

Neben Theaterprospekten malte er auch bald die ersten Stadtansichten, die damals v. a. bei Ausländern, allen voran den bildungsbeflissenen und reichen Engländer, immer beliebter wurden. Ab 1730 arbeitete er häufig im Auftrag von Joseph Smith, der um 1720 als britischer Handelsvertreter nach Venedig gekommen war und 1744 zum britischen Konsul ernannt wurde. Der Engländer, der nicht nur für die in Venedig weilenden Briten als absolute Autorität in Ge-

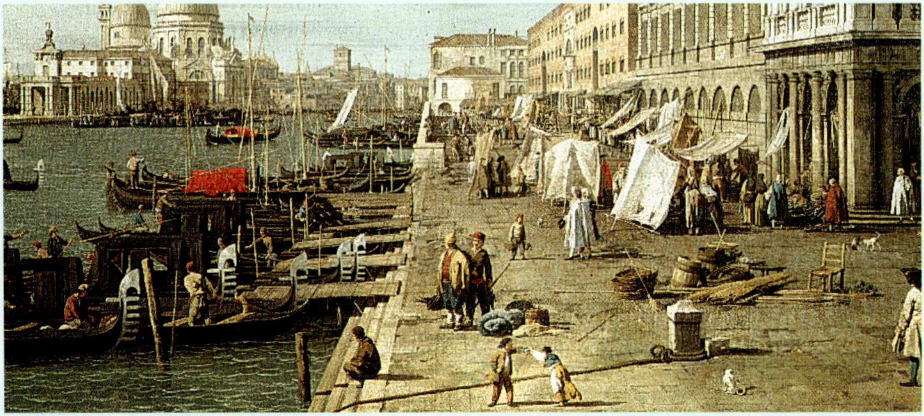

Canaletto: Der Molo gegen die Zecca gesehen (Detail), vor 1740, Privatsammlung, Rom
Auch wenn Jacopo Sansovino im 16. Jh. die Lebensmittelhändler und Schenken mit ihren Bretterbuden von der Piazzetta vertrieben hat, waren der Molo und ein Teil der Piazzetta auch im 18. Jh. noch Schauplatz eines bunten und keineswegs nur mit Luxusartikeln handelnden Markttreibens. Die Händler boten ihre Ware unter rasch aus ein paar Stangen und Tüchern zusammengefügten Sonnensegeln feil.

schmacksdingen galt, behielt einen Teil von Canalettos Bildern für sich, den größeren Teil verkaufte er jedoch an Landsleute weiter. Er fand immer neue anspruchsvolle Kunden für Antonios Bilder, von denen man sich naturgetreue Porträts der bewunderten Herrscherin der Meere versprach. Auf den ersten Blick wirken seine Bilder tatsächlich so, als würden sie, wie es der Kunsthistoriker Michael Levey einmal ausgedrückt hat, die Stadt wie unter Glas abbilden.

Das Augenblickhafte, der Eindruck, als würde sich das dargestellte Stadtleben gleich weiter tummeln, wird zum einen durch die Staffagen bestimmt. Seine Figuren, die im Gegensatz zu den genau beschriebenen Bauwerken nur aus einigen Farbtupfern zu bestehen scheinen und deren Gesichter immer anonym bleiben, sind in ihre Tätigkeiten vertieft. Überall sind Spuren städtischen Lebens sichtbar: die Auslagen eines Schreiners, eine geöffnete Kirchentür, ein nur halb verschlossener Brunnen, wehende Vorhänge. Zum anderen trägt auch das Arrangement der Bauwerke im Bild zu diesem Eindruck bei; sie sind angeschnitten. Überall wird angedeutet, daß sich die Stadt hinter und neben dem Gezeigten weiter fortsetzt.

Aber Canalettos Bilder boten in Wirklichkeit viel mehr als nur ein genaues Abbild Venedigs. Denn die Stadtansichten waren für ihn nur der

Anlaß, sich intensiv mit der Wirkung von Licht und Schatten auseinanderzusetzen. Seine Gemälde sind stets von einer besonderen Lichtsituation geprägt. Sei es, daß er extremen Schatten und gleißendes Sonnenlicht gemeinsam darstellt; sei es, daß es ihm meisterhaft gelingt, das milchige Leuchten der nebeligen Lagune einzufangen. Hinter diesem Interesse für das Licht tritt die naturgetreue Wiedergabe nicht selten sogar in den Hintergrund. Trotzdem bieten seine Bilder auch die Möglichkeit, in das Venedig des 18. Jh.s zurückzukehren.

Canaletto: Der Bucintoro vor dem Dogenpalast am Himmelfahrtstag, 1729, Privatsammlung, Mailand.
Die symbolische Vermählung des Dogen mit dem Meer war das wichtigste offizielle Fest der Republik. Das vergoldete Staatsschiff mit dem Dogen und Mitgliedern der Regierung ankert noch vor dem Dogenpalast. Im Vordergrund sind zahlreiche Gondeln sichtbar, die den Dogen bei seiner Fahrt begleiten werden. Es handelt sich dabei nicht nur um schwarze Gondeln, wie sie heute, allerdings ohne die Aufbauten, üblich sind, sondern auch um äußerst kostbare vergoldete Exemplare.

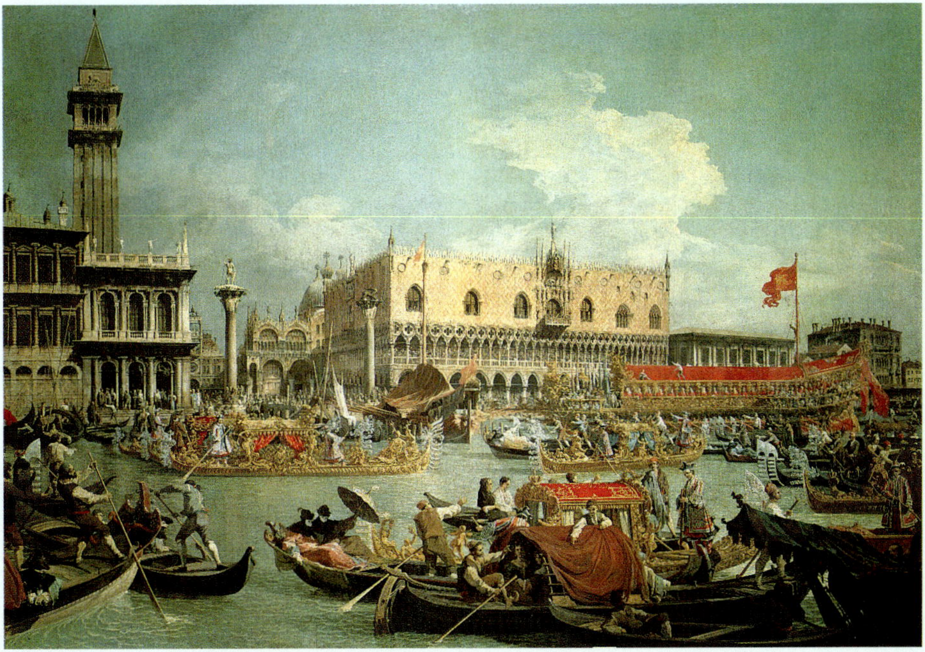

Collezione Peggy Guggenheim

Peggy Guggenheim (1898–1979) war die Nichte des großen amerikanischen Kunstsammlers Solomon R. Guggenheim. Durch geschäftliche Verluste ihres Vaters, der beim Untergang der Titanic ums Leben gekommen war, gehörte sie zum weniger vermögenden Zweig der Familie. Dennoch erbte sie 1919 einen ansehnlichen Betrag, mit dem sie sich alsbald nach Paris aufmachte. Dort lernte Peggy Guggenheim die moderne Kunst kennen und lieben. Sie plante zeitweise die Einrichtung einer Galerie; doch erst um 1940, als viele ihrer Künstlerfreunde durch den Krieg kaum noch Möglichkeiten zum Verkauf ihrer Werke hatten, begann sie gezielt zu sammeln. 1941 floh sie mit ihren Kunstwerken nach New York, kehrte aber schon 1946 nach Europa zurück. Sie erwarb den Palazzo Venier dei Leoni (siehe auch S. 73), wo sie, umgeben von zahlreichen Hunden, lebte. 1976 übergab sie ihre bedeutende Kunstsammlung des 20. Jh.s der Solomon R. Guggenheim Foundation, die die Galerie seit Peggys Tod 1979 weiterführt.

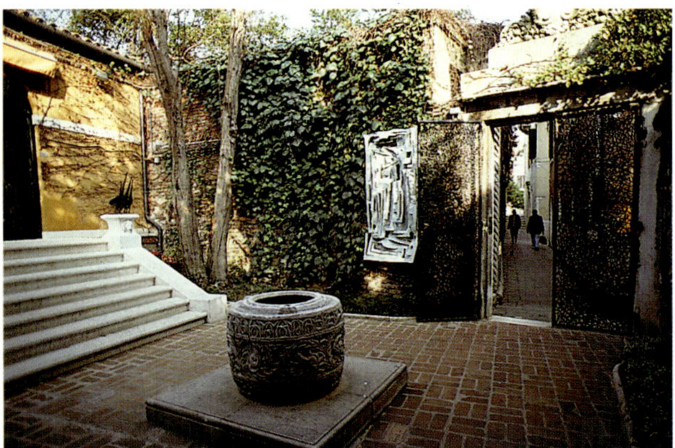

Marino Marini: L' Ange de la ville, 1949

Auf der Terrasse zum Canal Grande hat Peggy Guggenheim die Skulptur eines Reiters von Marino Marini (1901–1980) plaziert, der sich der Sonne fröhlich entgegenreckt. Er ist ein typischer Vertreter der »Engel der Stadt« oder einfach Reiter genannten Figuren, von denen Marini im Laufe seiner Karriere zahlreiche Exemplare geschaffen hat. Heute wirkt er in seiner gespannten, wie tief Atem holenden Haltung und in seiner Nacktheit, die vor einer deutlichen Präsentation des Geschlechts nicht zurückschreckt, auf die meisten wohl v. a. humorvoll. Man kann sich kaum noch vorstellen, welche Provokation die Skulptur in den 50er Jahren darstellte. Wie Peggy Guggenheim in ihren Memoiren berichtet, wurde damals der Penis regelmäßig abgeschraubt, um die auf dem Canal Grande vorbeifahrenden Kirchgänger nicht zu brüskieren.

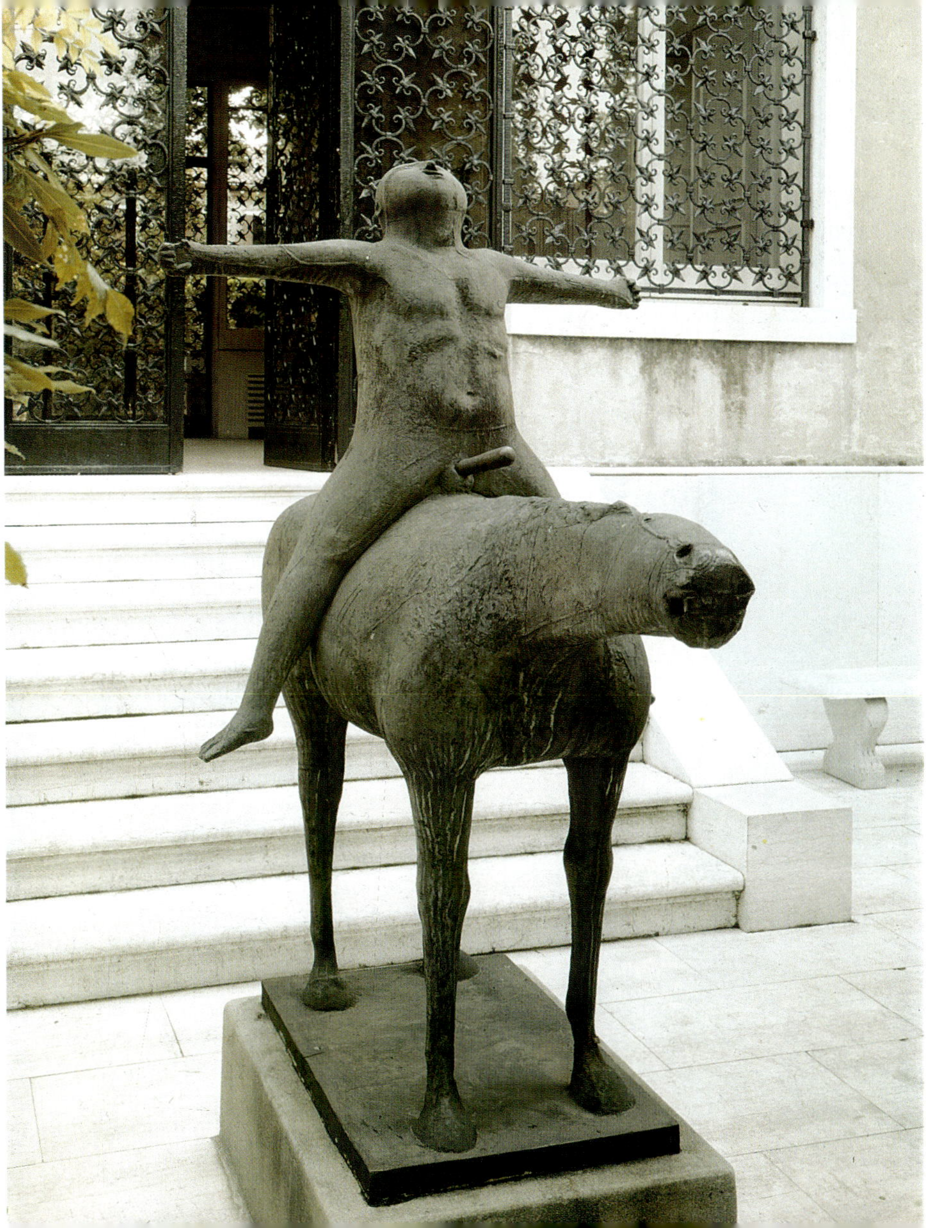

Max Ernst: Zoomorphes Paar im Werden, 1933
Öl auf Leinwand, 91,9 x 73,3 cm

Immer wieder tauchen seit den späten 20er Jahren im Werk von Max Ernst (1891–1976) ineinander verschlungene Menschen oder Tierfiguren auf. Gleichzeitig entwickelt er mit den Frottagen und Grattagen neue Techniken, die mittels Durchreiben oder Abkratzen Strukturen natürlicher Materialien entstehen lassen, die unter dem Papier oder der Leinwand liegen. Das tierförmige Paar zeigt, wo die schwarze Farbe von ihrem Untergrund nur schwer aufgenommen wurde, keines dieser Verfahren. Doch wird auch hier Ernsts Interesse an wie zufällig entstandenen Oberflächen deutlich. Die schwarze schlammige Masse scheint sich selbst zu einer tierisch-menschlichen Figur zu formen. Die rosa, gelb und bläulich gefärbten Linien, die die Masse durchziehen, wirken wie Fesseln, aus denen sich die Form befreit, und gleichzeitig wie Gedärm und geheimnisvolle Versorgungsadern, die ein untrennbarer Bestandteil der sich entwickelnden Lebewesen sind. Das Bild scheint eine Illustration zu einem Text zu sein, den Max Ernst im Jahr zuvor über die künstlerische Inspiration verfaßt hat. Er beschreibt darin den Schaffensprozeß als einen ständigen Wandel der Formen. Diese Wandlung setzt der Künstler selbst in Gang, indem er immer wieder neue Dinge im bereits Vorhandenen erkennt und herausarbeitet.

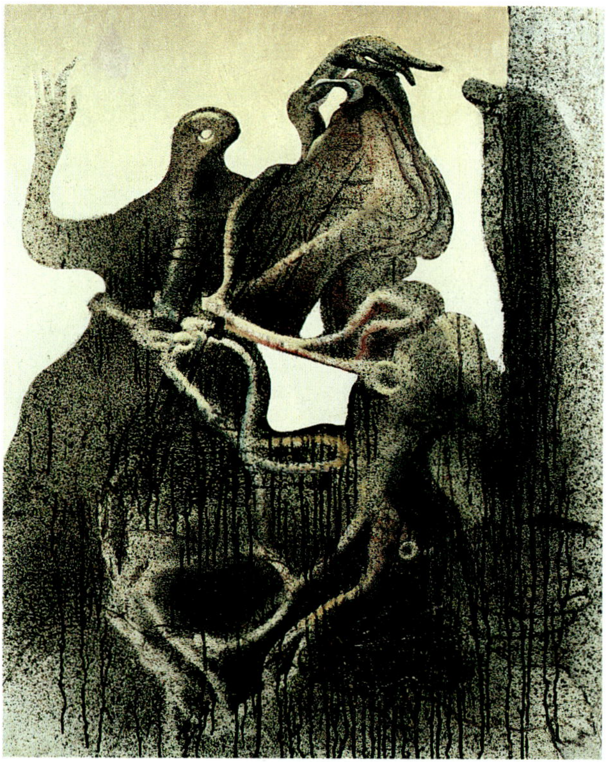

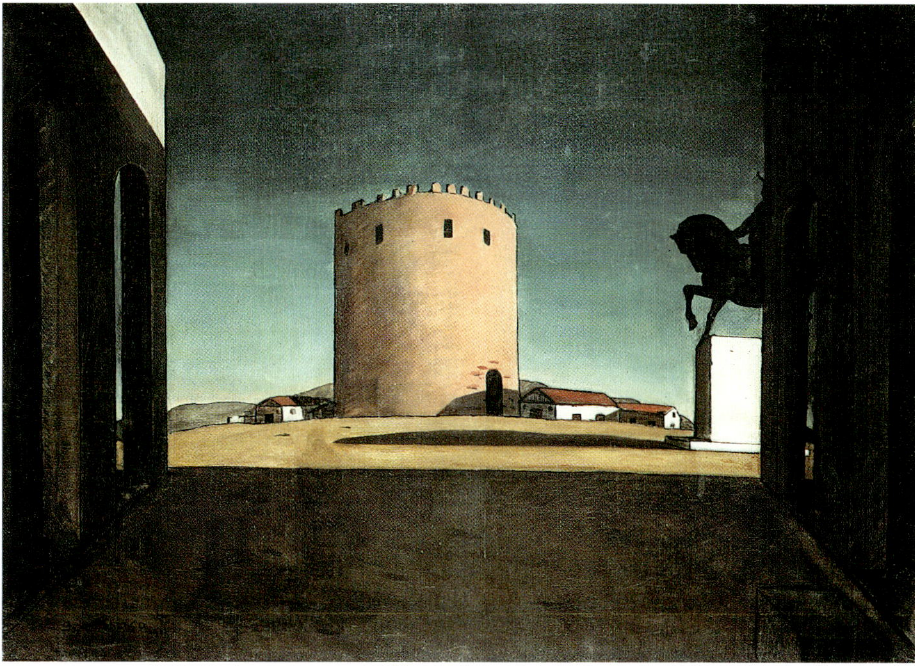

Giorgio de Chirico:
Der rote Turm, 1913
Öl auf Leinwand, 75,5 x 100,5 cm

Die Gemälde von de Chirico (1888–1978) haben mit ihrer traumartigen Leere v. a. die Malerei des Surrealismus beeinflußt, die die verborgene Wirklichkeit hinter der Realität zu entdecken suchte. Typisch für de Chiricos »pittura metafisica« (metaphysische Malerei) sind die Stadtansichten, die aus großvolumigen, einfach strukturierten Bauwerken bestehen, und die allenfalls durch Skulpturen belebt werden. Eine uneinheitliche Perspektive und drohende Schatten verstärken die geheimnisvolle Atmosphäre seiner Bilder. Die Aufmerksamkeit des Betrachters wird durch die dunkle, perspektivisch ausgerichtete Gasse im Vordergrund auf den roten Turm gelenkt, der drohend gegen einen schwärzlich werdenden Himmel aufragt. Obwohl auf der rechten Seite auch ein schattenrißartig wirkendes Reiterstandbild sichtbar wird, bündelt der Turm die gesamte Aufmerksamkeit.

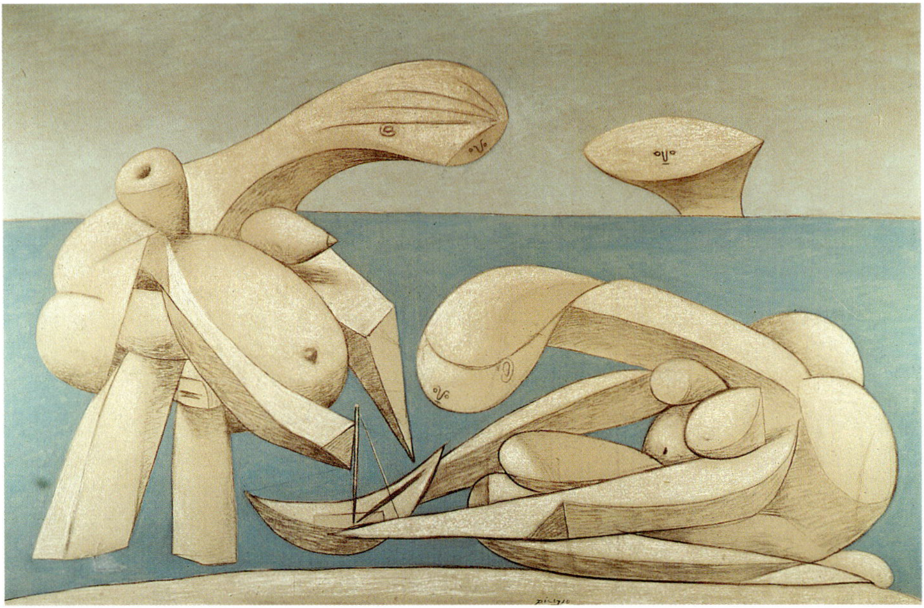

Pablo Picasso: Am Strand, 1937
Öl, Kreide, contè crayon auf Leinwand,
129 x 194 cm

Im Vordergrund spielen zwei nackte Mädchen mit einem Schiffchen. Um ihre prallen runden Formen auffällig zu inszenieren, setzt Picasso (1881–1973) den in Aufsicht gegebenen Po der linken Figur gleich seitlich unterhalb des Halses an. Am Horizont ragt ein Kopf aus den blauen Fluten empor. Man wagt nicht zu entscheiden, ob es sich dabei um ein weiteres Mädchen handelt, oder ob hier ein männlicher Beobachter die Spielenden betrachtet. Allerdings existieren zu diesem Gemälde Zeichnungen, auf denen der Kopf durch Haare und Bart eindeutig als männlich gekennzeichnet ist. Auf dem ausgeführten Gemälde ähnelt der Kopf der Frau, die mit dem Schiffchen spielt, und bleibt somit offen für eine spielerische Interpretation. Da die Figur gleichzeitig mit den Mädchen auch den Betrachter fixiert, wirkt es, als spiegele sich der Betrachter des Bildes selbst darin. Picasso hat hier das Thema der Strandszenen noch einmal aufgegriffen, mit dem er sich schon in den späten 20er und frühen 30er Jahren beschäftigt hatte.

Jackson Pollock:
Verzauberter Wald, 1947
Öl auf Leinwand, 114,6 x 221,3 cm

Schon 1942 hat Peggy Guggenheim die vom europäischen Surrealismus beeinflußten jungen amerikanischen Künstler in ihrer New Yorker Galerie »Art of This Century« ausgestellt und gefördert. Unter ihnen war auch der damals dreißigjährige Jackson Pollock (1912–1956) In seinen frühen Gemälden verwendet Pollock häufig Muster und Zeichen. Dieses Gemälde zeigt schon den Stil seiner späten Werkphase, der sog. Drip-Bilder. Der Name leitet sich vom englischen Wort für Tropfen ab und charakterisiert seine Arbeitsweise. Er betropfte oder begoß die am Boden liegenden Leinwände in einem spontanen Akt mit Farbe. Flächige Akzente entstanden durch Aufklatschen der Farbe. Linien und Flächen sind Ausdruck und Abbild eines sich kontinuierlich entwickelnden Vorgangs. Die Drip-Bilder sind grundlegend für die Entwicklung des Action Painting.

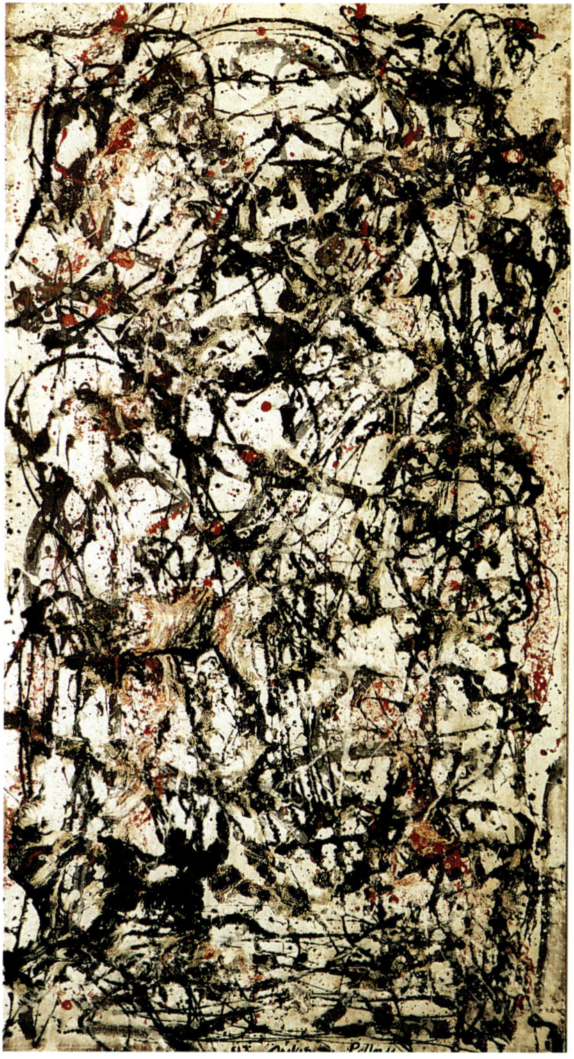

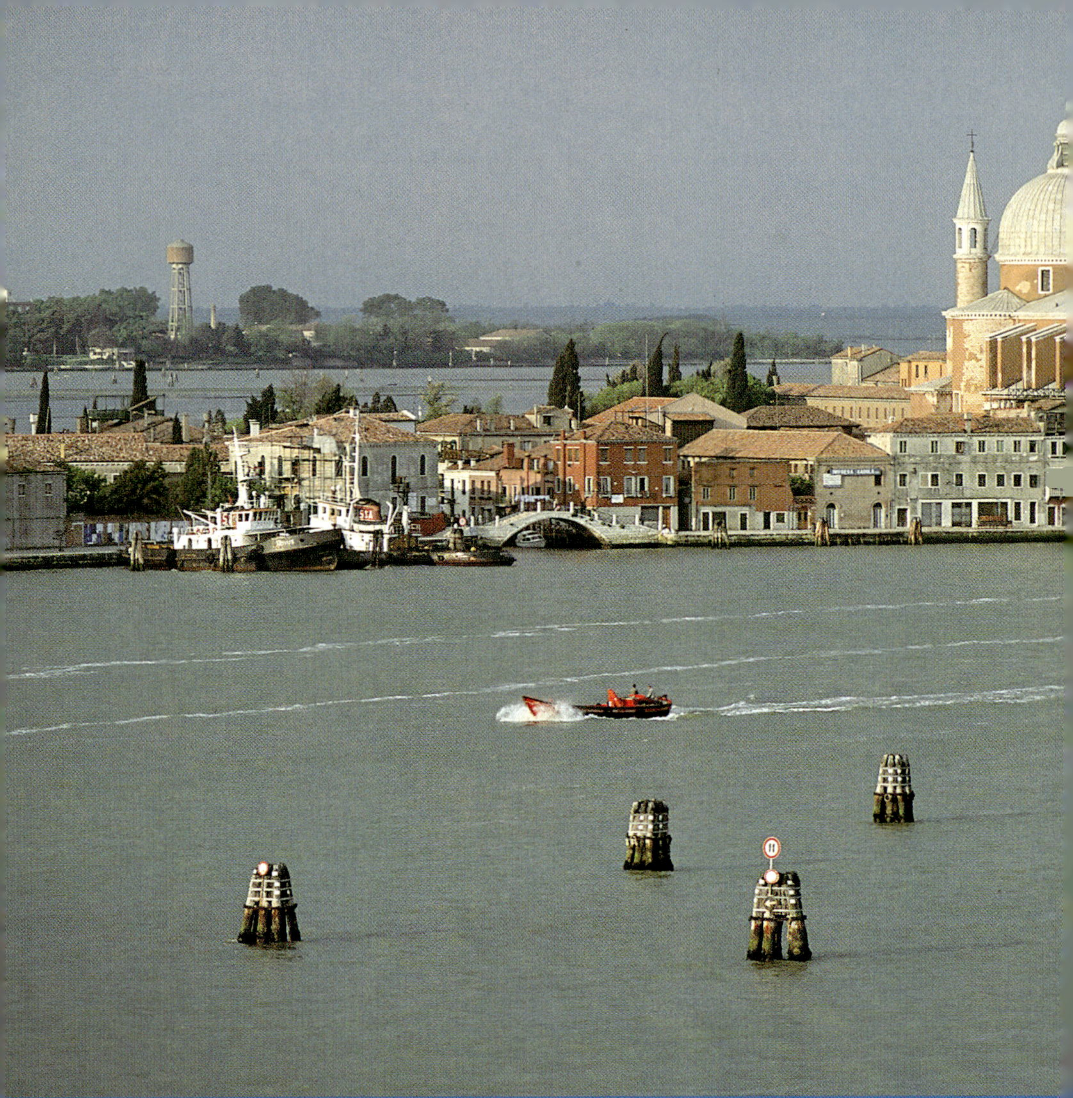

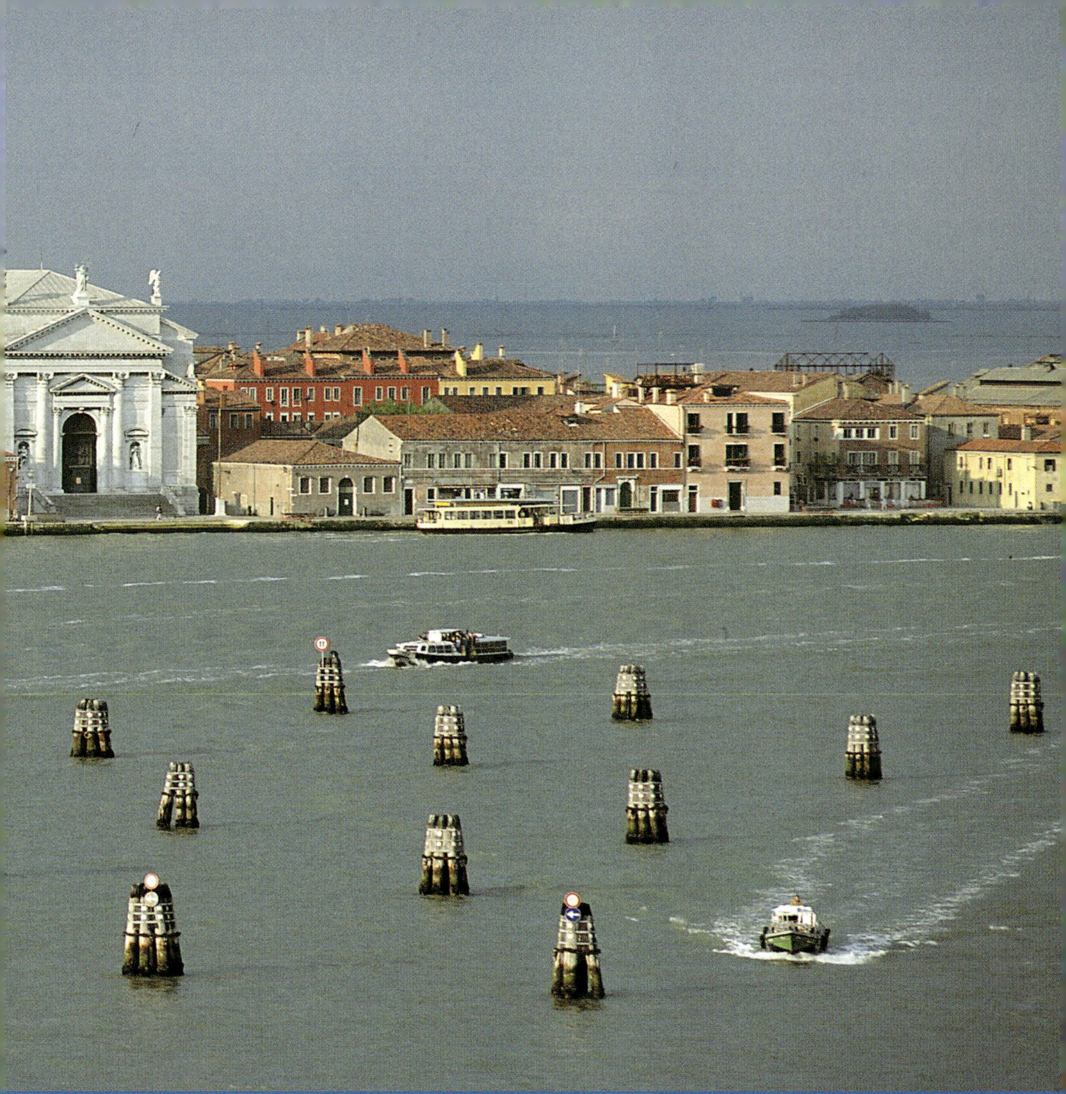

Giudecca

Giudecca

Die ärmliche Giudecca gehört zum Stadtteil Dorsoduro, während San Giorgio, das durch einen kleinen Wasserarm von der Giudecca getrennt ist, mit dem vornehmen Benediktinerkloster zum reichen Sestiere San Marco gehört. Am Anfang hieß die Insel wegen ihrer Fischgrätenform »spina longa«, also »lange Gräte«. Woher der Name Giudecca kommt, ist unklar; vielleicht daher, daß hier einstmals die Juden, die Giudei, angesiedelt waren. Eine andere Interpretation besagt, der Name komme vom venezianischen »Zudegà« (ital. giudicati), die Verurteilten, weil man früher den vornehmen Venezianern, die zur Verbannung verurteilt waren, hier Land zuteilte. Bevor die reichen Venezianer ihre Villen im venezianischen Hinterland errichteten, befanden sich einige Gärten und Sommersitze auf der Insel. Später siedelten sich Handwerksbetriebe und Industrie an, und die Insel wurde zunehmend ein Wohnquartier der ärmeren Venezianer.

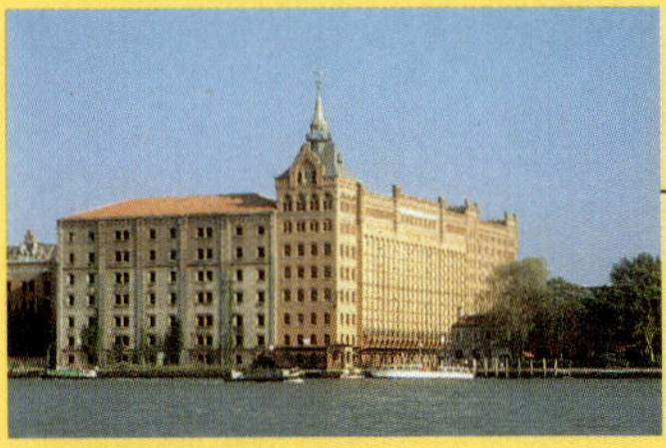

Mulino Stucky, S. 348

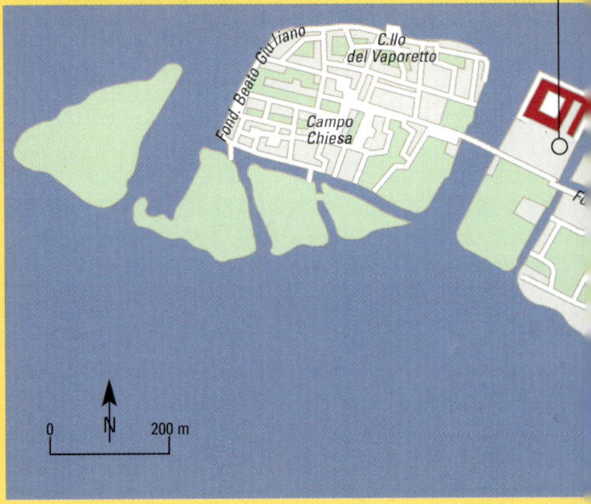

Weitere Sehenswürdigkeiten:
1 Teatro Verde
2 Santa Eufemia di Giudecca
3 Santi Cosma e Damiano

Santo Giorgio Maggiore, S. 357

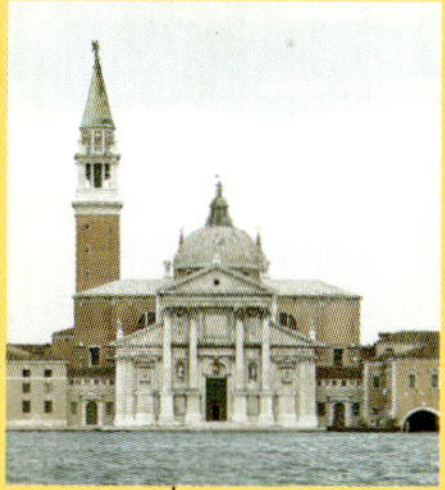

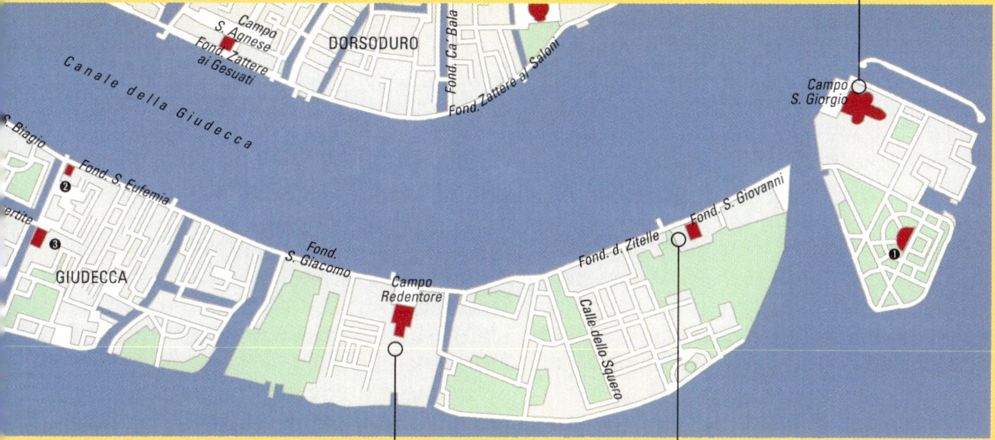

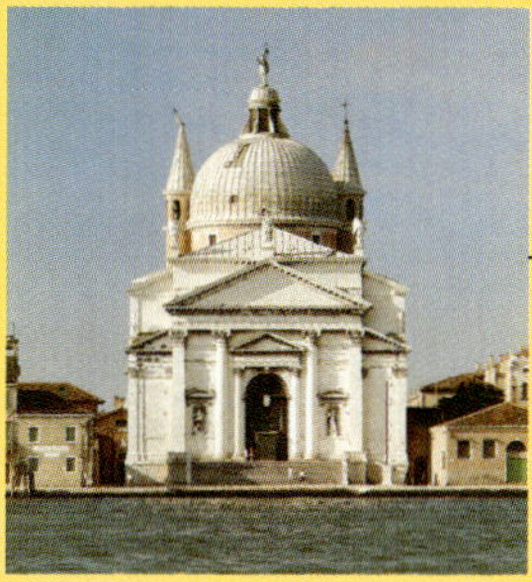
Il Redentore, S. 345

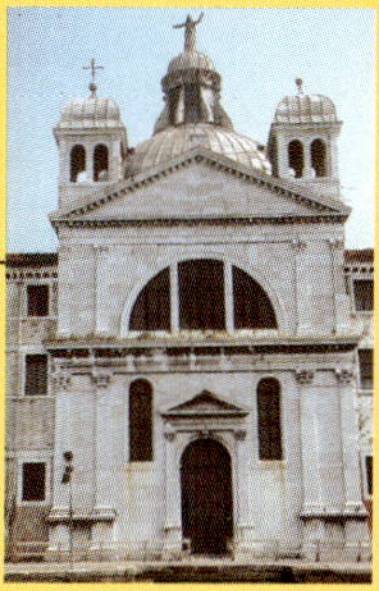
Le Zitelle (Santa Maria della Presentazione), S. 349

Il Redentore

1575/76 suchte eine schwere Pest die Lagunenstadt heim. Sie wütete über ein Jahr, und über die Hälfte der Bevölkerung starb. In der größten Not gelobte der Senat, für die Befreiung von der Krankheit eine Kirche zu Ehren des Erlösers, ital. »il Redentore«, zu errichten. Als Bauplatz wählte man die Giudecca, um der Kirche von den Hauptinseln aus einen besonderen Blickpunkt zu geben. Ständig sollten die überlebenden Venezianer an das Gelöbnis und an die Hilfe, die Christus ihnen gegen die Pest gewährt hatte, erinnert werden. Eine Kommission wurde einberufen, die über das Aussehen und die Lage der Kirche genauer zu befinden hatte. Der bedeutendste venezianische Architekt dieser Zeit, Andrea Palladio, wurde mit dem Entwurf beauftragt. Zunächst war zu klären, ob ein traditioneller Langbau oder ein moderner Zentralbau entstehen sollte. Die architekturinteressierten Mitglieder der Kommission, allen voran Palladios Freund und Gönner Marcantonio Barbaro, favorisierten einen Zentralbau, der vielen Renaissancearchitekten als Inbegriff der architektonischen Vollkommenheit galt. Doch die Mehrheit der Kommissionsmitglieder votierte für einen Langbau. (Erst Baldassare Longhena sollte, wiederum aus Anlaß einer Pest, mit der Salute eine Votivkirche auf zentralem Grundriß errichten dürfen). Denn ein Langbau entsprach den Anforderungen an den Gottesdienst, wie sie erst jüngst das Tridentiner Konzil formuliert hatte, weitaus besser. Auf dem Konzil von Trient (1545–1563), das nach den Wirren der Reformation den katholischen Glauben erneuerte, wurde die zu bevorzugende basilikale Ausrichtung der Kirche auf den Hochaltar festgelegt. Palladio löste auch diese Aufgabe wie schon zehn Jahre zuvor bei San Giorgio Maggiore mit bestechendem Geschick. Strahlend weiß und mit edlen Proportionen steht die Kirche wie ein Fremdkörper zwischen den einfachen niedrigen Bauten der Umgebung. Das Motiv der hintereinandergestaffelten Giebel, das er schon bei San Giorgio Maggiore verwendet hatte, ist hier zur Perfektion gesteigert. Die hohe Kuppel verbindet sich mit der Fassade zu einem blockhaften Gesamteindruck. Alles ist auf die Mitte hin konzentriert und gesteigert. Die äußeren Fassadenteile sind bis auf flache Pilaster ungegliedert. Nischen mit Skulpturen und kleinen Rundgiebeln bereiten auf das große, mit einem eigenen Tympanon über Säulen ausgestattete Portal vor. Der rundbogige Eingang korrespondiert optisch mit der Rundung der Kuppel und zieht so den Gläubigen geradezu in die Kirche hinein. Die Kuppel mit der Statue des Erlösers wirkt aus der Ferne wie der eigentliche Abschluß der Fassade nach oben. Noch heute feiert Venedig die Festa del Redentore am dritten Sonntag im Juli. Besonders stimmungsvoll ist jedoch die Nacht davor. Dann fahren die Venezianer in beleuchteten Booten, mit einem guten Picknick versehen, auf dem Kanal auf und ab.

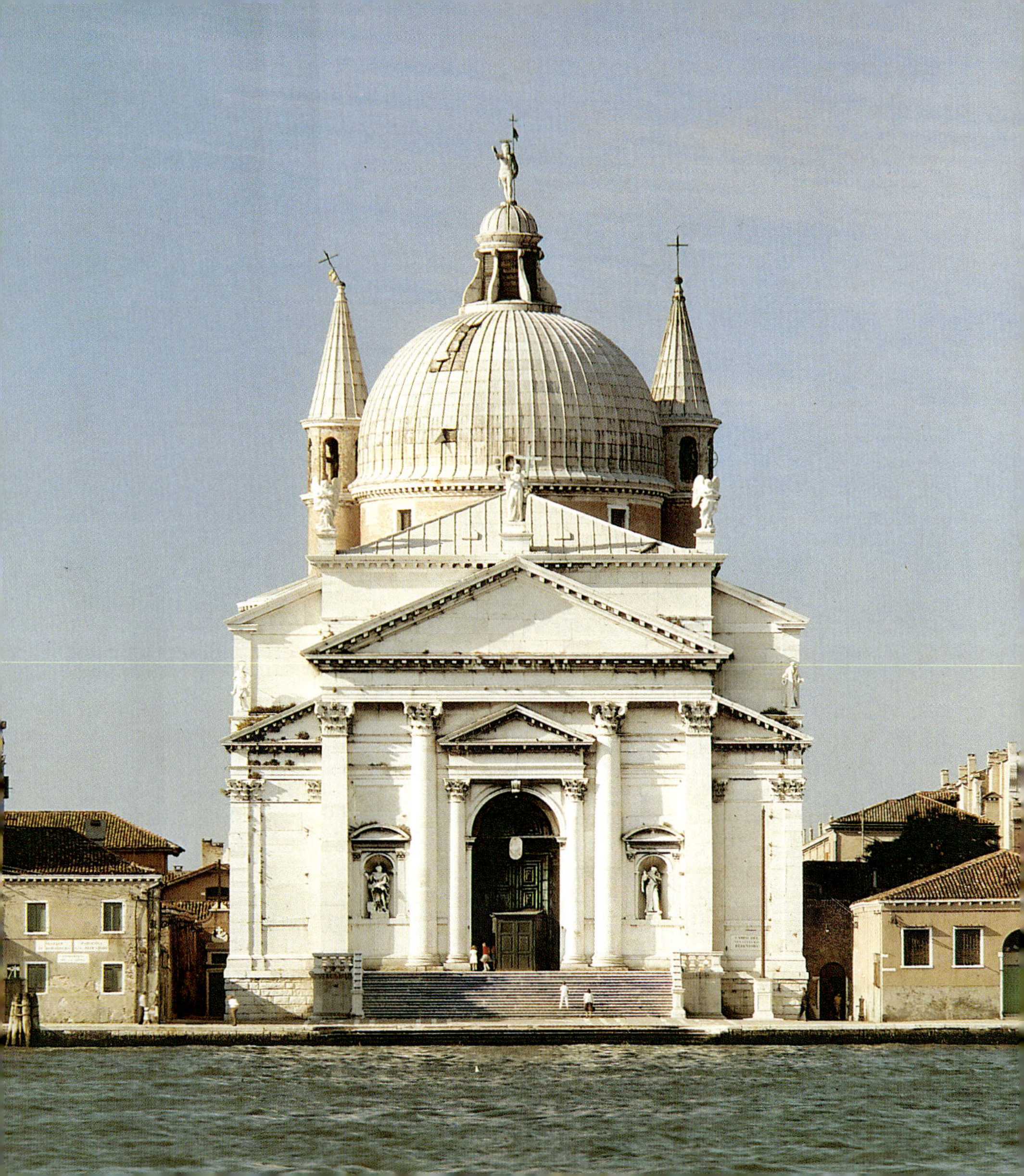

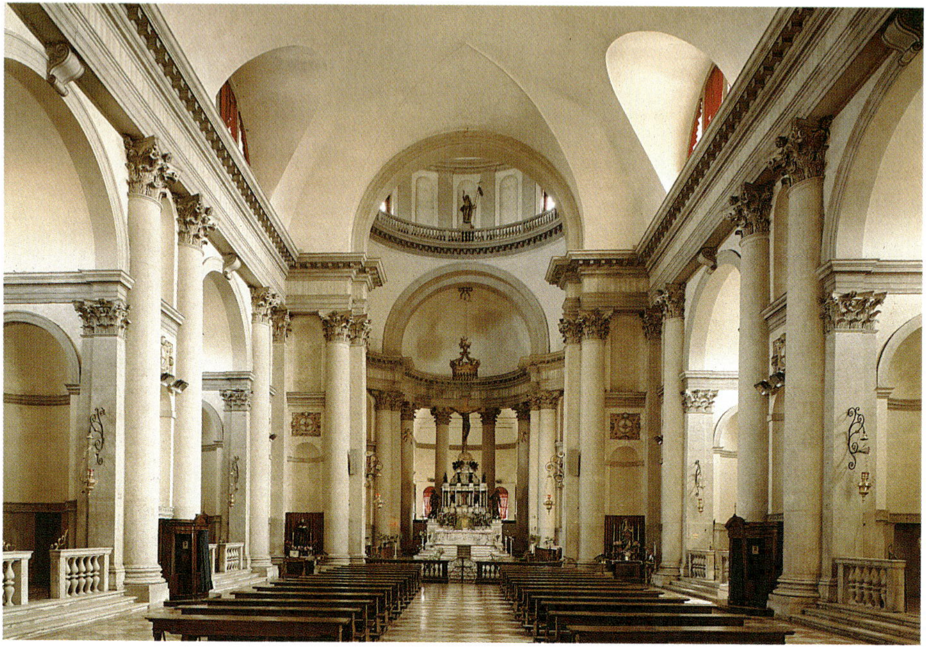

Innenraum und Chor

Die klare Gliederung des Innenraumes, bei der die tragenden und lastenden Teile der Architektur klar definiert sind und die Proportionen der Einzelelemente in einem ausgewogenen Verhältnis zueinander stehen, ist typisch für Palladios Architektur. Der Raum ist noch stärker vereinheitlicht als bei San Giorgio Maggiore. Dazu tragen v. a. die hohen Säulen bei, die über einem kleinen rechteckigen Sockel fast vom Boden bis zum Gebälk reichen. Zwischen den jeweils drei Kapellen auf jeder Seite ist ein kleines Wandstück mit Nischen eingefügt. Dieses Wandmotiv hat Palladio auch zu beiden Seiten vor die Vierung gesetzt, wo es von einem großen Rundbogen überspannt wird. Palladio vermittelt so den Eindruck, als würde der Hauptraum hier enden und dahinter etwas Neues beginnen. Gleichzeitig rückt er den Hochaltar, der ebenfalls von einem Rundbogen überfangen wird, optisch näher heran. Trennung und Verbindung von Raumkompartimenten sind auf geniale Weise miteinander verschmolzen. Der Bereich der überkuppelten Vierung und des seitlich in Rundungen, sog. Konchen, endenden Querschiffs kann mit der ebenfalls als Konchus zu begreifenden Einbuchtung vor dem Mönchschor als Zentralraum aufgefaßt werden, an den sich das Hauptschiff als ein verlängerter Arm anschließt. Palladio verschmolz auf diese Weise die verschiedenen Entwürfe, die er für Il Redentore eingereicht hatte. Aus liturgischen Gründen wurde zwar ein Längsraum verwirklicht, doch treten im Chorbereich auch die Zentralbaumotive deutlich hervor.

Die Festa del Redentore

Durch die Distanz zur Hauptinsel gewann man nicht nur einen weiteren Blickpunkt, sondern schuf auch die Möglichkeit für einen langen Prozessionsweg. Einmal im Jahr besuchten der Doge mit seinem Gefolge und alle anderen Venezianer die Kirche Il Redentore in einer großen Dankprozession für die Errettung von der Pest. Mit Booten wurde dazu eine hölzerne Brücke über den breiten Giudecca-Kanal geführt. In der Nacht zum 3. Sonntag im Juli findet heute noch die Festa del Rendentore statt. Ein Feuerwerk erleuchtet dann die Giudecca.

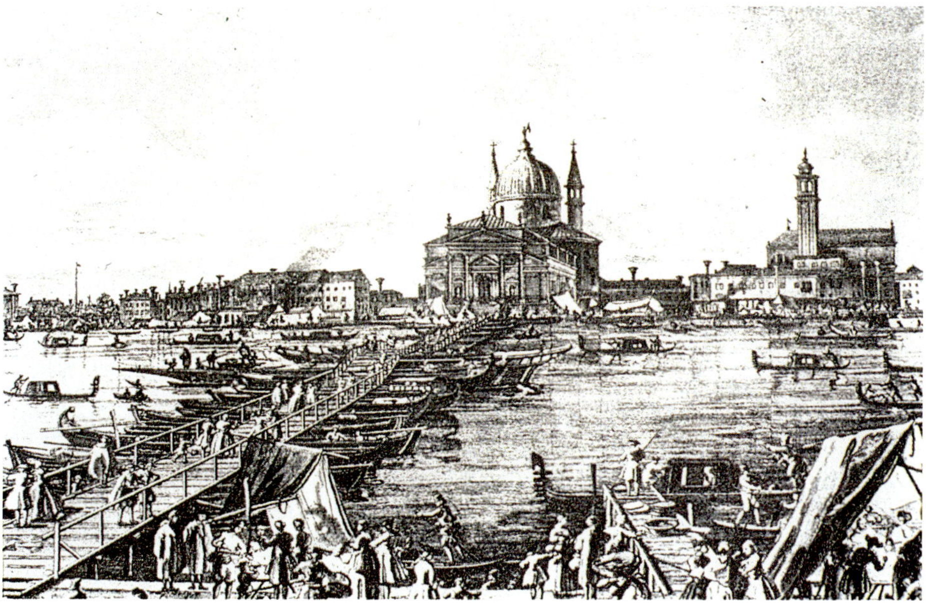

Mulino Stucky

Das westliche Ende der Giudecca wird von einem großen Industriekomplex aus dem späten 19. Jh. beherrscht, dessen Formen eher englisch oder norddeutsch wirken. Der Unternehmer Giovanni Stucky ließ 1896 seine große Mühle von dem Deutschen Ernst Wullekopf errichten. Der riesige Industriebau steht seit den 50er Jahren leer und verfällt langsam. Noch konnte man sich nicht darauf einigen, wie er genutzt werden soll.

Le Zitelle (Santa Maria della Presentazione)

Auf der Giudecca setzt noch eine weitere, unter Beteiligung von Palladio errichtete Kirche einen städtebaulichen Akzent, Santa Maria della Presentazione, von den Venezianern kurz »Le Zitelle« genannt. Palladianische Formen, wie die großen Thermenfenster und die Kuppel mit den seitlichen Glockentürmen, weisen auf den großen Architekten hin. Doch sind sich die Architekturhistoriker weitgehend einig,

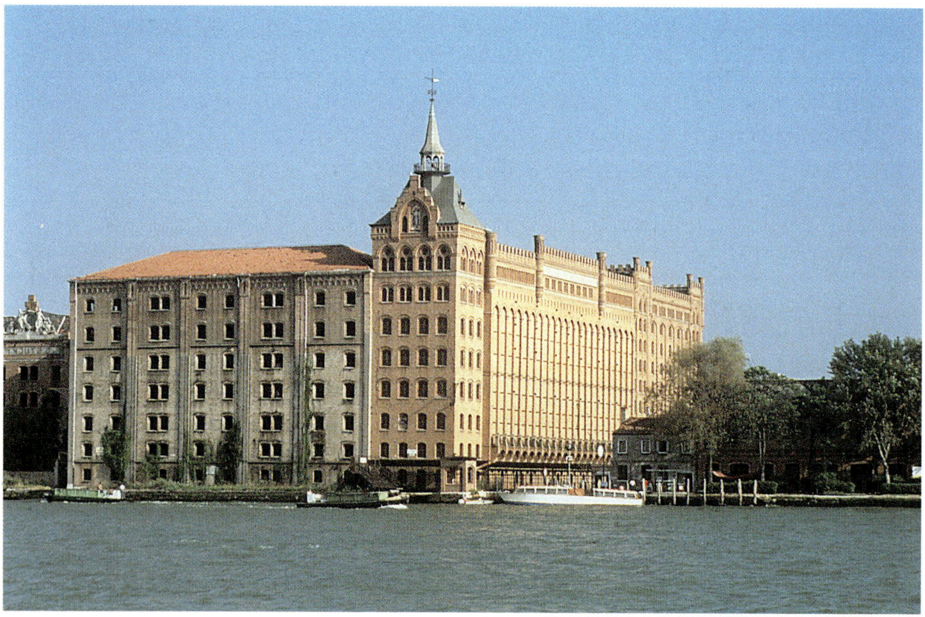

daß Palladio an der endgültigen Ausführung selbst nicht beteiligt war. Zu flach wirkt die Wandgliederung mit den kaum hervortretenden Pilastern. Der Fassadenaufbau mit dem großen Fenster erinnert an San Trovaso (siehe S. 301), dessen Neubau etwa zur selben Zeit begonnen wurde.

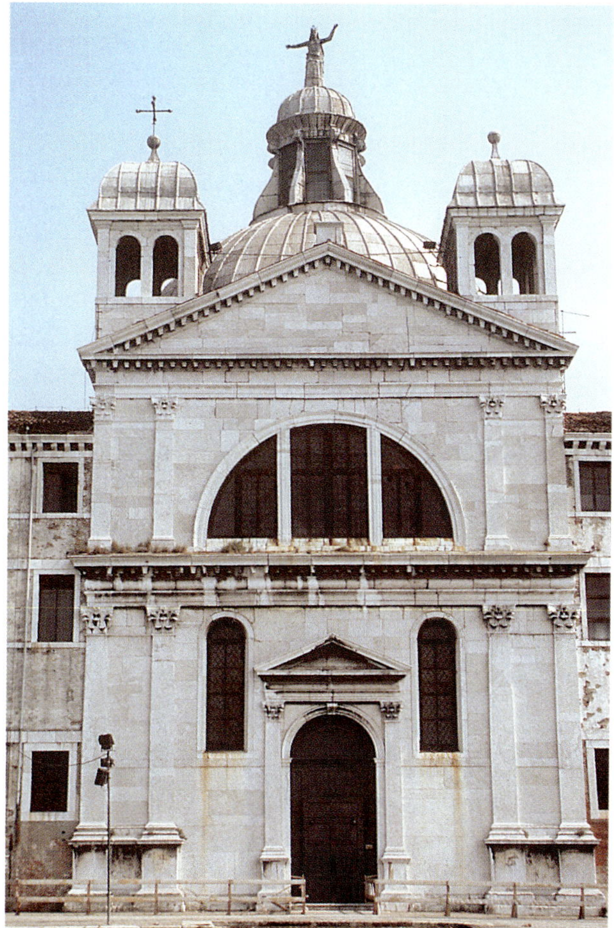

Vermutlich hat ein anderer Architekt einen Entwurf Palladios stark überarbeitet. Doch um genauere Aussagen zu treffen, fehlen die Quellen. Bekannt ist lediglich, daß die Jesuiten 1566 das Grundstück auf der Giudecca erwarben, um hier eine Erziehungsanstalt für mittellose Mädchen einzurichten. Das Institut wurde von vielen frommen Venezianern unterstützt. Jungen Mädchen, die Waisenkinder waren oder deren Eltern kein Geld für eine Mitgift hatten und ihnen damit keine Heirat oder den Eintritt in ein Kloster ermöglichen konnten, blieb häufig nur der Weg in die Prostitution. In der frommen Erziehungsanstalt von Santa Maria della Presentazione erhielten sie eine handwerkliche Ausbildung, die ihre Chancen auf dem Heiratsmarkt beträchtlich erhöhten. Die Mädchen von Le Zitelle waren berühmt für ihre kunstvollen Spitzen.

Die venezianischen Kurtisanen: Glanz oder Elend?

Schon das Wort Kurtisane beschwört schöne Frauen, Vergnügungen in luxuriöser Umgebung und eine Erotik herauf, die nichts mit gewöhnlicher Prostitution gemein haben. Eine verklärende Sicht v. a. des 19. Jh.s hat zum Mythos der Kurtisane beigetragen. Rom oder Paris mögen zu Zeiten ebenso berühmte oder berühmtere Vertreterinnen dieses Berufstandes beherbergt haben, doch das freie und geschäftstüchtige Venedig war vom 16. bis zum 18. Jh. eine Hochburg des Kurtisanenwesens. Der in Venedig lebende Autor Pietro Aretino (1492–1556) hat im 16. Jh. in seinen berühmten »Kurtisanengesprächen« ziemlich unverblümt nicht nur die sexuellen Aspekte, sondern mit einem guten Schuß Boshaftigkeit, die Geschäftspraktiken der Kurtisanen geschildert. Die Literatur des 18. Jh.s hat v. a. die luxuriöse Erotik in den Vordergrund gestellt. Wie das Leben der Frauen, die sich dazu entschlossen haben, ihren Lebensunterhalt auf diese Weise zu verdienen, verlief, darüber wissen wir sehr

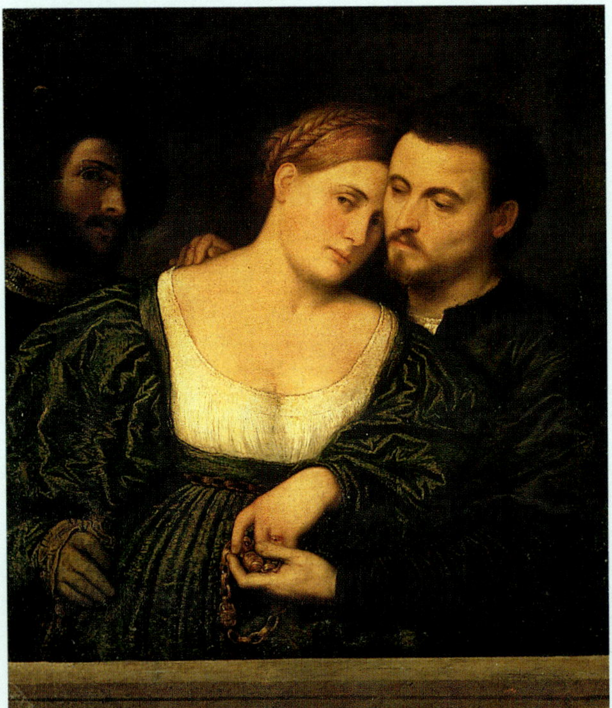

Paris Bordone: Liebespaar, um 1525–1530, Öl auf Leinwand, 95 x 80 cm, Pinacoteca di Brera, Mailand
Es ist nicht sicher, ob hier eine Kurtisane und ihr Liebhaber dargestellt sind. Die auffällige Weise, wie das Gold ins Bild gesetzt ist, hat jedoch zu dieser Vermutung geführt.

wenig. Denn die meisten literarischen Werke wollten mit ihren Schilderungen nichts anderes, als ihre Leser erotisch stimulieren und unterhalten. Auch hier macht eine Venezianerin eine Ausnahme. Veronica Franco (gest. 1591), eine der berühmtesten Vertreterinnen ihrer Zunft und gleichzeitig eine gefeierte Literatin, berichtet in ihren Briefen und Gedichten auch von ihren Gefühlen, die sie als kluge und warmherzige Frau erscheinen lassen, die echtes Liebesleid und echte Freude an der Liebe schildert.

Das Kurtisanentum hatte sich als besondere Art der käuflichen Liebe am päpstlichen Hof des späten 15. und frühen 16. Jh.s in seiner freizügigsten und mondänsten Form entwickelt, doch war es dort mit dem Beginn der Gegenreformation in einem ständigen Niedergang begriffen. Die venezianischen Kurtisanen dagegen bewahrten sich ihren europaweiten Ruf bis in das 18. Jh. Das 16. Jh. war jedoch auch in der Lagunenstadt eine besondere Epoche für die Frauen. Zu keiner Zeit, außer vielleicht in der Antike, konnten Frauen sich mit dem Verkauf ihres Körpers ein so selbständiges und zuweilen auch angesehenes Leben erarbeiten wie in diesem Jahrhundert. In den zeitgenössischen venezianischen Quellen wurden sowohl einfache Prostituierte als auch Kurtisanen durchaus als wichtiger Wirtschaftsfaktor der Stadt angesehen. Nur die Kurtisanen jedoch konnten das Ansehen einer »onesta meretrix« (ehrbare Hure) in Anspruch nehmen. Schon die Bezeichnung »cortegiana«, abgeleitet vom männlichen »cortegiano«, dem Hofmann, dokumentiert ihre höhere soziale Stellung im Vergleich zu einer armen, verachteten »puttana« (Hure). Die Kurtisanen standen außerhalb der guten Gesellschaft, aber eben auch außerhalb der großen Armut ihrer Zeit. Junge, schöne Frauen, denen es gelang, sich einen oder mehrere Dauerliebhaber zu sichern, die Wohnung, Essen oder Kleidung und ein monatliches Fixum bezahlten, konnten damit ein Leben in Wohlstand, ja zuweilen in Luxus führen, wie es keiner von ihnen unter anderen Umständen vergönnt gewesen

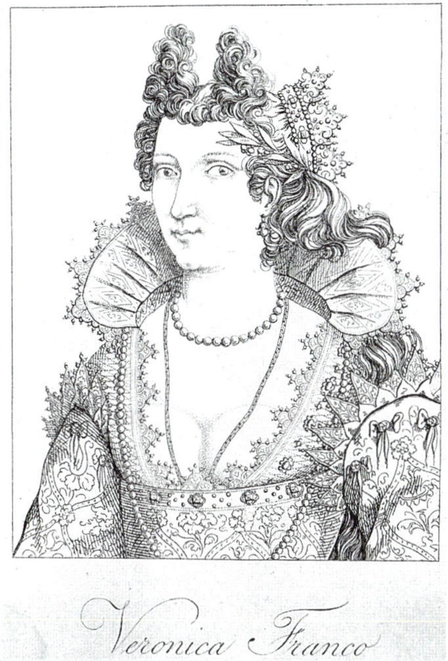

Veronica Franco: Frontispiz zur Ausgabe ihres Gedichtbandes »Terze Rime«, der in der ersten Ausgabe 1576 nicht erschien, vermutlich weil sie damals nicht wie angegeben 23, sondern schon 30 Jahre alt war.

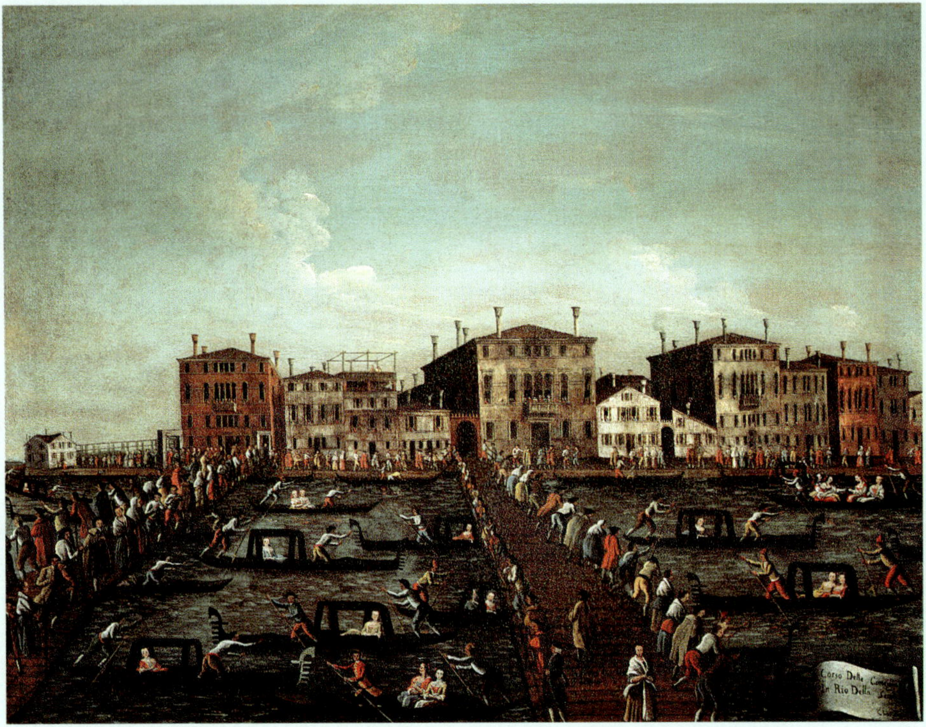

Gabriel Bella: Korso der Kurtisanen auf dem Rio della Sensa, vor 1792, Öl auf Leinwand, Biblioteca Querini Stampalia, Venedig

wäre. Sie verdienten ebenso viel wie ein höherer Kleriker oder ein guter Schiffskapitän und mehr als doppelt so viel wie ein Handwerksmeister. In keinem anderen Beruf boten sich Frauen in dieser Zeit solche finanziellen Chancen. Nach dem Ende ihrer Laufbahn wartete keineswegs immer das in zeitgenössischen Moraltraktaten beschworene Elend auf sie. Viele ehemalige Liebesdienerinnen hatten genug gespart, um sich mit einer guten Mitgift zu verheiraten. Als oft schöne Frauen, zu deren Berufsbild außerdem eine gewisse Bildung gehörte, um die reiche Kundschaft mit Lektüre, gelehrten Plaudereien, Gesang, Musik und Tanz zu unterhalten und mit ihren großen sexuellen Erfahrungen sowie einem gewissen Vermögen waren sie begehrte Heiratskandidatinnen. Meist ehelichten sie Handwerker oder Kaufleute, doch berichtet die venezianische Chronik des frühen 16. Jh.s mehr als einmal von Hochzeiten mit dem adeligen Liebhaber. Eine solche Heirat war ein kleiner Skandal, wurde aber nach der ersten Aufregung durchaus toleriert. Doch der soziale Aufstieg war nur eine Seite der Medaille, auf der anderen stand die große Abhängigkeit der Frauen von ihren Gönnern. Sie äußerte sich nicht selten in brutaler Gewalt, die von der Zerstörung des guten Rufs (über den auch eine Kurtisane in dieser Zeit durchaus verfügte) über sexuelle Perversionen bis zur Verletzung des Gesichts und Mord durch einen abgewiesenen Liebhaber reichte. Diesen Gewalttaten von Mitgliedern der Oberschicht – denn nur sie konnten sich eine Kurtisane leisten – standen die Frauen schutzlos gegenüber, es sei denn sie hatten andere Liebhaber, die sie unterstützten.

Die gesellschaftliche Stellung der Kurtisanen war also durchaus ambivalent. Die gefeierten Luxusgeschöpfe waren gleichzeitig moralisch ausgegrenzte und sexuell ausgebeutete Frauen. Dazu trug auch der venezianische Staat bei, der die Kurtisanen einerseits als Wirtschaftsfaktor förderte, andererseits jedoch immer wieder Gesetze, v. a. Kleiderordnungen erließ, welche die Kurtisanen deutlich von den ebenso reichen Bürgerinnen und Adligen abgrenzen sollten. Dies geschah, wenn man den zeitgenössischen Quellen Glauben schenken mag, nicht nur, um sie zu demütigen, sondern auch, weil die venezianischen Kurtisanen für ihren Luxus und ihre Schönheit in ganz Europa so berühmt waren, daß unbedarfte Reisende des öfteren ehrbaren Adeligen eindeutig zweideutige Avancen machten. Wie schwer Kurtisanen und echte Damen zu unterscheiden waren, zeigt ein Bild Carpaccios, von dem man wegen der kostbaren exotischen Tiere und der freizügigen Kleidung der Frauen lange Zeit annahm, es würde zwei Kurtisanen zeigen. Heute geht die Forschung dagegen davon aus, daß hier adelige Damen aus dem Hause Torelli porträtiert sind.

Vittore Carpaccio: Venezianische Damen, genannt »Die Kurtisanen«, um 1490, Öl auf Holz, 94 x 64 cm, Museo Correr, Venedig

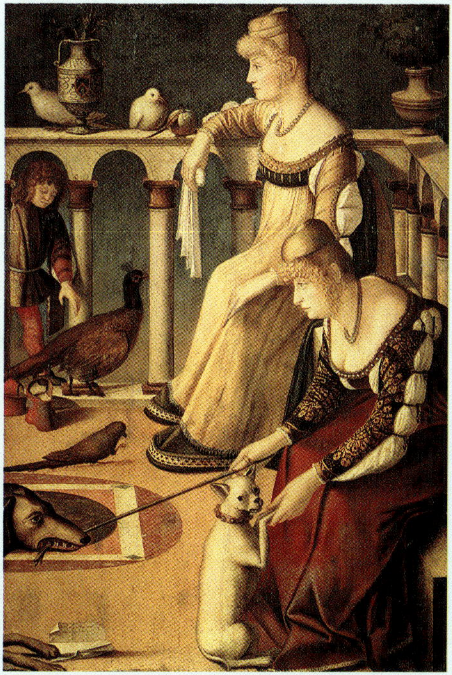

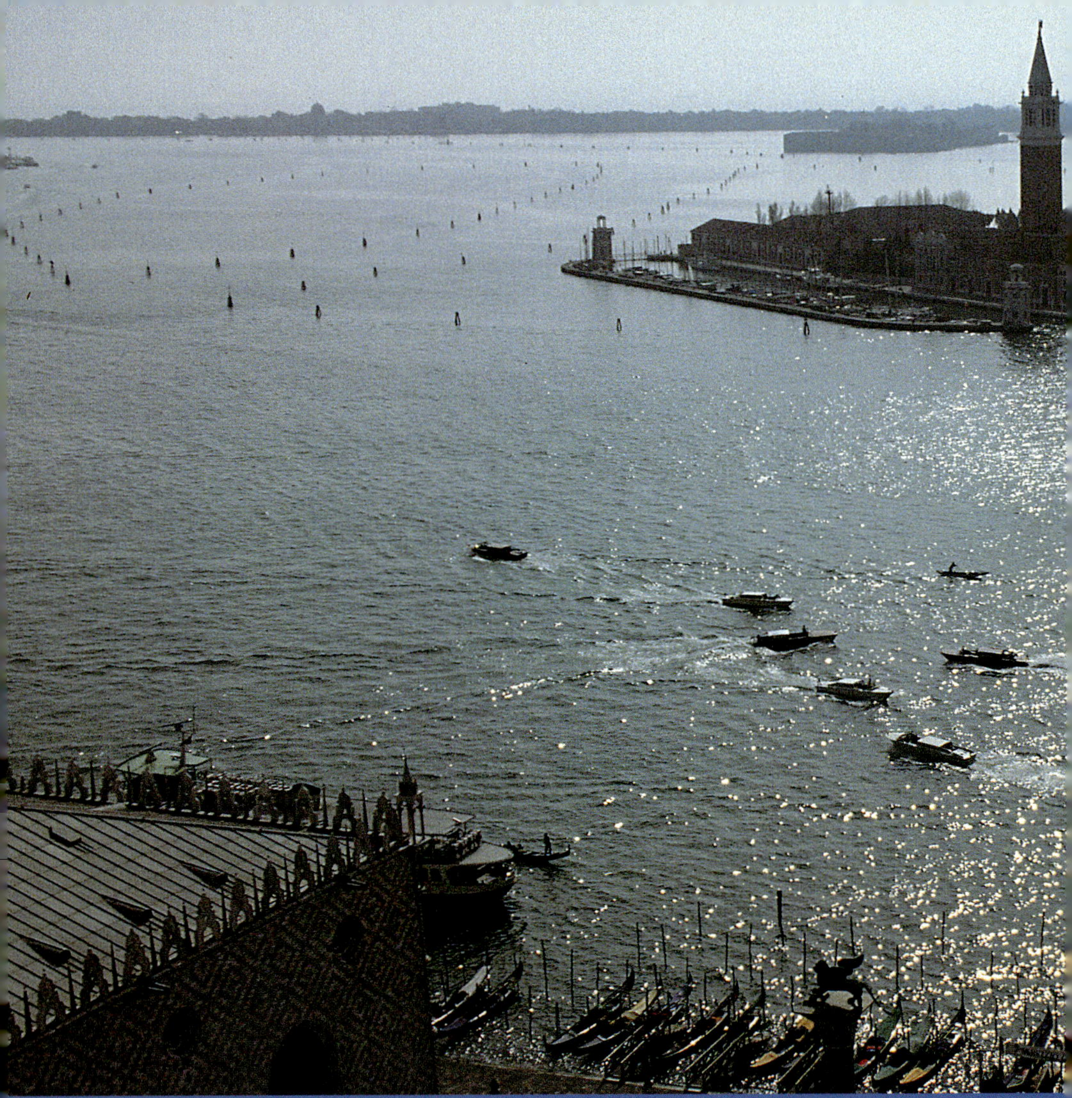

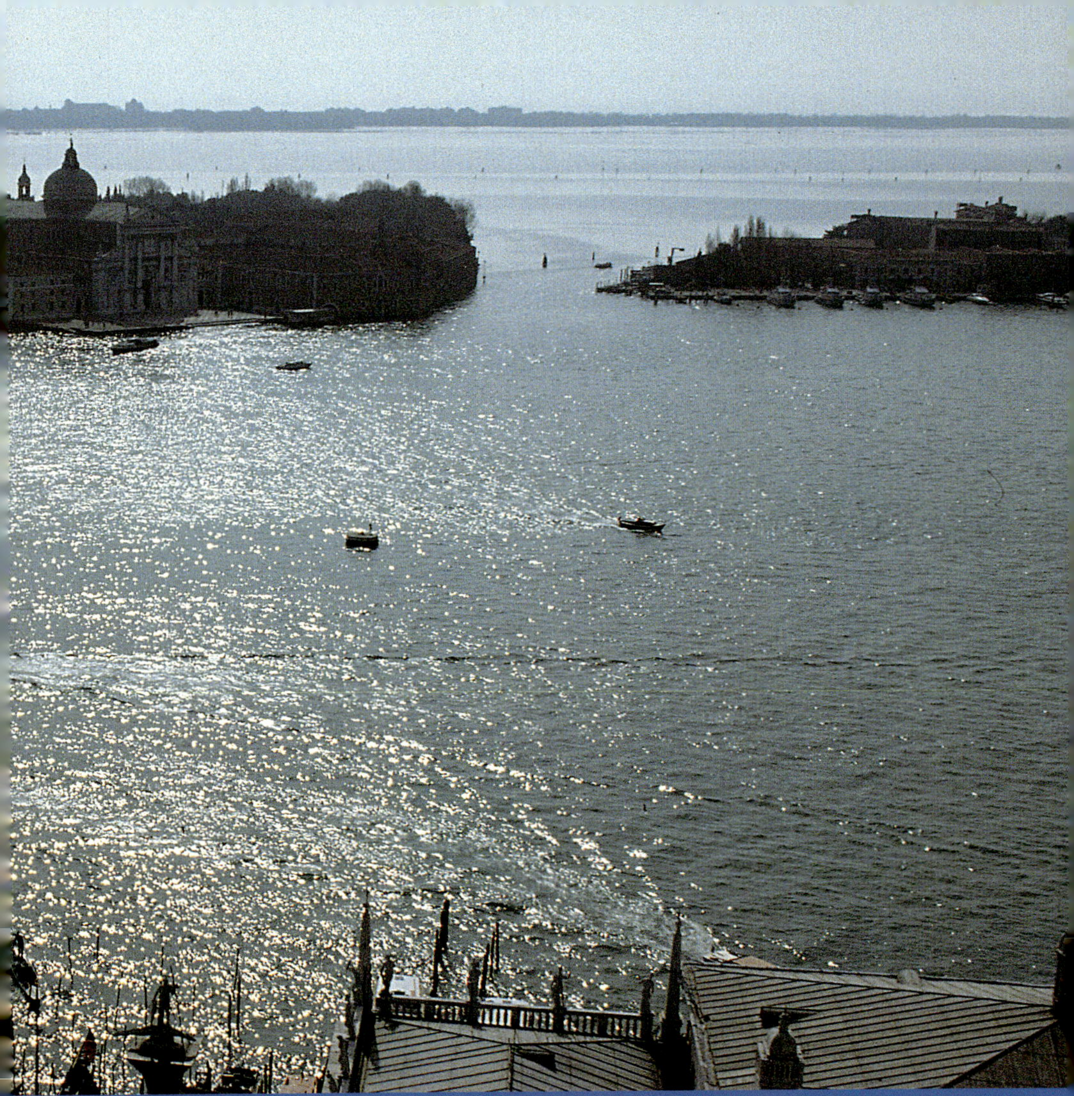

San Giorgio Maggiore

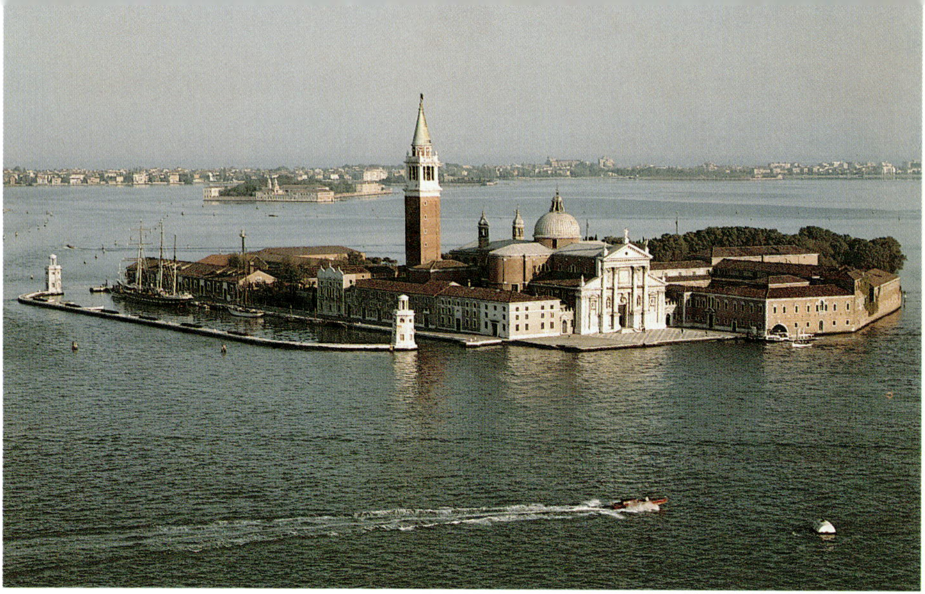

San Giorgio Maggiore

Die Insel San Giorgio riegelt zusammen mit der Giudecca das venezianische Stadtgebiet nach Süden gegen die Lagune ab. Die ältesten Berichte über Venedig sprechen von ihr als der Zypresseninsel. In der Frühzeit Venedigs befanden sich dort Obst- und Weingärten, eine Mühle und eine Anlage zur Salzgewinnung sowie eine kleine Kirche. Im Jahre 982 siedelten sich Benediktiner unter der Führung von Giovanni Morosini auf der Insel an. Ihr Kloster wurde im Laufe der Jahrhunderte zu einem der bedeutendsten Benediktinerklöster Italiens. 1109 gelangten Reliquien des Hl. Stephanus aus Konstantinopel auf die Insel. Seitdem war die Kirche ein wichtiger Bestandteil des venezianischen Weihnachtsfestes. In der Nacht vom zweiten Weihnachtsfeiertag auf den 26. Dezember, dem Stephanus-Tag, und am 26. selbst kam die »Signoria« und mit ihr viele Venezianer, um in feierlichen Gottesdiensten des Märtyrers zu gedenken. Im Jahre 1800, als die Franzosen das Papsttum in Rom bedrohten, verlegte man das Konklave auf die venezianische Insel. Papst Pius VII. wurde im Kloster von San Giorgio gewählt. Doch dies war der letzte Höhepunkt in der Geschichte des Klosters. Die Franzosen fielen auch hier plündernd ein. Von den in vielen Jahrhunderten gesammelten Kunstschätzen und wertvollen Büchern blieb nichts auf der Insel zurück.

Fassade

Nachdem er bereits ein neues Refektorium für die Benediktiner errichtet hatte, wurde Andrea Palladio 1565 mit dem Neubau der Kirche beauftragt. Palladio selbst leitete den Bau nur bis 1568, doch wurde alles genau nach seinen Plänen ausgeführt. Die Mönche hätten keinen besseren Architekten als Palladio wählen können. Der Vicentiner Architekt war seit langem im Villenbau tätig und damit in der Anlage von Bauwerken erfahren, deren Wirkung insbesondere auf der Ansicht aus der Ferne beruhte.

Durch Palladios genialen Entwurf bildet San Giorgio einen idealen Gegenpol zum Markusplatz mit seinen Bauten auf der anderen Seite des Bacino. Er staffelt zwei blendend weiße Tempelfronten aus istrischem Marmor hinter- und übereinander. Die mittlere, höhere Front erhält Dreiviertelsäulen auf hohen Postamenten und einen vollständigen Dreiecksgiebel. Diese Fassade gibt vor, die scheinbar dahinterliegende niedrigere Front mit Pilastern zu sprengen, so daß deren Giebel nur partiell sichtbar wird. Tatsächlich durchdringen sich beide Formen auf raffinierte Weise. In der dreigliedrigen Fassade mit dem hohen Mittelteil und den niedrigen seitlichen Kompartimenten spiegelt sich die Raumaufteilung der Basilika wider. Die Kuppel mit ihrer hoch aufragenden Laterne unterstützt die vertikale Dynamik der Fassadengestaltung.

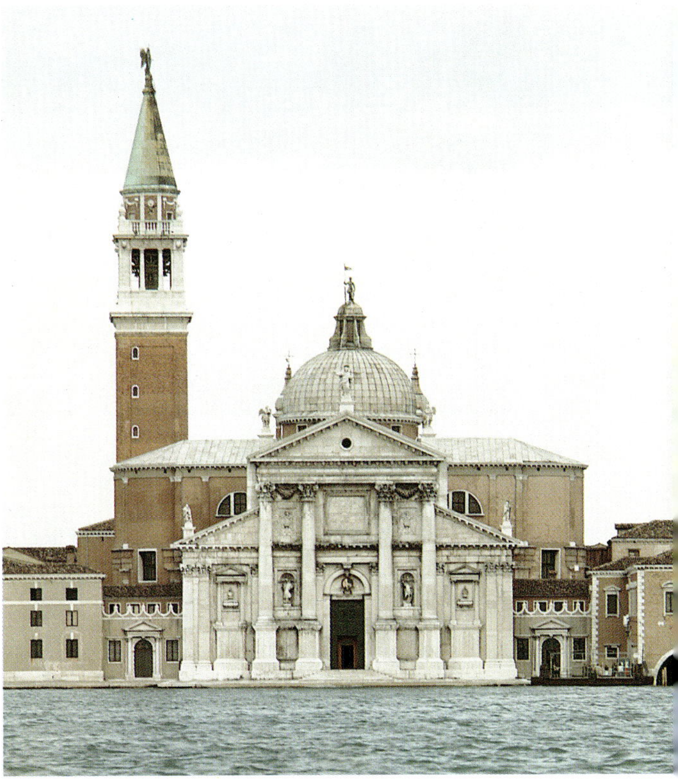

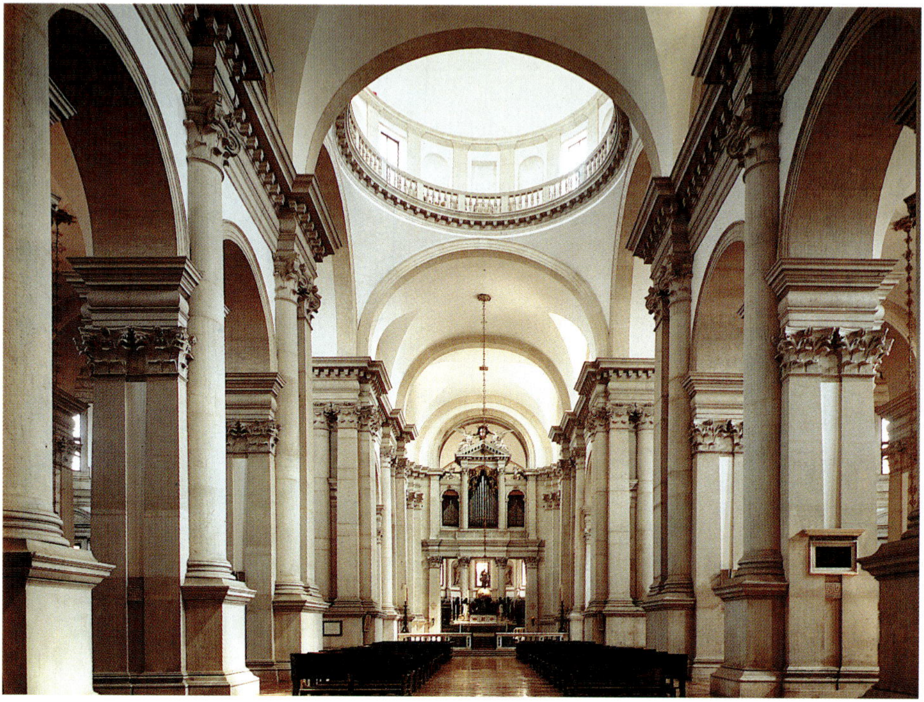

Innenraum

Auch das Kircheninnere wird von einer klaren Gliederung beherrscht. Palladio wählt die Grundform eines lateinischen Kreuzes, eine Basilika mit Querhaus und niedrigeren Seitenschiffen. Die Decke ist ein einfaches Tonnengewölbe, in das die Fensteröffnungen der halbrunden Thermenfenster eingelassen sind. Diese Fensterform gibt dem Raum ein gleichmäßiges Licht. Wie am Außenbau bestimmen Säulen, diesmal als Halbsäulen, auf hohen Postamenten die Gliederung, die ebenso von kleineren untergeordneten Pilastern begleitet werden. Alle Funktionen der Architekturteile sind genau nachvollziehbar. Die hohen Säulen tragen die Decke, die Pilaster stützen die Bogenöffnungen zu den Seitenschiffen. Durch seine harmonischen Proportionen strahlt der Bau Ruhe aus, die jedoch durch die schiere Größe der Formen auch respekteinflößend wirkt.

Blick vom Mönchschor ins Hauptschiff

Gemäß den Forderungen des Reformkonzils von Trient, das gerade geendet hatte, als Palladio mit dem Bau der Kirche beschäftigt war, verlegt der Architekt den Mönchschor, die Plätze der großen Klostergemeinschaft, hinter den Hauptaltar. Über diesen mit seinen Skulpturen hinweg bleibt der Mönchschor hinter Säulen jedoch sichtbar und mit dem Hauptraum verbunden. Die Trennung von Klosterbrüdern und Laien, die vor dem Trientiner Konzil durch Chorschranken gewährleistet war, bleibt so bestehen, ohne der Gemeinde eine vom Konzil festgelegte freie Sicht auf den Hochaltar und die dort zelebrierte Messe zu verwehren.

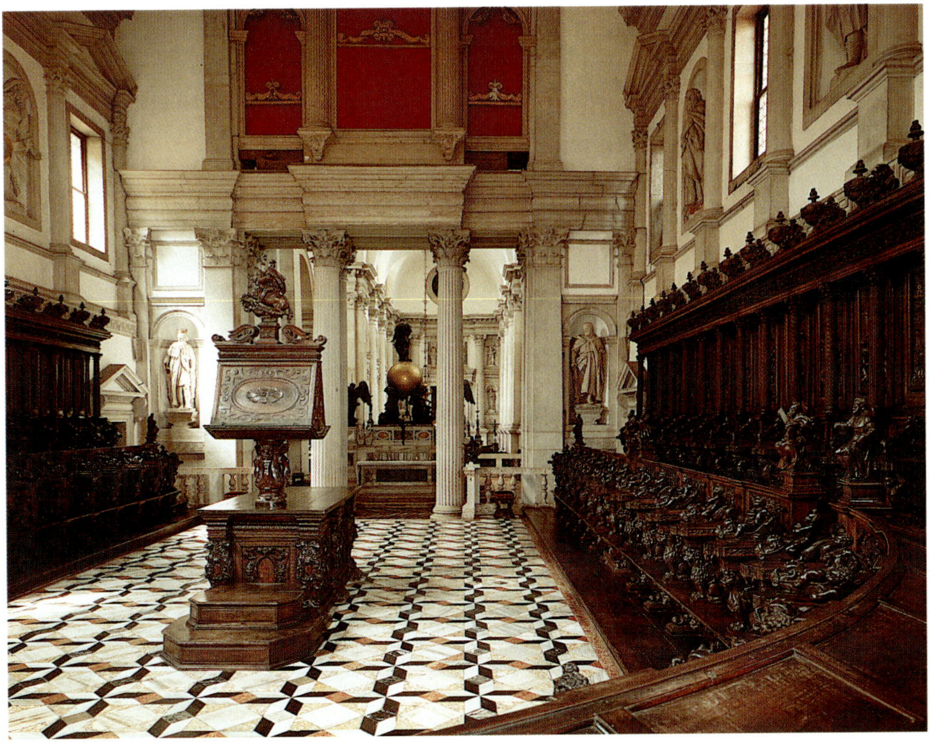

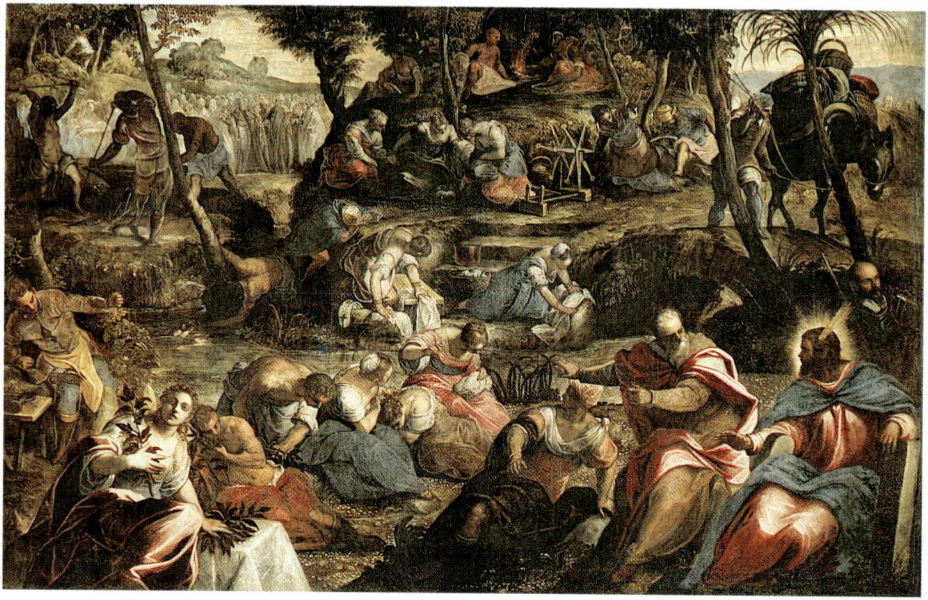

Jacopo Tintoretto: Die Mannalese, um 1590
Öl auf Leinwand, 377 x 576 cm

1975 erschien ein Aufsatz von Nicola Ivanoff, einem italienischen Kunsthistoriker, der auf Merkwürdigkeiten in diesem Gemälde aufmerksam machte. Bisher hatte man darin die Darstellung der Mannalese gesehen. Ivanoff machte dagegen die Beobachtung, daß die Israeliten keineswegs mit dem Einsammeln der himmlischen Speise beschäftigt sind, die Gott ihnen auf dem Zug durch die Wüste schickte. Er vermutet deshalb, daß hier eine andere Szene aus dem vierten Buch Mose dargestellt ist, in der die Israeliten das Manna verweigern, weil sie seiner überdrüssig sind. Die Menschenmenge im Hintergrund links und der Mann, der heftig auf den rechts im Vordergrund sitzenden Moses einredet, könnten Indizien dafür sein. Doch fehlt der Szene jede Dramatik. Die unterschiedlichen Tätigkeiten in einer wasser- und baumreichen Landschaft wirken im Gegenteil geradezu idyllisch. Auch die Tatsache, daß hinter Moses ein Mann in einer Rüstung des 16. Jh.s erscheint, fügt sich nicht in eine negative Deutung der Szenerie; denn ein Stifter hätte sich wohl kaum unter die Unzufriedenen eingereiht.

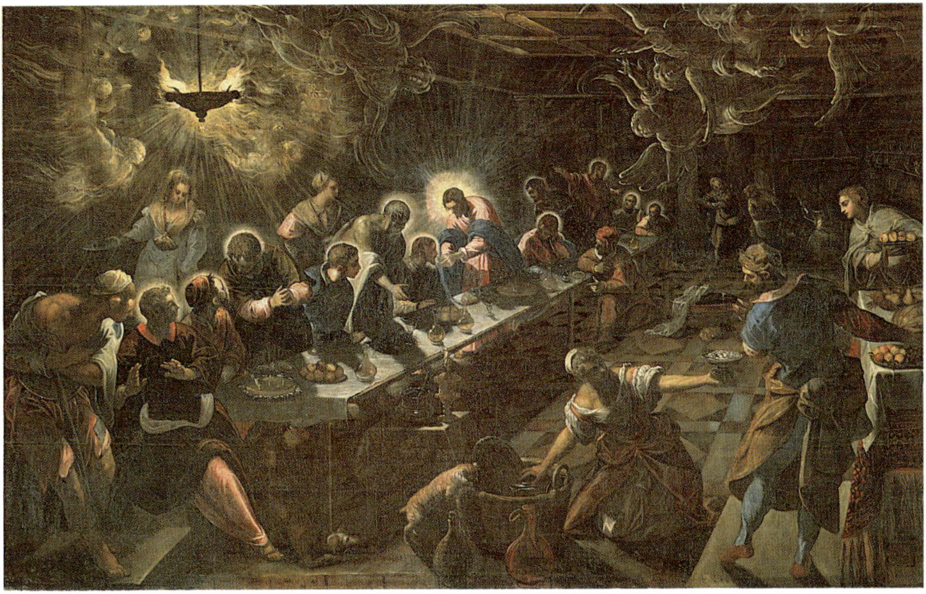

Jacopo Tintoretto:
Das letzte Abendmahl, 1592–1594
Öl auf Leinwand, 365 x 568 cm

Gegenüber der »Mannalese« ist »Das letzte Abendmahl« angebracht. Daß beide Bilder genau für diesen Ort geplant waren, erkennt man an der raffinierten Lichtführung Tintorettos, die präzise auf den Anbringungsort abgestimmt ist. Beide Gemälde beziehen sich auf die Meßfeier am Altar. »Das letzte Abendmahl« war gleichzeitig die Einsetzung der Abendmahlsfeier, die Mannalese gilt als Vorausdeutung auf das Abendmahl im Alten Testament. Tintoretto hat die große Speisetafel nicht frontal, sondern schräg ins Bild gesetzt. Damit unterstreicht er auf den ersten Blick die Selbstverständlichkeit des abendlichen Mahls, das mit den zahlreichen Begleitfiguren wie ein besonders festliches Bankett wirkt. Gleichzeitig gewinnt das Bild damit jedoch eine ungeheure räumliche Dynamik. Und trotz der vielen Nebenfiguren wird die wichtigste Szene durch den hellen Schein um Christus sofort sichtbar. Die zahlreichen Engel, die zart durchscheinend und für die Dargestellten wohl unsichtbar die Szene begleiten, unterstreichen den mystischen Charakter des Geschehens.

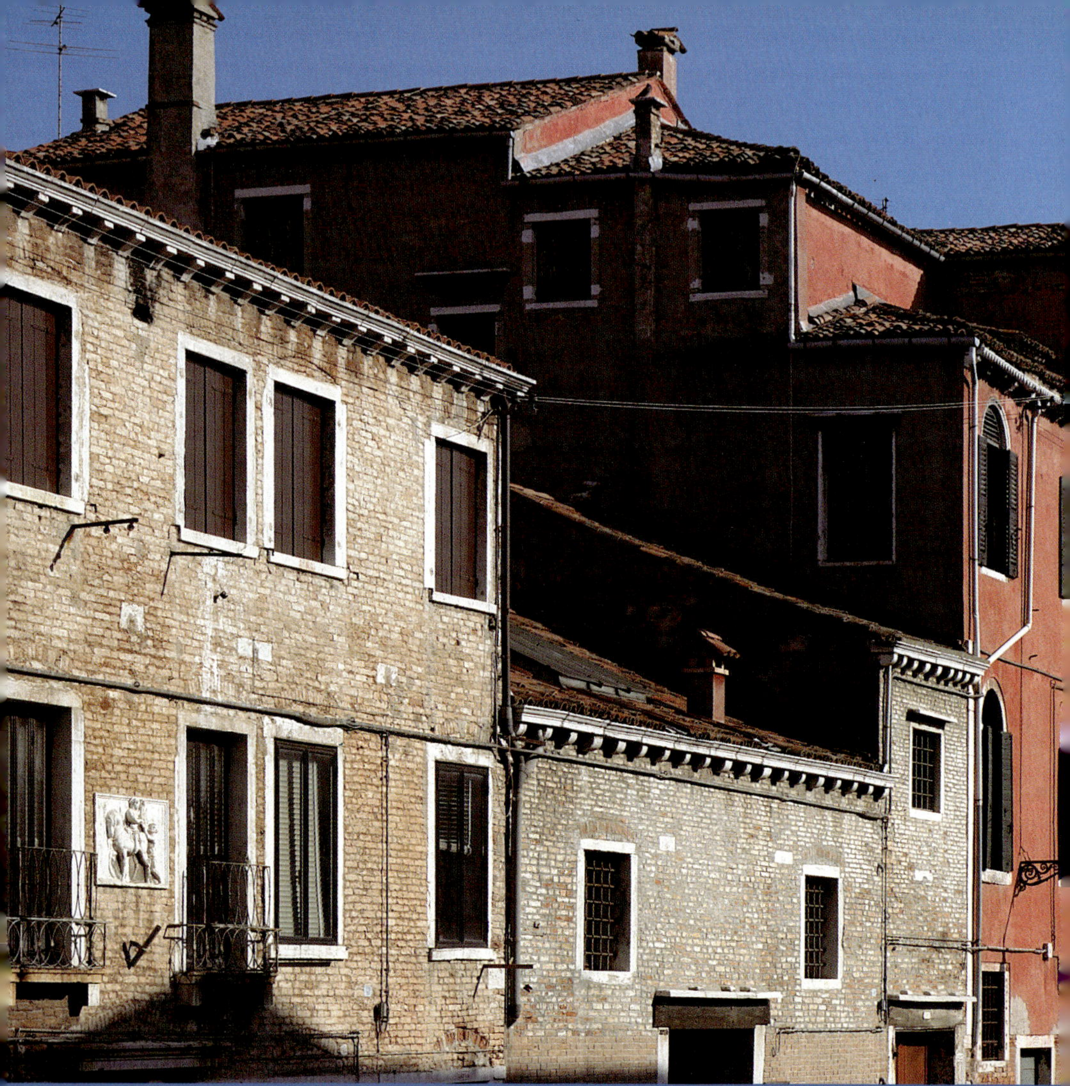

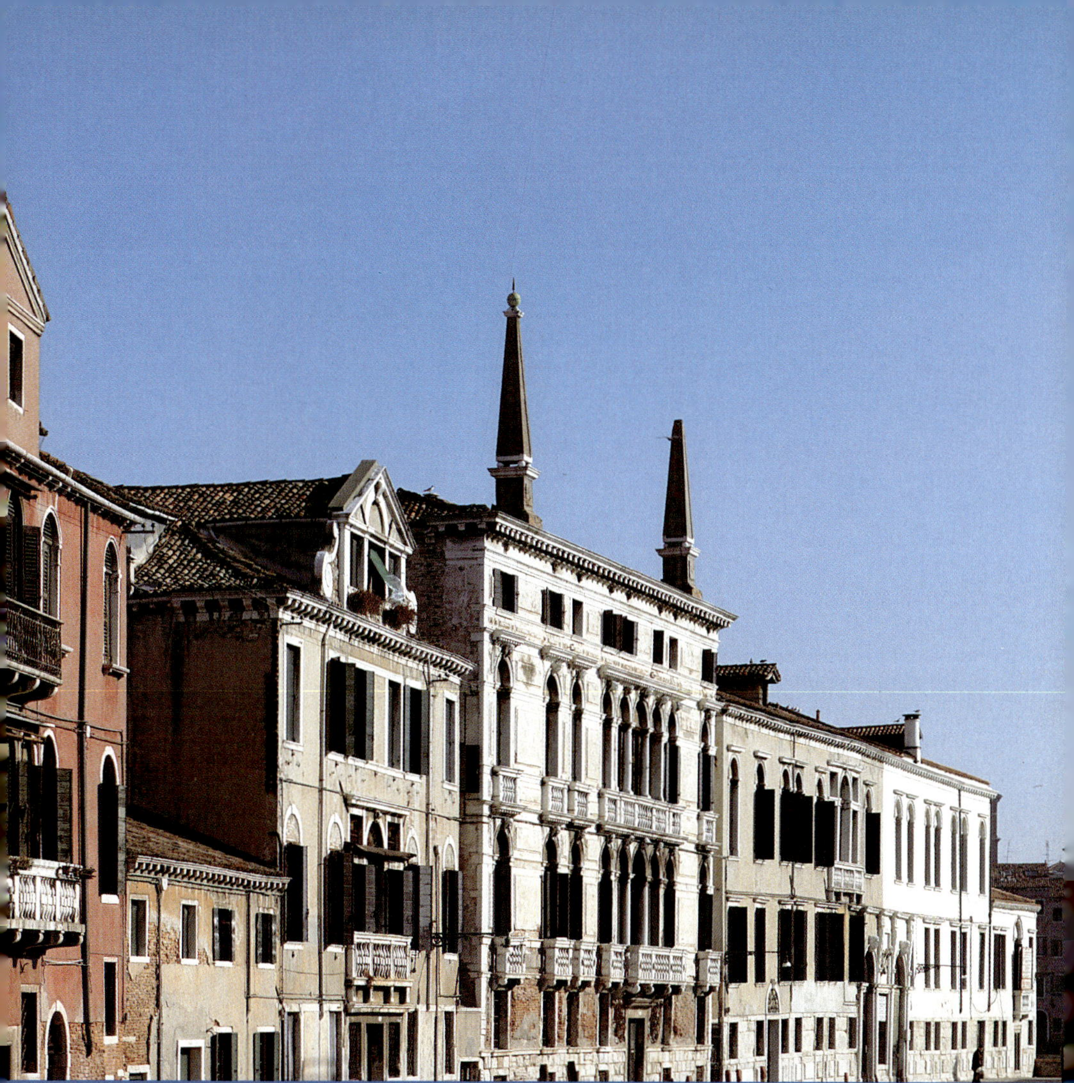

Sestiere Cannaregio

Cannaregio

Der Name dieses Sestiere leitet sich von dem Schilfrohr (ital. canna) ab, das hier früher einmal in Massen in der sumpfigen Lagune zwischen den Inseln am Nordwestrand Venedigs wuchs. Doch diese Zeiten sind längst vergangen. Im 16. Jh. legte man im nördlichen Teil von Cannaregio (in der Gegend rechts hinter dem Bahnhof) auf einem regelmäßigen Grundriß von breiten Kanälen ein helles und luftiges Siedlungsgebiet an, das v. a. für Industriearbeiter gedacht war. Die Kanäle werden hier immer wenigstens auf einer Seite von einem breiten Weg, einer sog. Fondamenta begleitet. Einfache und z.T. auch verfallene Häuser prägen diesen westlichen Bereich von Cannaregio. Trotzdem entwickelt er sich, insbesondere wegen der günstigen Mieten, zu einem immer beliebteren Wohngebiet bei jungen Leuten. Je weiter man nach Osten kommt und sich damit dem Rialto nähert, desto enger und auch gepflegter wird die Bebauung.

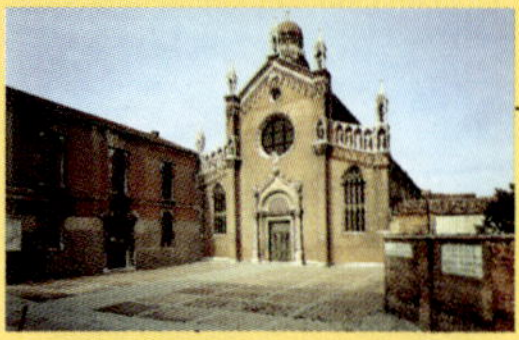

Madonna dell'Orto, S. 380

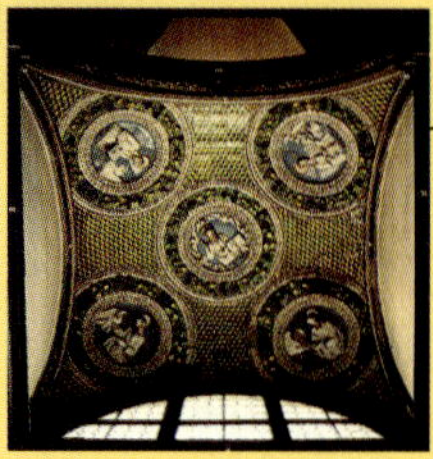

San Giobbe,
Decke der Cappella Martini, S. 367

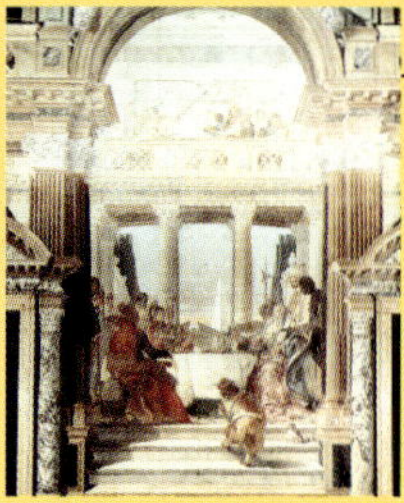

Palazzo Labia,
Giovanni Battista Tiepolo:
Das Gastmahl der Kleopatra,
1746/47, S. 370

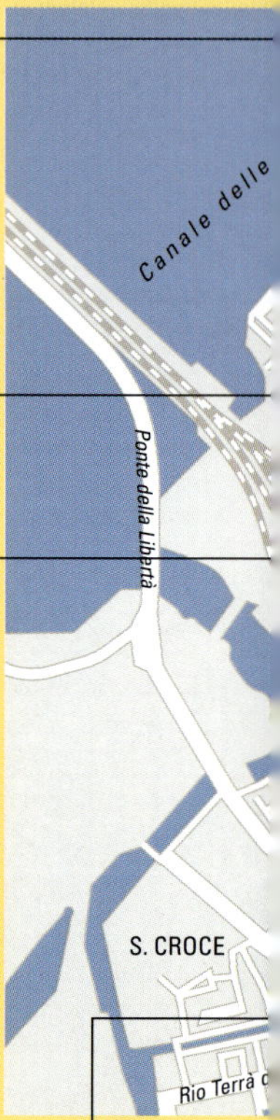

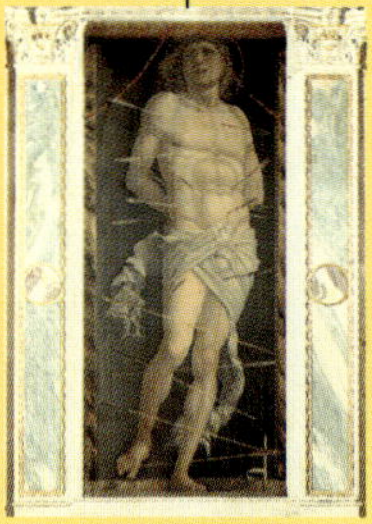

Ca' d'Oro,
Andrea Mantegna:
Der Hl. Sebastian,
1504–1506, S. 388

Weitere Sehenswürdigkeiten:
1 Scuola Vecchia dell' Abbazia
2 Scuola Nuova di Misericordia
3 La Maddalena
4 Ghetto Nuovo

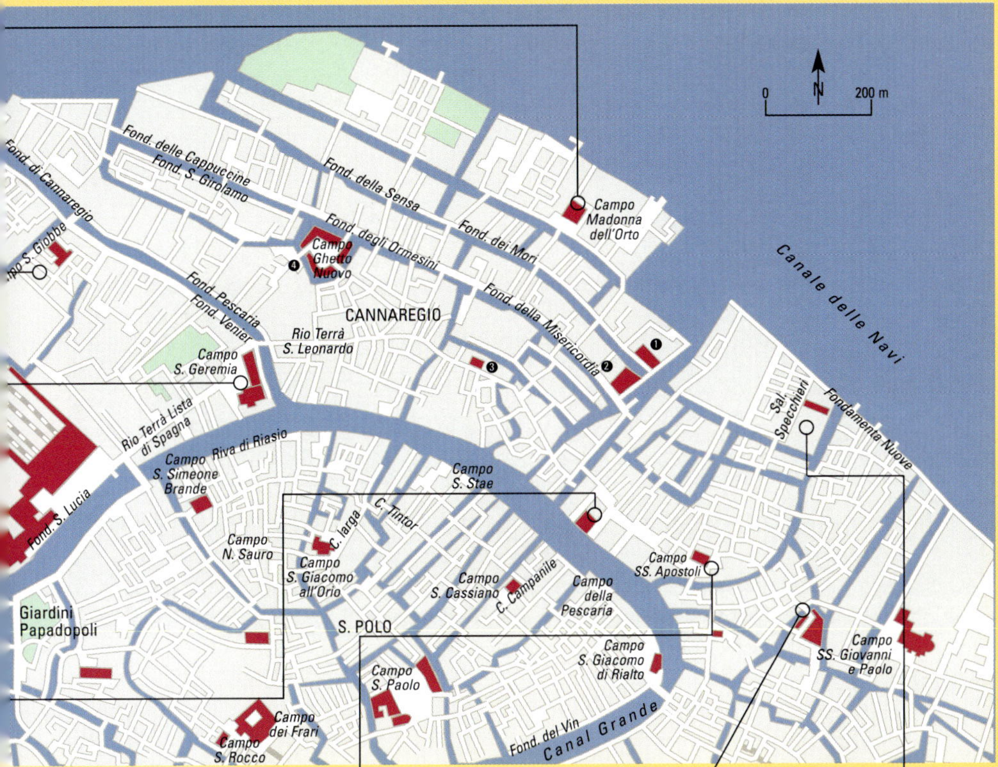

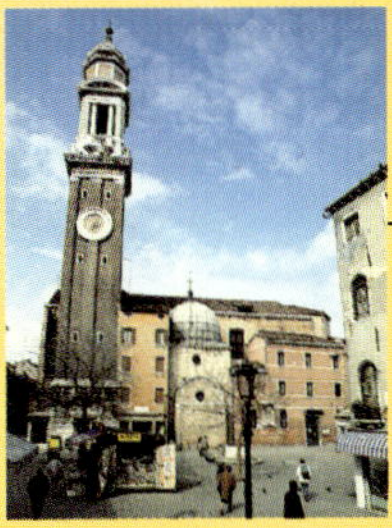

Santi Apostoli, S. 392

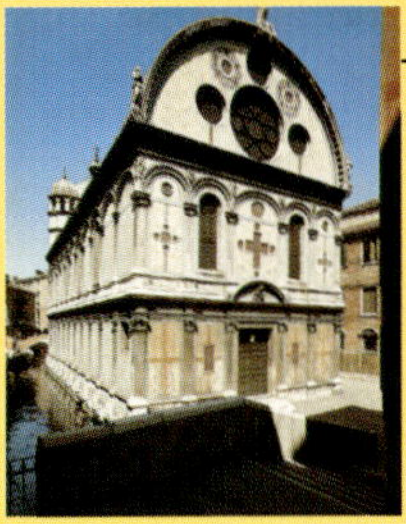

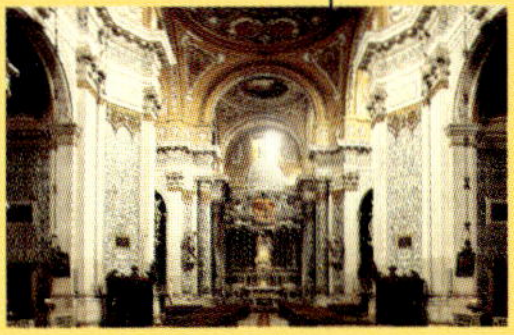

I Gesuiti (Santa Maria Assunta; Innenraum), S. 395

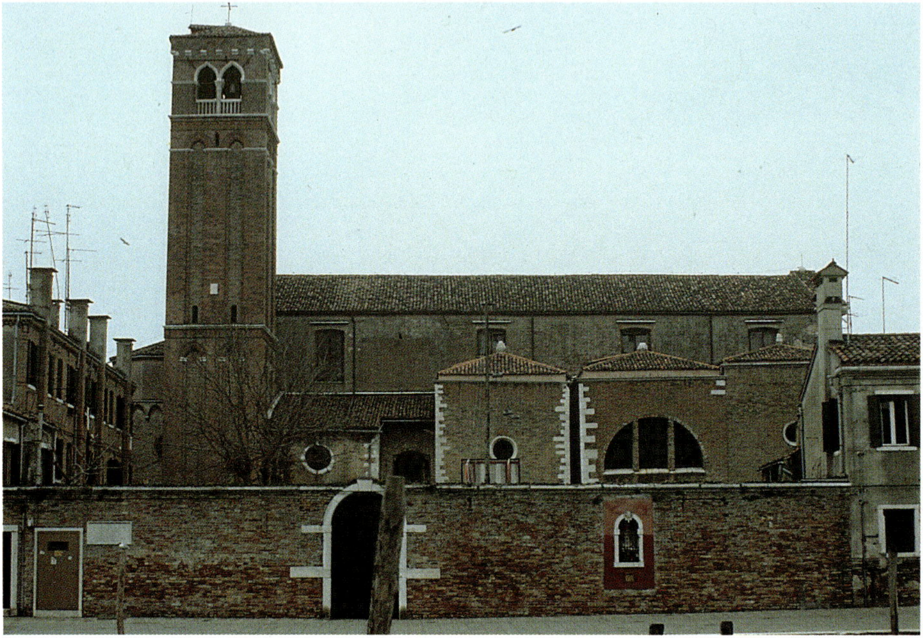

San Giobbe

Die Kirche San Giobbe, errichtet in der Mitte des 15. Jh.s, ist eine der wenigen alten Kirchen in dieser Gegend. Sie wurde vom Dogen Cristoforo Moro (1462–1471) zu Ehren des Hl. Bernhard von Siena gestiftet, der sich für kurze Zeit in dem angrenzenden Franziskanerkloster aufgehalten hatte. Der Bau wurde zunächst in gotischen Formen von Antonio Gambello begonnen, dann aber von den Lombardi mit Renaissancemotiven vollendet. Mancher Besucher der Kirche ist vielleicht enttäuscht von der nüchternen Kargheit des Innenraumes. Andere können sich gerade für die helle Klarheit dieser Frührenaissancearchitektur begeistern. Auch wenn das wichtigste Ausstattungsstück der Kirche, die Pala di San Giobbe, sich seit dem 19. Jh. in der Accademia befindet, haben sich doch einige interessante Kunstwerke an Ort und Stelle erhalten. Die schöne »Geburt Christi« (um 1540), ein Hauptwerk von Girolamo Savoldo aus Brescia, befindet sich in der Contarini-Kapelle rechts neben dem Chor.

Decke der Cappella Martini

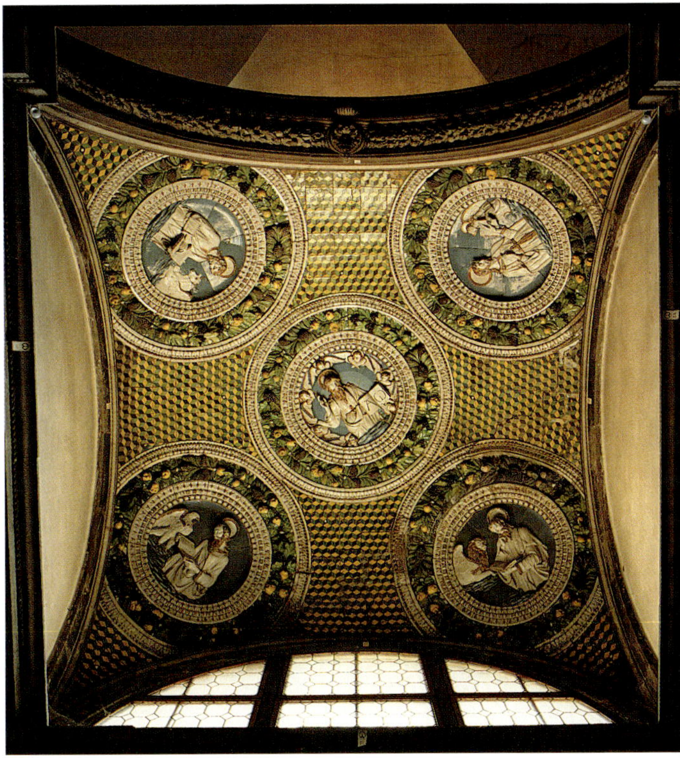

In der zweiten Seitenkapelle auf der linken Seite fällt eine in der venezianischen Frührenaissance einzigartige Verkleidung der Decke mit bunter Terracotta auf. Sie wurde mit großer Wahrscheinlichkeit in der Florentiner Werkstatt der della Robbia gefertigt, die auf Keramiken dieser Art spezialisiert war. Die Tondi zeigen die vier Evangelisten und Christus mit Engeln. Besitzer dieser Kapelle war die Familie Martini, Seidenweber aus Lucca. Auch für die Errichtung der Kapelle hatten sie einen Toskaner, vielleicht Antonio Rossellino, beauftragt, dem auch die Skulptur des Johannes zugeschrieben wird. Die Wahl der sonst in Venedig unbekannten Deckendekoration wie auch der anderen toskanischen Künstler für die Kapelle sind vielleicht nicht nur ein Hinweis auf die toskanische Herkunft der Familie Martini, sondern sollen auch ein wenig die Überlegenheit der toskanischen Kunst gegenüber der venezianischen demonstrieren. Denn San Giobbe gehörte im 15. Jh. zu den modernsten venezianischen Bauwerken. Der Innenraum besitzt reine Renaissanceformen, wie sie in Florenz schon längst üblich waren. Die Martini fügten dem Kirchenbau mit ihrer echt Florentiner Kapelle eine weitere interessante Neuerung hinzu. Allerdings hat ihr Beispiel keine Schule gemacht. Mit den kostbaren Mosaiken, die die Venezianer aus anderen Gebäuden kannten, konnte solch eine Decke natürlich nicht mithalten.

Palazzo Labia

Die Familie Labia war bekannt für ihr riesiges Vermögen. Ausdruck ihres Reichtums war der prächtige Palazzo, den sie ab 1685 errichten ließ und der 1720 noch einmal erweitert wurde. Die ursprünglich bürgerliche Familie Labia hatte ihren Reichtum als Heereslieferant erworben. Als im 17. Jh. der venezianische Staat wegen der Türkenkriege kurz vor dem Bankrott stand und es zahlreichen bürgerlichen Familien ermöglichte, sich für hohe Summen in das Patriziat einzukaufen, wurden auch die Labia adelig. Der äußere Prunk ihres Palazzo ist im Inneren noch gesteigert. Mehrere Räume wurden 1745–1750 von Tiepolo, dem angesehensten Maler Venedigs, und weiteren Künstlern ausgemalt. Heute wird er vom RAI, dem italienischen Fernsehen genutzt. Um ihn zu besichtigen, ist normalerweise eine telefonischen Anmeldung unter der Nummer: 78 11 11 erforderlich. Diese kleine Mühe lohnt sich. Denn die Fresken Tiepolos in der Haupthalle sind das bedeutendste Werk der venezianischen Dekorationskunst im 18. Jh.

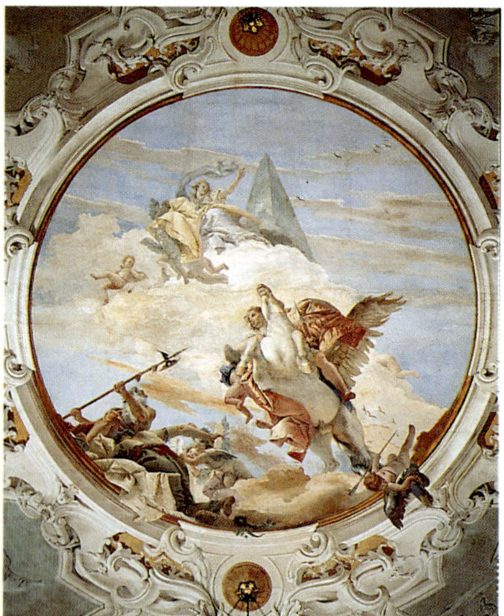

Giovanni Battista Tiepolo: Ein Genius auf dem Pferd Pegasus vertreibt die Zeit
Fresko, Dm: 600 cm

Das Deckengemälde des Ballsaals ist Tiepolos festlich heiterer Höhepunkt der Freskierung dieses Raumes, an der auch der Architekturmaler Gerolamo Mengozzi Colonna wesentlichen Anteil hatte. Dieser stattete den Raum mit gemalten Scheinarchitekturen aus und schuf illusionistische Säulen, Pilaster und anderes architektonisches Schmuckwerk als prachtvolle Rahmen um Tiepolos Kleopatraszenen. Tiepolo öffnete die Decke auf einen Himmel, wo der Genius auf dem Pferd Pegasus die Zeit vertreibt, während weiter oben Glorie und Ewigkeit winken. Dies ist natürlich eine Allegorie auf die heiteren, sorglosen Feste, die man hier zu feiern gedachte, aber auch auf den zukünftig zu erwartenden unvergänglichen Ruhm der Familie, auf den auch die seitlichen Motive der Decke anspielen.

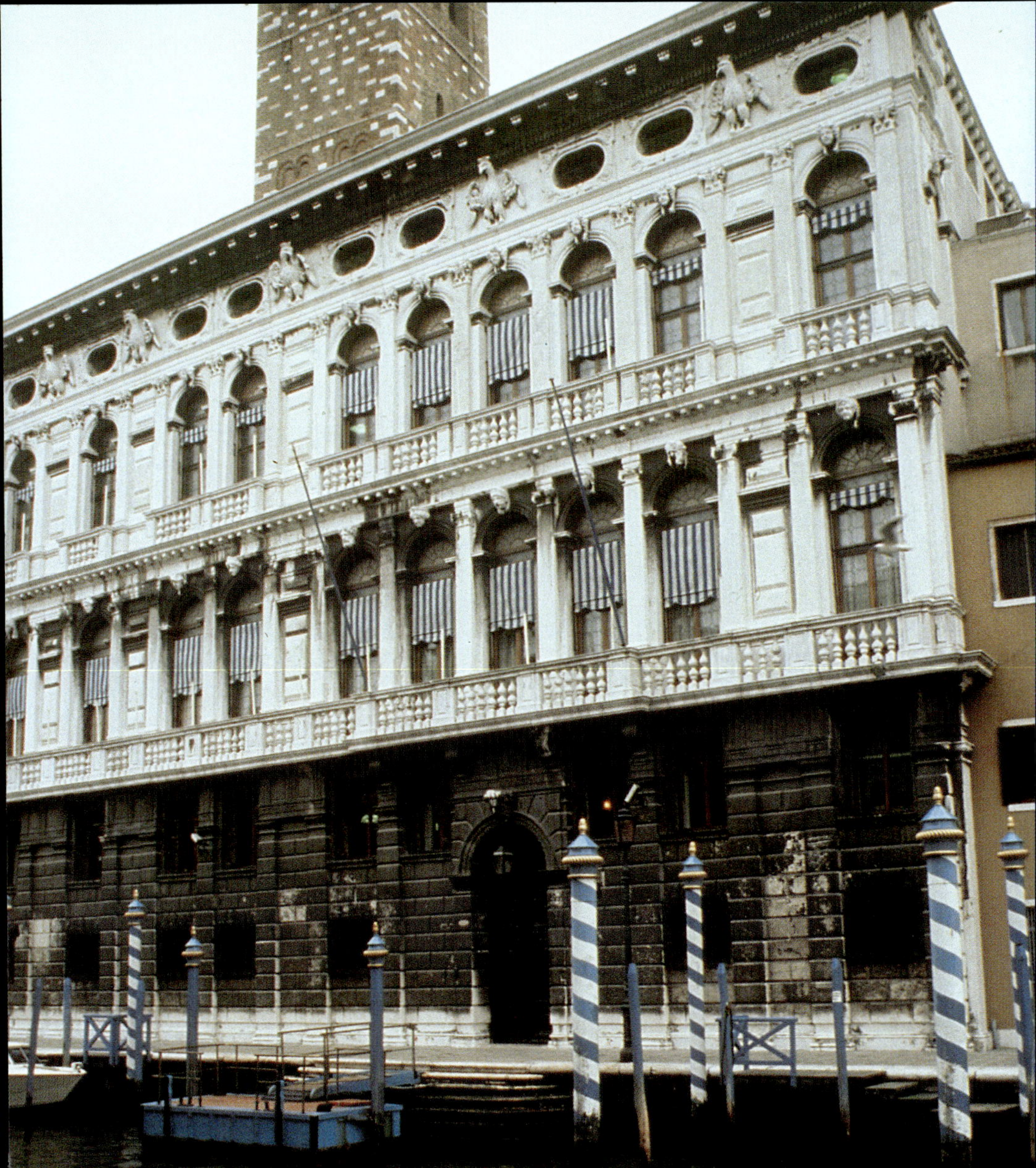

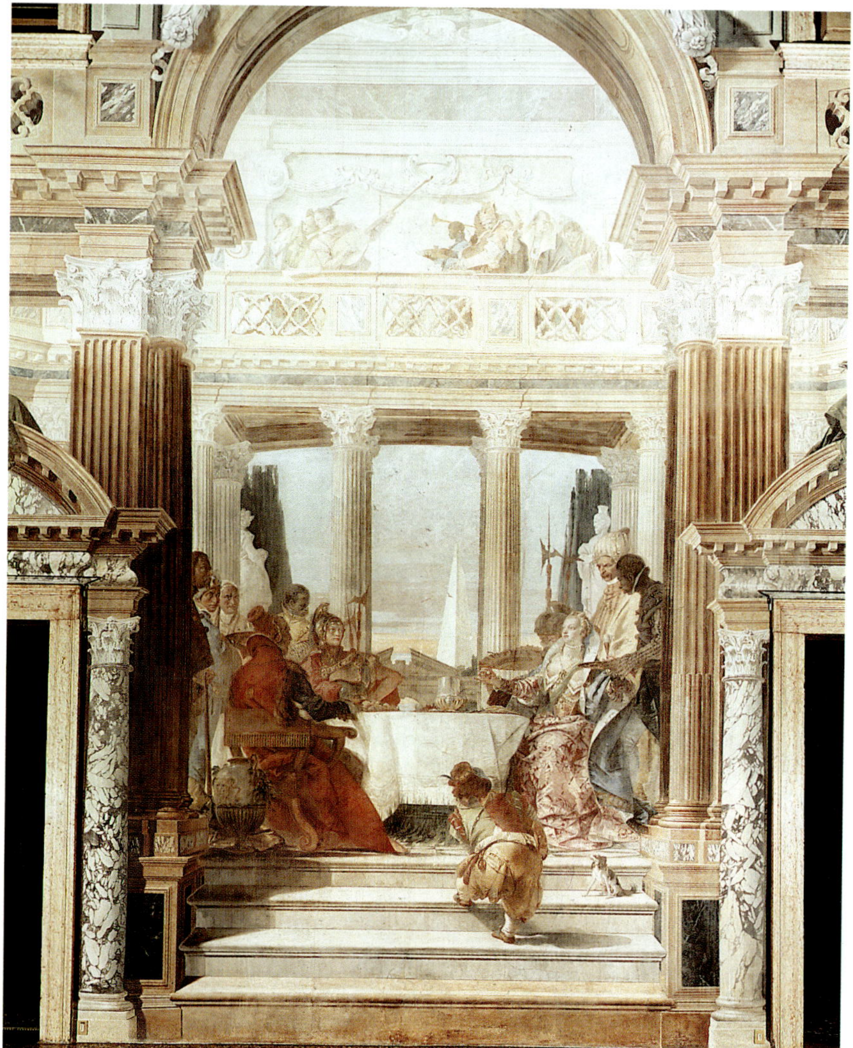

Giovanni Battista Tiepolo:
Das Gastmahl der Kleopatra, 1746/47
Fresko, 650 x 300 cm

Die wesentlichen Aspekte der Bildkomposition, auch das Motiv der Balustrade über dem Ausblick in den Garten, sind nicht Tiepolos eigene Erfindung. Er hat sie den Bildern von Paolo Veronese entlehnt, der dieses Kompositionsschema bereits 200 Jahre zuvor entwickelt hatte.
Die Herrscherin Ägyptens, die schon in der Antike als große Verführerin galt, ist in ein prächtiges rosa Brokatkleid und einen blauen Seidenmantel gehüllt. Ihre Brüste sind unbedeckt. Dies ist ein Zeichen für ihre Verführungskunst und ihre Liebesbeziehung zu Antonius. In Venedig waren sehr tiefe Ausschnitte ab dem 16. Jh. beliebt, und die käuflichen Liebesdienerinnen stellten ihr Dekolleté mehr oder weniger unverhüllt zur Schau. Ebenso wie für ihre Schönheit war die ägyptische Herrscherin berühmt für ihren immensen Reichtum und die exotische Prachtentfaltung, mit der sie ihre Gäste bewirtete. In diesem Moment hält Kleopatra eine wertvolle, große Perle in der Hand und greift mit der anderen nach einem Glas mit Essig, um das Kleinod darin aufzulösen und zu trinken. Tiepolo hält diesen Augenblick als Ausdruck des höchsten Luxus fest. Das Ganze ist ein vielleicht gar nicht so versteckter Hinweis darauf, daß auch die Labia aufgrund ihres enormen Reichtums in ihrem großen Saal verschwenderische Feste feiern konnten.

Giovanni Battista Tiepolo:
Gefolge der Kleopatra (Detail), 1746/47,
Fresko

Im Palazzo Labia vermischen sich echte und gemalte architektonische Motive auf raffinierte Weise. Man kann nicht immer auf den ersten Blick entscheiden, welcher Sphäre sie angehören. Dadurch erhalten die Fresken einen ganz besonderen Charakter von Realität. Das Spiel mit der Augentäuschung fordert den Betrachter sowohl dazu heraus, die Grenzen zwischen Malerei und Realität zu suchen, als auch diese Grenze aufzuheben und sich als Teil der gemalten Welt zu fühlen.

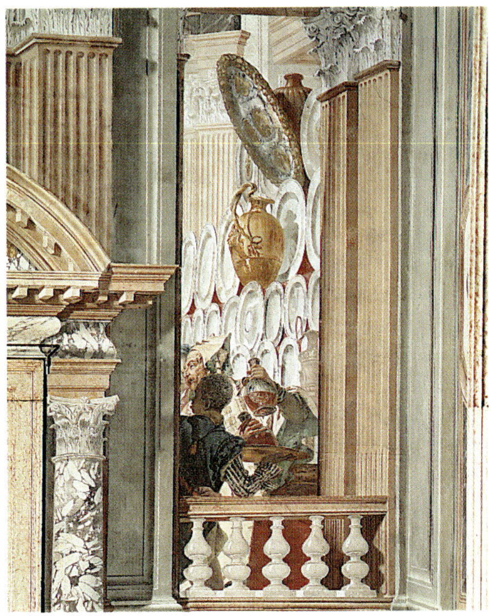

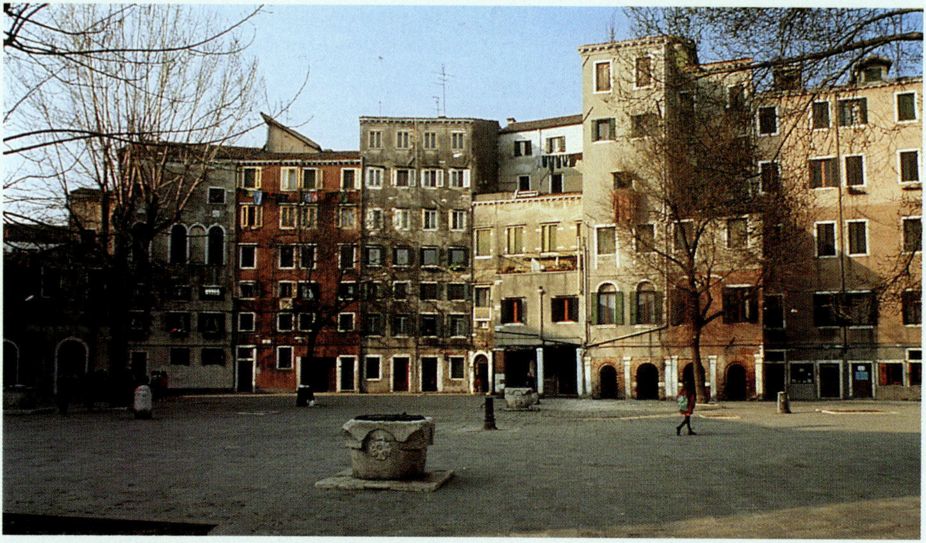

Campo del Ghetto nuovo

Das Ghetto: Schutz oder Gefängnis?

Wer heute durch die stillen Straßen des ehemaligen venezianischen Ghettos streift und die bröckelnden, hohen und schmalen Fassaden der Häuser sieht, kann sich kaum vorstellen, daß dieser Teil Venedigs einmal eines der reichsten und lebendigsten jüdischen Wohnquartiere Italiens war. Der stille einsame Platz hallte vom Lärm der Kleiderhändler, die ihre gebrauchten Prachtgewänder anpriesen. Er war erfüllt vom Duft der Bäckereien und umringt von jüdischen Banken, die hier ihr Geld verliehen. Schon das Wort Ghetto läßt heute nach den Greueltaten der Nationalsozialisten jeden erschauern, der es hört. Aber nur wenige wissen, daß dieser Begriff ursprünglich für das venezianische Wohnviertel der Juden geprägt wurde, und daß es jahrhundertelang keinerlei Schrecken, sondern im Gegenteil, das Versprechen von Sicherheit und Schutz bedeutete.

Bereits in der Antike gab es jüdische Gemeinden in Rom. Die Venezianer hingegen verweigerten den Juden die Erlaubnis zur Ansiedlung.

Nur als Händler waren sie willkommen. Diese Juden waren jedoch nicht italienischen Ursprungs, sondern orientalisch oder deutsch. Bei ihrer Behandlung machte man keinen Unterschied zu anderen Händlern aus denselben Gebieten. Juden aus den nördlichen Ländern wurde der Fondaco dei Tedeschi zugewiesen. Die Händler aus dem Osten konnten sich frei in der Stadt bewegen. Italienische Juden, die die Venezianer v. a. als Geldverleiher in Anspruch nahmen, mußten auf dem Festland in Mestre bleiben.

Nach der großen Pest von 1348/49 beschuldigte man Juden an vielen Orten Europas, die Brunnen zu vergiften und damit für die furchtbare Krankheit verantwortlich zu sein. Viele flohen vor den Gewalttaten, die auf diese Anschuldigung folgten, nach Italien. Immer mehr deutsche Juden drängten nach Venedig, das sie als relativ tolerant kennengelernt hatten. Mit Blick auf die Staatskassen, die wegen der Kriege gegen Genua leer waren, erlaubten ihnen die Venezianer 1382, sich in der Stadt niederzulassen. Die Behörden machten diesmal keinen Unterschied zwischen italienischen Juden und aus Deutschland und Osteuropa stammenden Aschkenasim. In einer »Condotta«, einem befristeten Vertrag über die Rechte und Pflichten der Juden, wie es ihn in vergleichbarer Form schon in anderen italienischen Städten gab, wurde genau festgelegt, daß sie Geld mit einem Zinssatz von zehn bis zwölf Prozent verleihen durften und daß sie außerdem gegen die Zahlung einer bestimmten Summe von allen anderen Steuern befreit waren. Durch die zeitliche Begrenzung des Vertrages, bot sich den Behör-

Scuola Levantina, 17. Jh.

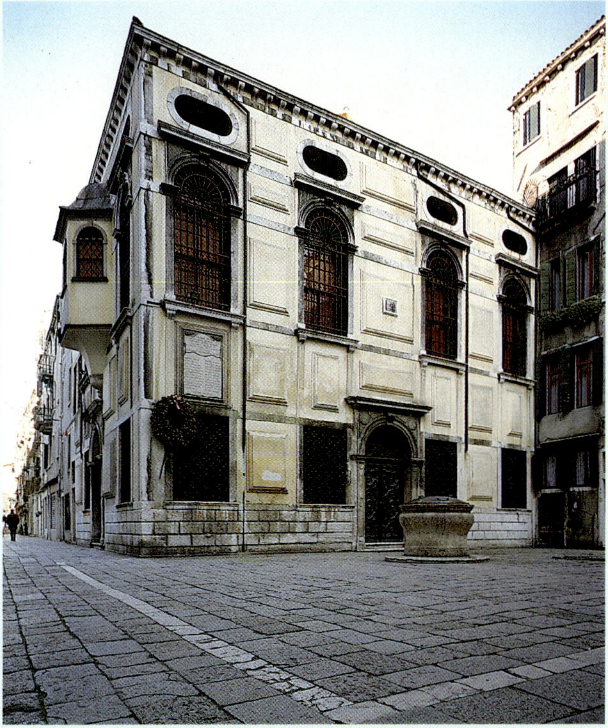

den die Möglichkeit, immer wieder hohe Geldforderungen zu stellen. Die Juden selbst baten schon sehr früh darum, daß ihnen ein festes Wohngebiet und ein Friedhof zugewiesen werden solle. Dies hätte eine gewisse Sicherheit bedeutet, für immer in Venedig bleiben zu können. Doch die Venezianer hatten keinerlei Interesse daran. Die Juden wurden nur solange geduldet, wie sie für die venezianische Wirtschaft von Nutzen waren. Als sich die Stadt von den Folgen der Kriege zu erholen begann, verweigerte man den Juden 1395 die Verlängerung der »Condotta« und wies sie mit einer Frist von zwei Jahren aus. Ausgenommen waren davon ausdrücklich nur Ärzte, die für ihre hervorragenden Kenntnisse berühmt waren und von den Venezianern mehr geschätzt wurden als ihre christlichen Kollegen. Erst 1509 durften wieder Juden für längere Zeit nach Venedig kommen, um sich vor den anrückenden Truppen der Liga von Cambrai in Sicherheit zu bringen. Daß viele der Flüchtlinge ein größeres Vermögen mitbrachten, war für diese Erlaubnis sicher nicht hinderlich. Die Stellung der Juden in der Stadt war nicht unangefochten, und es gab wohl auch einige Priester, die versuchten, die Bevölkerung gegen die Andersgläubigen aufzuwiegeln. Doch im weltoffenen, v. a. am Profit orientierten Venedig hatten sie damit kaum Erfolg. 1516 endlich erhielten die Juden ein eigenes Wohnviertel. Der Senat wählte dafür das Gelände einer Gießerei in Cannaregio. Vom italienischen Wort für gießen, »gettare«, leitete sich der Name der Siedlung, nämlich »getto« oder »ghetto« ab, der einmal eine so schreckliche Bedeutung erlangen sollte.

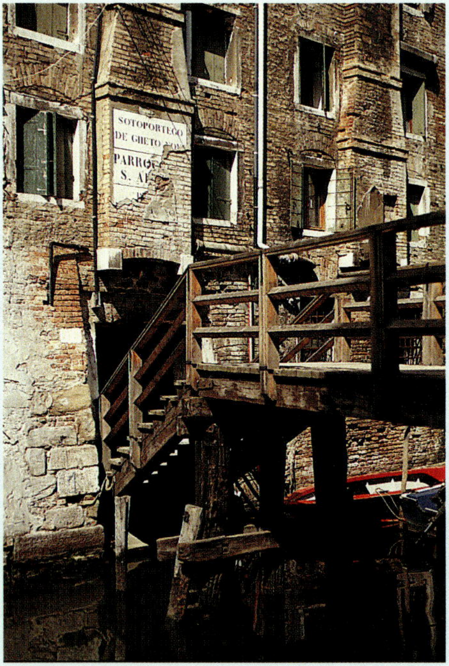

Eingang zum Ghetto

Die Erlaubnis, sich in einem eigenen Wohngebiet anzusiedeln, betraf aber nur die Aschkenasim und die italienischen Juden. Doch gab es auch orientalische Juden und diejenigen, die vor Mord und Zwangstaufe von der Iberischen Halbinsel geflohen waren. Unter diesen Flüchtlingen waren auch viele »Conversos«, die zunächst zwangsweise getauft, dann aber doch aus Spanien und Portugal ausgewiesen worden waren. Sie brachten eigene Traditionen mit nach Venedig, die sich stark von den oft strenggläubigen Aschkenasim und von den Orientalen

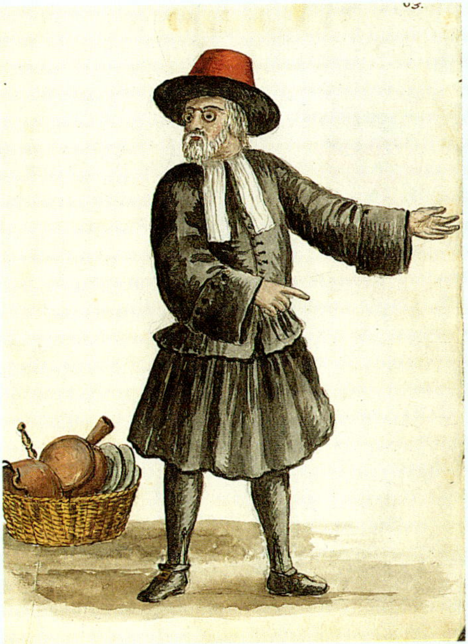

Giovanni Grevembroch: Gli habiti de' Veneziani, Jude, 18. Jh., Museo Correr, Venedig

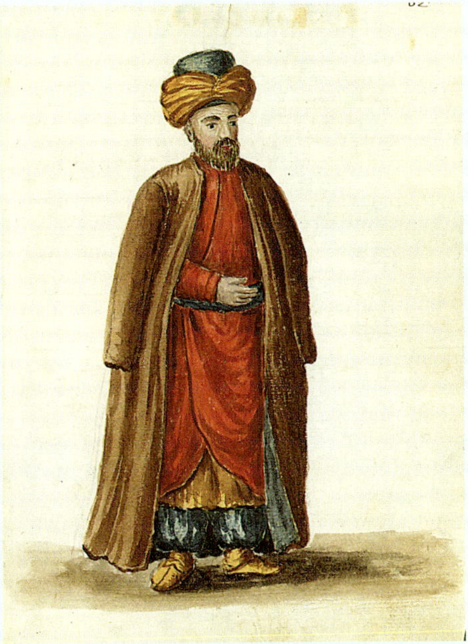

Giovanni Grevembroch: Gli habiti de' Veneziani, Levantinischer Jude, 18. Jh., Museo Correr, Venedig

unterschieden. Ein eigenes Wohnviertel wurde ihnen zunächst verweigert.

Solche festgelegten Wohnquartiere für bestimmte Bevölkerungsgruppen hat man keineswegs als Diskriminierung, sondern eher als Privileg empfunden. Auch die venezianischen Händler lebten im Orient häufig in Vierteln zusammen, die nachts zu ihrer Sicherheit verschlossen wurden. Dort konnten sie ihren eigenen religiösen Gewohnheiten folgen und unterstanden einer eigenständigen Gerichtsbarkeit. All diese Vorteile genossen auch die Juden im Ghetto. Erst 1589 erlaubte man den Orientalen und den spanischen Juden, sich neben dem Ghetto auf dem Gelände einer weitaus älteren Gießerei, dem »Ghetto vecchio« anzusiedeln. Das »Ghetto nuovo«, die neue Gießerei, ist also tatsächlich das viel ältere jüdische Wohnquartier.

Das Verhältnis der Venezianer zu den Juden war v. a. von wirtschaftlichem Pragmatismus geprägt. Anders als in Deutschland oder Spanien waren Juden in Venedig niemals durch religiösen Fanatismus lebensgefährlich bedroht.

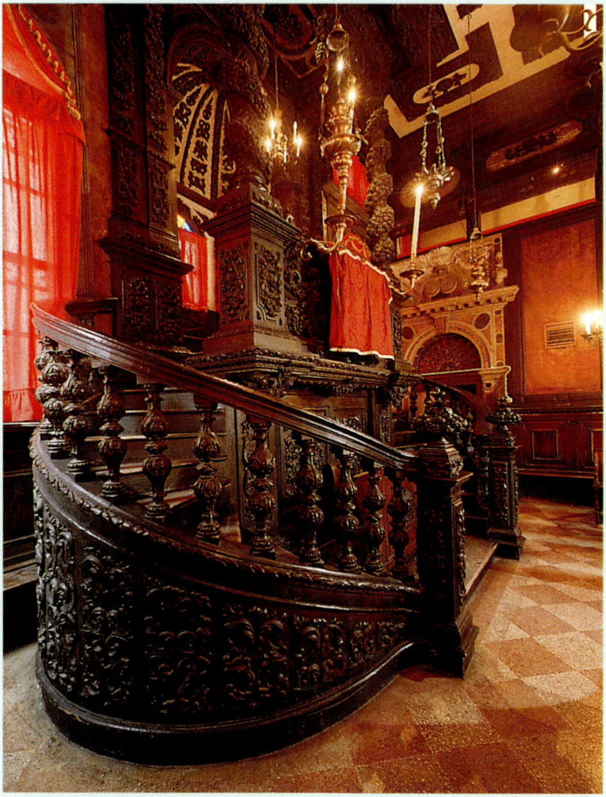

Bema der Scuola Levantina, Andrea Brustolon (1662–1732) zugeschrieben

diskriminierende Bräuche der christlichen Bevölkerung, wie z. B. das Judenrennen im Karneval, bei dem kaum bekleidete, möglichst dicke Juden zur Belustigung der Bevölkerung einen Wettlauf veranstalten mußten. Meistens wurde das Rennen wegen angeblicher Betrügereien zur Freude der Venezianer mehrmals wiederholt. Einige Quellen berichten sogar davon, daß die Venezianer bei diese Gelegenheit die Juden mit Steinen bewarfen.

Auch die Wohnverhältnisse im Ghetto waren außerordentlich schlecht. Die jüdische Gemeinde wuchs ständig. Im Ghetto nuovo, das Anfang des 16. Jh.s für 600 Menschen eingerichtet worden war, lebten Ende des Jahrhunderts über 2000 Juden. Deshalb baute man die Häuser im Laufe der Zeit immer mehr in die Höhe. In die einstmals hohen Geschosse wurden zusätzliche Decken eingezogen, so daß man in den niedrigen Räumen schließlich kaum stehen konnte. Mehr als einmal stürzten auf diese Weise erweiterte Bauwerke ein, weil die Fundamente ursprünglich gar nicht dafür vorgesehen waren, eine solche Last zu tragen.

Aber das Zusammenleben mit den Venezianern war nicht immer einfach. Die Juden mußten sehr hohe Steuern und Zwangsabgaben entrichten. Sie waren gezwungen, mit ihrem Geld Feste für hochstehende Persönlichkeiten zu veranstalten, die Venedig besuchten. Es gab

Scuola Grande Tedesca, 16.–18. Jh.

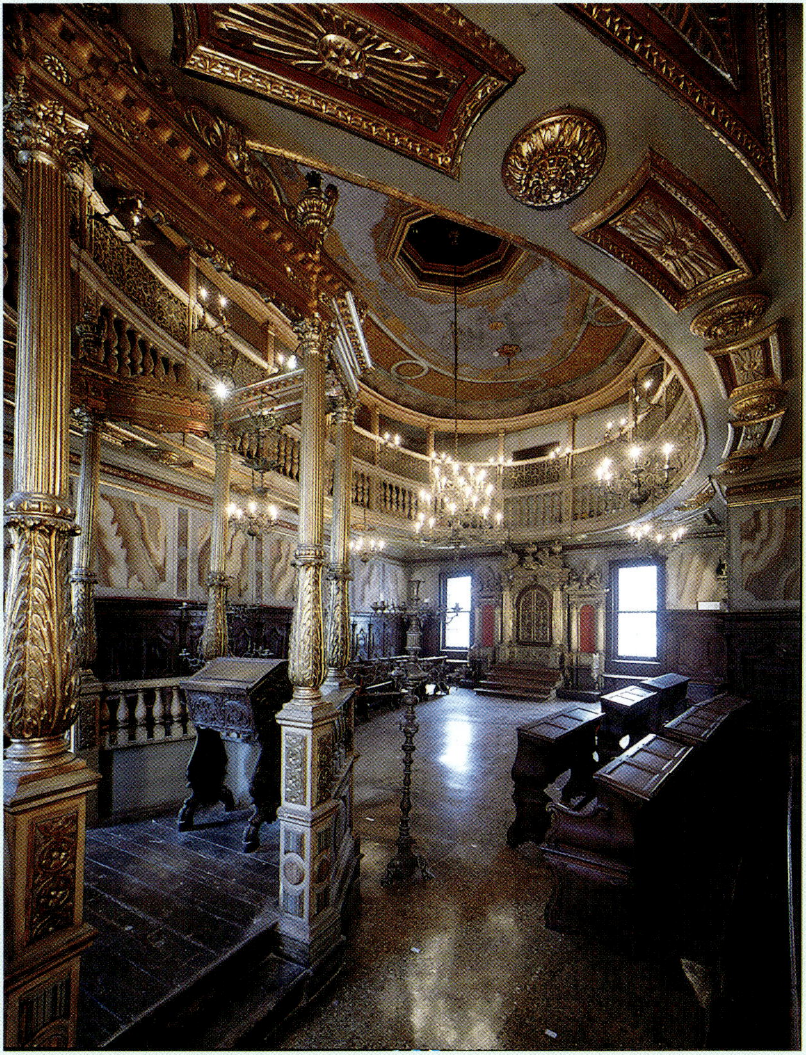

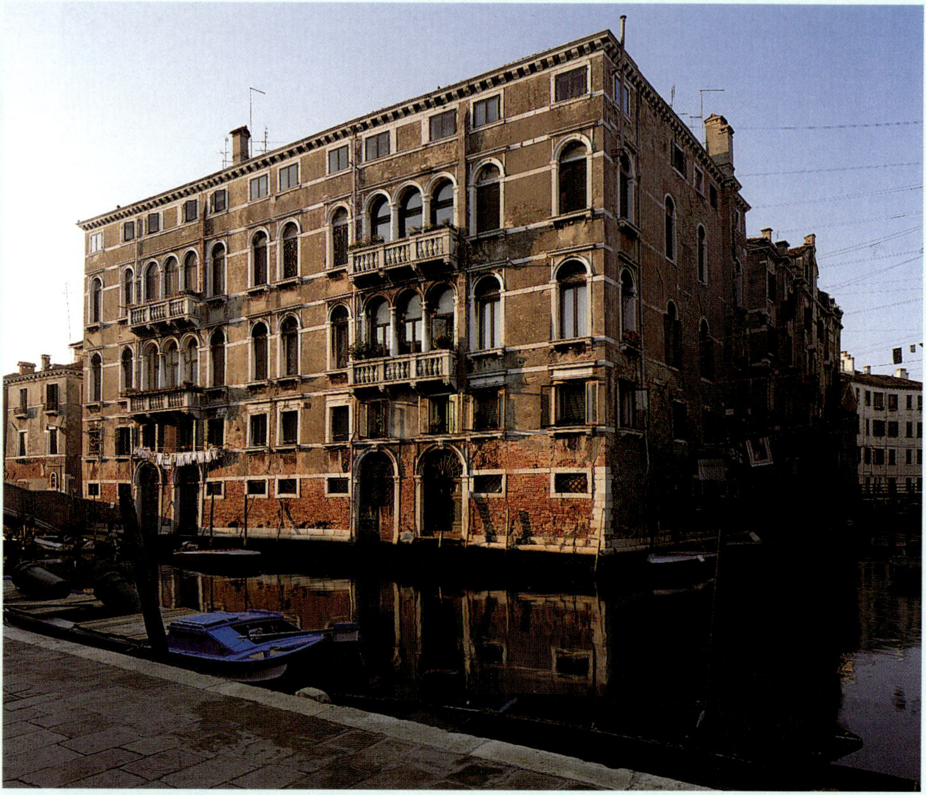

Palazzo Treves, 18. Jh.

Doch all diese Nachteile wurden aufgewogen durch den Schutz, den der venezianische Staat den Juden gewährte. Kaum irgendwo sonst in Europa konnten Juden sich über so lange Zeit sicher fühlen und genossen so hohes Ansehen wie in Venedig. Seltene christliche Übergriffe wurden mit harten Strafen geahndet. Die jüdischen Ärzte waren sehr gesucht. Es war ihnen erlaubt, an der venezianischen Universität in Padua zu studieren (allerdings gegen sehr hohe Gebühren). Venedig war trotz zahlreicher Eingriffe der Zensur v. a. im 16. Jh. ein Zentrum der jüdischen Buchdruckerkunst. Jüdische Musik- und Tanzschulen wurden auch von zahlreichen

Christen besucht, jüdische Musiker zu Vorführungen in die christlichen Adelshäuser eingeladen. Häufig arbeiteten christliche Wissenschaftler mit jüdischen Gelehrten an Übersetzungen von antiken und arabischen Texten. Besonders die sehr gebildeten und reichen spanischen Juden standen in engem Kontakt zu venezianischen Familien. Für sie entstand ab 1633 das »Ghetto nuovissimo«, das allerneueste Ghetto, wo sich bequemere Wohnungen und sogar Paläste, wie derjenige der Familie Treves, befinden. Mit dem wirtschaftlichen Niedergang der Republik setzte jedoch auch der Niedergang des Ghettos ein. Im 18. Jh. verließen immer mehr wohlhabende, weltoffene Juden Venedig. Zurück blieben hauptsächlich die Armen. Das Ghetto begann zu verfallen. Das einstmals reiche kulturelle Leben beschränkte sich auf die immer leerer werdenden Synagogen. Als Napoleon 1797 die Ghettotore verbrannte, war das Schicksal dieses einst blühenden Viertels längst besiegelt. Mit seinen schlechten Wohnbedingungen bot es außer für Religiöse kaum noch Anreiz, dort wohnen zu bleiben. Erst 1848 erhielten die Juden endgültig das volle Bürgerrecht. Sie waren Italiener jüdischen Glaubens als die Nationalsozialisten ihren Wahnsinn auf Italien auszudehnen begannen. Nicht alle jüdischen Venezianer konnten gerettet werden, v. a. jene nicht, die weiter im Umfeld der Synagogen lebten. So wurde das venezianische Ghetto denjenigen, deren Familien hier vor mehr als 300 Jahren Schutz gesucht hatten, zum grausamen Verhängnis. Einige, die den nationalsozialistischen Terror überlebten, kehrten nach Venedig zurück. Doch über eine große Gemeinde verfügen die Juden in Venedig heute nicht mehr. Trotzdem hat sich wenigstens ein kleines (im Verhältnis zur einstigen Größe muß man sogar sagen, winziges) Zentrum jüdischen Lebens in der Nähe der Synagogen erhalten. Hier findet man eine jüdische Bäckerei und eine Fleischerei. Doch davon bemerkt der Besucher kaum etwas. Ihm drängt sich die traurige Enge des Ghettos auf, die heute nicht mehr durch fröhliches Leben gemildert wird.

Arbit Blatas: Monument für die Opfer des Holocausts (Detail), 1980, Campo del Ghetto, Venedig

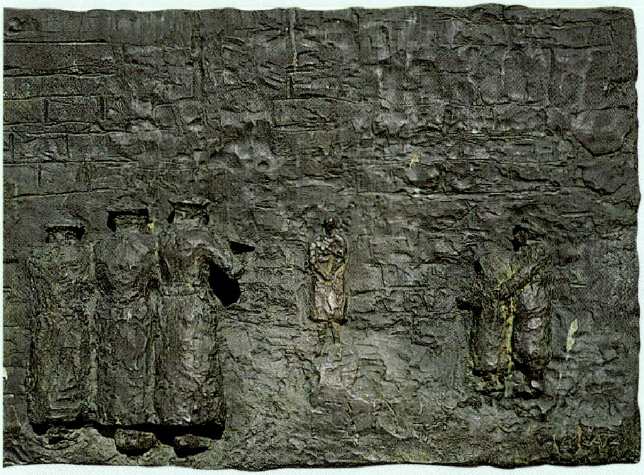

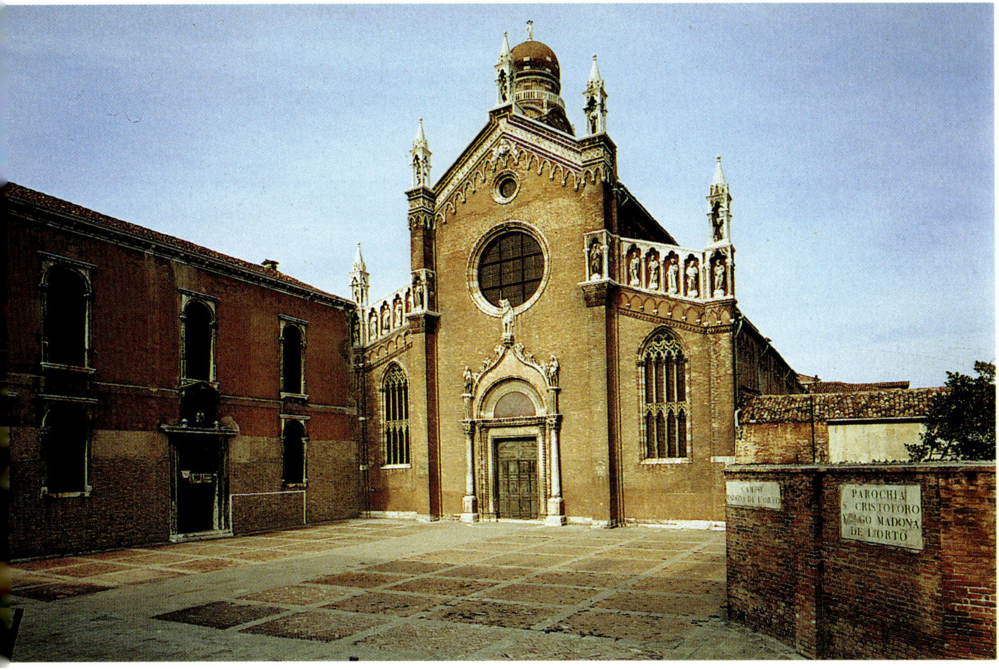

Madonna dell'Orto

1377 fand man in einem Garten ein Bildnis der Madonna, dem sogleich eine wundertätige Wirkung zugeschrieben wurde. Die nahegelegene Kirche des Hl. Christophorus, in die man das Gnadenbild brachte, wurde zur Kirche der Madonna aus dem Garten, auf italienisch Madonna dell' Orto. Die Kirche gehörte zum Kloster der Humiliaten, eines Ordens, der schon 1571 aufgehoben wurde. Madonna dell'Orto ist eine der schönsten gotischen Kirchen Venedigs und liegt in einem stillen Winkel der Stadt. Der Kirchenbau stammt aus der Mitte des 14. Jh.s und man kennt, was bei mittelalterlichen Kirchen selten ist, sogar den Architekten, einen gewissen Fra Tiberio aus Parma. Die Kirche wurde im 15. Jh. unter Verwendung der alten Materialien erneuert. Die zwölf Apostel in den Nischen der Fassadenbekrönung wurden früher venezianischen Bildhauern zugeschrieben. Heute gelten sie als das Werk toskanischer Künstler.

Skulptur des Hl. Christophorus

Das schöne Portal und das Rundfenster hingegen stammen aus der venezianischen Werkstatt der Familie Buon. Es wurde jedoch erst 16 Jahre nach dem Tod von Bartolomeo Buon vollendet. Dennoch ist die Verbindung von den an der Antike orientierten Formen (z. B. den Säulen) mit den älteren gotischen Formen (hier z. B. dem Kielbogen) typisch für Bartolomeo. Daher ist es schwer zu unterscheiden, welche Teile des Portals aus der Buon-Werkstatt kommen, die Bartolomeo nach dem Tod des Vaters alleine führte, und welche Elemente von der alten Fassade wiederverwendet wurden. Auch die Figur des Christophorus wurde Bartolomeo zugeschrieben, doch diese Zuweisung ist sehr umstritten und im Vergleich mit seinen Figuren an der Porta della Carta des Dogenpalastes auch eher unwahrscheinlich. Früher galt sie als ein Werk Matteo Ravertis, doch auch dies ist von der Forschung verworfen worden.

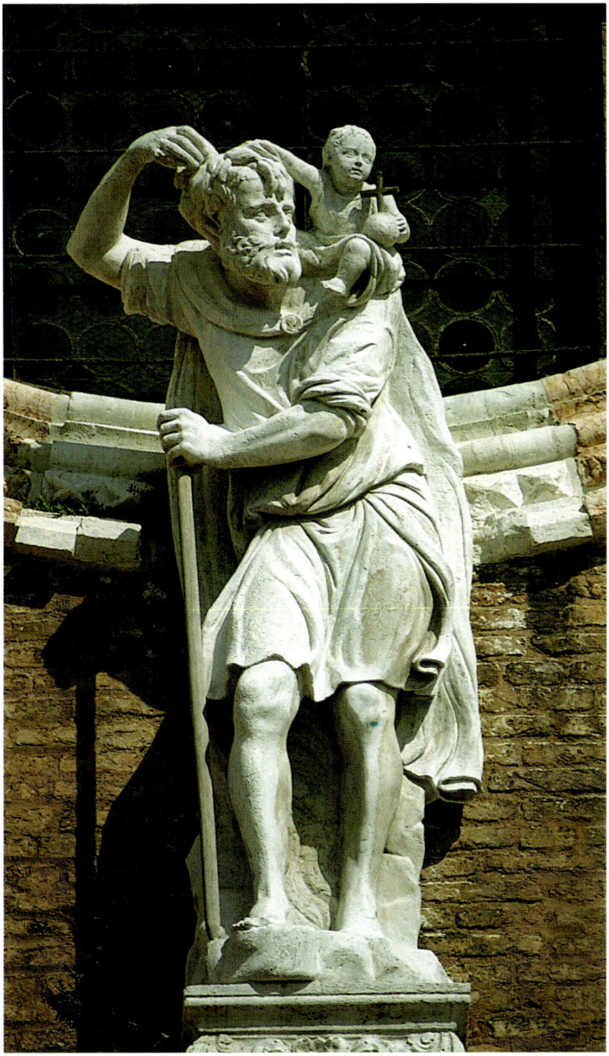

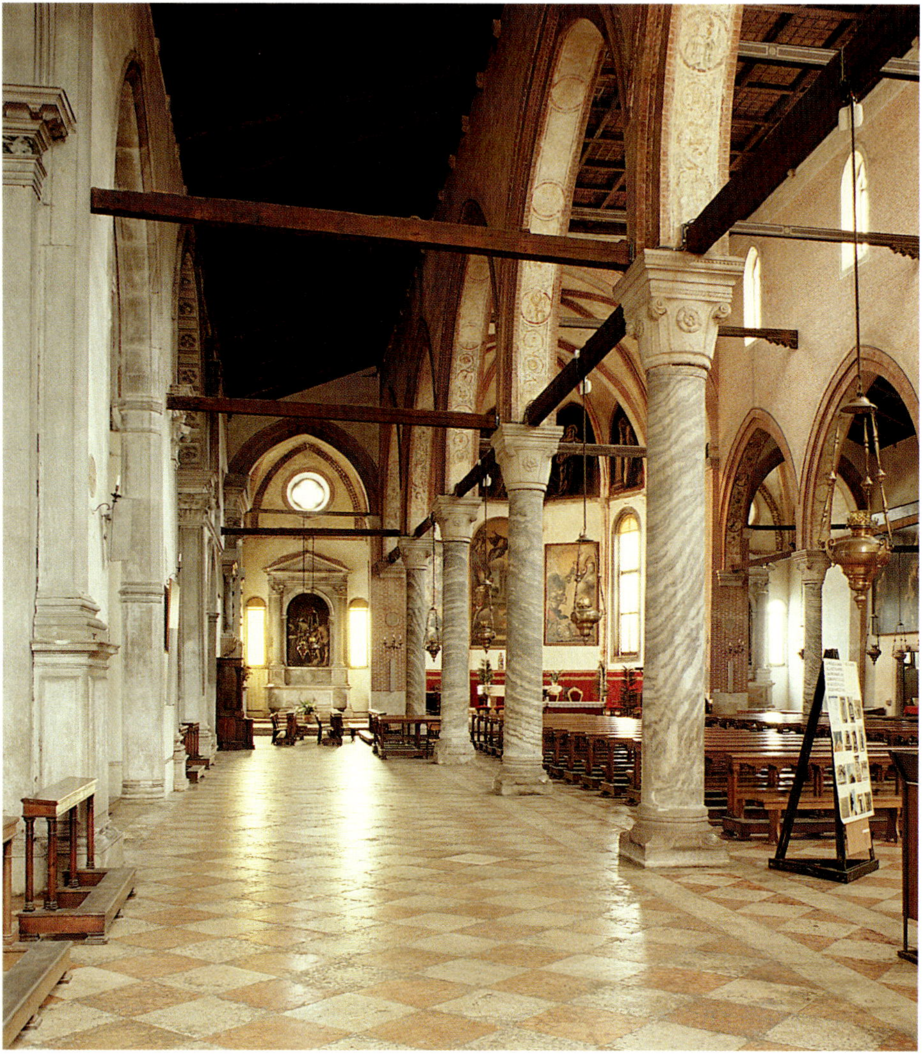

Innenraum

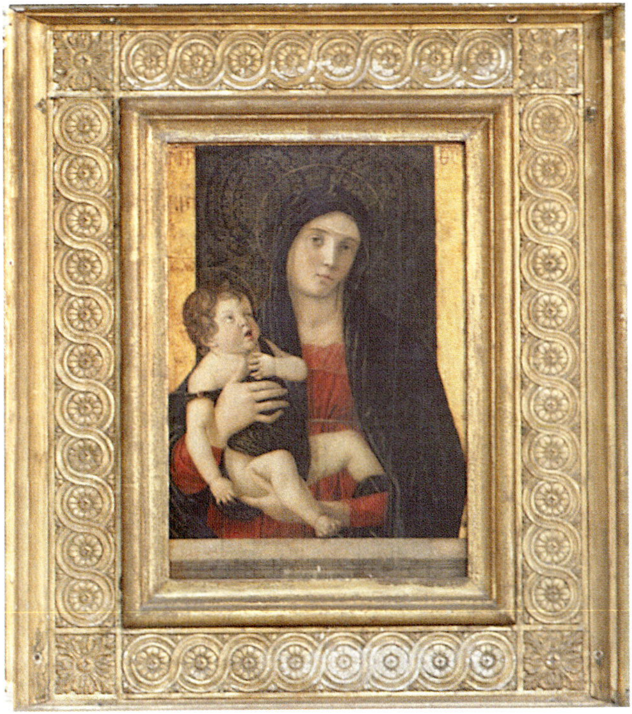

Die überaus große Helligkeit, die man von gotischen Bauwerken außerhalb Venedigs nicht unbedingt gewohnt ist, überrascht. Die Säulen, die nur die leichte Ziegelwand und, wie häufig in venezianischen Kirchen, auch nur eine hölzerne statt einer gemauerten Decke tragen müssen, konnten ungewöhnlich schlank gehalten werden. Sie sind aus griechischem Marmor. Nach umfangreichen Restaurierungen in den 70er Jahren, die v. a. durch Spenden aus Großbritannien unterstützt wurden, präsentiert sich die Kirche heute wieder als intaktes Gotteshaus mit zahlreichen Bildwerken und Altären, darunter Gemälde von Giovanni Bellini und Cima da Conegliano und v. a. von Jacopo Tintoretto, der unweit der Kirche wohnte.

Giovanni Bellini: Madonna, um 1475
Holz, 75 x 50 cm

Fast hätte ein Diebstahl während der Restaurierungsarbeiten die Kirche einer herrlichen Madonna von Giovanni Bellini (um 1430–1516) beraubt. Doch das Gemälde blieb dem Gotteshaus auf wundersame Weise erhalten, so daß man es heute an seinem originalen Platz, einem Altar in der Cappella Valier (die letzte Kapelle auf der linken Seite), bewundern kann. Obwohl Bellini noch einen an mittelalterliche Madonnenbilder erinnernden goldenen Hintergrund verwendet, sind die Jungfrau Maria und ihr Kind in ihrer Lebendigkeit eindeutig Werke der Renaissance.

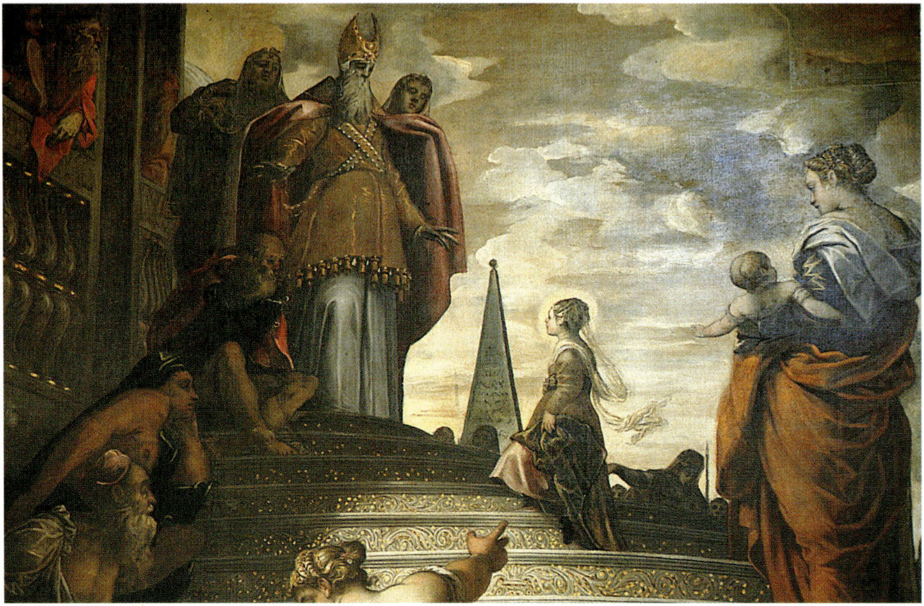

Jacopo Tintoretto: Tempelgang Mariä (Detail), 1552
Öl auf Leinwand, 429 x 480 cm

Das Bild von Mariens Tempelgang war ursprünglich in zwei Bildhälften unterteilt, denn es handelt sich dabei um die Außenseiten jener Flügel, mit denen die Orgel verschlossen wurde, wenn sie nicht in Gebrauch war. Wann sie in dieser Form fixiert wurden, ist unbekannt. Die Orgelflügel waren die erste Arbeit, die Jacopo Tintoretto für die Kirche Anfang der 50er Jahre des 16. Jh.s ausgeführt hat. Die dreijährige Maria steigt zum Erstaunen aller Anwesenden die hohe Treppe zum Tempel allein hinauf. Der Hohepriester erwartet sie. Bedrohlich ragen die steilen, irritierend schimmernden Stufen auf. Das Wunder, das sich hier vollzieht, wird dem Betrachter unmittelbar verständlich. Ein kleines Mädchen am unteren Bildrand weist zusammen mit seiner Mutter auf Maria, die schon kurz vor dem Hohepriester steht. Die Gegenüberstellung der beiden kleinen Mädchen, wobei man zunächst das Kind am unteren Bildrand für Maria halten könnte, hebt die außergewöhnliche Leistung der zukünftigen Gottesmutter besonders deutlich hervor.

Galleria Giorgio Franchetti in der Ca' d'Oro

Der Turiner Musiker und Sammler Giorgio Franchetti, der die Ca' d'Oro 1894 erworben hatte, vermachte den Palast und seine bedeutende Kunstsammlung 1916 der Stadt Venedig (siehe S. 47). Seit 1927 sind das Haus und die Sammlung der Öffentlichkeit zugänglich. Die Kollektion läßt trotz der inzwischen erfolgten Erweiterungen immer noch das ursprünglich hohe Niveau von Franchettis Sammlertätigkeit erkennen. Seine Kunstsammlung beinhaltet neben Malerei und Skulptur auch Fresken, Fayencen, Wandteppiche und Möbel.

Tizian: Judith (Justizia), 1508/09
Fresko (abgenommen), 213 x 346 cm

Neben Pordenones Fresken aus dem Kreuzgang von Santo Stefano und einigen anderen Mauerbildern befinden sich auch Reste von Tizians berühmten Fresken für den Fondaco dei Tedeschi (siehe S. 51) in der Ca' d'Oro. Sie wurden 1961 bei Renovierungsarbeiten entdeckt. Mit den Malereien für den Fondaco dei Tedeschi wurden die beiden jungen Maler Tizian und Giorgione schlagartig berühmt. Bis dahin war Giorgiones Werk nur wenig bekannt, Tizians sogar vollkommen unbekannt gewesen. Die venezianische Regierung hatte mit der begeisterten Reaktion auf die Malereien wohl kaum gerechnet. Hatte sie doch untersagt, an dem Handelshaus der Deutschen aufwendiges architektonisches Schmuckwerk anzubringen, und die einfachen und schnell vergänglichen Fresken gewählt, um das Bauwerk nicht zu sehr unter den anderen Bauten des Canal Grande hervorzuheben. Heute sind nur noch wenige Spuren von dem übrig, was die Zeitgenossen Tizians bewunderten. Aber auch diese Reste lassen noch etwas von der mächtigen, stark plastisch wirkenden Figur erahnen, die ganz anders war, als alles, was venezianische Maler zuvor gestaltet hatten. Auf Stichen aus dem 18. Jh. sind die zu dieser Zeit noch einigermaßen lesbaren Fresken des Fondaco dei Tedeschi festgehalten.

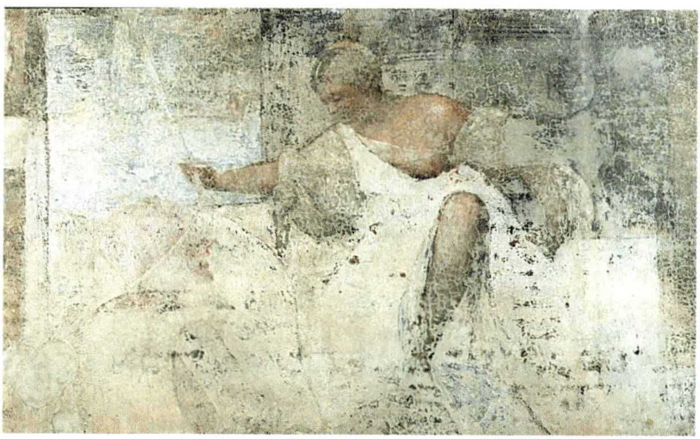

Jan van Eyck:
Die Kreuzigung Christi, (Kopie nach Jan van Eyck), 15. Jh.
Holz, 46 x 31 cm

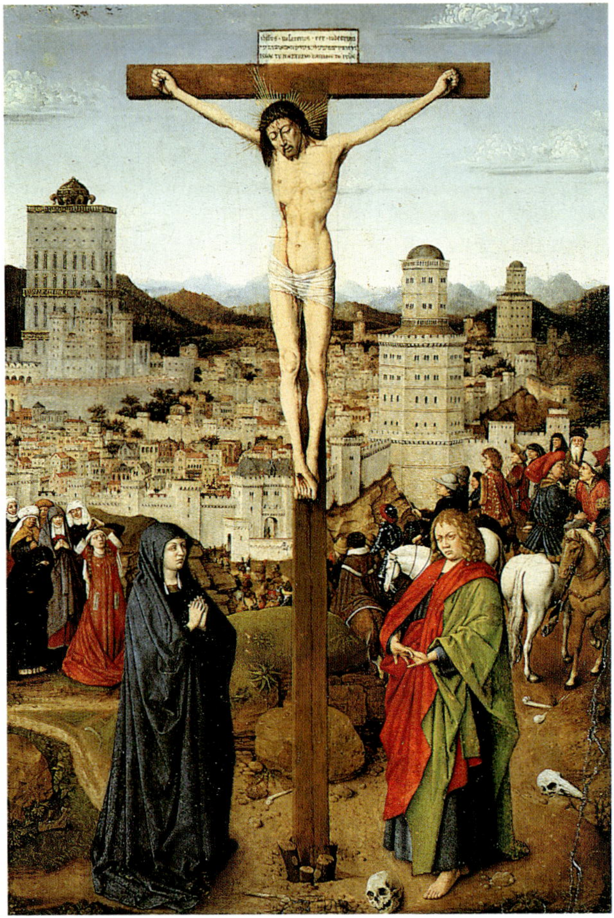

Die Kunstgeschichte hält dieses Bild seit langem nicht für das Original, sondern für eine sehr qualitätvolle Arbeit eines Malers aus dem Umkreis von Jan van Eyck (um 1390–1441). Er war der wohl berühmteste niederländische Maler im 15. Jh. Auch in Italien hatte der Name van Eyck schon zu dieser Zeit einen guten Klang. Der italienische Gelehrte Bartholomäus Facius erwähnte ihn 1456 in seinem Lobgedicht auf verschiedene Maler als einen der wenigen nordalpinen Künstler. Möglicherweise befand sich das Gemälde »Die Kreuzigung Christi« schon seit dem 15. oder 16. Jh. in Italien, denn man weiß, daß niederländische Bilder schon in dieser Zeit begehrte Objekte der italienischen Sammler waren. Sie waren fasziniert von den weiten, lieblichen Landschaften, den genau beobachteten, fein geschilderten Details und den intensiv leuchtenden Farben. Die venezianischen Kaufleute und Diplomaten, die vorübergehend in den Niederlanden lebten und arbeiteten, brachten die landestypischen Gemälde mit in ihre Heimat.

Giambono (eig. Michele di Taddeo Bono): Madonna mit Kind, frühes 15. Jh.
Tempera auf Holz

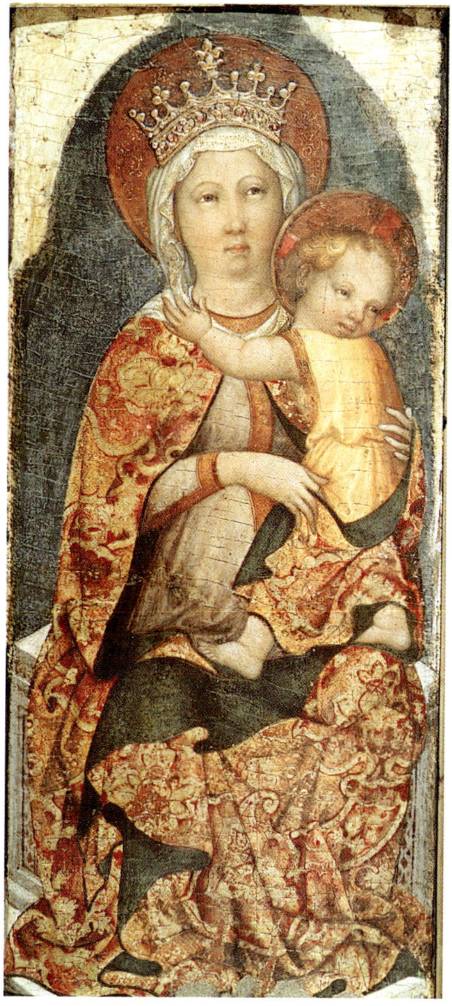

Giambono (nachweisbar um 1390–1462) gehört zu den venezianischen Malern des frühen 15. Jh.s, deren Gestaltungsweise noch ganz vom sog. weichen Stil des späten 14. Jh.s geprägt ist. Kaum würde man vermuten, daß er ein Zeitgenosse jenes naturalistischen Malers aus dem Umkreis von Jan van Eyck war, der die »Kreuzigung Christi« gemalt hat. Auch von der Zentralperspektive, die in den ersten Jahrzehnten des 15. Jh.s in Florenz entwickelt wurde, und die auch in der Figurendarstellung von einem Streben nach mehr Plastizität begleitet war, ist in Giambonos Werk auf den ersten Blick noch nichts zu spüren. Doch die Art, wie das linke Füßchen des Christuskindes unter der Mantelfalte der Madonna sichtbar wird, läßt erkennen, daß sich auch Giambono für die Darstellung plastischer Werte interessierte. Das Modellieren mit zeichnerischen Mitteln, wie es z. B. auf der linken Seite des Mantels der Madonna zu beobachten ist, setzt Giambono jedoch nur in sehr spärlicher Weise ein. Vielmehr modelliert er mit Farbwerten, die durch eine stärkere oder schwächere Intensität Plastizität nur andeuten. Ein wesentlicher Aspekt, der den besonderen Reiz seiner Malerei ausmacht, ist die unendliche Zartheit der Farbtönungen. Dies ist etwa im Kleid der Madonna, im Hautton der Figuren oder in den Haaren des Christuskindes zu erkennen.

Andrea Mantegna:
Der Hl. Sebastian, 1504–1506
Leinwand, 210 x 91 cm

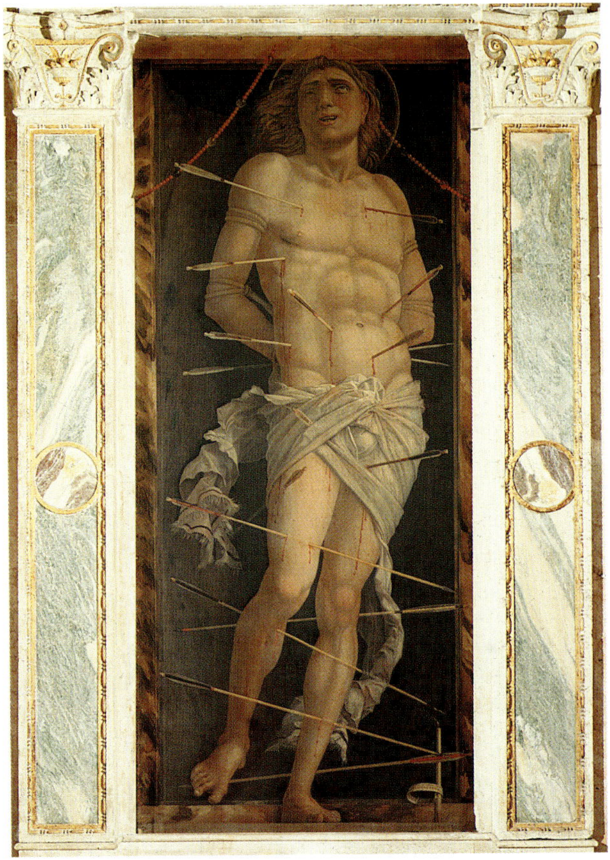

Zusammen mit dem »Porträt eines Herrn Brignole« von Anthonis van Dyck war dieses Bild wohl das bedeutendste Kunstwerk der Franchetti-Sammlung, die die Grundlage für die Galerie in der Ca' d'Oro bildet. Drei Gemälde mit dem Hl. Sebastian sind von Andrea Mantegna (1431–1506) erhalten, eine frühe kleine Tafel in Wien, ein großes Altarbild in Paris und diese Leinwand in der Ca' d'Oro. Von ihr nimmt man an, daß dies jenes Gemälde ist, das sich bei Mantegnas Tod 1506 noch in seiner Werkstatt befand. Die außerordentliche und zuweilen als steinern beschriebene Plastizität von Mantegnas Figuren wird in diesem späten Gemälde noch einmal besonders deutlich. Der Heilige, von Pfeilen durchbohrt und das schmerzverzerrte Gesicht zum Himmel erhoben, scheint aus seiner Marmornische hervorzutreten. Eine kostbare Kette aus Korallen und Halbedelsteinen, die vor der Nische aufgehängt ist und rechts hinter dem Kopf des Heiligen verschwindet, unterstreicht den Eindruck, daß Sebastian sich vor und nicht in der Nische befindet. Seine Arme sind mit einem Seil, das tief in das Fleisch einschneidet, auf den Rücken gefesselt. Es ist unglaublich, mit welcher Akribie Mantegna die Pfeile und das Blut malt, das aus den Wunden hervortritt, die sie verursachen. Fast vermeint man, die Schmerzen, die Sebastian erleidet, am eigenen Körper zu spüren. Am rechten unteren Bildrand steht eine verlöschende Kerze, um die sich ein Band mit einer lateinischen Aufschrift windet. Sie besagt, daß nur das Göttliche unvergänglich ist, alles andere aber wie Rauch vergeht.

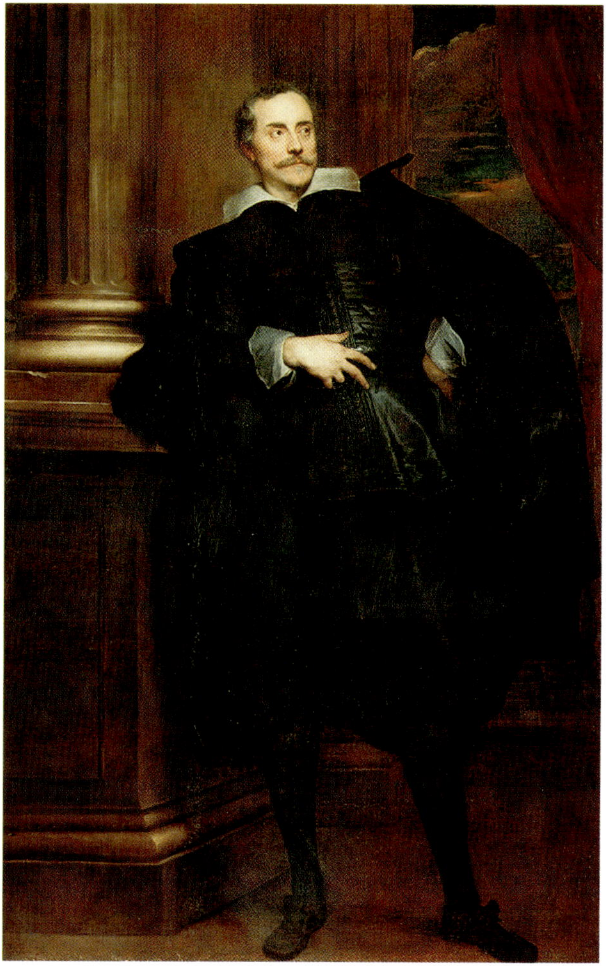

Anthonis van Dyck: Porträt eines Herrn Brignole, 1621–1625
Öl auf Leinwand, 205 x 125 cm

Anthonis van Dyck (1599–1641) war ein großer Bewunderer der venezianischen Kunst. Besonders Tizian hat er immer wieder zum Bezugspunkt seines Stils gemacht. 1621–1625 hielt er sich in Italien v. a. in Genua auf. In dieser Zeit entstand auch das vornehme Porträt eines stattlichen Herrn in typischen schwarzen Seidenkleidern seiner Zeit. Van Dyck versteht es meisterlich, das Lichtspiel auf dem dichten, dunklen Stoff wiederzugeben. Giorgio Franchetti erwarb das Bild von der Genueser Familie Brignole.

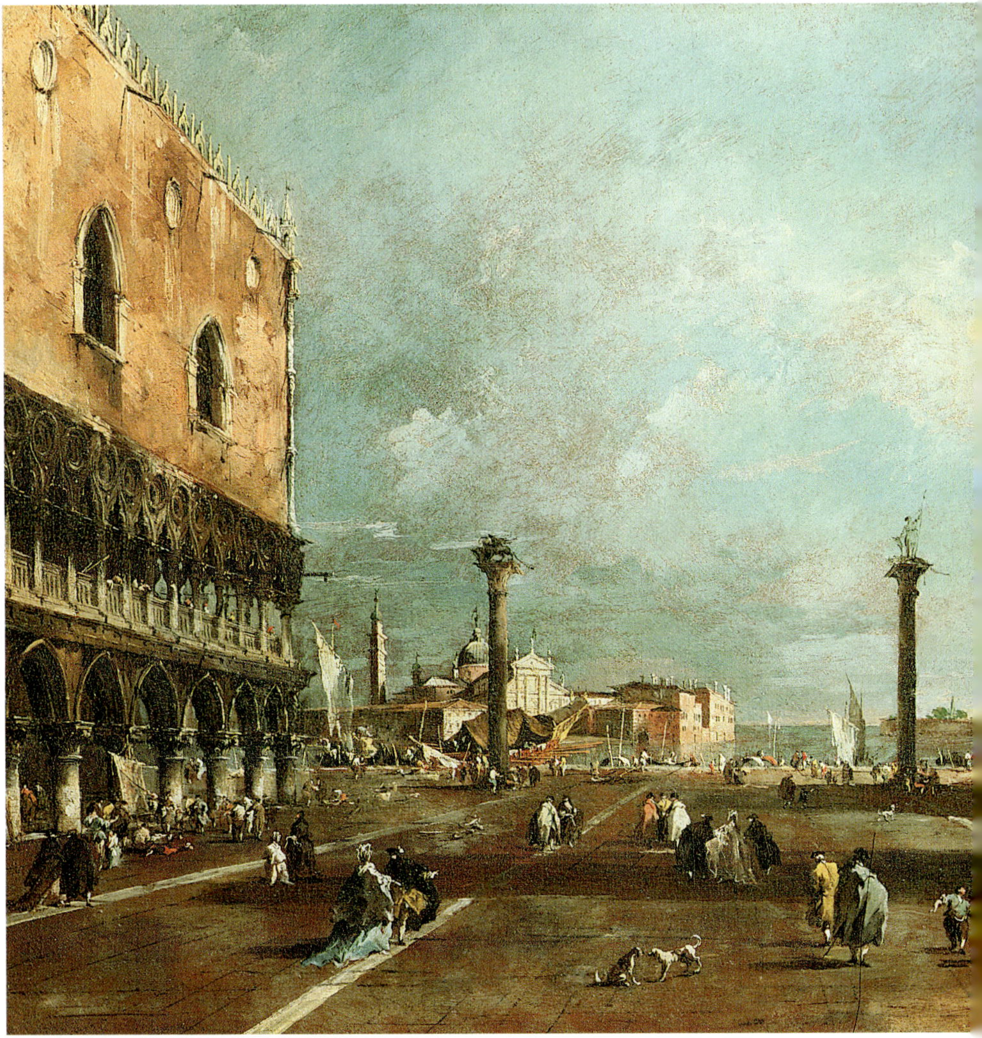

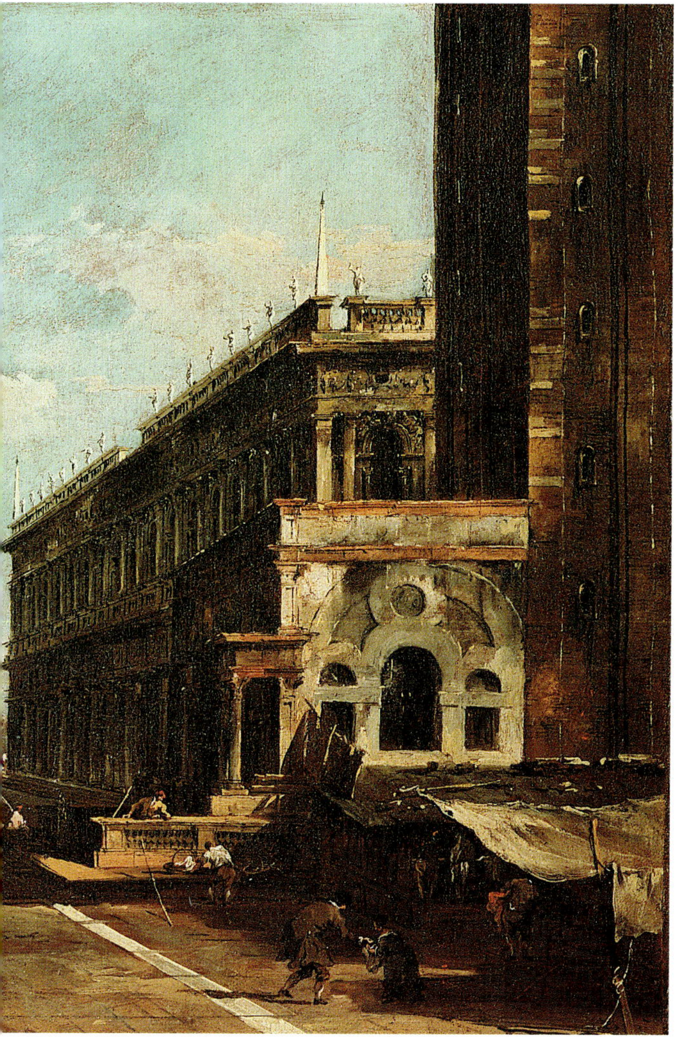

Francesco Guardi:
Die Piazzetta, um 1755 oder 1770–1780
Öl auf Leinwand, 45 x 72 cm

Das Bild von der Piazzetta wird von der Forschung sehr unterschiedlich datiert. Dasselbe gilt für sein Pendant, eine Ansicht der Piazzetta mit Blick auf die Libreria, das sich ebenfalls in der Ca' d'Oro befindet. Während einige Autoren das Bild in den 50er Jahren ansiedeln, schlagen andere ein Datum zwischen 1770 und 1780 vor. Obwohl das Gemälde zu Guardis echten Veduten gehört, also zu den Bildern, in denen er wirkliche Stadtansichten und keine Zusammenfügungen von Phantasiebildern gestaltet, erlaubt er sich doch einige Freiheiten zugunsten der Komposition. Insbesondere verstärkt er alle Rottöne in den Bauwerken. So erreicht er zusammen mit dem Farbton der Wolken eine heitere, abendliche Sommerstimmung, die er mit den langen Schatten der Gebäude unterstreicht.

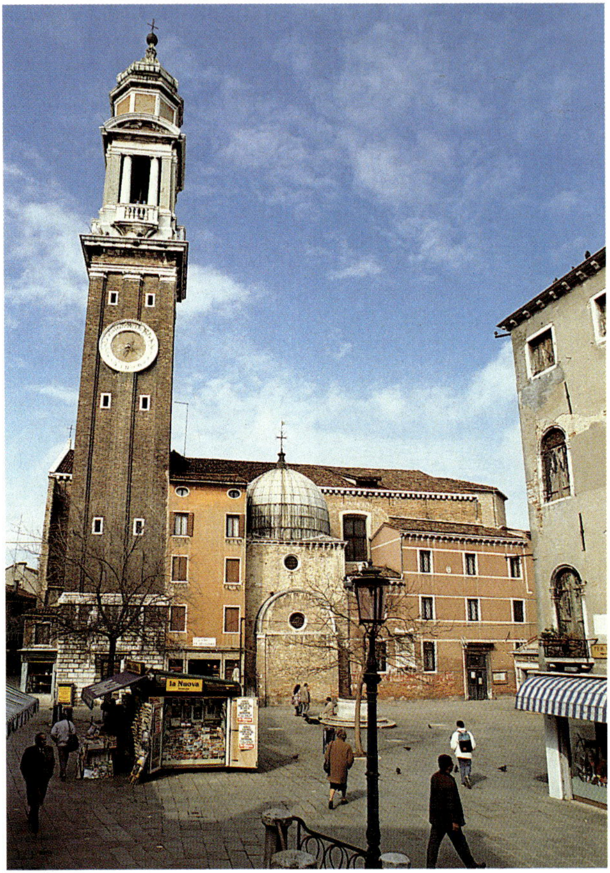

Santi Apostoli

Die Apostelkirche ist eine der ältesten Kirchengründungen Venedigs. Rund um Santi Apostoli siedelten schon im 6. Jh. die ersten Flüchtlinge vom Festland. Doch zahlreiche Umbauten haben die Kirche verändert. Bemerkenswert sind v. a. die Cornaro-Kapelle aus der Renaissance, die sich auch am Außenbau mit ihrer Kuppel deutlich abzeichnet (Caterina Cornaro wurde 1510 hier ursprünglich beigesetzt), sowie der barocke Turm, der im 17. Jh. hinzugefügt wurde. Er ist eines der nicht sehr zahlreichen Beispiele für Türme aus dieser Stilepoche in Venedig. Aus Backsteinen gefügt, wie fast alle anderen Campanili der Stadt, hat er einen schönen Turmaufsatz von Andrea Tirali, einem der führenden Architekten Venedigs im ausgehenden 17. und frühen 18. Jh.

Decke

Die Kirche hat man 1575 vielleicht nach einem Entwurf Alessandro Vittorias radikal umgestaltet. Im 18. Jh. wurde die Ausstattung überarbeitet. Fabio Canal und Carlo Gaspari dekorierten 1748 die flache Decke mit Fresken, die die Kommunion der Apostel und die Verherrlichung des Abendmahls zeigen.

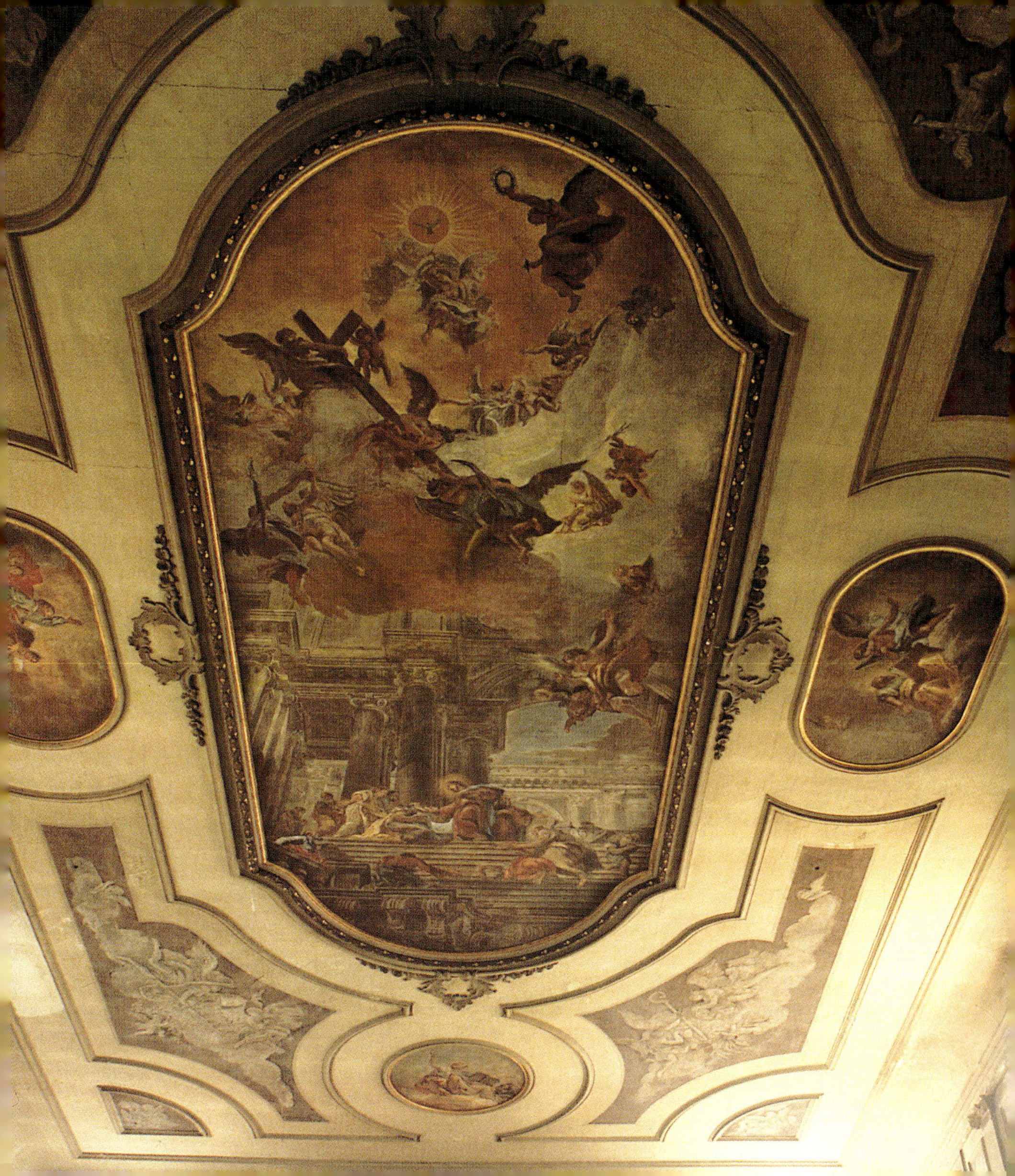

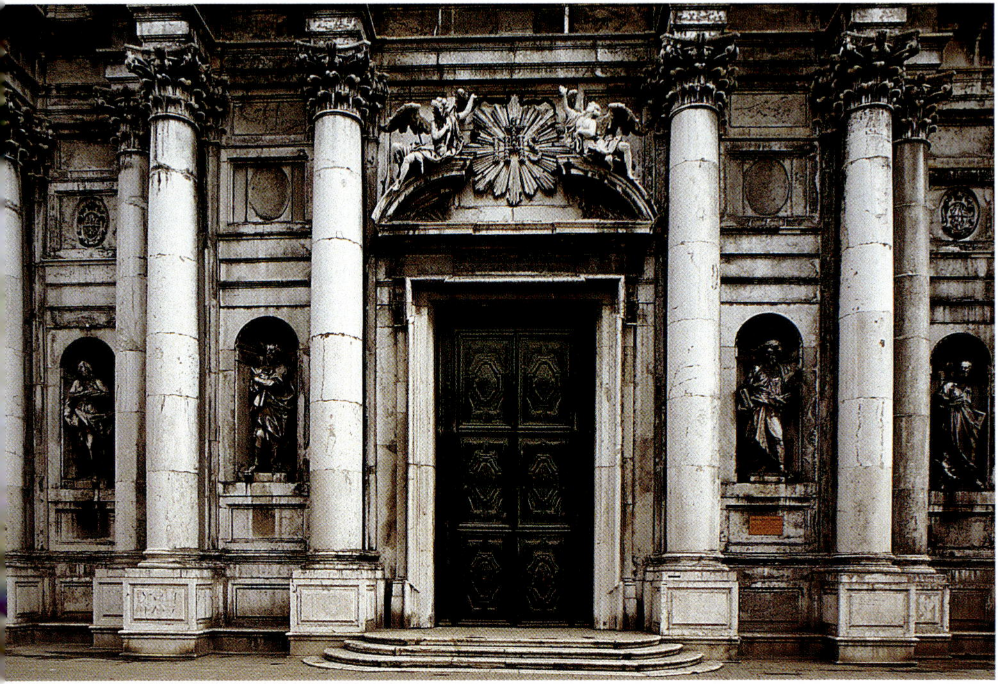

I Gesuiti (Santa Maria Assunta)

Viele Venezianer kennen die am nördlichen Rand ihrer Stadt gelegene Kirche Santa Maria Assunta nur unter dem Namen des Ordens, für den sie errichtet wurde: I Gesuiti, die Jesuiten. Dieser Name genügte, um eine Kirche zu charakterisieren, die erst nach einem Machtkampf mit der venezianischen Regierung, den die Jesuiten verloren, und nur am Rande der Stadt, errichtet werden konnte. Im Streit um die Besetzung des Patriarchats von Venedig, der mit dem erstarkten Papsttum Ende des 16. Jh.s wieder aufflammte, ergriffen die Jesuiten die Partei des Papstes. Die Venezianer hielten an ihrem angestammten Recht fest, die entscheidende Stimme bei der Besetzung hoher Kirchenämter in ihrem Staat zu haben, während der Papst versuchte, dieses Recht für das Papsttum zurückzugewinnen. 1606 exkommunizierte der Papst ganz Venedig, um seinen Willen durchzusetzen, woraufhin die Venezianer die Jesuiten auswiesen, die so vehement für den Heiligen Vater eintraten. Und nicht nur das: Allen Einwohnern wurde bei Todesstrafe verboten, ihre Kinder von den Jesuiten in deren berühmten Schulen unterrichten zu lassen. Erst 1657 kehrte die Gesellschaft Jesu nach Venedig zurück. 1715–1730 errichteten die Jesuiten eine prachtvolle Barockkirche nach römischem Vorbild. Schon die architektonische Form ließ keinen Zweifel daran, wohin sich der Orden auch nach dem Einlenken in der Ämterfrage orientierte.

Innenraum

Auch das Kircheninnere ist mit seinem mächtigen, einschiffigen Raum, der von einem Tonnengewölbe mit Stichkappen überzogen wird, ganz an römischen Kirchen des Jesuitenordens, z. B. Il Gesù, orientiert. Das Bemerkenswerteste ist die kostbare Dekoration, die nach Plänen von Domenico Rossi 1729 vollendet wurde. Es sieht aus, als wären die Wände mit kostbaren Stoffen behängt. Erst bei näherer Betrachtung bemerkt man, daß es sich um Marmor handelt.

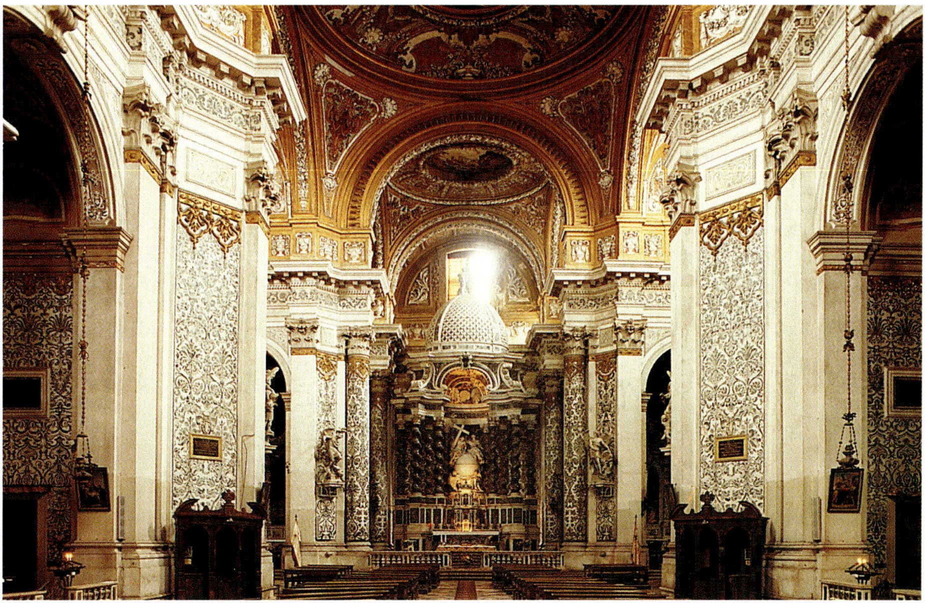

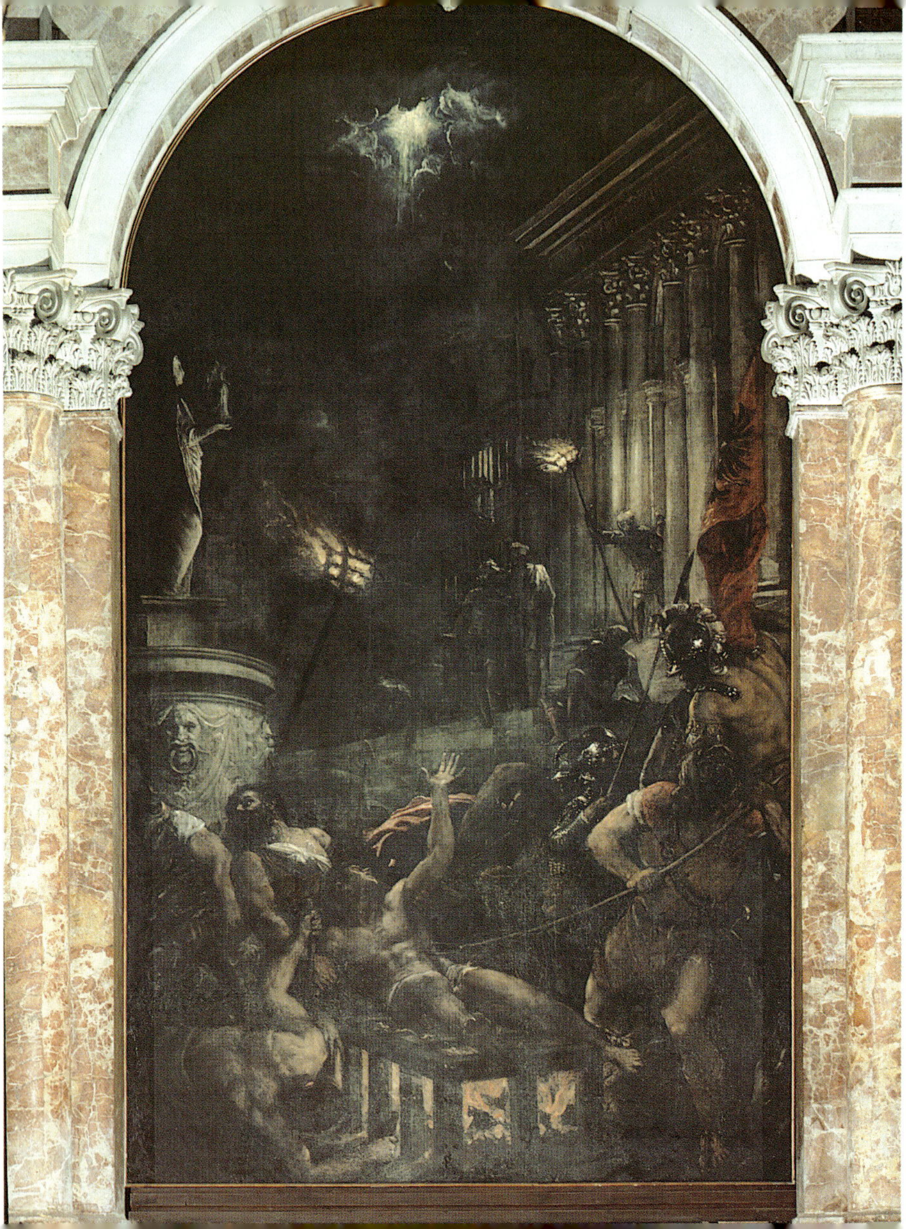

Tizian: Das Martyrium des Hl. Laurentius (und Detail), um 1548–1559
Öl auf Leinwand, 493 x 277 cm

Wahrscheinlich erhielt Tizian schon 1546, noch bevor er seine Romreise antrat, den Auftrag, ein Altarbild für die Grabkapelle der Familie Massolo zu malen. Dieser Auftrag wurde jedoch nicht sofort ausgeführt. Als Lorenzo Massolo, der ein Bild seines Namenspatrons über seinem Grab wünschte, 1557 starb, war das Gemälde noch nicht vollendet. Der Künstler lieferte das Bild wahrscheinlich im folgenden Jahr. Jedenfalls wird es 1559 in der Grabkapelle, die damals die zweite Kapelle auf der rechten Seite war, erwähnt.

Der Hl. Laurentius war der Lieblingsschüler von Papst Sixtus II., der während der Christenverfolgung unter Kaiser Valerian (253–260) ermordet wurde. Auf Geheiß des Papstes verteilte Laurentius den Kirchenschatz an die Armen, um ihn vor dem Kaiser in Sicherheit zu bringen. Als Laurentius schließlich von den Häschern Valerians ergriffen wurde, erlitt er sein Martyrium, indem er auf einem feurigen Rost zu Tode gefoltert wurde.

Tizian setzt sich auf faszinierende Weise mit dem Thema auseinander. Mit dem Palast im Hintergrund und dem heidnischen Idol auf einem prächtig verzierten Sockel links, beschwört er mit wenigen Motiven das kaiserliche Rom der Antike. Er verarbeitet hier Erfahrungen seines Romaufenthaltes, ohne auf echte Antiken zurückzugreifen. Das wird besonders an der Statue ersichtlich, für die bisher keine überzeugende Deutung vorliegt. Um das Feuer hervorzuheben, wählt Tizian eine Nachtszene. Die Dunkelheit und der flackernde Schein des Feuers und der Fackeln verleihen dem Bild eine unheimliche Atmosphäre. Die ausgestreckte Hand des Heiligen wird im Gegensatz zum irdischen Licht von einem anderen, himmlischen Lichtstrahl getroffen, der ihm aus dem geöffneten Himmel Erlösung verheißt.

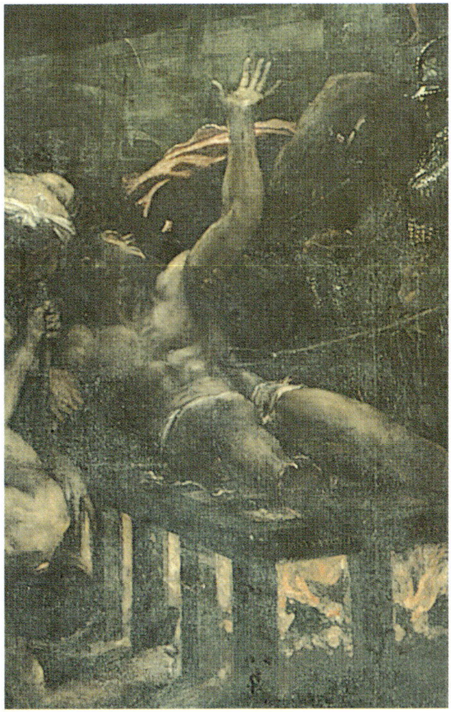

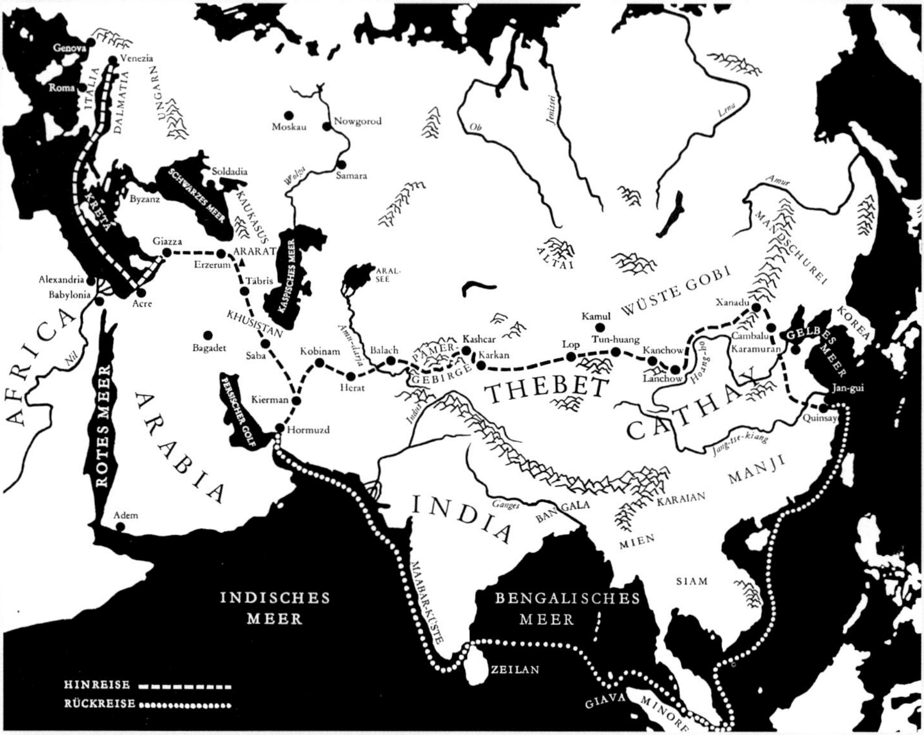

Reiseroute der Polos nach China

Der Entdecker einer unbekannten Welt: Marco Polo

Im 13. Jh. war es durchaus üblich, daß venezianische Familien Monate, ja jahrelang nichts von ihren Angehörigen hörten, die in fernen Ländern Handel trieben. Zweimal jährlich fuhren die großen Handelsflotten über das Meer, und nur dann war es überhaupt möglich, Briefe zwischen Venedig und den Handelsniederlassungen der Venezianer in der ganzen damals bekannten Welt zu transportieren. Waren die Kaufleute jedoch mit Karawanen im Orient unterwegs, dauerte es noch viel länger, bevor sie nach Venedig zurückkehrten oder wenigstens Nachrichten übermitteln konnten. Als an einem Abend im Jahre 1269 jemand an das Tor des Palastes der Familie Polo hämmerte und Einlaß begehrte, hat vielleicht keiner der Bewohner mehr damit gerechnet, daß zwei seit langem vermißte Söhne nach Hause zurückkehren. Neun Jahre lang waren Niccolò Polo und sein Bruder Maffeo im Orient verschollen gewesen. Niccolòs Frau war kurz nach seiner Abreise gestorben, sein kleiner Sohn Marco (1254–1324) zu einem Jüngling herangewachsen. Die Geschichte, die Marco berichtet hat, daß man nämlich die beiden zerlumpten Gestalten, die da vor der Tür standen, nicht erkannte und als Bettler abweisen wollte, entbehrt keineswegs der Wahrscheinlichkeit. Auf abenteuerliche Weise waren Niccolò und Maffeo auf einem langen Irrweg, der sie vom Schwarzen Meer nach Venedig zurückführen sollte, zum mongolischen Herrscher des Chinesischen Reiches, Kublai

Portolankarte der Adria, Museo Storico Navale, Venedig. Karten dieser Art, auf der nur die Küstenlinien verzeichnet sind, waren in der Seefahrt noch bis weit in die Neuzeit gebräuchlich.

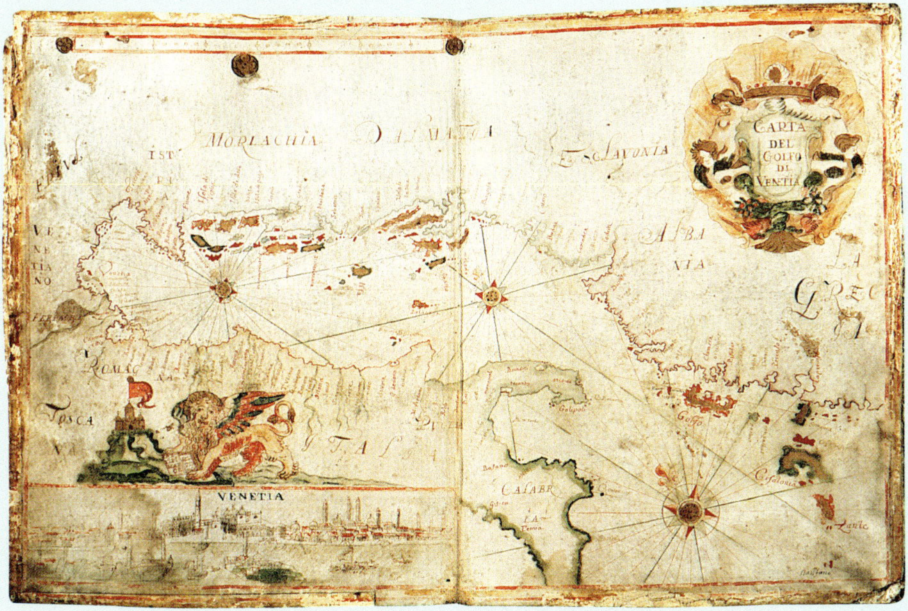

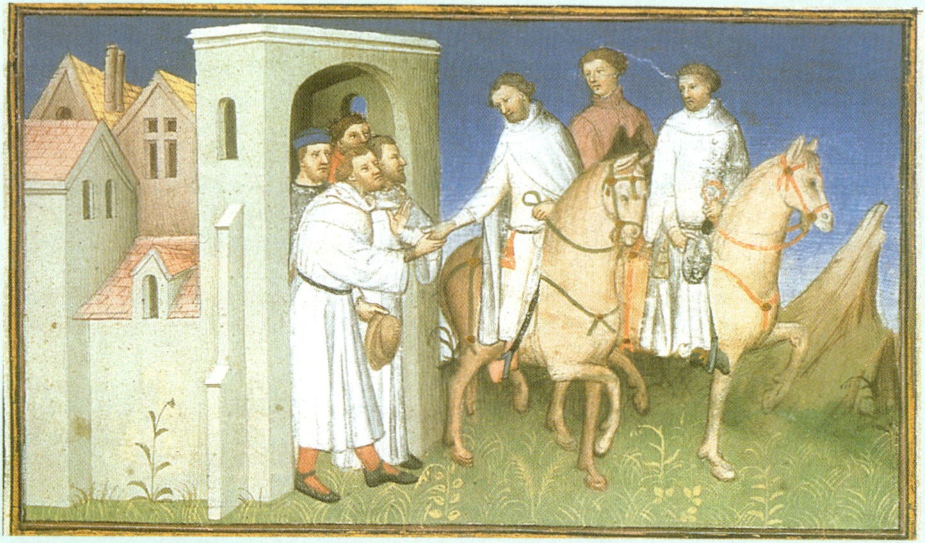

Der Abschied der Polos in Venedig, Livre des Merveilles, Bibliothèque Nationale français, Paris, 2810, vor Januar 1413, folio 4r

Khan gelangt. Schließlich hatten sie vom Khan den Auftrag erhalten, den Papst zu bitten, ihm 100 Kirchenmänner zu schicken, um den christlichen Glauben mit den in seinem Reich bekannten Religionen zu vergleichen. Die Aussicht bestand, sollten die Gottesmänner sich als würdig erweisen, daß das riesige Reich der Mongolen christlich werden könnte. Neben dieser Mission von ungeheurer geschichtlicher Tragweite brachten die Brüder Polo wertvolle Stoffe und v. a. Juwelen mit in ihre Heimat zurück.

Die Polo-Brüder hatten geplant, sofort nachdem sie dem Papst die Bitte Kublais vorgetragen hatten, von der sie kaum zweifeln mußten, daß das Oberhaupt der Christen sie ihnen mit Freuden erfüllen würde, nach China zurückzukehren. Doch die Weltgeschichte machte ihnen einen Strich durch die Rechnung. Der Papst war gestorben und über ein Jahr lang konnte man sich nicht auf einen Nachfolger einigen. Trotzdem machten sie sich schließlich wieder auf den Weg. Diesmal nahm Niccoló seinen Sohn Marco mit. Für Marco Polo war die Reise nicht nur ein Abenteuer, sondern ein Teil seiner Ausbildung, wie sie jeder junge Venezianer aus den großen Kaufmannsfamilien absolvierte. Nur wenige jedoch erhielten die Gelegenheit, bis nach China zu gelangen. Die Reise und der Besuch am Hofe des Kublai Khan sollten für Marco zu einem unvergeßlichen Erlebnis werden.

Mit der jährlichen »Muda«, der großen Ausfahrt der venezianischen Handelsschiffe, begaben sich die drei gemeinsam mit einigen Dienern zunächst nach Akko, in die alte Kreuzfahrerfestung im Heiligen Land, zu dieser Zeit einer der wichtigsten Handelsstützpunkte der Venezianer. Immer noch warteten sie auf eine Entscheidung über den zukünftigen Papst. Schließlich jedoch machten sie sich resigniert auf nach Latakia. Dort erreichte sie schließlich die Nachricht, daß ein neuer Papst, Gregor X., gewählt worden war. Jener gab ihnen, wenn auch nicht die gewünschten 100, doch wenigstens zwei Mönche und Geschenke für Kublai Khan mit. Auf dem Landweg machte sich die kleine Karawane auf, um über Erzurum in Armenien, Täbris, Saba und Kirman, im heutigen Persien, schließlich nach Hormuz zu gelangen. Dort hofften die Polos, ein Schiff zu finden, das sie nach China zurückbringen sollte. Doch diese Hoffnung erwies sich als trügerisch. Die Schiffe, die sie hier sahen, ohne Nägel und stellenweise nur mit Seilen zusammengefügt, erschreckten die Venezianer im Vergleich zu den Schiffen, die in ihrer Heimatstadt gebaut wurden. Das heiße, unbarmherzige Klima in Hormuz ließ eine längerere Zeit des Wartens auf ein besseres Schiff unsinnig erscheinen, und so machten sie sich schließlich auf, um auf dem Landweg nach China zu gelangen. Es ist überflüssig zu erwähnen, daß die Mönche, die ein beschauliches Klosterleben gewohnt waren und sicher nicht für die Abenteuer und Strapazen einer Reise in das Reich der Mitte taugten, die kleine Reisegesellschaft längst wieder verlassen hatten. Auch wenn man in Hormuz schon sehr weit vom heimatlichen Venedig entfernt war, so waren die Polos bis hierher dennoch in einem Gebiet unterwegs, das zuweilen auch von anderen europäischen Händlern bereist wurde. Nun aber schlugen sie einen Weg ein, den vor ihnen seit langer Zeit kein anderer Europäer mehr gegangen war. Sie durchquerten die Wüste Lut und das heutige Afghanistan und gelangten schließlich an das Pamirgebirge. Wahrschein-

Dieses Bild wird häufig als Ankunft der Polos in China gezeigt. Tatsächlich illustriert es, wie Händler im Hafen von Hormuz ihre Ware löschen. Livre des Merveilles, Bibliothèque Nationale français, Paris, 2810, vor Januar 1413, folio 14v

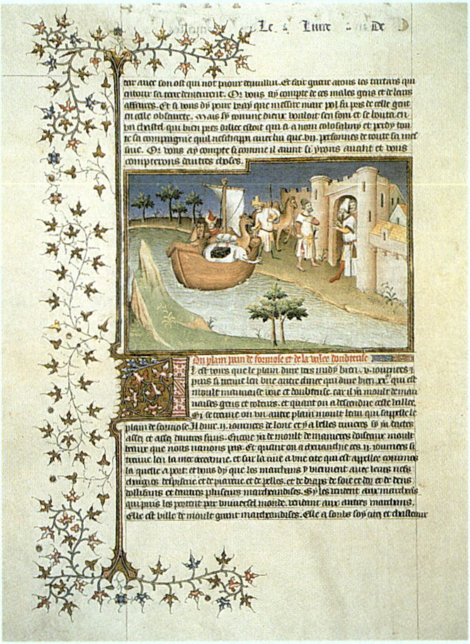

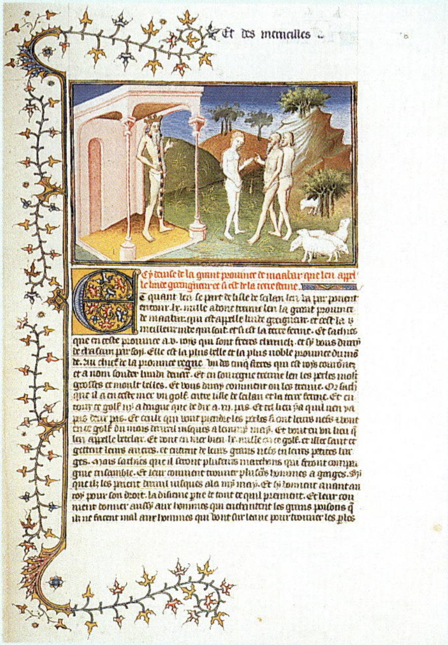

Der König, der statt Schmuck auf den Kleidern den Schmuck auf der nackten Haut trägt, Livre des Merveilles, Bibliothèque Nationale français, Paris, 2810, vor Januar 1413, folio 78

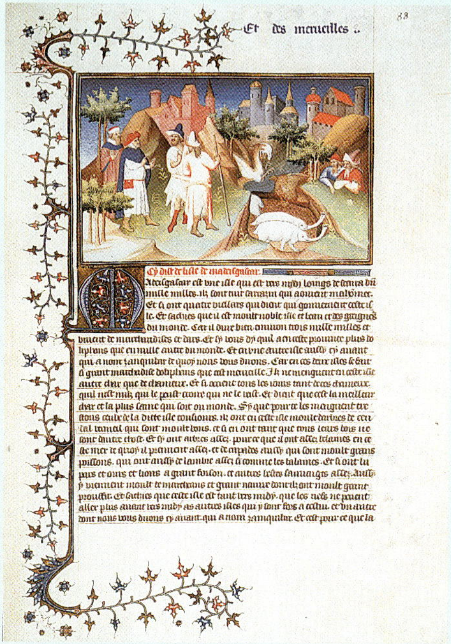

Reisende erreichen Madagaskar. Der Buchmaler stellt sich Elefanten als Paarhufer und sehr klein vor. Livre des Merveilles, Bibliothèque Nationale français, Paris, 2810, vor Januar 1413, folio 88

lich hatten die Polos eine vage Vorstellung von dieser Gegend der Welt durch die Berichte von antiken Geographen. Bis hierher dehnte sich das Reich Alexanders des Großen aus, von dem man auch noch im Mittelalter wußte. Hinter dem Gebirge jedoch eröffnete sich eine Welt, von der niemand eine Vorstellung hatte. Hier begann die Seidenstraße, die seit dem Niedergang des römischen Reiches im Westen vergessen war. Waren die Reisenden bisher auf ihrem Weg Völkern begegnet, deren Kulturen der ihren, was die zivilisatorischen Errungenschaften anbelangte, ebenbürtig oder unterlegen, waren, kamen sie nun in ein Land, dessen Reichtum und kulturelle Blüte für Europäer schier unvorstellbar sein mußte. Entlang der Wüste Tahkla Markan und der Wüste Gobi gelangten sie nach Cambalu, in die neue Hauptstadt des sagenhaften Landes Cathay. Die Mongolen, die Cathay (oder China, wie es heute heißt) erst seit zwei Generationen regierten, hatten den Herrschersitz von Quinsay (dem heutigen Hangtschou) in den Norden, das heutige Peking, verlegt. Die Polos wurden von Kublai Khan trotz der fehlenden Priester wohlwollend aufgenommen. Während Vater und Onkel sich ihren Geschäften zuwandten, machte der nunmehr etwa zwanzigjährige Marco, wenn man seinem Bericht Glauben schenken will, eine steile Karriere am chinesischen Hof. Als Geheimer Kommissar bereiste er ganz China und große Teile Südostasiens. Alles, was er von dort erzählte, mußte seinen Zeitgenossen im Westen als pure Erfindung erscheinen. Sei es, daß er von einem sagenhaften, riesigen Tier in Form einer Schlange mit zwei Füßen wie Tigertatzen neben dem Kopf berichtete, sei es, daß er von Quinsai mit seinen mehr als fünf Millionen Einwohnern, seiner gepflasterten, 40 m breiten Hauptstraße und den riesigen Märkten sprach oder vom sagenhaften Reichtum des Khans. Was seine venezianischen Mitbürger davon hielten, erfuhr Marco, nachdem er 1298 über Indien auf dem Seeweg nach Venedig zurückgekehrt war. Man glaubte ihm kein Wort. Solange er seine Berichte noch mündlich gab, mögen sie als Seemannsgarn verstanden worden sein. Nachdem er jedoch in genuesischer Gefangenschaft seine Erinnerungen schriftlich festgehalten hatte, nannten sie ihn nur noch spöttisch »Il Millione«, und sein Name wurde zum Synonym für einen Aufschneider. Seine Schrift wurde dennoch häufig kopiert, wohl eher als Märchenbuch denn als Tatsachenbericht. Doch einige glaubten an das, was dieser Venezianer behauptete, gesehen zu haben. Mehr als 100 Jahre später war es sein Buch, das einen jungen Genueser dazu bewegte, nicht nur den Seeweg bis nach Arabien, sondern, wie Marco Polo schrieb, bis Indien für möglich zu halten. Sein Name war Christoph Kolumbus.

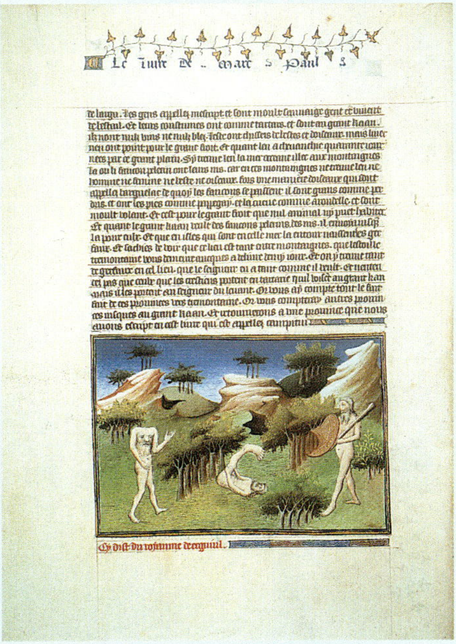

Verschiedene Arten von Menschen, Kopffüßler, Einbeiner und nackte Wilde, von denen Marco Polo z. T. nur nach den Erzählungen von anderen Reisenden berichtet. Livre des Merveilles, Bibliothèque Nationale, français, Paris, 2810, vor Januar 1413, folio 29v

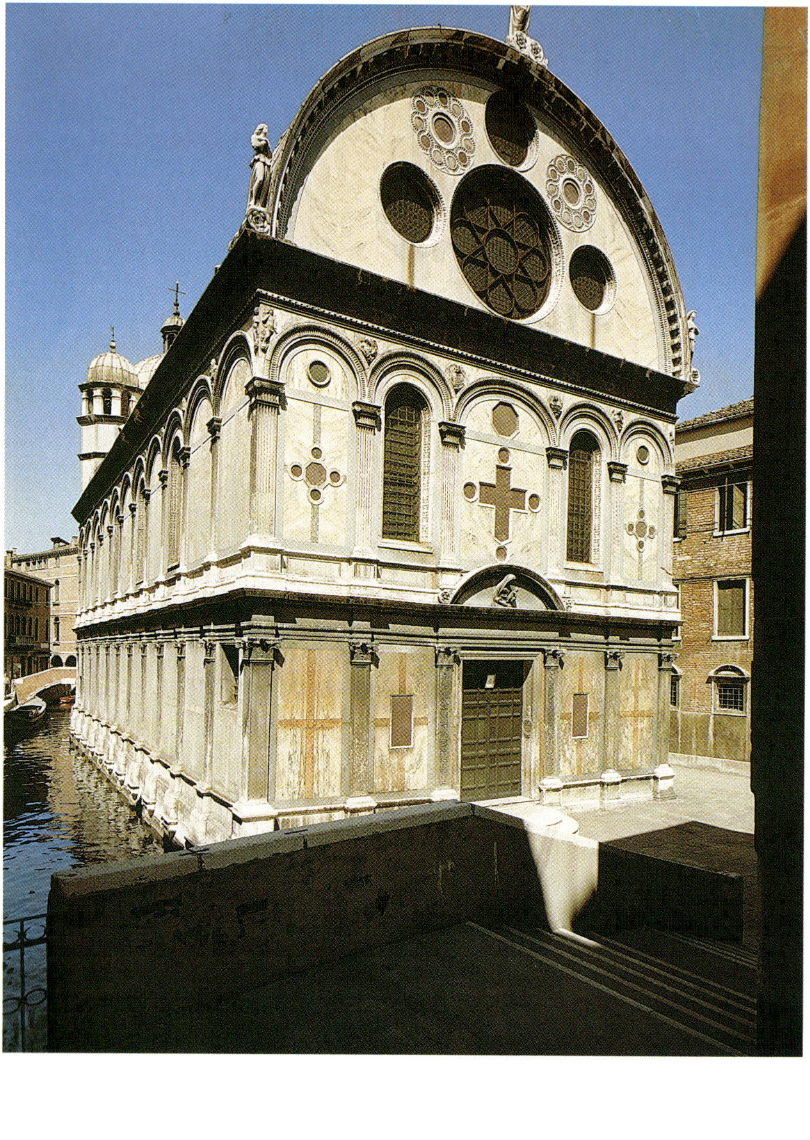

Santa Maria dei Miracoli

Wie an vielen venezianischen Häusern und Durchgängen befand sich spätestens ab 1407 ein Marienbild im Hof eines nahegelegenen Hauses. Solche Bildnisse dienten neben der Andacht auch profaneren Zwecken. Man hoffte, daß in dunklen Gassen, Durchgängen und Höfen im Angesicht der Madonna niemand auf die Idee käme, seine Mitmenschen zu bedrohen, zu bestehlen oder seine Notdurft zu verrichten. Jenes Marienbild jedoch galt als wundertätig und wurde ab den späten 70er Jahren des 15. Jh.s mit Almosen überhäuft. Man entschloß sich daher, dem Bild zu Ehren, das man inzwischen dem ebenfalls hier ansässigen (heute nicht mehr existierenden) Klarissenkloster übergeben hatte, eine Kirche zu errichten. 1481–1489 schufen Pietro Lombardo und seine Werkstatt, zu der auch seine Söhne Tullio und Antonio gehörten, dieses kleine Kirchlein, das eher einem bezaubernden Schmuckkästchen gleicht. Die Familie Lombardo war bekannt für ihre feine Steinmetzarbeit, die sie auch hier in verschwenderischer Fülle anbrachte.

Faber von Ulm, ein deutscher Reisender, der die Miracoli-Kirche kurz nach ihrer Fertigstellung sah, vermutete, daß sich kein deutscher Fürst ein solches Bauwerk leisten könne. Die Fassade ist nicht nur wie die restliche Kirche mit zarten Steinmetzarbeiten geschmückt, sondern außerdem mit kostbaren Steinplatten verkleidet. Marmor in unterschiedlichen Färbungen, grüner Serpentin und roter Porphyr geben ihr das reizvolle Gepräge. Die ornamentalen Details sind an der Antike und an modernen Renaissanceformen orientiert. Eine Zusammenstellung in dieser Fülle erinnert jedoch an die venezianischen Marmorinkrustationen aus dem 13. Jh. Die Familie Lombardo schuf damit eine typisch venezianische Variante der Frührenaissancearchitektur, die weniger streng wirkt und weniger architektonisch ausgerichtet ist als in Mittelitalien.

Niccolò di Pietro: Das wundertätige Madonnenbild, frühes 15. Jh.

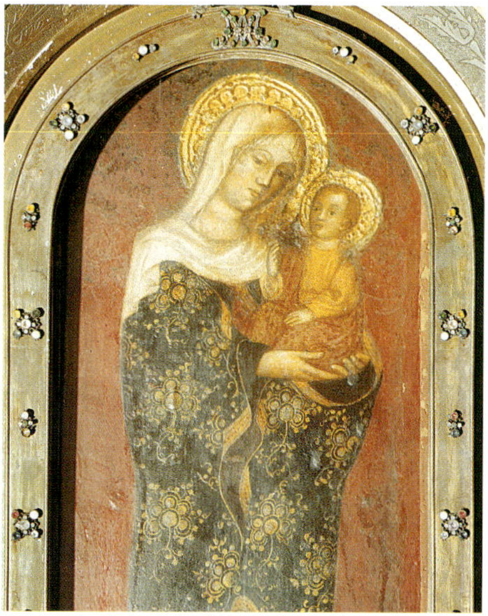

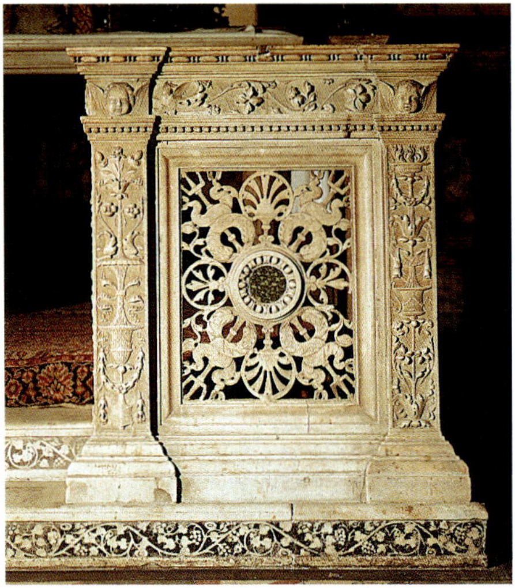

Altar gelenkt wird. Architektonische Motive wie Pilaster und Gesimse, die dem Betrachter die konstruktiven Elemente eines Bauwerks vor Augen führen, spielen im Innenraum eine noch weit geringere Rolle als am Außenbau. Auch die Ausstattung der Kirche mit beweglichen Kunstgegenständen ist äußerst sparsam. Zwei Alessandro Leopardi zugeschriebene Bronzeskulpturen zeigen Petrus und Antonius Abas. Nichts lenkt vom eigentlichen Gnadenbild ab. Der Kirchenraum erweckt den Eindruck einer eleganten Schatulle, nicht eines schweren Bauwerks. Marmor und Gold bestimmen die festliche Wirkung des Raumes. Es ist kein Wunder, daß Santa Maria dei Miracoli die beliebteste Hochzeitskirche Venedigs ist.

Innenraum

Auch die Innenwände der Kirche sind über und über mit Marmor bedeckt. Eine kostbare geschnitzte Holzdecke mit gemalten Prophetenbüsten überspannt in der Art eines Tonnengewölbes den Hauptraum der Kirche. Die Decke wird Pier Maria und Girolamo Pennachi sowie Vincenzo Dalle Destre und Lattanzio da Rimini zugeschrieben. Nur die kleine, erhöht liegende Apsis mit dem Altar ist mit einer Pendentifkuppel versehen. Der Altarraum, in dem sich das Gnadenbild befindet, wird durch zahlreiche Fenster beleuchtet und wirkt wesentlich heller als das Kirchenschiff, so daß die Aufmerksamkeit unmerklich zum

Altarschranken (Detail)

Mit unendlicher Liebe zum Detail sind noch die kleinsten Flächen mit Schmuckmotiven überzogen. Die Altarschranken weisen nicht nur zarte, phantasievoll mit antiken Ornamenten und Mustern spielende Reliefs auf, viel mehr ist die Hauptfläche des kleinen Postaments in spitzenartig filigranes Durchbruchwerk aufgelöst. Ein feines Gitter aus immer neuen Formen hält in seiner Mitte eine Scheibe aus grünem Stein. Die Härte des Steines, der so kunstvoll bearbeitet wurde, ist der eigentliche Grund für das Erstaunen, das dieses kleine Kunstwerk hervorruft, das nicht mehr sein will als bloße Dekoration.

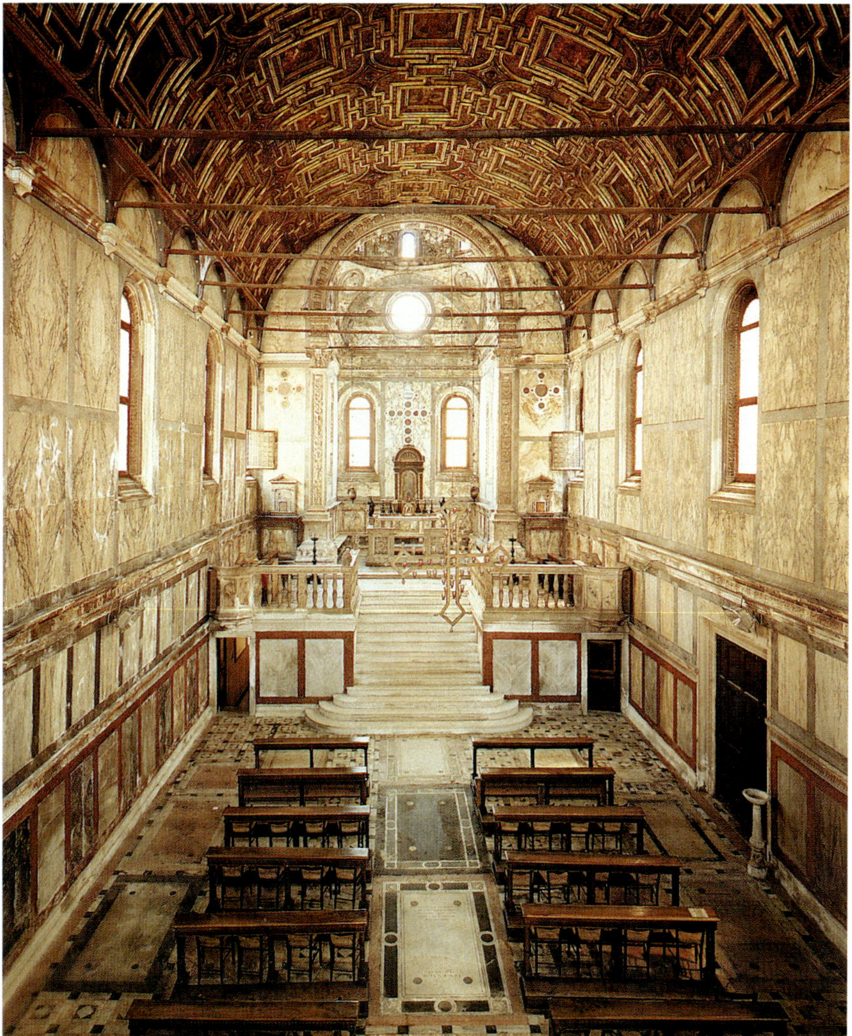

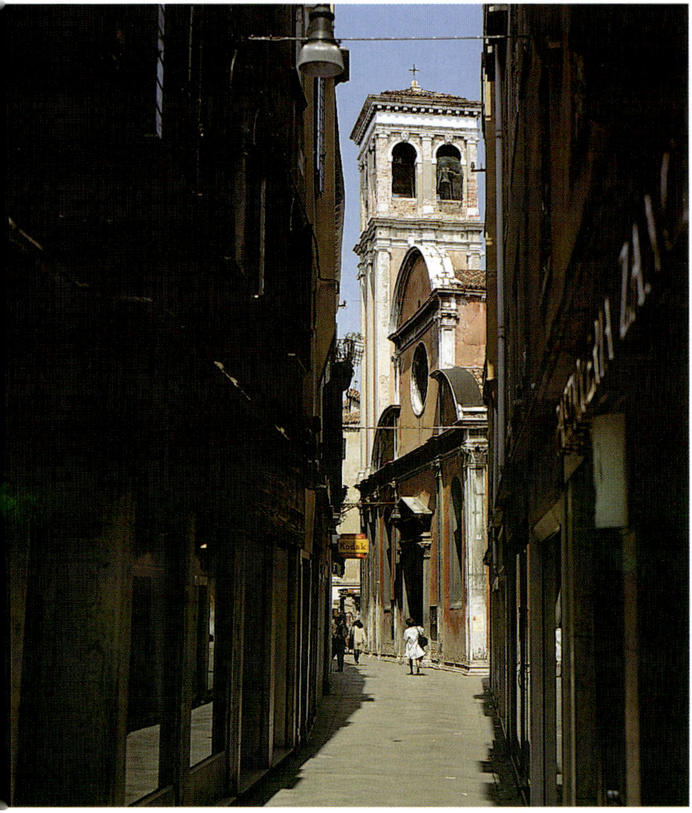

San Giovanni Crisostomo

Die kleine Kirche unweit des quirligen Rialto an einer der venezianischen Einkaufsstraßen gelegen, wurde 1497–1504 von Mauro Codussi errichtet. Sie ist das letzte Werk dieses bedeutenden venezianischen Architekten. Der Innenraum präsentiert sich als Kreuzkuppelkirche auf dem Grundriß eines griechischen Kreuzes. In dieser relativ kleinen, undekorierten Kirche kommt die Harmonie dieser typisch venezianischen Bauform besonders gut zur Geltung. Kennzeichnend für Codussi und auch für Bauwerke, die in seiner Nachfolge entstanden, ist die dunkelgraue Hervorhebung besonders der tragenden Teile.

Sebastiano del Piombo:
Der Hl. Johannes Chrysostomos zwischen den Heiligen Katharina, Magdalena, Lucia und den Heiligen Johannes der Evangelist, Johannes der Täufer und Theodor, 1509–1511
Öl auf Leinwand, 200 x 165 cm

Das Hochaltarbild von San Giovanni Chrisostomo ist eines der wenigen Beispiele für den noch stark von Giorgione und Tizian beeinflußten Stil von Sebastiano Luciani gen. del Piombo (um 1485–1547). Kurz danach verließ er seine Heimatstadt Venedig, um in Rom Karriere zu machen. Die mächtigen Figuren wirken ein wenig unorganisch und traumverloren.

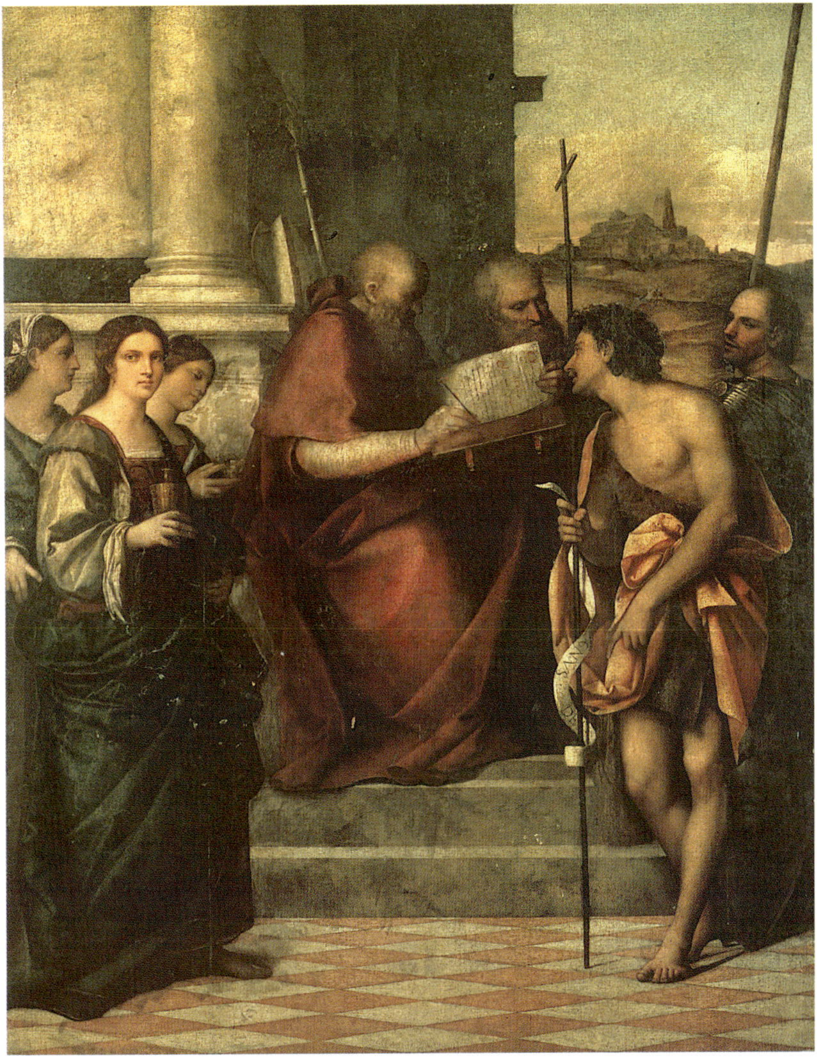

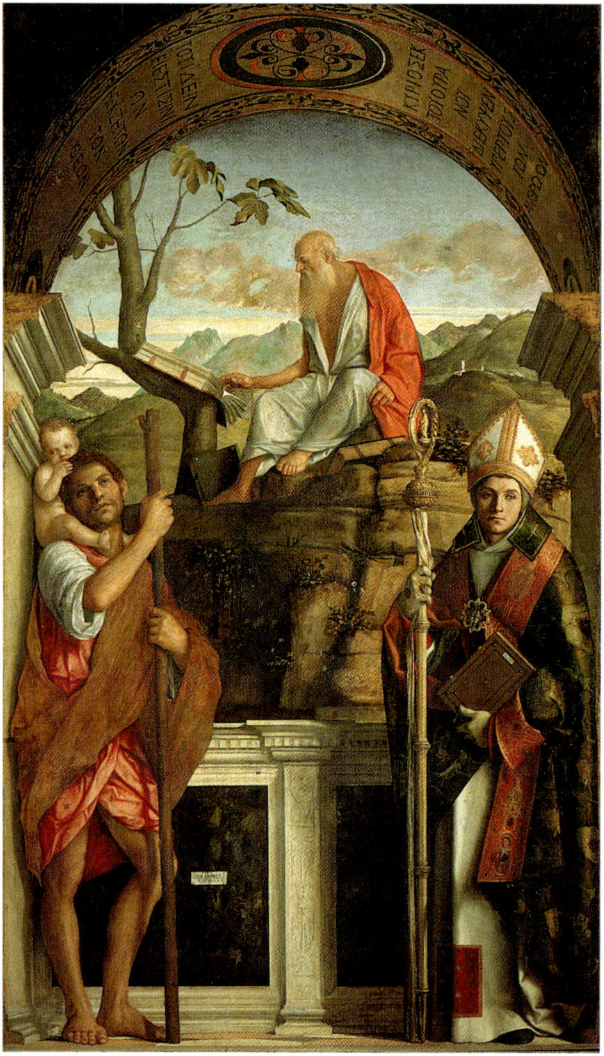

Giovanni Bellini: Die Heiligen Christophorus, Hieronymus und Ludwig, 1513
Holz, 300 x 185 cm

In der ersten Seitenkapelle rechts schmückt ein spätes Gemälde von Giovanni Bellini den Altar. Im Vergleich mit dem früher entstandenen Hochaltarbild von Sebastiano del Piombo (siehe S. 409) wird deutlich, wie stark der immerhin schon dreiundachtzigjährige Meister sich noch mit der Kunst seiner jüngeren Kollegen auseinandersetzte. Sein Bezugspunkt war allerdings nicht Sebastiano, vielmehr orientieren sich beide Künstler an Giorgione. Bellini übernimmt den weltfernen Ausdruck der Figuren. Doch seine Lichtführung läßt die dargestellten Personen klarer und plastischer wirken. Dies gilt besonders für die tieffarbigen, schweren Gewänder. Der Einsiedler Hieronymus ist von den anderen Heiligen, die unter einem Bogen stehen, durch eine Brüstung getrennt. Er sitzt in seine Studien versunken einsam auf einem Hügel in einer weiten kargen Berglandschaft. Während die Landschaft in Sebastianos Altarbild nur wie eine mehr oder weniger überflüssige Zutat wirkt, trägt sie bei Giovanni entscheidend zur Aussage des Bildes bei. Sie vermittelt nicht nur Einsamkeit, sondern auch vollkommene Ruhe, die sich auf die Heiligen im Vordergrund sowie auf den Betrachter überträgt.

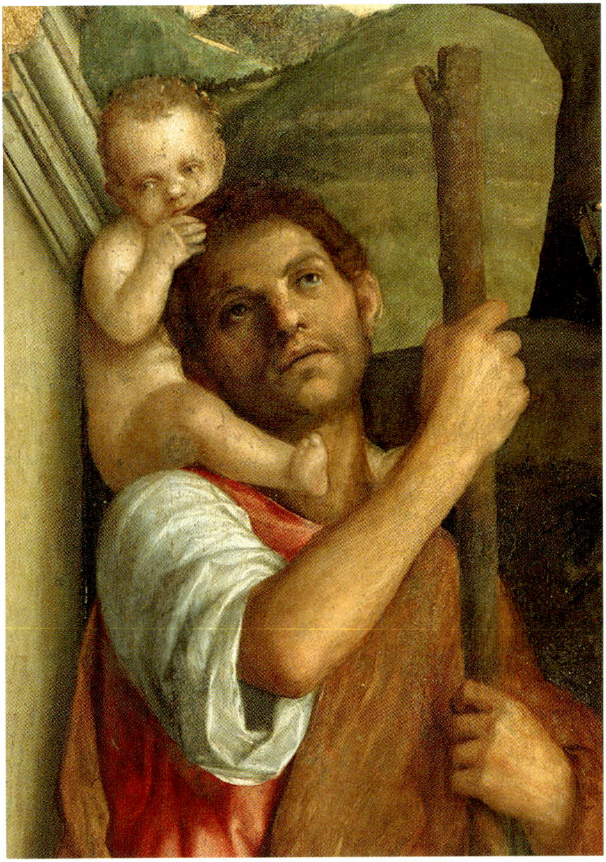

Das Christuskind auf den Schultern des Hl. Christophorus (Detail)

Das Detail zeigt, mit welch großem Verständnis Bellini eine enge Beziehung zwischen Erwachsenem und Kind beschreibt. Das Kind auf den Schultern des Heiligen scheint nicht das der Heiligenlegende zu sein,das Christophorus für einen Augenblick die Last der ganzen Welt auf die Schultern legt, als er das zarte Christuskind durch den Fluß trägt. Leicht nach hinten gerutscht, sich haltsuchend festklammernd und den Blick ängstlich zur Seite gewandt, wirkt es tatsächlich wie ein verunsichertes, schüchternes Kleinkind. Christophorus hat seinen Blick zärtlich nach oben zum Kind gerichtet. Aus einer bloßen Darstellung des Heiligen, zu dem das Jesuskind gleichsam als Attribut gehört, macht Bellini ein kleines, inniges Psychogramm, das sich nur dem genauen Betrachter erschließt.

Eine Frage der Ehre und das Fest der zwölf Marien

In Santa Maria Formosa, die zu den ältesten Kirchen im venezianischen Stadtgebiet zählt, haben seit alters her die Kassettenmacher (venezianisch, cas(s)elleri) den Altar ihrer Scuola. Zusammen mit den Bombardieri, also den Kanonieren, die ebenfalls einen eigenen Altar in der Kirche hatten, genossen sie das Privileg, daß der Doge einmal im Jahr mit prächtigem Gefolge ihrer Kirche und ihrem Altar einen Besuch abstattete.

Innenansicht von Santa Maria Formosa

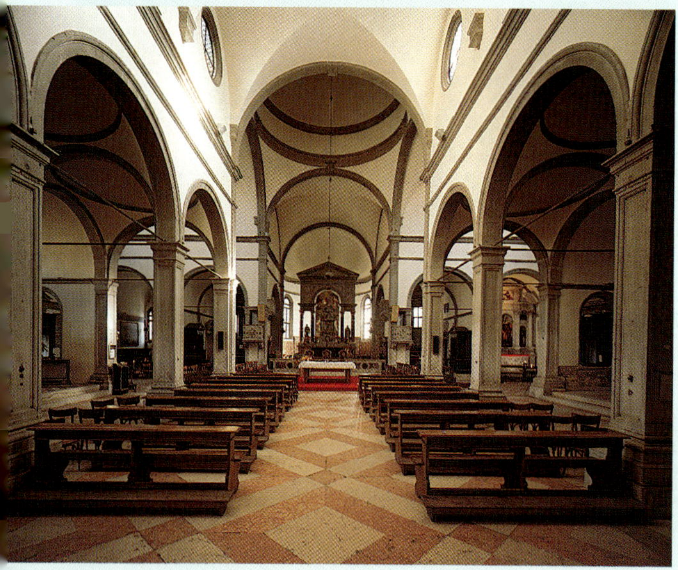

Die große Gunst des Dogenbesuches hatten sich die Kassettenmacher durch ihre Tapferkeit während eines Piratenüberfalls in der Mitte des 10. Jh.s verdient. Dieser Raubzug hatte das venezianische Ehrgefühl gleich auf mehrfache Weise empfindlich verletzt.

Am 31. Januar oder nach anderer Überlieferung am Tag von Mariä Lichtmeß, am 2. Februar, begaben sich die venezianischen Bräute nach Olivolo, dem heutigen Castello, um ihre Hochzeit durch den Bischof segnen zu lassen. Dabei – und hier kommen die Kassettenmacher ins Spiel – führten sie ihre Mitgift in einer Kassette, der sog. arcella mit sich. Eines Tages jedoch, so die Legende, gelang es Piraten, sich unter das zahlreiche Volk zu mischen, das den Bräutesegen miterleben wollte. Mit einem überraschenden Angriff entführten sie die Mädchen samt ihrer Geldkassetten. Während die meisten vor Schreck und Überraschung untätig blieben, nahmen die kräftigen Kassettenmacher sofort die Verfolgung auf. Es gelang ihnen, Bräute und Mitgift unversehrt nach Hause zurückzubringen. Die Venezianer waren der

Madonna, an deren Festtag (eben dem 2. Februar) dieser Sieg über die Piraten gelang, so dankbar, daß sie gelobten, von nun an jeweils zu Mariä Lichtmeß die zwölf schönsten armen Mädchen, denen sonst aufgrund der fehlenden Mitgift eine Heirat unmöglich war, mit allem Nötigen und v. a. mit einer gut gefüllten Geldschatulle auszustatten. Auch wenn Historiker heute davon ausgehen, daß diese Geschichte nur eine Legende ist, so war sie doch so wirkungsvoll, daß die Venezianer immerhin über mehrere Jahrhunderte um den 2. Februar eines ihrer aufwendigsten Feste feierten. Der Besuch des Dogen bei den Kassettenmachern war nur der letzte, kleine Überrest eines unglaublich prachtvollen, mehrere Tage währenden mittelalterlichen Festes. Denn um die Ausstattung der zwölf Bräute, die vielleicht wegen ihrer Schönheit und wegen ihrer prächtigen Aufmachung auch als die zwölf Marien bezeichnet wurden, riß sich ganz Venedig. Der Doge Pietro Orseolo soll Ende des 10. Jh.s für die Ausstaffierung der Bräute ein Drittel seines großen Vermögens aufgewendet haben. Jede Adelsfamilie, aber auch die ärmeren Bewohner einer Straße oder eines Stadtviertels rechneten es sich als besondere Ehre an, eines oder gar mehrere Mädchen ausstatten zu dürfen. Der Andrang war so groß, daß diejenigen, welche damit betraut wurden, per Los ermittelt werden mußten.

Aber nicht nur private Vermögen sind dafür in Anspruch genommen worden. Ein Gesetz von 1303 verfügte sogar, daß der unermeßliche Schatz von San Marco benutzt werden durfte, um den Mädchen ein noch prächtigeres Aussehen zu verleihen. Die ganze Stadt war auf den Beinen, um den Anblick der zwölf Schönen zu genießen. In einem großen Prozessionszug wurden sie einen Tag lang durch die Stadt geführt.

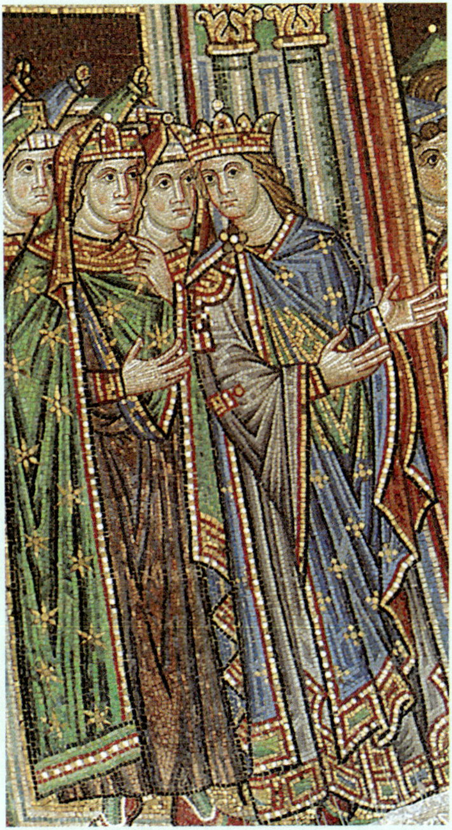

Vornehm gekleidete Venezianerinnen auf einem Mosaik des 13. Jh.s, San Marco, Venedig

Der Zug begann am frühen Morgen mit einem Gottesdienst in der Bischofskirche in Castello.

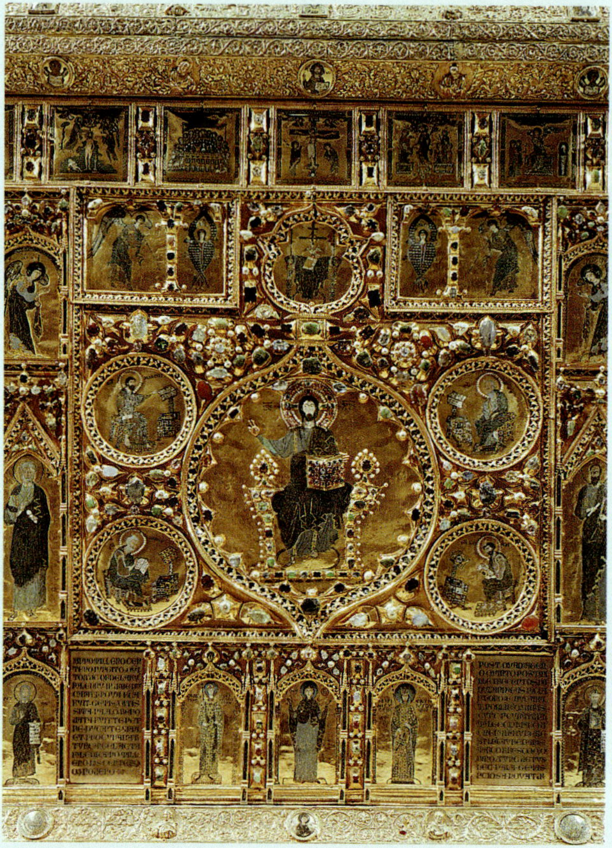

Perlen und Juwelen an der Pala d'Oro, San Marco, Venedig. Ähnlich mögen die Juwelen und Perlen gewesen sein, mit denen die Mädchen aus dem Schatz von San Marco geschmückt wurden.

die Lagune nach San Marco brachten. Dort empfing sie der Doge, und nach einem weiteren Gottesdienst bestieg das Staatsoberhaupt sein goldglänzendes Schiff, um einen Bootskorso anzuführen, der die Marien über den Canal Grande bis zum Rialto und dann über den Rio am Fondaco dei Tedeschi zu einer weiteren Messe nach Santa Maria Formosa brachte. Dort hatten die Kassettenmacher ihren Sitz. Auch in den folgenden Tagen zogen die Marien in ihren prächtigen Gewändern durch die Stadt. Feste wurden zu ihren Ehren nicht nur in den Adelspalästen, sondern auch in den Armenvierteln veranstaltet. Denn der Besuch der Marien verhieß Glück. Erbitterte Streitigkeiten entbrannten darüber, durch welche Straße sie gingen und welche Gemeinde ihnen einen aufwendigeren Empfang bereitete.

Ein Gedicht, das dem Dogen Pietro Gradenigo (1289–1311) gewidmet ist, beschreibt den prachtvollen Anblick der schönen Jungfrauen und die riesige fröhliche Menschenmenge,die nicht nur aus Venedig, sondern auch vom Festland zusammenströmte. Der Dichter versäumt auch nicht, darauf hinzuweisen, daß die Venezi-

Danach bestiegen die Mädchen in Begleitung des Bischofs und eines großen Gefolges von Priestern und Mönchen Boote, die sie über

anerinnen sich jede erdenkliche Mühe gaben, um die Blicke der Männer von den Jungfrauen ab- und auf sich zu lenken.

Der überaus romantische Aspekt, daß es sich bei diesen um die Ärmsten der Armen handelte, die nun aufgrund ihrer Schönheit zu allgemeiner Bewunderung, Wohlstand und einer Hochzeit gelangten, dürfte nicht wenig zur Beliebtheit des Festes beigetragen haben. So manches junge Mädchen mag davon geträumt haben, eines Tages auf ähnliche Weise vor der jubelnden Menge zu stehen.

Doch im Laufe der Zeit veränderte sich das Fest. Der religiöse Hintergrund trat immer mehr hinter der festlichen Zurschaustellung der jungen Frauen zurück. Ihre Armut machte sie angreifbar. Denn der einfachste Ausweg für ein schönes Mädchen aus dieser schwierigen Situation war nicht die vage Chance, als eine der zwölf Marien erwählt zu werden, und damit die Möglichkeit zu einer ehrbaren Heirat zu erlangen, sondern die Prostitution. Ob es Marien gab, die damit ihren Lebensunterhalt gesichert hatten, ist unbekannt. Aber durch ein Gesetz von 1349 weiß man, daß die Regierung sich gezwungen sah, zu verbieten, daß man den Schönheiten Schmähungen und Anzüglichkeiten hinterherrief. Vielleicht, um solche Eklats zu verhindern, vielleicht auch, um die immensen Geldsummen, die für die Mädchen und die Feste zu ihren Ehren aufgewendet wurden, zu beschneiden, ging man dazu über, statt der Mädchen Puppen in feierlichem Zug durch die Stadt zu geleiten. Aber die Anziehungskraft dieser Holzmarien hielt sich in Grenzen und die finanziellen Schwierigkeiten, in welche der venezianische Staat Ende des 14. Jh.s mit den Chioggia-Kriegen geriet, brachten 1379 das Fest schließlich vollständig zum Erliegen. Doch der Besuch des Dogen in Santa Maria Formosa erinnerte noch bis zum Ende der Republik an dieses fröhlichste und prachtvollste Fest des Mittelalterers.

Pala d'Oro (Detail), San Marco, Venedig. Die reich geschmückte Kaiserin Irene.

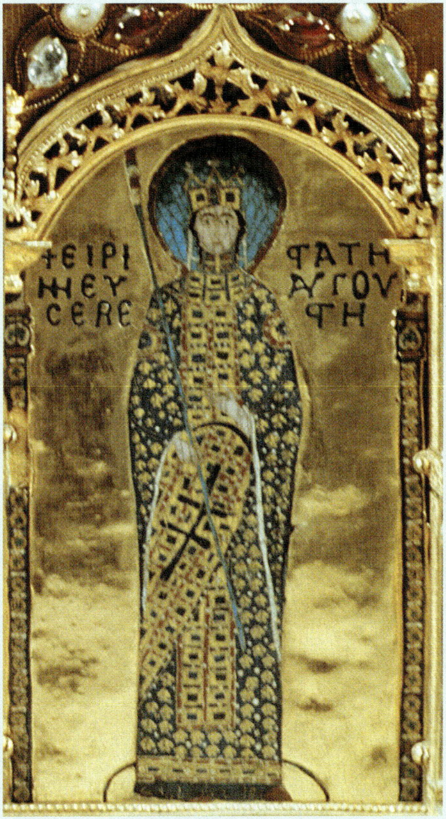

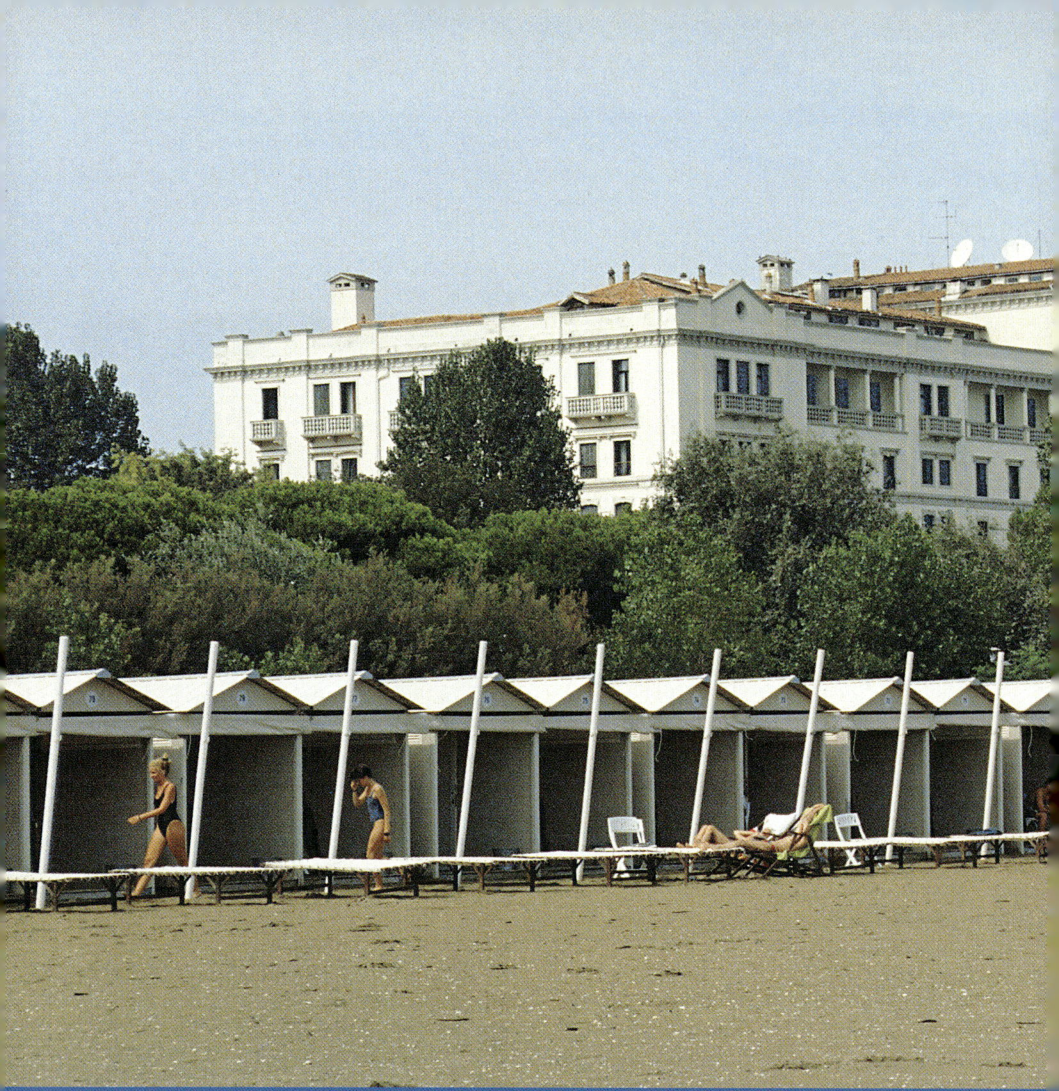

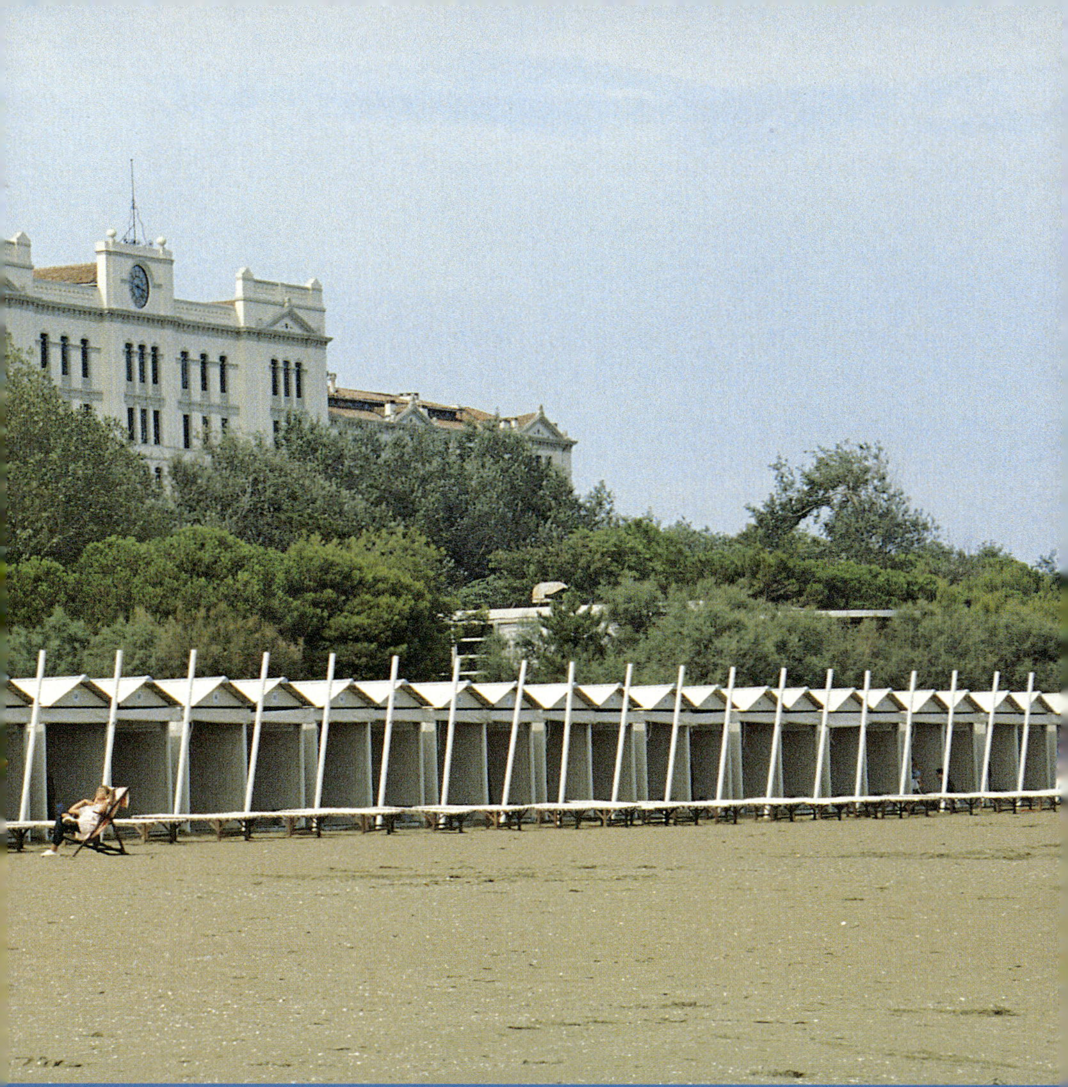

Sestiere Castello und Lido

Sestiere Castello

Der Stadtteil Castello trug im frühen Mittelalter den Namen Olivolo, wohl, weil sich hier ein Olivengarten befand. Der Name Castello stammt wahrscheinlich von einer ehemaligen, längst verschwundenen Verteidigungsanlage in dieser Gegend am östlichen Rande Venedigs. Der Stadtteil reicht fast bis an den Markusplatz heran und ist in diesem Gebiet auch sehr innenstädtisch geprägt. Doch ist Castello eigentlich v. a. durch das Arsenal und die dazugehörigen Arbeitersiedlungen gekennzeichnet. Hier ist Castello eher ein Stadtteil der kleinen Leute. Besonders im Bereich der von Napoleon angelegten öffentlichen Gärten gibt es auch relativ preiswerte Wohnungen in Bauwerken des 19. und frühen 20. Jh.s. Auf jeden Fall war das Gebiet für die venezianische Regierung in alten Zeiten weit genug vom eigentlichen Machtzentrum entfernt, um hier den Bischofssitz einzurichten. Schon durch die räumliche Distanz zum Dogenpalast und zur Markuskirche war klar, daß kirchliche Amtsträger keinerlei Machtbefugnisse in der Lagunenstadt hatten.

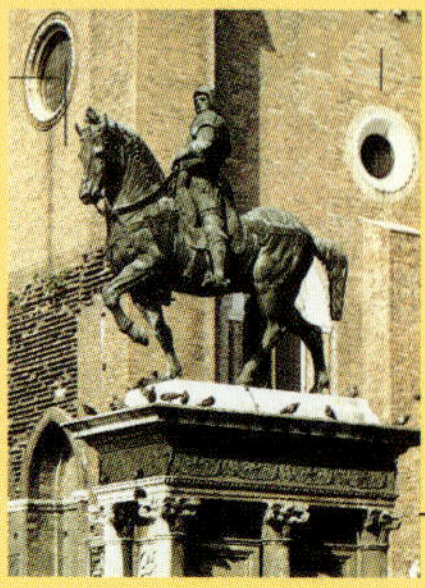

Andrea del Verocchio: Reiterstandbild des Bartolomeo Colleoni, 1481–1494, S. 480

San Zanipolo (Santi Giovanni e Paolo, Innenraum), S. 471

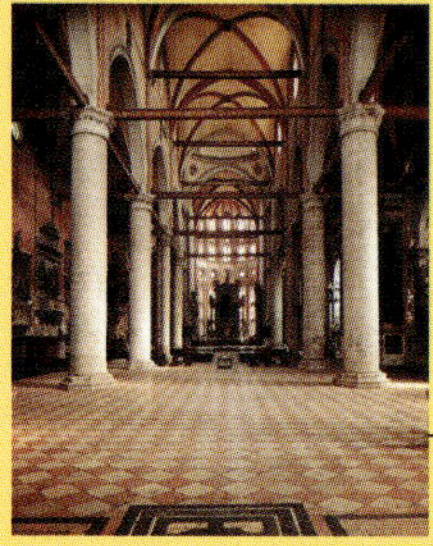

Santa Maria Formosa, S. 446

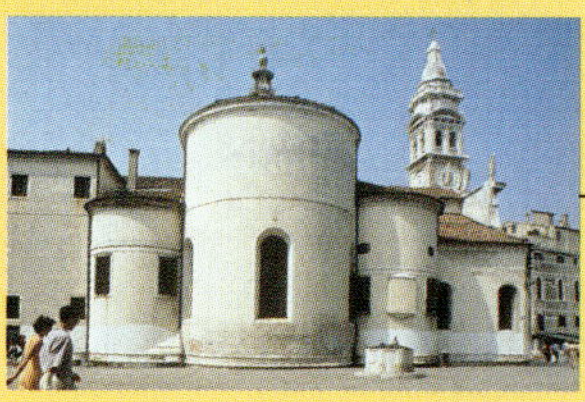

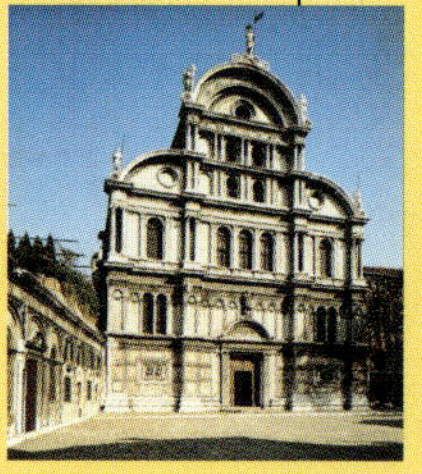

San Zaccaria, S. 421

Scuola di San Giorgio degli Schiavoni, Vittore Carpaccio: Der Hl. Augustinus in seinem Studierzimmer, 1501–1503, S. 439

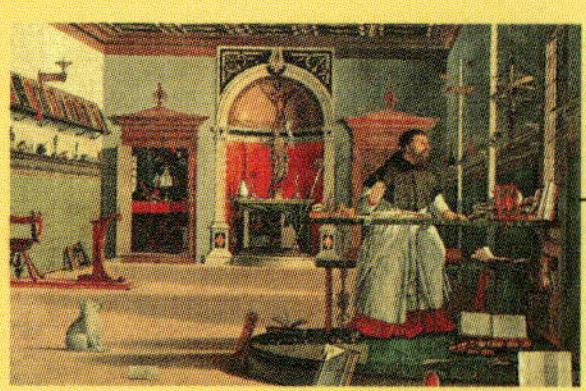

Weitere Sehenswürdigkeiten:
1 Palazzo Querini Stampalia
2 San Giovanni in Bragora
3 San Giorgio dei Greci
4 La Pietà
5 Biennale-Gelände
6 San Pietro di Castello

Scuola Grande di San Marco, S. 459

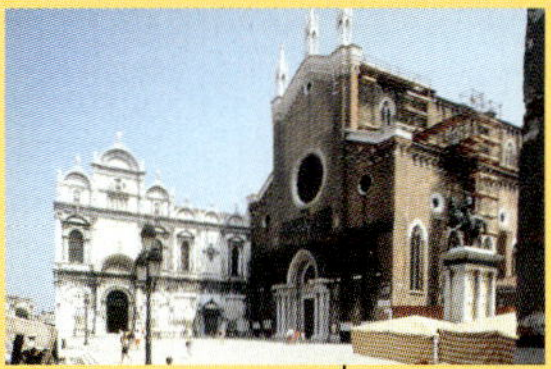

San Francesco della Vigna, S. 481

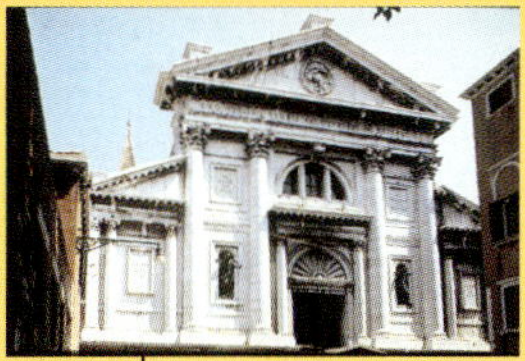

Arsenal (Portal), S. 484

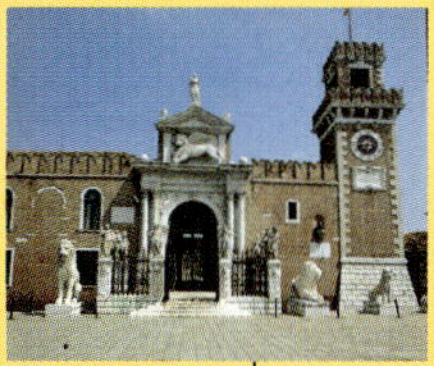

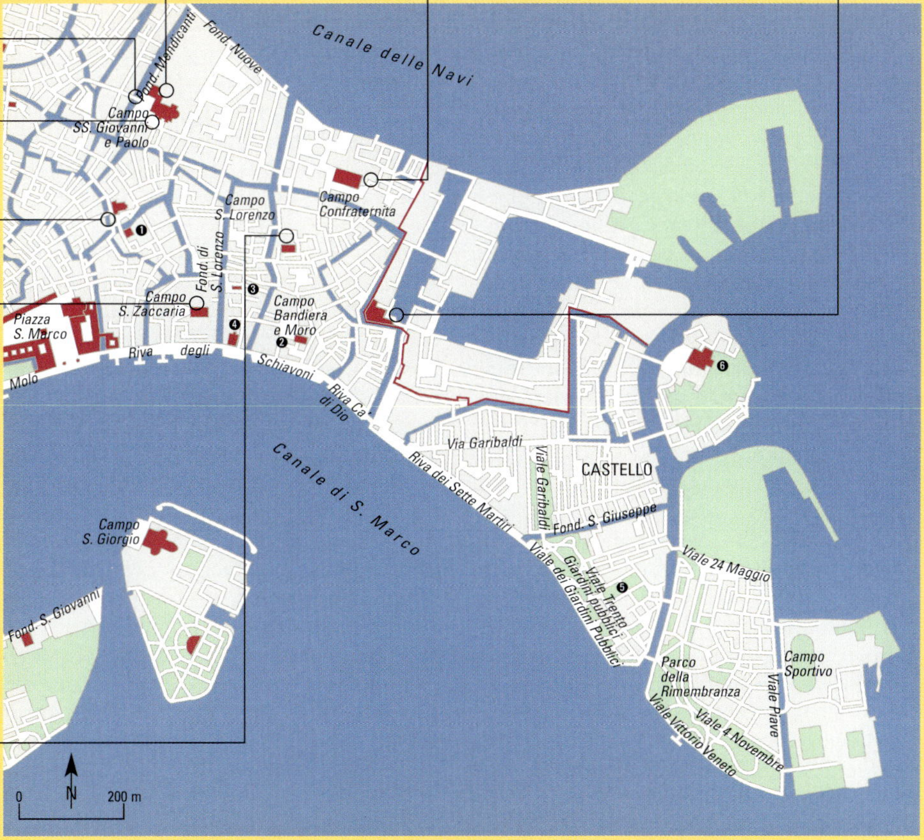

San Zaccaria

Unweit des Markusplatzes liegt die Zachariaskirche, die bis zur Aufhebung der meisten venezianischen Klöster 1810 zum einflußreichsten Nonnenkloster der Stadt gehörte. Nur Töchter aus den bedeutendsten Adelsfamilien Venedigs wurden hier aufgenommen. Auch die Verbindungen zur Regierung waren sehr eng. Wenn möglich, stand dem Kloster eine Schwester oder nahe Verwandte des Dogen vor.

Von seiner Gründung 829 bis zum Ende der Republik 1797 wurde das vornehme Benediktinerinnenkloster einmal im Jahr vom Dogen und der gesamten Signoria besucht. Zunächst fiel die Visite auf das Weihedatum der Kirche, den 13. September. Später wurde sie auf den zweiten Ostertag verlegt. Agostina Morosini, eine Äbtissin des Klosters, soll es gewesen sein, die erstmals dem Dogen Pietro Tradonico (836/37–864) die charakteristische Dogenkappe, den »corno ducale«, übergeben hat, den fortan alle Dogen als Zeichen ihrer Würde trugen. Tradonico indessen brachte er kein Glück. Der Doge wurde nach seinem jährlichen Besuch im Kloster am 13. September 864 von politischen Gegnern ermordet.

Das hielt seine Nachfolger nicht davon ab, den Brauch fortzusetzen, zumal nach dem jährlichen Besuch der Kirche von den Nonnen ein prächtiges Festmahl für den Dogen und die Stadtregierung veranstaltet wurde. Man geht sicher nicht fehl, wenn man darin auch eine Art Osterfest unter Verwandten sieht, denn immerhin waren es die weiblichen Mitglieder der vornehmsten Familien, die in diesem Kloster lebten. In späteren, weniger sittenstrengen Zeiten gehörte das Kloster zu den führenden Gastgebern der Stadt. Fast könnte man von einem »Salon« sprechen, den die Nonnen in ihrem »Parlatorio« führten. Teile der Ausstattung des 18. Jh.s sind heute in der Ca' Rezzonico (siehe S. 69) zu sehen. Das Kloster galt als ein Ort gebildeter Konversation und exquisiter Feste.

Der Bedeutung des Klosters entsprechend prachtvoll sollte die Fassade ausfallen, als die Nonnen nach der Mitte des 15. Jh.s Antonio Gambello mit einem Neubau beauftragten. Gambello konnte wahrscheinlich bis zu seinem Tode 1481 nur das erste Geschoß vollenden. Sein Nachfolger wurde Mauro Codussi, der führende venezianische Architekt des ausgehenden 15. und frühen 16. Jh.s in Venedig. Während Gambello die Fassade noch stark in kleinteilige, flache Formen auflöst, gliedert Codussi die oberen Stockwerke mit wenigen großen Bogenfenstern und freistehenden Säulen. Den Übergang zwischen dem Sockelgeschoß und den Obergeschossen bildet eine Zone mit schmalen, sehr flachen Muschelnischen. Der Unterschied zwischen einem Frührenaissancearchitekten der ersten Generation, der sich der neuen Formenwelt gerade annähert, und einem Architekten der zweiten Generation, der das Renaissancerepertoire sicher beherrscht, wird an dieser Fassade deutlich.

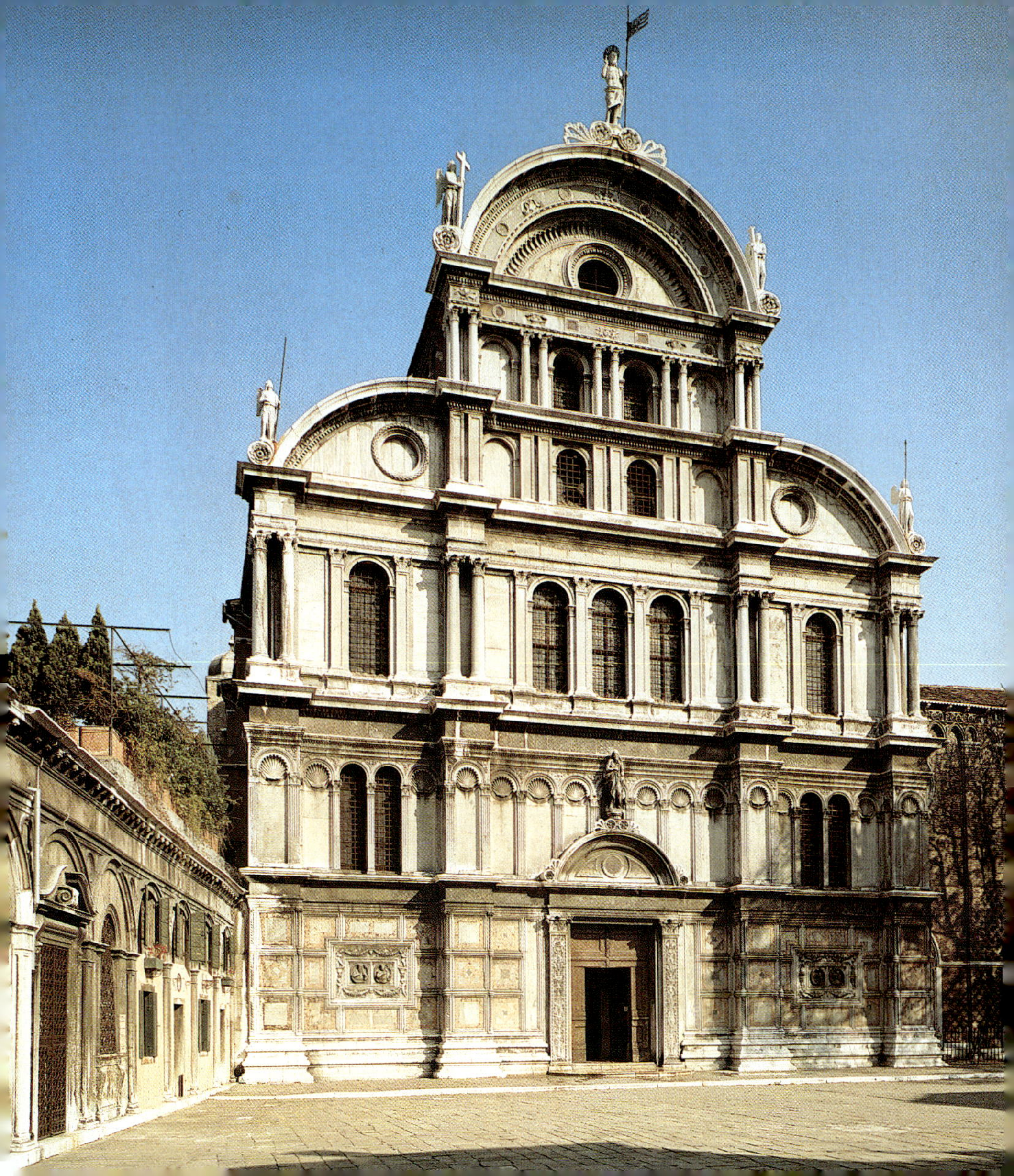

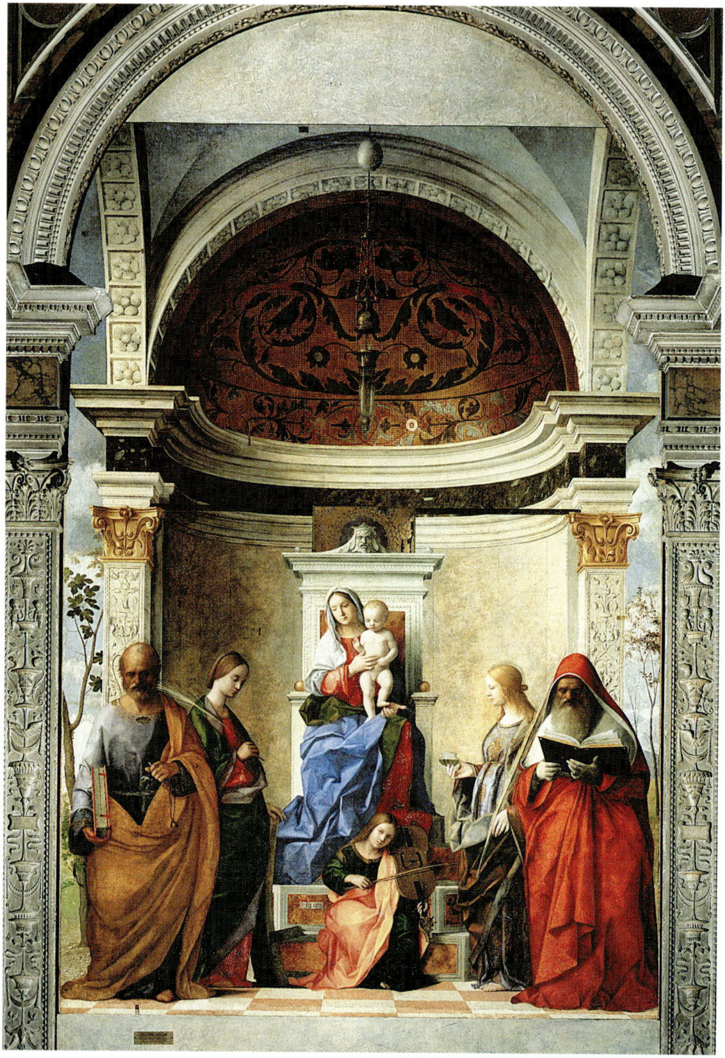

Giovanni Bellini:
Pala di San Zaccaria (und Detail), 1505
Holz mit Leinwand überzogen, 500 x 235 cm

Das Innere der Kirche ist der Bedeutung des Bauwerks entsprechend reich ausgestattet. Das namhafteste Kunstwerk, das San Zaccaria birgt, ist eine Altartafel von Giovanni Bellini mit der Madonna und den Heiligen Petrus und Katharina links und Lucia und Hieronymus rechts. Es ist ein Spätwerk Bellinis, an dem zu erkennen ist, wie erfolgreich sich der führende venezianische Meister des 15. Jh.s mit den Forderungen des neuen Jahrhunderts nach starker Körperhaftigkeit auseinandersetzt. Die schönfarbigen Gewänder geben den Figuren ihr großes Volumen.

Zu Füßen der Madonna hat Bellini sein großes Altarbild auf einem »cartellino« (carta, ital. Papier) signiert. Diese gemalten Papierzettelchen mit der Signatur, an denen noch deutlich Knickspuren zu sehen sind, sind typisch für die Bellini-Werkstatt. Daneben sitzt ein musizierender Engel. Das Gemälde befindet sich in seinem originalen Rahmen. Dies mag zunächst unglaubwürdig erscheinen, weil das Bild ihn nicht vollkommen ausfüllt, doch Teile der Leinwand wurden abgeschnitten, als Napoleon das Altarbild nach seiner Eroberung Venedigs in den Louvre schaffen ließ. Nach der Niederlage der Franzosen kehrte es an seinen ursprünglichen Platz zurück.

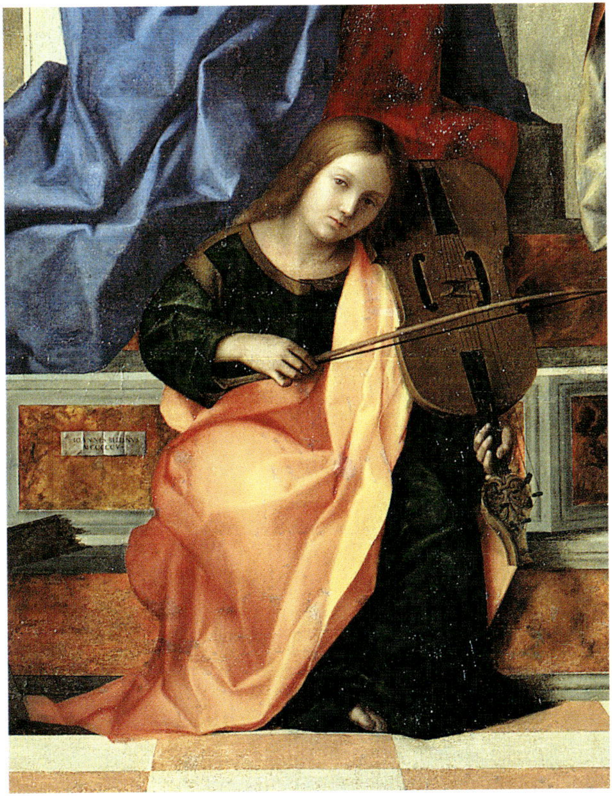

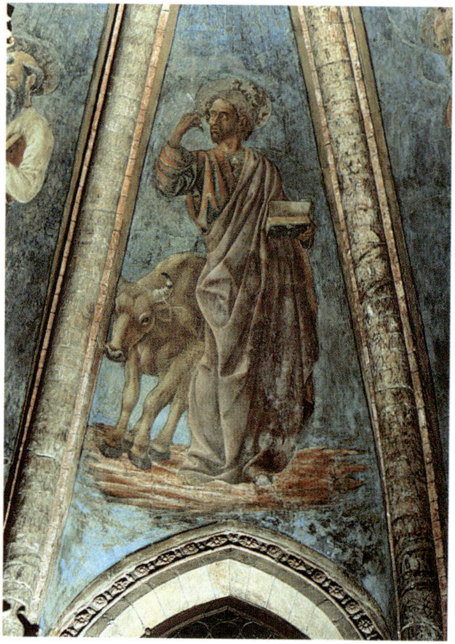

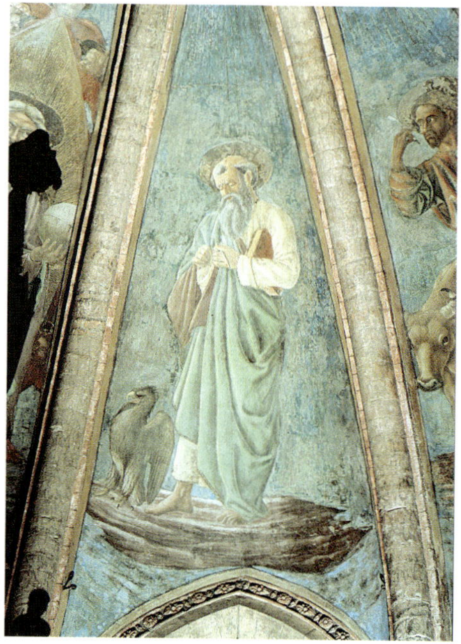

Cappella di San Tarasio

Andrea del Castagno:
Die Evangelisten Lukas und Johannes, 1442
Fresko, Höhe 176 cm

Auch die angrenzenden großen Kapellen, die teilweise Überreste des älteren Kirchbaus sind, weisen auf das hohe Alter und die herausgehobene Stellung dieser ehemaligen Klosterkirche hin. Die Cappella di San Tarasio ist der gotische Chor der älteren Kirche. Das Gewölbe wurde in den 40er Jahren des 15. Jh.s von Florentiner Künstlern, wie Andrea del Castagno (um 1421–1457), mit Darstellungen der Evangelisten und Gottvaters in Freskotechnik geschmückt. Warum man dafür keine einheimischen Maler berief, ist ungeklärt. Vielleicht traute man ihnen die schwierige Technik, bei der sehr schnell in nassem Putz gemalt werden muß, nicht zu, denn in der salzhaltigen venezianischen Luft waren Fresken nicht sehr sinnvoll. Wahrscheinlicher ist aber, daß das reiche Nonnenkloster besonders moderne Malereien im Stil der toskanischen Renaissance wünschte.

Andrea del Castagno: Gottvater, 1442
Fresko, Höhe 176 cm

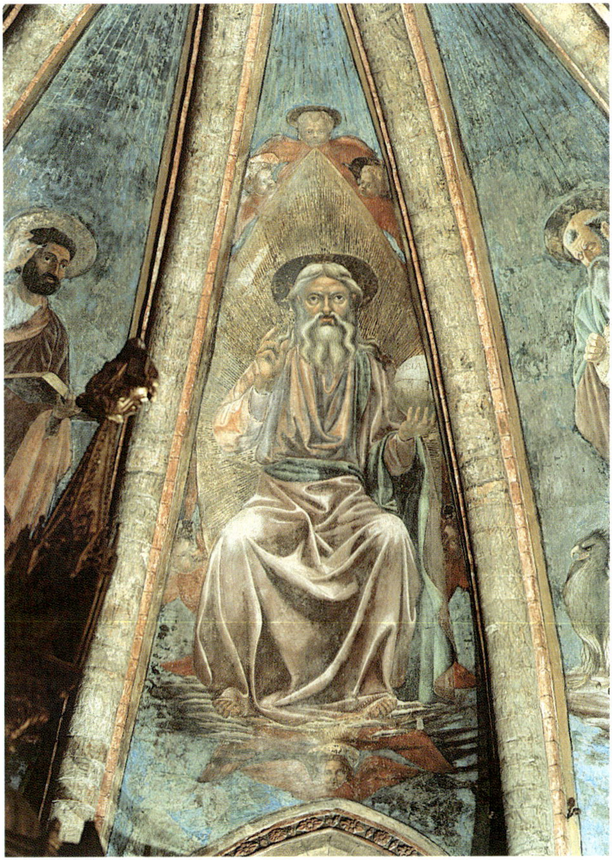

Umgeben von Wolken, Cherubim und dem dreieckigen Nimbus des Heiligen Geistes blickt Gottvater vom Gewölbe herab. Die Untersicht und die daraus resultierende Verkürzung des Körpers beherrscht der Florentiner Maler meisterhaft. Dies wird besonders an den Händen deutlich. Auch das Gewand wirkt durch die geschickte Plazierung von Aufhellungen und Schatten, die die Falten modellieren, außerordentlich plastisch. Kein Venezianer hätte vor der Mitte des 15. Jh.s etwas Ähnliches schaffen können. Castagnos Fresken in San Zaccaria waren ein wichtiger Ausgangspunkt für die Neuorientierung der venezianischen Malerei um 1450.

Insbesondere Andrea Mantegna, der Paduaner Maler, der in die Bellini-Familie eingeheiratet hatte, muß von Castagnos Fresken tief beeindruckt gewesen sein. Denn auch Mantegna strebte nach einer durch Licht und Schatten ausmodellierten Plastizität. Nicht umsonst ist er als entwerfender Meister für den »Marientod« in der Cappella dei Mascoli in der Markuskirche im Gespräch. Der Entwurf für dieses Mosaik wurde früher Castagno selbst zugeschrieben. Die anderen Venezianer dagegen profitierten eher indirekt von Castagnos Stil.

Antonio Vivaldi. Ein armer Geiger, ein Mädchenorchester und die vornehme Welt

Vivaldis heitere, festliche Musik beschwört für viele die in zarten Pastelltönen leuchtende Pracht des venezianischen Rokoko herauf. Doch nur wenige wissen, daß seine Musik eng mit dem Ospedale della Pietà, einem der großen venezianischen Waisenhäuser, verknüpft ist.
Am 4. März 1678 erschütterte ein schweres Erdbeben Venedig, das in der Gemeinde von San Giovanni in Bragora und Umgebung beträchtliche Zerstörungen anrichtete. An diesem Tag brachte Camilla Calicchio, die Ehefrau des Barbiers Giovanni Battista Vivaldi, ihr erstes Kind zur Welt. Der Junge Antonio Lucio war so schwach, daß die Hebamme das Kind einer Nottaufe unterzog. Später, als er den lästigen Pflichten des Priesteramtes ausweichen wollte, hat Antonio Vivaldi sich immer wieder auf seine von Kindheit an schwache Konstitution berufen. Es folgten weitere Söhne und Töchter, über die man wenig weiß, außer, daß zwei der Brüder sich als Straßenräuber im nächtlichen Venedig betätigten; Umstände, die darauf hindeuten, daß die Familie nicht zu den wohlhabenden Venezianern zählte. Dies änderte sich auch nicht, als der Vater immer mehr dem Musikerberuf nachging. Antonio wurde jedoch zum Priester bestimmt, vielleicht wegen seiner Konstitution oder auch wegen der dramatischen Umstände seiner Geburt, die der Mutter ein Gelübde abverlangten. Soziale Sicherheit boten sich einem Priester, der aus einer armen Familie ohne Beziehungen stammte, kaum. Die musikalische Begabung des jungen Antonio versprach da mehr.

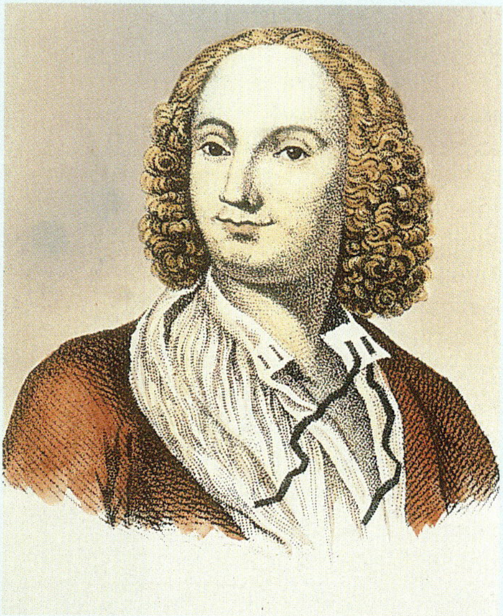

Unbekannter Künstler: Porträt Antonio Vivaldis, 1723, Lithographie

Auch der Vater war ein sehr guter Geiger, der wahrscheinlich seinen genialen Sohn unterrichtete. Dank seiner herausragenden musikalischen Begabung erhielt Antonio Vivaldi schon im September 1703, kurz nach seiner Priesterweihe im März, eine Anstellung als Violinlehrer am Mädchenwaisenhaus des Ospedale della

Pietà. Diese Stelle scheint auf Betreiben des musikalischen Direktors eigens für Antonio Vivaldi geschaffen worden zu sein. Seine priesterliche Funktion gab er alsbald auf.

Aus heutiger Sicht scheint die Stelle eines Geigenlehrers an einem Waisenhaus nicht sonderlich verlockend. Die finanzielle Ausstattung war mit 40, bald mit 100 Dukaten jährlich eher bescheiden. Doch man darf die musikalischen Möglichkeiten dieser Aufgabe nicht unterschätzen. Neben der Pietà unterhielten noch drei andere Institute dieser Art (in Abkürzung ihrer Namen als I Mendicanti, Gli Incurabili und L'Ospedaletto bezeichnet) Mädchenchöre und Orchester. Sie gehörten als fester und berühmter Bestandteil zum venezianischen Musikleben und wetteiferten untereinander und mit der Capella di San Marco um die Gunst des Publikums. Ab dem 16. Jh. war Venedig in ganz Europa für seine Chormusik berühmt, die zuerst in San Marco, seit dem frühen 17. Jh. aber auch in den genannten Waisenhäusern auf höchstem Niveau gepflegt wurde. Zunächst war es v. a. der Mädchenchor, der die Pietà berühmt machte. Doch zu Vivaldis Zeiten verfügte man auch schon über ein hervorragendes Orchester. Viele der bis heute erhaltenen Kompositionen, welche die Mädchen aufführten, zeugen davon, daß sie hervorragende Musikerinnen waren. Und Vivaldi schuf immer neue Meisterwerke für seine Schülerinnen. Darunter vor allem geist-

Santa Maria della Pietà. Die Kirche wird auch heute noch als Konzerthaus genutzt.

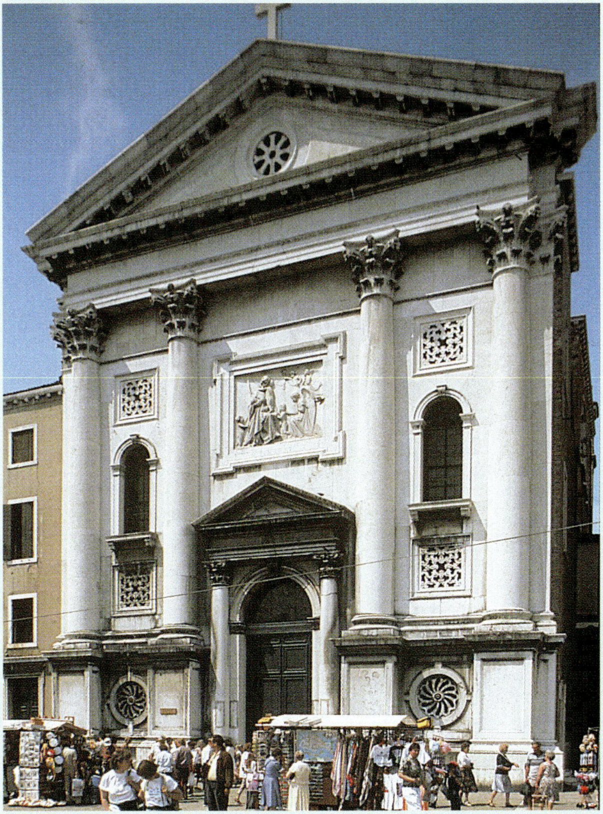

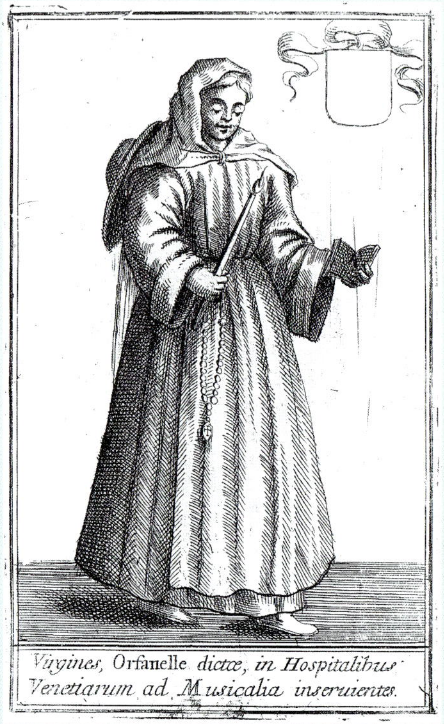

Vincenzo Coronelli: Ein Mädchen aus einem venezianischen Waisenhaus, Stich, Museo Correr, Venedig.

liche Musikstücke, aber auch viele seiner Concerti.

Der Anreiz für die Waisenmädchen, sich im Gesang oder als Instrumentalistin hervorzutun, war nicht gering. Zunächst wurden sie in zwei Gruppen eingeteilt, die einfachen, unmusikalischen oder wenig begabten Zöglinge und die Choristinnen, die auch eine hervorragende Musikerinnenausbildung erhielten. Ihnen wurden mehr Freiheiten im klösterlichen Leben der Waisen zugestanden, und den besten von ihnen war es sogar erlaubt, das Ospedale zu verlassen, um ihre Kunst anderenorts hören zu lassen. Da ihre Familiennamen oft unbekannt waren, wurden die Mädchen nur unter ihrem Vornamen geführt, denen man dann ihre Stimmlage oder ihr Instrument hinzufügte.

Der Besuch eines Konzertes in einem der Mädchenwaisenhäuser gehörte im 18. Jh. zum festen Programm jedes Venedigreisenden. Und auch Staatsgästen führte man ihr überragendes Können vor. Denn die Musik zählte unbedingt zu den venezianischen Besonderheiten! Neben den herausragenden musikalischen Fähigkeiten der Musikerinnen mag auch die Tatsache zur Beliebtheit der Konzerte beigetragen haben, daß hier blutjunge Mädchen, in züchtigen, vollkommen schmucklosen Gewändern, allenfalls mit Blumen im Haar, ihre festlichen Konzerte aufführten. Die ältesten von ihnen waren kaum 20 Jahre alt. Diejenigen, die sich einem klösterlichen Leben geweiht hatten, trugen Rot, die anderen Weiß. Mehr als ein Zuhörer berichtet, daß ihm die Mädchen mit ihrer wunderbaren Musik und ihren reinen Stimmen eher wie Engel denn als irdische Wesen vorgekommen seien. Ob die Berichte wahr sind, daß es hinter den Mauern des Institutes wenig klösterlich zugegangen ist, läßt sich kaum beurteilen und wird dem vorteilhaften Eindruck auch keinen Abbruch getan haben. Denn was zuallererst zählte, war die Musik. Durch ihre Konzerte brachten die Mädchen dem Ospedale beträchtliche Summen ein. Musikbegeisterte

Reisende aus ganz Europa kamen dafür im 18. Jh. nach Venedig. Und nicht nur der Karneval mit seinen immer neuen und unzähligen Opernaufführungen zog die Besucher an. Auch die Möglichkeit, die neueste Instrumentalmusik zu hören, vielleicht ein wertvolles Instrument zu erwerben und nicht zuletzt Noten als Reisesouvenir mit nach Hause zu nehmen, war ein besonderer Anreiz. Ein beliebter Anlaufpunkt war Antonio Vivaldi, der als großartiger Violinvirtuose galt und spätestens seit dem Druck seiner »L'estro armonico« betitelten Sammlung von Konzerten in Europa in aller Munde war. Besonders die vornehmsten Besucher ließen es sich dabei nicht nehmen, ein wenn möglich ihnen selbst gewidmetes Konzert von dem berühmten Komponisten zu ergattern, nachdem sie Vivaldis Kompositionen in der Pietà gehört hatten. Fürstlich entlohnt wurde er dafür freilich kaum und auch seine Stellung im Waisenhaus war alles andere als gefestigt. Einmal wurde er sogar für kurze Zeit entlassen. Auf Dauer versprach die

Vivaldis Concerto RV 237, 1717, dem Dresdner Hofkapellmeister Johann Georg Pisendel gewidmet.

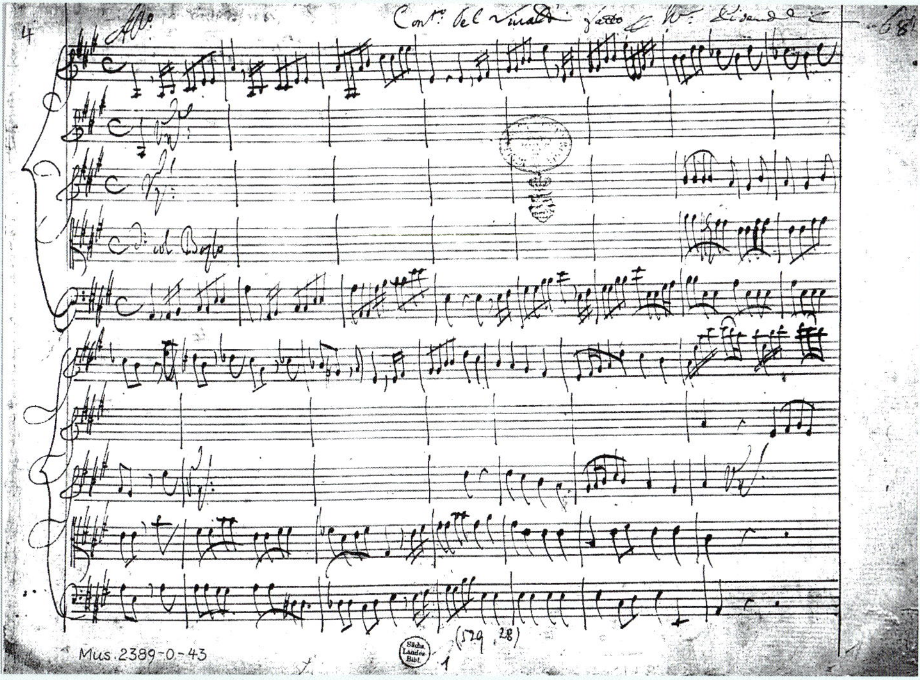

Oper eine bessere Einnahmequelle für den armen Priester, und so hat er sich auch diesem Genre zunehmend zugewandt. Für kurze Zeit verließ Vivaldi sogar Venedig, um als Hofkapellmeister in Mantua zu wirken. Doch all diesen Unternehmungen war am Ende wenig Glück beschieden, auch wenn er zwischenzeitlich zu den am besten bezahlten Komponisten gehört haben mag. Immer wieder ist Vivaldi in den scheinbar sicheren Hort der Pietà zurückgekehrt. Aber als seine Kompositionen im neuerungssüchtigen Venedig Ende der 30er Jahre des 18. Jh.s immer weniger ankamen, wurde auch am Ospedale die Bereitschaft, ihn angemessen zu bezahlen, geringer. Das Orchester sollte dem Waisenhaus schließlich Geld einbringen! Auch wenn die hochgestellten Fremden Vivaldis Musik nach wie vor mit Begeisterung hörten, die Venezianer waren nicht mehr mit ihm zufrieden. Noch einmal hat er deshalb versucht, sein Glück bei einem seiner vornehmen Gönner zu machen. Im Alter von 62 Jahren übersiedelte er nach Wien. Das Wohlwollen, das Kaiser Karl VI. ihm entgegenbrachte, ermutigte ihn dazu. Doch der Kaiser verschied kurz nach Vivaldis Ankunft. Der Komponist erkrankte schwer und starb mittellos am 28. Juli 1741. Noch am selben Tag wurde er als armer Priester mit einem Armenbegräbnis auf dem Spittaler Gottesacker beigesetzt. Der Friedhof wurde im 19. Jh. geschlossen. Vivaldis Grab ist unauffindbar.

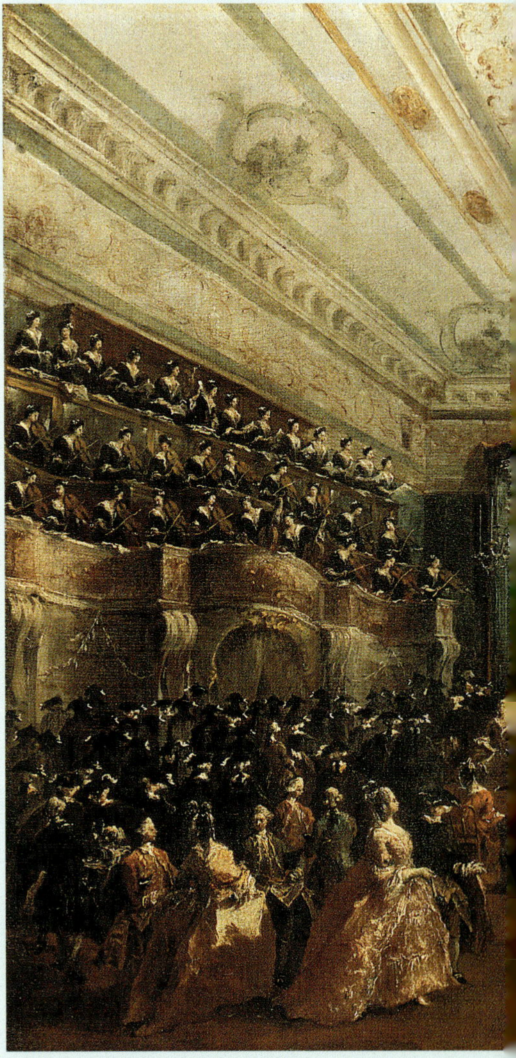

Francesco Guardi: Ein Konzert der Waisenmädchen, 1782, Öl auf Leinwand, 67,7 x 90,5 cm, Alte Pinakothek, München

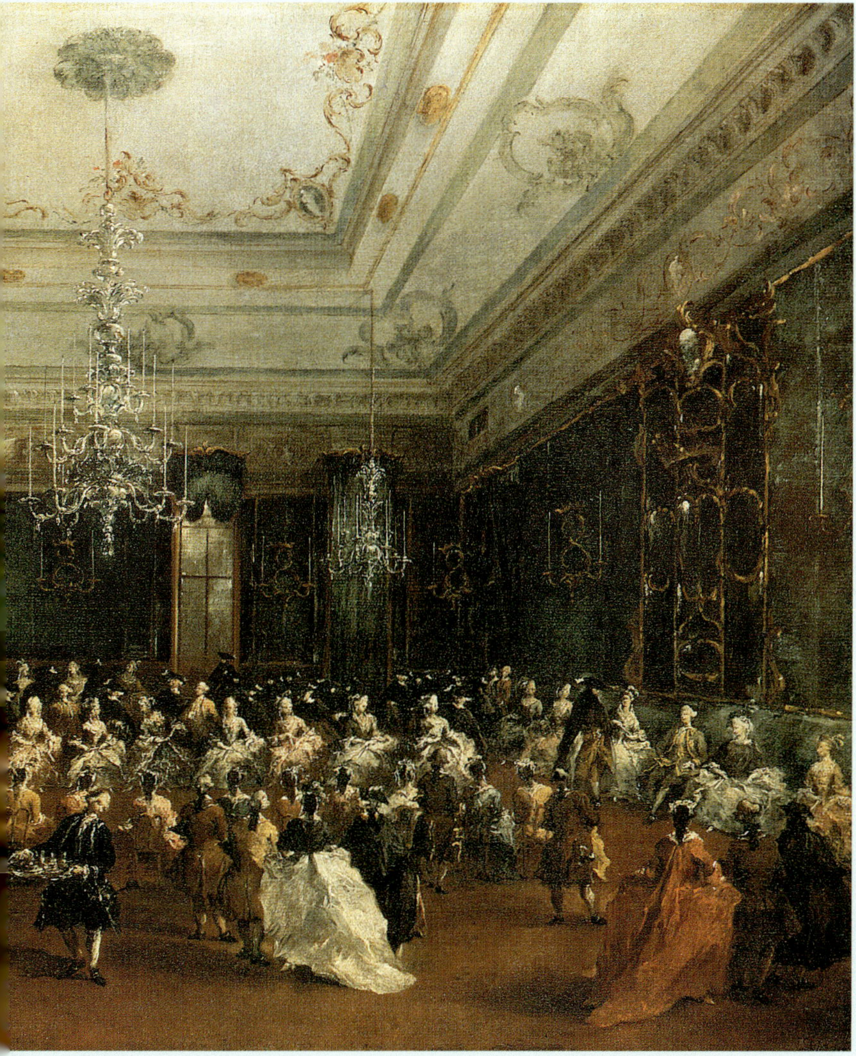

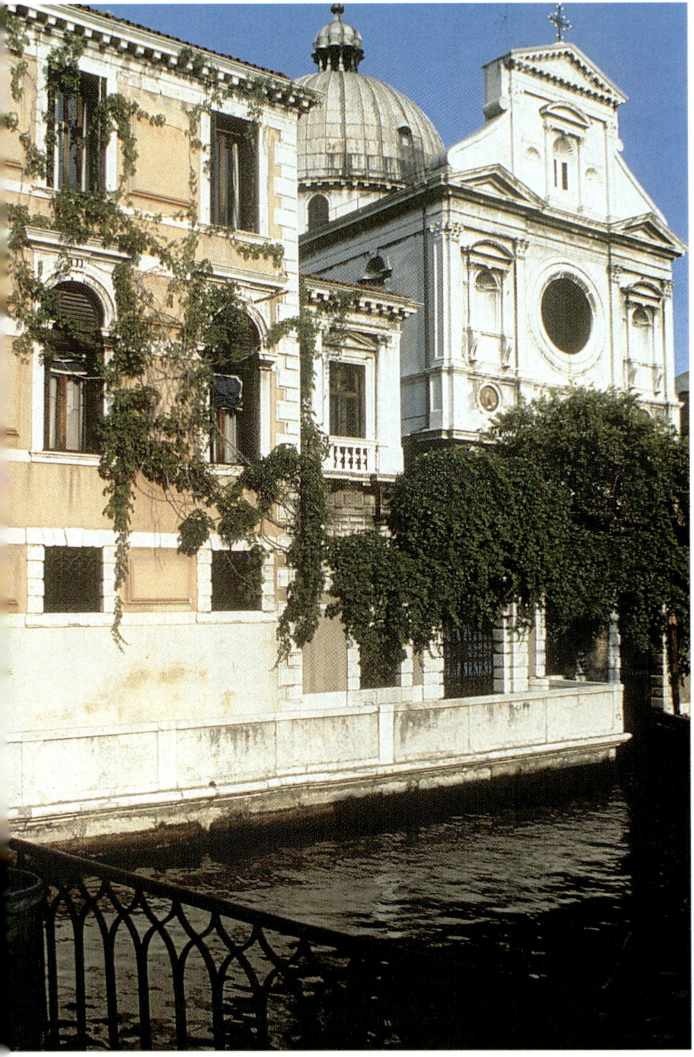

San Giorgio dei Greci

Die Kirche mit dem beängstigend schiefen Campanile stand den Griechen in Venedig, wie der Namenszusatz dei Greci ausweist, zur Verfügung. Große Teile des alten griechischen Herrschaftsgebietes standen unter venezianischem Einfluß. So war es kein Wunder, daß nach der Eroberung von Byzanz durch die Türken (1453) viele Griechen in Venedig Zuflucht suchten. 1470 gestattete die venezianische Regierung ihnen offiziell, orthodoxe Gottesdienste abzuhalten. Während der Annäherung des Papsttums an die griechische Kirche zu Beginn des 16. Jh.s erlaubte ihnen 1514 Papst Leo X., eine eigene Kirche zu bauen. 1539 wurde nach Plänen von Sante Lombardo mit dem Bau begonnen. Als die Kirche 1571 mit der Kuppel vollendet wurde, hatte sich die päpstliche Haltung gegenüber der griechisch-orthodoxen Kirche schon wieder dramatisch verändert. In

Venedig jedoch pflegte der Senat eine sehr tolerante Kirchenpolitik. Päpstliche Verbote hatten hier keine Gültigkeit, und die Griechen blieben unbehelligt.

1741 begann Giorgio Massari mit dem Neubau der Kirche, die den musikalischen Traditionen folgend eine besonders gute Akustik haben sollte. Der ovale Kirchenraum wird heute für Konzerte genutzt.

La Pietà (Santa Maria della Visitazione)

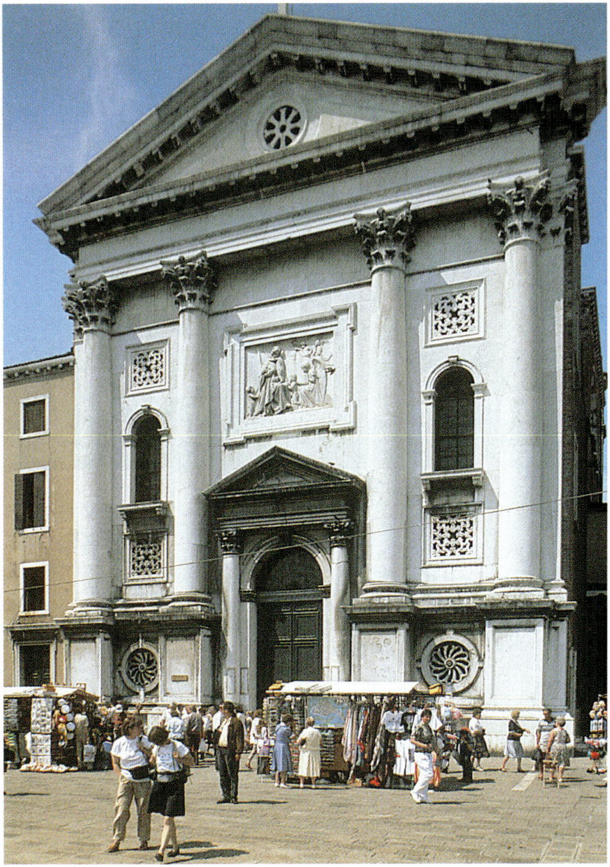

Diese im venezianischen Volksmund nur kurz »Pietà« (Mitleid) genannte Kirche, gehörte zu einem der berühmtesten Waisenhäuser Venedigs, das die angrenzenden Gebäude nutzte. Es wurde als »Ospizio degli Esposti«, (etwa: Spital für die Ausgesetzten), 1346 gegründet. Es genoß den besonderen Schutz des Papstes und des Dogen. Jährlich am Palmsonntag besuchte der Doge mit großem Gefolge das Ospedale della Pietà, um dem Gesang der Waisenmädchen zu lauschen, die hier eine musikalische Ausbildung erhielten. Im 18. Jh. unterrichtete dort der berühmte Komponist und Geiger Antonio Vivaldi (siehe S. 426).

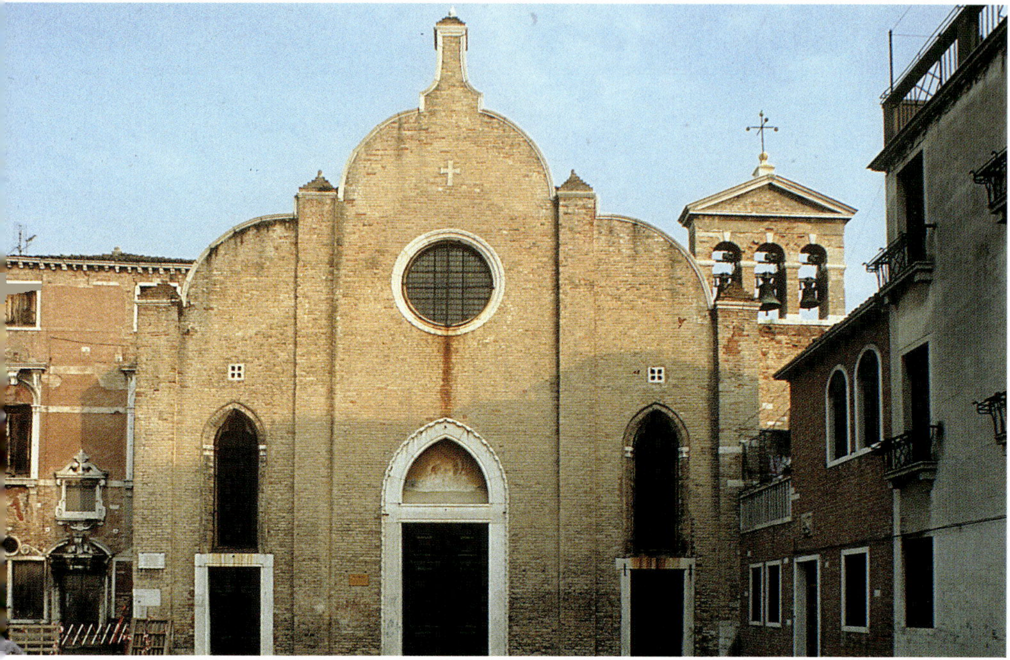

San Giovanni in Bragora

Die Kirche ist so alt, daß man nicht mehr weiß, was der Name »in Bragora« bedeutet. Möglicherweise geht er auf frühen venezianischen Dialekt zurück, in dem »bragola« Marktplatz und »bragolare« mit Fischen handeln bedeutet. Vielleicht hat sich auf dem kleinen Platz vor der Kirche einmal ein Fischmarkt befunden. Die typisch venezianische Pfarrkirche weist gotische Formen aus dem späten 15. Jh. auf.

Cima da Conegliano:
Die Taufe Christi, 1493/94
Holz, 210 x 350 cm

Die Kirche ist mit wertvollen Altären ausgestattet. Der schönste ist der Hauptaltar mit der »Taufe Christi« von Cima da Conegliano (um 1459–1517). Das Thema bezieht sich auf Johannes den Täufer, den Namenspatron der Kirche. Die Berge und die Burg im Hintergrund erinnern an die Gegend um Conegliano, Cimas Heimatstadt.

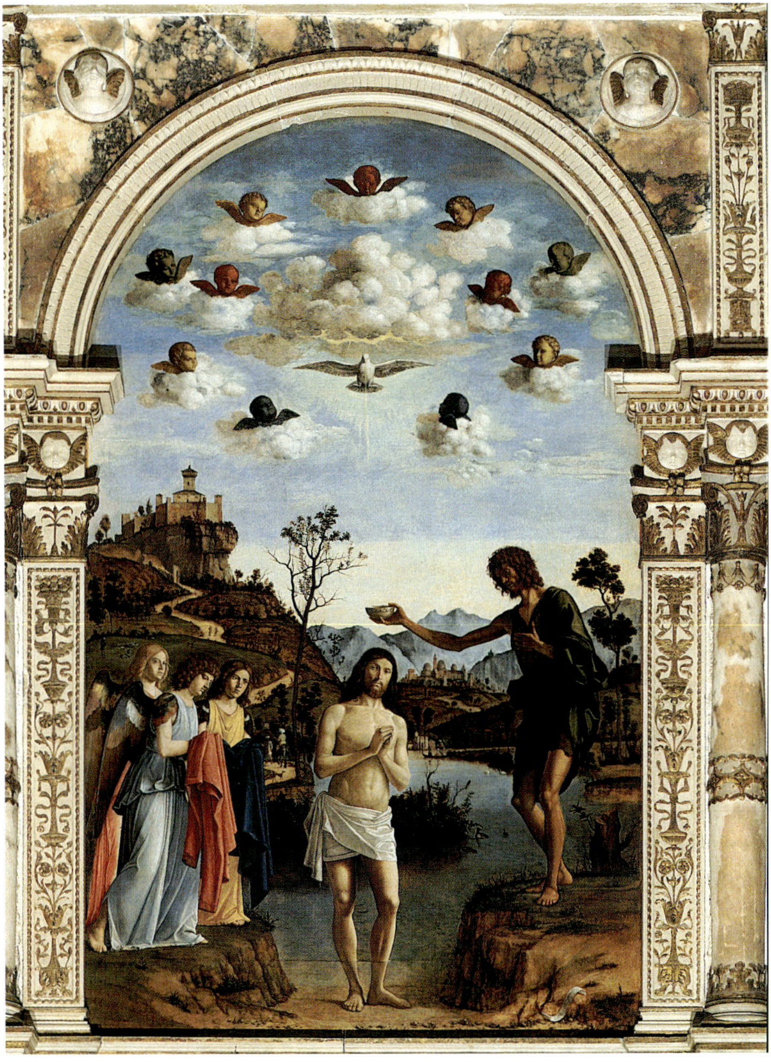

Scuola di San Giorgio degli Schiavoni

Die Ostküste der Adria gehörte zum venezianischen Einflußgebiet, seit die Venezianer die dort ansässigen Slawen, die den venezianischen Handel als Piraten unsicher machten, mit Waffengewalt und Verträgen unterworfen hatten. Die »Schiavoni«, wie sie in Venedig hießen, kamen als billige Arbeitskräfte und als Händler in die Lagunenstadt. Als Mitte des 15. Jh.s immer weniger Einheimische bereit waren, als Ruderer ihren Dienst zu tun, wurden sie v. a. durch »Schiavoni« ersetzt. Entgegen des Vorurteils wurden die venezianischen Schiffe niemals von Sklaven gerudert (wie dies etwa in der Antike der Fall war), sondern von gut bezahlten Mannschaften, die in der Frühzeit der Stadt von ihren Bewohnern gestellt wurden. Doch als immer mehr Handwerker vom Festland einwanderten, war es schwierig, geeignete Mannschaften zu finden.

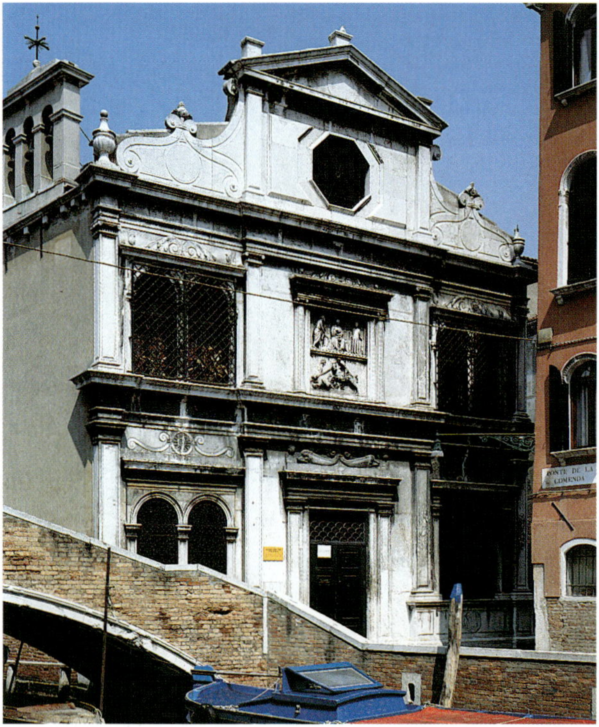

Die Bewohner der adriatischen Ostküste wurden nicht nur wegen ihrer Kraft, sondern auch wegen ihrer großen Erfahrung als Seeleute geschätzt. 1451 erhielten sie die Erlaubnis, sich zu einer Scuola zusammenzuschließen. Als Schutzpatrone wählten sie die Heiligen Georg, Tryphon und Hieronymus. Daß die Slawen nicht zu den Reichen gehörten, wird auch an dem relativ bescheidenen Bauwerk ihrer Scuola sichtbar, das sie Anfang des 16. Jh.s von Giovanni de Zan, einem Architekten des Arsenals, errichten ließen.

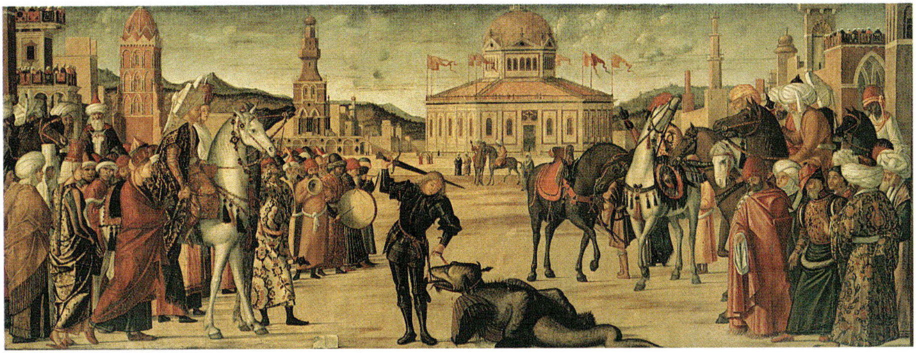

Vittore Carpaccio:
Der Triumph des Hl. Georg, 1502–1507
Öl auf Leinwand, 141 x 360 cm

Ihr Versammlungshaus ließ die Scuola degli Schiavoni von Vittore Carpaccio (um 1455–1525) mit zahlreichen Bildern aus dem Leben Christi und von den Legenden ihrer Schutzheiligen ausschmücken. Als die Kunstsammler im 19. Jh. begannen, sich wieder für die sog. »primitiven« Maler des 13. bis 15. Jh.s zu interessieren, entdeckten sie auch Carpaccio neu. Seine bunten Gemälde mit einer Fülle von Details paßten in das romantische Bild und bezaubern noch heute.
»Der Triumph des Hl. Georg« ist eines von drei Bildern, in denen er den Drachenkampf und die Geschichte des Heiligen darstellt. Der Legende zufolge hauste in einem See bei der Stadt Silena ein Drache, dem Tiere und Menschen zum Opfer gebracht werden mußten. Auch die schöne Königstochter wird durch das Los zum Opfer bestimmt. Georg gelingt es, das Untier durch das Kreuzzeichen zu besiegen und mit der Lanze zu durchbohren. Die befreite Prinzessin legt dem Monster ihren Gürtel um den Hals, und Georg kann das Tier zusammen mit der Geretteten im Triumph nach Gilena bringen. Aus Dankbarkeit für die Errettung seiner Tochter läßt sich das Königspaar taufen.
Die mittlere Szene schildert den Triumph Georgs bei seiner Rückkehr in die Stadt. Gerade erhebt er sein Schwert, um dem Drachen endgültig den Todesstoß zu versetzen. Links sieht man das Königspaar und die befreite Prinzessin. Rechts hinter ihnen spielt eine Musikkapelle zur Feier des freudigen Ereignisses. Mit der Fülle seiner exotischen Figuren und der phantasievollen Architektur ist das Gemälde typisch für Carpaccios Malweise. Zeichnungen belegen, wie genau er die Komposition vorbereitet hat, auch wenn an der Ausführung die Hand seiner Schüler nachweisbar ist.

Vittore Carpaccio:
Christus am Ölberg, 1501–1503
Öl auf Leinwand, 141 x 107 cm

Während bei der Schilderung der Heiligenlegenden Detailreichtum und die phantasievolle Ausgestaltung im Vordergrund stehen, bietet das Thema des Ölbergs kaum Möglichkeiten zu Ausschmückungen. Carpaccio nimmt den Begriff des Berges wörtlich. Der betende Christus ist auf einem Hügel dargestellt, an dessen Fuß die Jünger schlafen. Während die Jünger sonst meist sitzend bei ihrer Wache vom Schlaf übermannt, geschildert werden, scheinen sie sich hier nicht einmal die Mühe gemacht zu haben, wach zu bleiben. Bequem ausgestreckt verschlafen sie die Stunde der höchsten Not ihres Herren. Die Nachtszene zeigt Carpaccios geschickte Beherrschung des Lichts. Christis Gesicht, der Felsen hinter Christus und die äußersten Spitzen des Ölbaums werden vom göttlichen Licht getroffen.

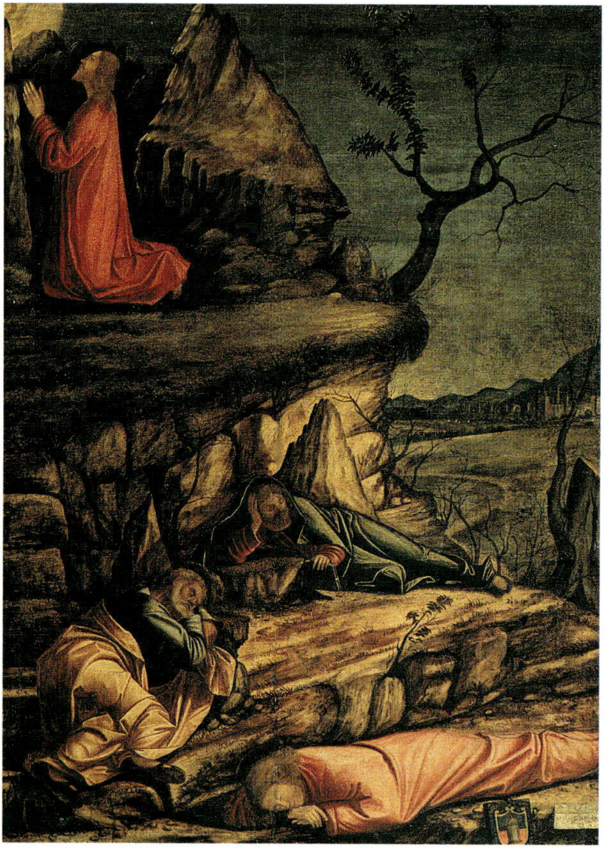

Vittore Carpaccio:
Der Hl. Augustinus in seinem Studierzimmer, 1501–1503
Öl auf Leinwand, 141 x 210 cm

Der Hl. Augustinus, der nicht zu den Schutzheiligen der Scuola gehörte, wird gerade in dem Moment gezeigt, als er sich in seinem Studierzimmer niedersetzt,

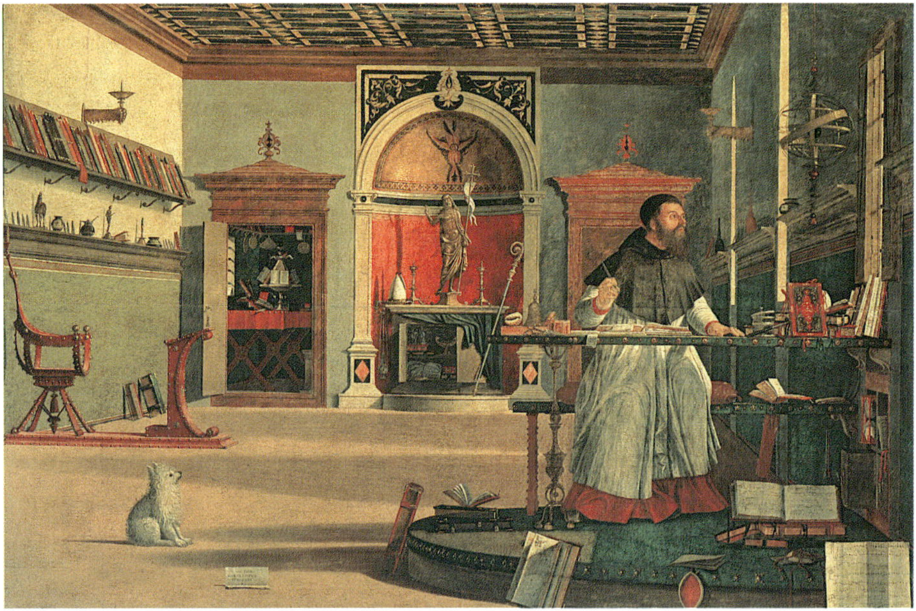

um einen Brief an den Hl. Hieronymus zu schreiben. Er will ihn bitten, ihm bei einer Abhandlung über die Seligen im Paradies behilflich zu sein. Im selben Augenblick verstarb Hieronymus und erschien dem Augustinus in einer Vision. Er veranlaßte diesen, von seinem Vorhaben Abstand zu nehmen, weil ein Sterblicher nicht in der Lage sei, das Paradies zu beurteilen. Das Bild des Hl. Augustinus schildert also eigentlich den Tod des Hieronymus und paßt deshalb ausgezeichnet an das Ende der Hieronymus-Szenen. Denn diese Geschichte, die in einem anderen, damals dem Augustinus zugeschriebenen Brief überliefert ist, war im 15. und 16. Jh. allgemein bekannt. Carpaccio zeigt mit faszinierender Detailfreude eine spätmittelalterliche Studierstube. Die vielen Bücher mit ihren prächtigen Einbänden weisen Augustinus als Gelehrten aus. Sehr interessant ist auch die kleine Kunstsammlung an der linken Wand. Große Kerzenhalter an beiden Seiten des Raumes dienen dazu, auch bei Dunkelheit genügend Licht zum Lesen zu schaffen. Um Augustinus' Schreibtisch türmen sich die Bücher. Man erblickt ein Sammelsurium von kleinen Dingen.

Karneval in Venedig

1979 kamen junge theater- und kulturbegeisterte Venezianer auf die Idee, den Karneval in Venedig wiederzubeleben, der seit dem Verbot durch Napoleon Ende des 18. Jh.s seine Kraft und Farbe eingebüßt hatte. Denn die neuen Machthaber fürchteten zu Recht die subversive Kraft der Masken. Nun tummeln sich in der letzten Woche vor Aschermittwoch wieder zahllose bunte Kostüme auf der Piazza San Marco und in den Gassen. Der venezianische Karneval von heute unterscheidet sich von allen anderen Karnevalformen durch die prächtigen, phantasievollen Verkleidungen, die Kostüme der vergangenen Jahrhunderte aufgreifen und zu immer neuen farbenprächtigen Phantasiegebilden weiterentwickeln. Das winterliche Venedig mit seinen milden Farben bietet dafür eine romantische Kulisse. Hier gibt es weder laute Musik, noch nackte Haut oder schunkelnde Fröhlichkeit. Würde man die Verkleideten ansprechen, träfe man wohl kaum Venezianer. Der Straßenkarneval ist v. a. eine Sache der Touristen. Venezianern begegnet man vielleicht auf einigen abgelegenen und von den Fremden nicht überschwemmten Plätzen und auf privaten Festen. Mit dem Karneval des 18. Jh.s hat dies alles jedoch kaum noch etwas zu tun. Nur die Masken werden immer noch nach alten Vorbildern gefertigt.

Pietro Longhi: Maskierte im Ridotto, um 1757, Biblioteca Querini Stampalia, Venedig. In den Ridotti konnten sich Adelige zwanglos treffen und Glücksspiele betreiben.

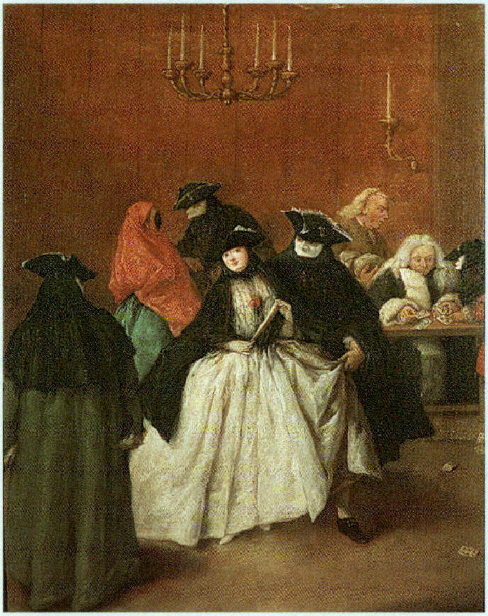

In der alten Republik schien der Karneval fast das ganze Jahr gefeiert zu werden. So mußte es jedenfalls den zahlreichen Besuchern der Stadt vorkommen. Auch wenn es in Venedig tatsächlich nur vom 26. Dezember bis zum Aschermittwoch dauerte, war doch die Verkleidung, das anonyme Spiel der Masken im 18. Jh., ein untrennbarer Bestandteil des venezianischen Alltags und der Gesellschaft der Lagunenstadt. Denn bestimmte Masken, v. a. die »Bauta«,

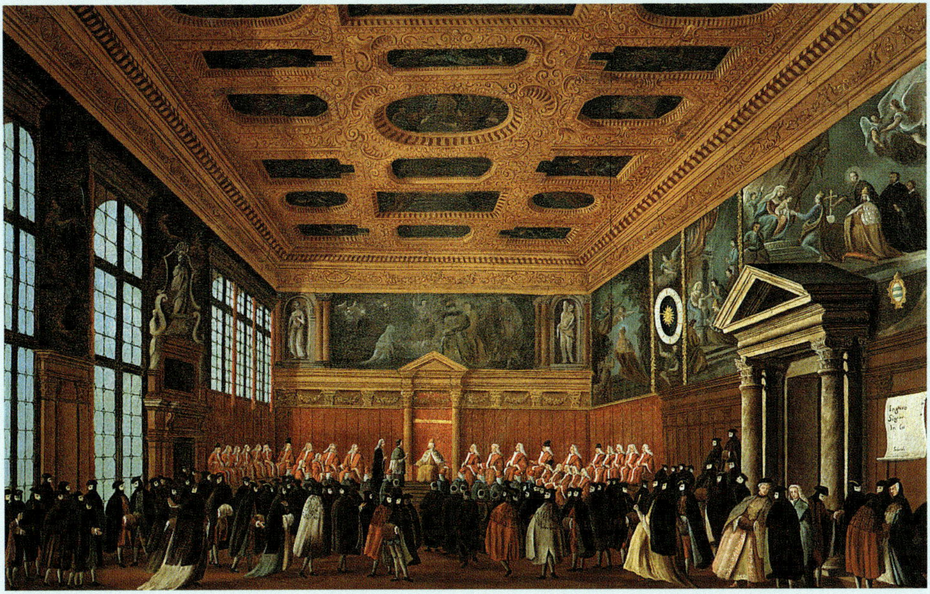

Gabriel Bella: Empfang der Botschafter im Collegio, vor 1792, Öl auf Leinwand, Biblioteca Querini Stampalia, Venedig.

waren im venezianischen Sinne keine Kostüme, sondern wurden fast ständig getragen. Die Bauta war ein schwarzer Schleier, der Haare, Ohren und Hals verbarg. Dazu gehörte ein schwarzer Dreispitzhut und eine in der Regel weiße Maske, eine Larve, die den oberen Teil des Gesichts verdeckte. Vervollständigt wurde diese Kleidung durch einen langen Umhang, den »Tabarro«. Sowohl Männer als auch Frauen, arm und reich, konnten dieses Gewand tragen. Bei hohen Feierlichkeiten, z. B. der Dogenkrönung oder dem Empfang von ausländischen Ehrengästen, waren diese Kleidungsstücke sogar vorgeschrieben. Allerdings trug man Masken in der Regel erst am Abend nach der Vesper. In der Kirche, an einigen religiösen Feiertagen und vom 16. bis zum 26. Dezember waren sie sogar verboten.

Die venezianische Mode des Maskentragens bot zahlreiche Vorteile und Freiheiten, die den Fremden fast paradiesisch erscheinen mußten. Während in den anderen europäischen Städten Standesunterschiede schon an der Kleidung ablesbar waren, verwischte die Maske soziale Grenzen und auch die Schranken zwischen den Geschlechtern. Einfache Bürger durften sich in

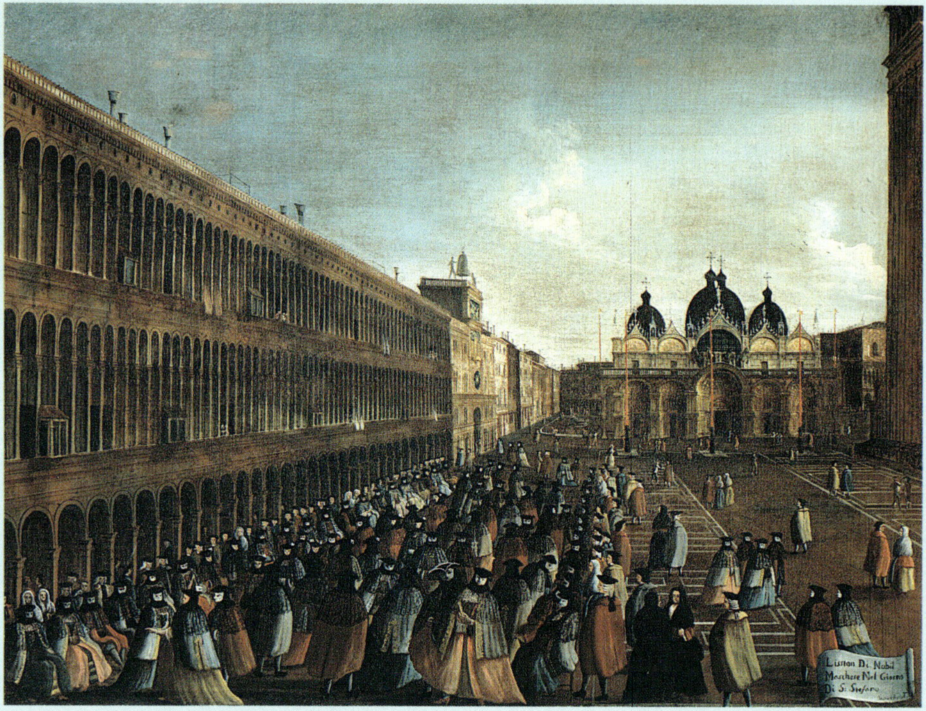

Gabriel Bella: Die Promenade der Masken am Stephanustag, vor 1792, Öl auf Leinwand, Biblioteca Querini Stampalia, Venedig.

einer Verkleidung aus kostbaren Stoffen wie ein reicher Edelmann fühlen. Angesehene Adelige konnten unerkannt ihren Vergnügungen in den zahlreichen Spielsalons der Stadt nachgehen. Frauen hatten die Möglichkeit, sich (vielleicht sogar in Hosen unter dem langen Mantel) ungehindert zu bewegen. Auch für die Liebe, die in der Kultur des Rokoko einen so großen Stellenwert hatte, ergaben sich ungeahnte Möglichkeiten. Im Schutz der Maske traf man sich zum heimlichen Stelldichein und konnte sich doch in der Öffentlichkeit zeigen. Das Streben, sich bei gleicher Kleidung und gleicher Maske durch Reichtum und Geschmack abzuheben, fand in einer »Bauta« aus feiner Buranospitze oder einem »Tabarro« aus edler Seide Ausdruck. Eine andere Maske, die nicht nur im Karneval getragen wurde, war v. a. bei jungen Frauen beliebt. Die »moretta« gab die Möglichkeit, die weiblichen Reize besser zur Schau zu stellen, weil sie Haare und Haut nicht vollkommen verdeckte. Es handelte sich dabei um eine ovale Gesichtsmaske aus schwarzem Samt, die mit Hilfe eines auf der Rückseite angebrachten Knopfes, den man mit den Zähnen festhielt, getragen wurde. Die damit erzwungene völlige Stummheit dürfte den Reiz eines Flirts, der von Seiten der Frau allein auf Gesten beruhte, beträchtlich erhöht haben. Zusammen mit dieser Maske wurde häufig die »Zenale« oder »Zendale« getragen, ein kleiner bunter Umhang, den man auch über den Kopf schlagen konnte.

So waren die Venezianer zwar fast das ganze Jahr über an das Tragen von Masken gewöhnt, doch erst im Karneval entfalteten die traditionellen Kostüme ihre ganze Pracht und Vielfalt. Schon 1268 wurden erstmals Verkleidungen erwähnt. Der Karneval in der alten Republik war keineswegs eine stille Angelegenheit, sondern im Gegenteil von lärmender Fröhlichkeit und ausgelassener Heiterkeit. Da gab es wilde Männer, die obszöne Lieder singend in Fell- und Blattkostümen durch die Stadt tobten, Männer, die als Frau verkleidet die Passanten ansprachen, Säuglinge, die in Gruppen über die Straßen zogen und sich in Babysprache über Politik und aktuelle Skandale unterhielten, »Mattacini«, die zwar nicht sprachen, dafür aber in einer Schürze mit Rosenwasser und anderen edlen Düften gefüllte Eier mit sich trugen, die sie nach hübschen Mädchen warfen. Für unbeliebte Zeitgenossen war wohl auch das ein oder andere faule Ei darunter. Hinzu kamen die zahlreichen Masken, die Figuren der Commedia dell'arte nachempfunden waren, und Kostüme, die Berufsgruppen oder Nationalitäten karikierten: den steifen Engländer, die geschwätzige Buraneserin, den irren Syphiliskranken, den unheimlichen Pestarzt usw. An bestimmten Tagen, wie etwa dem 26. Dezember, dem ersten Tag des Karnevals, trafen sich die Masken auf dem Campo Santo Stefano, ab 1647 auf der Piazza San Marco. Die Reichen holten ihre wertvollsten Gewänder und Juwelen hervor. Denn an diesem Tag war das Gesetz, das einen zu großen Luxus in der Öffentlichkeit verbot, auf-

Giovanni Grevembroch: Gli habiti de' Veneziani, 18. Jh., Museo Correr, Venedig.

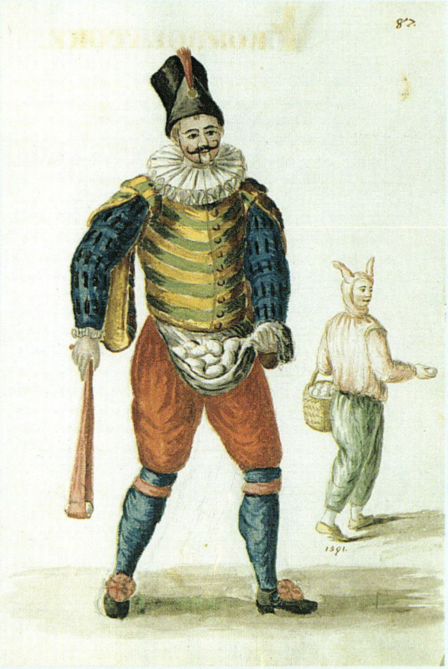

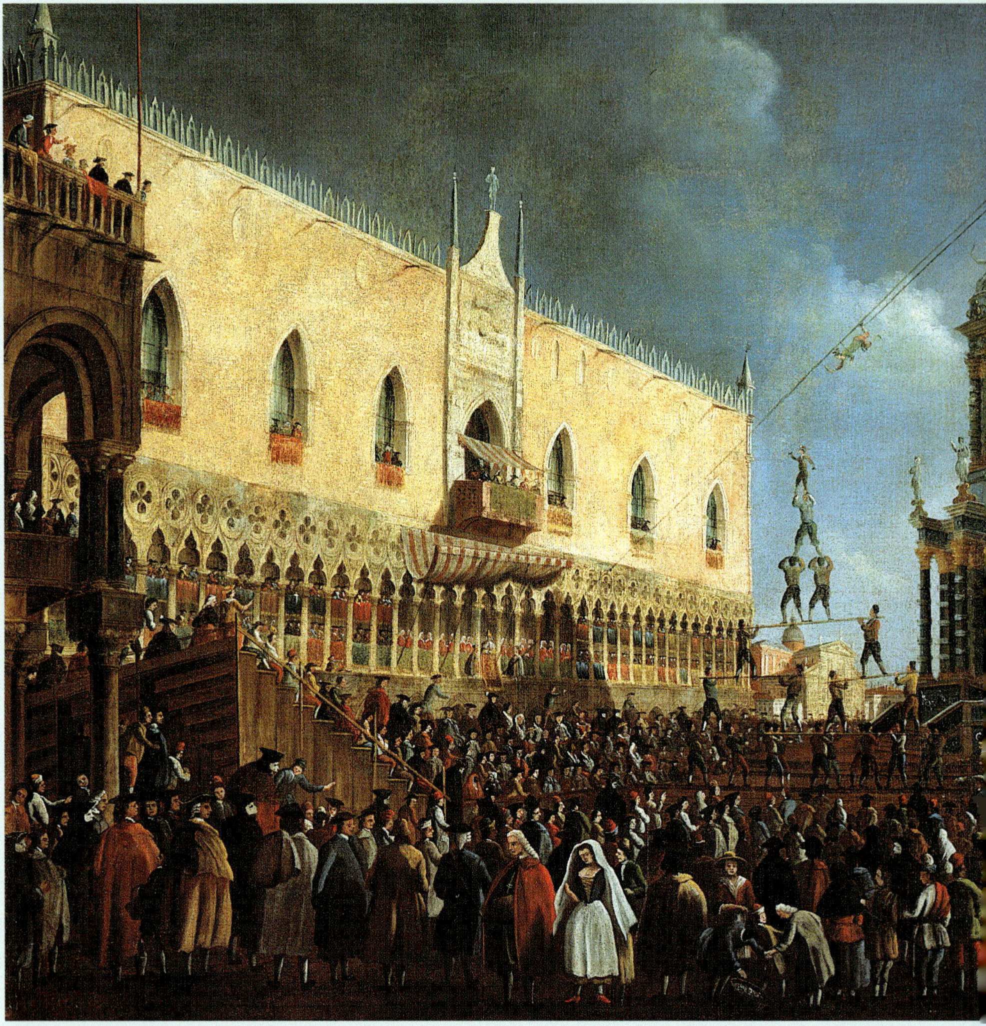

Gabriel Bella: Der Giovedi Grasso auf der Piazzetta, vor 1792, Öl auf Leinwand, Biblioteca Querini Stamp

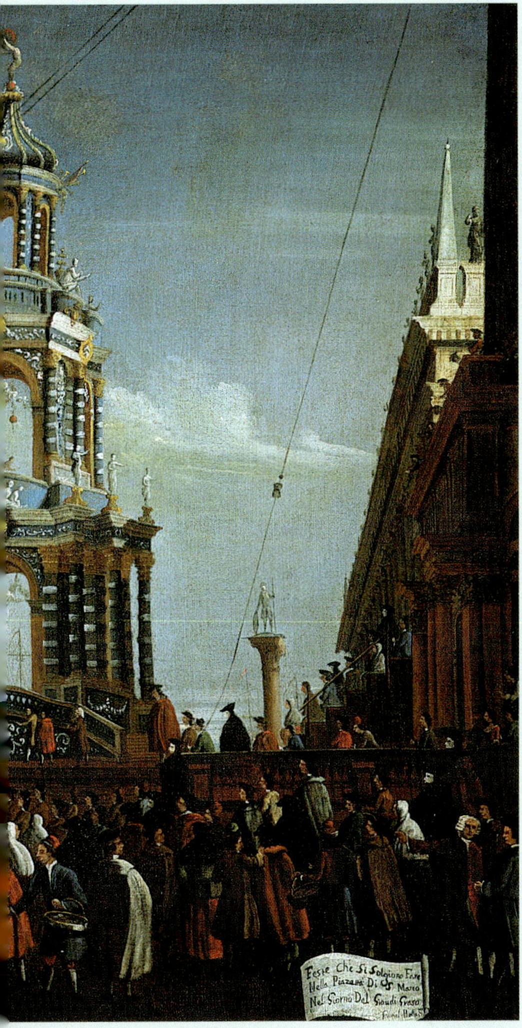

edig.

gehoben. Man flanierte maskiert auf dem Platz und erfreute sich an den bunten Kostümen und am Sehen und Gesehenwerden. Am Abend wurden die Theater und Spielsalons, die seit dem 16. Dezember für die stille Vorbereitung auf das Weihnachtsfest geschlossen waren, wieder geöffnet und eine neue Saison des Vergnügens begann. Ein anderer Höhepunkt des venezianischen Karnevals war das Fest des »Giovedi Grasso«, des Fetten Donnerstags auf der Piazzetta. In Erinnerung an den Sieg über den Patriarchen von Aquilea wurden von der Schmiedezunft Stiere geschlachtet, die stellvertretend für den Patriarchen zuvor vom Dogen zum Tode verurteilt worden waren. Ihr Fleisch wurde an die Armen, die »Signoria« und an die Strafgefangenen verteilt. In jedem Jahr spannte man neue verwegene Seilkonstruktionen, mit deren Hilfe ein wagemutiger Arsenalarbeiter dem Dogen auf dem Balkon des Dogenpalastes einen Blumenstrauß überreichte. Niccolotti und Castellani, so benannt nach den verfeindeten Bezirken San Niccolò und Castello, zeigten ihre Geschicklichkeit. Die »Forze di Ercole«, die Taten des Herkules, waren Menschenpyramiden, bei denen sich die beiden Bezirke an Mut und Kraft zu übertrumpfen suchten. Gegen Ende des Tages führten sie gemeinsam einen Moriskentanz auf, eine getanzte Schlacht zwischen Mauren und Christen, die in einem Feuerwerk endete. Was das ganze Jahr für die Bauta galt, galt erst recht im Karneval. Die Standesschranken schienen aufgehoben. Arm und reich feierten gemeinsam in der ganzen Stadt, und der kluge Senat, der dies als Ventil für soziale Unzufriedenheit zu nutzen wußte, verkündete, daß die Maskenträger niemanden über sich haben.

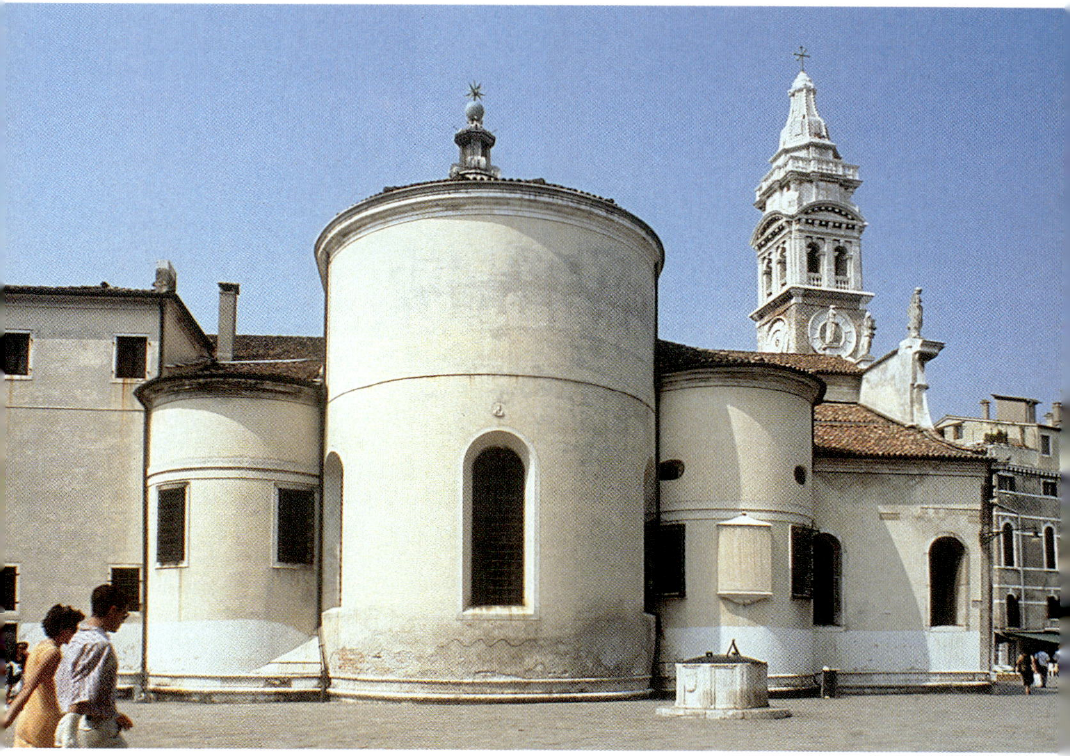

Santa Maria Formosa

Wie viele Plätze mit alten Kirchen gehört die Gegend um Santa Maria Formosa zu den am frühesten besiedelten Orten in Venedig. Der Legende nach soll 639 dem Hl. Magnus, Bischof von Oderzo, die Madonna erschienen sein, nicht in Gestalt eines jungen Mädchens, sondern als eine wohlgeformte Matrone (ital.: formosa). Diese Madonna bat ihn, ihr an der Stelle, wo eine weiße Wolke über der Insel schwebte, eine Kirche zu bauen. 1492 wurde Mauro Codussi beauftragt, anstelle der baufälligen Kirche aus dem 11. Jh. einen Neubau zu errichten. Wahrscheinlich hat sich der Architekt bei seiner Konzeption am Vorgängerbau orientiert, der wiederum den mittleren Teil der Markuskirche mit ihren Kuppeln nachahmte. Es entstand eine typisch venezianische Kreuzkuppelkirche mit drei Apsiden auf quadratischem Grundriß. Die klaren Formen, die das Kircheninnere bestimmen, zeichnen sich mit den glatten, zylindrischen Baukörpern der Apsiden auch nach außen ab.

relativ bescheiden. An der Fassade zum Rio ließ sie 1542 die Urne und eine Statue des Generals Vincenzo Cappello aufstellen. Die Fassade zum Campo ließ die Familie ab 1604 mit Büsten von verschiedenen Familienmitgliedern gestalten. Auch der Campanile wurde im 17 Jh. angefügt.

Fassade

Die Kirchenfronten wurden auf Kosten der Familie Cappello errichtet. Dies war eine häufige Praxis in Venedig. Reiche Familien erhielten zum Wohle der Kirche einen öffentlichen Platz für die Erinnerung an berühmte Mitglieder ihrer Familie. Das war um so wichtiger, als die Republik mit wenigen Ausnahmen keine Standbilder erlaubte. Auch mit den Familienpalästen konnte man nicht so prunken wie in anderen Städten, denn ein ungeschriebener Ehrenkodex verbot eine zu große Prachtentfaltung. Deshalb waren diese Familienfassaden, die häufig auch die Funktion eines Grabmals übernahmen, von besonderer Bedeutung. Die Familie Cappello blieb im Vergleich zu anderen jedoch

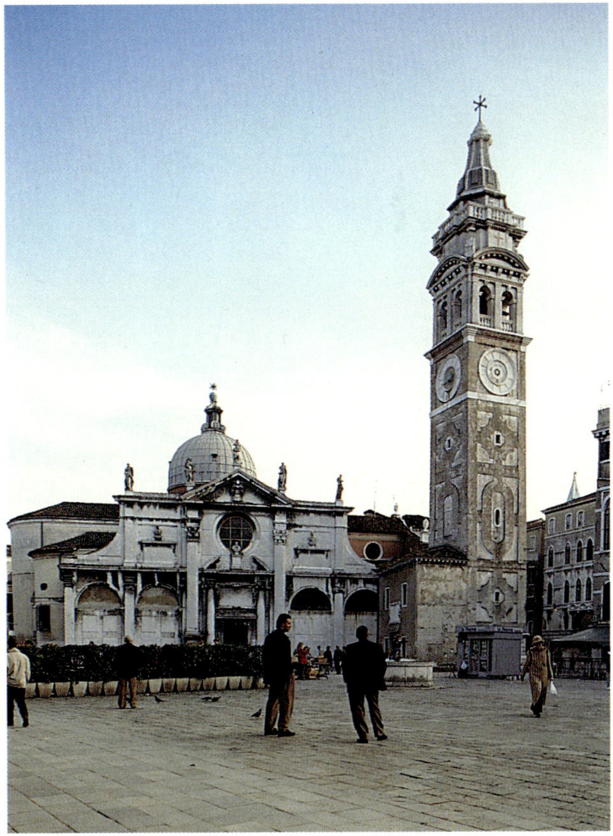

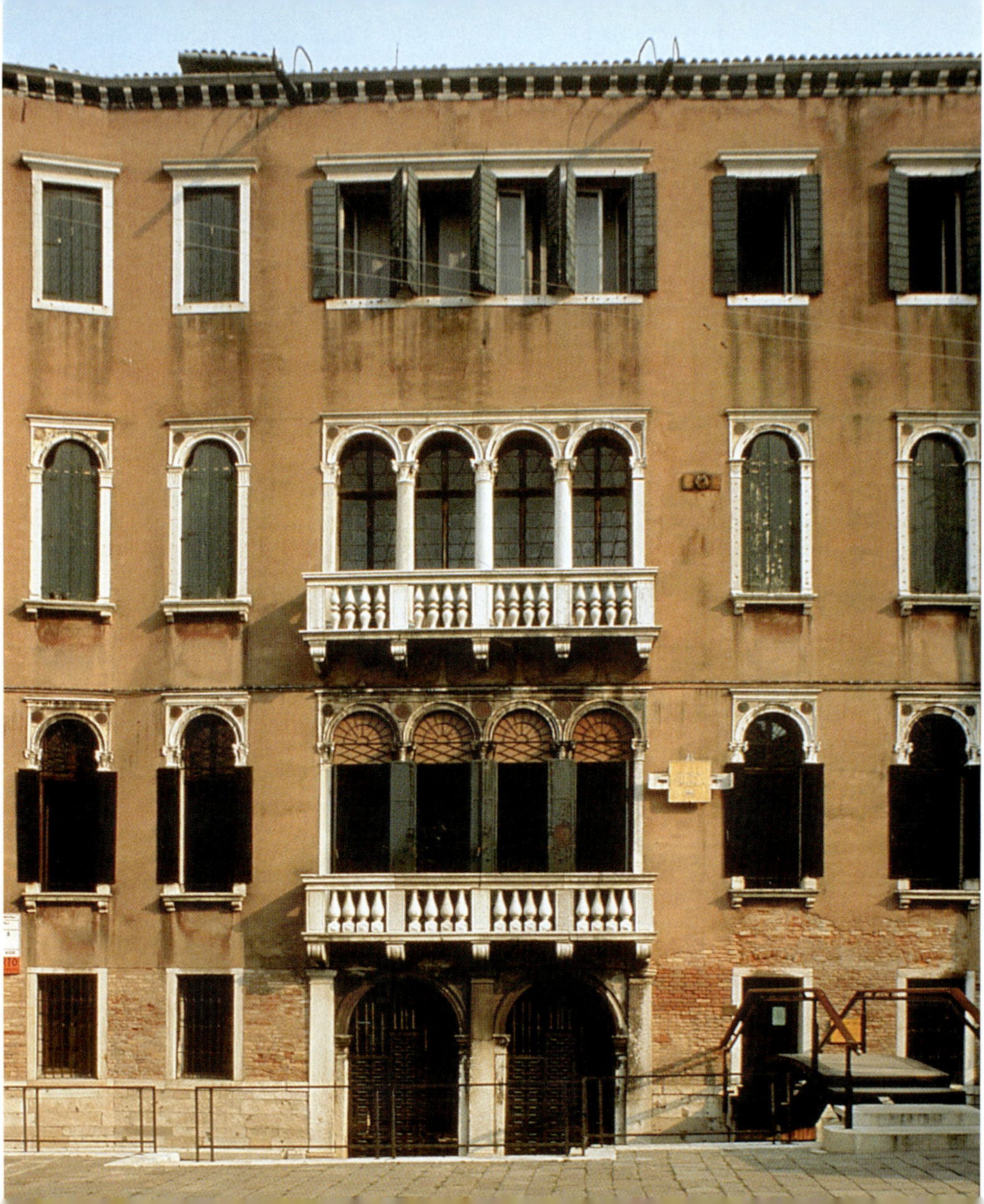

Palazzo Querini Stampalia

An dem kleinen Platz hinter Santa Maria Formosa liegt der Palazzo Querini Stampalia, in dem heute die gleichnamige Stiftung untergebracht ist. 1869 vermachte Graf Giovanni Querini Stampalia den Familienpalast inklusive der Möbel, der großen Gemäldesammlung und der überaus wertvollen Bibliothek seiner Heimatstadt. Seinen reichen Landbesitz bestimmte Querini dazu, die Fondazione zu finanzieren und die Bibliothek zum Wohle der Allgemeinheit zu vergrößern. Die Büchersammlung im ersten Stock steht Studenten und Wissenschaftlern zur Verfügung. Die Gemäldesammlung ist als Museum der Öffentlichkeit zugänglich mit der Besonderheit, daß die Räume des Palastes in dem Zustand erhalten sind, wie sie Giovanni Querini 1869 der Stadt übergeben hat. Bis dahin hatte seine Familie mehr als 350 Jahre in diesem Haus residiert.

Eingang

Der Eingangsbereich und das Erdgeschoß des Palastes wurden Anfang der 60er Jahre von dem führenden venezianischen Architekten des 20. Jh.s, Carlo Scarpa, umgestaltet. Scarpa (1906–1978) gilt als einer der Begründer der italienischen Nachkriegsarchitektur. Beton, Bronze, Marmor und Backstein sind seine bevorzugten Materialien, mit denen er überraschende Kontraste schafft. Der Gegensatz von kaltem, grauem Beton und kühlem, glattem Marmor zum warmen, dunklen Bronzeton und zum weichen Rot der freigelegten Ziegel bestimmt die Ausstrahlung der Räume. Das gesamte Untergeschoß ist durch Scarpas Einbauten neu gegliedert. Es entstehen Binnenräume und Durchblicke, die dazu einladen, den Bau zu erkunden. Gleichzeitig wird der Besucher unmerklich zu den Ausstellungsräumen geleitet. Bei allen baulichen Veränderungen wurde darauf Rücksicht genommen, daß der Rio di Santa Maria Formosa, der den Palast vom kleinen Platz trennt, häufig bei Hochwasser das Untergeschoß überflutet.

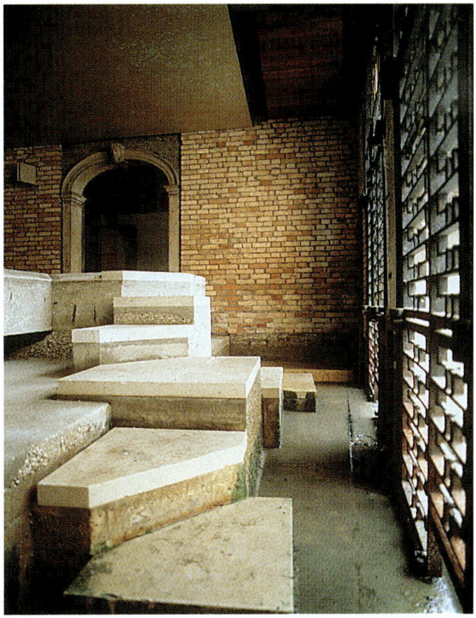

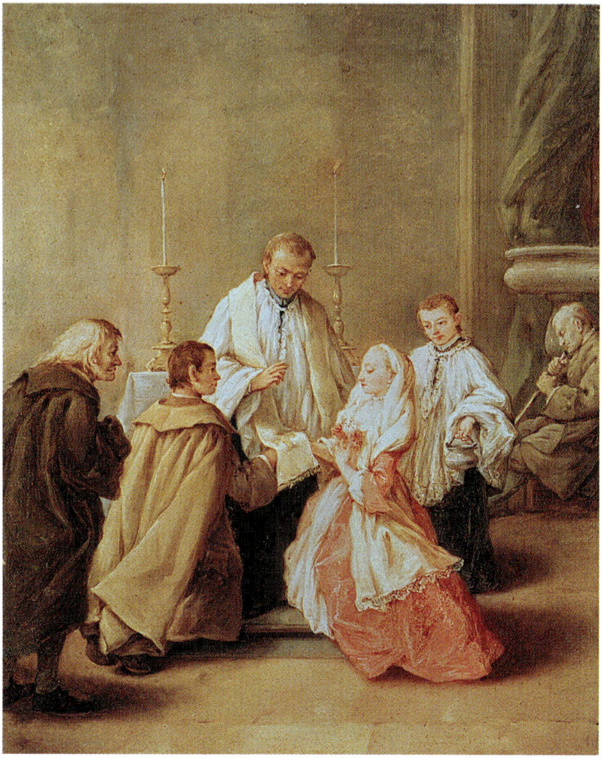

Pietro Longhi: Die Hochzeit, vor 1755
Öl auf Leinwand, 62 x 50 cm

Die Sammlung Querini Stampalia verfügt über eine interessante Kollektion von Gemälden aus allen Epochen der venezianischen Kunst. Ein Schwerpunkt liegt auf dem 18. Jh. mit Werken von Gabriel Bella (1730–1799), der das venezianische Leben historisch genau beschreibt, und mit einer Reihe von Gemälden Pietro Longhis (1702–1775). Von diesem zweiten, künstlerisch bedeutenderen Schilderer des venezianischen Lebens besitzt die Stiftung u. a. die Serie der Sieben Sakramente, zu denen auch »Die Hochzeit« gehört. Das Gemälde zeigt genau jenen Augenblick, in dem der Priester die Verbindung der Brautleute segnet. Die Jugendlichkeit der Hauptpersonen, des Priesters, des Ministranten und der Jungvermählten kontrastiert auffällig mit dem Alten, der von links hinzutritt, und dem Schlafenden, der an einer Säule im Hintergrund lehnt. Der Kirchenraum, in dem sich die Trauung vollzieht, bleibt bis auf die Säule rechts diffus. Die Szene ist ganz auf das Sakrament selbst konzentriert. Aus den hellen Braun- und Creme tönen, die das Bild beherrschen, sticht nur die Braut in ihrem lachsroten Kleid heraus. Der rosa Ton ihres Gewandes scheint sich auch auf die Färbung ihrer zarten Wangen zu übertragen. Wegen der merkwürdigen Beifiguren hat man darüber spekuliert, ob hier vielleicht ein Liebespaar heimlich und gegen den Willen der Familien getraut wird.

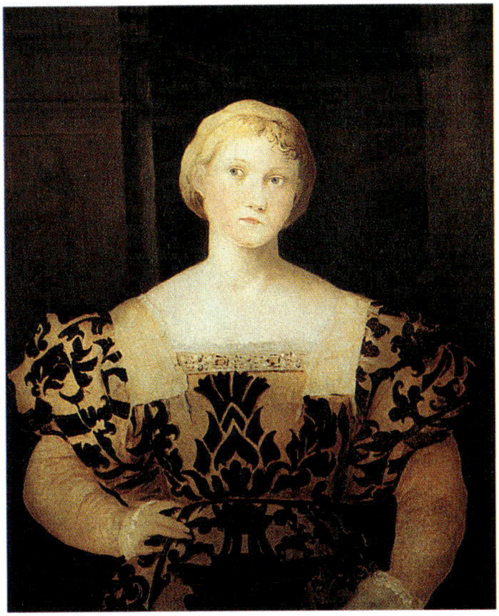

Jacopo Palma il Vecchio: Paola Priuli und Francesco Querini, 1528
Öl auf Holz, 88 x 72 cm und 85 x 73,5 cm

Die beiden Bilder zeigen Francesco di Zuanne di Niccolò Querini Stampalia und seine Ehefrau Paola Priuli di Zan Francesco. Anläßlich ihrer Hochzeit am 28. April 1528 wurde wahrscheinlich der Neu- oder Umbau des Palastes begonnen. Gemälde des zukünftigen Ehepaares wurden häufig schon in der Verlobungszeit angefertigt oder zumindest begonnen. Trotzdem blieb das Bildnis der Braut unvollendet, wie die nur angedeuteten Ärmel und Hände auf den ersten Blick erkennen lassen. Denn der Maler Jacopo Palma d. Ä. (eig. Jacobo Negretti, um 1480–1528) starb bereits drei Monate nach der Hochzeit am 30. Juli.

Die Porträtierten Francesco und Paola stehen jeweils vor einer Rundnische, neben der Pilaster mit einfachen Kapitellen sichtbar werden. Erstaunlicherweise ist das Bild der Braut nahsichtiger genommen als dasjenige des Bräutigams. Ob man keinen Wert darauf legte, daß die Pendants genau gleich ausfielen (wie ja auch das Bild Paolas etwas höher ist als das ihres Gatten), oder ob sich das Porträt von Francesco bereits in seinem Besitz befand, als Palma noch an dem von Paola malte und er den Hintergrund deshalb nur ungefähr anglich, ist heute nicht mehr zu entscheiden.

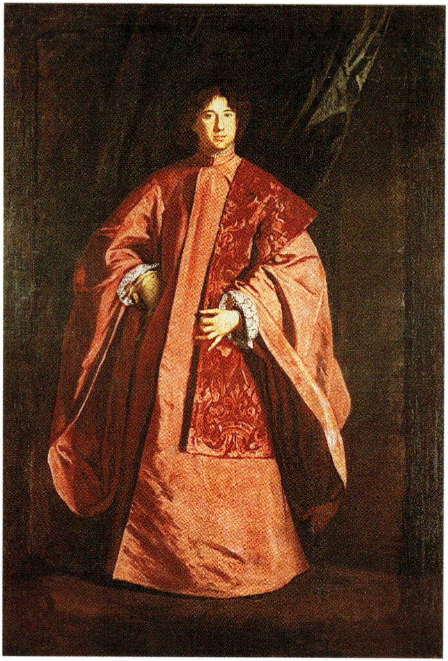

Sebastiano Bombelli:
Ganzfiguriges Porträt des Gerolamo Querini als Prokurator von San Marco, um 1669
Öl auf Leinwand, 236 x 161 cm

Sebastiano Bombelli (1635–1719) galt als einer der besten Porträtisten seiner Zeit. Er wurde von Venedig aus an die großen italienischen Fürstenhöfe gerufen. Das berühmte Porträt von Gerolamo Querini ist charakteristisch für ein Repräsentationsbild des Barock. Der junge Venezianer erweckt in seiner prächtigen Amtsrobe Ehrfurcht.

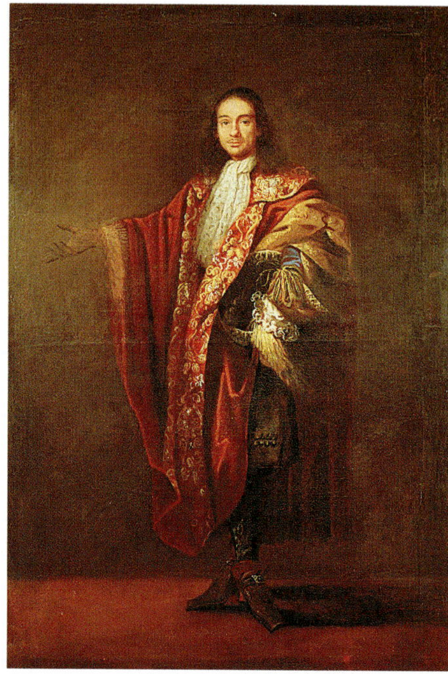

Sebastiano Bombelli:
Ganzfiguriges Porträt des Paolo Querini als Prokurator von San Marco, um 1684
Öl auf Leinwand, 213 x 152 cm

Die Querini sind eine der ältesten venezianischen Adelsfamilien. Der Beiname Stampalia leitet sich von einer griechischen Insel ab, die die Querini bis 1522 als Lehen hatten. Ihren Einfluß bis zum Ende der Republik beweisen zahlreiche Porträts von Familienmitgliedern in führenden Staatsämtern.

Giovanni Battista Tiepolo:
Bildnis eines Prokurators und Generale da Mar aus der Familie Dolfin, 1749/50
Öl auf Leinwand, 235 x 158 cm

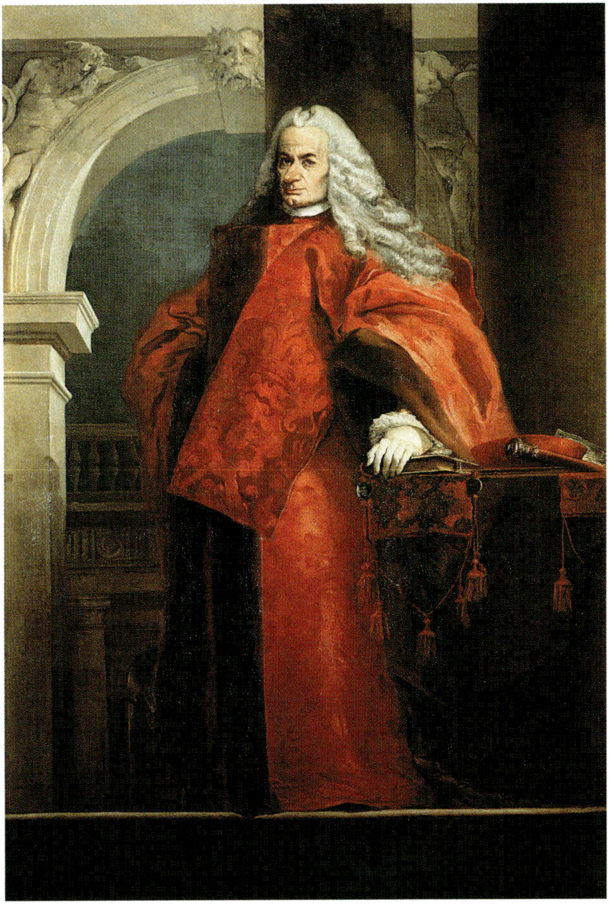

Im späten 19. Jh. wurde dieses Gemälde für ein Bildnis des Prokurators Giovanni Querini gehalten. Da es sich in älteren Inventaren aber nicht nachweisen läßt, sondern wahrscheinlich erst Mitte des 19. Jh.s aus dem Palazzo Dolfin in die Sammlung Querini kam, geht man heute davon aus, daß es einen Dolfin porträtiert. Außerdem hat Tiepolo für diese Familie Ende der 20er Jahre des 18. Jh.s zehn große Gemälde mit Szenen aus der römischen Geschichte geschaffen. Im Vergleich mit den Bildnissen Bombellis ist Tiepolos Meisterschaft klar ersichtlich. Der schärfere Rotton bei Tiepolo, der architektonische Hintergrund und die Untersicht, mit der der Betrachter auf den Porträtierten blickt, flößen Respekt ein. Sie charakterisieren den streng blickenden Prokurator als mächtige Persönlichkeit. Der auffällige weiße Handschuh läßt die Vermutung zu, daß es sich um ein Bildnis von Daniele IV. Dolfin handelt, der während eines heroischen Kampfes bei Metellino an der linken Hand verletzt wurde.

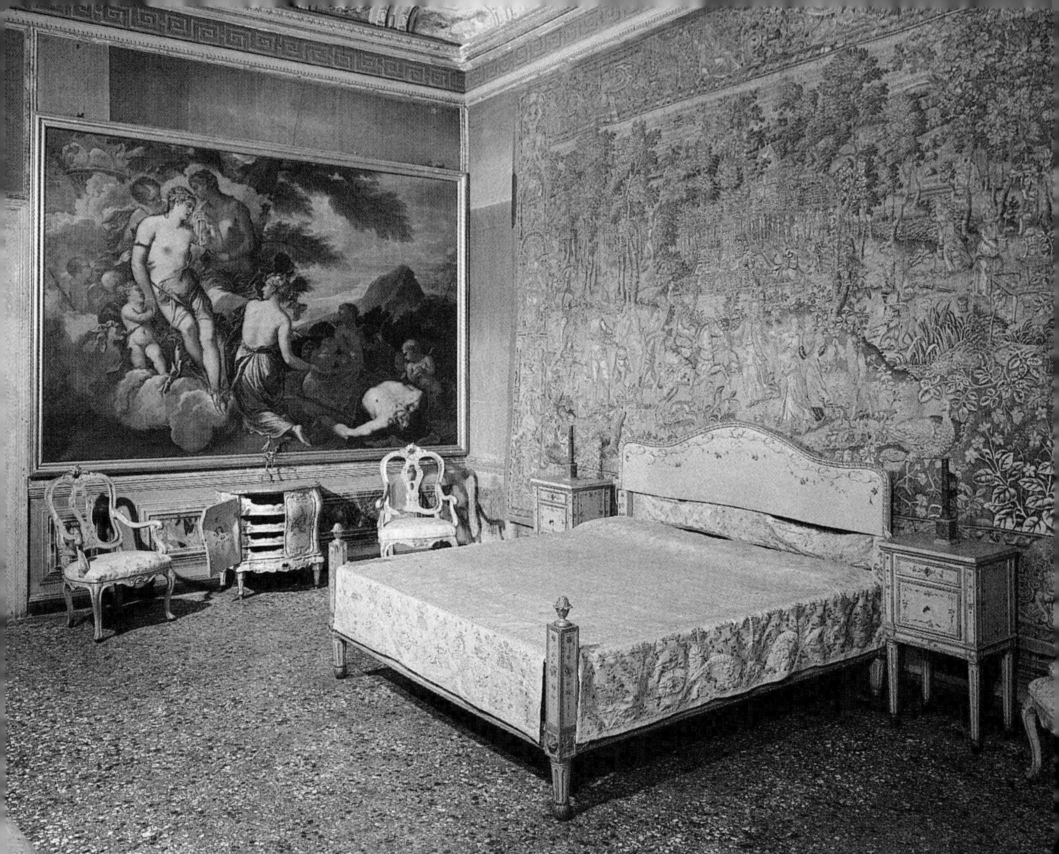

Schlafzimmer

Der Palazzo Querini Stampalia bietet nicht nur eine interessante Kunstsammlung. In vielen Räumen ist das Interieur eines typischen venezianischen Stadtpalastes aus dem 18. Jh. erhalten, das etwas vom Lebensgefühl jener Zeit vermittelt. Dieses Schlafzimmer ist mit bezaubernden Lackmöbeln des späten Rokoko ausgestattet, dazu kommt neben einigen Gemälden auch ein besonders reizvoller Wandteppich. Er zeigt adelige Vergnügungen im Freien, zu denen u. a. der Villenaufenthalt im Sommer Gelegenheit bot.

Gabriel Bella:
Die Fronleichnamsprozession auf der Piazza San Marco, vor 1792 (?)
Öl auf Leinwand, 95 x 147,5 cm

Die Galerie verfügt noch über einen weiteren Schatz, der dem Betrachter das venezianische Leben des 18. Jh.s vor Augen führt. Sie besitzt 67 Bilder von Gabriel Bella, der mit fast naiv zu nennender Malweise, bei der ihm die Architekturen deutlich besser gelingen als die Figuren, venezianische Feste, Spiele und Umzüge, das Leben des Adels und der Stadtregierung schildert. Dieses Gemälde zeigt die Fronleichnamsprozession. Man erkennt, daß ein großer, bedeckter, hölzerner Laubengang aufgestellt wurde, um die unzähligen Prozessionsteilnehmer vor der Sonnenhitze zu schützen.

Während Pietro Longhi sich auf die intime Schilderung einzelner Begebenheiten, häufig im Inneren der Adelspaläste, spezialisierte, und die großen Vedutisten Guardi und Canaletto v. a. die Bauwerke der Stadt darstellten, beschreibt Bella ausführlich das venezianische Stadtleben. Seine künstlerisch nicht sehr qualitätvollen Gemälde sind eine Quelle ersten Ranges für venezianische Sitten und Bräuche.

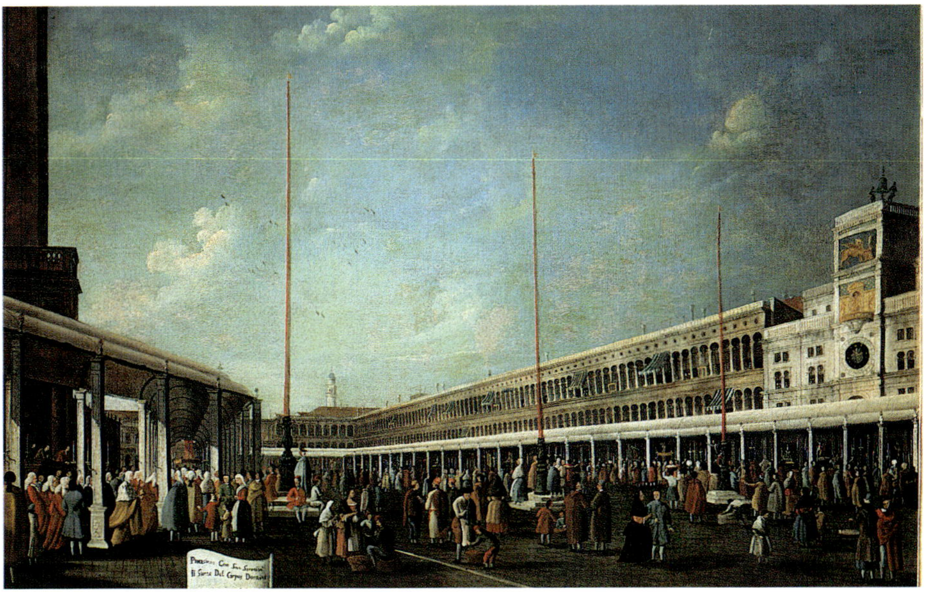

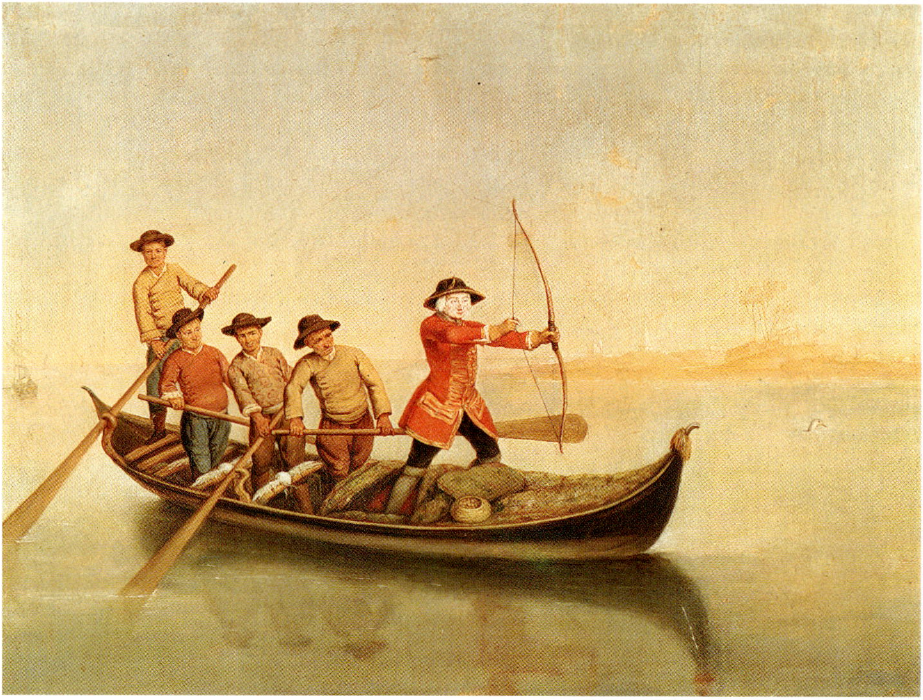

Pietro Longhi:
Die Entenjagd in der Lagune, um 1760
Öl auf Leinwand, 57 x 74 cm

»Die Entenjagd in der Lagune« gehört zu den Meisterwerken Longhis, der in manchen seiner Bilder auch gefällige Massenware geliefert hat. Hier besticht v. a. die Schilderung der menschlichen Typen. Besonders die rudernden Diener im hinteren Teil des Bootes zeigen Individualität und haben ausdrucksvolle Gesichter. Doch auch die Darstellung eines nebligen Tages in der Lagune, wo das Wasser spiegelglatt ist und das Sonnenlicht den Nebel zu einer feuchten, goldenen Masse werden läßt, ist Longhi auf einzigartige Weise gelungen. Die ungewohnte Leere des Bildes, die von Longhis Zeitgenossen als kompositioneller Mangel empfunden worden sein mag, beschwört die Einsamkeit an einem herbstlich sonnigen Nebeltag herauf.

Giovanni Bellini:
Die Darbringung im Tempel, um 1460
Holz, 82 x 106 cm

Eines der großen Meisterwerke der venezianischen Malerei des 15. Jh.s ist »Die Darbringung im Tempel« von Giovanni Bellini. Es ist das Ergebnis der Auseinandersetzung mit einem Bild gleichen Themas, das Giovannis Schwager Andrea Mantegna gemalt hat (heute in Berlin). Nach jüdischem Brauch bringt Maria ihr erstgeborenes Kind in den Tempel und zeigt es dem Hohepriester. Außer den üblichen Personen, Maria, dem Priester Simeon und der Prophetin Hannah, zu denen sich manchmal auch noch Josef und eine Dienerin gesellen, zeigt Bellini noch zwei junge Männer auf der rechten Seite. Schon bei Mantegna befindet sich dort ein traditionell nicht zur Darstellung gehörender junger Mann.

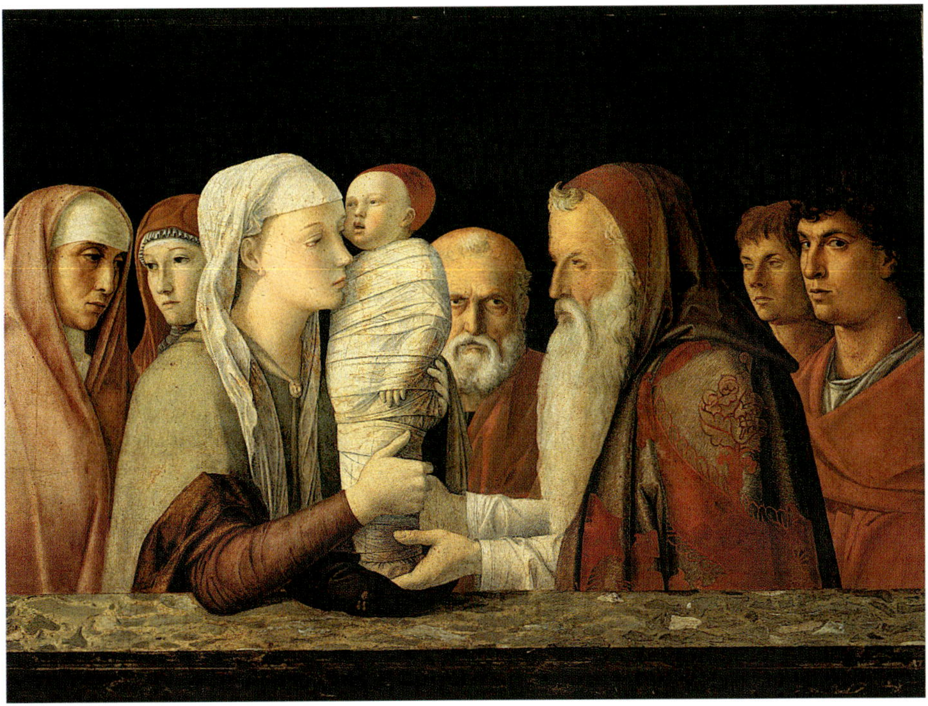

Scuola Grande di San Marco

Schon die prächtige Eingangswand mit den drei hochaufragenden Rundgiebeln und den kostbaren farbigen Marmorinkrustationen und Reliefs weist darauf hin, daß die Scuola di San Marco zu den sechs Scuole Grande, den sechs wichtigsten Laienbruderschaften Venedigs zählte. Die Fassade gibt mit der Dominikanerkirche Santi Giovanni e Paolo und dem Reiterstandbild des Bartolomeo Colleoni dem kleinen Platz am Rio dei Mendicanti seinen besonderen Reiz. Auf dem schmalen Kanal brausen von Zeit zu Zeit Boote mit Blaulicht heran, Venedigs Krankenwagen. Denn in dem ehrwürdigen Gebäude der Scuola ist seit dem 19. Jh. das Krankenhaus untergebracht.

Der erste Sitz der bereits 1260 gegründeten Scuola befand sich in der Nähe der Kirche Santa Croce. Erst 1437 wurde ein Vertrag mit den Dominikanern von Santi Giovanni e Paolo zur Überlassung eines Grundstücks neben ihrer Kirche geschlossen. Man begann sogleich mit dem Neubau der Scuola, doch die Arbeiten, an denen u. a. die bedeutenden Architekten Bartolomeo Buon und Antonio Rizzo beteiligt waren, zogen sich mit Innenausbauten und Dekorationen bis in die 70er Jahre hin.

Kurz nach der Vollendung vernichtete ein verheerender Brand am 30. März 1485 die neue Scuola. Schon wenige Tage später beschloß der Consiglio dei Pregadi, der Scuola di San Marco eine Wiederaufbauhilfe von 100 Dukaten monatlich über den Zeitraum von zwei Jahren zukommen zu lassen. Zusätzlich erhielt die Scuola ein Darlehen von 2000 Dukaten, um den Neubau zu finanzieren. Man beauftragte Pietro Lombardo und seine Söhne mit dem Wiederaufbau, die kurz zuvor das elegante Eingangstor der Scuola di San Giovanni Evangelista errichtet hatten. Die Kosten für den Bau stiegen jedoch ins Unermeßliche. Der Abschluß der Bauarbeiten verzögerte sich immer weiter. Der Vorstand der Scuola entließ daraufhin kurzerhand seine Baumeister und beauftragte einen anderen angesehenen Architekten, Mauro Codussi, mit der Fertigstellung. Codussi entwarf die drei bekrönenden Rundgiebel. 1495, zehn Jahre nach dem schrecklichen Brand war die Fassade vollendet.

Die alte Bruderschaft des Hl. Markus, die sich den Stadtpatron zu ihrem Titelheiligen gewählt hatte, genoß höchstes Ansehen. Im Mittelalter und in der Renaissance hatte sie sehr großen Einfluß, denn viele bedeutende Venezianer zählten damals zu ihren Mitgliedern. Entsprechend hoch war der Aufwand, den man für die Ausschmükkung nicht nur der Fassade, sondern auch der Innenräume des Neubaus trieb. Vom späten 15. Jh. bis in das frühe 17. Jh. zogen sich die Arbeiten hin. Im Inneren befanden sich einst wertvolle Gemälde, u. a. aus der Bellini-Werkstatt, und der Zyklus mit Markuslegenden von Jacopo Tintoretto, die heute zum größten Teil in der venezianischen Gemäldegalerie, der Gallerie dell'Accademia, aufbewahrt werden.

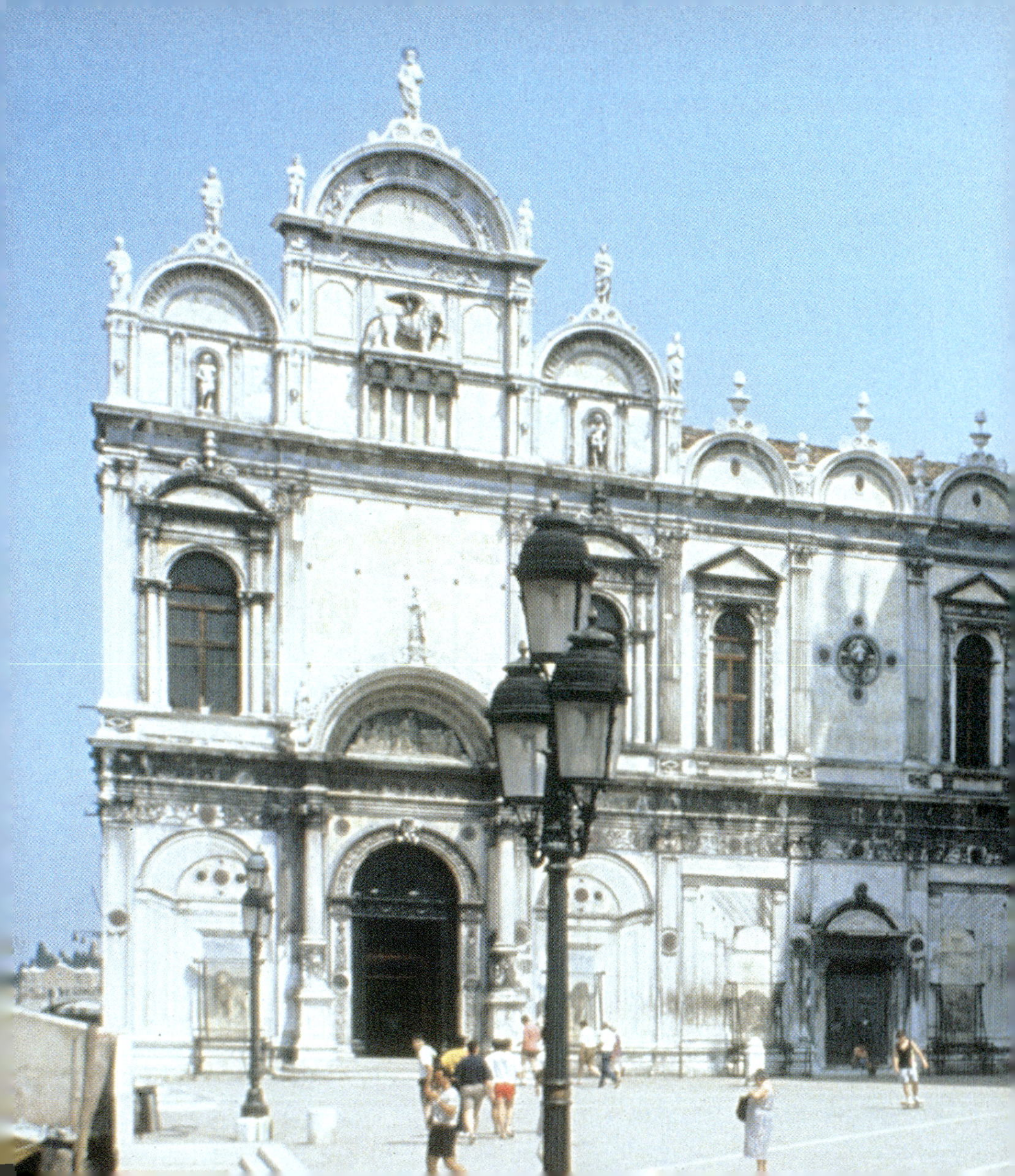

Tullio Lombardo:
Die Heilung des Anianus, 1487–1489

Tullio, dem begabtesten der Lombardo-Söhne, werden die Reliefs mit Szenen aus der Markus-Legende im Erdgeschoß zugeschrieben. Auf dieser Seite ist die Heilung des Schusters Anianus in Alexandria dargestellt. Mit jammervollem Gesichtsausdruck reckt der am Boden sitzende Schuster dem Hl. Markus seine mit einer Ahle verletzte Hand entgegen. Die Reliefs sind wie eine Art Fenster in die Wand der Scuola eingelassen und erinnern an die Malerei, wie sie damals viele venezianische Paläste schmückte. Diese Verbindung dürfte auch den Zeitgenossen von Tullio Lombardo (um 1455–1532) nicht verborgen geblieben sein. Und es ist sehr wahrscheinlich, daß er sich hier in einen direkten Vergleich mit gemalten Dekorationen begibt. Sein Relief konnte dabei v. a. den Vorteil der größeren Haltbarkeit für sich beanspruchen, während die schnell vergängliche Malerei die Farbe auf ihrer Seite hatte. Doch Tullio versuchte, mit seinen unterschiedlich tief ausgearbeiteten Figuren räumliche Wirkungen zu erzielen, wie man sie aus der Malerei kannte. Während die Hauptfiguren weit hervortreten, sind im Hintergrund stehende in einem sich kaum erhebenden Flachrelief gehalten. So erzielt er perspektivische Wirkung.

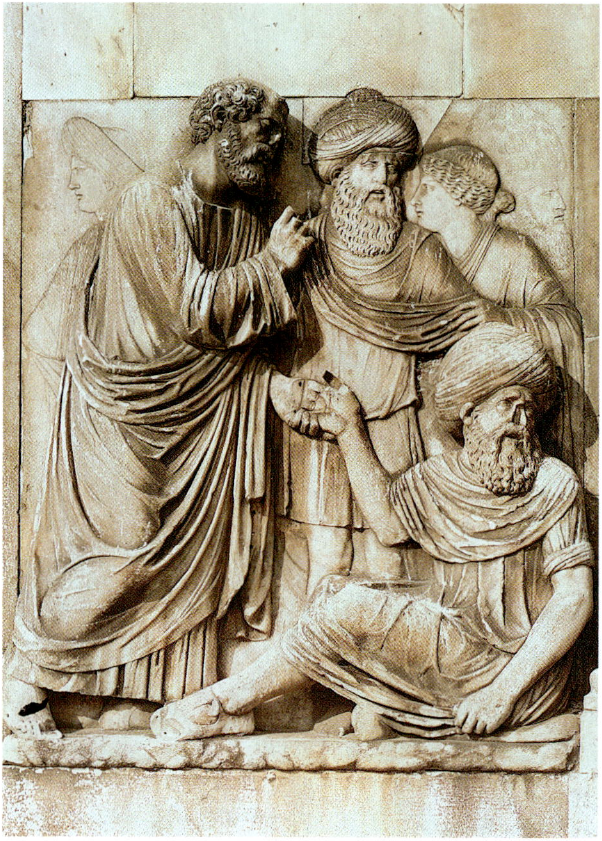

Tullio Lombardo: Die Taufe des Anianus, 1487–1489

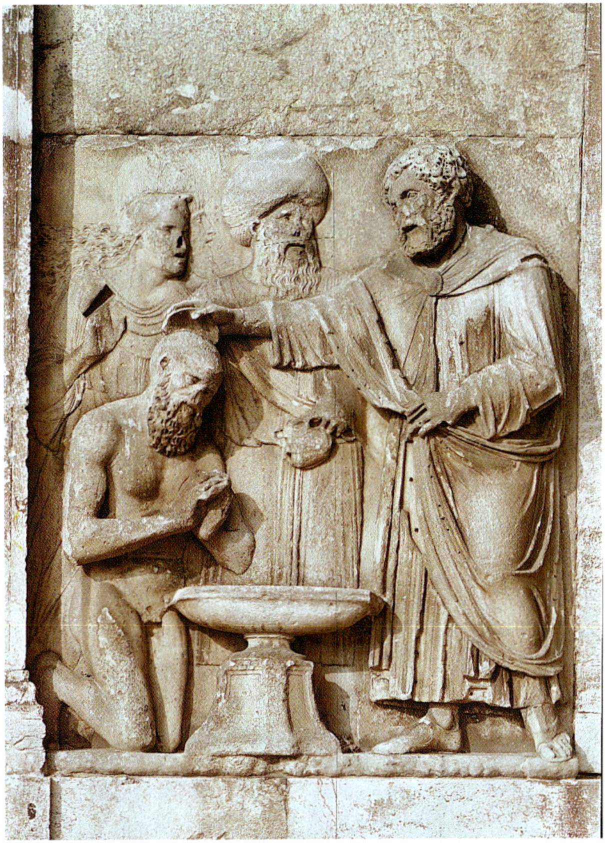

Durch die Heilung bekehrt, läßt sich Anianus vom Hl. Markus taufen. Der ehemalige Schuster wird selbst zum Missionar und schließlich der erste Bischof von Alexandria. Beide Reliefs aus der Markus-Legende sowie die Löwen zu Seiten des Eingangs sind für die Betrachtung aus der Ferne konzipiert. Erst dann kommt ihre volle perspektivische und plastische Wirkung zur Geltung. Tullio Lombardo beeindruckte schon seine Zeitgenossen mit seiner Fähigkeit, Gefühlsregungen durch Mimik und Körpersprache auszudrücken. Außerdem lobten sie v. a. seine Kenntnis der antiken Skulptur, an deren Vorbild er sich mit seinen Arbeiten orientierte. Von der kunsthistorischen Forschung wurde wegen seines stark an der Antike orientierten Stils immer wieder vermutet, der junge Venezianer sei selbst nach Rom gereist, um dort antike Werke zu studieren. Ohne eine erweiterte Kenntnis der antiken Skulpturen ist sein Stil kaum denkbar. Zumindest ist bekannt, daß er einen antiken Kopf besaß, den er studierte und häufig zum Vorbild nahm. In jedem Fall hat Tullio Lombardo seine Zeitgenossen so begeistert, daß das Traktat, »De Sculptura« (um 1504) des Paduaner Gelehrten Pomponius Gauricus sich ausführlich mit seiner Kunst befaßt.

Der Schwarze Tod

Die Pest, eine der grauenvollsten Krankheiten, die die Antike kannte, hatte das mittelalterliche Europa weitgehend verschont. Hauptverbreitungsgebiete dieser Tierkrankheit, die auch auf den Menschen übertragbar ist, lagen und liegen bis heute in den Steppen Zentralasiens. So wußten die Venezianer und Genuesen, die 1347 in der Stadt Kaffa am Schwarzen Meer von einer Tartarenarmee belagert wurden, nicht, was es mit den schwarzen Körpern, die die Tartaren in die Festung schleuderten, auf sich hatte. Bei ihrer Rückkehr brachte eine venezianische Galeere den Tod in der Gestalt von infizierten schwarzen Wanderratten und deren Flöhe aus dem Orient nach Europa. Durch diese Flöhe und durch den direkten Kontakt mit toten Ratten wurde der Pestbazillus auf die Menschen übertragen. Ausgehend von den Hafenstädten trat die Krankheit ihren grausamen Siegeszug an. Sie breitete sich zwischen 1348 und 1352 über ganz Europa bis nach Island aus und kostete über 25 Millionen Menschen das Leben. Dies war rund ein Drittel der Bevölkerung. In Venedig fielen dieser ersten Attacke des Schwarzen Todes mehr als die Hälfte der Einwohner zum Opfer. Keine der Maßnahmen, die man ergriff, konnte die Pest aufhalten. Zwar bemerkte man, daß sich die Krankheit von Mensch zu Mensch übertrug, aber über die Art der Infektion wußte man nichts. Erst 1894 gelang es, den Pesterreger (der heute mit Antibiotika bekämpft wird) und den Infektionsweg aufzudecken.

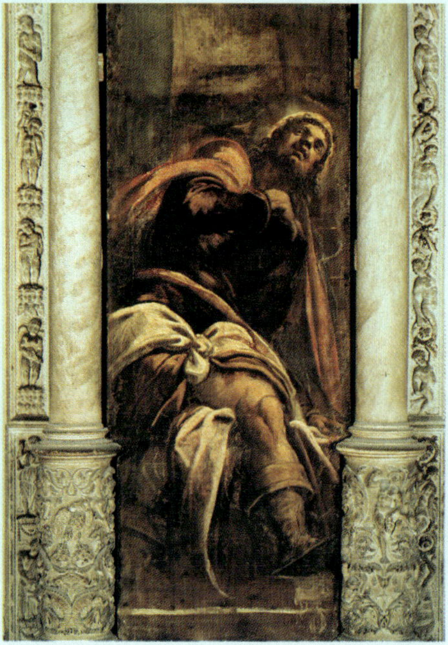

Tintoretto: Der Hl. Rochus, 1583–1587, Scuola Grande di San Rocco, Venedig. Besonders in den Zeiten der Pest wurde der Hl. Rochus verehrt.

Die Venezianer entschlossen sich Anfang des 15. Jh.s immerhin zu einer Maßnahme, die die Krankheit kurzfristig aufhielt. Jede Besatzung eines Schiffs, das aus verseuchten Gebieten nach Venedig einlief, mußte 40 Tage warten, bevor sie die Stadt betreten durfte. Die Maßnahme nützte allerdings wenig, da man die Übertragung durch Tiere nicht kannte. Einzelne Landstriche wurden seit dem 14. Jh. immer wieder von der Pest heimgesucht. Besonders die Hafenstädte und die Orte entlang der Handelswege waren häufig betroffen. Venedig mit seinem großen Orienthandel war besonders gefährdet. 1348–1630 verzeichnete die Stadt im Abstand von etwa 20 bis 50 Jahren immer wieder Pestausbrüche. Allerdings ist es schwierig festzustellen, ob und um welche Form der Pest es sich dabei handelte. Denn viele schwere Krankheiten wurden ebenfalls so bezeichnet. Außerdem tritt die Pest selbst in verschiedenen Formen auf, am häufigsten als Lungen- oder Beulenpest. Erstere wird v. a. von Mensch zu Mensch übertragen. Sie äußert sich durch schwarzen blutigen Auswurf, Atemnot und eine bläuliche Verfärbung der Haut und endet nach wenigen Tagen tödlich. Bei der Beulenpest dringen die Erreger nach Flohbissen in die Lymphknoten ein. Diese schwellen zu schmerzhaften Geschwüren von bis zu 10 cm Größe an, die blutig-eitrig aufbrechen können. In diesem Fall, oder wenn die Lymphknoten künstlich geöffnet werden, ist eine Heilung möglich. Wenn jedoch die Erreger in die

Giovanni Grevembroch: Gli habiti de' Veneziani, Pestarzt, 18. Jh., Museo Correr, Venedig.

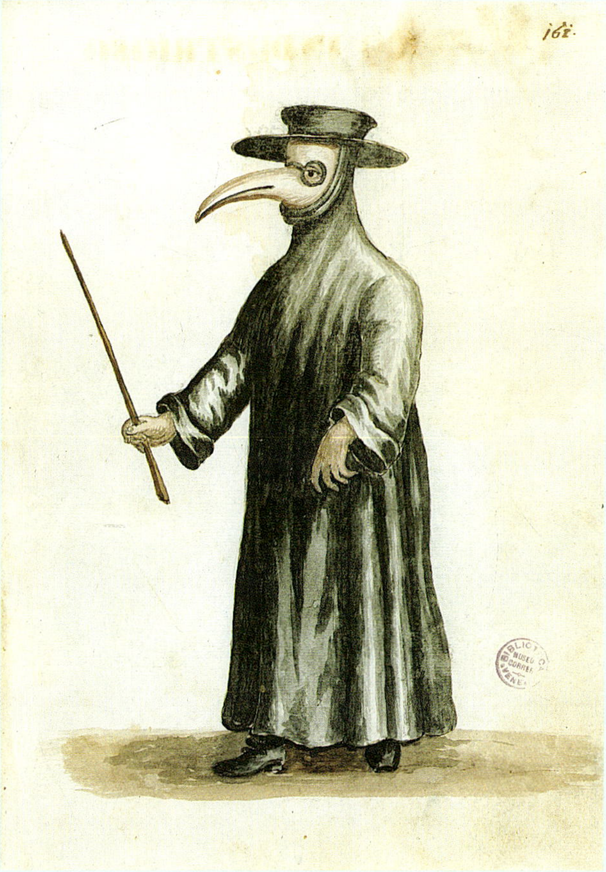

Blutbahn gelangen, führen sie zur Lungenpest oder auch zu ausgedehnten Blutungen der kleinen Blutgefäße, die den Körper schwarz färben, was dieser immer tödlichen Form der Krankheit den Namen »Schwarzer Tod« einbrachte. Daneben gibt es auch leichtere Formen der Pest, die nicht lebensgefährlich sind. Hatte man überlebt, war man in der Regel für lange Zeit immun. All diese Gegebenheiten machten es für die Ärzte in früheren Jahrhunderten äußerst

Hans Makkart: Die Pest in Florenz (Teil II), 1868, Öl auf Leinwand, 103 x 204,5 cm, Sammlung Georg Schäfer, Schweinfurt. Makkarts schaurige Vision der Reaktion der Menschen auf die Pest war zunächst nicht auf Florenz, sondern auf die sieben Todsünden oder die Pest allgemein bezogen.

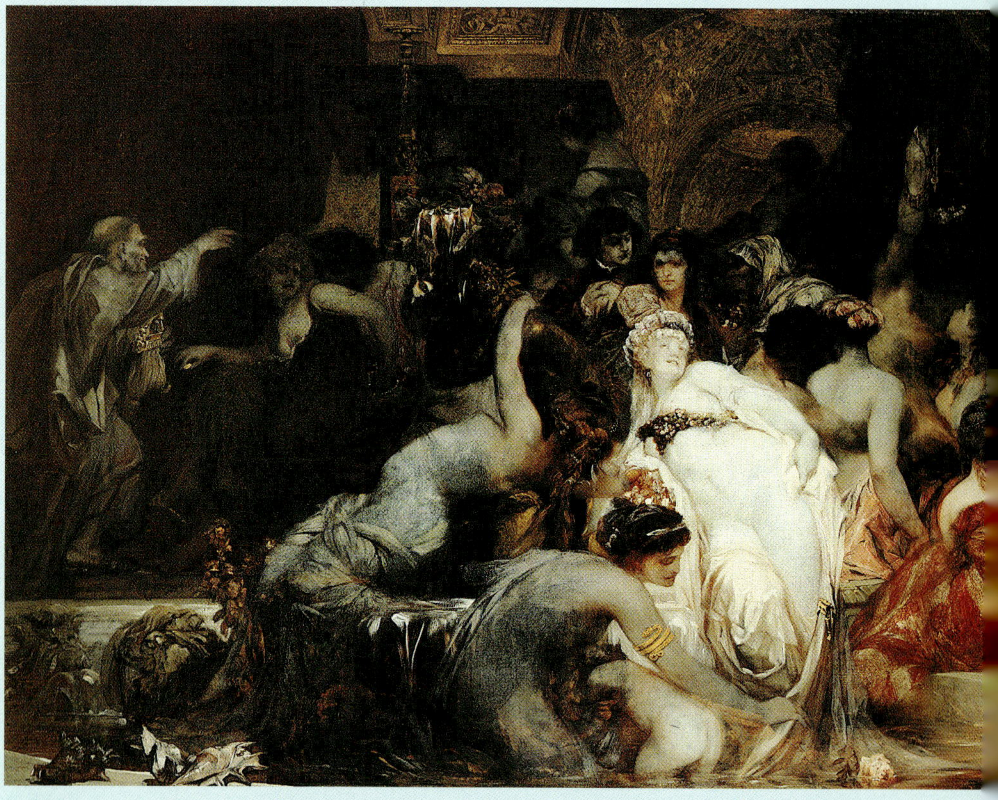

schwer, überhaupt eine Pesterkrankung zu diagnostizieren.
So war es auch im Jahr 1575, als in Venedig erste Fälle auftraten. Die städtischen Ärzte und die Gesundheitsbehörde waren sich nicht sicher, ob es sich um die Pest handelte. Solange man keine Gewißheit hatte, leugnete man ihr Auftreten, um den Handel nicht zu gefährden. Doch bald häuften sich die Fälle, und jener Ausbruch der Beulenpest wurde zu einem der schwersten der venezianischen Geschichte. Durch die sehr genauen Akten aus dieser Zeit und die Tatsache, daß mehr Kranke als bei anderen Verlaufsformen überlebten, die von ihren Erlebnissen berichten konnten, sind wir sehr gut über die Pestjahre 1575–1577 informiert.

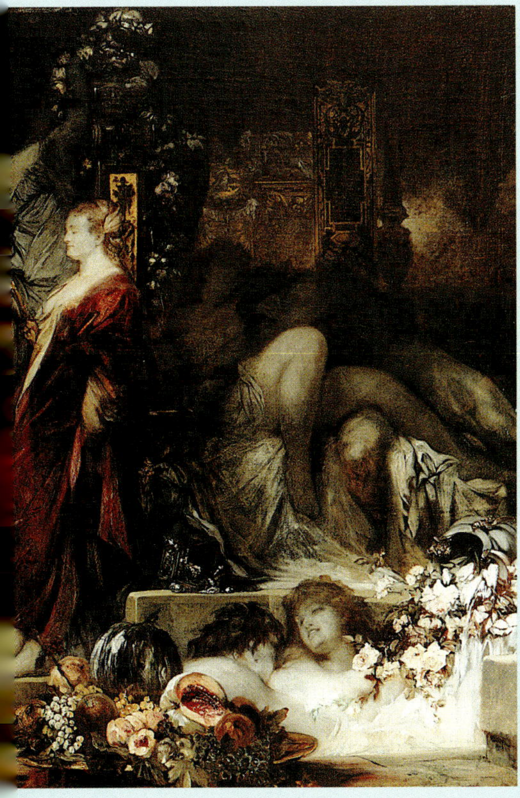

Schon bevor sich die Ärzte darüber einig waren, daß man es mit der gefürchteten Krankheit zu tun hatte, begannen die »Proveditori alla Sanità« (Gesundheitsbehörde), die Kranken zu isolieren. Bei vollem Ausbruch der Pest richtete man Lazarette ein, in welche die Opfer gebracht wurden, oder man verbannte sie in ihre Häuser, die nur von Ärzten und Pflegern betreten werden durften. Die Ärzte waren mit einer speziellen Schutzkleidung ausgestattet, die als unheimliches, an den Tod gemahnendes Kostüm auch Eingang in den Karneval fand. Sie bestand aus einem langen Mantel, der die Gestalt vollkommen bedeckte. Der Kopf wurde durch einen Hut und eine Art Vogelmaske mit langem Schnabel geschützt, der mit wohlriechenden Kräutern gefüllt war, einerseits, um den Gestank der Kranken zu übertönen, zum anderen, weil man den Pflanzen infektionshindernde Wirkung zuschrieb. Während sich genügend Ärzte fanden, die die Unglücklichen betreuten, sah es bei den Pflegern anders aus. Die Regierung sah sich gezwungen, alle Prostituierten in die Lazarette zu beordern. Ihre männlichen Kollegen, die sog. »picegamorti«, die auch für die Bestattung der Toten, die Verbrennung ihres Nachlasses und die Einhaltung der Isolierung in den Häusern zuständig waren, rekrutierte man unter den Strafgefangenen, denen man dafür die Freilassung versprach.

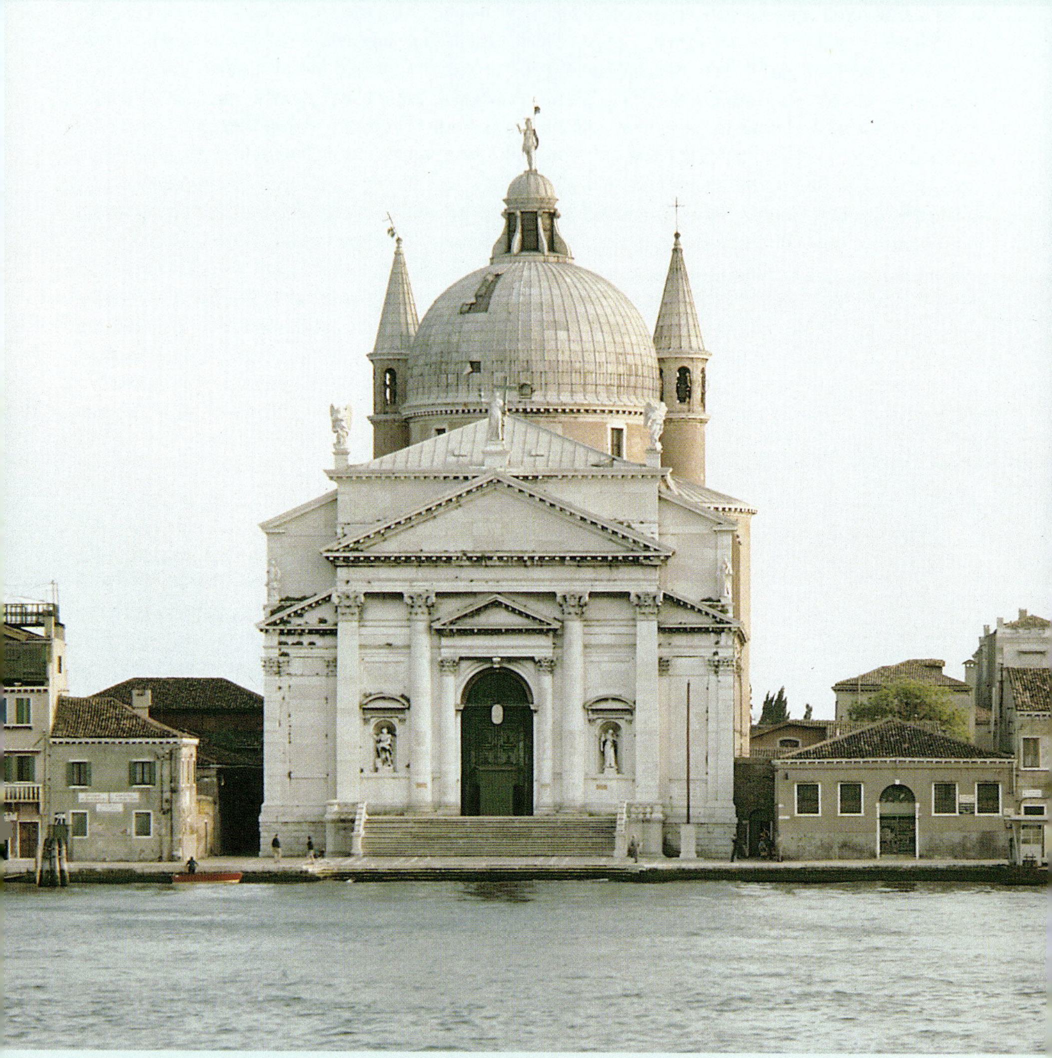

Außerdem warb man unerschrockene Arme vom Festland an, denen hohe Summen versprochen wurden und die vielleicht auch darauf hofften, das eine oder andere bei den Toten stehlen zu können. Man kann sich nur ungefähr vorstellen, welches Schreckensregime von Korruption, Laster und Sadismus diese Pfleger wohl verbreiteten, zumal sie selbst davon ausgehen mußten, ihren Dienst nicht zu überleben. Auf der anderen Seite gab es unter ihnen jedoch auch Menschen, die aufopferungsvolle Hilfe leisteten. Pestverdächtige und Kranke wurden in die Lazarette transportiert, von denen die Stadt bei Ausbruch der Krankheit zwei besaß. In das alte Lazarett wurden die Kranken und Sterbenden gebracht, in das neue diejenigen, bei denen die Pest noch nicht voll ausgebrochen war. Doch mit der Zeit erwiesen sie sich als zu klein, und man richtete weitere Krankenwohnungen auf Schiffen ein. Sie waren von einer Garde umgeben und mit Priestern, Ärzten, Lebensmitteln usw. wohlversorgt. Hier lebten v. a. die Reichen, die von dem Übel betroffen waren. Einige beschrieben die Schiffe als heitere Insel in einem Meer von Krankheit und Tod, von wo am Abend hunderte Stimmen erklangen, die gemeinsam sangen und beteten. Verwandte kamen, um ihre Kranken vom Boot aus zu versorgen und zu besuchen. Genesene gaben rauschende Abschiedsfeste. Andere berichten jedoch auch vom Ausbruch von Wahnsinn angesichts des schrecklichen Todes. Im alten Lazarett, wo die Sterbenden lagen, müssen die Verhältnisse dagegen grauenvoll gewesen sein.

Il Redentore wurde als Votivkirche für das Ende der Pest von 1575 errichtet.

Schmutz, Gestank, Willkür der Pfleger, entsetzliche Selbstmorde und Wahnanfälle kennzeichneten das Lazarett auf eine Weise, die Zeitgenossen an die Hölle denken ließ, während sie das neue Lazarett, wo noch nicht jede Hoffnung verloren war, mit dem Fegefeuer verglichen. Je länger die Krankheit dauerte, desto schlimmer wurden die Verhältnisse. Von Juli 1575 bis Februar 1576 starben etwa 3500 Menschen, im Jahr darauf über 46 000, was etwa einem Viertel der Bevölkerung Venedigs entsprach. Wer konnte, verließ die Stadt. Zurück blieben Arme und Kranke und eine Regierung, die kaum noch Herr der Lage war. Einzige Hoffnung bot die Religion, und so gelobte die Signoria auf dem Höhepunkt der Krankheit im Juli 1576 öffentlich die Errichtung einer Votivkirche, wenn die Stadt endlich aus den Klauen der Krankheit befreit würde. Ab Februar 1577 erkrankten immer weniger Menschen, und im Sommer war die Pest aus der Lagunenstadt verschwunden. Zur Erinnerung an die Rettung ließ man Andrea Palladio die Kirche »Il Redentore« auf der Giudecca errichten, zu der bis heute jährliche Dankprozessionen zum Gedächtnis an das Pestende von 1577 führen. Einem ähnlichen Gelöbnis verdankt ein anderes prächtiges Gotteshaus seine Entstehung. Santa Maria della Salute wurde nach dem Ende der letzten großen Pestwelle, die Venedig 1630/31 heimsuchte, errichtet. Zur alljährlichen Festa della Salute am 21. November besuchen noch immer zahlreiche Venezianer die Kirche, und es werden eine Woche lang Dankgebete gehalten. Dieser letzten großen Pest fielen 32% der Bevölkerung zum Opfer. Danach blieb die Lagunenstadt von weiteren Epidemien verschont.

San Zanipolo (Santi Giovanni e Paolo)

Fast zeitgleich mit den Franziskanern kam der andere, Anfang des 13. Jh.s gegründete Bettelorden, die Dominikaner, nach Venedig. Auch sie erhielten vom weisen Dogen Jacopo Tiepolo (1229–1249) ein Grundstück zugewiesen, das weit genug vom Machtzentrum des Staates, der Piazza San Marco, entfernt war. Noch weiter entfernt war der Bauplatz für die Brüder des Hl. Dominikus von den Franziskanern, mit denen der Orden im Laufe der Jahrhunderte nicht selten im theologischen Streit lag. Außerdem konnten die Brüder sich so nicht gegenseitig potente Geldgeber aus der Nachbarschaft abwerben. Denn die Bettelorden waren allein auf Spenden aus der Bevölkerung angewiesen.

Die kreuzförmige Dominikanerkirche San Zanipolo entstand zur selben Zeit wie die franziskanische Frari-Kirche. 1234 begann man mit dem Bau, erst 1430 waren die Arbeiten abgeschlossen. Der venezianische Name des gotischen Gotteshauses, Zanipolo, ist eine typische Zusammenziehung aus dem langen »Santi Giovanni e Paolo«. Diesen beiden römischen Märtyrern des 3. Jh.s ist die Kirche geweiht.

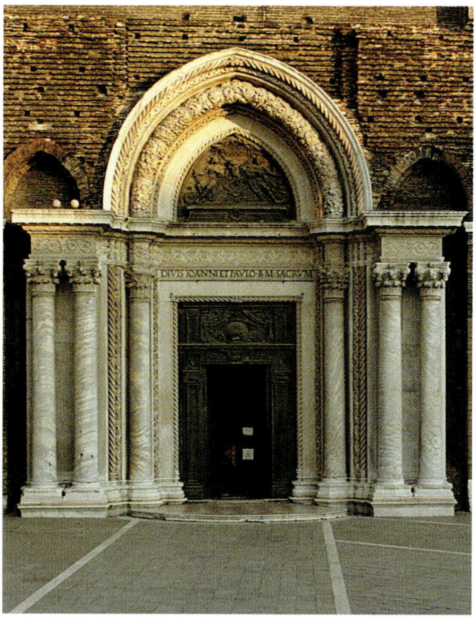

Portal

Durch eine großzügige Spende waren die Dominikaner 1458 in der Lage, ein prächtiges Eingangsportal in Auftrag zu geben. Die sechs griechischen Marmorsäulen, die man dafür verwendete, stammen aus Torcello. An die Tatsache, daß die gesamte Front umgestaltet werden sollte, lassen die grob vor die alte Kirchenfassade geblendeten Backsteine um den Eingang denken. Sie sehen so aus, als wären sie für eine spätere Verkleidung mit Steinplatten vorbereitet. Das schöne Portal vereinigt auf interessante Weise gotische Formen, wie etwa den Spitzbogen, mit den moderneren Elementen der Renaissance. Ein markantes Beispiel für die damalige Moderne ist das mit einem Rankenmuster geschmückte Gebälk.

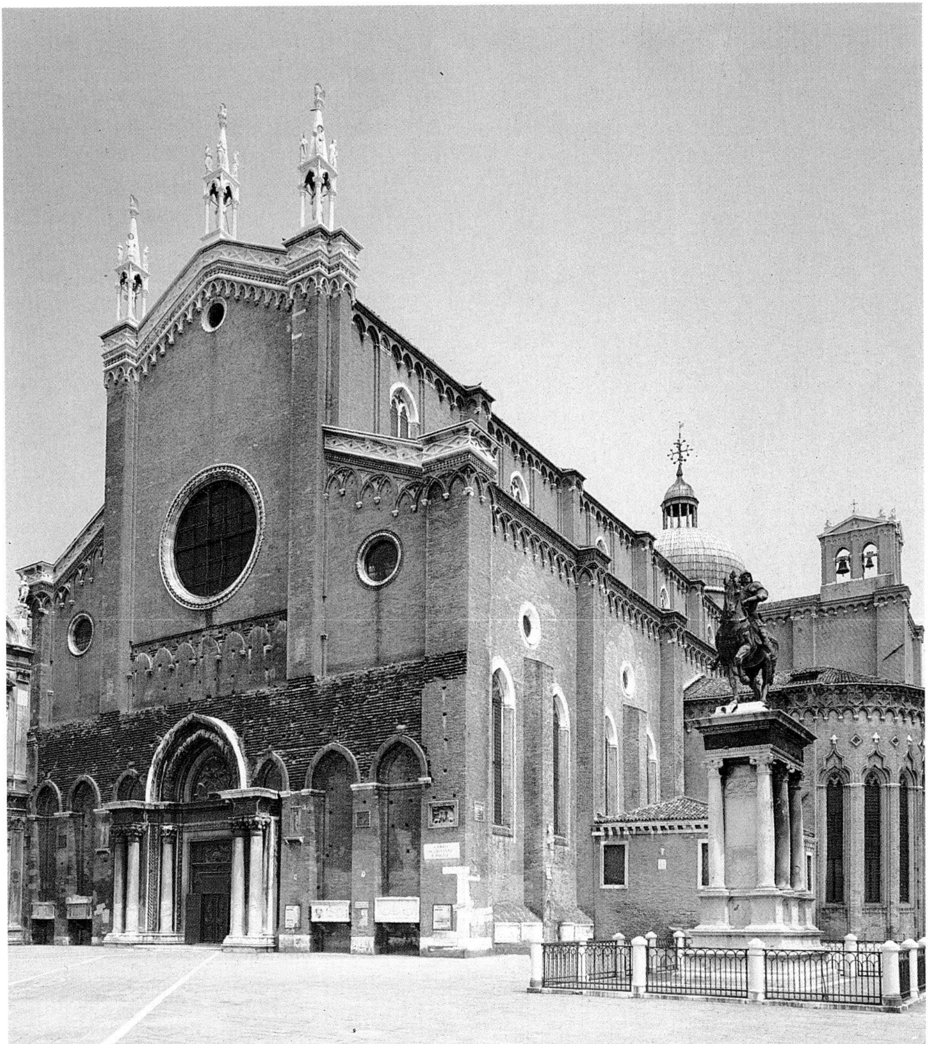

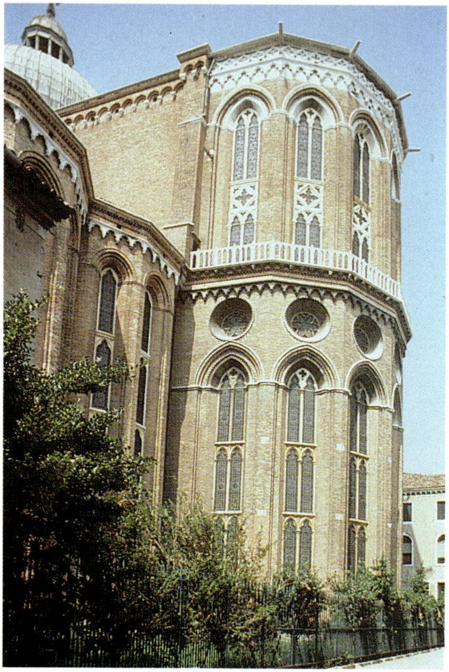

Chor (Außenansicht)

Der Chor von Santi Giovanni e Paolo ist das schönste und bedeutendste Beispiel gotischer Kirchenbaukunst in Venedig, für die es in dieser sehr ausgeprägten Form nur wenige Beispiele gibt. (Ein weiteres ist der Chor der franziskanischen Frari-Kirche.) Die Konkurrenz zwischen den beiden Orden mag für die Gestaltung der Kirche durchaus eine Rolle gespielt haben. Ganz sicher waren die weite Verbreitung der Orden und die damit verbundenen stilistischen Einflüsse aus anderen Gegenden von Bedeutung. Die Dominikaner beriefen ihre eigenen Baumeister, die nicht aus Venedig, sondern aus der Emilia-Romagna stammten.

Innenansicht

Die Dominikaner hatten allerdings mit venezianischen Gegebenheiten zu kämpfen. Sie wünschten offenbar für ihre Kirche keinen offenen Dachstuhl, wie er in Venedig üblich war, sondern ein typisch gotisches Kreuzrippengewölbe, wie es auch die Franziskaner in ihrer Kirche errichteten. Obwohl man breite Rundstützen verwendete, erwiesen sich gemauerte Gewölbe, wie sie auf dem Festland üblich waren, am sumpfigen Bauplatz der Dominikaner als zu schwer. Man verfiel deshalb auf eine typisch venezianische Lösung: Die Gewölbe sind aus Rohrgeflecht und mit einer Putzschicht versehen, so daß sie von unten wie echte Steingewölbe wirken. Große hölzerne Zuganker stabilisieren die Konstruktion zusätzlich. Auf diese Weise sind sehr weite Abstände zwischen den Stützen möglich, wodurch der Raum auch seinen weitläufigen Charakter erhält. Er wird, seit das Chorgestühl 1682 entfernt wurde, auch nicht mehr durch Einbauten beeinträchtigt. Somit kommt der weite Raum der Kirche voll zur Geltung. Wie viele andere Kirchen auch wird er heute nur noch zu besonderen Gelegenheiten ganz von Gläubigen gefüllt.

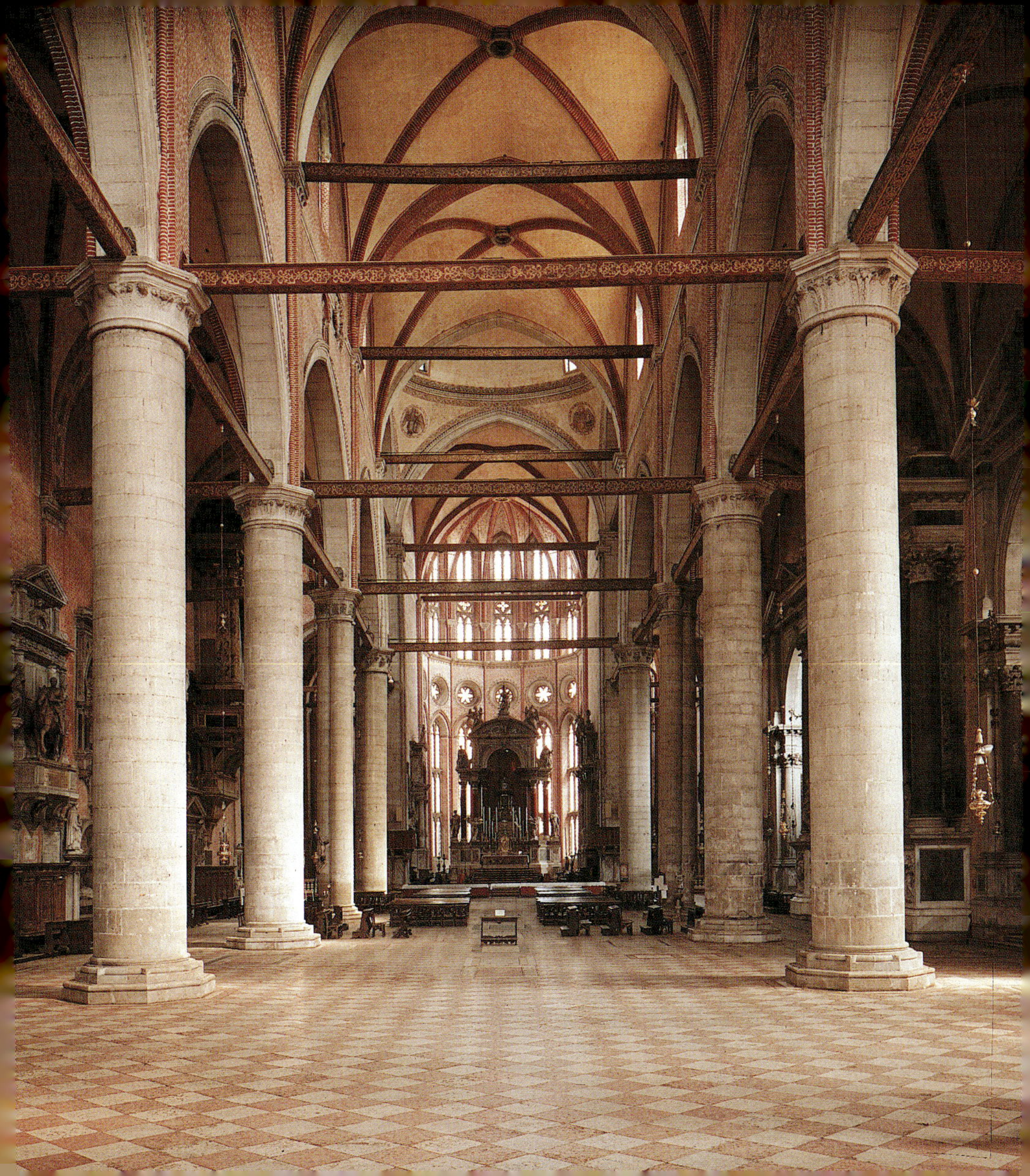

Die Dogengräber in San Zanipolo

Die Bettelordenskirchen waren beliebte Grabstätten. Die Fürsprache und Gebete der Bettelmönche ließen auf eine bessere Beurteilung am Jüngsten Tag hoffen. Die Tugendhaftigkeit und freiwillige Armut der Mönche fiel auf den Toten zurück, der sich sein Grab und die Totenmessen mit einer hohen Spende an die Mönche erkauft hatte, und so dafür sorgte, daß sie ihre Lebensführung beibehalten konnten.

Die Dominikaner waren als Träger der Inquisition auf besonders gute Beziehungen zum Staat angewiesen. Die Gunst der Obrigkeit wußten sie sich auch in anderen Städten stärker zu erhalten als die Franziskaner, die dafür meist bei der einfachen Bevölkerung beliebter waren. In Venedig waren enge Verbindungen zu den Herrschenden besonders wichtig, weil alle kirchlichen Angelegenheiten letztlich in den Händen der Regierung lagen. Indem die Dominikaner ihre Kontakte zum Staat pflegten, verbanden sie die Vorteile eines Bettelordens mit großer Nähe zur Macht. Santi Giovanni e Paolo entwickelte sich deshalb zur wichtigsten Grabeskirche für die Dogen.

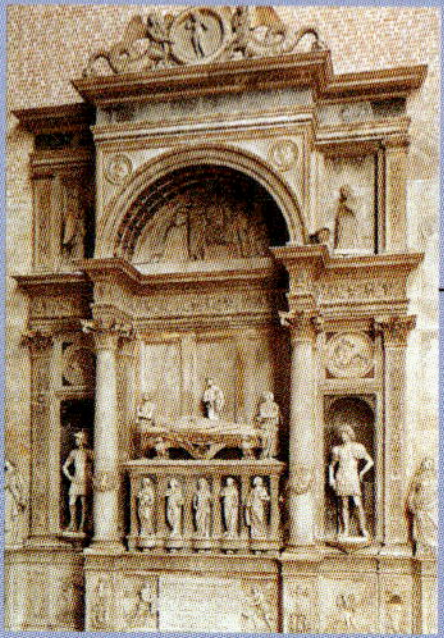

Grabmal des Dogen
Andrea Vendramin († 1478), S. 476

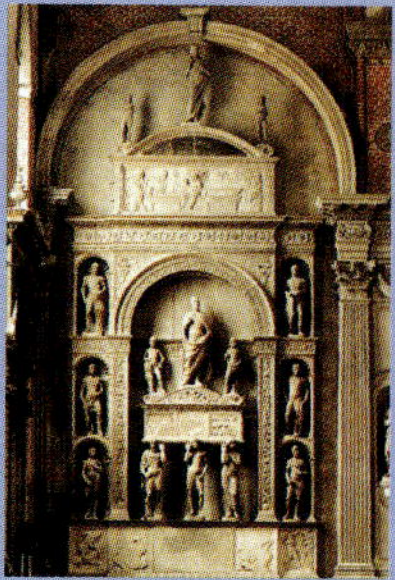

Grabmal des Dogen
Pietro Mocenigo († 1476), S. 474

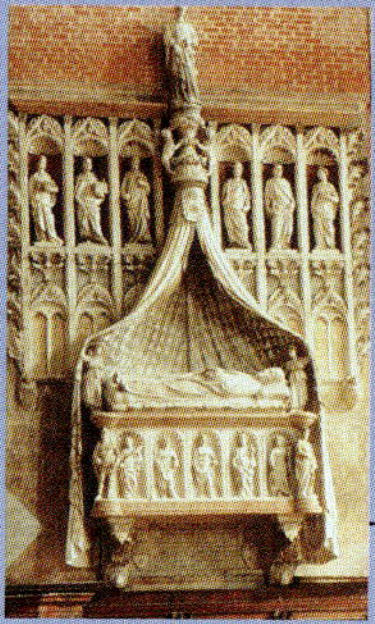

Grabmal des Dogen Tomaso
Mocenigo († 1423), S. 475

Die Dogengräber in Santi Giovanni e Paolo

1 Grabmal des Dogen Alvise Mocenigo († 1577)
2 Grabmal des Dogen Pietro Mocenigo († 1476)
3 Grabmal der Dogen Bertuccio († 1658) und Silvestro († 1700) Valier
4 Grabmal des Dogen Michele Morosini († 1382)
5 Grabmal des Dogen Leonardo Loredan († 1521)
6 Grabmal des Dogen Andrea Vendramin († 1478)
7 Grabmal des Dogen Marco Corner († 1368)
8 Grabmal des Dogen Sebastiano Venier († 1578)
9 Grabmal des Dogen Pasquale Malipiero († 1462)
10 Grabmal des Dogen Tomaso Mocenigo († 1423)
11 Grabmal des Dogen Giovanni Mocenigo († 1485)

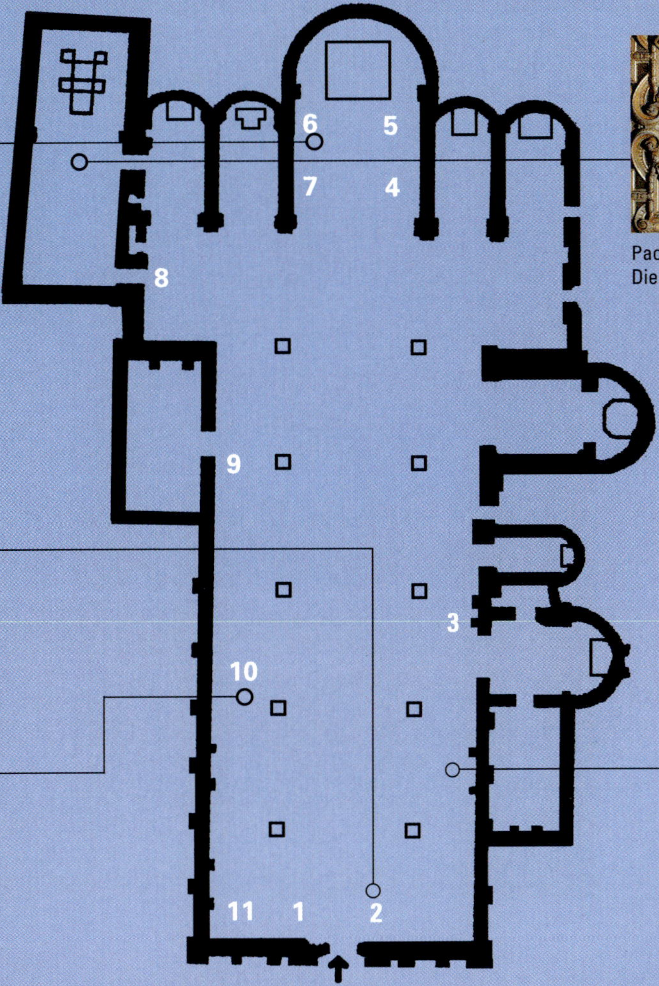

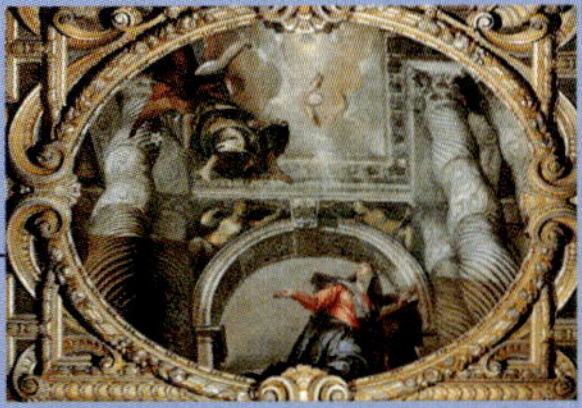

Paolo Veronese:
Die Verkündigung, 1565–1571, S. 478

Giovanni Bellini:
Polyptychon des
Hl. Vinzenz Ferer,
Mitte 15. Jh., S. 477

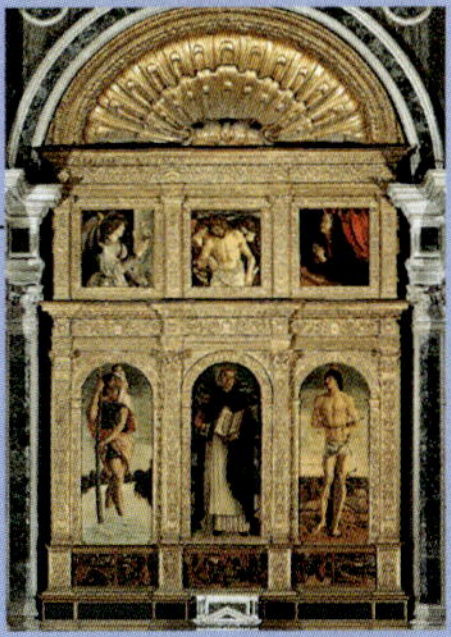

Pietro Lombardo: Grabmal des Dogen Pietro Mocenigo, nach 1476

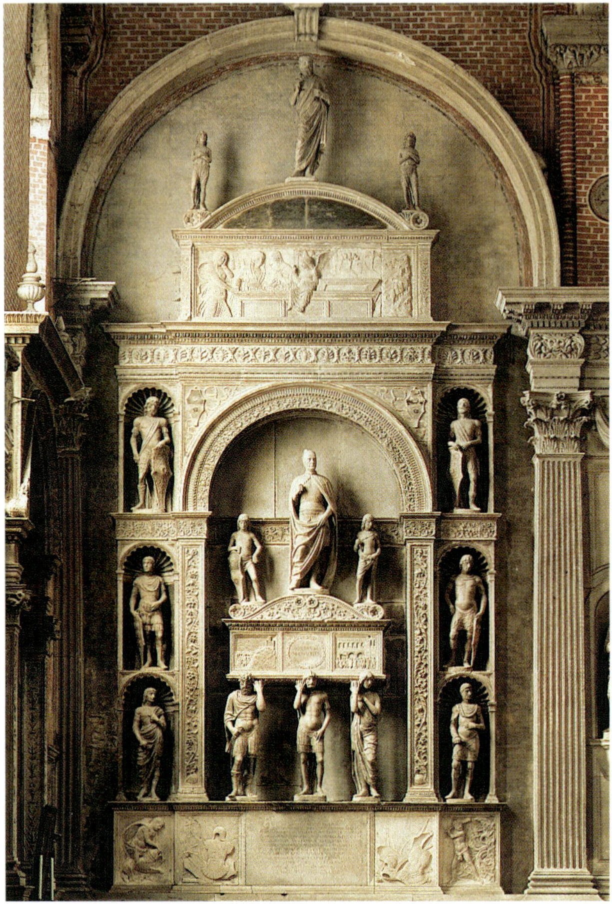

Erinnerungen an die Sterblichkeit des Leibes sind bei dem Grab für Pietro Mocenigo (1474–1476) aus der Werkstatt des Pietro Lombardo vollkommen verbannt. Stolz steht die Skulptur des verstorbenen Dogen in Rüstung auf seinem Sarg. Von den zwei Knaben an seiner Seite hält der linke ein Schild mit dem Mocenigo-Wappen. Auf dem Sarkophag präsentieren zwei Reliefs die großen politischen Erfolge des Dogen. Links ist die Eroberung Smyrnas durch Mocenigo selbst und die Übergabe Famagostas an Caterina Cornaro und damit an die Republik Venedig unter dem Dogen Pietro Mocenigo dargestellt. In den seitlichen Nischen fallen die vielen Krieger auf. Ob dies noch christliche Heilige sind oder ob es sich um antike Feldherren handelt, die auf Mocenigos militärische Tugenden hinweisen, wird nicht deutlich. Ein Flachrelief mit den drei Frauen am leeren Grab Christi bekrönt das Monument. Darüber erscheint der Heiland als freistehende Skulptur. Der Glaube an die Auferstehung und ein Weiterleben nach dem Tod wird so zum zentralen Thema.

Pietro di Nicolo Lamberti und Giovanni di Martino da Fiesole: Grabmal des Dogen Tomaso Mocenigo, 1423

1423 war das Grabmal eines weiteren Dogen aus der Familie Mocenigo vollendet worden. Es wurde nicht von Venezianern, sondern von toskanischen Bildhauern geschaffen. Die beiden Florentiner, die sich stark an Donatello orientierten, haben das Monument signiert. Der Einfluß ihres Vorbildes macht sich in den Figuren deutlich bemerkbar. Ein an der Ecke angebrachter Soldat reflektiert klar Donatellos berühmten Hl. Georg von Orsanmichele in Florenz. Der Aufbau des Grabmals mit dem großen Baldachin und dem Sarkophag mit den Tugendfiguren ist jedoch venezianisch. Auch zeigt das Monument nicht die reinen Renaissanceformen, die man bei Florentiner Bildhauern vielleicht erwartet. Dieser typische Übergangsstil zwischen Gotik und Renaissance sollte in Venedig bis zum Ende des 15. Jh.s geläufig bleiben.

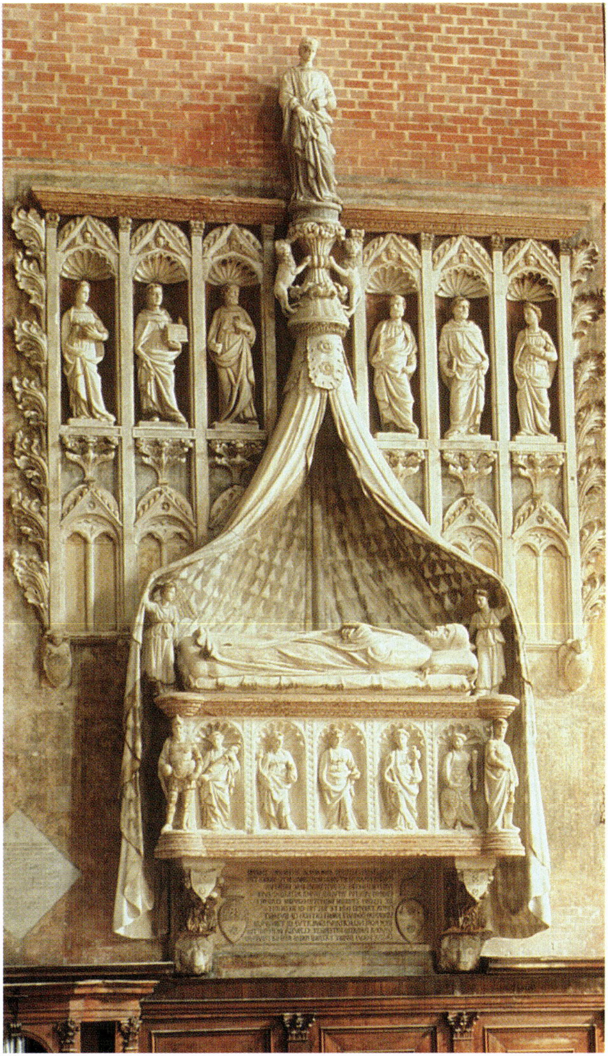

Tullio Lombardo: Grabmal des Dogen Andrea Vendramin, um 1495

Dieses Grabmal, das um 1495 entstand, war ursprünglich nicht für die Kirche San Zanipolo bestimmt. Es wurde erst 1812 aus der Servitenkirche hierhergebracht. Neben den Mocenigo-Grabmälern ist es ein weiteres Werk der Lombardo-Werkstatt. Es stammt in seinen wesentlichen Teilen von Tullio Lombardo, dem begabtesten Familienmitglied. Vergleicht man es mit dem Grab von Pietro Mocenigo, wird seine besondere Qualität deutlich. Die Reliefs sind noch feiner geschnitten, die Figuren zarter und gleichzeitig lebensvoller bewegt. Der Verstorbene ist in diesem späteren Werk der Lombardo-Werkstatt wieder liegend dargestellt. Die Gesamtarchitektur des Grabmals hat die Form eines antiken Triumphbogens. Die Trauer um den Toten, die auch die jugendlichen, um die Bahre gruppierten Figuren ausdrücken, ist Bestandteil eines vielfältig zu lesenden inhaltlichen Konzepts. Es reicht von den Tugenden, die in den Figuren auf dem Sarkophag symbolisiert sind, bis zur Bitte um Vergebung der irdischen Sünden, dargestellt im Relief des Rundbogen, wo der Verstorbene vor der Madonna kniet.

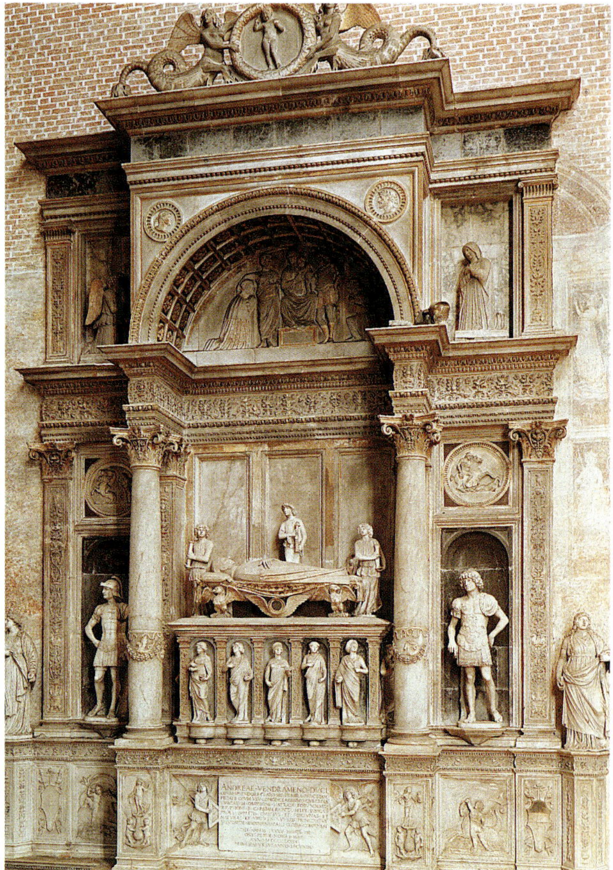

Giovanni Bellini: Polyptychon des Hl. Vinzenz Ferrer, um 1465

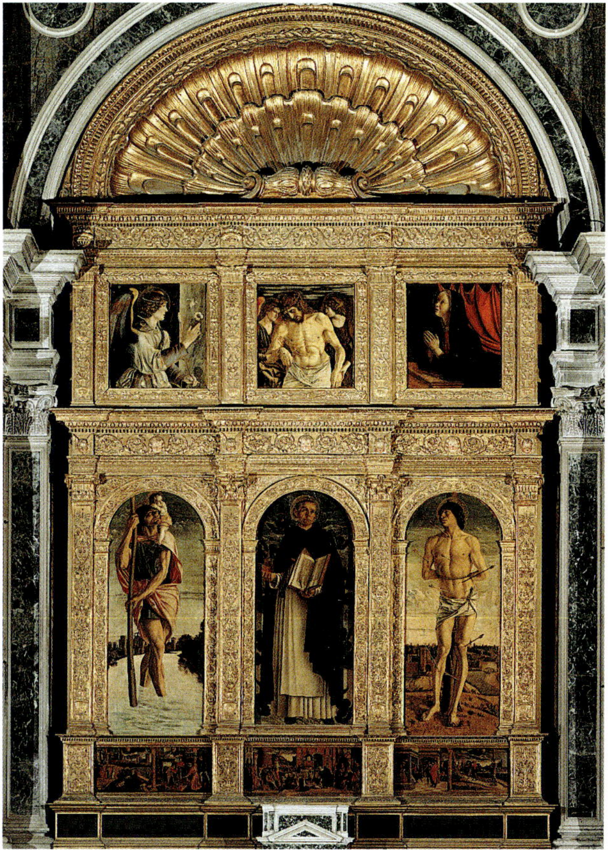

Der Altar wurde von der Bruderschaft des Hl. Vinzenz Ferrer in Auftrag gegeben. Ob Giovanni Bellini alle Teile des Altares eigenhändig ausgeführt hat, ist umstritten. Häufig wird in diesem Zusammenhang Lauro Padovano als Ausführender genannt.

Der Hl. Vinzenz Ferrer war ein spanischer Dominikaner des späten 14. Jh.s, der sich darum bemühte, den Streit beizulegen, der innerhalb der Kirche durch die gleichzeitige Wahl verschiedener Päpste entstanden war. Bekannter wurde er jedoch durch seine harten, unnachgiebigen Bußpredigten, die viele seiner Anhänger dazu bewegten, ihn auf seinen Predigtreisen durch Frankreich und Spanien in Geißlerzügen zu begleiten. Mit seinen unversöhnlichen Reden schuf Vinzenz Ferrer sich aber auch zahlreiche Gegner. 1419, sofort nach seinem Tod auf einer Reise in die Bretagne, gründete sich Bruderschaften, die ihn zu ihrem Schutzpatron erkoren. Sie widmeten sich weiterhin strengen Bußübungen und setzten sich v. a. für seine Heiligsprechung ein, die bereits 1458 erfolgte. Dies veranlaßte wohl auch die venezianische Bruderschaft, einen Altar mit dem Bild des neuen Heiligen in der Kirche aufzustellen.

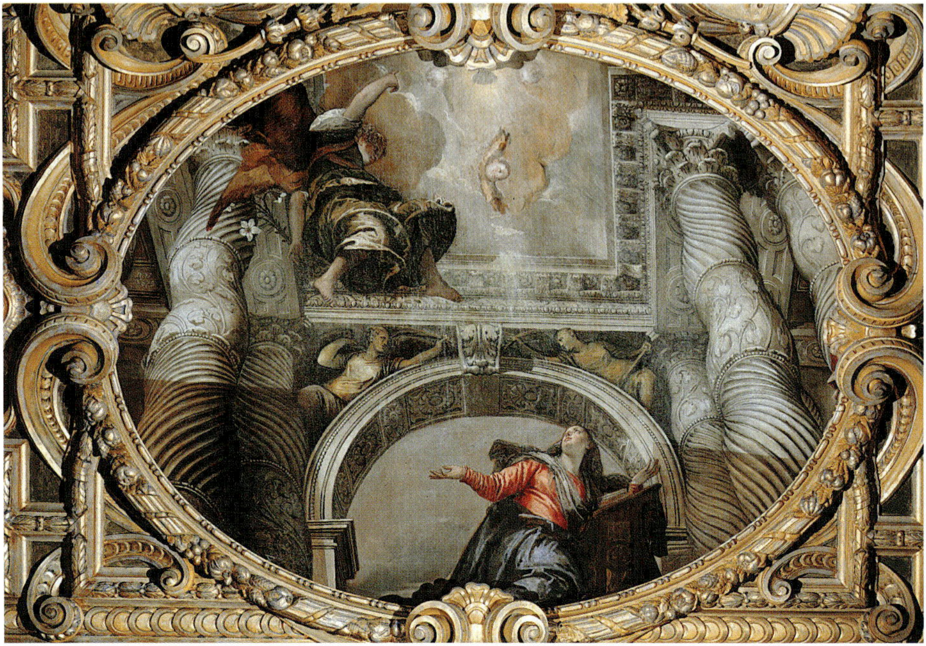

Paolo Veronese: Die Verkündigung, 1565–1571
Öl auf Leinwand, 340 x 435 cm

Ursprünglich barg die Cappella del Rosario, die Rosenkranzkapelle, ein interessantes Ensemble venezanischer Kunst des 16. Jh. Sie war Sitz der Scuola del Rosario, die 1575 zu Ehren der Rosenkranzmadonna gegründet worden war, um des Sieges in der Seeschlacht von Lepanto zu gedenken, der vier Jahre zuvor am 7. Oktober, dem Tag der Madonna, ausgefochten worden war. Entsprechend der enormen politischen Bedeutung, die dieser Sieg für die Lagunenstadt hatte, war die Kapelle mit einer reich geschnitzten und vergoldeten Decke ausgestattet. Neben einer berühmten »Kreuzigung« von Jacopo Tintoretto waren hier Werke von Domenico Tintoretto, Palma il Giovane und Francesco Bassano versammelt.

Im Sommer 1867 hatte man außerdem ein Madonnnenbild von Giovanni Bellini und das bedeutendste Gemälde der Kirche, »die Ermordung des Hl. Petrus Martyr« von Tizian dort abgestellt, weil die linke Chorkapelle renoviert wurde, in der es sich normalerweise befand. (Dort sieht man heute ein Kopie.) Am 16. August geschah das Unvorstellbare. Ein Brand vernichtete nicht nur die Kunstschätze der Kapelle, sondern auch Tizians Meisterwerk. Als man im späten 19. Jh. daran ging, die Kapelle zu restaurieren, brachte man Paolo Veroneses Deckengemälde aus der ehemaligen Kirche der Umiltà hierher. So zieren heute wieder bedeutende Werke des 16. Jh.s und eine prachtvolle Decke die Kapelle und vermitteln zusammen mit der Architektur und dem Altar von Alesandro Vittoria und Girolamo Campagna einen guten Eindruck von der Ausstattung einer Kapelle des späten 16. Jh.s.

Dogenstuhl, 17. Jh.

Auf diesem prächtigen, mit wertvollem Brokat bespannten Stuhl nahm der Doge Platz, wenn er den Gottesdiensten in Santi Giovanni e Paolo beiwohnte. Die Kirche war der Endpunkt vieler festlicher Prozessionen, die vom Dogen angeführt wurden. Eine besonders wichtige Rolle spielte San Zanipolo nach dem Tod eines venezianischen Herrschers. Der große Umzug zu Ehren des toten Dogen endete hier und die letzte Aufbahrung seines Leichnams fand hier statt.

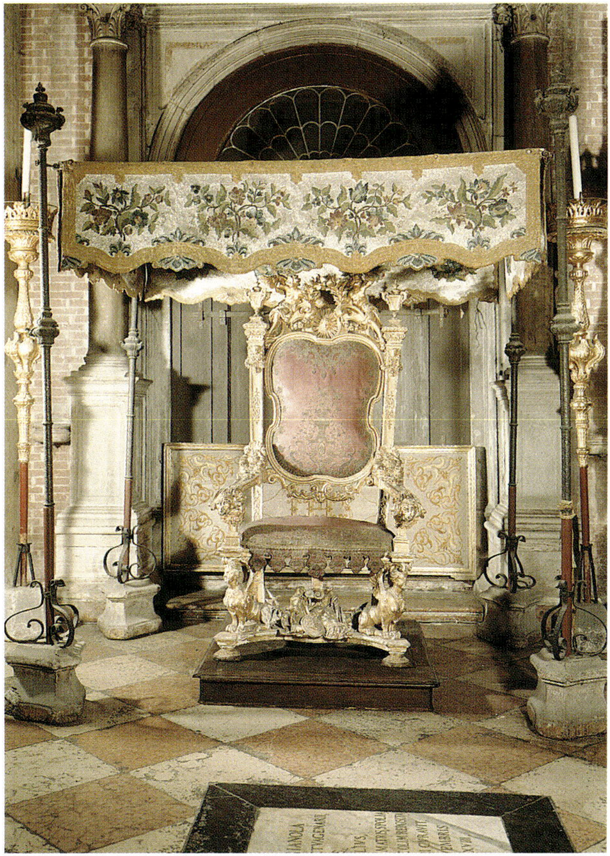

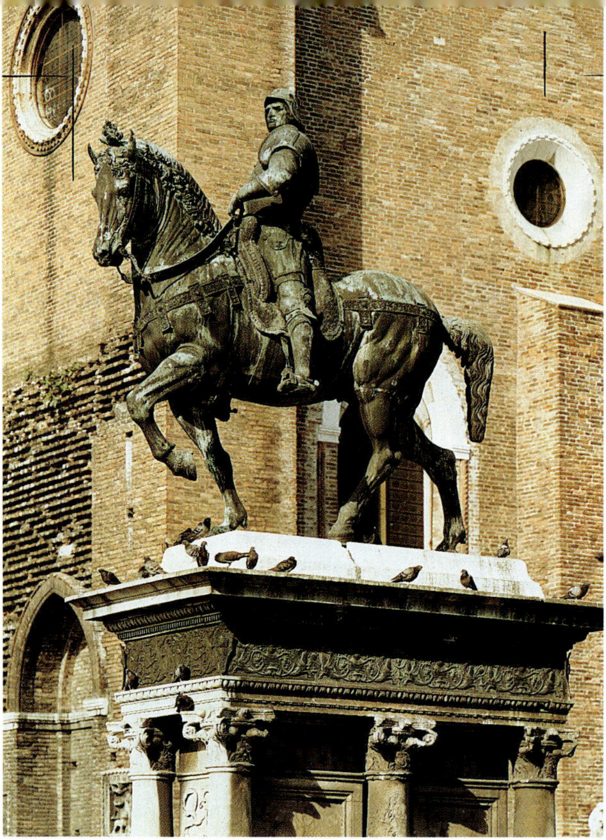

Testament ein Reiterstandbild vor San Marco. Die Venezianer, die auf das Geld nicht verzichten wollten, stimmten zu. Ein Monument auf der Piazza San Marco, noch dazu für einen Fremden aus Bergamo, war aber in Venedig vollkommen undenkbar. Nicht einmal Dogen erhielten öffentliche Standbilder. Nach dem Tode Colleonis zeigte sich, wie die gewitzten, im Handel erfahrenen Venezianer Verträge einhielten und doch einen Vorteil für sich daraus schlugen. Man beauftragte Andrea del Verrocchio, ein Standbild vor der Scuola di San Marco zu errichten. Der Florentiner löste die technisch schwierige Aufgabe eines bronzenen Reiterstandbildes mit Bravour. Wie Marin Sanudo, ein Chronist des 16. Jh.s, berichtet, strömten die Venezianer nur so herbei, um das Meisterwerk zu bewundern. Für den Guß und die Aufstellung des Monuments war Alessandro Leopardi verantwortlich. Auch der Sockel, den er stolz mit seinem Namenszug versehen hat, stammt von dem Venezianer. Dennoch kann kein Zweifel bestehen, daß das Standbild selbst die Schöpfung Verrocchios ist.

Andrea del Verrocchio: Reiterstandbild des Bartolomeo Colleoni, 1481–1494

Für seine Verdienste in den siegreichen Schlachten, die er als Heerführer (sog. Condottiere) für die Republik Venedig geschlagen hatte, und für das große Vermögen, das er der Republik vermachte, verlangte Bartolomeo Colleoni in seinem

San Francesco della Vigna

Ihren Namen San Francesco della Vigna, Kirche des Hl. Franziskus im Weingarten, hat das Gotteshaus von einem alten Rebgarten, der sich im Mittelalter an dieser Stelle befand. 1253 schenkte die einflußreiche Familie Ziani das Grundstück den Franziskanern, die hier ihre zweite venezianische Kirche bauten. Sie stand jedoch immer im Schatten der Frari-Kirche. Dies änderte sich auch nicht, als Jacopo Sansovino ab 1534 den großen Neubau errichtete. Mit seiner Helligkeit und den ausgewogenen Proportionen ist das Gotteshaus ein typisches Bauwerk der schlichten venezianischen Hochrenaissance. Für die Fassade von San Francesco della Vigna beauftragten die Franziskaner und ihre Geldgeber um 1562 dann nicht mehr den alten, fast achtzigjährigen Sansovino, sondern den neuen alles überstrahlenden Stern am venezianischen Architektenhimmel, Andrea Palladio (1508–1580). Jener sollte mit San Giorgio Maggiore ein eindrucksvolles Beispiel seiner Fähigkeiten liefern. Die Fassade von San Francesco della Vigna wirkt im Vergleich zu diesem Meisterwerk jedoch eigentümlich flach und ausdruckslos. Neben der stärkeren Durchgliederung mit architektonischen Details ist dies auch eine Folge der Tatsache, daß die Kirche inmitten von anderen Bauwerken steht und man sie nicht frei aus großer Ferne betrachten kann. Möglicherweise sind die flacher wirkenden Gliederungselemente Andera Palladios eine Antwort auf diese beengte städtebauliche Situation.

Dennoch kommt die große Tempelfront, die hier wie an San Giorgio Maggiore eine kleinere Front zu durchstoßen scheint, nicht so frei zur Wirkung wie an der auf Fernsicht berechneten Fassade von San Giorgio.

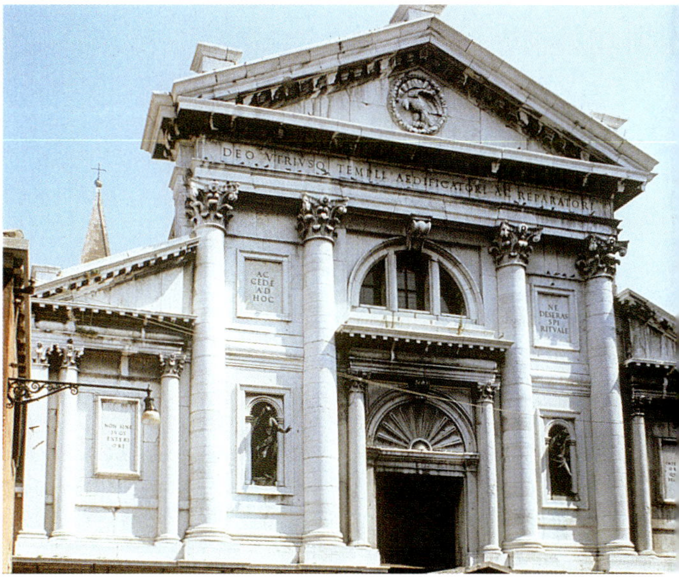

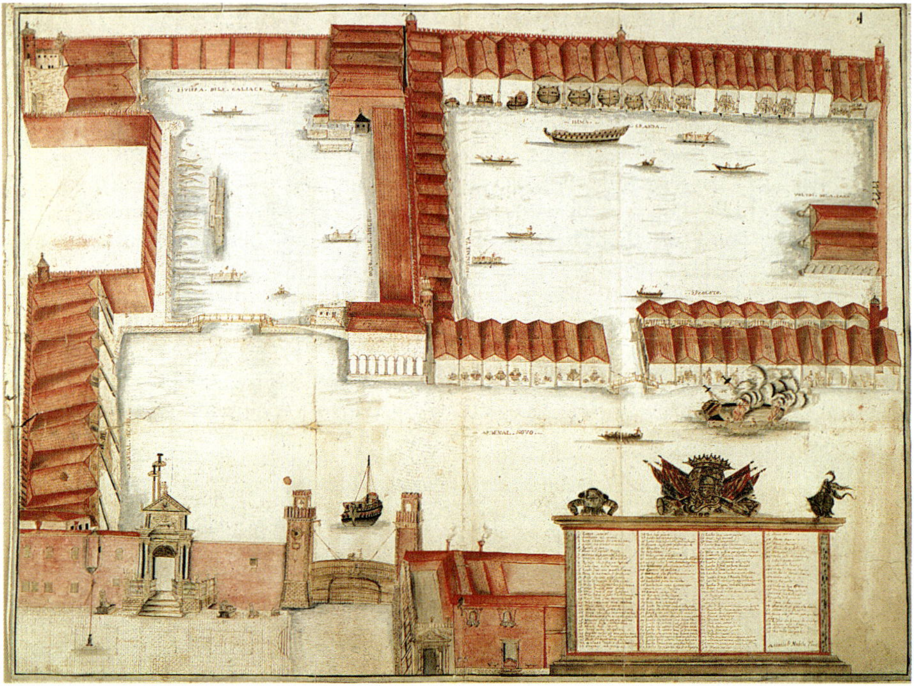

Arsenal

In der großen staatlichen Werft Venedigs, dem Arsenal, wurde seit dem Mittelalter nicht nur Kriegs-, sondern auch Handelsschiffe gebaut. 1570, als zahlreiche Schiffe für den Seekrieg gegen die Türken gebraucht wurden, stellte das Arsenal innerhalb von zwei Monaten 100 Galeeren bereit und bewies damit eine Produktivität, wie sie im vorindustriellen Europa schier unglaublich erscheinen mußte. Der Grund dafür, daß die Venezianer in der Lage waren, so schnell so viele Schiffe zu bauen, war eine seit dem Mittelalter entwickelte, streng rationalisierte Arbeitsweise, bei der, fast möchte man sagen fließbandartig, alle Arbeitsschritte in einer genau festgelegten Reihenfolge in unterschiedlichen Bauwerken auf dem Gelände des Arsenals ausgeführt wurden. Vom Bau des Rumpfes über das »Kalfatern«, das Nähen der Segel, das Drehen der Seile bis zur Ausrüstung des

Schiffes mit Waffen und Proviant entstanden die venezianischen Kriegsschiffe im Arsenal. Auf einer Grundfläche von mehr als 25 ha und einer Anzahl von bis zu 16 000 Arbeitern war es der größte Betrieb der Christenheit, wenn nicht der Welt. Schon im 13. Jh. hatte Dante, der große italienische Dichter, die hektische Betriebsamkeit, den Lärm, den Schmutz und die Hitze dieses Ortes mit der Hölle verglichen.

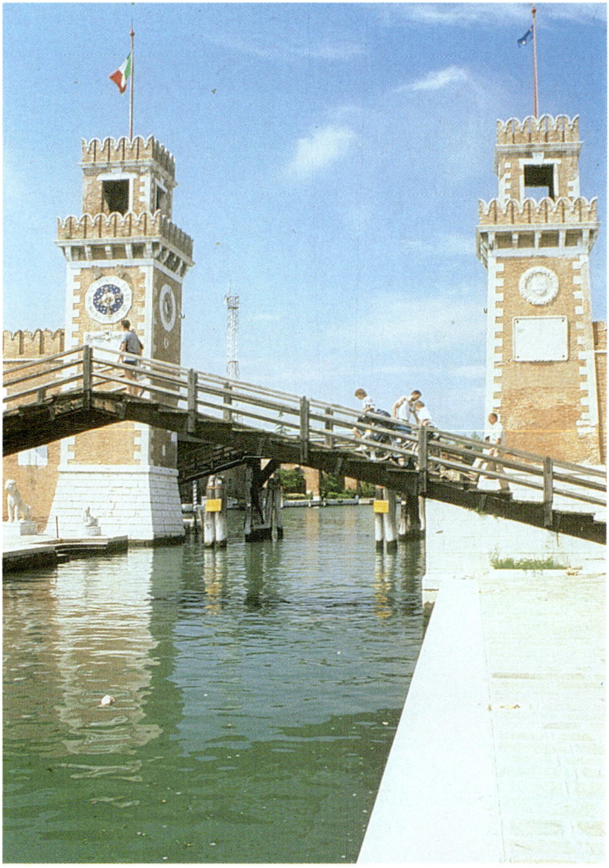

Wachtürme an der Einfahrt

Aus Angst vor Attentaten, aber besonders vor Agenten, die die Geheimnisse der venezianischen Schiffsbaukunst sowie der Waffenschmiede ausspionieren wollten, war das Arsenal mit einer hohen Steinmauer umgeben. Die Kanaleinfahrt von der Landseite aus wird von hohen Türmen bewacht, die 1574 errichtet wurden. Mit dem Vaporetto kann man sie passieren. Dahinter tut sich eine Architekturlandschaft auf, die heutigen Besuchern aus dem Industriezeitalter von Anlagen des 19. Jhs. vertraut erscheint. Doch die meisten Bauten auf dem Gelände stammen nicht aus dieser Zeit, sondern aus dem 16. bis 18. Jh. Besonders eindrucksvoll ist die Tana, die große Seilhalle, in der die langen Taue gedreht wurden.

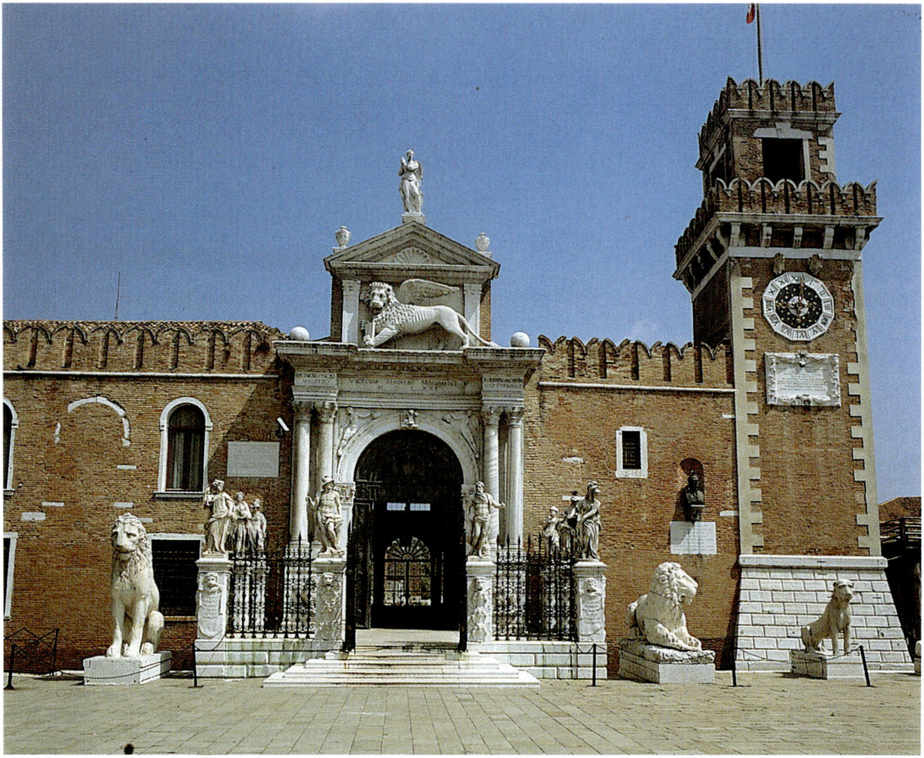

Portal

Entsprechend seiner großen Bedeutung für die Stadt erhielt das Arsenal 1460 ein prächtiges Eingangsportal von Antonio Gambello. Mit seinen Säulen erinnert es an einen antiken Triumphbogen. Vorbild war der Bogen in Pola (aus dem 1. Jh.), das zum venezianischen Einflußgebiet in Istrien gehörte. Das Arsenalportal ist damit eines der ersten Bauwerke in Venedig, das deutlich an der Antike orientiert ist und somit die Hauptforderung der Renaissance nach Antikennähe verwirklicht. Dem Portal wurden im Laufe der Zeit Skulpturen hinzugefügt, die an venezianische Seesiege erinnern. So wurde es nach und nach zu einem Denkmal für die militärische Stärke Venedigs umgeformt. Der geflügelte Markuslöwe über dem Tor stammt aus der Erbauungszeit. Der Vergleich mit seinen antiken Gefährten, die vor dem Portal stehen und im 17. und 18. Jh. hier aufgestellt wurden, fällt nicht unbedingt zu seinen Gunsten aus.

San Pietro di Castello

Noch heute bemerkt man, daß Castello weit entfernt vom eigentlichen Machtzentrum der Stadt liegt. Nicht Handel und Wandel oder großartige Paläste bestimmen das Bild in der Gegend um San Pietro, sondern einfache Wohnviertel und für venezianische Verhältnisse überraschend viel Grün. Hier also befand sich seit etwa 1091 die Kirche des venezianischen Bischofs, seit 1451 sogar die des Patriarchen von Venedig, der seine gesamte Kirchenhoheit faktisch an den Dogen verloren hatte. Welch ein Kontrast zwischen der prächtigen Markusbasilika und dieser zwar großen, aber karg wirkenden Kirche, die ein nicht gerade bedeutender Architekt, Francesco Smeraldi, vielleicht nach einigen Vorentwürfen von Andrea Palladio zwischen 1594 und 1596 vollendete.

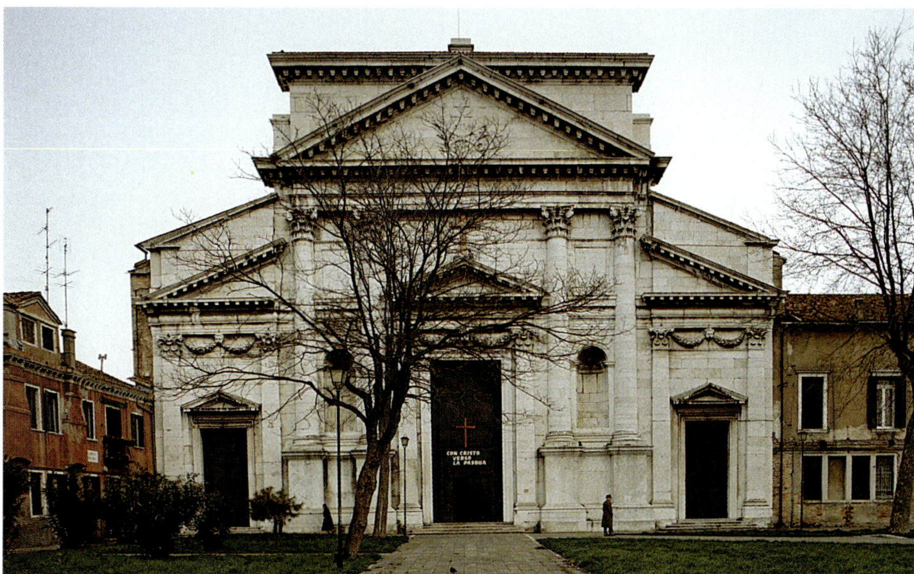

Biennale-Gelände

Seit 1895 findet alle zwei Jahre eine internationale Ausstellung für zeitgenössische Kunst in Venedig statt. Seit 1907 dienen Pavillons in den weit im Osten gelegenen Giardini Pubblici, den öffentlichen Gärten, als Ausstellungsfläche. Diese Gärten, die man heute als Stadtpark bezeichnen könnte, waren 1810 auf Geheiß Napoleons angelegt worden. Für ihren Bau hatte man mehrere Kirchen und Klöster und auch ein Hospital für arme Seeleute abgerissen. Hier im äußersten Osten der venezianischen Hauptinseln lebten seit alters her die Spitzenmacherinnen, die Fischer und einfachen Seeleute. Die Parkanlage, der ihre Wohnquartiere weichen mußten, blieb ein Fremdkörper in Venedig. Nur wenn die Biennale im zweijährigen Turnus ihre Tore öffnet, ist sie auch für Touristen interessant. Die Pavillons der Nationen entstanden zu unterschiedlichen Zeiten, so daß man hier (jedoch nur während der Biennale) auch ein Stück Architekturgeschichte erleben kann. Besonders interessant ist der niederländische Bau von Gerrit Rietveld von 1954 wie auch der Holzpavillon, den Alvar Alto im selben Jahr für Finnland entwarf. Der bedeutendste venezianische Architekt unseres Jahrhunderts, Carlo Scarpa, errichtete den Ausstellungsbau für Venezuela. Der deutsche Pavillon aus den späten 30er Jahren ist ein bedrückend wirkendes Beispiel nationalsozialistischer Repräsentationsarchitektur.

Die Pavillons der Nationen auf dem Biennale-Gelände

1 Spanien
2 Belgien
3 Niederlande
4 Italien
5 Finnland
6 Ungarn
7 Brasilien
8 Österreich
9 Polen
10 Ägypten
11 ehem. Jugoslawien
12 Rumänien
13 Griechenland
14 Israel
15 U.S.A.
16 Nordische Länder
17 Dänemark
18 Tschechien
19 Frankreich
20 Großbritannien
21 Kanada
22 Deutschland
23 Japan
24 Rußland
25 Venezuela
26 Schweiz
27 Ruine des 1950 von Carlo Scarpa errichteten Bücherpavillions

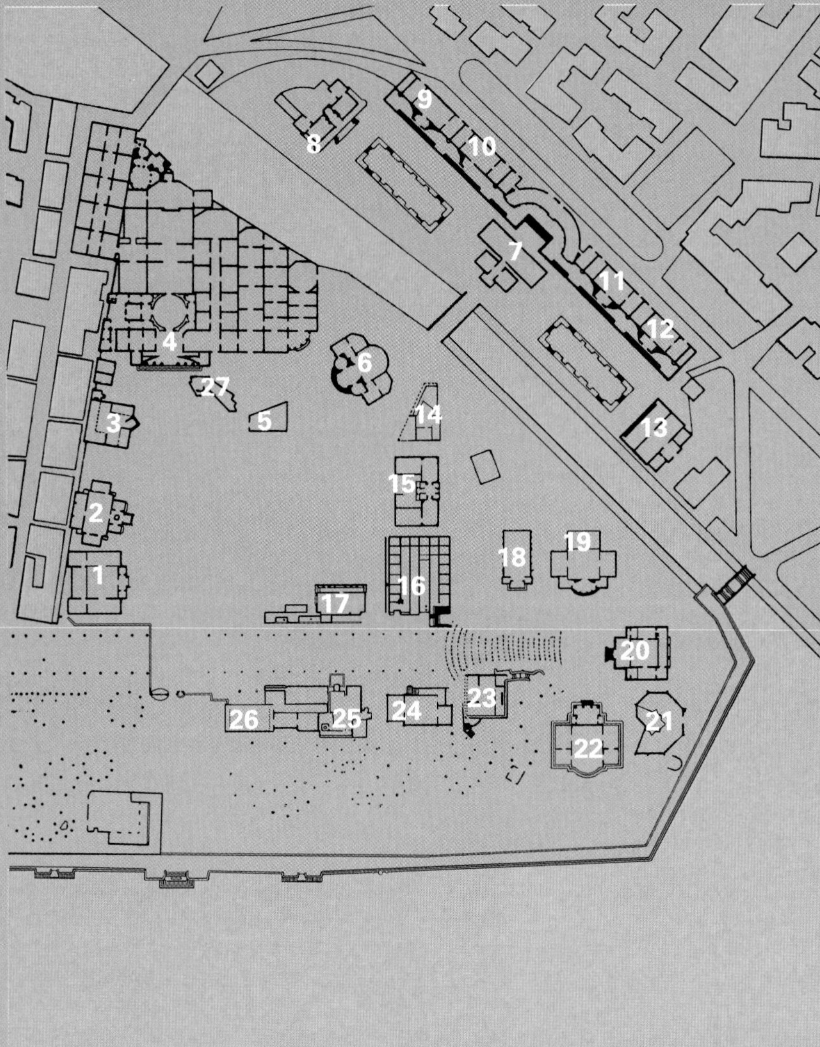

1
2
3
4
5
6
7
8
9
10
11
12
13
14
15
16
17
18
19
20
21
22
23
24
25
26
27

Lido

Die schmale Sandbank, die Venedig vorgelagert ist, war eines der ersten mondänen Seebäder Italiens. Hier trafen sich seit 1860 die Reichen und Schönen Europas und Amerikas zur ausgedehnten Sommerfrische. Von diesem Glanz künden noch heute die um 1900 entlang der Strandpromenade entstandenen eleganten Hotels der Belle Époque, wie das »Des Bains« oder das »Excelsior«. Der 12 km lange venezianische Strand wurde zum Symbol für mondänes Badeleben, so daß der Name Insel im Italienischen häufig synonym für Strand (ital. »spiaggia«) gebraucht wird. Der feine weiße Sand überrascht auch heute noch den Besucher. Im Sommer herrscht hier reger Badebetrieb, auch wenn der internationale Jet Set sich nur noch für kurze Zeit blicken läßt. Sogar das venezianische Casino verlegt seinen Betrieb im Sommer aus dem Palazzo Vendramin-Calergi an den Strand

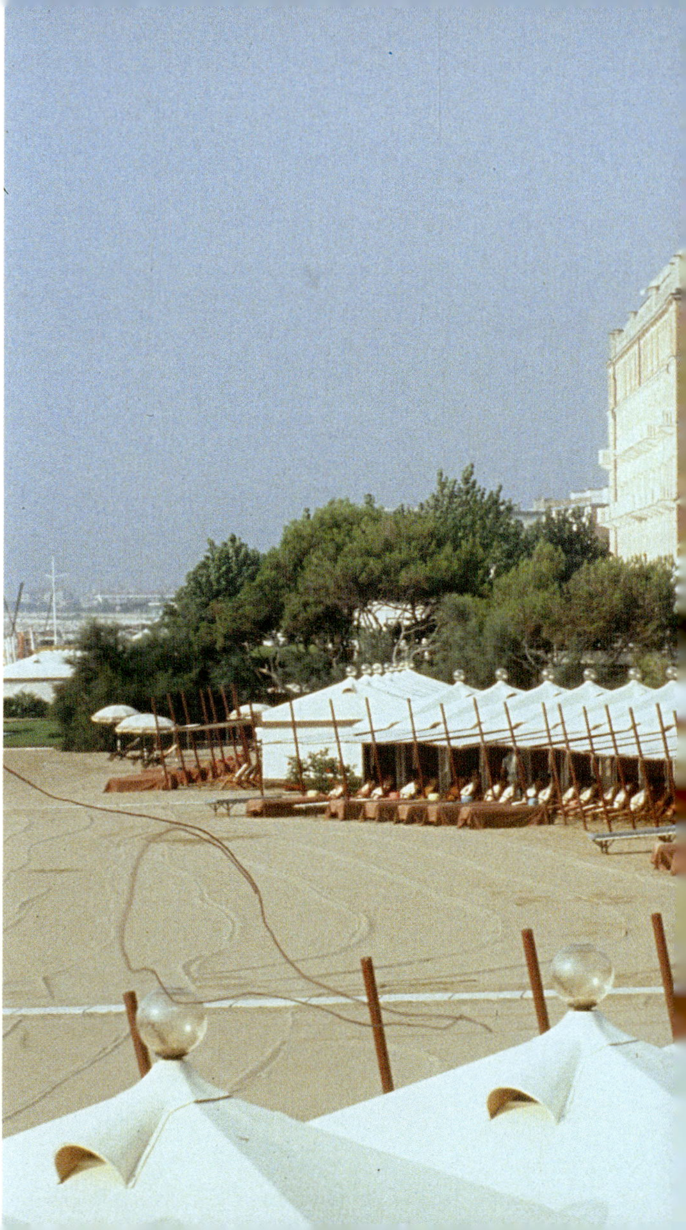

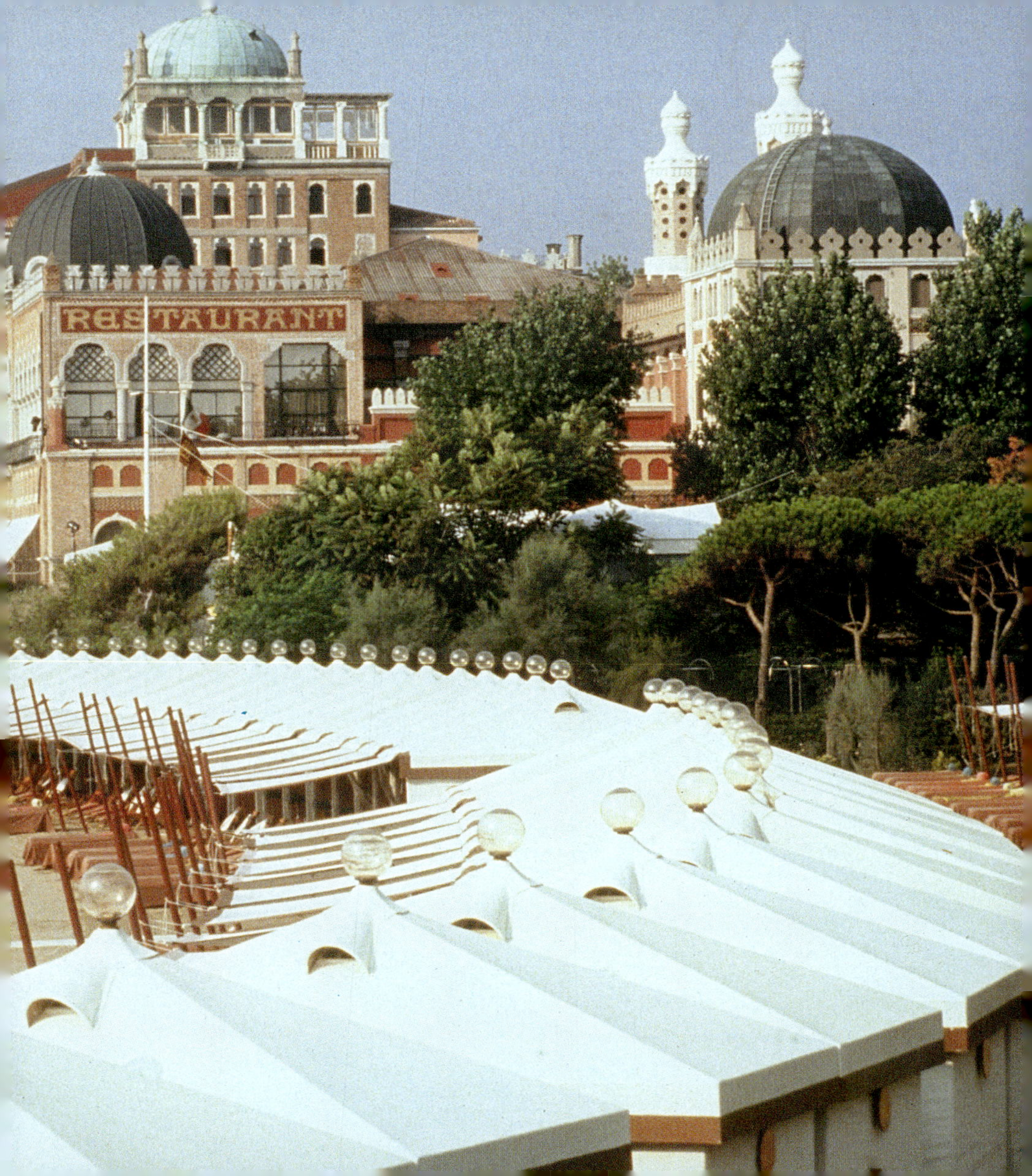
RESTAURANT

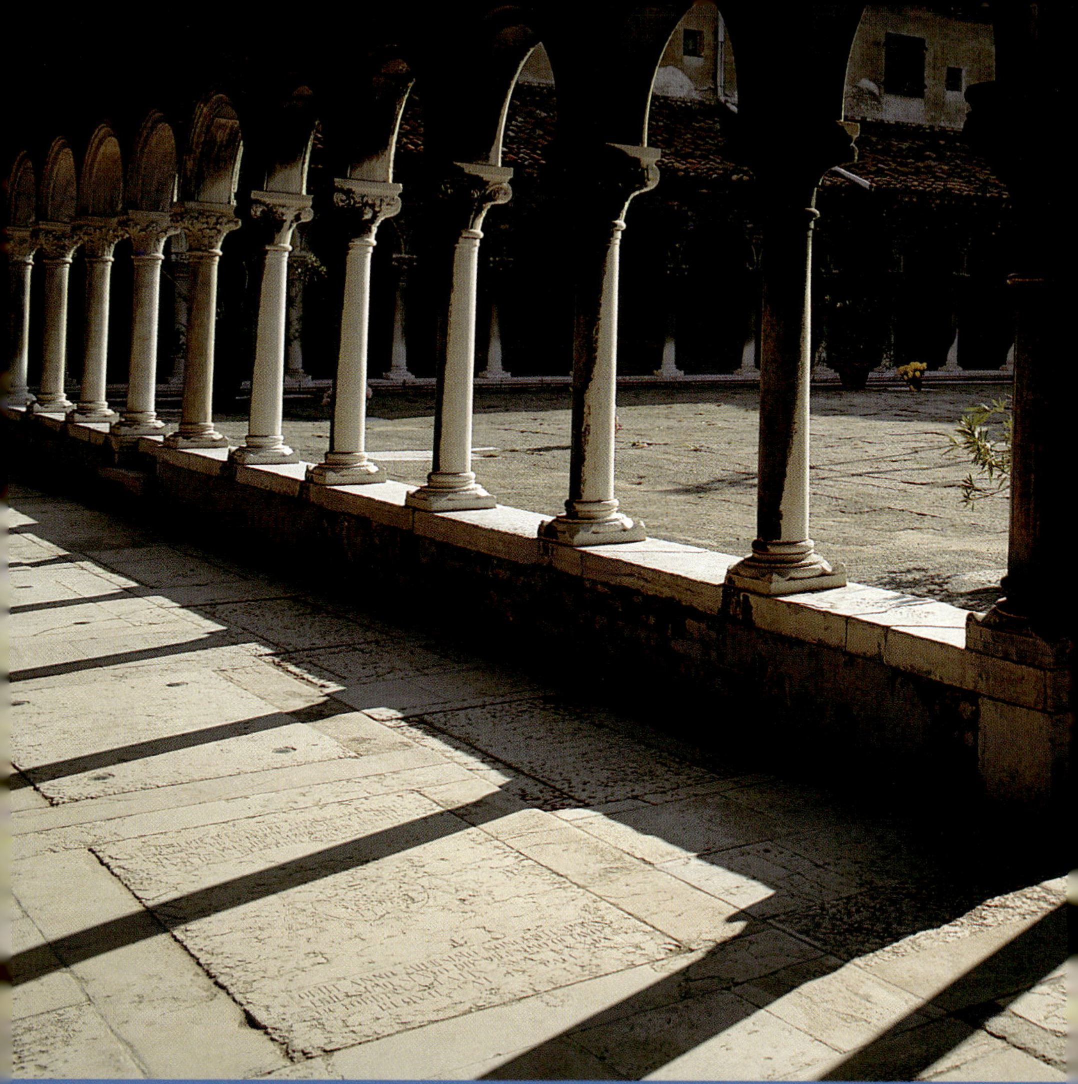

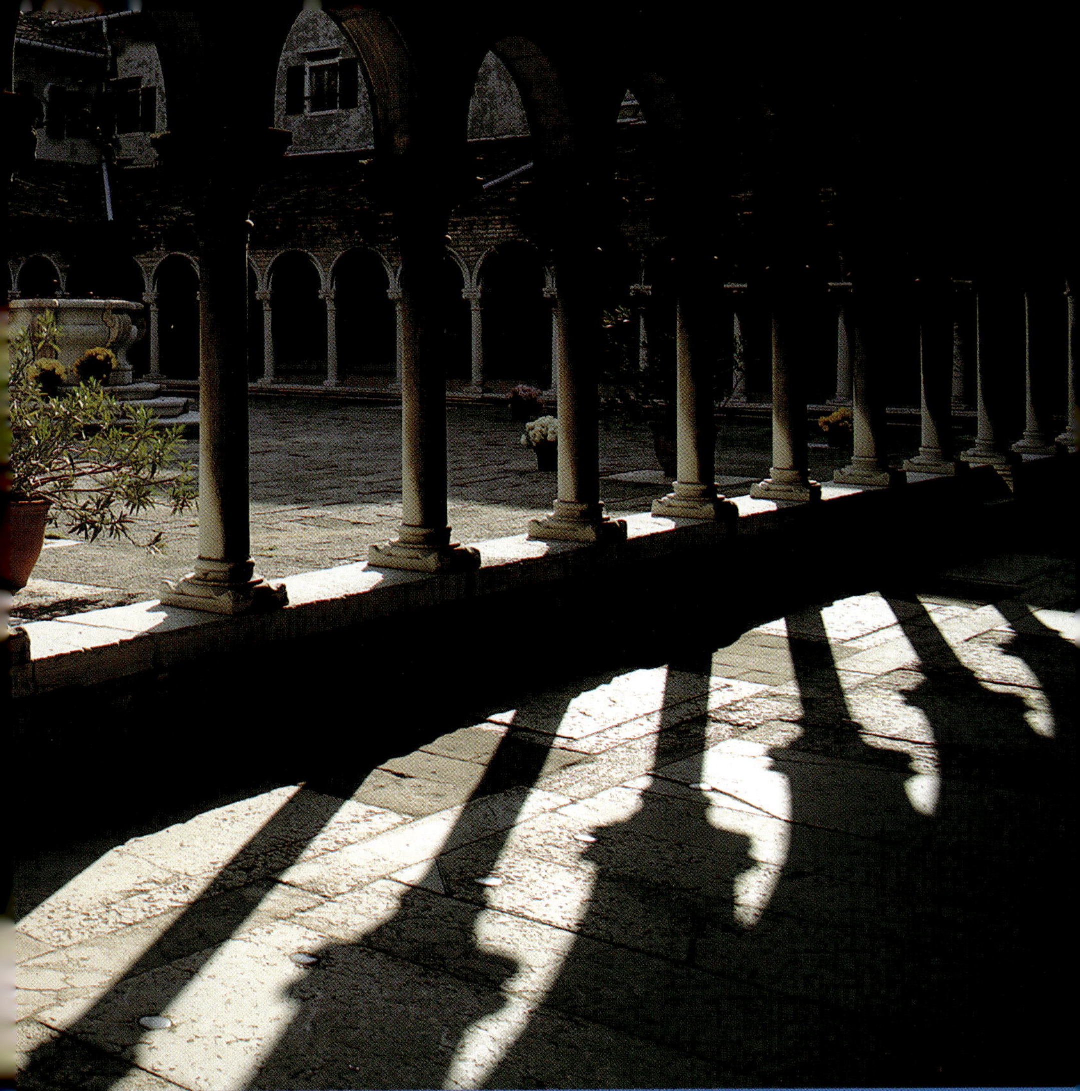

San Michele in Isola

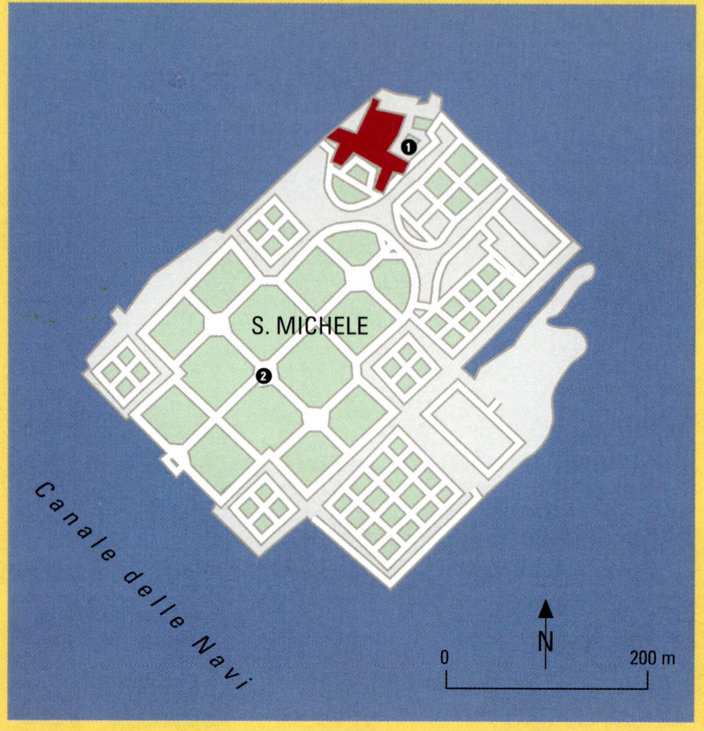

1 San Michele in Isola
2 Der Friedhof von San Michele

San Michele in Isola

Schon von weitem leuchtet dem Besucher die strahlend weiße Fassade von San Michele in Isola entgegen. Die Kirche mit ihrer vornehmen, schlichten Fassade aus istrischem Kalkstein war das erste Renaissancebauwerk Venedigs. Die Klosterkirche der Camaldulensermönche wurde 1469 von Mauro Codussi als sein Erstlingswerk begonnen. Die ab 1530 angebaute sechseckige Cappella Emiliana scheint mit ihrer viel aufwendigeren Dekoration die sparsam gestaltete Fassade der Kirche übertrumpfen zu wollen.

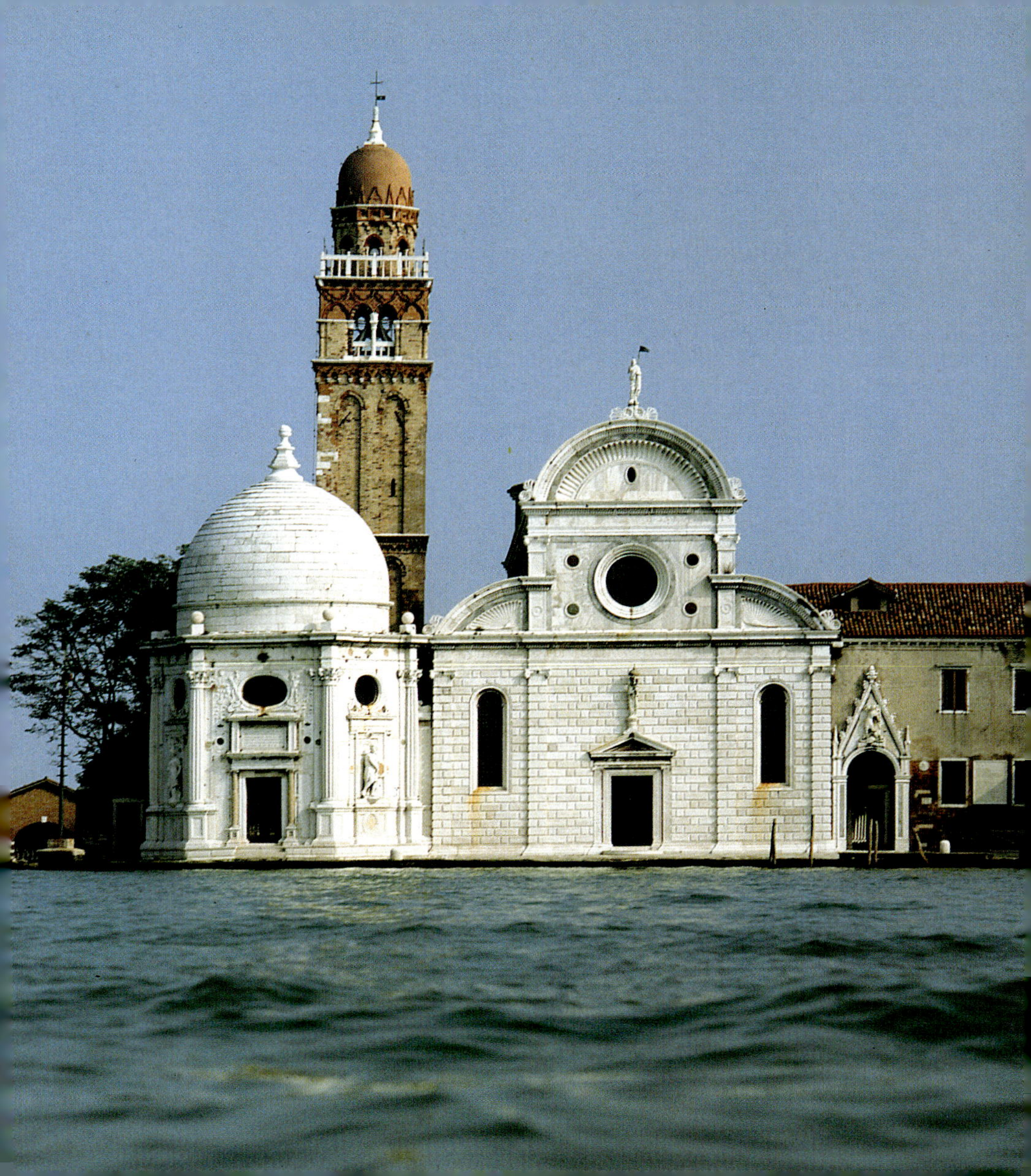

Friedhof von San Michele

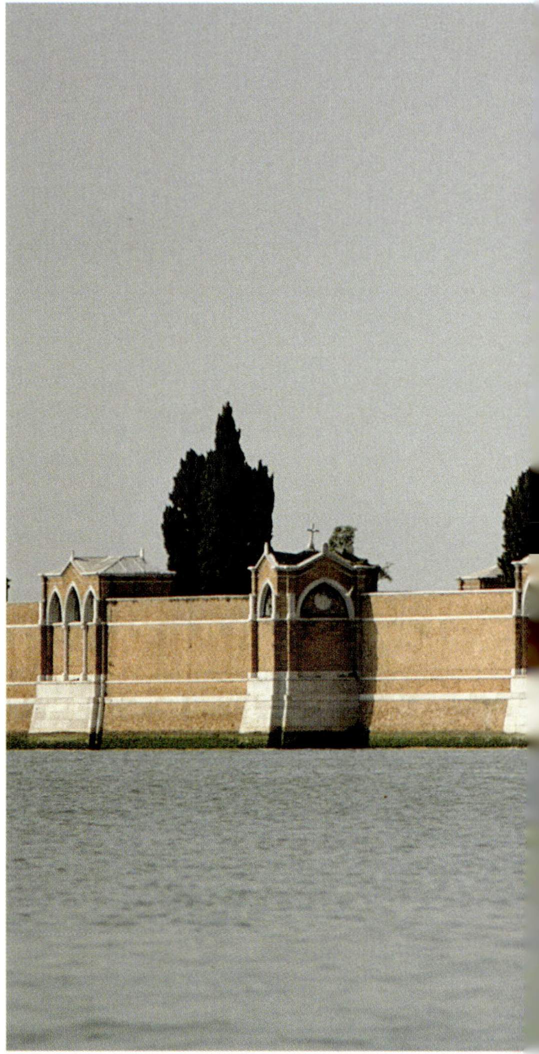

Heute ist San Michele kein Kloster mehr. Napoleon hat es, wie viele andere Klosteranlagen auch, geschlossen. Er war es auch, der den Venezianern befahl, ihre innerstädtischen Friedhöfe aufzugeben und ihre Toten fortan auf der Insel San Cristoforo della Pace zu bestatten, die San Michele vorgelagert war. Tatsächlich war die Bestattung der Toten innerhalb der Stadt rund um die Kirchen nicht sehr hygienisch. Wegen des Wassers konnte man keine tiefen Gräber ausheben. So mancher Venedigreisende berichtete von dem Gestank, den einige dieser Friedhöfe verbreiteten. Außerdem waren auf den freien Kirchplätzen häufig auch Brunnen, die, zumindest wenn sie nicht richtig abgedichtet waren oder bei Hochwasser, durch die Leichen verunreinigt werden konnten. Als San Cristoforo zu klein für Venedig wurde, schüttete man den Kanal zwischen den beiden Inseln zu und nutzte auch das Gelände von San Michele als Begräbnisstätte. Der Friedhof ist unterteilt in die typisch italienischen Gräberwände, Plätze für die Erdbestattung und einen parkartigen Teil mit teilweise sehr kostbaren Mausoleen, die anscheinend die venezianische Grabmalkultur der Vergangenheit mit modernen Mitteln fortsetzen wollen. Da Venedig nur über diesen einen Friedhof verfügt, sind hier auch Nichtkatholiken begraben; darunter einige bedeutende Künstler, die in der Lagunenstadt ihre zweite Heimat sahen.

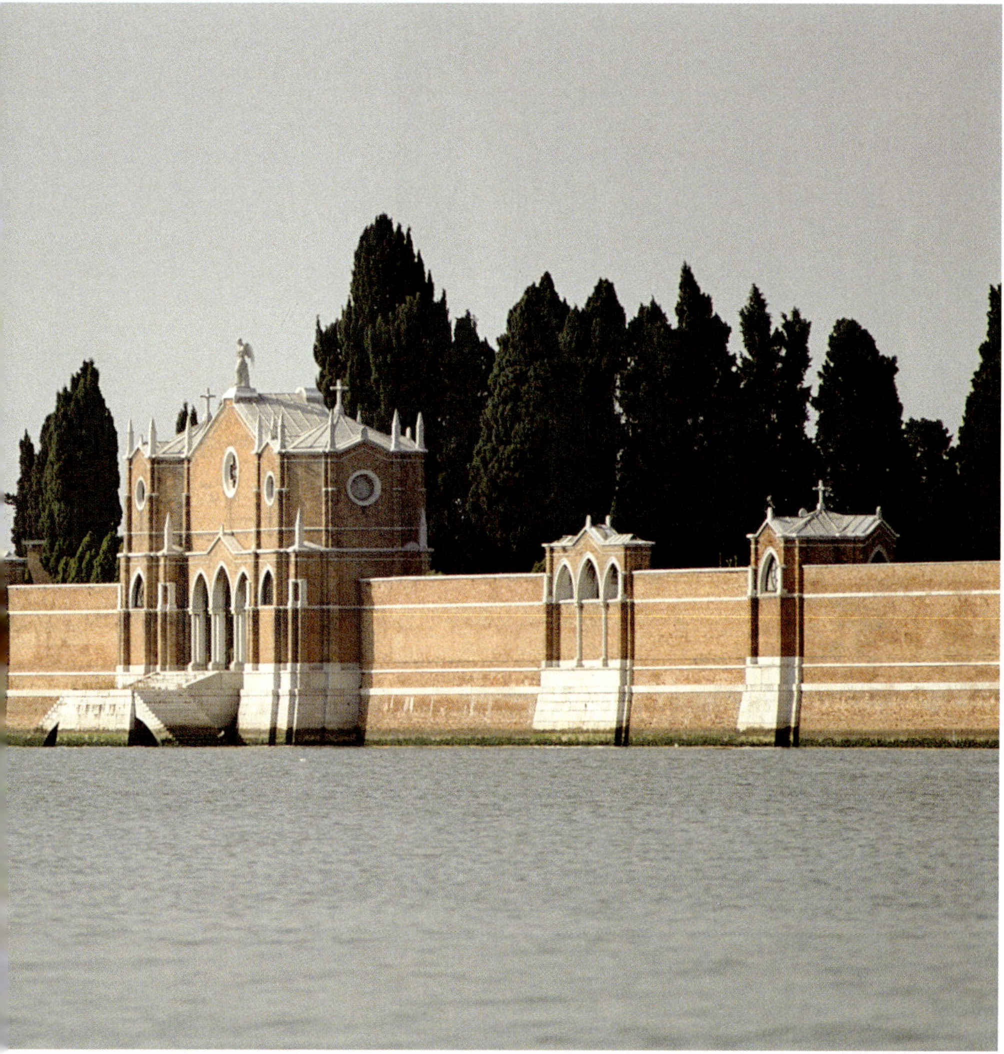

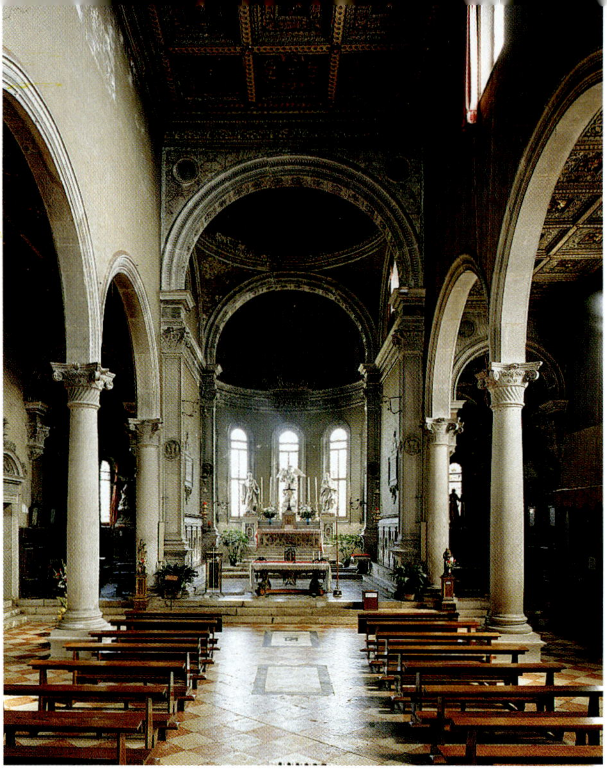

Vorbildern geformt wie in späteren Zeiten der Renaissance, sondern wie auch die anderen fein skulpierten Teile mit zarten pflanzlichen und geometrischen Motiven geschmückt. Die tragenden Teile der Architektur sind in Farbe und Material vom Rest des Gebäudes abgesetzt. Dabei hält Codussi alle Wände außerordentlich dünn. Das läßt das Bauwerk leicht und filigran erscheinen. Auch dies ist ein typisches Merkmal seiner Baukunst. Gerade auf dieser Insel hat Codussis Bauweise eine besondere Berechtigung, denn der Untergrund ist extrem weich und würde eine schwere Architektur kaum tragen.

Innenraum mit Chor

Das Kircheninnere wirkt heute auf den ersten Blick ein wenig düster. Eine tief herabgezogene Empore erschwert den Einblick. Außerdem zeigen zahlreiche Wasserschäden, daß eine Renovierung sicher guttun würde. Auf den zweiten Blick erkennt man die feinen Motive der Frührenaissance in der Architektur. Die Kapitelle der Säulen sind noch nicht nach antiken

Cappella Emiliana

Die Cappella Emiliana ist ein gutes Beispiel für die z. T. immer noch sehr verspielte und reich verzierte venezianische Architektur im frühen 16. Jh., obwohl sie der einzige Rundbau aus dieser Zeit in Venedig ist. Mit den gedrehten Säulen und den ornamentierten Scheintüren hat die sechseckige Kapelle denselben schmuckkästchenhaften Charakter, wie er auch einigen anderen venezianischen Renaissancebauten zueigen ist. Für diesen Baustil wurden v. a. die Architekten aus Bergamo geschätzt. Sie benutzten zwar Renaissanceformen, reihten aber so viele Motive aneinander, daß ihre Bauten letztlich an die venezianische Gotik erinnern. Schon 30 Jahre nachdem der Architekt Guglielmo Bergamasco den Bau um 1530 erbaut hatte, mußte Jacopo Sansovino mit einer gründlichen Renovierung einschreiten. Die Kapelle auf hexagonalem Grundriß, die Margherita Vetturi, die Witwe des Giovanni Emiliana, hatte errichten lassen, drohte einzustürzen. Tatsächlich ist die steinerne Kuppel der Kapelle für den labilen Standort viel zu schwer. Dadurch treten bis heute immer wieder gravierende Schäden auf. Codussi nutzte in der Kirche den in Venedig üblichen Trick für leichte und prächtige Kuppeln: Die innere Kuppel ist flach. Der Außenbau zeigt eine wesentliche höhere Kuppel aus dünnem Blei über einem Holzgerüst.

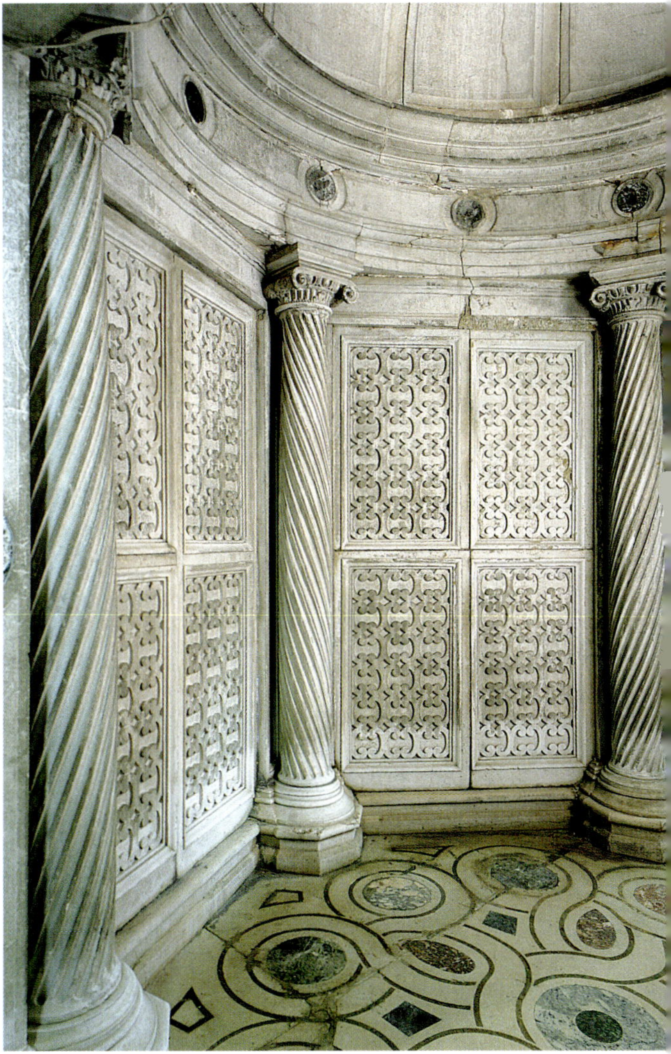

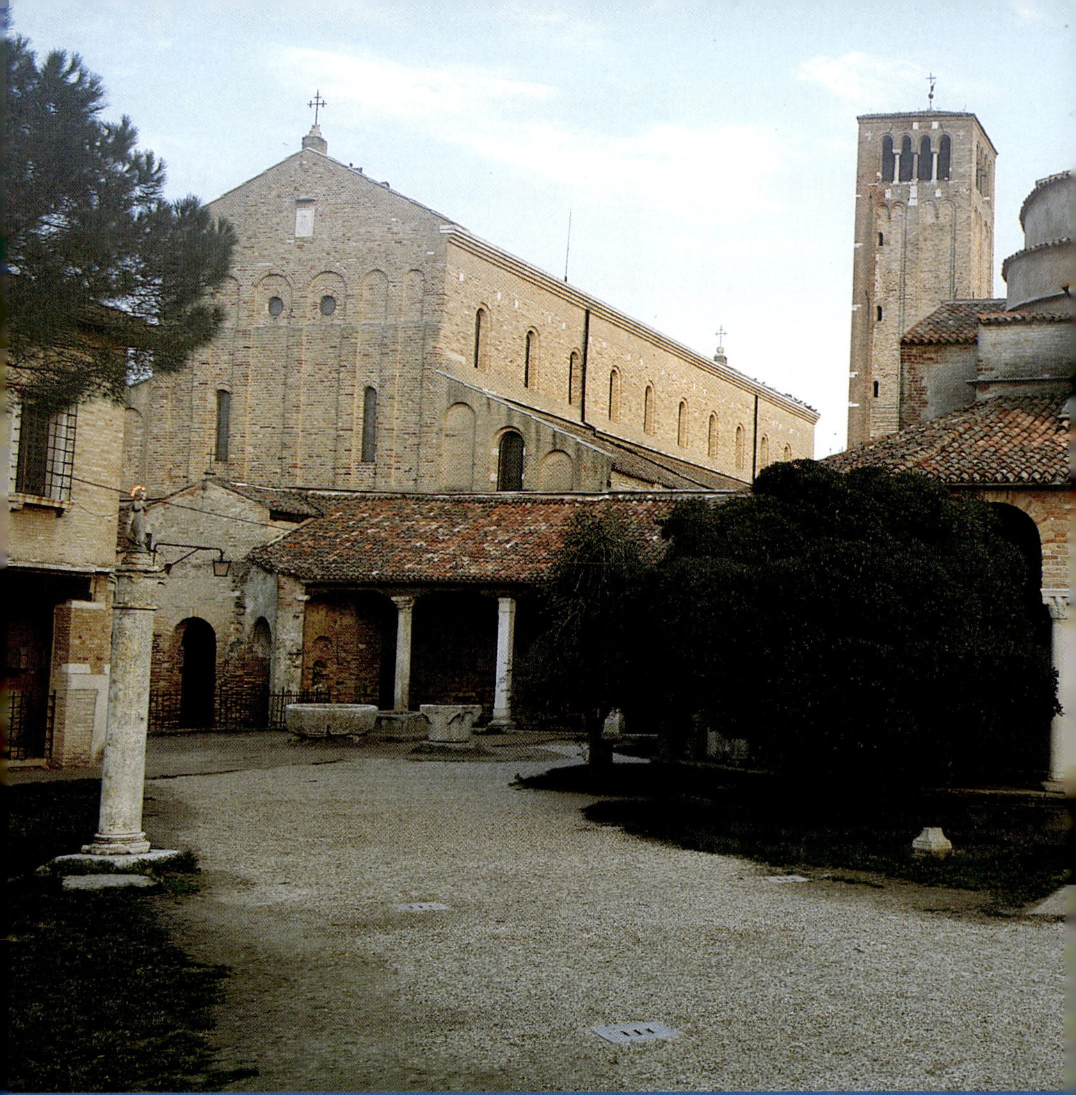

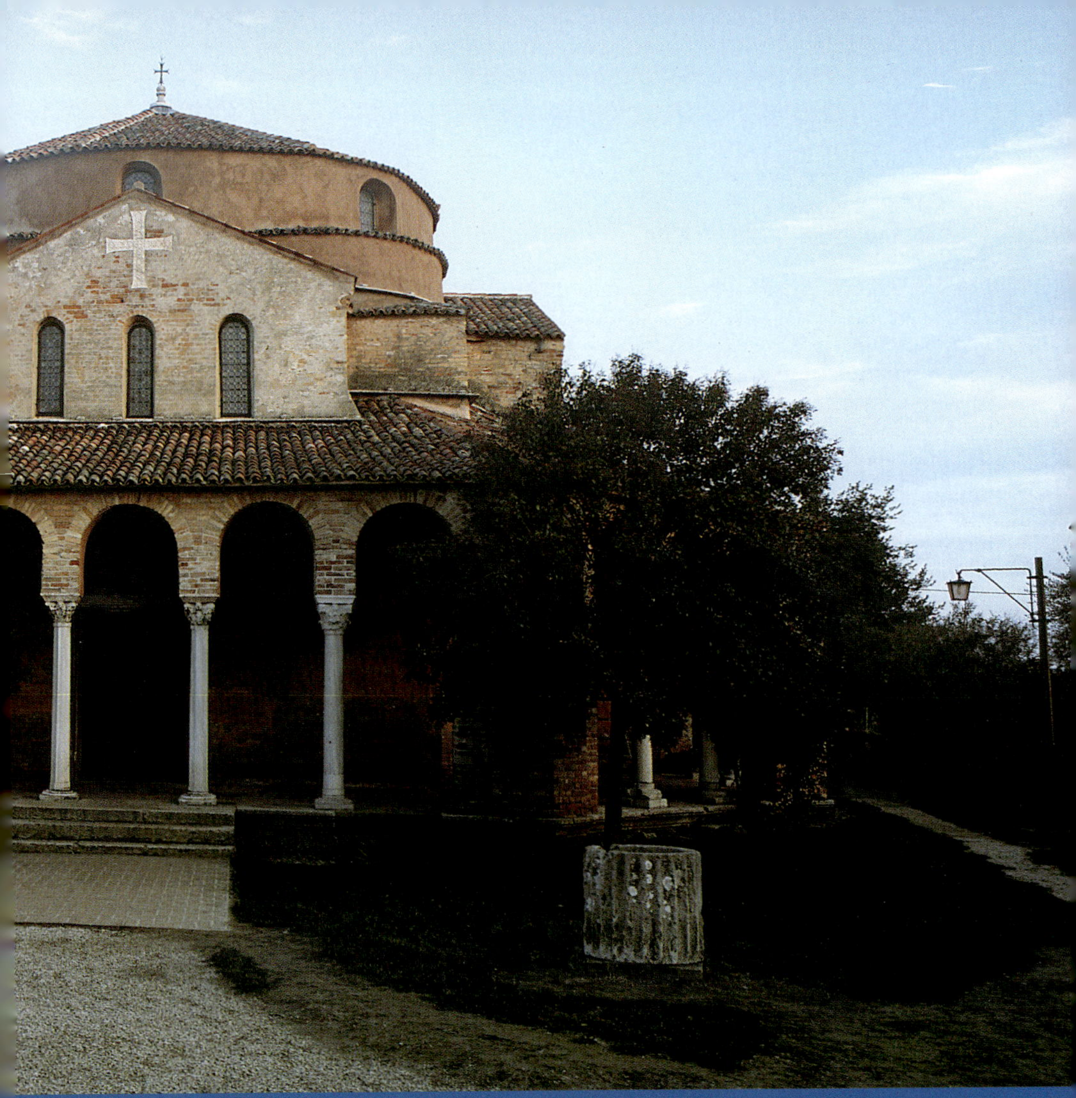

Murano, Burano, Torcello

Murano

Die Insel Murano ist eine jener Inseln im Umfeld Venedigs, die zur selben Zeit wie die Hauptinsel von Flüchtlingen vom Festland besiedelt wurden. Mit dem Aufstieg Venedigs war das Schicksal von Murano als abhängige Insel besiegelt. Dort legten die Venezianer ihren Industriestandort für die Glasproduktion und ihre Sommerhäuser mit ausgedehnten Gärten an. Aber die Insel bewahrte sich unter der Herrschaft Venedigs einige politische Freiheiten. Sie hatte ein eigenes Regierungsoberhaupt und eigene Räte sowie ein eigenes Goldenes Buch ihrer ältesten Familien, die wie der venezianische Adel besondere Privilegien genossen. Die wirtschaftliche Stärke, die jedoch immer an Venedig gebunden war, gewann Murano aus einem der wichtigsten venezianischen Industriezweige, der Glasproduktion. Vielleicht war die Glasmacherkunst auf Murano schon aus römischer Zeit überliefert. In jedem Fall war Murano-Glas in seinen verschiedenen Ausprägungen über die Jahrhunderte hinweg ein wichtiger Exportartikel. Noch heute kann man in einigen Glashütten den Glasbläsern bei ihrer schwierigen Tätigkeit zusehen. Viele Hütten stellen Kopien von traditionellen Formen her. Doch es gibt auch einige weltbekannte Firmen, die von Künstlern und Designern immer wieder neue, moderne (und sehr teure) Glaskunstwerke entwerfen lassen. Sehenswert ist das Glasmuseum.

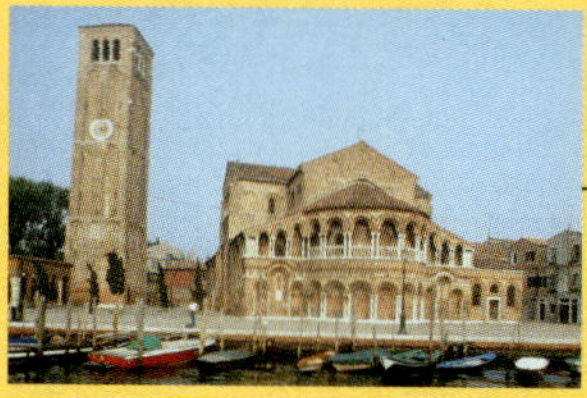

Santi Maria e Donato, S. 506

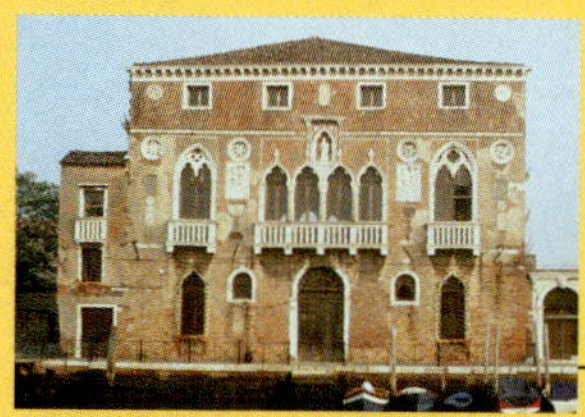

Palazzo da Mula, S. 505

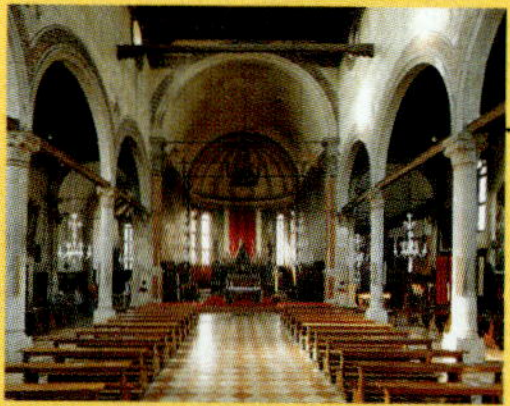

San Pietro Martire, S. 503

Weitere Sehenswürdigkeiten:

1 Museo dell' Arte Vetraria (Glasmuseum)

2 Palazzo Trevisan

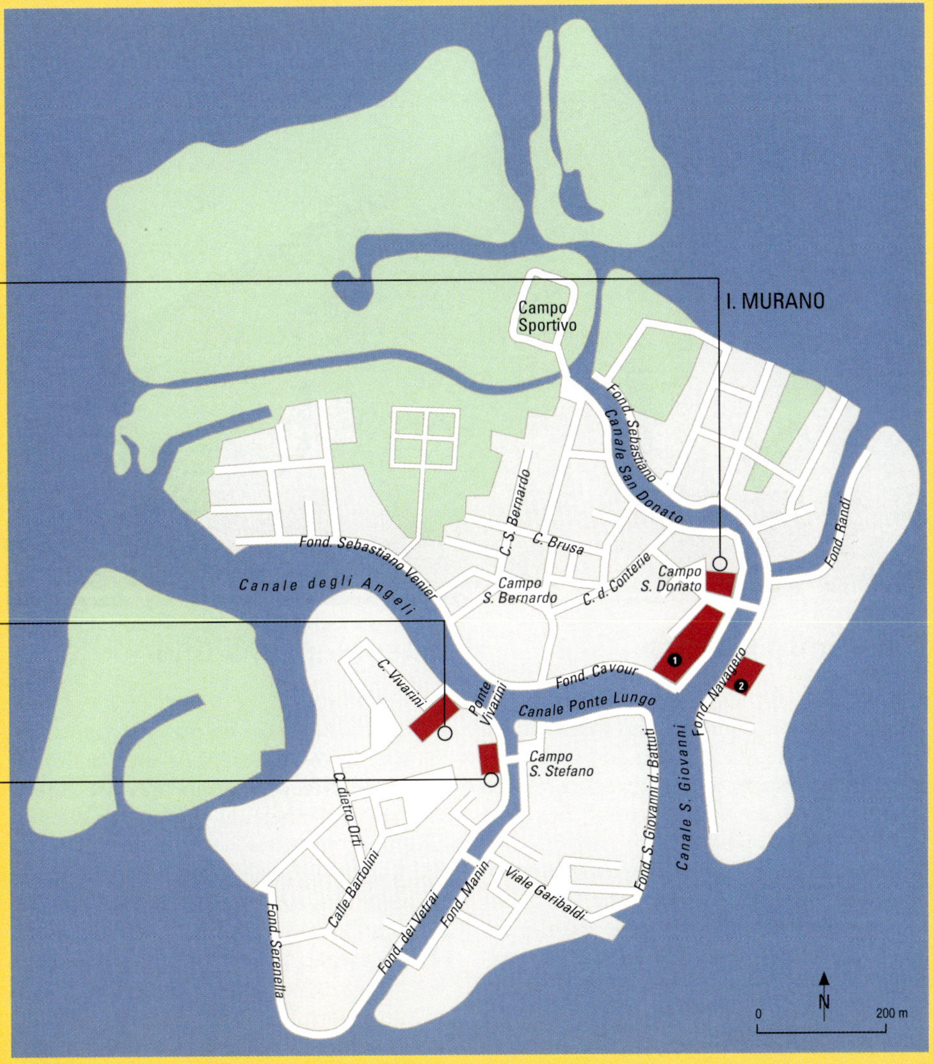
I. MURANO
Campo Sportivo
Fond. Sebastiano
Canale San Donato
C. S. Bernardo
C. Brusa
Fond. Sebastiano Venier
Canale degli Angeli
Campo S. Bernardo
C. d. Conterie
Campo S. Donato
Fond. Radi
Fond. Cavour
Fond. Navagero
C. Vivarini
Ponte Vivarini
Canale Ponte Lungo
Campo S. Stefano
Fond. S. Giovanni d. Battuti
Canale S. Giovanni
C. dietro Orti
Calle Bartolini
Fond. Serenella
Fond. dei Vetrai
Fond. Manin
Viale Garibaldi
N
0
200 m

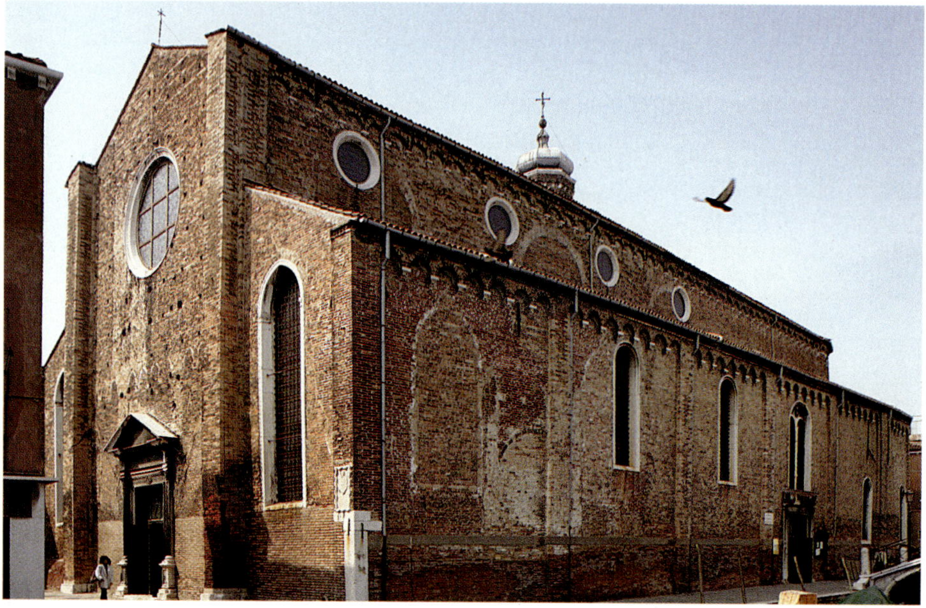

San Pietro Martire

Die heutige Pfarrkirche der Insel wurde 1348 als Kirche eines Dominikanerklosters gegründet. Nach einem verheerenden Brand wurde die Klosterkirche bis 1511 quasi vollkommen neu errichtet. Der Außenbau zeigt mit seinen Backsteinen und den wenigen, sparsam mit weiß akzentuierten Details typische Merkmale einer venezianischen Bettelordenskirche. Unter Napoleonischer Herrschaft wurden Kirche und Kloster 1808 geschlossen und all ihrer Kunstschätze beraubt.

Innenraum und Chor

Das Kircheninnere überrascht v. a. durch seine helle Weite. Große Fenster lassen das Tageslicht hereinströmen, das drei breite Kirchenschiffe beleuchtet. Bei der Wiedereröffnung der Kirche 1813 hat man einige alte Kunstwerke aus anderen Kirchen, die ebenfalls aufgelöst worden waren, hierher gebracht. Trotzdem wirkt die Kirche immer noch ein wenig leer. Es ist deutlich spürbar, daß ein großer Teil der einst reichen Ausstattung fehlt. Besonders auffällig sind die zahllosen weißen Kristalleuchter. Sie sind an schönen geschmiedeten Ketten im Chorraum und an den hölzernen Zugankern aufgehängt, die zwischen die Säulen des Mittelschiffs eingespannt sind. Die hölzernen Verstrebungen wurden angebracht, um den Schub der darüberliegenden Wand auszugleichen. Denn die Bogen müssen einen relativ großen Abstand zwischen den Säulen überbrücken. In der Sakristei befindet sich eine sehenswerte Wandverkleidung mit Szenen aus dem Leben Johannes des Täufers. Im rechten Seitenschiff hängt ein Gemälde von Jacopo Tintoretto, das die Taufe Christi abbildet.

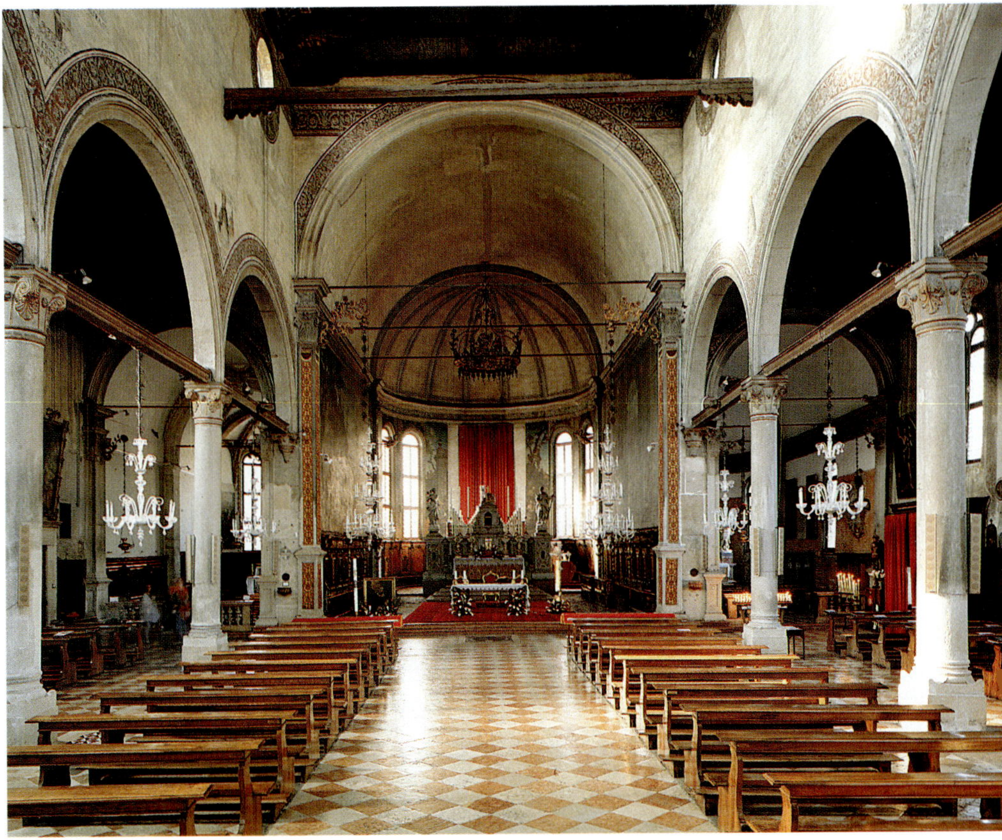

Giovanni Bellini: Pala Barbarigo, 1488
Leinwand, 200 x 320 cm

Das Gemälde von Giovanni Bellini befand sich zu Lebzeiten des Dogen Agostino Barbarigo (reg. 1486 – 1501) in seinem Palast. Nach seinem Tod gelangte es als Stiftung in die Kirche Santa Maria degli Angeli und wurde von dort aus nach San Pietro Martire gebracht.

Der Doge Barbarigo kniet anbetend vor der Madonna. Sanft umfaßt der Hl. Markus mit der rechten Hand seine Schulter und scheint Barbarigo der Madonna und dem Kind zu empfehlen. Während Maria traumverloren in die Ferne blickt und vielleicht der Musik der beiden Engel lauscht, wendet sich das Christuskind segnend dem alten Dogen zu. Agostino Barbarigo gegenüber steht der Hl. Augustinus. Interessanterweise übernimmt nicht wie üblich der Namenspatron Augustinus die Präsentation des Gläubigen vor der Madonna, sondern der Hl. Markus. Der Doge unterstellt sich offensichtlich in seinem Amt als Führer des Staates auch dem Heiligen der Republik, während sein persönlicher Schutzpatron hinter den Heiligen seines Amtes zurücktritt. So wird hier ein dezenter Hinweis darauf gegeben, daß die Pflicht und Stellung des Dogenamtes höher bewertet wird, als die eigene Person.

Die Komposition des Gemäldes ist sehr ausgewogen. Der Schwerpunkt der Hand-

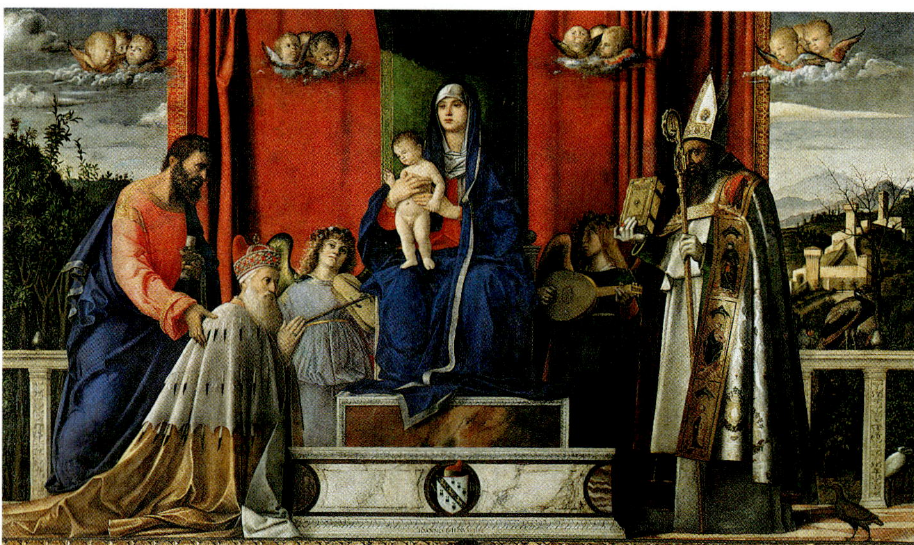

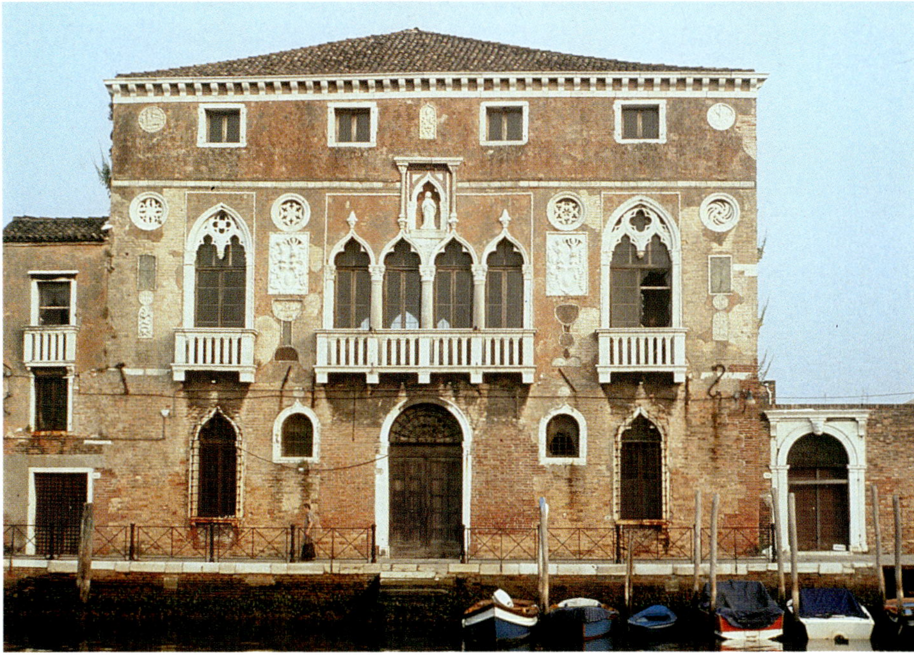

lung und auch der Farben liegt auf der linken Seite: hier kniet der Doge; hier wiederholen die Farben des Hl. Markus und die Farben der thronenden Madonna.
Auf der rechten Seite dagegen steht Augustinus im hellen Gewand. Neben ihm öffnet sich der Blick auf eine weite Voralpenlandschaft. Anders die linken Seite: Dort ist die Szene von dichten Bäumen hinterfangen. Die Dichte der linken Seite wird durch den weiten Blick in die Landschaft auf der rechten Seiten ausgeglichen. Der Maler hat das so Gemälde stolz datiert und signiert.

Palazzo da Mula

Der Palast aus dem 15. Jh. war Sommersitz einer venezianischen Familie. Trotz einiger Umbauten im 16. Jh. ist er mit seinen schön gerahmten Spitzbogenfenstern ein gutes Beispiel für einen gotischen Palazzo. Ein Palast auf Murano hatte im Gegensatz zu einer Villa auf der Terraferma den Vorteil, sehr schnell erreichbar zu sein. Hier gab es Platz für ausgedehnte Gartenanlagen, wie sie in Venedig selten waren.

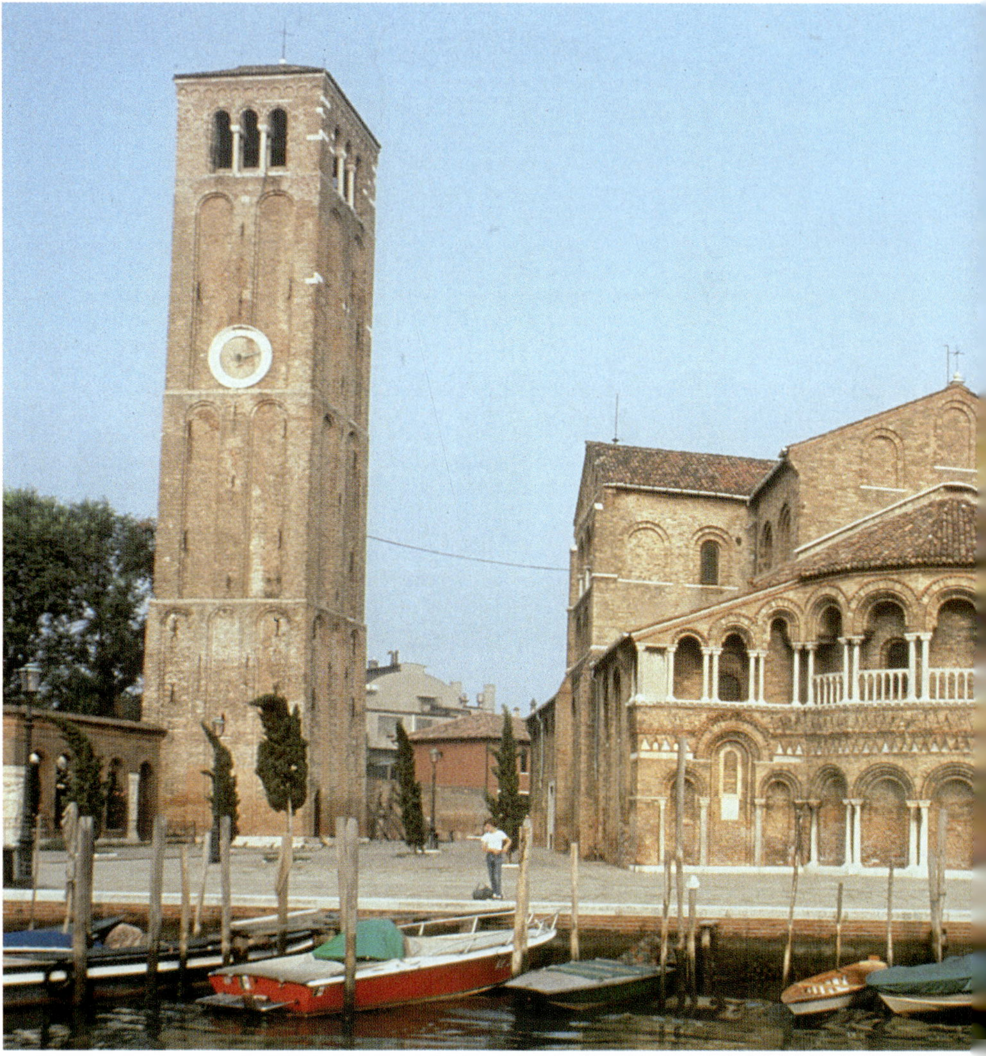

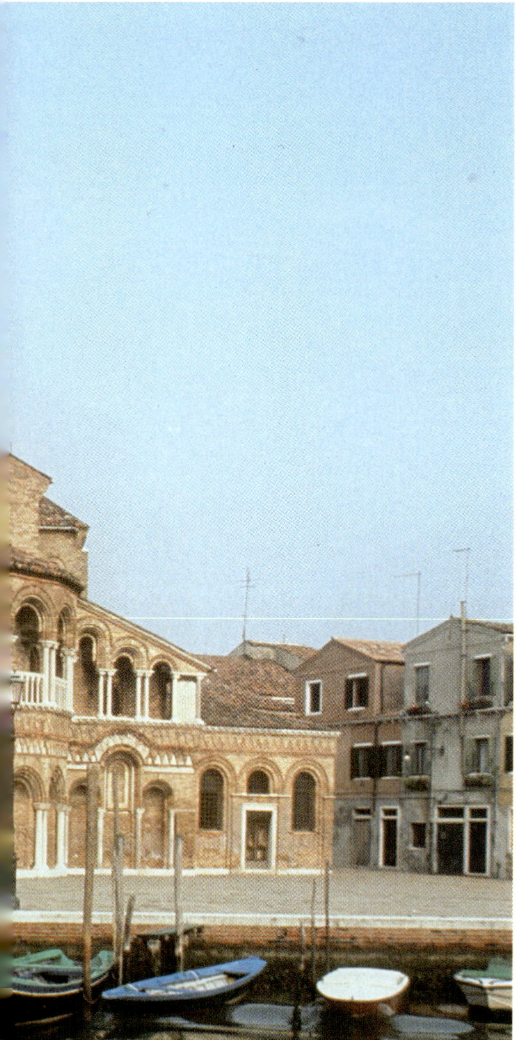

Santi Maria e Donato

Am Campo di San Donato standen einst eine Reihe von Palästen des 14. Jh.s. Sie wurden 1815 abgerissen. Die Kirche dagegen blieb glücklicherweise verschont. Sie gehört zu den ältesten in der Lagune. Die Kirchengründung geht auf die Zeit der großen Flüchtlingswellen in die Lagune im 7. Jh. zurück. Zunächst war sie allein der Heiligen Jungfrau geweiht. 1125 erhielt die Kirche jedoch einen weiteren Titelheiligen, als man den Leichnam des Hl. Donatus aus Sizilien hierher brachte. Der Bau wurde in seiner heutigen Form kurz nach der Markusbasilika begonnen und ist damit ebenfalls ein wichtiges Beispiel für die Formenvielfalt des sog. veneto-byzantinischen Stils. Besonders die ungewöhnliche Apsis ist trotz einer massiven Restaurierung im 19. Jh. sehenswert. Sie erhebt sich auf einem sechseckigen Grundriß in zwei Stockwerken, von denen das obere als Galerie ausgebildet ist. Im Inneren der Kirche sind nur noch wenige Stücke der ursprünglichen und in Jahrhunderten gewachsenen Ausstattung erhalten. Doch wartet die Kirche mit einem kostbaren Fußbodenmosaik auf, das 1140 datiert ist. Es ist aus Marmor und farbigen Glaspasten gestaltet. Neben einem reichen Schatz an Ornamenten sind auch Tiere dargestellt, die die Tugenden allegorisieren. Das stark angegriffene Mosaik wurde in den 70er Jahren u. a. mit amerikanischen Spendengeldern restauriert.

Burano

Burano hat sich mit seinen kleinen bunten Häusern noch vollkommen den Charakter eines anmutigen Fischerdorfes bewahrt. Es ist an den Wochenenden ein beliebter Ausflugsort für Venezianer, die hier spazierengehen und den fangfrischen Fisch in den Restaurants genießen. Während der Wochentage geht es dort beschaulicher zu. Einst war das Fischerdorf Burano in ganz Europa wegen seiner Spitzen berühmt.

Die Buraneser Spitzenstickerei war einmal ein ebenso großer Exportschlager Venedigs wie das Glas aus Murano. Im 18. Jh. jedoch, setzte sich billigere französische Ware durch. Erst in unserem Jahrhundert wurde mit der Einrichtung der Spitzenstickerei-Schule das alte Handwerk in Burano wiederbelebt. Die erste Lehrerin war eine Siebzigjährige, die die Kunst noch von ihrer Mutter und Großmutter erlernt hatte. Echte Buranospitze ist nach wie vor reine Handarbeit und ebenso wertvoll wie teuer.

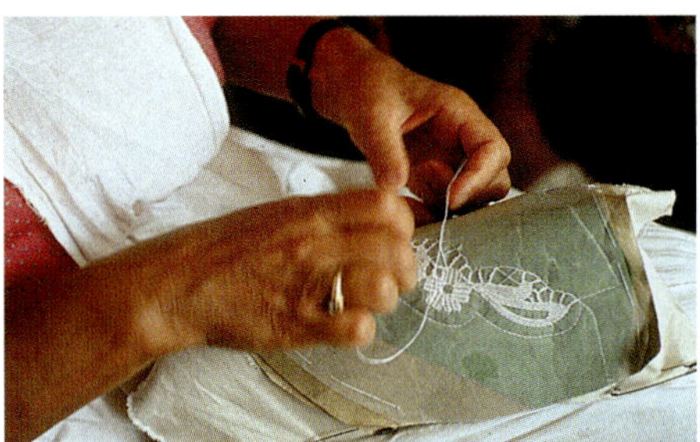

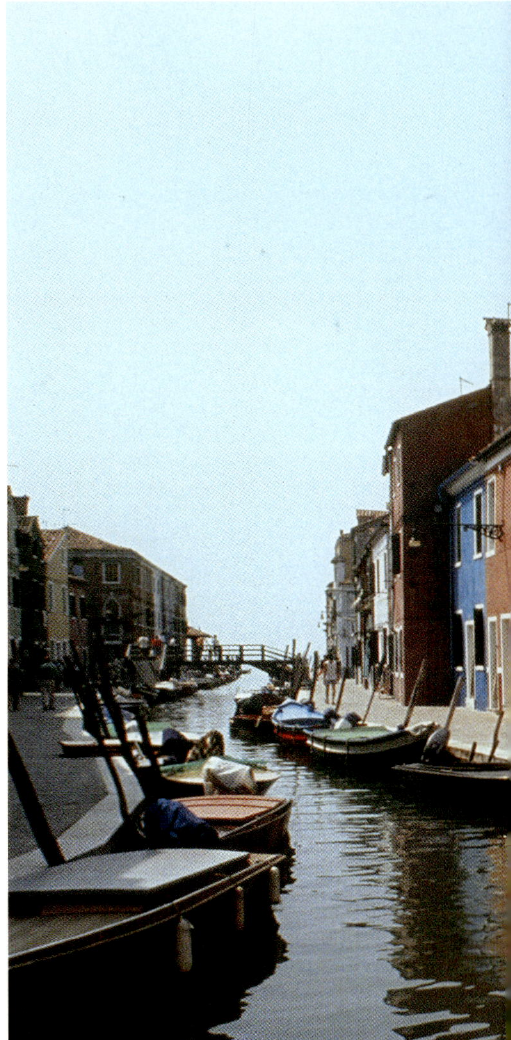

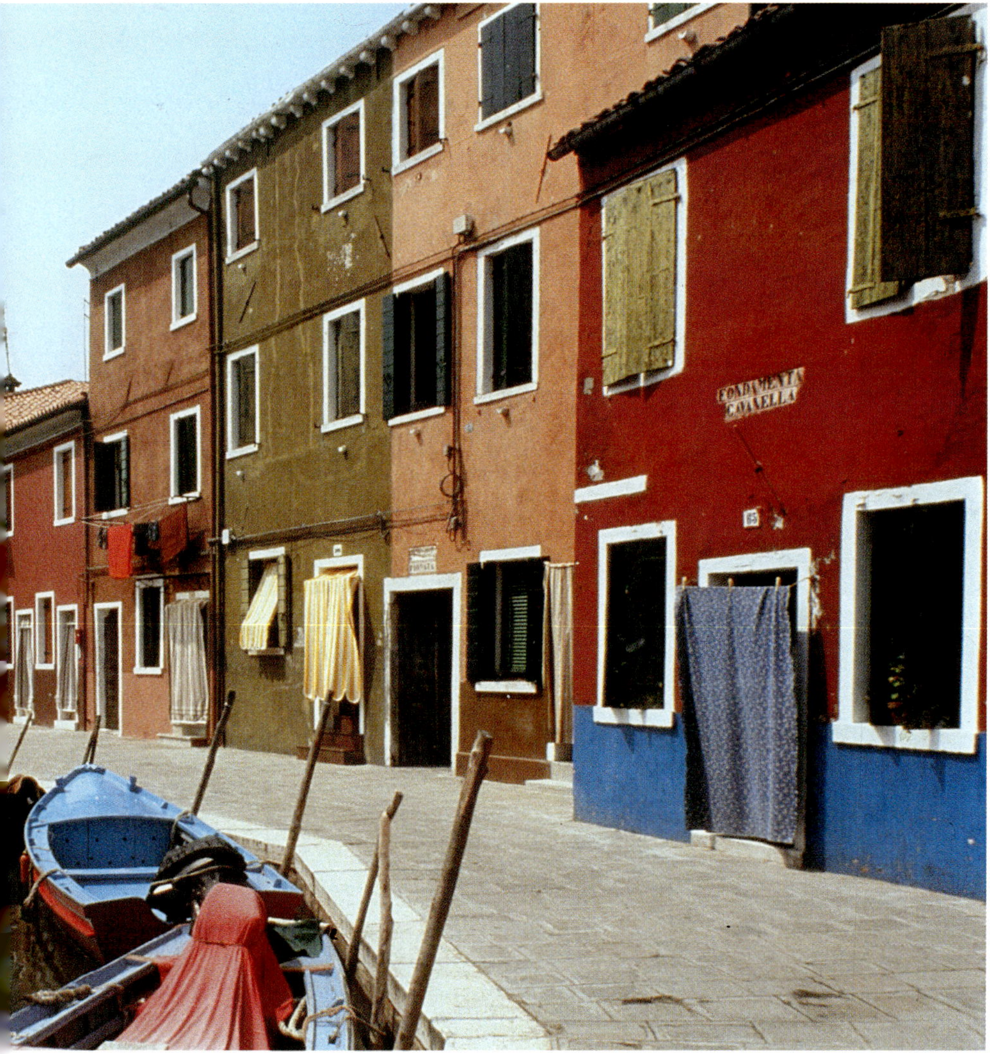
FONDAMENTA

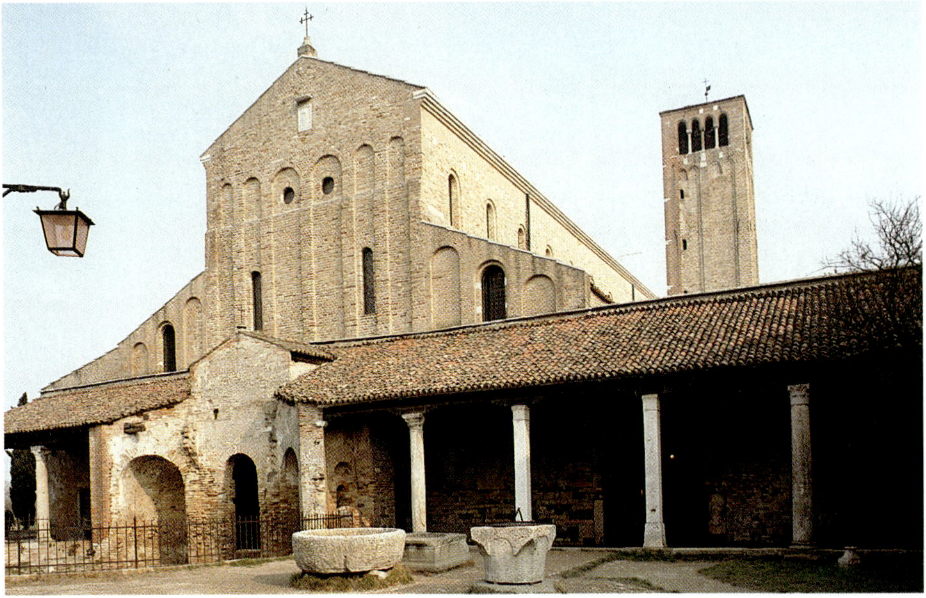

Torcello

Santa Maria Assunta

Lange bevor Venedig seinen Aufstieg zur mächtigsten Handelsstadt des Mittelmeeres begann, war Torcello im nördlichen Teil der Lagune bereits ein Zentrum der Zivilisation. Insbesondere wegen der bedeutenden Zeugnisse aus der frühen Besiedlungszeit lohnt ein Besuch dort. Die Kirche Santa Maria Assunta wurde, wie eine wertvolle Inschrift bis heute verkündet, 639 unter dem byzantinischen Kaiser Heracleaus gegründet, nachdem die Insel 638 Bischofssitz geworden war.

Der heutige Bau stammt aus dem 9.–11. Jh. und ist der älteste in der Lagune. Die Fassade wurde im 9. Jh. errichtet und im 11. Jh. erhöht. Gleich neben der Kirche stehen die im 18. Jh. restaurierten Überreste eines Oratoriums aus dem 11. Jh. Dort hatte der Legende zufolge der Körper des Hl. Markus zum ersten Mal venezianischen Boden berührt, nachdem er durch ein Wunder eine unglaublich schnelle Überquerung des Mittelmeers bewirkt hatte, während seine Retter schliefen.

Innenraum

Im Inneren beeindruckt die Strenge der Architektur, die die Jahrhunderte überdauert hat. Der offene Dachstuhl, die prachtvollen Marmorsäulen und der Mosaikfußboden des 11. Jh.s bestimmen diesen Eindruck. Der Chorraum mit der Hauptapsis ist vom Kirchenraum durch eine Ikonostasis des 11. Jh.s getrennt. Dafür wurden byzantinische Marmortafeln mit Tierreliefs (Pfauen, Löwen, Vögel) verwendet und im unteren Teil zwischen die schlanken Marmorsäulen eingefügt. Darüber befindet sich eine Bilderreihe mit der Heiligen Jungfrau und den Zwölf Aposteln von einem venezianischen Maler des 15. Jh.s. Die Rundung der Apsis ist von marmornen Stufen umzogen, auf denen die Priester Platz nahmen. Der Thron des Bischofs steht auf der rechten Seite. Die Mosaiken zeigen wiederum die Gottesmutter und die Zwölf Apostel. Die Konzeption der Motive geht vielleicht schon auf das 7. Jh. zurück. Das Mosaik, das heute die obere Apsiszone schmückt, stammt wohl aus dem 13. Jh., während die Apostel ein Werk des 12. Jh.s sind.

Hier in der Apsis befindet sich auch die Inschrift, die über die Kirchengründung im 7. Jh. berichtet. Auch die Mosaiken der rechten Chorkapelle sind bemerkenswert. Sie zeigen den segnenden Christus zwischen den Erzengeln Gabriel und Michael über den Heiligen Augustinus, Ambrosius, Martin und Gregor aus dem späten 12. oder frühen 13. Jh. Sie wurden wohl wie die übrigen Mosaiken dieser Periode von Künstlern aus Ravenna geschaffen. Derselben Zeit entstammt auch das beeindruckende Mosaik mit dem Jüngsten Gericht und Szenen aus der Heilsgeschichte an der inneren Eingangswand.

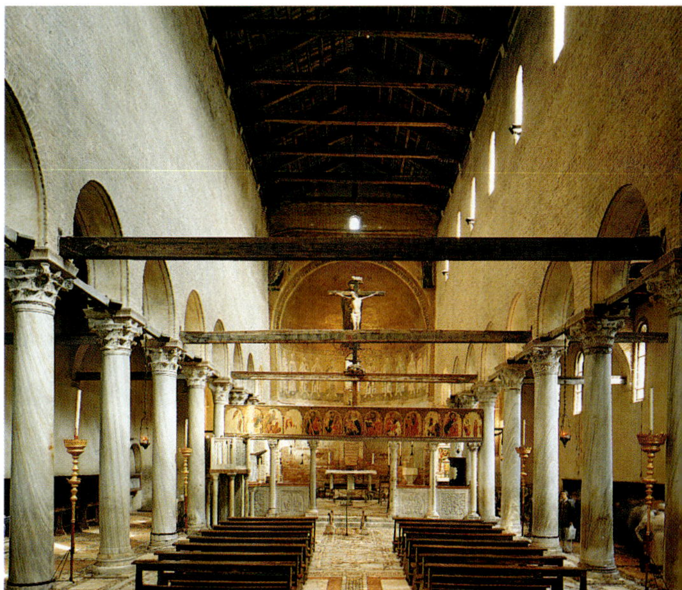

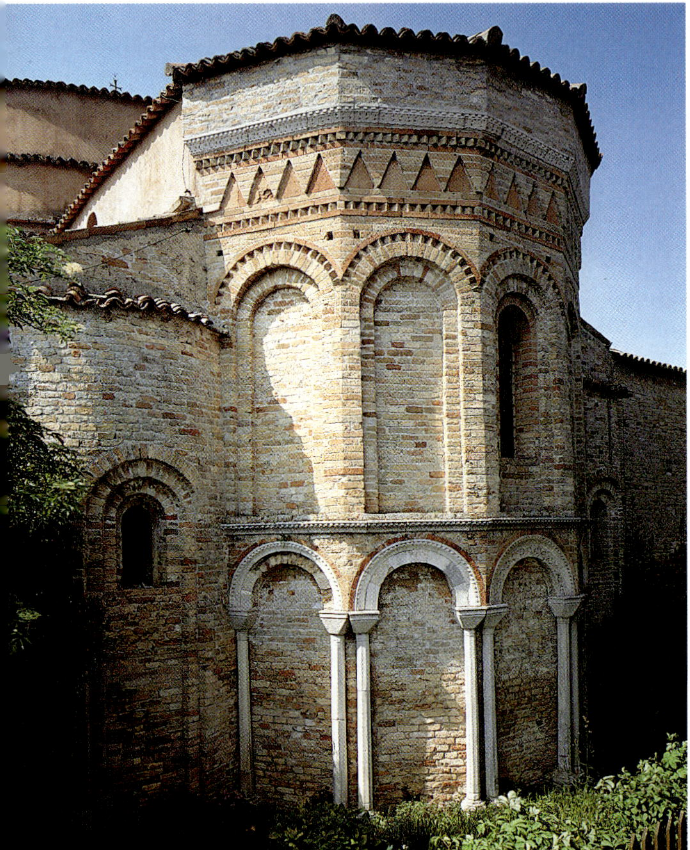

Santa Fosca

Die Kathedrale von Torcello war Teil eines ausgedehnten Komplexes religiöser Bauwerke. Die Insel wurde im 5. und 6. Jh. zur gleichen Zeit besiedelt wie die Inseln, die später einmal Venedig werden sollten. Doch zunächst sah es so aus, als ob Torcello erfolgreicher werden würde. Davon zeugen auch die prächtigen Bauten. Obwohl der langsame Niedergang der Anlage schon im 9. Jh. einsetzte, sank sie doch erst mit dem Aufstieg Venedigs in den drei folgenden Jahrhunderten zur völligen Bedeutungslosigkeit herab. Dadurch blieben bedeutende Bauwerke des frühen Mittelalters unverändert erhalten. Rechts neben der Kathedrale steht die Kirche Santa Fosca, ein Zentralbau des 11.–12. Jh.s, der wahrscheinlich ein älteres Bauwerk aus dem 7. Jh. ersetzt. Mit dem Oratorio di San Marco und dem Baptisterium ergänzte sie das architektonische Umfeld der Kathedrale. Der Außenbau der Apsis ist mit schmalen Doppelsäulen und aufwendig gestaltetem Mauerwerk sowie verschiedenen Schmuckfriesen dekoriert. Die wohlproportionierte kleine Kirche auf dem Grundriß eines griechischen Kreuzes mit vergrößertem Chor ist das Grabmal der Märtyrerin Fosca aus Ravenna.

Teufelsbrücke

Auf Torcello findet sich noch heute eine flache Brücke ohne Gelände. Einsam überspannt sie einen kleinen Kanal. Den Bewohnern der Stadt ist sie so unheimlich, daß sie den Namen Teufelsbrücke erhielt. Früher waren solche Brücken auch in Venedig nicht selten. Eines der traditionellen Kampfspiele, das häufig die einzelnen Stadtbezirke untereinander ausfochten, bestand in einem Faustkampf, bei dem die gegnerischen Mannschaften versuchten, sich gegenseitig von solchen Brücken ins Wasser zu werfen. Mit der Zeit jedoch verschwanden die Brücken ohne Geländer aus dem venezianischen Stadtbild.

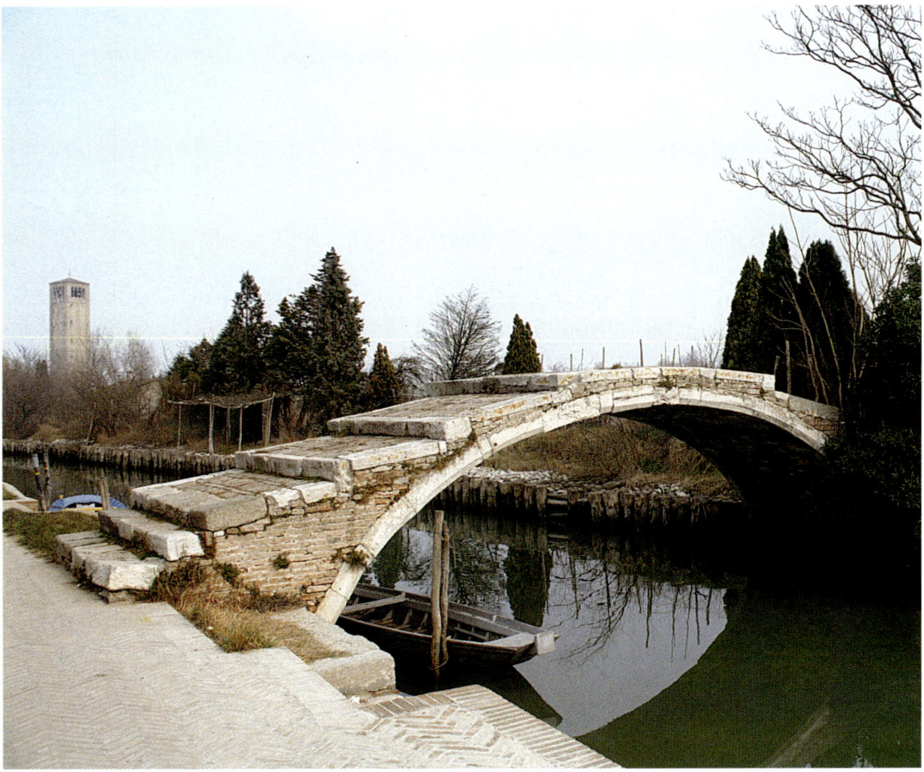

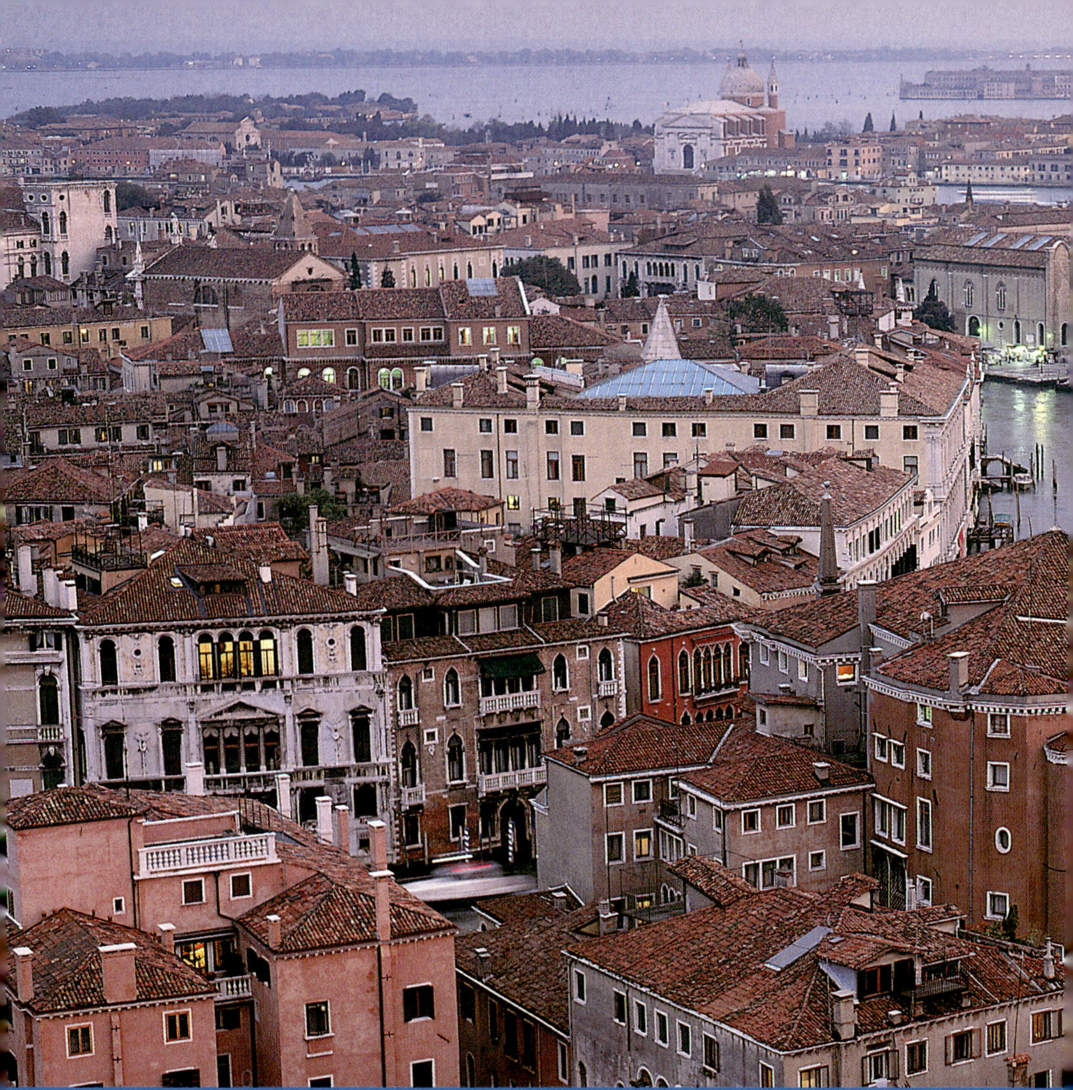

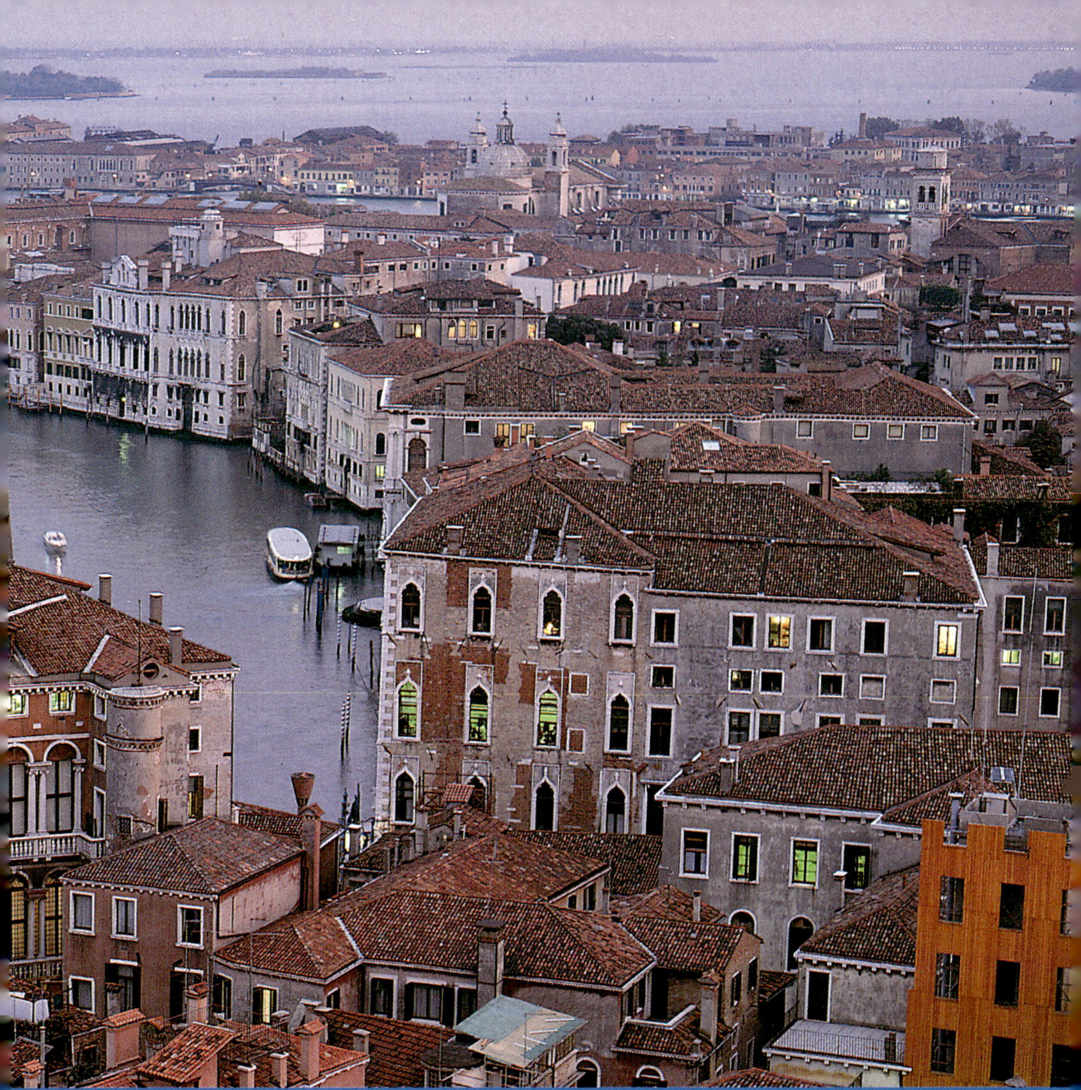

Anhang

Glossar

Albergo (ital., »Herberge, Unterkunft«), im baulichen Kontext venezianischer »Scuole« (Bruderschaftsgebäude) der prächtig ausgestattete Raum, in dem sich das Frührungsgremium der Scuola zu seinen Beratungen versammelte.

Allegorie (grch. allegoria; zu allegorein, »anders abbilden«), Gleichnis, Veranschaulichung abstrakter Begriffe und Inhalte mittels sinnbildlicher Darstellung, meist in Personifikationen (in Gestalt von Personen) oder szenischer Situationen.

Altarbild (lat. altare, »Opfertisch«), auch Altartafel, Bildwerk, das im Mittelalter häufig Altäre schmückt. Zunächst ist dieses als Goldschmiedearbeit oder als plastische Figuren gearbeitet, später erscheint es in gemalter Form. Der Schmuck kann aus einem einzelnen Bild oder mehrteiligen Tafeln bestehen. Oft erhebt er sich hinter dem Altar oder als Altarretabel (Altaraufsatz) über dessen rückwärtiger Seite.

Altartafel (lat. altare, »Opfertisch« und tabula, »Brett«), auch Altarbild, plastischer oder gemalter Altarschmuck, der sich meist hinter dem Altar oder über dessen Rückwand befindet. Er kann aus einem einzigen Bildwerk oder aus mehreren Tafeln bestehen.

Anfänger, auch Anfangsstein; der erste Stein eines Bogens oder eines Gewölbes über dem Kämpfer.

Antike (frz. antique, »altertümlich«; zu lat. antiquus, »alt«), das griechisch-römische Altertum. Es beginnt mit der frühgriechischen Einwanderung im 2. Jt. v. Chr. und endet im Westen 476 n. Chr. mit der Absetzung des römischen Kaisers Romulus Augustulus (um 475 n. Chr.), im Osten 529 n. Chr. mit der Schließung der Platonischen Akademie durch Kaiser Justinian (482–565 n. Chr.).

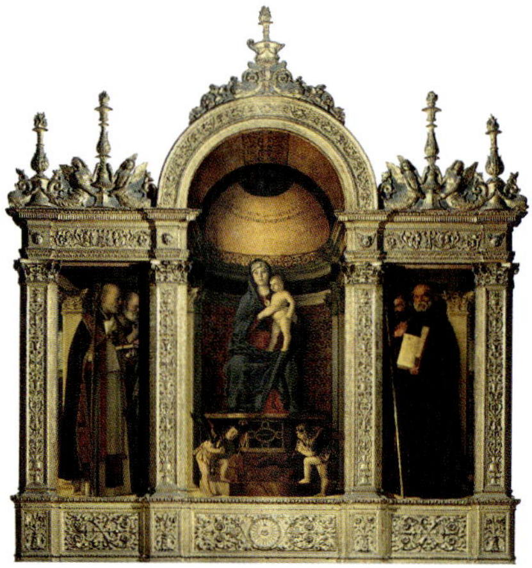

Altarbild

Apostel (grch. apostolos, »Sendebote, Vorkämpfer«), einer der zwölf Jünger Jesu, von ihm selbst aus der großen Schar seiner Anhänger ausgewählt, um sein Werk fortzusetzen und das Evangelium zu verkünden.

Apotheose (zu grch. apotheoun, »vergöttern, verklären«), Vergöttlichung, die Versetzung eines Lebewesen unter die Götter.

Apsis (lat.; grch. hapsis, »Verbindung, Rundung, Wölbung«), eine über einem halbkreisförmigen oder vieleckigen Grundriß errichtete und mit einer Halbkuppel überwölbte Nische, in der ein Altar stehen kann. Im Anschluß an den Haupt- oder den Klerikern vorbehaltenen Chorraum einer Kirche wird sie auch Exedra oder Chorhaupt genannt. Kleinere Nebenapsiden finden sich oftmals am Chorumgang, an Quer- oder Seitenschiffen (Quer- oder Seitenräumen).

Architrav (grch. archein, »anfangen, herrschen« und lat. trabs, »Balken«), Hauptbalken, der auf Stützen, wie z. B. Säulen, aufliegt und die Last des Oberbaus trägt. Er kann in Faszien, meist drei abgestufte waagerechte Unterteilungen, gegliedert sein.

Arkade (frz. arcade, zu lat. arcus, »Bogen, Jagdwaffe«), ein auf seitlichen Stützen ruhender Bogen oder eine Bogenreihe.

Atrium (lat. »Vorsaal, Vorhalle«), ungedeckter Vorhof einer Kirche, der auf drei oder vier Seiten von einem Säulengang umgeben ist. Oft steht in der Mitte ein Brunnen. Der Begriff wird auch für die Vorhalle einer Kirche verwendet.

Attika (lat. atticus, »attisch«), niedriger, gegliederter Aufbau über dem Hauptgesims einer Säulen- oder Pilasterordnung, auch zur Verdeckung des Dachansatzes; im Barock als Halbgeschoß mit Fenstergliederung.

Attribut (lat. attributum, »das Beigefügte«), der einer Person zur Identifizierung beigegebene Gegenstand oder das eine Person kennzeichnende Symbol, meist in Bezugnahme auf eine wesentliche Begebenheit in deren Leben.

Augustinerorden, mittelalterlicher Bettelorden nach den Regeln des Hl. Aurelius Augustinus (354–430 n. Chr.). Er entsteht 1256 und wird im

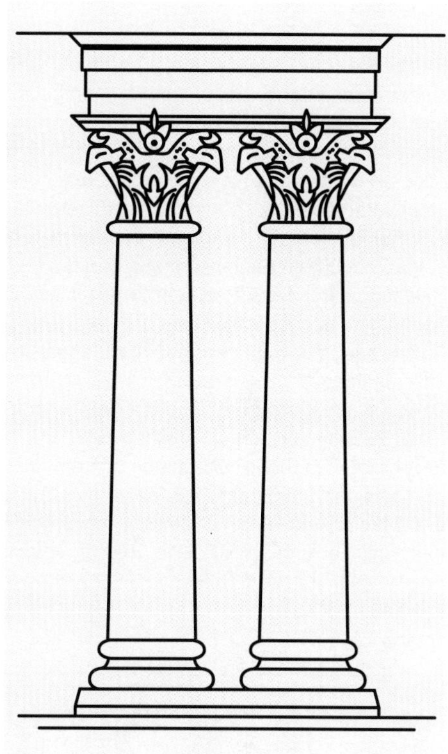

Zwei durch einen Architrav gekoppelte Säulen

14. und 15. Jh. durch Kongregationen (kirchliche Vereinigungen) erweitert.

Aureole (lat. aureolus, »golden, schön, allerliebst«), ein die ganze Person umschließender Strahlenkranz.

Bacino di San Marco (ital. »das (Hafen-) Becken von San Marco«), Bucht vor dem Stadtkern Venedigs, an der die Piazzetta mit dem

Dogenpalast liegt und in die der Canal Grande einmündet.

Baldachin (ital. baldacchino), Stoffdach über einem Thron oder Bett; der von Stangen gehaltene Traghimmel bei Prozessionen; in der Baukunst der fest eingebaute Prunkhimmel aus Holz oder Stein u. a. über einem Thron, Bischofsstuhl, Altar, Katafalk oder einer Kanzel und Statue. Der Name geht zurück auf den kostbaren, golddurchwirkten Seidenstoff aus Bagdad (ital. Baldacco), aus dem die ersten Prunkhimmel in Italien hergestellt wurden.

Balustrade, aus Balustern gebildete Schranke oder Geländer.

Baptisterium (lat.; grch. baptisterion, »Badeplatz, Schwimmbecken«), Taufkirche.

Barock (port. barocco, »Steinchen, schiefrund«), europäische Stilepoche zwischen dem Ende des Manierismus (um 1590) und dem Beginn des Rokoko (um 1725). Der Begriff kommt ursprünglich aus dem Goldschmiedehandwerk, wo »barocco« eine unregelmäßige Perle bezeichnet.

Balustrade

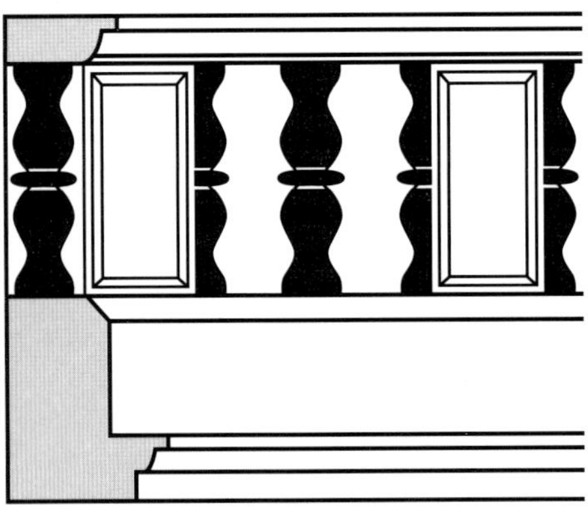

Basilika (grch. stoa basilike, »Königshalle«), meist nach Osten ausgerichteter Kirchenbau mit einem Hauptschiff (Mittelraum) und zwei oder vier niedrigeren Seitenschiffen. Ein Querschiff zwischen Langhaus und Chor, der den Klerikern vorbehalten ist, kann die Anlage erweitern. Ursprünglich war die Basilika ein altgriechisches Amtsgebäude bzw. eine altrömische Markt- und Gerichtshalle, dann ein altchristlicher Versammlungsraum. Die Bezeichnung geht auf den Amtssitz des obersten Richters Archon Basileus zurück, der auf dem Marktplatz von Athen stand.

Bessarion, Johannes (um 1403–1472), Bischof von Nicäa, ab 1439 Kardinal. Er wirbt bereits auf dem Konzil in Florenz 1439 für die Union von Ost- und Westkirche und ist nach dem Scheitern dieser Bemühungen ein vehementer Verfechter des Kampfes gegen die Türken.

Bettelorden, auch Mendikanten (lat. mendicare, »betteln«), einer asketischen Lebensführung und dem Verzicht auf jegliches Eigentum verpflichtet, entstehen sie seit dem 13. Jh. als Gegenbewegung zur Verweltlichung der Kirche. In besonderem Maße widmen sie sich der Seelsorge, der Lehrtätigkeit und der Missionsarbeit. Als Bettelorden gelten die Franziskaner, Kapuziner, Dominikaner, Augustiner und Karmeliter.

Biennale (lat. biennium, bis, »zweimal« und annus, »Jahr«), 1895 ins Leben gerufene internationale Kunstausstellung, die in Abständen von zwei Jahren in den Giardini pubblici in Venedig stattfindet; seit 1932 mit den internationalen Filmfestspielen verbunden.

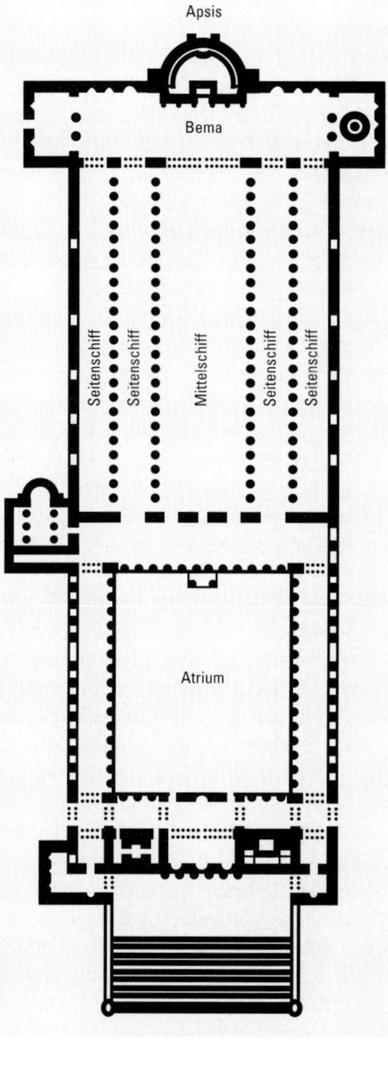

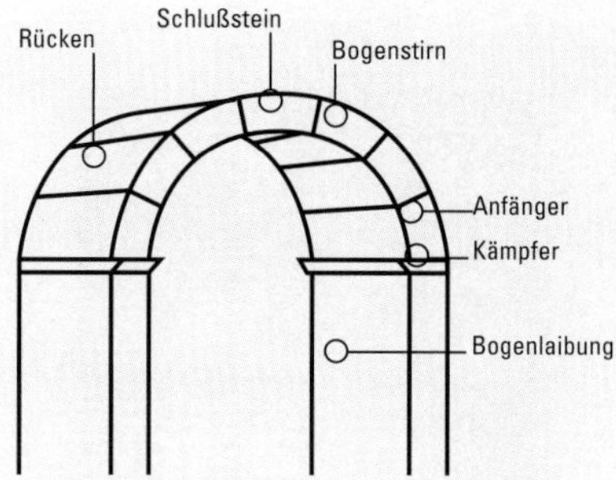

Bischof (grch. episkopos, »Aufseher«), hoher geistlicher Würdenträger. Im Urchristentum ist er Vorsteher einer Gemeinde, später als Apostelnachfolger der Kirchenobere eines Bistums, einer Diözese oder eines Sprengels. Er hat die Vollmacht des Lehr-, Priester- und Hirtenamtes und ist mit Mitra (Bischofsmütze), Bischofsstab und goldenem Ring ausgestattet.

Bogen, gewölbte Konstruktion in einer Maueröffnung, die die Last abfängt bzw. auf Pfeiler oder Säulen überleitet. Der höchste Punkt des Bogens mit dem Schlußstein ist der Scheitel. Die Stichhöhe ist der senkrechte Abstand zwischen Scheitel und der Linie, auf der der Kämpfer (Steinlage zwischen Mauer, Pfeiler oder Säule und Bogen) liegt. Die Innenfläche nennt man Bogenlaibung, die vordere Ansichtsfläche Bogenhaupt oder Bogenstirn.

Bruderschaft, im frühen Mittelalter entstehende katholische Vereinigung zum gemeinsamen Gebet, zunächst nur aus Mönchen und Geistlichen, später aber auch aus Laien bestehend. Sie bemüht sich um die Förderung der Nächstenliebe und Frömmigkeit.

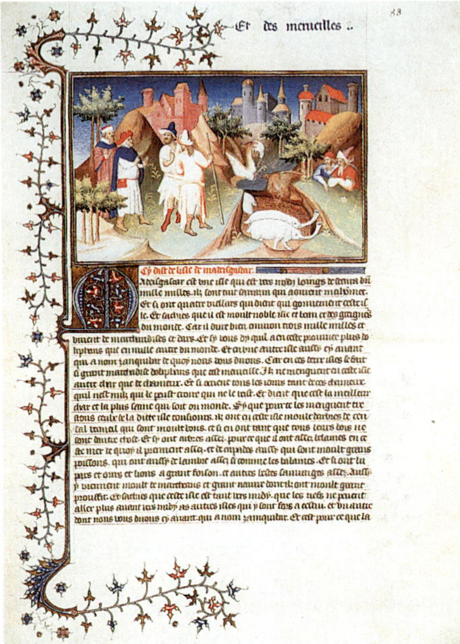

Buchmalerei

Buchmalerei, die Ausstattung von Büchern mit handgemalten bildlichen oder ornamentalen Darstellungen schmückender oder erläuternder Art.

Bucintoro, die Prachtgaleere des venezianischen Dogen, die von 200 Ruderern fortbewegt wird. Mit ihr fährt der Doge zum Himmelfahrtsfest auf die offene See, um den Ring der symbolischen Vermählung Venedigs mit dem Meer in das Wasser zu werfen.

Büste (frz. buste, »Brustbild«), zumeist auf einem Sockel ruhende plastische Darstellung, die sich auf die Wiedergabe der oberen Brustpartie, der Schultern und des Kopfes eines Menschen beschränkt.

Campanile (ital. campana, »Glocke«), freistehender Glockenturm einer Kirche.

Campo (ital., »Feld«), venezianische Bezeichnung für einen Platz in der Stadt. Er ist meist ein Kirchenvorhof oder ein kleiner Zwischenraum zwischen Palästen, der in der Regel an einer Seite einen Zugang zum Kanal hat.

Cherubim (hebr.; Sg.: Cherub), im Alten Testament gemeinsam mit den Seraphim zur obersten Hierarchie der Engel und als Chöre zum himmlischen Hofstaat Gottes gehörend, umgeben sie meist seinen Thron. Im Neuen Testament bilden sie auch das Ehrengeleit Christi. In der christlichen Kunst werden zwei Typen unterschieden: Der Tetramorph mit vier Köpfen von Mensch, Löwe, Stier und Adler sowie vier mit Augen besetzten Flügeln. Der Cherubengel hat dagegen ein Menschengesicht und vier Flügel mit Augen. Oft haben beide Typen aber auch sechs Flügel, so daß sie nicht von den Seraphim unterschieden werden können. Die Cherubim sind von altorientalischen geflügelten Wundertieren mit menschlichem Antlitz abgeleitet.

Chor (lat. chorus, grch. choros, »Reigentanz, Tanz- und Sängergruppe«), zumeist erhöhter, räumlich gesonderter Bereich im Inneren einer Kirche, dem gemeinsamen Gebet der Kleriker oder dem Chorgesang vorbehalten. Seit karolingischer Zeit bezeichnet man die über die Vierung (Kreuzungsbereich von Quer- und Langhaus) hinausreichende Verlängerung des Mittelschiffs (Mittelraum), einschließlich der sich oftmals als Abschluß anschließenden Apsis (Mauervertiefung mit Halbkuppel), als Chor.

Chorhaupt (lat. chorus und grch. choros, »Reigentanz, Tanz- und Sängergruppe«), auch Apsis, der meist östlich gelegene Abschluß des den Geistlichen vorbehaltenen Chorraumes einer Kirche oft in Form einer Mauervertiefung mit Halbkuppel.

Chorschranken (lat. chorus und grch. choros, »Reigentanz, Tanz- und Sängergruppe«), die den ausschließlich dem Gebet oder Gesang der Kleriker vorbehaltenen Chorraum abgrenzenden Brüstungen oder Wände. Oftmals sind sie mit bildlichem Schmuck versehen.

Condottiere (ital. »Führer«), Heer- bzw. Söldnerführer im Italien des 14. und 15. Jh.s.

Consiglio dei Dieci (ital. »Rat der Zehn«), das 1310 eingerichtete, hohe politische Untersuchungsgremium in Venedig. Die Mitglieder werden auf Zeit aus dem Maggior Consiglio, dem venezianischen Adelsparlament, gewählt.

Dante Alighieri (1265–1321), bedeutendster Schriftsteller Italiens. Wegen seiner politischen Aktivitäten wird er 1302 aus seiner Heimatstadt Florenz verbannt. Sein berühmtestes Werk ist die »Divina Commedia« (Göttliche Komödie), deren drei Hauptteile »Inferno« (Hölle), »Purgatorio« (Fegefeuer) und »Paradiso« (Paradies) erst in den 10 letzten Lebensjahren in toskanischer Mundart entstehen.

Doge (ital.; lat. dux, »Führer«), oberster Inhaber und Repräsentant der ausführenden Gewalt in Venedig (697 n. Chr.–1797) und Genua (1339–1797).

Dolce, Lodovico (1508–1568), venezianischer Schriftsteller und Kunsttheoretiker. Er verfaßt u. a. den »Dialogo della Pittura intitolato l'Aretino«, in dem die erste überlieferte Biographie Tizians (1485/90–1576) enthalten ist.

Dom (lat. domus Dei, »Haus Gottes«), auch Münster, Bischofskirche, Hauptkirche einer Stadt.

Dominikanerorden (lat. Ordo Fratrum Praedicatorum, »Orden der Predigenden Brüder«), vom Hl. Dominikus (1170–1221) in Toulouse 1216

Campanile

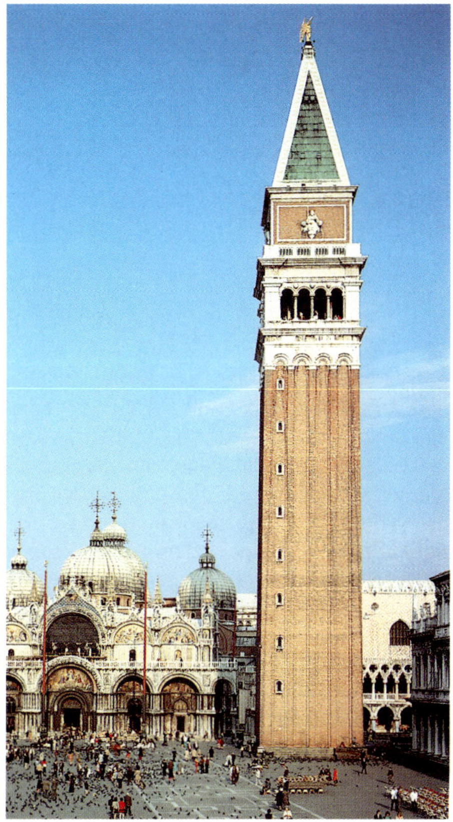

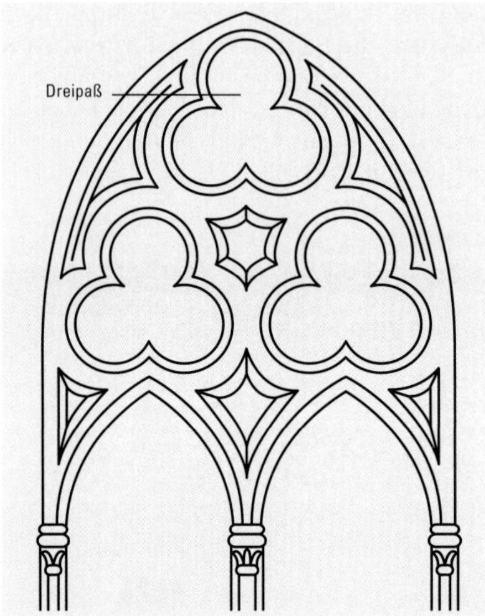

gegründeter Bettelorden, der der Ausbreitung und Verteidigung des Glaubens durch Predigt und Unterrichtung verpflichtet ist. 1232 werden die Dominikaner vom Papst mit der Durchführung der Inquisition, des Kirchengerichtes gegen Glaubensabtrünnige, beauftragt.

Dorische Säule, zur dorischen Säulenordnung (griechisches Architektursystem) gehörendes, senkrechtes Bauglied ohne Basis, mit scharfen Graten (Kanten), gekehltem Schaft und einem nicht ausgearbeiteten Kapitell aus Anuli (eingeschnittene Ringe), Echinus (kissenartige Wulst) und quadratischem Abakus (Deckplatte).

Dreipaß, dekoratives Motiv der gotischen Kunst, das aus drei kleeblattförmig angeordneten Kreisausschnitten gleicher Größe gebildet ist.

Franziskanerorden (lat. Ordo Fratrum Minorum, »Orden der Minderen Brüder«), 1209 (1223) durch Franz von Assisi (1181/82–1226) gegründeter Bettelorden, der der Askese und Besitzlosigkeit in besonderem Maße verpflichtet ist. Als glühendste Marienverehrer des Mittelalters stellen die Franziskaner ihren Orden unter den Schutz der Mutter Gottes.

Feston (frz., »Gehänge«), plastisches Schmuckmotiv in Form einer durchhängenden Girlande aus Blumen, Laub oder Früchten.

Freskomalerei (ital. fresco, »frisch«), Technik der Wandmalerei, bei der die Farben auf den nassen Putz aufgetragen werden. Aufgrund des schnellen Trocknens kann jeweils nur der Teil der Wand verputzt werden, den der Künstler an einem Tag zu bemalen in der Lage ist. Es entstehen die sog. Tagwerke. Im Vergleich zu der auf trockenem Untergrund angelegten Sekkomalerei (ital. secco, »trocken«) sind Fresken unter guten klimatischen Bedingungen lange haltbar.

Fries (mittellat. frisium, »Franse, Zipfel«), plastische oder gemalte, streifenartig fortlaufende Wandverzierung in horizontaler Ausrichtung, als Schmuck, Gliederung oder Belebung einer Wandfläche dienend.

Gebälk, alle zu einer Decken- oder Dachkonstruktion gehörenden Balken; aus Architrav (die Last des Oberbaus tragender Hauptbalken), Fries (waagerechte Wandverzierung) und Kranzgesims (vorspringender Wandstreifen unterhalb des Daches oder der Decke) bestehender, oberer Teil einer Säulenordnung (antikes Architektursystem).

Gesims, waagerechter, aus der Wand hervortretender Streifen, der die horizontalen Abschnitte eines Gebäudes gliedert.

Friese

In der Antike:

Wellenband (laufender Hund)

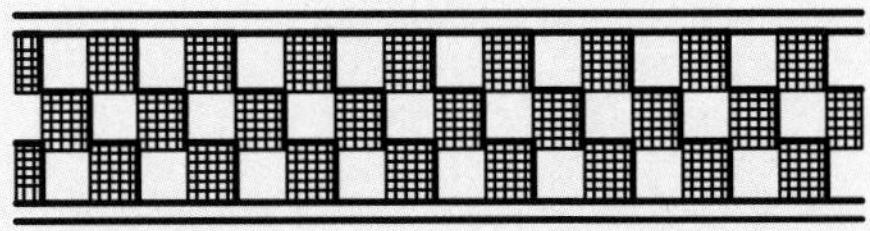

Schachbrettfries

Mäander

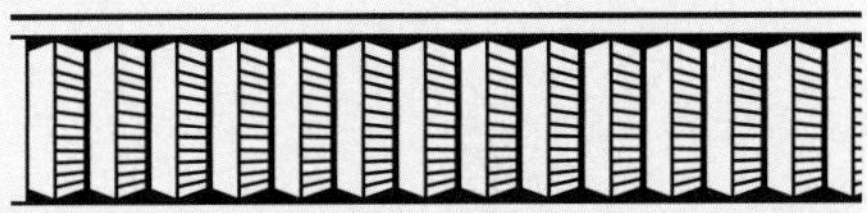

Kerbschnitt- oder Zahnfries

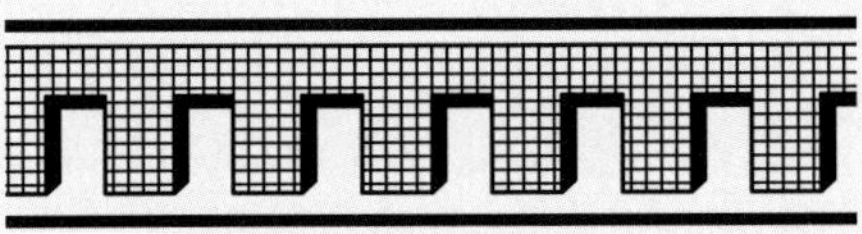

Zahnschnittfries

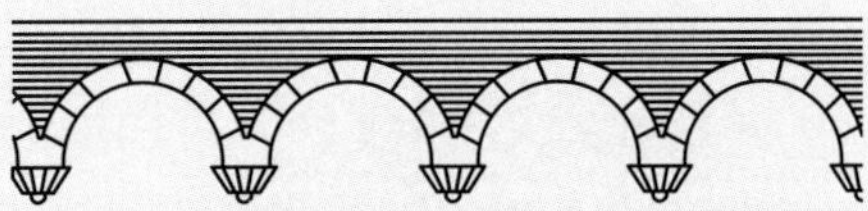

Rundbogenfries

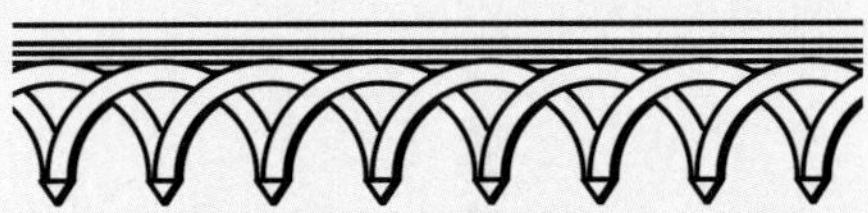

Kreuzbogenfries

In der Romanik:

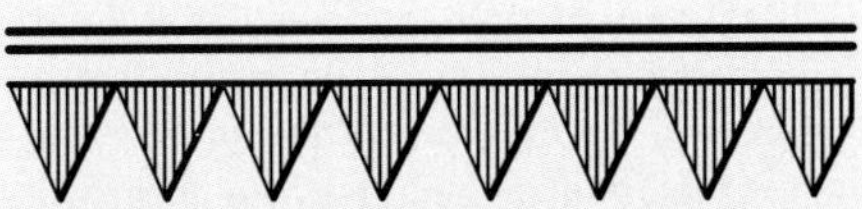

Sägezahn-, Spitzzahn- oder Zackenfries

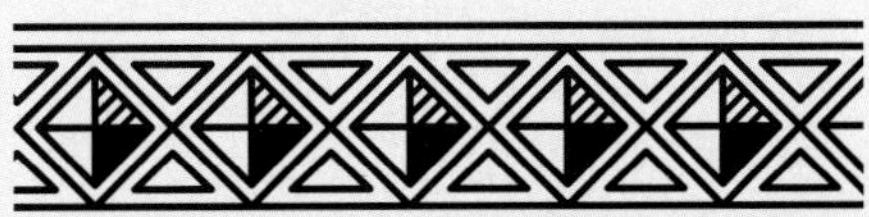

Diamantband

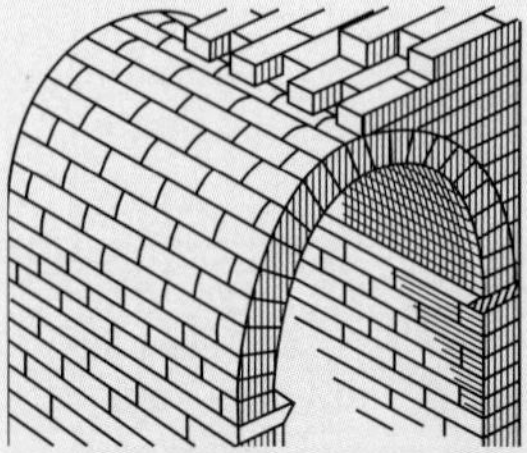

Tonnengewölbe

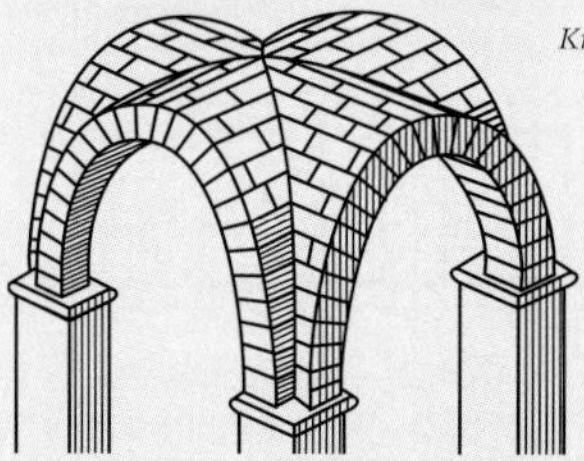

Kreuzgratgewölbe

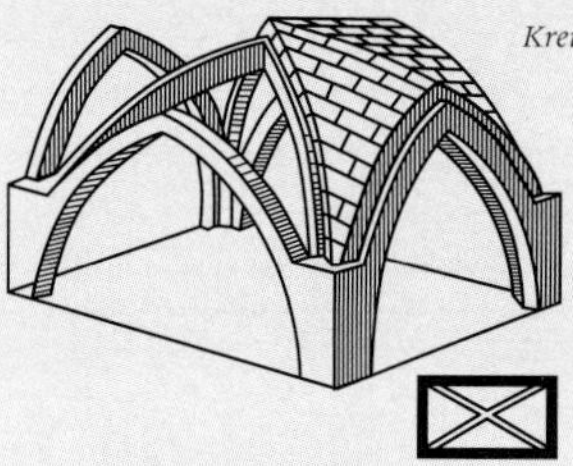

Kreuzrippengewölbe

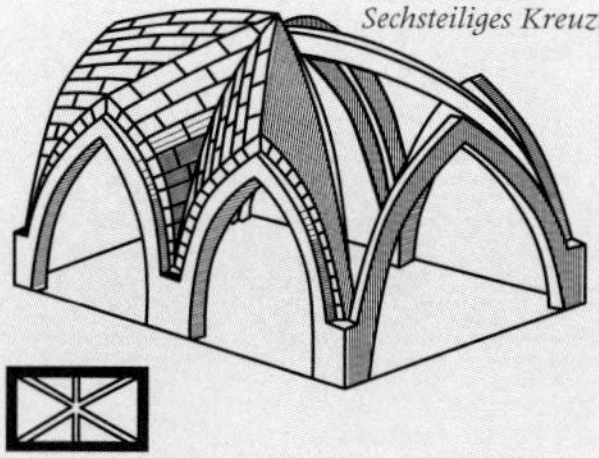

Sechsteiliges Kreuzrippengewölbe

Gewölbe, gekrümmte, meist aus keilförmigen Steinen zusammengesetzte Decke über einem Raum. Im Unterschied zur Kuppel findet man sie auch über Längsräumen. Die Widerlager, z. B. Mauern oder Pfeiler, fangen den Druck und den Schub des Gewölbes auf.

Giebel, Abschluß eines Satteldaches; Bekrönung von Türen, Fenstern oder Nischen. Die antiken flachen Dreiecks- und Segmentbogengiebel werden in der Renaissance, im Barock und Klassizismus nachgeahmt und, wie bei den Vorbildern, gesprengt oder verkröpft, was bedeutet, daß der Mittelteil fehlt oder stärker bzw. schwächer hervortritt. Das Tympanon (Giebelfeld) kann dekoriert sein.

Glorie (lat. gloria, »Ruhm, Glanz, himmlische Herrlichkeit«), auch Gloriole, Heiligenschein, umgibt in der Regel bei Gottvater, Christus, dem Heiligen Geist und Maria den Körper.

Gotik (ital. gotico, »barbarisch, nicht antik«), europäische Stilepoche des Mittelalters, die um 1150 von Nordfrankreich ausgeht. Dort endet sie um 1400, während sie andernorts bis zum Anfang des 16. Jh.s andauert. Die Bezeichnung ist vom germanischen Volksstamm der Goten abgeleitet. Spezifische architektonische Merkmale sind die Einführung des Spitzbogens (im Scheitel gebrochener spitzer Bogen) und des Kreuzrippengewölbes (die rechtwinklige Verschneidung zweier Tonnengewölbe gleicher Größe) sowie die Verlegung des Strebewerkes (die zusätzlich zu den Mauern den Gewölbeschub und die Dachlast abfangenden Bogen und Pfeiler) nach außen. Das Streben in die Höhe, die Auflösung und Durchlichtung der Wand- und Mauerflächen prägen den Gesamteindruck der Gebäude. Bestimmend für die Baukunst ist

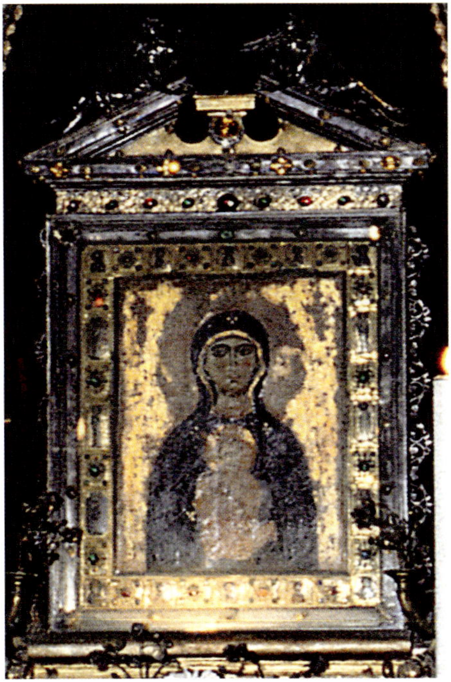

Ikone

die Kathedrale (Bischofskirche). Die Skulptur ist in besonderem Maße an die Architektur gebunden. Kennzeichnend ist eine idealisierte Naturauffassung. Körper und Gewänder, die zumeist in überproportionierter Streckung dargestellt werden, sind in ihrem Zusammenspiel wesentlich für die Ausdrucksgestaltung. Hauptaufgaben der Malerei sind das Tafelbild die Buchmalerei und die Glasmalerei.

Handschrift, das handschriftlich hergestellte Buch. Besonders im Mittelalter werden die Handschriften zumeist in klösterlichen Skriptorien (Schreibsäle) hergestellt und oftmals mit aufwendig gestalteten Illustrationen und Initialien versehen.

Häresie (grch. hairesis, »das Erwählte, die Denkweise«), in der Antike ursprünglich die Wahl eines bestimmten Bekenntnisses; im Christentum die vom christlichen Glauben oder von herrschenden Lehrmeinung abweichenden Bekenntnisse, auch als Ketzerei oder Irrglaube bezeichnet.

Hochaltar, Haupt- Mittelaltar meist vor oder in der Apsis einer Kirche.

Ikone (grch. eikon, »Bild, Abbild, Ähnlichkeit«), das kleine, tragbare Tafelbild der Ostkirche. Form und Farben sind streng idealisiert. Die besondere kultische Verehrung der Ikonen beruht auf der seit Jahrhunderten thematisch und formal gebundenen Überlieferung eines vermeintlichen Urbildes von Christus, Maria und den Heiligen.

Ikonographie (grch. eikon, »Bild« und graphein, »beschreiben«), Lehre von Inhalt, Sinn und Symbolik bildlicher Darstellungen, v. a. in der christlichen Kunst; ursprünglich Porträtkunde des Altertums.

Ikonostasis (mittelgrch. von grch. eikon, »Bild« und stasion, »stehen«), eine mit Bildern (Ikonen) bedeckte Zwischenwand, die in der griechisch-orthodoxen Kirche den Gemeinderaum vom Allerheiligsten trennt.

Inkrustation (lat. incrustare, »mit Rinde überziehen«), Verkleidung von Wand- und Bodenflächen mit farbigen, polierten Steinplatten, meist aus Marmor oder Porphyr, die zu Mustern gefügt sind und somit die Flächen gliedern und dekorativ beleben.

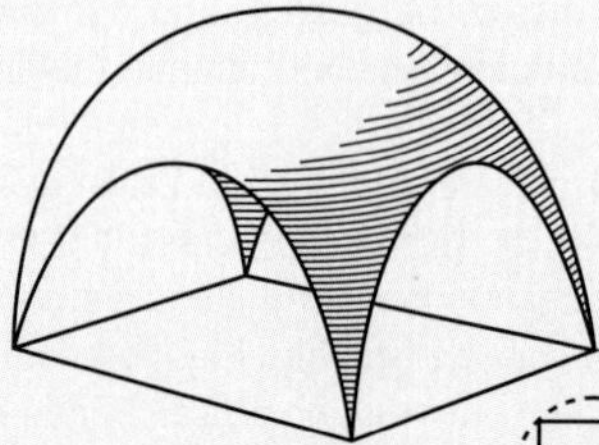
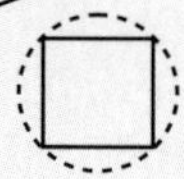

Hänge-Kuppel (Stutzkuppel)

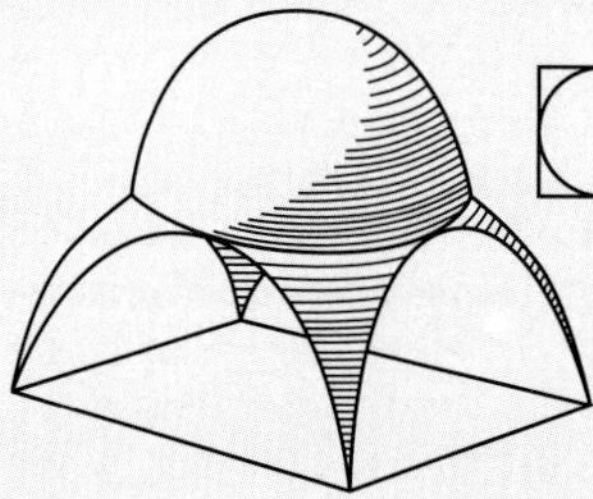
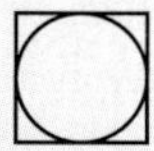

Pendentifkuppel (byzantinische Kuppel)

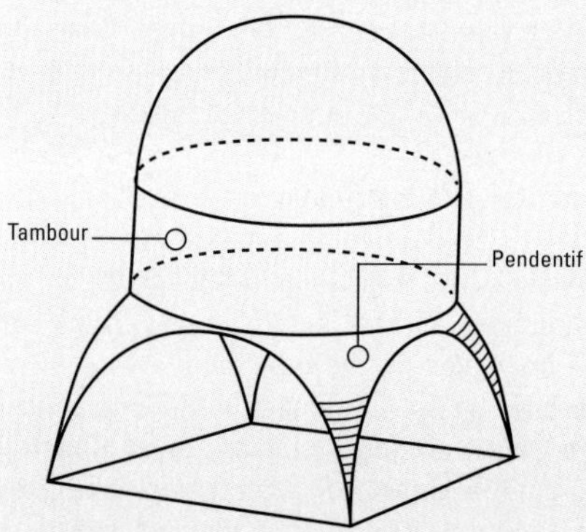

Pendentifkuppel (Renaissancekuppel)

Inquisition (lat. inquisitio, »Untersuchung, Erforschung«), Institution der mittelalterlichen Kirche zur Verfolgung von Ketzern, Häretikern und Straftaten; ab 1231 Ernennung päpstlicher Inquisitoren (bevorzugt Dominikaner und Franziskaner). Durch Papst Gregor IX. (1227–1241) und die 1234 veröffentlichte Dekretalensammlung wird die Inquisition zu einer päpstlichen Institution (»Sanctum Officium«) ausgebaut; später Ausweitung auf andere Delikte wie Zauberei, Hexerei oder Wahrsagerei.

Kapelle (mittellat. cappella, »kleiner Mantel«), kleiner selbstständiger und abgetrennter Kultraum in Kirchen; kleinere Kirche ohne Pfarrechte für besondere Zwecke, wie z. B. die Tauf- oder Grabkapelle. Abgeleitet ist die Bezeichnung von einem kleinen Betraum der Königspfalz zu Paris, in dem seit dem 7. Jh. n. Chr. der Mantel des Hl. Martin von Tours (316/17–397 n. Chr.) aufbewahrt wird.

Kapitell (lat. capitulum, »Köpfchen«), Kopfstück einer Säule oder eines Pfeilers. Man unterscheidet je nach Dekorationsform Blatt-, Blüten- und Figurenkapitell.

Kardinaltugenden (spätlat. cardinalis, »im Angelpunkt stehen«), die in der christlichen Ethik von Platon (427–347 v. Chr.) übernommenen vier Grundtugenden Temperantia (Mäßigkeit/Besonnenheit), Fortitudo (Tapferkeit/Stärke), Prudentia (Klugheit/Weisheit) und Justitia (Gerechtigkeit). Sie werden von Gregor dem Großen (540–604 n. Chr.) um die drei sog. göttlichen oder theologischen Tugenden Fides (Glaube), Caritas (Liebe) und Spes (Hoffnung) ergänzt. Auf der Grundlage dieser Siebenergruppe kommt es im hohen Mittelalter zur Erweiterungen des christlichen Tugendsystems.

Kielbogen, auch Eselsrücken, eine um 1300 aufgekommene, aus vier Kreisbogenstücken gebildete Bogenform, bei der die Mittelpunkte zweier Kreisbögen innerhalb, die der anderen außerhalb des Bogenfeldes liegen, so daß eine erst konvex, dann konkav verlaufende Kurvenlinie entsteht.

Kirchenschiff (grch. kyriakon, »das zum Herrn Gehörige«), Innenraum von Langbauten. Man unterscheidet das Mittelschiff, die zu diesem hin geöffneten, parallel verlaufenden Seitenschiffe und das quer zum Langhaus ausgerichtete Querschiff.

Klassizismus (frz. classique und lat. classicus, »mustergültig, erstrangig«), die am Vorbild der klassischen Antike (5.–4. Jh. v. Chr.) orientierte Stilrichtung zwischen 1750 und 1840.

Kreuzgratgewölbe (lat. crucem, crux »Kreuz«), die rechtwinklige Verschneidung zweier Tonnengewölbe (halbkreis- oder segmentförmige Decken) gleicher Größe. Sind die Schnittstellen durch Rippen verstärkt spricht man vom Kreuzrippengewölbe.

Kreuzkuppelkirche, eine Kirche, deren Kernbau über einem kreuzförmigen Grundriß errichtet und von einer oder mehreren Kuppeln gekrönt ist. Die kreuzförmig anschließenden Nebenräume können ebenfalls mit gleich großen oder kleineren Kuppeln (Venedig, San Marco) oder mit Tonnengewölben überwölbt sein; als Bautyp in der byzantinischen Architektur entwickelt und im Bereich des östlichen Christentums weit verbreitet.

Krypta (lat. crypta und grch. krypte, »gedeckter Gang, Gewölbe«; Pl.: Krypten), unterirdischer Kult- oder Grabraum, meist unterhalb des den Geistlichen vorbehaltenen Chores einer Kirche.

Kuppel (mittellat. cuppula, »umgestülptes Tönnchen, Becher«), Decken- oder Dachform, Überwölbung eines runden, vier- oder vieleckigen Raumes in regelmäßigen Krümmungen. Die Überleitung vom quadratischen Grundriß zur Rundung des Kuppelgrundrisses kann verschieden vollzogen werden: 1. bei der Hängekuppel bildet die Basis der Kuppel einen gedachten Kreis, der das Grundrißquadrat umschreibt; 2. bei der Pendentifkuppel ist eine gedachte Hängekuppel über den Bogen horizontal abgeschnitten und die so entstandene Kreisfläche mit einer Halbkugel überwölbt, die dabei entstehenden sphärischen Dreiecke nennt man Pendentifs; 3. bei der Böhmischen Kappe ist, ähnlich der Hängekuppel, die zu überwölbende Fläche kleiner als das Grundquadrat.

Kurtisane (frz. courtisan und ital. cortigiano, »Höfling«; zu ital. corte, »Hof, Fürstenhof«), Hofdame, Hoffräulein; Geliebte vornehmer und adliger Herren; vornehme, elegante Dirne.

Laibung, die senkrechte Schnittfläche einer Maueröffnung u. a. bei Bögen, Fenstern und Portalen.

Langhaus, bei Kirchen mit erkennbarer Längsausdehnung der Teil zwischen Westbau (Fassade) und Vierung (Kreuzungsbereich von Lang- und Querhaus) oder dem den Geistlichen vorbehaltenen Chor. Das Langhaus kann wie bei der Saalkirche einschiffig (einräumig) oder wie bei der Basilika und Hallenkirche mehrschiffig sein.

Liga (span. »Band, Bündnis«; lat. ligare, »festbinden«), Bezeichnung für fürstliche Bündnisse, v. a. vom 15. bis zum 17. Jh.

Liga von Cambrai, Bündnis von 1508 bis 1510 zwischen Papst Julius II. (1443–1513), Kaiser

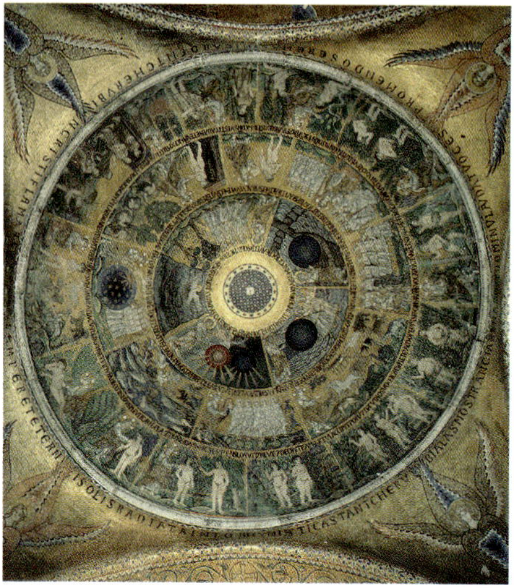

Mosaik

Maximilian I. (1459–1519), Ferdinand von Aragón (1452–1516) und Ludwig XII. von Frankreich (1462–1515) sowie einigen italienischen Staaten gegen Venedig.

Loggia (ital.), offener, von Säulen oder Pfeilern gestützter Bogengang oder Bogenhalle.

Martyrium (lat.; grch. martyrion, »Blutzeugnis, Beweis«), aufgrund des Glaubens oder der Überzeugung erlittene Qualen, Folterungen und Opfertod.

Maßwerk, das mit dem Zirkel gemessene geometrische Bauornament der Gotik, das zur Unterteilung der Bogenspitzen großer Fenster, später auch zur Gliederung von Giebeln, Wänden und anderen Flächen verwendet wird.

Medaillon (frz. médaillon, »große Medaille«), Bild oder Relief (erhabene plastische Darstellung auf einer Fläche) in rundem oder elliptischem Rahmen.

Molo (ital. »Hafendamm, Pier«), die Uferpromenade vor dem Dogenpalast in Venedig. Zur anderen Seite heißt sie Riva degli Schiavoni.

Mosaik (lat. musaicum, musivum; zu grch. mousa, »Muse, Kunst, künstlerische Tätigkeit«), eine aus verschiedenfarbigen, geschliffenen Steinen, Steinsplittern, Tonstiften oder Glasstücken zusammengesetzte ornamentale oder figürliche Flächendekoration. In der Antike im wesentlichen zur Ausschmückung von Fußböden benutzt, erfährt die Technik im 5. und 6. Jh. n. Chr. in Italien (Rom, Ravenna) mit dem Aufkommen des Glasmosaiks ihre höchste Vollendung und übernimmt Aufgaben der Wandmalerei.

Narthex (grch.), schmale Vorhalle der altchristlichen und byzantinischen Basiliken.

Nische (frz. niche), die halbrunde, recht- oder

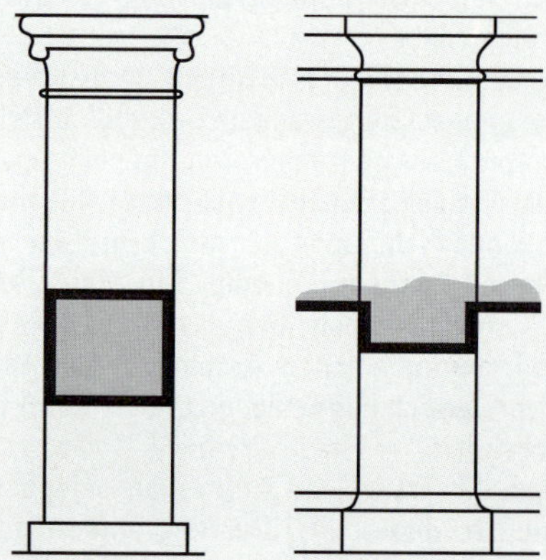

Pfeiler (Freipfeiler) *Pilaster (Wandpfeiler)*

vieleckige, oben geschlossene Vertiefung in einer Mauer.

Obelisk (lat. obeliscus und grch. obelisko, »Bratspießchen«), quadratischer, nach oben verjüngter und von einer kleinen Pyramide bekrönter Steinpfeiler. Im alten Ägypten war er Kultsymbol für den Sonnengott, seit der Renaissance dient er als Denkmals- und Dekorationsform.

Pala (ital. »Tafel«), Altarbild, Altarschmuck in plastischer oder gemalter Form.

Pendant (frz. »hängend«), ergänzendes Gegenstück, Entsprechung.

Pendentif (frz. »Hängebogen«), vom quadratischen Grundriß zur Rundung einer Kuppel überleitender gewölbte Teil in der Form eines sphärischen Dreiecks (Zwickel).

Pendentifkuppel, Kuppelform, bei der eine gedachte Hängekuppel über den Bögen horizontal abgeschnitten und die so gebildete Kreisfläche mit einer Halbkugel überwölbt wird. Die dabei entstehenden Dreiecke werden Pendentifs, Hänge- oder Eckzwickel genannt.

Perspektive (mittellat. perspectiva (ars), »hindurchblickende (Kunst)«), Darstellung dreidimensionaler Gegenstände auf der ebenen Bildfläche. Objekte und Figuren werden dabei weitestgehend gemäß den optischen Bedingungen wiedergegeben, unter denen sie einem Betrachter in Wirklichkeit erscheinen.

Pfeiler (zu lat. pila), senkrechte Stütze mit quadratischem, recht- oder vieleckigem Querschnitt. Er kann in Basis (Fuß), Schaft (Mittelteil) und Kapitell (Kopfstück) gegliedert sein. Je nach Lage und Ausbildung unterscheidet man z. B. zwischen Frei-, Wand-, Eck- und Strebepfeiler (zusätzlich zur Mauer den Gewölbeschub und die Dachlast abfangende Pfeiler außerhalb eines Bauwerkes).

Piano nobile (ital.), auch Beletage, das meist über dem Erdgeschoß gelegene Hauptgeschoß eines Gebäudes mit den Repräsentationsräumen.

Pietra d'Istria (ital.), Stein istrischer Herkunft.

Piedestal (frz. piédestal), Sockel, Unterbau von Pfeilern, Säulen oder Statuen.

Pietà (ital. »Erbarmen, Mitleid«; lat. pietas, »Frömmigkeit«,) auch Vesperbild (lat., »Abend, Abendstern, Westen«), Darstellung der trauern-

Pietà

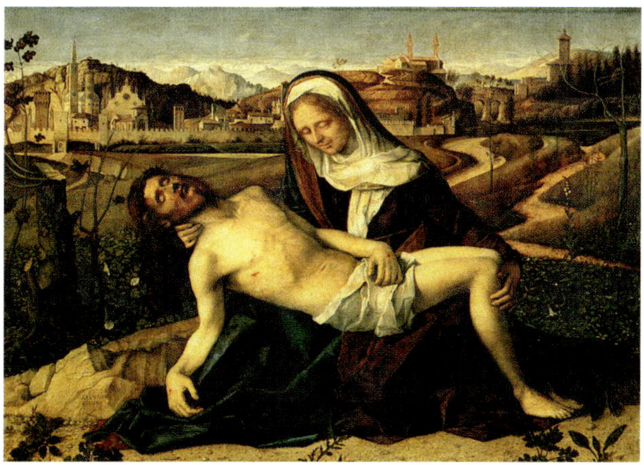

den Muttergottes, die den Leichnam Christi in ihren Armen hält.

Pilaster (ital. pilastro; zu lat. pila, »Pfeiler«), rechteckiger, zumeist nur wenig vorspringender Wandpfeiler mit Basis (Fuß), Schaft (Mittelteil) und Kapitell (Kopfstück), der die Wandfläche gliedert. Oft ist er kanneliert, das heißt mit senkrechten Rillungen am Schaft versehen.

Polyptychon (zu grch. polyptychos, »faltenreich«), vielteilige Altartafel (plastischer oder gemalter Altarschmuck) mit mehr als zwei Flügeln. Es ist in besonderem Maße geeignet, umfangreiche inhaltliche Programme zu veranschaulichen.

Portal (mittellat. portale, »Vorhalle«), künstlerisch gestalteter Eingang eines Gebäudes. Das Vorbild des abendländischen Portals ist der römische Triumphbogen, ein freistehender Torbau zu Ehren eines Feldherrn.

Portikus (lat. porticus, »Säulengang, Halle«), meist offener, von Säulen oder Pfeilern getragener Vorbau an der Haupteingangsseite eines Gebäudes. Häufig ist er mit einem Giebel versehen.

Postament (ital. postare, »hinstellen«), Sockel oder Unterbau eines Pfeilers, einer Säule oder Statue.

Presbyterium (grch. presbyterion, »Rat der Ältesten«), auch Chor; erhöhter, den Geistlichen vorbehaltener Ort am Ende des Langhauses einer Kirche, an dem sich der Hauptaltar befindet.

Prokuratien (ital. Procuratie), Paläste mit Sitz der Prokuratoren am Markusplatz in Venedig. Die Alten Prokuratien an der Nordseite wurden von 1414–1520, die Neuen an der Südseite 1582–1640 errichtet.

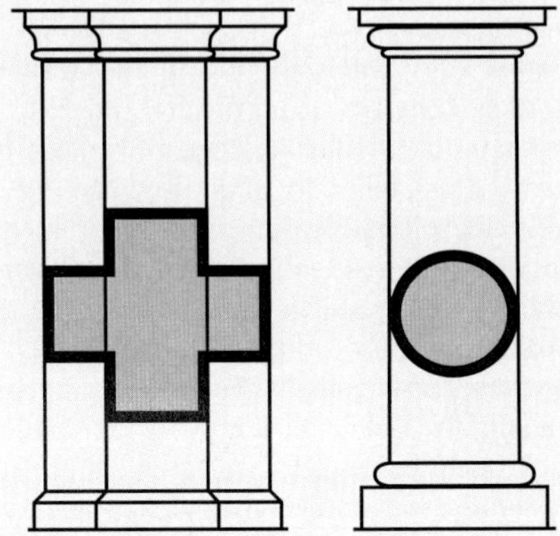

Kreuzpfeiler *Rundpfeiler*

Proportion (lat. proportio, »Gleichmaß, Ebenmaß«), Größenverhältnis; in der Malerei, Skulptur und Architektur die Maßverhältnisse einzelner Teile zueinander und zum Ganzen.

Quadraturmalerei (mittelital. quadratura, »Abvierung«; lat. quadrare, »viereckig machen), illusionistische Wand- und Deckenmalerei, bei der die Raumgrenzen durch gemalte Scheinarchitekturen erweitert werden.

Quadriga (lat.; zu quattuor, »vier« und iugum, »Joch«), Gespann von vier Pferden vor offenem zweirädrigem Streit- oder Triumphwagen. In der Baukunst findet man seit dem 4. Jh. v. Chr. die Quadriga als dekorative Bekrönung von Bauwerken.

Refektorium (mittellat. refectorium; lat. reficere, »wiederherstellen«), klösterlicher Speisesaal.

Relief (frz.; zu lat. relevare, »erheben«), die aus einer Fläche durch Ausmeißeln oder Modellieren herausgearbeitete Darstellung. Nach dem

Grad der plastischen Tiefe und der Hervorhebung unterscheidet man Flach-, Halb- und Hochrelief.

Reliquie (lat. reliquiae, »Überrest, Zurückgelassenes«), Körper(teil) eines Heiligen oder aus dem Besitz eines Heiligen stammender Gegenstand, der besonders verehrt wird.

Renaissance (frz.; ital. rinascimento, »Wiedergeburt«), die von Italien ausgehende Kultur- und Stilepoche des 15. und 16. Jh.s. Die späte Phase etwa von 1530 bis 1600 wird auch Manierismus genannt. Die Bezeichnung geht auf den 1550 von Giorgio Vasari (1511–1574) geprägten Begriff »rinascita« (Wiedergeburt) zurück, der damit zunächst nur die Überwindung der mittelalterlichen Kunst meint. Durch den Humanismus, der mit Berufung auf das antike Vorbild die Herausbildung eines neuen, diesseitig orientierten Menschen-, Welt- und Naturbildes fördert, entwickelt sich u. a. das Leitbild des »uomo universale«, des geistig und körperlich allseitig begabten und gebildeten Menschen. So gelangen die bildenden Künste vom Rang des Handwerks in den der freien Künste, wodurch die Künstler einen höheren sozialen Status und ein größeres Selbstbewußtsein finden. Kunst und Wissenschaft stehen in direkter Verbindung und wirken aufeinander, wie z. B. in der Entdeckung mathematisch berechenbarer Perspektive oder anatomischer Erkenntnisse. Die Baukunst bezieht sich auf die Architekturtheorien Vitruvs (um 84 v. Chr.) und zeichnet sich im wesentlichen durch die Aufnahme antiker Bauelemente und die Ausbildung einer Palast- und Schloßarchitektur aus. Der Zentralbau, Gebäude mit gleich langen Hauptachsen wird zum typischen Bauentwurf.

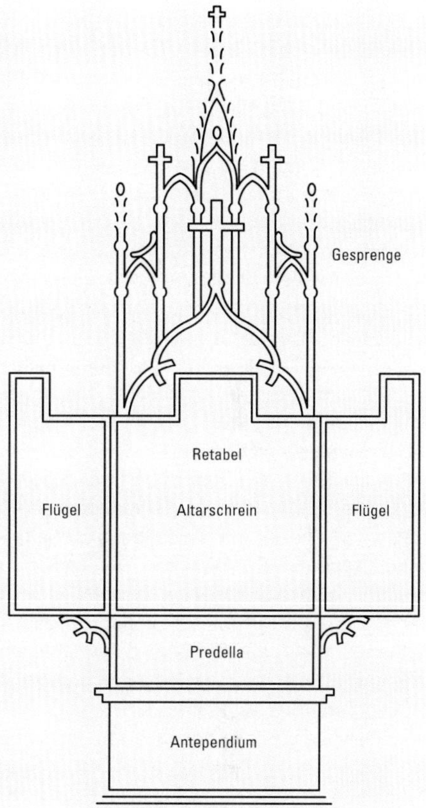

Retabel (frz. retable, rétable; lat. retabulum, »Rückwand«), hinter oder auf der rückwärtigen Seite des Altartisches befindlicher Aufsatz mit plastischem oder gemaltem Altarbild.

Rippe, gurtähnlich vorstehende, stabartige, oftmals profilierte Verstärkung der Grate (Kanten,

Schnittstellen) eines Gewölbes. Zwischen den Rippen sitzen die nichttragenden Kappen.

Rokoko (frz. rocaille, »Geröll, Grotten-, Muschelwerk«), europäische Kunstepoche zwischen 1720/30 und 1770/80. Charakteristisch ist ein Dekorationsstil, der die Leichtigkeit, das Verspielte und Kleinteilige bevorzugt. In der Malerei wird dies durch eine Aufhellung der Farbpalette unterstrichen.

Romanik (lat. Romanus, »Römer, römisch«), im ersten Drittel des 19. Jh.s in Frankreich eingeführter Begriff für die am Formenrepertoire römischer Architektur (Rundbogen, Pfeiler, Säule, Gewölbe) orientierte abendländische Baukunst des frühen Mittelalters. Sie umfaßt die Zeitspanne von etwa 1000 (in Frankreich; in Deutschland ab Mitte des 11. Jh.s) bis in die Mitte des 13. Jh.s. In Zentralfrankreich bereits Mitte des 12. Jh.s von der Frühgotik abgelöst, kommt es überall zur Ausbildung nationaler Eigenarten und Stilmerkmale. Besonders im Burgund, in der Normandie, in Oberitalien und in der Toskana erfährt die Romanik ihre reichste Ausprägung. Hauptaufgabe ist der Kirchenbau. Prägend ist die Addition einzelner, plastisch durchgeformter Bauglieder sowie das klare Wechselspiel von zylindrischen und kubischen Formen.

Rustika (lat. rustica; zu rusticus, »ländlich, bäuerlich«), Mauerwerk aus an der Außenseite nur grob behauenen Steinquadern.

Sacra Conversazione (ital. »heilige Unterhaltung«), Darstellungstypus des würdevollen Beieinanders von der Jungfrau Maria und mehreren Heiligen. Der Begriff ist eigentlich irreführend, da keine tatsächliche Unterhaltung dargestellt wird.

Sakristei (mittellat. sacristia; zu sacer, »heilig, geweiht«), der priesterlichen Vorbereitung und Ankleidung dienender Nebenraum einer Kirche, Aufbewahrungsort der Kultgeräte und Gewänder.

Sakralbau (lat. sacra, »geweiht, heilig«) ein Bau für kultische Zwecke, im Gegensatz zum Profanbau für weltliche Zwecke.

Sannazaro, Jacopo (1456–1530), italienischer Dichter, der 1502 mit seinem Roman »Arcadia« (Arkadien) den ersten europäischen Schäferroman nach dem Vorbild antiker Hirtendichtung schreibt.

Sarkophag (grch. sarcophagos, »Fleischfresser«), reichverzierter, aus Holz, Metall, Ton oder Stein gefertigter Sarg.

Säule, meist stützendes, sich nach oben verjüngendes Bauglied mit rundem Querschnitt, das aus Basis (Fuß), Schaft (Mittelteil) und Kapitell (Kopfstück) bestehen kann. Die Namensgebung bezieht sich meistens auf die Formen des Schaftes, z. B. auf die aus einem Stück bestehende monolithische Säule, ebenso auf die aus trommelförmigen Teilen gefertigte Säule oder die mit senkrechten Hohlkehlen versehene kannelierte Säule.

Schutzmantelmadonna, in der Malerei die Darstellung Mariens, die die Gläubigen mit ihrem Mantel schützend umfängt. Die Geste des Mantelschutzes stammt ursprünglich aus dem juristisch-weltlichen Bereich: Kinder wurden legitimiert und adoptiert, indem der Vater sie unter seinen Mantel nahm. Hochgestellte Personen, besonders Frauen, konnten Verfolgten unter ihrem Mantel Schutz gewähren und für diese um Gnade bitten. Dieses Mantelschutzrecht der Frauen wurde auf Maria übertragen.

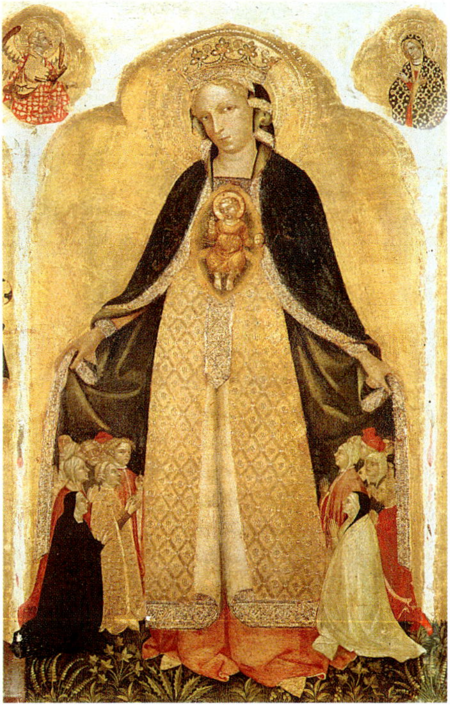

Schutzmantelmadonna

Scuola (ital. »Schule«), ursprünglich aus mittelalterlichen Büßer- und Geißlerbruderschaften hervorgegangene Vereinigung in den meisten Fällen von Angehörigen derselben Volks- oder Berufsgruppe.

Sekkomalerei (ital. secco, »trocken«), auch Seccomalerei, Technik der Wandmalerei, bei der Farben der verschiedensten Zusammensetzung »al secco«, auf trockenem Putz, aufgetragen werden.

Serenissima (ital.; Kurzform von La Serenissima Repubblica Venezia, »die durchlauchtigste Republik Venedig«), schon seit dem Mittelalter benutzt, umschreibt die Abkürzung zugleich die Pracht und die Würde der Lagunenstadt und zeigt das ausgeprägte venezianische Selbstbewußtsein.

Signoria (ital. »Herrschaft«), seit dem späten Mittelalter leitender Rat bzw. Regierung italienischer Städte.

Skapulier (mittellat. scapulare, »Schulterkleid«), Teil der Tracht einiger Orden, z. B. der Benediktiner oder Dominikaner. Er besteht aus zwei langen Tuchbahnen, die Brust und Rücken bedecken und über dem Hauptgewand getragen werden.

Sockel (lat. socculus, »kleiner Schuh«), in der Architektur der vorspringende Unterbau einer Säule oder eines Gebäudes. Bei Bauwerken schließt er mit einem Gesims, einem waagerecht hervortretenden Wandstreifen, ab und ist vereinzelt als Bank oder niedriges Geschoß ausgebildet.

Spitzbogen, charakteristisches Element der vertikal ausgerichteten gotischen Baukunst. Im Gegensatz zum romanischen Rundbogen läuft er in seinem Scheitel gebrochen und spitz zu.

Tabernakel (lat. tabernaculum, »kleines Zelt, kleine Hütte«), in der Architektur das aus Säulen und Spitzdach gebildete Ziergehäuse, häufig für Statuen, zum Beispiel auf gotischen Strebepfeilern (zusätzlich zur Mauer den Gewölbeschub und die Dachlast abfangende Pfeiler außerhalb eines Bauwerks); Schrein zur Aufbewahrung der geweihten Hostien.

Tafelbild (lat. tabula, »Brett«), ein auf Holz, oder in kleineren Formaten auch auf Kupfer, gemal-

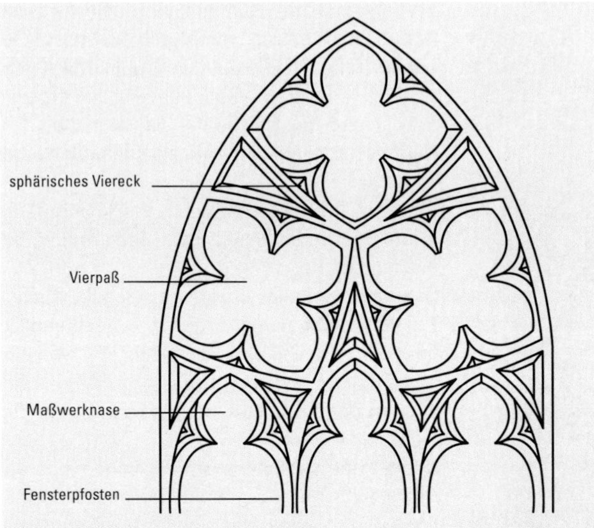

tes Bild. Tafelbilder kommen im 12. Jh. auf und sind insbesondere vor Einführung des Leinwandbildes weitverbreitet.

Tempelfront, in der griechischen oder römischen Baukunst ein der Fassade vorgelagerter Bau oder Portikus, der aus freistehenden oder mit der Mauer verbundenen, meist einen Giebel tragenden Säulen besteht; auch Bezeichnung für die von antiken Tempeln angeregte Gestaltung der Fassade einer Kirche oder eines Hauses.

Tempera (lat. temperare, »richtig mischen, mäßigen«), Maltechnik, bei der die Farbpigmente (farbiges Pulver) mit einem Bindemittel aus Ei, Leim oder Kasein (wesentlicher Eiweißbestandteil der Milch) vermischt werden. Im Vergleich zur Ölmalerei trocknen die Farben schneller, so daß ein Naß-in-Naß-Malen nicht möglich ist. Daher werden feine Schattierungen und Übergänge mit vielen Lagen parallel geführter Striche erreicht. Farbunterschiede zwischen der nassen und der trockenen Tempera machen es bei etwaigen Übermalungen schwer, einen gleichen Farbton zu treffen.

Tenebristen (zu ital. tenebre, »Finsternis, Dunkelheit«), Bezeichnung für die Gruppe von Malern des Spätbarock, die sich der Chiaroscuro-Malerei (Hell-Dunkel-Malerei) verpflichtet haben.

Terraferma (ital., »festes Land«), das zum Hoheitsgebiet des venezianischen Doganats gehörige norditalienische Festland.

Thermenfenster, ein in Venedig und im Veneto maßgeblich von Andrea Palladio (1508–1580) nach antikem Vorbild in den Kirchenbau eingeführtes Fenster in Gestalt einer halbkreisförmigen, von zwei schlanken Pfeilern dreigeteilten Lünette.

Tondo (ital., »rund«), kreisrundes Gemälde oder Relief (plastische Darstellung auf einer Fläche).

Tonnengewölbe (zu mittellat. tunna, »Faß«), Deckenform, deren Querschnitt zumeist ein Halbkreis oder Kreissegment ist; seltener ist der spitz- oder parabelförmige Querschnitt.

Transfiguration (zu lat. transfigurare, »verwandeln«), Verklärung Christi und ihre Darstellung in der Kunst.

Trinität (lat. trinitas, »Dreiheit«), Dreieinigkeit; in der christlichen Glaubenslehre die Dreifaltigkeit Gottes in der Einheit von Vater, Sohn und Heiligen Geist.

Triumphbogen (lat. triumphus, »Siegeszug«), seit dem 2. Jh. v. Chr. ein freistehender Torbau mit Durchgängen zu Ehren eines Kaisers oder Feldherrn.

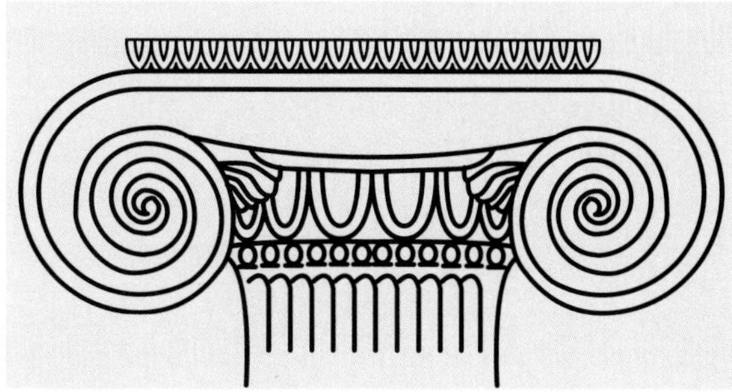
Voluten an einem ionischen Kapitell

Tympanon (grch., »Trommelfell, Pauke«), Bogenfeld über einem Portal oder Fläche in einem Giebel.

Vedute (ital. veduta, »Ansicht, Ausblick«), Gattung der Landschaftsmalerei. Sie gibt in der Regel sachlich streng und wirklichkeitsgetreu eine Landschaft oder Stadt wieder. Demgegenüber bestehen die »Vedute Ideate« (Idealveduten) aus Phantasielandschaften oder Stadteinblicken mit imaginären Gebäuden.

Verkündigung, nach dem Lukasevangelium (1, 26–38) jener Augenblick, in dem der Engel Gabriel Maria die Nachricht überbringt, daß sie Christus gebären wird. Die Darstellung der Verkündigung ist im Mittelalters und in der Renaissance eines der weitverbreitesten Bildthemen der europäischen Kunst.

Vierpaß, dekoratives Motiv in der gotischen Kunst, das aus vier kleeblattförmig angeordneten Kreisausschnitten mit gleicher Größe gebildet wird.

Vierung, der räumliche Bereich einer Kirche, in dem sich Lang- und Querhaus kreuzen.

Volute (lat. voluta, »Schnecke, das Gerollte«), spiralförmig eingerolltes Ornament und Bauglied. Man findet es insbesondere an Kapitellen, v. a. am ionischen Kapitell, und Giebeln sowie als Vermittlung zwischen senkrechten und waagerechten Bauteilen.

Vorhalle, Vorbau vor einem Gebäudeeingang.

Votivbild (lat. votivus, »gelobt, geweiht«), das einem Heiligen oder Gott zur Errettung aus Gefahr, zur Unterstützung eines Bittgesuches oder zum Dank für die Gebetserhörung gestiftete Bildwerk.

Zentralbau, ein in allen Teilen gleichmäßig auf einen Mittelpunkt ausgerichteter Baukörper. In der Renaissance wird er nach dem Vorbild der Antike, zum Beispiel des Pantheon in Rom, bevorzugt aufgegriffen.

Zwickel, dreiseitig begrenztes Flächenstück. Die Bogenzwickel ergeben sich beispiels weise aus der rechteckigen Umrahmung von Bögen. Hängezwickel bilden sich bei Kuppelbauten als sphärische Dreiecke in der Überleitung von quadratischem Grundriß zur Rundung der Kuppel.

Zyklus (spätlat. cyclus und grch. kyklos, »Kreis«), in der bildenden Kunst die Folge inhaltlich zusammengehöriger Werke.

-Kriege, 1381

Eroberung des venezianischen Hinterlandes, der sog. Terraferma, 1404–1428

Eroberung Konstantinopels durch die Türken, 1453

Kolumbus entdeckt Amerika, 1492

Vasco da Gama findet den Seeweg nach Indien, 1498

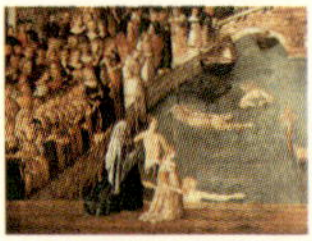

Caterina Cornaro, Venezianerin Königin von Zypern, unterstellt Insel der Republik, 1498

Sacco di Roma. plündern Rom. Gelehrte flieher

1400 | 1450 | **1475** | 1500 | 1525

Jacobello del Fiore: Schutzmantelmadonna um 1436

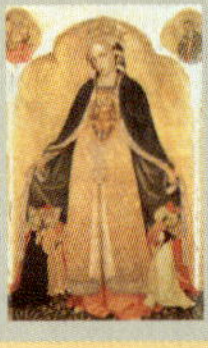

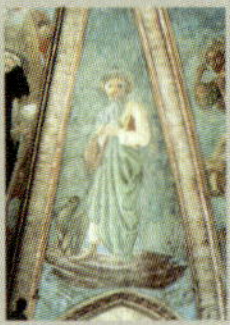

Andrea del Castagno: Der Evangelist Johannes, San Zaccaria, Capella di San Tarasio, um 1442

Antonello da Messina hält sich in Venedig auf, 1475/76

Gentile Bellini: Prozession auf dem Markusplatz, 1496

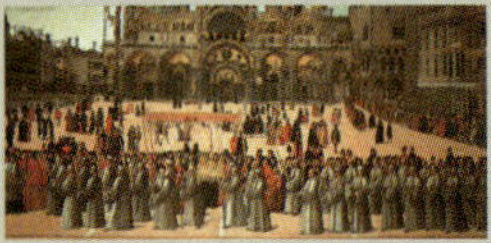

Giovanni Bellini: Sacra Conversazione, 1505

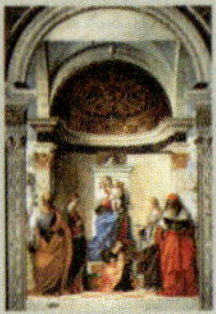

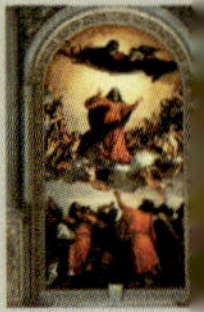

Tizian: Assunt 1516–1518

Ca´ d´Oro, ab 1421

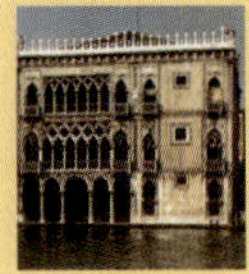

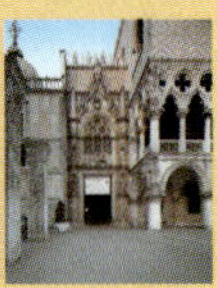

Porta della Carta, 1438

San Zaccaria, ab Mitte 15. Jh.

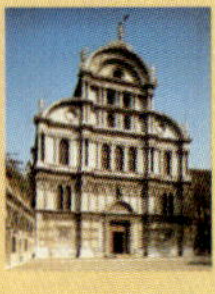

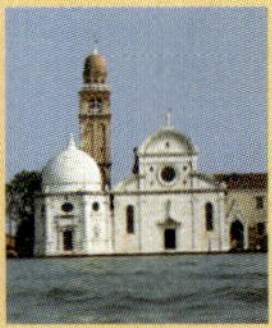

San Michele, begonnen 1469

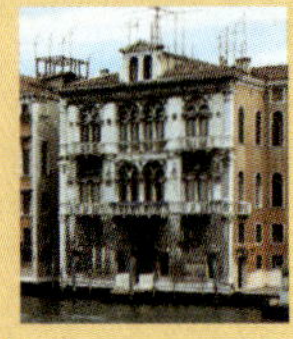

Mauro Codussi: Palazzo Corner Spinelli, begonnen um 1490

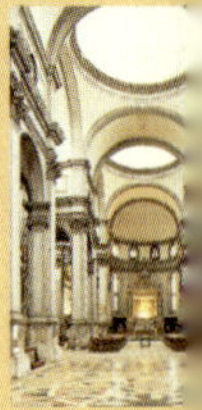

Jacobello und Pietro Paolo dalle Masegne: Skulpturen der Ikonostasis von San Marco, 1394

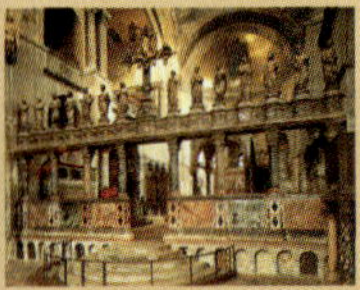

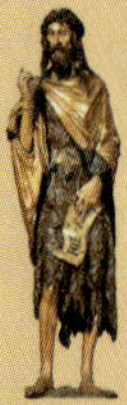

Donatello: Johannes der Täufer, 1438

Antonio Bregno zugeschrieben: Fortitudo, 1438

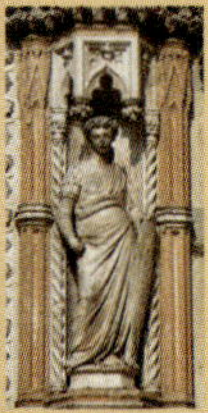

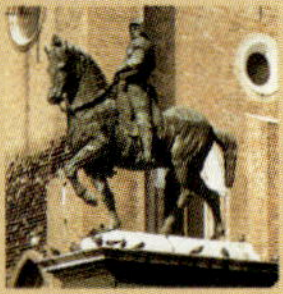

Andrea del Verrocchio: Reiterstandbild des Bartolomeo Colleoni, 1481–1496

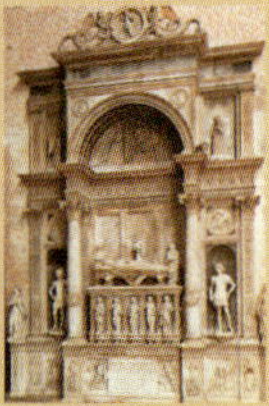

Lombardo-Werkstatt: Grabmal des Dogen Andr Vendramin, um 1495

umanist Francesco
i2–1368). Danach
de 1374 in Arqua

Kardinal Bessarion schenkt der Republik seine wertvolle Sammlung von griechischen und lateinischen Handschriften, 1468

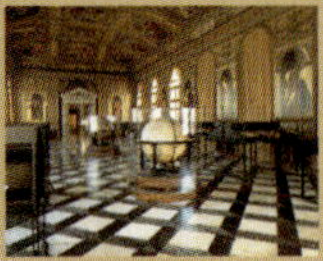

Cosimo I. de' Medici schenkt Venedig, das ihm Exil gewährt, eine kostbare Bibliothek im Kloster von San Giorgio Maggiore, 1433

Der bedeutende venezianische Humanist Ermolao Barbaro übersetzt Rhetorik, Physik und Logik des Aristoteles 1473–1488

Francesco Colonna: Hypnerotomachia Poliphili, 1499

Aldus Manutius gründet seine Druckerei in Venedig. E die ersten fehlerfrei gedruckten Ausgaben der griechis und römischen Autoren heraus, 1493

Pietro Bemb Humanist sei seine »Prose

Geschichte

Legendärer Gründungstag Venedigs, 25. 3. 421

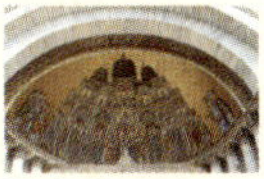

Die Reliquie des Hl. Markus kommt nach Venedig, 828

Der venezianische Doge Sebastiano Ziani vermittelt den Frieden zwischen Kaiser Friedrich Barbarossa und Papst Alexander III., 1177

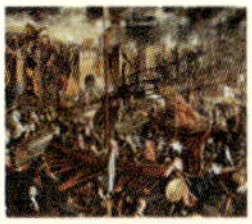

IV. Kreuzzug, Eroberung Konstantinopels unter Führung des Dogen Enrico Dandolo, 1204

Verschwörung des Bajamonte Tiepolo; zur Sicherung des Staates wird der Consiglio dei Dieci gegründet, 1310

Erste große Pest in Venedig, 1348

Chio

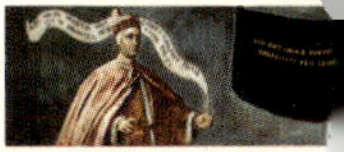

Verschwörung des Doger Marino Falier, 1355

1150 1250 **1300** 1350

Malerei

Pfingstkuppel, San Marco, 1. Hälfte 12. Jh.

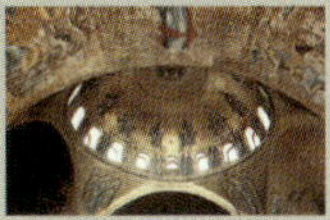

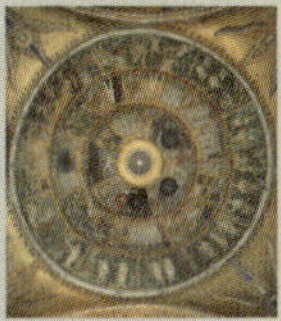

Genesiskuppel, San Marco, frühes 13. Jh.

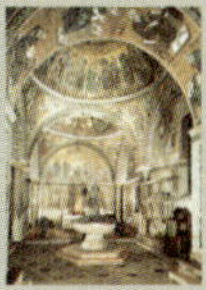

Mosaiken des Baptisteriums von San Marco, erste Hälfte 14. Jh.

Giotto freskiert die Arenakapelle in Padua, um 1305

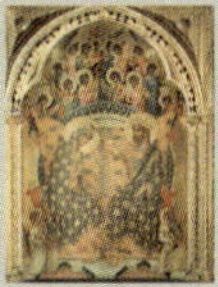

Paolo Veneziano: Marienkrönung nachweisbar vor 1333 – vor 1362

Architektur

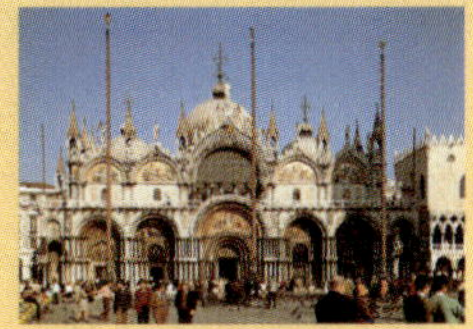

Baubeginn der heutigen Markuskirche, 1068, Weihe 1094

Fondaco dei Turchi, 13. Jh., im 19. Jh. stark restauriert

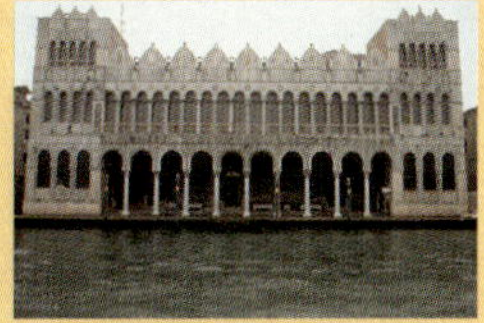

Baubeginn der Südseite des Dogenpalastes, 1340

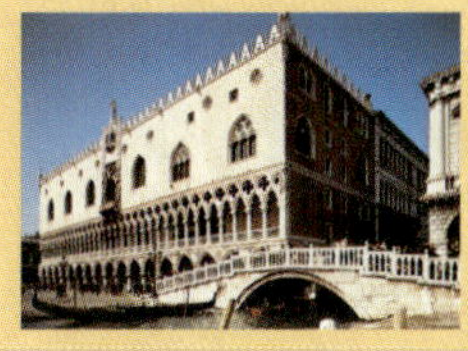

Skulptur

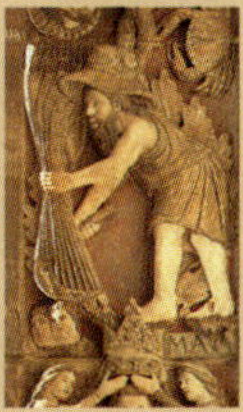

Kornernte, innere Laibung des mittleren Bogens am Hauptportal von San Marco, 13. Jh.

Filippo Calendario: Die Trunkenheit Noahs, um 1344

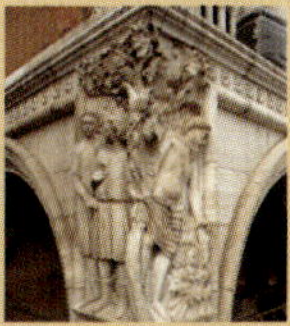

Literatur und Kultur

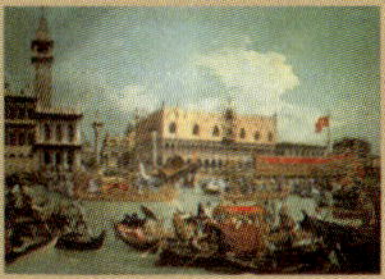

Fest der Sensa, mit der symbolischen Vermählung des Dogen mit dem Meer. Zur Erinnerung an die Erobrung Dalmatiens durch Pietro Orseolo II., 1000

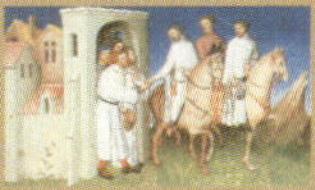

Gründung der Universität in Padua, 1222

Reise Marco Polos durch Zentralasien und China, 1271–1295

Der berühmte Dichter und I
Petrarca lebt in Venedig (13
läßt er sich bis zu seinem T
in der Nähe Venedigs niede

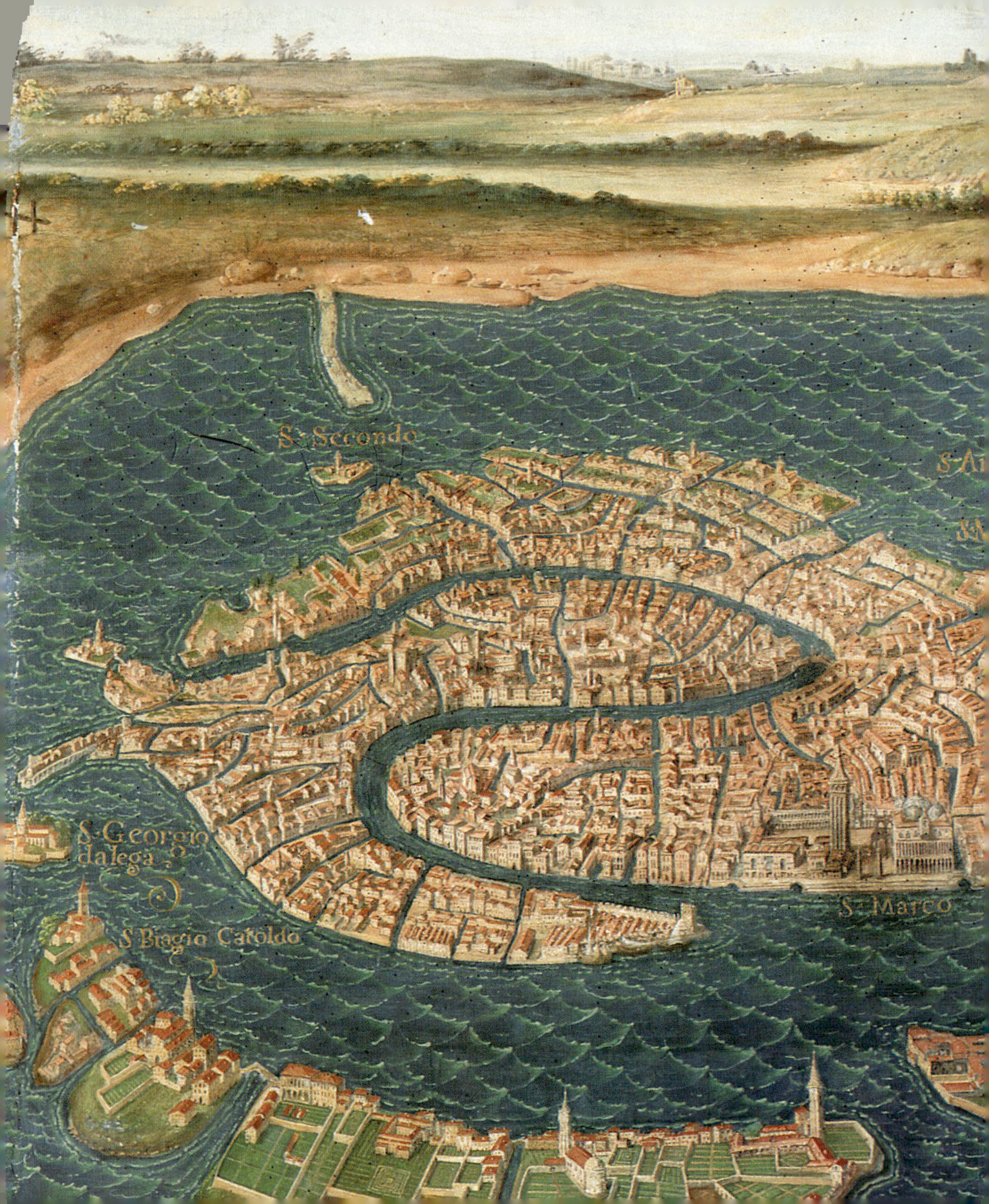
S. Secondo
S. Georgio dalega
S. Biagio Catoldo
S. Marco

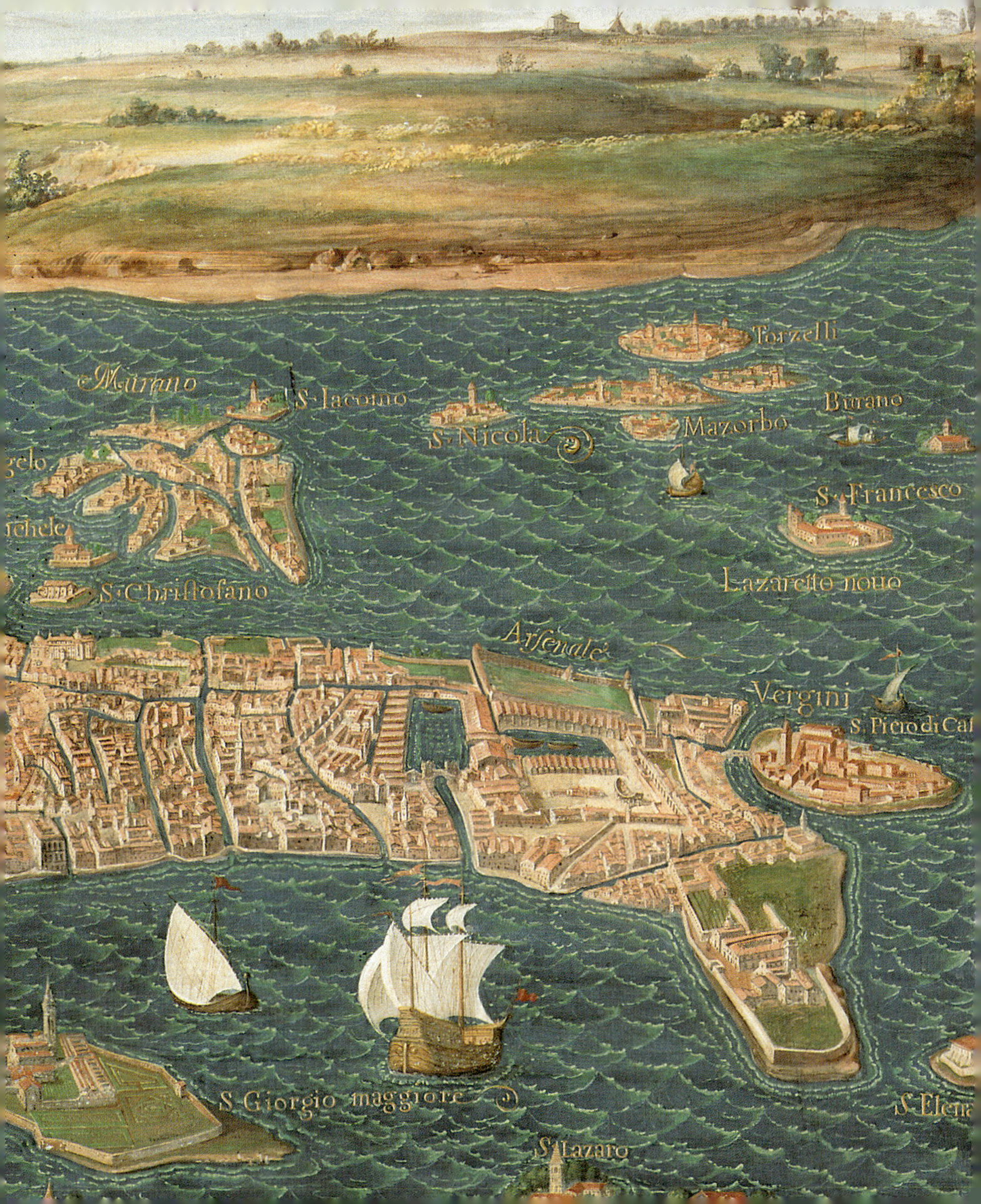
Murano
S. Iacomo
S. Nicola
Torzelli
Mazorbo
Burano
S. Francesco
Lazaretto nouo
S. Christofano
Arsenale
Vergini
S. Piero di Ca
S. Giorgio maggiore
S. Lazaro

Geschichte

Frieden von Passarowitz. Venedig muß die meisten seiner verbliebenen Besitzungen in Griechenland und in Dalmatien endgültig aufgeben, 1718

rancesco

Selbstauflösung der Republik und Übergabe der Stadt an Napoleon, der sie nach kurzer Besatzung im Frieden von Campoformio Österreich überläßt, 12. 5. 1797.

Luigi Querena: Die Ankunft der neapolitanischen Truppen in Venedig, 1848.

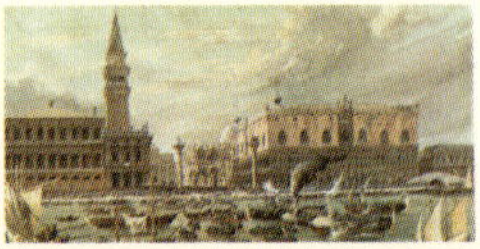

1725 1750 **1775** 1800

Malerei

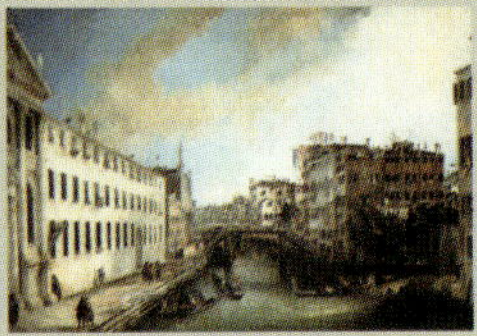

Canaletto: Der Rio dei Mendicanti, 1720–1725

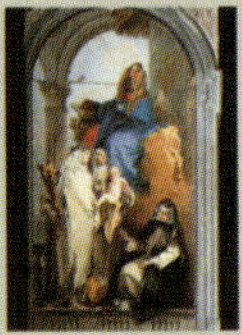

Giovanni Battista Tiepolo: Pala delle Tre Sante, 1748

Pietro Longhi: Der Frisör und die Dame, um 1760

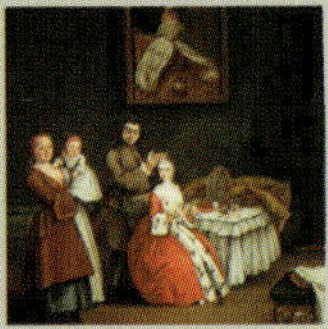

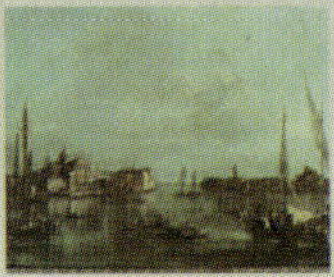

Francesco Guardi: Der Bacino di San Marco, 1780–1790

Architektur

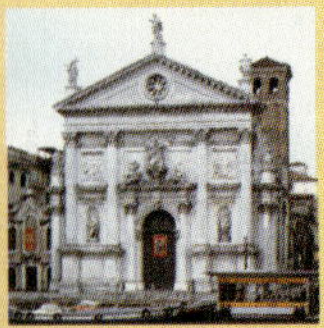

Domenico Rossi: Fassade von S. Stae, 1709

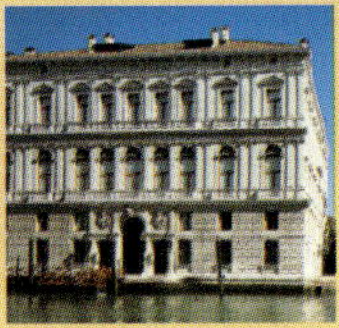

Giorgio Massari: Palazzo Grassi, begonnen 1749

Skulptur

Literatur und Kultur

Vivaldi schreibt seine Konzerte für
edale degli Innocenti und für
bedeutende Auftraggeber, ab 1703

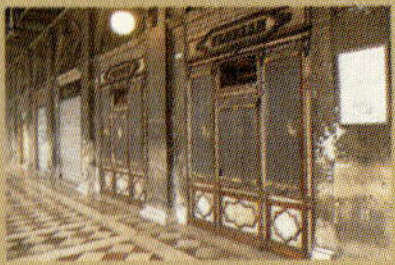

Mit dem Café Florian eröffnet das erste Café Italiens, 1720

Carlo Goldoni: »Der Diener zweier Herren«, 1753

Eröffnung des Teatro La Fenice, 1792

Der Besuch der Conti del Nord, des russischen Großfürstenpaares, in Venedig wird zu einem letzten rauschenden Fest der Republik, 1782

Der letzte Karneval vor Auflösung der Republik ist der längste und aufwendigste der venezianischen Geschichte, 1796

ppen Kaiser Karls V.
he Künstler und
/enedig, 1525

Verlust Zyperns an die Türken.
Schlacht von Lepanto. Zusammen mit einer großen europäischen Flotte werden die Türken besiegt. Zypern bleibt jedoch türkisch, 1571

Verheerender Ausbruch der Pest. Fast ein Drittel der Bevölkerung fällt ihr zum Opfer, 1576

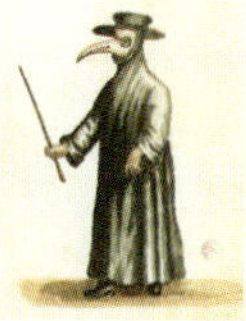

Erneut große (und letzte) Pestepidemie in Venedig, 1630

Der Verlust Kretas an die Türken, der letzten großen griechischen Insel in venezianischem Besitz, bedeutet das Ende der venezianischen Vorherrschaft im Mittelmeer, 1645/69

Rückeroberung des
Peloponnes durch
Morosini, 1683

1550 | 1575 | 1600 | 1650 | 1700

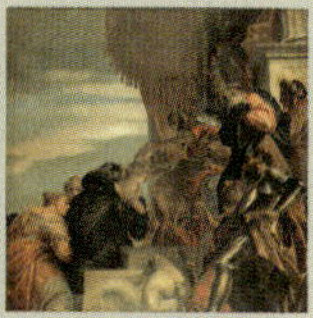

Paolo Veronese: Die Krönung der Esther, 1555/56

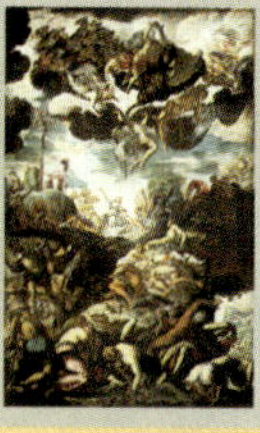

Jacopo Tintoretto: Die Aufrichtung der Ehernen Schlange, 1577

Nach Brand im Dogenpalast Vernichtung von Gemälden zahlreiche venezianische Künstler, 1577

Giorgio Spavento,
Tullio Lombardo:
San Salvatore, 1507–1534

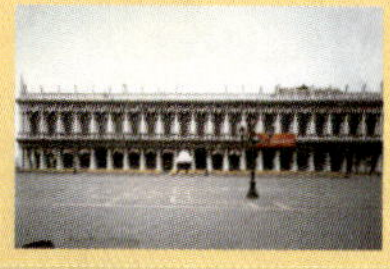

Jacopo Sansovino: Libreria, 1537–1554

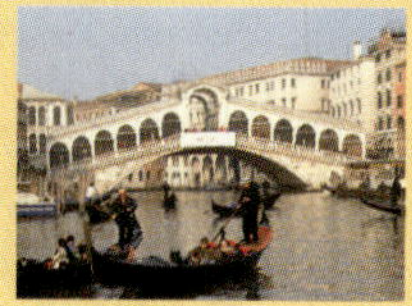

Andrea da Ponte: Rialtobrücke, 1588

Andrea Palladio: Il Redentore, 1577–92

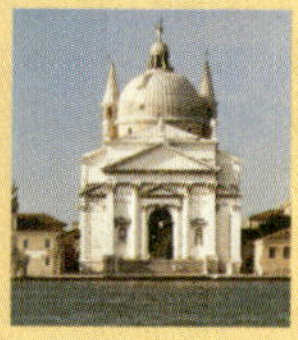

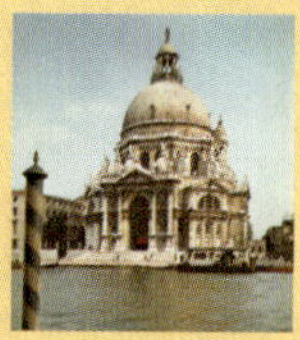

Baldassare Longhena: Santa Maria della Salute, 1631–1687

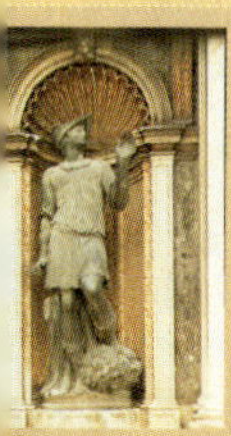

Jacopo Sansovino; Merkur, 1537–1547

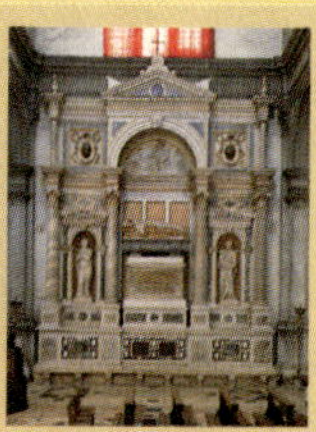

Jacopo Sansovino: Grabmal des Dogen Francesco Venier, nach 1556

Pietro Aretino schreibt ab 1527 von Venedig aus seine berühmten Briefe (gedr. 1537–1557)

Andrea Gabrieli: Sacrae Cantiones, 1565

eutendste
eröffentlicht
ar lingua«, 1525

Andrea Palladio: »I quattro libri della architettura«,1571

Francesco Sansovino: »Venetia Città Nobilissima e Singolare«, (erster Venedigführer), 1581

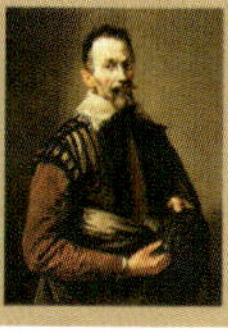

Claudio Monteverdi wird zum Maestro di Capella della Chiesa di San Marco ernannt, 19. 8. 1613

Eröffnung des Teatro San Cassiano, des ersten öffentlichen Opernhauses der Geschichte, 1637

Antonio
das Osp
andere

Künstlerbiographien

Andrea del Castagno (um 1422 Castagno–1457 Florenz) ist vermutlich ein Schüler des Provinzmalers Paolo Schiavo. Inspiriert von Masaccio und v. a. vom Bildhauer Donatello entwickelt er einen höchst eigenständigen Stil. Scharf umrissene, muskulöse und von Spannung erfüllte Gestalten sind charakteristisch für seine Kunst, wobei er durch perspektivische Übersichtlichkeit und den zurückgenommenen Raum eine Steigerung ihrer Körperlichkeit erreicht. In manchen Gemälden wird die Wuchtigkeit der Figuren durch die Lichtführung, die flächige Farbgebung oder durch ihre individuellen Züge gemildert.

Andrea del Verrocchio (1436 Florenz–1488 Venedig), eigentlich Andrea del Cioni, wird nach dem Tod Donatellos der Hauptmeister der Florentiner Bildhauerei. In Florenz fertigt er überwiegend kleinformatige Skulpturen und Bauplastiken an. 1486 geht Verrocchio nach Venedig. Dort entsteht das anspruchsvolle Reiterstandbild des Condottiere Bartolomeo Colleoni, aufgestellt auf dem Campo vor der Kirche Santi Giovanni e Paolo. Als Maler kann ihm zweifelsfrei lediglich die in Zusammenarbeit mit seinem Schüler Leonardo da Vinci entstandene »Taufe Christi« (um 1470/80) in den Uffizien zugeschrieben werden.

Antonello da Messina (um 1430 Messina–1479 Messina) lebt und arbeitet überwiegend auf Sizilien. Hier und in Neapel, wo er sich um 1450 aufhält, studiert er die Malerei. Eine zweite Reise um 1474 bis etwa 1476 führt ihn nach Venedig und Mailand. Antonellos Schaffen ist v. a. von der niederländischen Kunst und den Werken Piero della Francescas geprägt. Schon früh weiß er die naturgetreue Wiedergabe auch der kleinsten Einzelheiten mit einem ausgeprägten Raumgefühl zu verbinden. Aus dieser lebendigen Darstellungsweise heraus konstruiert er zunehmend eine auf geometrischen Grundformen und perspektivischer Strenge basierende Bildsprache.

Antonio da (dal) Ponte (um 1512 Venedig?–1597 Venedig) ist in erster Linie Wasserbauingenieur und Militärarchitekt und als solcher als Bauleiter für den Magistrato al Sal zuständig für zahlreiche öffentliche Bauten Venedigs. Aufgrund seiner hervorragenden Kenntnisse des Wasserbaues wurde er mit dem Neubau der Rialtobrücke betraut. In seiner Eigenschaft als Bauleiter der venezianischen Regierung errichtet er auch das neue Gefängnis an der Riva degli Schiavoni.

Bambini, Niccolò (1651 Venedig–1739 Venedig) Obwohl nicht wenige Werke von Bambini in Venedig und im Veneto erhalten sind, ist sein Lebensweg weitgehend unbekannt. Seine erste Ausbildung erhielt er in Venedig bei Sebastiano Mazzoni. Einer Quelle des 18. Jh. zufolge begibt er sich schon in jungen Jahren nach Rom, um seine Ausbildung bei Carlo Maratta zu vervollständigen. Sein Stil ist durch eine gemäßigt dramatische, zuweilen stark

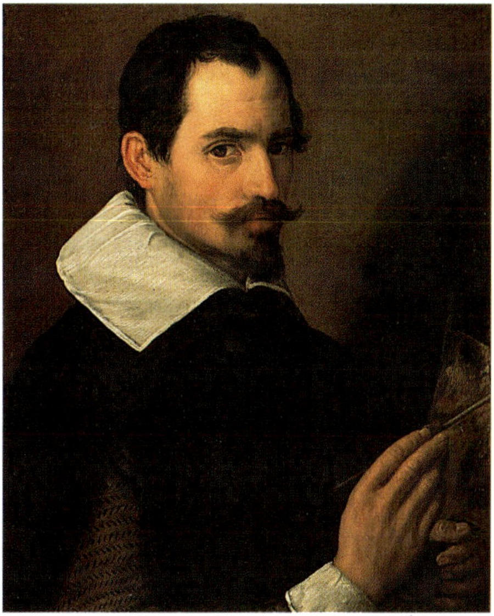

Francesco Bassano

rhythmisierte Kompositionsweise geprägt. In Venedig tritt Bambini besonders als Maler von Palast- und Villendekorationen hervor, bei denen er von Zeit zu Zeit mit Giovanni Battista Tiepolo zusammenarbeitet.

Basaiti, Marco (um 1470 Venedig–nach 1530) stammt vielleicht aus einer griechischen oder albanischen Familie. Sein Werk erscheint stilistisch heterogen und immer an führenden venezianischen Meistern seiner Zeit orientiert. Es zeigt den Einfluß von Alvise Vivarini, Giovanni Bellini und Cima da Conegliano. Nach der Jahrhundertwende wird der Einfluß Giorgiones und lombardischer Künstler deutlich. Neben Altarbildern sind auch zahlreiche Porträts von seiner Hand erhalten. Basaitis Figuren wirken durch eine strenge, abgrenzende Modellierung oft ein wenig hölzern, doch gestaltet er z. T. stimmungsvolle Landschaften.

Bassano, Francesco (1549 Bassano–1592 Venedig) wird in der Werkstatt seines Vaters Jacopo Bassano (1510/15–1592) ausgebildet. Mit ihm und seinen Brüdern Gerolamo (1566–1621), Giambattista (1553–1613) und Leandro (1557–1622) arbeitet er gelegentlich auch zusammen, nachdem er 1578 nach Venedig gezogen ist. Stilistisch sind ihre Werke deshalb nicht immer leicht voneinander zu trennen. Francesco Bassanos oft vielfigurigen Gemälde, zeigen mit ihrer lockeren Pinselführung den Einfluß Tintorettos und des späten Tizian. Die fast magisch zu nennenden, mit Hilfe des Farbauftrags und der Farbigkeit realisierten Lichtwirkungen machen die Gemälde der Bassano-Werkstatt zu den interessantesten venezianischen Werken im späten 16. Jh. Mit ihren Darstellungen von genrehaften, ländlichen Szenen, die jedoch zumeist in eine biblische Thematik eingebunden bleiben, schafft sich die Werkstattgemeinschaft vom Vater und den Söhnen Bassano ein unverwechselbares Profil.

Bella, Gabriel (1730 Venedig–1799 Venedig). Bellas Arbeiten zeigen nur bescheidene künstlerische Fähigkeiten. Dennoch wurde er auch zu größeren Dekorationsaufgaben herangezogen. Herausragende Bedeutung erhält sein Werk jedoch durch eine Serie von Gemälden mit Szenen aus dem venezianischen Leben für die Familie Giustiniani. Von diesen Bildern haben sich bis heute etwa 70 erhalten. Die meisten befinden sich in der Pinacoteca della Fondazione Scientifica Querini Stampalia in Venedig.

Bellini, Gentile (um 1429 Venedig–1507 Venedig) wird von seinem Vater, dem Maler Jacopo Bellini ausgebildet und übernimmt später dessen Werkstatt. Ab 1466 erhält er offizielle Aufträge der Stadt Venedig, die ihn von 1479 bis 1481 in diplomatischer Mission nach Konstantinopel sendet. Bellinis Malerei kennzeichnet ein geschulter perspektivischer Bildaufbau und eine ruhige Linienführung um zartgetönte Farbflächen. Sein erzählerischer Stil voller Realismus und unbekümmerter Frische sowie sein inventarisierendes Auge lassen in den Bildwerken das Leben der Lagunenstadt lebendig werden. Hierin liegt die große Bedeutung des Künstlers für die Herausbildung der venezianischen Veduten und Panoramabilder.

Bellini, Giovanni (um 1430 Venedig–1516 Venedig), der jüngere Bruder von Gentile Bellini, ist einer der berühmtesten Maler Venedigs. Er lernt bei seinem Vater und wurde auch von seinem Schwager Mantegna beeinflußt. Hauptsächlich ist er in seiner Heimatstadt tätig, wo er eine eigene Werkstatt führt. Ausgehend von der Kunst Mantegnas und den niederländischen Gestaltungsmitteln – die Antonello da Messina in die venezianische Malerei einbringt – gelangt Bellini zu einer eigenständigen Behandlung des Lichts und der natürlichen Atmosphäre. Ganz aus leuchtenden und warmen Farben heraus komponiert er seine Bilder. Dabei setzt er die Stilmittel so ein, daß Formen, Figuren und Raum stimmungsvoll verwoben sind.

Bombelli, Sebastiano (1635 Udine–1719 Venedig) wird in der Werkstatt seines Vaters Valentino Bombelli ausgebildet. In Venedig ist er ab 1660 nachweisbar. Er tut sich zunächst mit Kopien von Gemälden Tintorettos und Veroneses hervor, die sich v. a. in Frankreich großer Beliebtheit erfreuen. Um 1664/65 arbeitet er in der Werkstatt Guercinos in Bologna, der wiederum in seiner Jugend als Tizianfälscher berühmt geworden ist. Später sind es v. a. Porträts, mit denen Bombelli in ganz Europa Aufsehen erregt. Er gehört zu den gesuchtesten Porträtisten des europäischen Hochadels.

Boschetti, Lorenzo (1709–1772 in Venedig nachweisbar) war wahrscheinlich ein Schüler Giuseppe Massaris. Sein bedeutendstes Werk, der Palazzo Venier dei Leoni in Venedig blieb unvollendet. Ein Modell im Museo Correr zeigt seinen Entwurf.

Bregno, Antonio (15. Jh. Venedig) ist der Bruder des Architekten und Bildhauers Paolo Bregno. Antonio Bregno ist vielleicht identisch mit jenem Maestro Antonio di Rigezzo da Como, der 1425/26 als Gehilfe von Matteo Raverti am Dogenpalast tätig war. Später arbeitet er häufig mit dem Paduaner Bildhauer Antonio Rizzo zusammen. Ihr Werk ist nicht in jedem Fall stilistisch voneinander zu trennen. Seit 1777 wird Antonio und seinem Bruder Paolo Bregno das Grabmal des Dogen Francesco Foscari zugeschrieben. Aus stilistischen Gründen ist anzunehmen, daß der Künstler des Foscari-Grabmals auch am Arco Foscari des Palazzo Ducale tätig war und daß die »Fortitudo« an der Porta della Carta des Dogenpalastes ebenfalls sein Werk ist. Der Stil dieser Arbeiten zeigt eine auffällige Nähe zur zeitgenössischen venezianischen Malerei und orientiert sich v. a. an Andrea Mantegna.

Bregno, Paolo (15. Jh. Venedig), gen. Paolo da Como, ist der Bruder des Bildhauers Antonio Bregno und stammt wie jener aus Righeggia am

Luganer See. Möglicherweise ist er identisch mit dem in den venezianischen Akten erwähnten Maestro Paolo, der 1459 Proto, also Bauleiter, der Prokuratoren von S. Marco und damit zuständig für zahlreiche Staatsbauten, u.a. die Markuskirche, war. Ein Paolo inzignero della Signoria wird auch gemeinsam mit Bartolomeo Buon beim Bau der Ca' del Duca genannt.

Buon (Bon), Bartolomeo (um 1400 Venedig – 1464/67 Venedig) betrieb zusammen mit seinem Vater eine Werkstatt, deren Tätigkeit Architektur und Skulptur gleichermaßen umfaßte. Das Œuvre Bartolomeos konnte bis heute nicht vollständig rekonstruiert werden. Urkundlich gesichert ist u. a. seine Mitarbeit an der Ca' d'Oro und der Auftrag für die Porta della Carta am Dogenpalast (von Bartolomeo signiert), den Vater und Sohn 1438 gemeinsam übernehmen. Die Figuren des Portals stammen jedoch zumeist von anderen Bildhauern, wie er häufig die Aufträge für Skulpturen an andere Künstler weitergegeben zu haben scheint. Sein Stil ist geprägt vom Übergang der Spätgotik zur Renaissance. Sein Bau der Ca' del Duca am Canal Grande ist das erste Bauwerk in Venedig, das traditionelle Motive mit Renaissanceformen verbindet.

Buon (Bon), Giovanni (um 1360 Venedig – 1443 Venedig) war der Vater von Bartolomeo Buon. In verschiedenen Urkunden erscheint er vor allem als Bauunternehmer und Lieferant von Steinen. Er führt gemeinsam mit seinem Sohn Bartolomeo wohl eine der größten, wenn nicht die größte Bauwerkstatt Venedigs in der ersten Hälfte des 15. Jh.s. Wieweit er selbst als Architekt und Bildhauer tätig war, ist umstritten; möglicherweise war er nur Unternehmer.

Cadorin, Ludovico (1824 Venedig – 1892 Venedig) gehört zu den bestimmenden Architekten und Dekorateuren des 19. Jh.s in Venedig. Sein Name ist verbunden mit dem Historismus, der jedes Bauwerk in einem seiner Funktion angemessenen, historischen Stil erscheinen lassen will. Mit seinen Innenausstattungen nach Motiven vergangener Epochen kreiert Cadorin einen neuen, unverwechselbaren Stil.

Calendario, Filippo (vor 1315 Venedig – 1355 Venedig) ist seit 1341 als Architekt und Bildhauer mit der Errichtung der Sala del Maggior Consiglio und der Neugestaltung der West- und Südfasssade des Dogenpalastes beschäftigt. Calendarios bildhauerischen Arbeiten bestechen durch eine außerordentlich qualitätvolle Steinbearbeitung und ein genaues Naturstudium ebenso wie durch feinfühlige Psychologisierung und Erzählfreude. Historische Berühmtheit erlangt der reiche Baumeister (ihm gehören mehrere Schiffe) durch seine Teilnahme an der Verschwörung des Dogen Marino Falier, der sich zum Alleinherrscher Venedigs aufschwingen wollte. Calendario wird als einer der Mitverschwörer hingerichtet.

Campagna, Girolamo (1548/49 Verona – 1625 Venedig) gilt um 1600 als bedeutendster Bildhauer Venedigs. Er ist Schüler von Danese Cattaneo. Stilistisch ist er zunächst von den beruhigten Formen seines Lehrers und von Jacopo Sansovino geprägt. Immer mehr bezieht er jedoch auch die mächtigen, ausdrucksvollen Formen Michelangelos ein. Die Suche nach spiritueller Ausdrucksstärke führt zu einer Auseinandersetzung mit Tintoretto und dessen ebenfalls an Michelangelo orientiertem Körperideal. Ihre Wirkung erzielen Campagnas Figuren zumeist durch den Gesamteindruck. Psychologische Formulierungen, die auch den Gesichtsausdruck einbeziehen, liegen ihm fern.

Canaletto (1697 Venedig–1768 Venedig), eigentlich Giovanni Antonio Canal, erlernt bei seinem Vater die Bühnenmalerei. Um 1719 unternimmt er eine Studienreise nach Rom. Weitere Anregungen erhält er von Pannini und v. a. von dem Vedutenmaler Luca Carlesvarijs. Grundlegend für seine Malerei ist die geschulte Darstellung der Perspektive und eine genaue Naturbeobachtung. So erfaßt er in den topographischen Stadtansichten die Schönheit der Architektur und verbindet sie mit der Wiedergabe von Licht und Stimmung. Dabei bringt er genrehafte Szenen zur Belebung ein. Canaletto, der von 1746–1753 überwiegend in England arbeitet, verhilft der venezianischen Vedutenmalerei über die Grenzen Italiens hinaus zur großen Blüte.

Canaletto: Vedute von Venedig

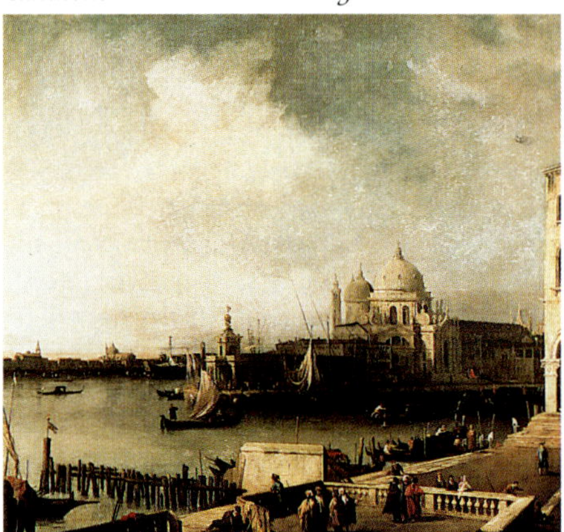

Candi, Giovanni (? Venedig – nach dem 9. 8. 1506 Venedig) ist der Sohn eines aus Spilimbergo stammenden Tischlers. Er selbst ergreift ebenfalls dieses Handwerk und ist für die Leitung der Tischlerarbeiten in der Scuola Grande di San Marco dokumentiert. Außer als Tischler arbeitet er auch zuweilen als Architekt. Ihm wird der Entwurf des Palazzo dei Rettori in Belluno zugeschrieben. Sein Hauptwerk ist die Wendeltreppe des Palazzo Contarini.

Canova, Antonio (1757 Possagno/Treviso–1822 Venedig) wächst in bescheidenen Verhältnissen unter der Obhut seines Großvaters auf. Als Elfjähriger tritt er in die Werkstatt des Bildhauers Giuseppe Torretti ein und studiert später an der venezianischen Kunstakademie unter Michelangelo und Gregorio Morlaiter. Mit dem Erlös aus ersten Erfolgen in Venedig finanziert er eine Romreise, wo er die Antike studiert. Von dort aus besucht er die neuesten Ausgrabungen in Paestum, Pompeji und Herculaneum. Die Begegnung mit der antiken Skulptur wird zu einer prägenden Erfahrung. Canova, sowohl in Venedig als auch in Rom hoch geschätzt, läßt sich in Rom nieder. Er wirkt nicht nur als zunehmend in ganz Europa bewunderter Bildhauer, sondern engagiert sich auch politisch. 1814 gelingt es ihm, zahlreiche Kunstwerke, die von Napoleon geraubt wurden, für Italien zurückzugewinnen. Antonio Canova gilt als der bedeutendste Bildhauer im 19. Jh. Seine an der Antike geschulten, kühlen, edlen, mit ihrem seidig geglätteten Marmor zugleich sinnlichen Figuren sind seinen Zeitgenossen in ganz Europa und Nordamerika der Inbegriff von Kunst und Schönheit. Sie gelten bis heute als unumstrittener Höhepunkt des Klassizismus.

Carpaccio, Vittore (um 1455–1465 Venedig (?)–1525/26 Venedig) ist ein bedeutender Vertreter der Renaissance Venedigs. Er ist Mitarbeiter in der Werkstatt Gentile Bellinis, dessen Schüler er wohl war, und stattet gemeinsam mit Giovanni Bellini den Dogenpalast aus. Neben diesen Künstlern inspiriert ihn auch Antonello da Messina. In seinen Werken verbindet Carpaccio getreu Abgebildetes und von den Legenden Überliefertes mit eigenen Erfindungen. Ist er mit seiner »additiven« Erzählweise noch der Frührenaissance verbunden, so nimmt er mit der lichtvollen Atmosphäre seiner Architekturlandschaften und der vollendeten perspektivischen Konstruktion Neuerungen auf. Carpaccio malt Zyklen für die Scuole, die Bruderschaften Venedigs, und zahlreiche religiöse Einzeltafeln.

Carriera, Rosalba Giovanna (1675 Venedig–1757 Venedig) wird besonders als Porträtistin von ihren Zeitgenossen hoch geschätzt. Ausgebildet wird sie von Giuseppe Diamantini und Antonio Balestra, nimmt aber auch Anregungen von ihrem Schwager Giovanni Antonio Pellegrini auf. Zunächst fertigt sie Miniaturbildnisse, wendet sich später größeren Formaten zu und konzentriert sich dabei auf die Pastellmalerei. Als Erste perfektioniert sie die neue Kreidemaltechnik, die schnelles und spontanes Arbeiten ermöglicht. Damit hat sie großen Erfolg und erhält u. a. auch von europäischen Höfen zahlreiche Aufträge. Zudem wird sie 1705 in die Accademia San Luca in Rom und während ihres Parisaufenthaltes 1720 in die Académie Royale de la Peinture aufgenommen. Rosalba Giovanna Carriera hat nachhaltigen Einfluß auf die französische Pastellmalerei. 1746 mußte sie das Malen wegen eines Augenleidens aufgeben.

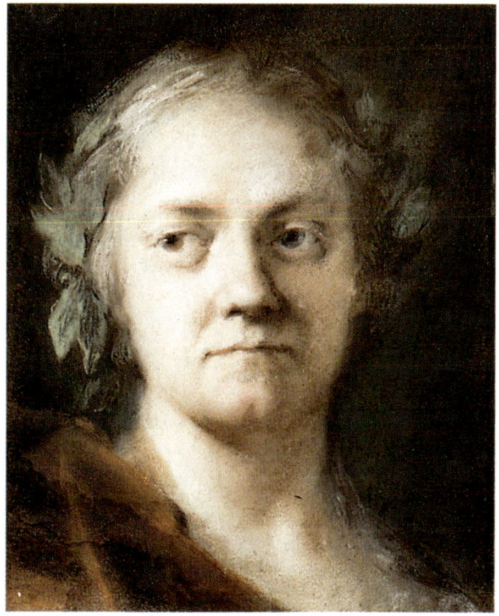

Rosalba Giovanna Carriera

de Chirico, Giorgio (1888 Volos/Griechenland–1978 Rom) wird als Sohn italienischer Eltern in Griechenland geboren. Er beginnt sein Studium der Malerei in Athen und setzt es nach dem Umzug der Familie 1906 in München fort. Ab 1910 lebt er abwechselnd in Paris und Italien. De Chirico orientiert sich zunächst an der deutschen Malerei der Jahrhundertwende, wandelt seinen Stil dann jedoch zur Darstellung einer übersteigerten, geheimnisvollen Traumwelt. Diese Gemälde haben großen Einfluß auf den Surrealismus. In den 20er Jahren treten streng perspektivisch konstruierte Stadtlandschaften in den Vordergrund, die durch die extreme Klarheit der Konstruktion, die einfachen Formen in leuchtenden Farben und die starken Schlagschatten gleichwohl immer noch an Traumbilder erinnern.

Cima da Conegliano (um 1459 Conegliano – 1517/18 Conegliano), eigentlich Giovanni Battista Cima, lernt möglicherweise bei Bartolomeo Montagna in Vicenza und Alvise Vivarini. Auch von der Kunst Antonello da Messinas wird er beeinflußt wie später von Tizian und Giorgione. 1492 geht er nach Venedig, wo er bis 1516 wirkt. Schon früh findet er einen eigenen Stil, wobei er thematisch und malerisch dem Werk Bellinis nahesteht. Charakteristisch für seine ausgewogenen Kompositionen sind eine gefühlvolle Stimmung, zarte und friedvolle Atmosphäre sowie eine genaue Naturbeobachtung. Zumeist malt er religiöse Motive, überwiegend Madonnenbilder, aber auch einige weltliche Themen.

Codussi, Mauro (um 1440/45 Lenna/Valle Brembana, Bergamo)–vor 23.4.1504 Venedig) wird vielleicht in der Lombardei ausgebildet und bleibt Zeit seines Lebens Bürger von Bergamo; doch sind Zeugnisse seiner Tätigkeit als Architekt nur in Venedig erhalten. Codussi ist der bedeutendste Architekt der Venezianischen Frührenaissance. Er wendet als erster in Venedig die Formensprache der Florentinischen Renaissance mit Rundbögen und steinverkleideten Fassaden konsequent an. Gleichzeitig beruft er sich aber auch auf alte venezianische Bauformen wie die Kreuzkuppelkirchen. Sie galten im 15. Jh. allerdings weniger als mittelalterlich denn als aus Ostrom überliefert und damit ebenfalls als antik und als passende Muster für eine neue, an der Antike orientierte Architektur. Codussi kennt zwar florentinische Motive, v. a. die Bauwerke von Leon Battista Albertis, entwickelt sie aber weiter zu einer eigenen, mit traditionellen venezianischen Elementen durchsetzten architektonischen Sprache.

Colonna, Gerolamo Mengozzi (um 1688 Ferrara – um 1766 Verona?), auch Mingozzi genannt, ist Schüler der Quadraturisten (Architekturmaler) Francesco Scala und Antonio Ferrari. Auch Mengozzi gestaltet keine Figuren, sondern die komplizierten perspektivischen Architekturmalereien, die ein wesentliches Kennzeichen der Dekorationsmalerei des 17. und 18. Jh.s sind. Er ist in ganz Norditalien (Turin, Brescia, Udine) v. a. aber in Venedig tätig, wo er häufig mit Giovanni Battista Tiepolo zusammenarbeitet.

Donatello (1386 Florenz–1466 Florenz), eigentlich Donato di Niccolò di Betto Bardi, lernt wahrscheinlich bei Lorenzo Ghiberti und Nanni di Banco in Florenz. Er ist überwiegend in seiner Heimatstadt, aber auch in Siena, Rom, Padua und anderen Orten Italiens tätig. Donatello gilt als der größte Bildhauer des Quattrocento. Sein umfangreiches Werk wird an Vielseitigkeit und Neuerungen von keinem anderen Künstler der Zeit übertroffen. In seiner frühen Schaffenszeit fertigt er v. a. marmorne Standfiguren. Ab den 1420 entstehen überwiegend Bronzeskulpturen.

Dyck, Anthonis van (1599 Antwerpen– 1641 London) ist neben Rubens der bedeutendste flämische Maler. Bereits mit elf Jahren lernt er bei Hendrik van Balen und führt ab 1615 ein eigenes Atelier. Von 1617 bis 1620 ist er in der Werkstatt Rubens' tätig, der ihn als seinen besten Schüler rühmt. Im Anschluß reist er erstmals nach London und von 1621 bis 1627 durch Italien. Hier bewundert er v. a. Werke Tizians, Giorgiones und der Bologneser Schule. Nach seiner Rück-

Anthonis van Dyck

kehr wird er Hofmaler der Erzherzogin Isabella, Statthalterin der Niederlande, und tritt 1632 in den Dienst Karls I. von England. Von der Kunst Italiens geprägt, entwickelt van Dyck den Typus des repräsentativen Adelsporträts, der für die abendländische Bildnismalerei, v. a. in England, Vorbild wird.

Ernst, Max (1891 Brühl bei Köln–1976 Paris) studiert zunächst Altphilologie, Philosophie, Psychologie und Kunstgeschichte in Bonn. Bald jedoch schließt er enge Freundschaften mit Künstlern und wird selbst künstlerisch tätig. Er arbeitet zunächst in Deutschland, später geht er nach Frankreich und muß vor den Nationalsozialisten in die USA fliehen. Max Ernst ist der bedeutendste Vertreter des Surrealismus. Realistische Elemente sind stets durch irritierende Verfremdungen gebrochen, die tiefere Bedeutungen enthüllen. Ernst erfindet immer wieder neue Möglichkeiten des Farbauftrags, um den Ausdruck der Bilder zu steigern und gleichzeitig neue Sinnebenen zu ermöglichen.

Eyck, Jan van (um 1390 Maaseyck bei Maastricht–1441 Brügge) ist um 1422 als Hofmaler für den Fürsten Johann von Bayern, Graf von Holland, tätig und tritt 1425 in den Dienst Philipps des Guten in Lille. Mehrfach reist er nach Spanien und Portugal und läßt sich schließlich um 1430 in Brügge nieder. Van Eycks neues Verständnis von der bildnerischen Wirklichkeitsdarstellung übt einen enormen Einfluß auf die europäische Kunst aus. Er zeigt die menschliche Figur als raumgreifenden Körper und erfaßt die Natur bis in die kleinste Einzelheit. Darüber hinaus erreicht er durch die Weiterentwicklung der Ölmalerei eine bis dahin unbekannte Leuchtkraft und Tiefe der Farbe.

Fortuny y Madrazo, Mariano (1871 Granada–1949 Venedig) begeistert mit seinen Kreationen die modebewußte Damenwelt des frühen 20. Jh.s. Er ist der Sohn des Malers Mariano Fortuny y Carbò (1838–1874), der mit seinen üppigen Salongemälden zu den bekanntesten spanischen Künstlern des 19. Jh.s zählte und ein großes Vermögen verdiente. Sein Sohn tritt jedoch trotz der Ausbildung zum Maler nicht in seine Fußstapfen, sondern wendet sich dem Design und der Mode zu, wo er mit seinen bemalten oder bedruckten Stoffen ebenfalls Künstlerstatus erlangt.

Francesco di Giorgio (1439 Siena–1501 Siena), auch Francesco di Giorgio Martini, ist als Maler,

Bildhauer, Architekt, Kunsttheoretiker und Festungsbauer tätig. Seine erste Ausbildung erhält er in Siena zwar als Maler, seine größte Bedeutung erlangt er jedoch auf dem Gebiet der Architektur und der Kunsttheorie.

Fumiani, Giovanni Antonio (um 1645 Venedig–1710 Venedig) ist Schüler des Domenico Ambrogi. Mit diesem zusammen ist er bereits 1666 in Bologna nachweisbar. 1668 ist er wieder in Venedig und signiert einen Altar. Ab 1684 widmet er sich bis kurz vor seinem Tod seinem grandiosen Hauptwerk, den in Öl auf Leinwand ausgeführten Deckenmalereien von San Pantalon. Ihre komplizierte perspektivische Struktur erinnert an Werke dieser Art in Rom. Doch versucht Fumiani, diese durch wuchtigen Figurenreichtum und eine elegante Lichtregie, die die Farben in unterschiedlichen Tönen erstrahlen läßt, zu übertreffen.

Gambello, Antonio (gestorben nach 1479 in Venedig), der in Urkunden auch Antonio di Marco und Antonio di San Zaccaria genannt wird, ist ab 1458 als Architekt, möglicherweise auch als Steinmetz an San Zaccaria tätig. Außerdem ist er am Bau von San Giobbe und an San Chiaria auf Murano tätig. Er kann jedoch sein Hauptwerk San Zaccaria nicht vollenden. Gerade deshalb wird seine besondere Formensprache deutlich, die sich markant vom Stil seines Nachfolgers Codussi unterscheidet. Gambello verbindet wie jener gotische Motive und Elemente der Renaissance. Jedoch wirkt seine Architektursprache eher reliefhaft, als vollplastisch.

Giambono, Michele (um 1390 Venedig–nach 1462 Venedig) ist sehr wahrscheinlich ein Schüler von Jacobello del Fiore. Er gilt als der letzte bedeutende Vertreter der gotischen Malerei in Venedig. Doch ist er schon nicht mehr so vollkommen am weichen Stil orientiert wie sein Lehrer. Giambonos Werke sind gekennzeichnet durch eine überbordende Formen- und Farbenpracht, welche die Bilder kostbar und märchenhaft wirken läßt, so daß man im Zusammenhang mit seinem Stil auch von gotischem Barock gesprochen hat.

Gian Giacomo de' Grigi (vor 1530 Venedig?–1572 Venedig) ist der Sohn von Guglielmo de'-Grigi. Er ist das ganze 16. Jh. hindurch als Architekt und Proto (d. h. Bauleiter) nachweisbar. Er überwacht u. a. die Arbeiten an der Scuola di San Rocco und an San Giorgio Maggiore. Sein Hauptwerk, der Palazzo Papadopoli zeigt, daß man ihn als soliden, wenngleich nicht als einen der herausragenden Architekten seiner Zeit einzuschätzen hat.

Giorgione (um 1477 Castelfranco Veneto – 1510 Venedig), eigentlich Giorgio da Castelfranco, ist ein bedeutender Maler der venezianischen Hochrenaissance. Er wird vermutlich gemeinsam mit seinem jüngeren Freund Tizian in der Werkstatt von Giovanni Bellini ausgebildet. Wohl ausgehend von der Malerei Carpaccios, Antonello da Messinas, Leonardos wie auch der Niederländer entwickelt Giorgione einen Stil, der für die nachfolgende Malerei einen wichtigen Beitrag leistet. Er verzichtet zunehmend auf Umrißlinien zugunsten farblicher Übergänge und stellt so die Erscheinung der Dinge in den Vordergrund. Dabei gelingt es ihm, sich frei im Raum bewegende Figuren darzustellen sowie eine atmosphärische Wirkung der Landschaft wiederzugeben.

Giotto di Bondone (um 1267? Colle di Vespignano bei Florenz–1337 Florenz) ist einer der bestimmenden Künstler in der abendländischen Kultur. Der Maler und Architekt steht sicherlich mit Cimabue in Verbindung und ist möglicherweise dessen Schüler. Nach 1292 arbeitet er in Assisi, anschließend in Rom, Padua, Neapel, Mailand und Florenz. Hier wird er 1334 zum Dombaumeister ernannt. Giotto löst sich nicht zuletzt durch die wichtigen Anregungen, die er von der gotischen Plastik Frankreichs erhält, völlig von der byzantinischen Tradition. Er entdeckt die körperhaft-plastische und zugleich monumentale Anschauung der menschlichen Gestalt wieder und erfindet eine neue Formensprache für die Darstellung sakraler Ereignisse. Seine Gewandfiguren zeigt er agierend in Landschaften und Innenräumen, so daß die Erzählungen als erlebbare Realität erscheinen.

Francesco Guardi: Vedute von Venedig

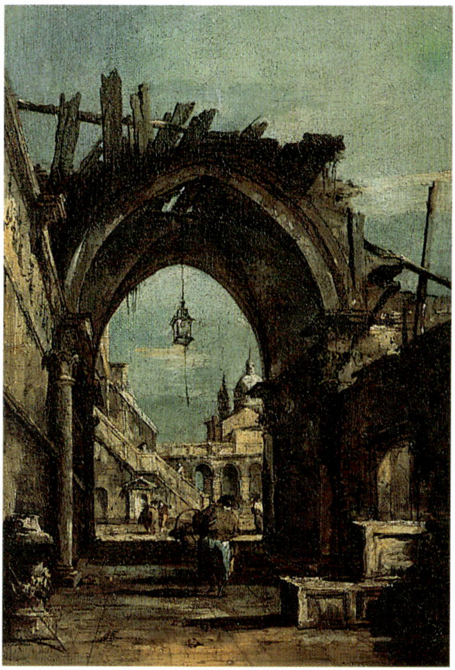

Giovanni d'Alemagna (?–vor dem 9. 6 1450 Padua) ist vermutlich ein deutscher Maler, der zu Beginn des 15. Jh.s in Padua oder Murano ansässig wird. Seine erhaltenen Werke entstehen, wie Signaturen erweisen, bis auf eine Ausnahme in Zusammenarbeit mit seinem Schwager Antonio Vivarini. Giovannis Stil erinnert mit seinen feinmalerischen Qualitäten und dem auffälligen Interesse für dekorative Details an die Kölner Malerschule, markiert aber mit den auf Plastizität und Volumen bedachten Figuren schon den Übergang von der Gotik zur Frührenaissance. Giovanni und Antonio vereinheitlichen als erste die einzelnen Bildfelder der gotischen Altäre zu einer Bildtafel und schaffen damit die Voraussetzung für die sog. Sacra Conversazione. Sie gelten als Begründer der Schule von Murano, die neben den Bellini zur zweiten führenden Werkstatt Venedigs im 15. Jh. aufsteigt.

Guardi, Francesco (1712 Venedig–1793 Venedig) ist ein Hauptvertreter der venezianischen Vedutenmalerei. Er wird von seinem Bruder Giovanni Antonio ausgebildet und arbeitet bis 1747 in dessen Werkstatt. Anschließend ist er als selbständiger Meister tätig. 1784 wird er in die Malerakademie aufgenommen. Anfänglich malt Guardi v. a. Altarbilder. Dann konzentriert er sich auf stimmungsvolle Stadtansichten, die von Canaletto und Michele Marieschi beeinflußt sind. Um eine malerische Wirkung zu erreichen, hält er sich jedoch nicht immer an die topographischen Gegebenheiten. Daneben gestaltet er auch figurenreiche Gemälde, die die glanzvollen Festlichkeiten Venedigs wiedergeben.

Guardi, Giovanni Antonio (1699 Wien–1760 Venedig) wird zunächst von seinem Vater Domenico ausgebildet. Nach dessen frühem Tod orientierte er sich v. a. an Piazzetta und Sebastiano Ricci. Giovanni Antonio Guardi gehört wie sein vielleicht berühmterer jüngeren Bruder Francesco zu den interessantesten Künstlerpersönlichkeiten des beginnenden venezianischen Rokoko. Seine Gemälde bestechen durch helle vibrierende Farben von großer Zartheit, die auch an seinen Schwager Gian Battista Tiepolo erinnern.

Guariento (nachweisbar 1338–1365 in Padua) gehört zu den einflußreichsten Künstlern des 14. Jh.s in Padua und Venedig. Er geht vom Vorbild Giottos aus, nimmt aber mehr und mehr die weichen, schwingenden Formen der internationalen Gotik auf. Der Einfluß von Guariento trägt entscheidend dazu bei, daß sich die venezianischen Maler von der byzantinischen Tradition abwenden und schließlich den Anschluß an die im übrigen Europa florierende Gotik suchen.

Guglielmo de' Grigi (vor 1500 Alzano (Bergamo) –vor 1530 Venedig?) auch dei Grigi oder Bergamasco, entstammt einer weit verzweigten Familie von Architekten und Steinmetzen aus Bergamo. Seine Bauwerke sind typisch für den reich mit Ornamenten geschmückten Stil der lombardischen Architektur, der zu Beginn des 16. Jh.s bei den venezianischen Auftraggebern außerordentlich beliebt war, weil er Renaissanceformen mit gotischer Üppigkeit verbindet.

Heintz der Jüngere, Joseph (um 1600 Augsburg – nach 1678 Venedig) wird von seinem Stiefvater Matthias Gundelach in Augsburg ausgebildet. Schon 1625 ist er in Venedig tätig. Er macht sich in Italien v. a. einen Namen durch schreckenserregende Gemälde mit Spukgestalten in der Art des Hieronymus Bosch. Daneben gestaltet Heintz d. J. aber auch Altarbilder sowie figurenreiche Landschaften und Stadtansichten. Mit letzteren wird er zu einem interessanten Vorläufer der venezianischen Vedutisten des 18. Jh.s.

Jacobello del Fiore (um 1370 Venedig–1439 Venedig) ist zunächst noch von der byzantinischen Tradition der venezianischen Malerei geprägt, nähert sich aber schnell dem europaweit florierenden sog. weichen Stil der Spätgotik an. Größten Einfluß übt bei diesem Stilwandel Gentile da Fabriano auf ihn aus. Jacobello gehört zu jenen venezianischen Malern der Spätgotik, die mit ihrer eleganten zartbunten Farbgebung und ihrem Streben nach Lichtdarstellung mit Hilfe der Farbe das besondere Verhältnis zur Farbe vorbereiten, das die venezianische Malerei des 15. und 16. Jh.s berühmt gemacht hat.

Lombardo, Pietro (um 1435 Carona–1515 Venedig) ist in den 60er Jahren des 15. Jh.s in Padua tätig und läßt sich dann in Venedig nieder. Er ist der Stammvater einer Familie von Architekten und Bildhauern, die die venezianische Kunst um die Wende vom 15. zum 16. Jh. entscheidend prägen. Als Architekt ist er ein Vertreter des typischen, reich verzierten lombardischen Stils, den er zur Vollkommenheit entwickelt und mit Hilfe einer großen Werkstatt in Venedig verbreitet. Die feinen ornamentierten Schmuckformen seiner Bauwerke bezaubern durch ihre Ausführung ebenso wie durch ihre Erfindungskraft. In seinen Grabmalen kommt erstmalig in Venedig die Renaissance in ihrer ganzen Ausprägung zur Geltung.

Lombardo, Sante (1504 Venedig–1560 Venedig) ist der Enkel von Pietro und Sohn von Tullio Lombardo. Ausgebildet in der Werkstatt seiner Familie arbeitete er v. a. als Architekt. Ob er auch als Bildhauer tätig war ist umstritten. Sein Formenrepertoire erinnert noch an die venezianische Frührenaissance, an die Bauten Mauro Codussis und Pietro Lombardos. Doch zeigt das Zusammenspiel dieser Formen bereits die Monumentalität der Hochrenaissance.

Lombardo, Tullio (um 1455 Venedig–1532 Venedig), ist der Sohn von Pietro Lombardo. Er wurde von seinem Vater ausgebildet und führte die Werkstatt nach dessen Tod zusammen mit seinem jüngeren Bruder Antonio fort. Wie sein Vater arbeitet Tullio als Architekt und Bildhauer. Auch wenn sich schon die Bildhauer der vorangegangenen Generation an der Antike orientierten, gewinnt dieses Vorbild bei Tullio doch eine vollkommen neue Qualität. Seine Figuren zeichnen sich durch eine an der antiken Gewandfigur geschulte Idealisierung der Formen aus, die gleichwohl auf der genauen Beobachtung der Anatomie beruht.

Longhena, Baldassare (1598 Venedig – 1682 Venedig) ist der bedeutendste Architekt des Barock in Venedig. In seiner Formgebung ist er von Vincenzo Scamozzi, Jacopo Sansovino und Andrea Palladio beeinflußt. Er deutet das klassische Formenrepertoire der Renaissance jedoch erfolgreich um. Sein Hauptwerk, die Kirche San Maria della Salute, spielt virtuos mit der Durchdringung von Räumen und einer in Einzelansichten aufgelösten Fassade, die durch die mächtige Kuppel optisch zusammengehalten werden. Longhena orientiert sich nicht wie viele seiner Zeitgenossen am römischen Barock, sondern entwickelt einen eigenen venezianischen Stil.

Longhi, Pietro (1702 Venedig–1785 Venedig) erhält von Antonio Balestra seinen ersten Unterricht. 1719 geht er nach Bologna und vervollständigt seine Ausbildung bei Crespi. Dieser regt ihn zum intensiven Studium der Natur wie auch zu Genrethemen an. 1730 kehrt er nach Venedig zurück, wo er ab 1756 Mitglied der Akademie ist. Berühmt wird Longhi durch kleinformatige Sittenbilder, die neben Bildnissen, religiösen und historischen Gemälden entstehen. Seine Szenen schildern mit feinem, kühlen Humor den privaten und offiziellen Alltag des venezianischen Adels.

Lotto, Lorenzo (um 1480 Venedig–1556 Loreto, Marken), ab 1503 nachweisbar, ist ein bedeutender Vermittler zwischen den venezianischen Altmeistern und der späteren Barockkunst Oberitaliens. Durch viele Reisen wirkt er unter anderem in Treviso, Recanati, Bergamo, Venedig und Ancona. Lotto ist einer der sensibelsten und eigenwilligsten Künstler seiner Zeit. Zunächst orientiert er sich an der Malerei Giovanni Bellinis und Antonella da Messinas, später an Werken von Giorgione, Tizian und Raffael. Dabei entwickelt er einen Sinn für die präzise Wiedergabe des Stofflichen und der Darstellung bewegter Figuren wie auch für eine ungewöhnliche Farbgebung. Zudem findet Lotto gelegentlich zu einer außerordentlich gesteigerten Dramatik und Expressivität.

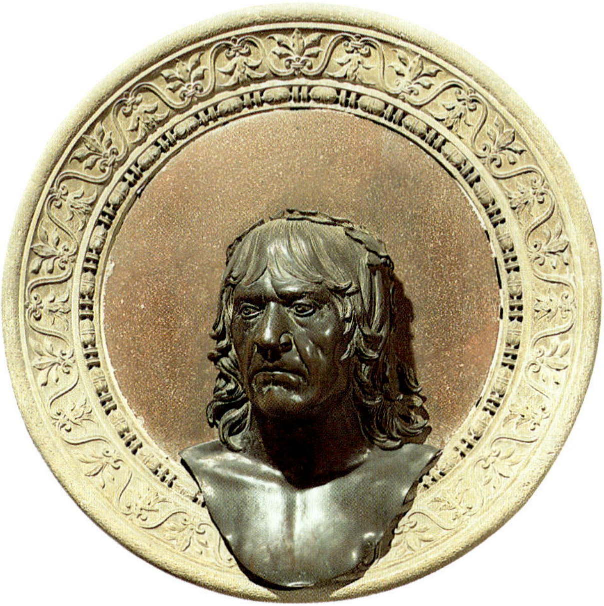

Andrea Mantegna

in Padua bei Squarcione in die Lehre, der ihn mit der Antike vertraut macht. Entscheidend prägen ihn jedoch die Skulpturen Donatellos und die Malerei von Andrea del Castagno so wie jene von Jacopo Bellini. Ab 1448 selbständig, ist er bald ein bekannter Maler und wird 1460 an den Hof der Gonzaga nach Mantua berufen. Mantegnas Werke zeichnen sich durch einen anatomisch stimmigen Körperbau der Figuren, eine präzise Durchzeichnung der Details wie auch durch eine virtuos konstruierte Perspektive aus. Diese Neuerungen beeinflussen besonders seine beiden Schwager Gentile Belliniund Giovanni Bellini. Zudem werden diese Innovation durch seine hochentwickelten Kupferstiche auch nördlich der Alpen verbreitet.

Maccaruzzi, Bernardo (gestorben 1798 in Venedig), auch Bernardino Maccarucci, ist Schüler des Architekten Giorgio Massari und arbeitet häufig mit diesem zusammen. Seine Bauten wie die Fassade der Kirche San Rocco (bei der er sich an dem danebenstehenden Bauwerk der Scuola di San Rocco orientiert) oder die Fassade der Accademia nach einem Entwurf Massaris zeigen die gemäßigten, klaren, spätbarocken Formen, die typisch sind für die venezianische Architektur des ausgehenden 18. Jh.s.

Mantegna, Andrea (1431 Isola di Carturo bei Padua – 1506 Mantua) ist einer der bestimmendsten Künstler der Frührenaissance. 1441 geht er

Mariano, Sebastiano (aus Lugano, arbeitet in Venedig Ende des 15., Anfang des 16. Jh.s; gest. vor 1518), ist v. a. aus Urkunden bekannt. Ein gesichertes Werk, der Umbau des Chores von San Maria del Carmine, erweist ihn als geschickten Vermittler zwischen den gotischen Formen der Kirche und dem neuen Vokabular der Renaissance, was sein eigener Chorumbau zeigt.

Marini, Marino (1901 Pistoia – 1980 Viareggio) studiert ab 1917 Malerei und Bildhauerei an der Florentiner Kunstakademie. 1929–1940 lehrt er an der Kunstschule der Villa Reale in Monza. 1940 wird er Professor für Bildhauerei an der Accademia di Brera in Mailand. Marini unternimmt wiederholt Reisen nach Paris, wo er mit avantgardistischen Künstlern wie Kandinsky, Maillol, Braque und Picasso zusammentrifft, hält sich aber auch in England, Holland, Deutschland, Griechenland und den USA auf. 1952 erhält er den Großen Preis für Plastik der Biennale in Venedig. 1962 findet die erste große Retrospektive in Zürich statt. Sein Werk umfaßt neben Porträts und stehenden Figuren vor allem Pferde und Reiter.

Massari, Giorgio (tätig in der ersten Hälfte des 18. Jh. in Venedig), ist der führende venezianische Architekt des 18. Jh.s in Venedig. Beeinflußt von Palladio und Longhena setzt er dessen Tradition einer gemäßigten und ruhigen, barokken Formensprache fort. Seine Kreativität reicht jedoch nicht an die seiner Vorgänger heran.

Meyring, Heinrich (tätig Ende des 17. Jh.s in Venedig), auch Enrico oder Arrigo Merengo, stammt von nördlich der Alpen. Über seine Ausbildung ist nichts bekannt. Im Venedig des späten 17. Jh.s gehört er zu den gefragtesten Bildhauern. Seine Skulpturen schmücken zahlreiche Fassaden und Altäre.

Morleiter, Giovanni Maria (1699 Niederdorf, Pustertal – 1781 Venedig), auch Johannes Maria Morlaiter oder Morleitner, ist Bildhauer und Elfenbeinschnitzer. Zusammen mit Heinrich Meyring gehört er zu den barocken Bildhauern, die aus dem Norden stammend ihr Glück im reichen Venedig versuchen, das keine bedeutenden einheimischen Bildhauer aufzuweisen hatte. Mehr noch als Meyring kommt Morleiter über konventionelle Formen nicht hinaus.

Padovano, Lauro (nachweisbar Ende des 15., Anfang des 16. Jh.s in Venedig und Rom), auch Laurino de Sancto Johanne de Padova, ist wahrscheinlich in erster Linie Miniaturmaler. Doch genießt er offenbar schon 1482 einen außerordentlichen Ruf. Zusammen mit anderen Malern wird er nach Rom berufen, um die ersten fertigen Fresken der Capella Sistina zu schätzen. Er ist stark von Giovanni Bellini beeinflußt und arbeitet gelegentlich mit ihm zusammen. Lauros Werke weisen jedoch trotz starker Farbigkeit nicht die geheimnisvolle Leuchtkraft seines Vorbildes auf.

Palladio, Andrea (1508 Padua – 1580 Vicenza) eigentlich Andrea di Pietro, erhielt den Namen Palladio von einem seiner ersten Gönner, dem venezianischen Humanisten Giangiorgio Trissino. Der junge Palladio beginnt zunächst als Steinmetz, wird aber von Trissino angeregt, sich mit Architektur zu beschäftigen. Er ermöglicht Palladio in den 40er Jahren mehrere Romreisen, auf denen der Künstler die antike Architektur eingehend studiert. Ihre Anregungen verarbeitet Palladio nicht nur in seiner Architektur, sondern auch in zwei Schriften, einem Werk über die römischen Antiken (1554) und in »Vier Bücher über die Architektur« (1570). Mit letzteren wird er ebenso berühmt wie mit seinen Bauwerken, die sich durch einen virtuosen Umgang mit der antiken Formensprache auszeichnen, bei dem Palladio jedoch auch dem kunstvollen Stil seiner eigenen Zeit, dem sog. Manierismus, Rechnung trägt. Palladios Bauten wurden als Höhepunkt der Renaissancearchitektur verstanden und sind als solche Vorbild für unzählige Bauten bis in das 19. Jh. Besonders die englische Architektur hat sich an ihm orientiert.

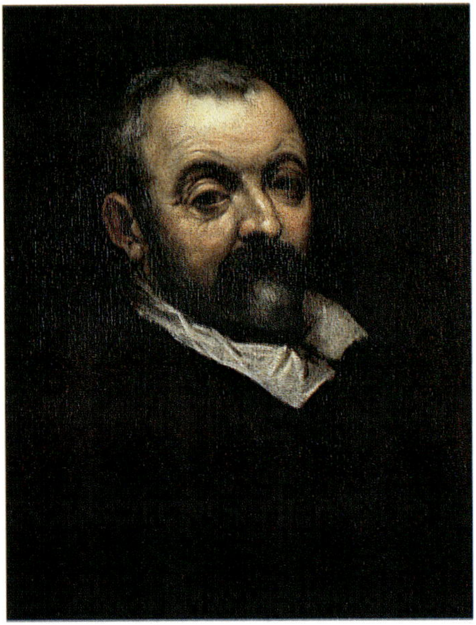

Jacopo Palma il Giovane

Palma il Giovane, Jacopo (um 1548/50 Venedig –Venedig 1628), eigentlich Jacopo Nigreti oder Negreti, ist der Sohn des Malers Antonio Negreti und der Enkel von Jacopo Negreti dem Älteren, der bereits den Beinamen Palma führte, der auch auf seinen Enkel Jacopo überging. Mit »Vecchio« (= der Alte) und »Giovane« (= der Junge) werden die beiden Künstler unterschieden. Seit 1573/74 ist er nach Aufenthalten in Parma (ab 1564) und Rom (1567) wieder in Venedig ansässig. Welche Künstler den jungen Maler vor dieser Zeit neben seinem Vater beeinflußten, kann nur aus seinen Gemälden nach 1573/74 geschlossen werden. Tizian, Veronese und Tintoretto gehörten offenbar ebenso zu seinen Vorbildern wie Michelangelo und Francesco und Taddeo Zuccaro. Palmas Malerei markiert in Venedig den Übergang von der Renaissance zum Barock.

Palma il Vecchio, Jacopo (um 1480 Serina bei Bergamo–1528 Venedig), eigentlich Jacopo d'Antonio Negreti, geht in den späten 1490er Jahren nach Venedig, wo er bei Francesco di Simone da Santacroce lernt. Anschließend arbeitet er vermutlich in der Werkstatt von Giovanni Bellini. Palma, dessen Malerei wesentliche Anregungen durch die Arbeiten Giorgiones und des jungen Tizian erfährt, zählt zu den wichtigen venezianischen Künstlern der Hochrenaissance. Ausgeglichene Kompositionen, der Verzicht auf dramatische Handlungen und ein leuchtendes, emailartiges, auf eine harmonische Wirkung bedachtes Kolorit sind für die Gemälde Palma il Vecchios charakteristisch.

Parodi, (Giacomo) Filippo (1630 Genua–1702 Genua) beginnt seine Karriere sehr jung als Holzschnitzer. 1655–1661 arbeitet er in der Werkstatt von Gian Lorenzo Bernini, dem bedeutendsten Bildhauer der Epoche in Rom. Nach Genua zurückgekehrt nimmt Parodi sofort eine führende Stellung ein. Er arbeitet jedoch nicht nur in seiner Heimatstadt, sondern zwischen 1667 und 1699 auch in Venedig und in Padua. Von seinem Lehrer Bernini unterscheidet er sich durch eine kleinteiligere und damit weniger klassizistisch wirkende Oberflächenbehandlung. Von Puget übernimmt er den fein knitternden Faltenwurf der Gewänder.

Piazzetta, Giovanni Battista (1682 Venedig–1754 Venedig) ist der Sohn des Holzschnitzers und Bildhauers Giacomo Piazzetta. Nach ersten

Unterweisungen durch den Vater setzt er seine Ausbildung zunächst in Venedig bei Antonio Molinari und ab 1703 in Bologna fort, wo er vor allem durch die Genremalerei Giuseppe Maria Crespis stark beeinflußt wird. Ab 1711 ist Piazzetta dauerhaft in Venedig ansässig. Neben seinem jüngeren Kollegen und Konkurrenten Giovanni Battista Tiepolo gilt Piazzetta als der gefragteste Kirchenmaler des venezianischen Settecento. Er malt zudem Bildnisse sowie Genrebilder und führt Buchillustrationen aus.

Picasso, Pablo (1881 Malaga–1973 Mougins, Côte d'Azur) ist der einflußreichste Künstler des 20. Jh.s. Seine Ausbildung zum Maler erhält der junge Picasso in Barcelona und Madrid. 1900–1902 unternimmt er eine erste Reise nach Paris, wo er sich 1904 endgültig niederläßt. Sein Bild »Les Demoiselles d'Avignon« von 1907, das flächig aufgelöste Frauenakte zeigt, gilt als das erste kubistische Gemälde. Es markiert den endgültigen Bruch mit der Tradition des Naturalismus, der die Kunst seit dem 13. Jh. beherrscht hatte. Picasso entwickelt den Kubismus zunächst gemeinsam mit Georges Braque weiter, läßt sich jedoch auch von anderen stilistischen Entwicklungen inspirieren. Neben der Malerei beschäftigt er sich schon ab 1905/06 auch mit der Skulptur und arbeitet für das Theater.

Raffaello Santi

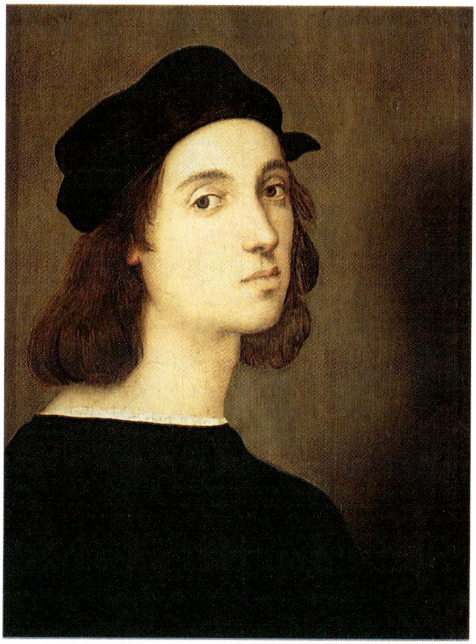

Pollock, Jackson (1912 Cody/Wyoming–1956 New York) ist der führende Vertreter des sog. abstrakten Expressionismus und einer der einflußreichsten amerikanischen Künstler im 20. Jh. Seine späten Werke, die sog. Drip-Bilder bei denen Pollock Farbe in einem dünnen Strahl auf die Leinwand laufen läßt, sind von großer Bedeutung für die Entwicklung des sog. Action Painting.

Pordenone (um 1483 Pordenone–1539 Ferrara), eigentlich Giovanni Antonio de' Sacchis, arbeitet vorwiegend in Venedig und im nordöstlichen Veneto. Geschult durch das Vorbild Cima da Coneglianos und Bartolomeo Montagnas findet Pordenone in Rom unter dem Einfluß Raffaels und Michelangelos zu seinem eigenen Stil. Seine Werke sind gekennzeichnet durch gewaltige Figuren voller Pathos.

Raffael (1483 Urbino–1520 Rom), eigentlich Raffaello Santi, erfährt seine erste künstlerische Ausbildung bei seinem Vater, dem Maler und

Dichter Giovanni Santi. Gegen 1500 kommt er nach Perugia in die Werkstatt des Pietro Perugino. 1504 geht er nach Florenz, wo er die ältere und die zeitgenössische Malerei studiert. 1508 wird Raffael von Papst Julius II. nach Rom berufen. Hier arbeitet er ab 1509 v. a. an den Fresken für die Stanzen des Vatikan. Nach dem Tod Bramantes wird er 1514 zum Bauleiter der Peterskirche ernannt. 1515 übernimmt er das Amt des Konservators der Altertümer Roms. Raffael gilt als der bedeutendste Maler der Hochrenaissance. Seine berühmten Altartafeln, einfühlsamen Madonnenbilder und Bildnisse, aber auch die großformatigen, inhaltlich komplexen Wandfresken sind durch formale Klarheit und tief empfundene natürliche Ausdruckskraft gekennzeichnet.

Raverti, Matteo (tätig in Mailand 1389–1409, in Venedig 1418/34) erhielt seine Ausbildung zum Steinmetz möglicherweise am Mailänder Dom, wo er längere Zeit tätig ist, bevor er im zweiten Jahrzehnt des 15. Jh.s nach Venedig kommt. Zusammen mit der Werkstatt von Giovanni und Bartolomeo Buon arbeitet er an der Ca' d'Oro. Auch Teile der Fassade von San Marco und am Portal von Santi Giovanni e Paolo werden ihm wegen der besonders feinen Steinbehandlung zugeschrieben.

Ricci, Marco (1676 Belluno–1730 Venedig) ist der Neffe von Sebastiano Ricci, bei dem er wohl auch seine erste Ausbildung in Venedig erhält. Ebenso ist der Einfluß des in Venedig tätigen niederländischen Landschaftsmalers Cavalier Tempesta, eigentlich Pieter Mulier d. J. (um 1637 Haarlem – 1701 Mailand), in Marcos Werk nachvollziehbar. 1708 folgt er einer Einladung, um in England als Theatermaler zu arbeiten. Auch in Venedig betätigt er sich auf diesem Gebiet.

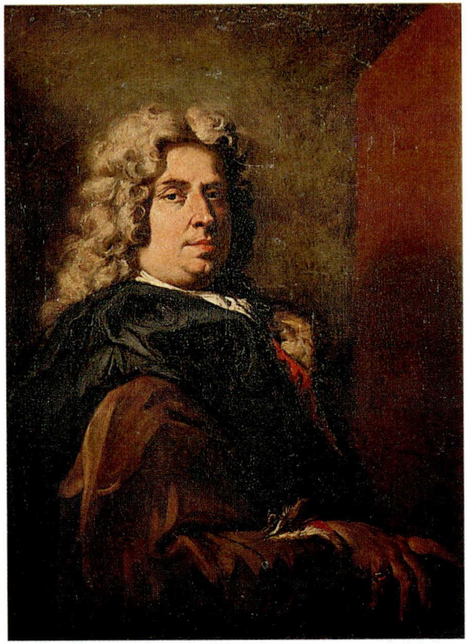

Sebastiano Ricci

Seine klaren Architekturlandschaften, die er für das Theater gestaltet und die er auch als Gemälde ausführt, sind ein wichtiger Ausgangspunkt u. a. für Canaletto. Besonders reizvoll sind Riccis Küstenlandschaften mit ihren weiten Überblicken in fein abgestimmten Farben.

Ricci, Sebastiano (1659 Belluno–1734 Venedig) geht bereits in jugendlichem Alter nach Venedig, wo er zunächst bei Sebastiano Mazzoni und Federico Cervelli lernt. Ab den späten 1670er Jahren arbeitet er bei Giovanni Giuseppe dal Sole in Bologna. Gefördert durch Herzog Ranuccio II. Farnese erhält Ricci zahlreiche

Aufträge in Piacenza und in Rom, wo er mehrere Jahre lang lebt. 1694 geht er nach Florenz, 1696–1698 ist er in Mailand tätig. Dort lernt er wahrscheinlich Magnasco kennen. In der Folgezeit ist Ricci wieder überwiegend in Venedig ansässig, allerdings unterbrochen von längeren Aufenthalten in Wien (1701–1703), Florenz (1706–1707) und London (1712–1716). Die Bilder dieses bedeutenden venezianischen Rokokomalers zeichnen sich durch ihre bewegte, dekorativ illusionistische Formensprache und eine helle Farbpalette aus.

Rizzo, Antonio (um 1430/35 Verona?–1499/1500 Cesena? oder Foligno?) ist ab 1457 in Venedig nachweisbar. Zeitweilig arbeitet er in der Certosa von Pavia, setzt dann aber seine Karriere als Architekt und Bildhauer und ab 1483 als Bauleiter am Dogenpalast in Venedig fort. Sein Aufstieg endet 1498, als er wegen Unterschlagung angeklagt wird und die Stadt fluchtartig verläßt. Seine bekanntesten Werke sind die signierten Statuen von Adam und Eva am Arco Foscari des Dogenpalastes. Gotische Körperproportionen verbinden sich hier mit Einflüssen antiker Skulptur und der florentinischen Renaissance mit ihrer genauen Beobachtung des menschlichen Körpers.

Rossi, Domenico (1678 Morcote bei Lugano–1742 Venedig) gehört zu den wichtigsten venezianischen Architekten der ersten Hälfte des 18. Jh.s. Er orientiert sich wie seine Zeitgenossen an Palladio, gibt den einzelnen Motiven seiner Bauten jedoch durch größeres Volumen eine stärkere Licht- und Schattenwirkung und damit ein bei allem Klassizismus barockes Gepräge. Mit der opulenten Innendekoration der venezianischen Jesuitenkirche geht er einen ganz anderen Weg. Die prachtvolle Marmorinkrustation, die eine reiche Stoffverzierung vortäuscht, ist ein gekonntes Beispiel barocker Augentäuschung.

Sansovino, Jacopo (1486 Florenz – 1570 Venedig), eigentlich Jacopo Tatti, nimmt den Namen seines Lehrmeisters, des Florentiner Bildhauers Andrea Sansovinos an. Mit ihm geht er 1505 nach Rom, wo der junge Jacopo v. a. die Kunst Raffaels und Bramantes bewundert. Von 1511 bis 1518 arbeitet er wieder in Florenz und kehrt dann nach Rom zurück. Bis 1527 als die Truppen Karls V. die Stadt plündern, arbeitet Sansovino als angesehener Bildhauer in Rom. Dann flieht er nach Venedig, das von nun an seine eigentliche künstlerische Heimat ist. Mit der Ankunft Sansovinos findet Venedig den Anschluß an die aktuellen römischen Strömungen in Architektur und Skulptur. Allerdings entwickelt er seine römischen Erfahrungen zu einer spezifisch venezianischen Form weiter, die auch durch lokale Traditionen und seine Auseinandersetzung mit lokalen Künstlern, v. a. Tizian geprägt ist.

Savoldo, (Giovan) Girolamo (1480/85 Brescia – nach 1548 Brescia?) ist zuerst 1506 in Parma nachweisbar. Ab den 20er Jahren arbeitet er v. a. im Veneto. Neben lombardischen und nordalpinen Einflüssen ist es besonders die Auseinandersetzung mit venezianischen Künstlern wie Cima da Conegliano, Giorgione und Lorenzo Lotto, die seinen Stil prägt. Savoldos Malerei zeichnet sich durch Klarheit und Schönfarbigkeit aus. Seine Landschaften erinnern mit ihren meist kräftigen Farbtönen und der ungewöhnlichen Zusammenstellung von dunklem Grün und einem nach Lila schillernden Blau an jene Lorenzo Lotto. Glänzenden, schimmernden

Stoffen widmet Savoldo seine ganze Aufmerksamkeit.

Scalfarotto, Giovanni Antonio (um 1690 Venedig –1764 Venedig) ist vor 1612 Proto, also Bauleiter am Arsenal. Danach tritt er auch mit Kirchen und Klosterbauten hervor. Sein Hauptwerk, die Kirche San Simone Piccolo am Canal Grande, macht deutlich, wie sehr sich der Architekt an seinem großen Vorbild Andrea Palladio orientiert. Damit nimmt er schon in den 20er und 30er Jahren des 18. Jh.s Tendenzen vorweg, welche die venezianische Architektur am Ende dieses Jahrhunderts bestimmen werden. In diesem Sinne beeinflußt er auch seinen Neffen Tomaso Temanza, den er ausbildet.

Scamozzi, Vincenzo (1552 Vicenza–1616 Venedig), arbeitet als Architekt und Ingenieur, ist aber v. a. wegen seiner theoretischen Schriften von großer Bedeutung. Er wird von seinem Vater Domenico Scamozzi, der ebenfalls Architekt ist, und von Jacopo Sansovino ausgebildet. Reisen nach Rom, Florenz und Neapel aber auch nach Polen und Frankreich erweitern seinen Wissenshorizont. Andrea Palladio ist sein großes Vorbild, an dem sich Scamozzi Zeit seines Lebens orientiert. Häufig überträgt man ihm die Fertigstellung der von Palladio unvollendet hinterlassenen Bauwerke. Sein eigenes Hauptwerk sind die Neuen Prokuratien in Venedig. 1615 veröffentlichte er das Traktat »Idea della Architettura universale«, das seinen hervorragenden Ruf bei seinen Zeitgenossen weiter vermehrt.

Scarpa, Carlo (1906 Venedig–1978 Sendai/Japan) ist der bedeutendste venezianische Architekt des 20. Jh.s. Sein Arbeiten, die häufig den Werkstoff Beton phantasievoll, jedoch immer streng und abstrakt umsetzen, sind in Venedig an vielen Stellen, etwa an der Universität oder im Palazzo Querini Stampalia, zu sehen. Scarpas Interesse gilt nicht in erster Linie dem Bauwerk als solchem, sondern dem Raum, den er mit seiner Architektur neu gestaltet und inszeniert. Scarpa beeinflußt mit seinem Stil, der immer wieder neue, bis dahin unbekannte Lösungen für traditionelle Bauaufgaben findet, junge Architekten in ganz Europa.

Scarpagnino, Lo (1465/70 Mailand–1549 Venedig) eigentlich Antonio Abbondi (auch Abondio), gehört zu jenen lombardischen Architekten, die die venezianische Architektur Anfang des 16. Jh. dominieren. Als Proto (Bauleiter) der Provveditori al Sal (der Behörde, die für die Bauten der Regierung zuständig war) errichtet er zahlreiche öffentliche Bauwerke und erstellt Gutachten über Arbeiten seiner Kollegen. Ab 1527 arbeitet er häufig mit Jacopo Sansovino zusammen, bleibt aber von dessen Stil weitgehend unbeeinflußt. Abbondi ist den Formen des späten 15. Jh.s verhaftet. Wenn er selbst auch nur als durchschnittlicher Architekt zu beurteilen ist, so bereitete er mit seinen einfachen, reduzierten Bauten doch spätere Entwicklungen der venezianischen Renaissancearchitektur vor.

Sebastiano del Piombo (um 1485 Venedig–1547 Rom), eigentlich Sebastiano Luciani, genannt Viniziano, lernt Vasari zufolge zunächst bei Giovanni Bellini und anschließend bei Giorgione in Venedig, dessen Malerei den jungen Künstler stark beeinflußt. 1511 geht er nach Rom. Abgesehen von einem einjährigen Aufenthalt in Venedig 1528/29 bleibt Sebastiano bis zu seinem Lebensende in Rom ansässig. Sein Stil ist

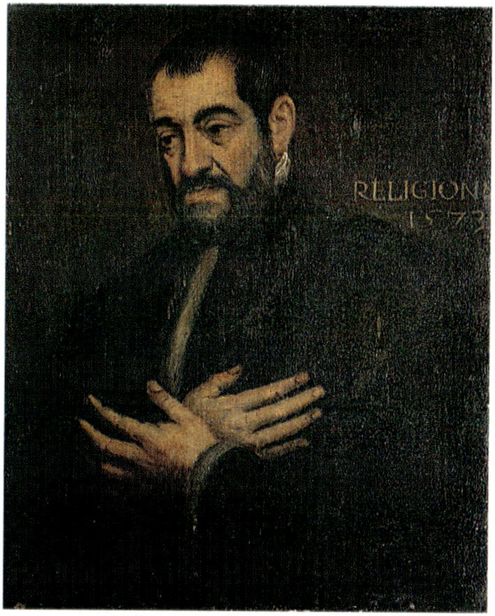

Jacopo Tintoretto

durch den Einfluß Raffaels und Michelangelos geprägt und durch Monumentalität sowie eine kraftvolle Formensprache gekennzeichnet.

Spavento, Giorgio (tätig Ende des 15. Jh.s in Venedig, gestorben um 1509, Venedig), wird 1486 der Nachfolger des bedeutenderen Mauro Codussi im Amt des Proto der Prokuratoren von San Marco. In dieser Eigenschaft entwirft er die Sakristei der Markuskirche und den Neubau des 1489 vom Blitz getroffenen Campaniles. Mit der Kirche San Salvatore, die allerdings von Tullio Lombardo vollendet wird, zeigt er, daß er einerseits zwar noch den Formen Codussis verhaftet ist, sie allerdings in Bezug auf die Monumentalität der einzelnen Bauglieder und damit in Richtung auf die Hochrenaissance weiterentwickelt.

Tiepolo, Giovanni Battista (1696 Venedig–1770 Madrid) lernt bei Gregorio Lazzarini und ist bereits 1717 als selbständiger Maler in Venedig tätig, wo er bedeutende Aufträge zur Ausschmückung von Kirchen und Adelspalästen erhält. 1756–1758 steht er der Kunstakademie in Venedig als Präsident vor. Tiepolos Ruhm verbreitet sich über ganz Europa und bringt ihm u. a. Aufträge der Höfe von Frankreich, England und Rußland ein. Seit 1762 steht er in den Diensten des spanischen Hofes. Die Kunst Tiepolos markiert den Höhepunkt der italienischen Malerei des 18. Jh.s.

Tintoretto, Domenico (1560 Venedig–1620 Venedig) eigentlich Domenico Robusti, übernimmt zusammen mit seinen Geschwistern die Werkstatt und den Spitznamen des Vaters, Jacopo Tintoretto, der längst den eigentlichen Familiennamen verdrängt hat. Er führt das Werk seines Vaters auch stilistisch fort, erreicht aber niemals dessen künstlerische Qualität.

Tintoretto, Jacopo (1518 Venedig–1594 Venedig), eigentlich Jacopo Robusti, ist ab 1539 als selbständiger Maler in Venedig bezeugt. Bei welchem Meister er lernt – Tizian, Andrea Schiavone und Paris Bordone wurden u. a. als seine Lehrer erwogen – ist nicht bekannt. Um 1547 setzt mit dem »Abendmahl« in der Kirche San Marcuola und dem »Markuswunder« in der Galleria dell' Accademia die Reihe gesicherter, meist für Venedig geschaffener Werke ein, unter denen die 1564–1588 ausgeführte Ausstattung der Scuola di San Rocco und die Staatsaufträge für den Dogenpalast in Venedig ebenso wie der für den Palazzo Ducale in Mantua ausgeführte Gonzaga-Zyklus herausragend sind. Tintoretto gilt als bedeutendster Vertreter des venezianischen Manierismus.

Tizian (um 1490 Pieve di Cadore–1576 Venedig), eigentlich Tiziano Vecellio, gilt als der bedeutendste venezianische Maler des Cinquecento. Über sein Geburtsdatum und die frühen Schaffensjahre liegen keine gesicherten Angaben vor. Als seine Lehrer werden der venezianische Mosaizist Sebastiano Zuccato sowie Gentile und Giovanni Bellini erwogen. 1508–1509 führt Tizian zusammen mit Giorgione die Fresken des Fondaco dei Tedeschi in Venedig aus, 1510–1511 folgen die Fresken in der Scuola del Santo in Padua. Ab 1515 arbeitet er u. a. für die Familien der Este, Gonzaga, Farnese und Rovere und für König Franz I. von Frankreich. 1533 wird er Hofmaler Kaiser Karls V. und erhält den Orden vom Goldenen Vlies. 1545-1546 ist er für Papst Paul III. in Rom tätig. In seiner Spätzeit steht Tizian fast ausschließlich in den Diensten Philipps II.

Veneziano, Paolo (vor 1333 Venedig–vor 1362 Venedig) ist der interessanteste Maler des 14. Jh.s in Venedig. Obwohl man in seinem Frühwerk gelegentlich ein Interesse für den Naturalismus feststellen kann, orientiert er sich wie die älteren venezianischen Maler an der byzantinischen Kunst. Er übernimmt jedoch nicht etwa sklavisch byzantinische Vorbilder. Besonders die emailhaft wirkenden Farben seiner reich mit Gold gezierten Stoffe und ein eigenwilliges, Licht- und Schattenspiel sind kennzeichnend für Paolos kostbaren Stil.

Veronese, Paolo (1528 Verona–1588 Venedig), eigentlich Paolo Caliari, lernt wahrscheinlich bei Antonio Badile in Verona und geht 1553 nach

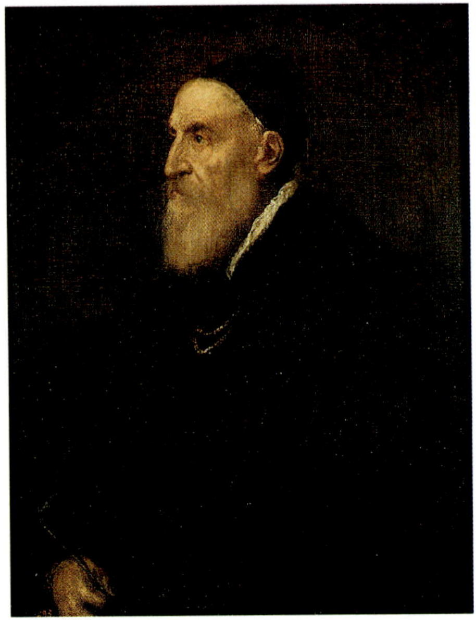

Tiziano Vecellio

Venedig, wo er, abgesehen von einem Aufenthalt in Rom 1560/61, bis zu seinem Lebensende ansässig ist. Ab 1553 arbeitet er in der Sala del Consiglio dei Dieci des Dogenpalastes und etwa 1555–1570 an den Ausmalung in der Kirche San Sebastiano. Um 1561/62, d. h. nach seiner Romreise, entstehen die berühmten Fresken in der Villa Barbaro in Maser bei Treviso. Das der Spätrenaissance zuzuordnende Œuvre des vielseitigen Künstlers, der mit Tizian und Tintoretto zur Trias der drei großen venezianischen Maler des Cinquecento zählt, besteht aus Deckenfresken, Altartafeln, mythologischen Historien und Porträts. Nach seinem Tod führen sein Bruder

Benedetto und seine Söhne Carlo und Gabriel die Werkstatt fort.

Vittoria, Alessandro (1525 Trient–1608 Venedig) kommt 1543 nach Venedig in die Werkstatt Jacopo Sansovinos. Ab den 50er Jahren arbeitet er selbständig als Bildhauer in Venedig und im Veneto. Er ist neben Sansovino der bedeutendste venezianische Künstler des 16. Jh.s auf dem Gebiet der Skulptur. Seine reich bewegten Figuren leiten schon zum Barock über. Allerdings findet er in Venedig keine würdigen Nachfolger.

Vivarini, Alvise (um 1445 Venedig–um 1504 Venedig) entstammt einer Künstlerfamilie, deren Mitglieder im 15. und 16. Jh. v. a. in Venedig nachzuweisen sind. Alvise ist der Sohn des Antonio Vivarini (um 1415–um 1480), der als der Begründer der sogenannten Schule von Murano gilt, und der Neffe von Bartolomeo Vivarini, in dessen Werkstatt er wahrscheinlich ausgebildet wird. Alvises bedeutendster Auftrag, die Ausstattung der Sala del Maggior Consiglio im Dogenpalast, die auch als Hauptwerk der Schule von Murano gilt, wurde 1577 durch einen Brand zerstört. Stilistisch sind die frühen Gemälde des Meisters mit denen seines Onkels und des Andrea Mantegna verwandt. Ab 1480 werden Alvises Arbeiten zarter, die Formen ruhiger und ausgewogener. In dieser Periode orientiert er sich stärker an Giovanni Bellini.

Vivarini, Antonio (um 1415 Murano–um 1486 Murano) ist das Oberhaupt der neben den Bellini zweiten bedeutenden venezianischen Malerfamilie des 15. Jh.s Sein Werk markiert den Übergang von den weichen Formen der Gotik zum Naturalismus der Renaissance. Mehr jedoch als sein Zeitgenosse Jacopo Bellini, der sich intensiv mit dem neuen Stil auseinandersetzt, bleibt Vivarini der Gotik treu. Aber er erweitert sein stilistisches Spektrum v. a. bei der Figurendarstellung um ein neues, ganz ungotisches Volumen.

Vivarini, Bartolomeo (um 1430 Murano–nach 1490 Murano) ist der jüngere Bruder von Antonio Vivarini aus Murano sowie der Onkel und

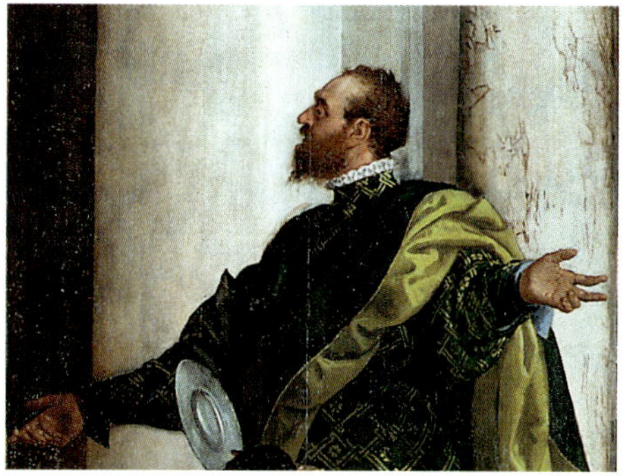

Paolo Veronese

mutmaßliche Lehrer des Alvise Vivarini. Ab 1450 arbeitet er in einer Werkstattgemeinschaft mit seinem Bruder Antonio zusammen. Im Gegensatz zu dessen noch relativ traditionsgebundenen, stilistisch der Spätgotik und der Frührenaissance verpflichteten Werken zeichnen sich die Arbeiten von Bartolomeo durch äußerste Detailgenauigkeit, scharfe Konturen bzw. Faltenwürfe und eine kräftige Farbigkeit aus. Charakteristisch ist die Freude an der Wiedergabe von Schmuckelementen, die sich vor allem in seinen Blumen- und Früchtegirlanden zeigt. Seine Gemälde stellen den Übergang von der Früh- zur Hochrenaissance in Venedig dar.

Fondaco dei Turchi (13. Jh., im 19. Jh. stark restauriert)

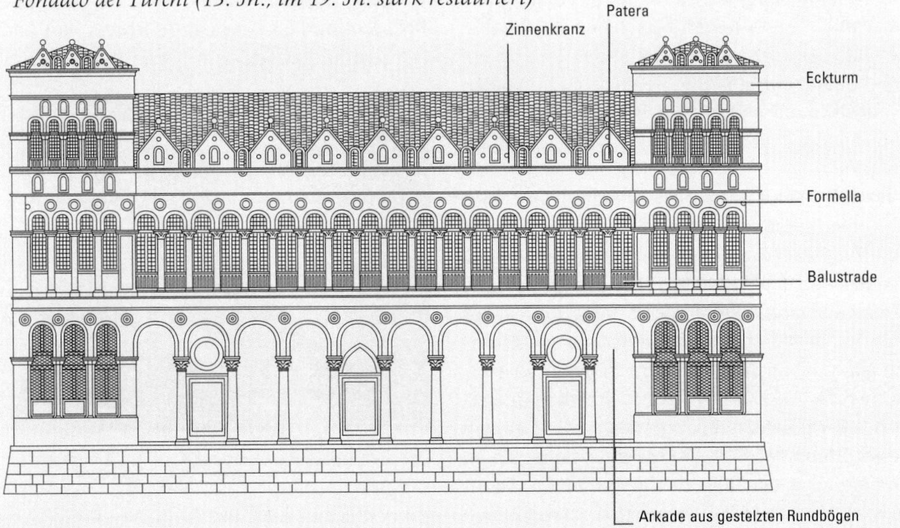

Profanbauten

Fondaco dei Turchi

Obwohl, oder gerade weil der Fondaco dei Turchi im 19. Jh. mit einiger Phantasie restauriert wurde, weist er doch all jene Formen auf, welche die frühesten venezianische Palazzi aus dem 13. Jh. besitzen. Dazu gehören die gestelzten Rundbögen ebenso wie der Zinnenkranz und die Verzierungen mit den runden Formelle und den schaufelförmigen oft mit einem figürlichen Relief versehenen Pateral. Man muß allerdings davon ausgehen, daß der Bau im 13. Jh. eine etwas andere Form hatte.

Ca' d'Oro

Die Ca' d'Oro ist mit ihrer reichen Verzierung mit Spitzbogen, Marmor und spitzenartigem Maßwerk ein typisches Beispiel für das lange Festhalten an gotischen Formen in der venezianischen Palastarchitektur. An den Fassaden der gotischen Paläste kann man deutlich die dahinterliegende Raumaufteilung ablesen. Loggien oder Fensterreihen im ersten und zweiten Stock zeigen Repräsentationsräume an; die seitlichen Einzelfenster weisen auf private Gemächer hin.

Ca' d'Oro, begonnen 1421

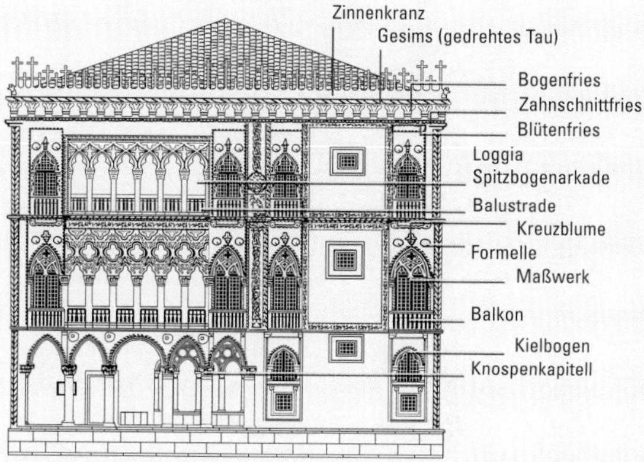

Ca' Pesaro

Die Ca' Pesaro weist eine Vielzahl der Bauformen auf, wie sie vom 16. bis zum 18. Jh. in der venezianischen Palastarchitektur geläufig sind. Das Wassergeschoß wirkt mit der Rustikaverkleidung wie ein Sockel für die darübergelegenen Stockwerke mit großen rundbogigen Fensteröffnungen und vorgestellten Säulen.

Ca' Pesaro, 1628–1710

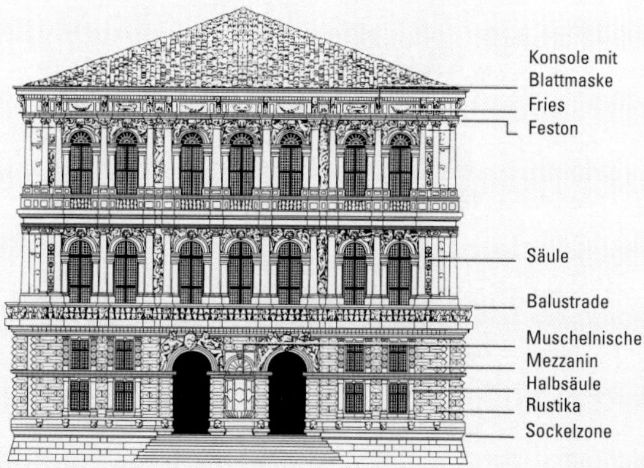

Sakralbauten

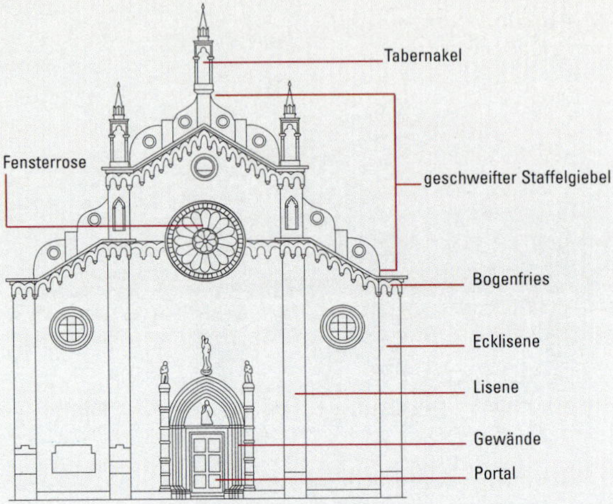

Santa Maria Gloriosa dei Frari, 1340–1443

Santa Maria Gloriosa dei Frari

Die Kirche zeigt die bis um die Mitte des 15. Jh.s für gotische Kirchen in Venedig typische, schlichte Backsteinfassade mit Verzierungen aus weißem, istrischem Stein.

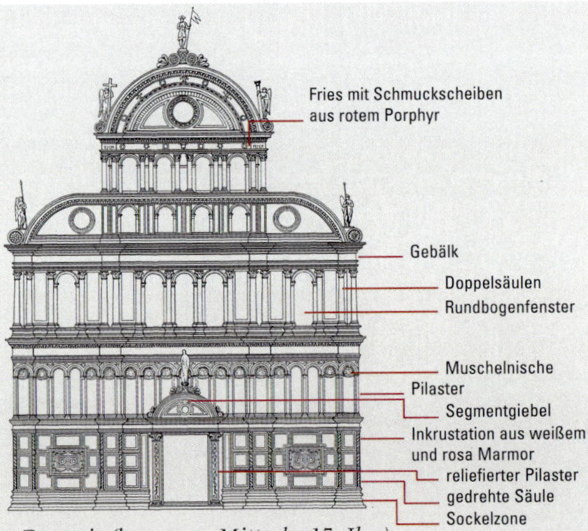

San Zaccaria (begonnen Mitte des 15. Jh.s)

San Zaccaria

San Zaccaria ist die erste venezianische Kirche mit einer Renaissancefassade; charakteristisch ist die Steinverkleidung, die Verwendung von Rundbögen, Muschelnischen und der optische Ausgleich der vertikalen und horizontalen Tendenzen.

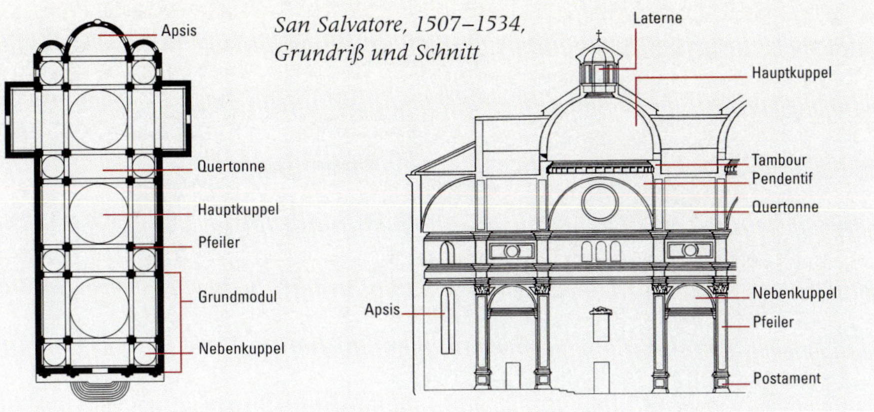

San Salvatore, 1507–1534, Grundriß und Schnitt

San Salvatore

In der Renaissance griffen die venezianischen Architekten mit der Kreuzkuppelkirche eine byzantinische Kirchenform wieder auf, die in Venedig über eine lange Tradition verfügte. Dieser Kirchentyp entsteht aus dem Grundmodul einer Kuppel über Pfeilern, das beliebig aneinandergereiht werden kann.

Il Redentore

Sogenannte Tempelfronten, wie sie Palladio für Il Redentore entworfen hat, sind an das Erscheinungsbild antiker Tempel angelehnt. Sie werden in der Renaissance und im Barock häufig an Kirchen verwendet.

Il Redentore, 1577–1592, Fassade

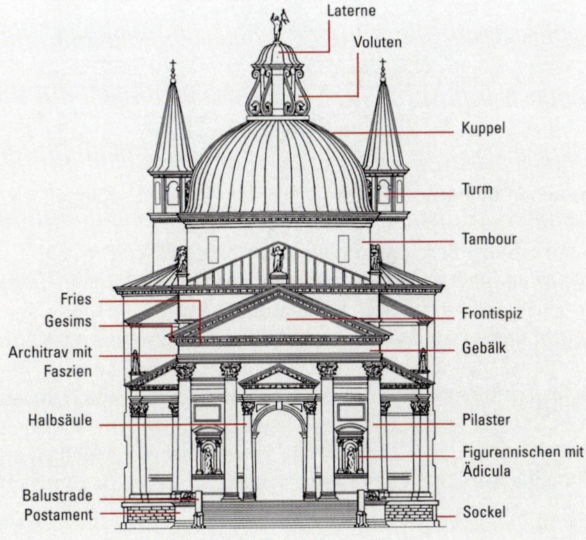

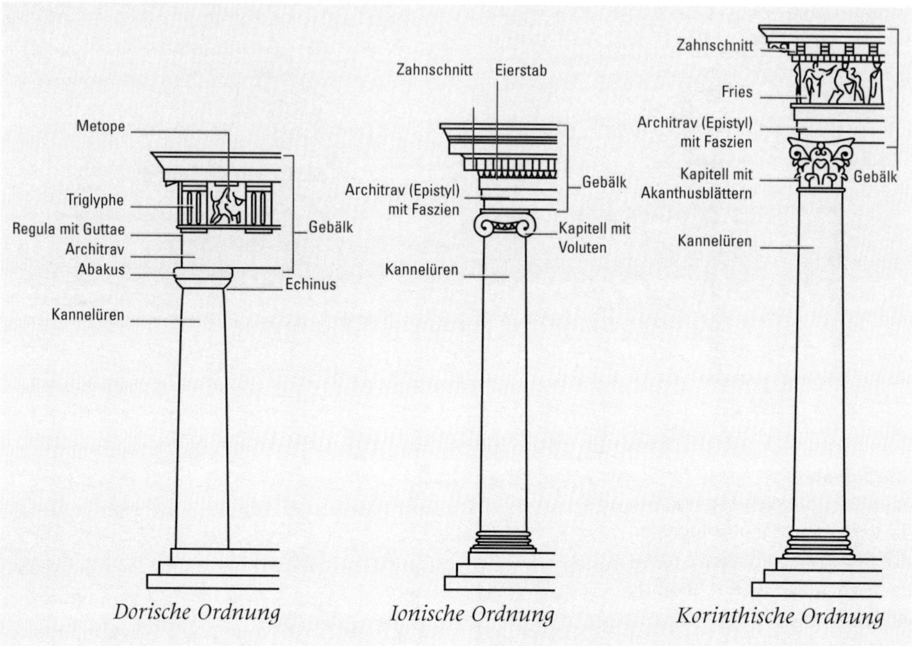

Säulenordnungen

Antike Säulenformen spielten in der Renaissance und im Barock eine herausragende Rolle. Man unterscheidet drei Hauptordnungen: ionisch, dorisch und korinthisch. In der Renaissance werden sie hierarchisch aufgefaßt. Die schlanke korinthische Ordnung (d. h. die Säule mit dem dazugehörigen Kapitell und Gebälk) gilt als die vornehmste, die ionische und dorische Ordnung werden darunter angesiedelt.

Kuppelformen

Die zahlreichen Kuppeln, die in der venezianischen Sakralarchitektur Verwendung fanden, zeugen bis in die Neuzeit von den byzantinischen Wurzeln Venedigs. In der Frühzeit, etwa bei der Markuskirche, sind sie eine direkte Übernahme byzantinischer Vorbilder. In der Renaissance sind sie ein Rückgriff auf die vermeintlich antiken Vorbilder der venezianischen Bautradition.

Zierformen

Steno-Erker am Dogenpalast

Der sog. Steno-Erker ist benannt nach dem Dogen Michele Steno, der ihn 1404 an der Wasserfront des Dogenpalastes anbringen ließ. Der von den Brüdern dalle Masegne mit gotischen Zierformen reich geschmückte Balkon zeichnet den Versammlungsraum des venezianischen Adelsparlaments, die Sala del Maggior Consiglio, an der Fassade aus.

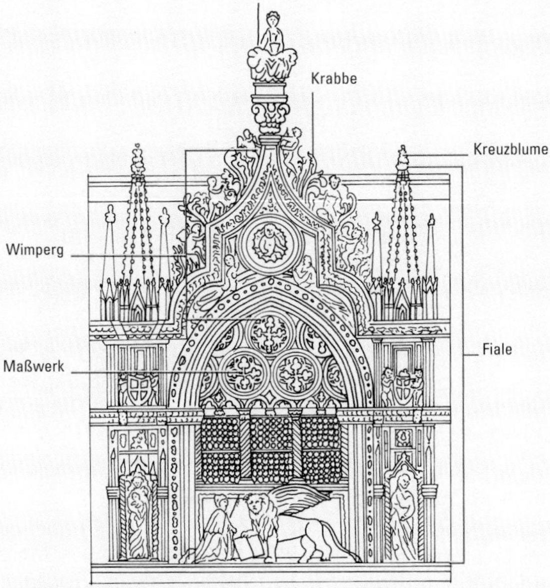

Steno-Erker am Dogenpalast

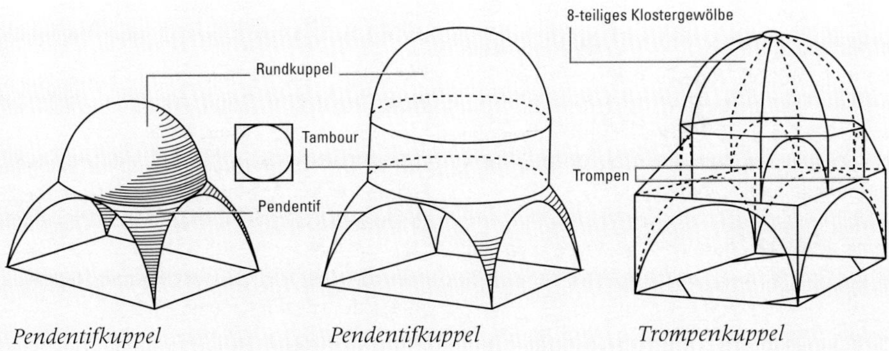

Pendentifkuppel *Pendentifkuppel* *Trompenkuppel*

Literaturhinweise

Arslan, Edorado: Venezia gotica; Mailand 1986

Barovier Mentasti, Rosa: Il vetro veneziano; Mailand 1982

Bassi, Elena: Architettura del Sei e Settecento a Venezia; Neapel 1962

Bassi, Elena: Palazzi di Venezia; Venedig 1976

Benzoni, Gino (Hrsg.): I Dogi; Mailand 1982

Brusatin, Manilo und **Pavanello**, Guiseppe: Il teatro La Fenice; Venedig 1987

Chambers, David: The Imperial Age of Venice 1380–1580; London 1970

Concina, Ennio: Le chiese di Venezia; Udine 1995

Cooperman, Bernhard D. und **Curiel**, Roberta: Il Ghetto di Venezia; Venedig 1990

Dazzi, Manlio und **Merkel**, Ettore: Catalogo della Pinacoteca della Fondazione Scientifica Querini Stampaglia; Venedig 1979

Demus, Otto: The Church of San Marco in Venice. History, Architecture, Sculpture; Washington 1960

Demus, Otto: The Mosaics of San Marco in Venice; Chicago, London 1984

Di Martino, Enzo: La Biennale di Venezia. Cento anni di arte e cultura; Mailand 1995

Die Pferde von San Marco; Berlin 1982

Dorigo, Wladimiro: Venezia Origini; Mailand 1983

Dorigo, Wladimiro: I mosaici medievali di San Marco nella storia della basilica, in: San Marco; Mailand 1990

Finlay, Robert G.: Politics in Renaissance Venice; New Brunswick 1980

Flint, Lucy, **Childs**, Elisabeth C. und **Messer**, Thomas M.: La collezione Peggy Guggenheim; Washington 1983

Fontana, Gianjacopo und **Moro**, Marco: Venezia monumentale. I Palazzi; Venedig 1967

Forssman, Erik: Venedig in der Kunst und im Kunsturteil des 19. Jahrhunderts; Stockholm 1971

Fortini Brown, Patricia: Venetian Narrative Painting in the Age of Carpaccio; New Haven, London 1988

Franzoi, Umberto und **di Stefano**, Diana: Le chiese di Venezia; Venedig 1976

Goethe, Johann Wolfgang von: Tagebuch der italienischen Reise; Frankfurt a. M. 1976

Goffen, Rona: Piety and Patronage in Renaissance Venice. Bellini, Titian and the Fransiscans; New Haven, London 1989

Goffen, Rona: Il Tesoro di San Marco I, La Pala d'Oro; Venedig 1994

Hahnloser, Hans R.: Il Tesoro di San Marco; Florenz 1965–1971

Hale, John R.: Renaissance Venice; London 1973

Howard, Deborah: Jacopo Sansovino. Architecture and Patronage in Renaissance Venice; New Haven, London 1976

Howard, Deborah: The Architectural History of Venice; London 1980

Humfrey, Peter: The Altarpiece in Renaissance Venice; New Haven, London 1993

Huse, Norbert und **Wolters**, Wolfgang: Venedig, Die Kunst der Renaissance; München 1986

Kretschmayr, Heinrich: Geschichte von Venedig; Gotha 1905–Stuttgart 1934

Lane, Frederic C.: Venice. A Maritime Republic; Baltimore, London 1973

Mangini, Nicola: I teatri di Venezia; Mailand 1974

Mariacher, Giovanni: Il Museo Vetrario di Murano; Mailand 1970

Martineau, Jane und **Hope**, Charles (Hrsg.): The Genius of Venice, Ausstellungskatalog; London 1983

Martineau, Jane und **Robinson**, A. (Hrsg.): The Glory of Venice; New Haven, London 1994

Miani, Mariapia, **Resdini**, Daniele und **Lamon**, Francesca: L'arte dei maestri vetrai di Murano; Treviso 1984

Nepi Scirè, Giovanni: Gallerie dell' Accademia; Venedig 1991

Norwich, John Julius: A History of Venice; New York 1982

Ongania, Ferdinando: Le Vere da Pozzo in Venezia; Venedig 1911

Perocco, Guido und **Salvadori**, Antonio: Civiltà di Venezia; Venedig 1973–76

Pallucchini, Rudolfo: La pittura veneziana del Settecento; Venedig, Rom 1960

Pallucchini, Rudolfo: La pittura veneziana del Trecento; Venedig, Rom 1964

Pallucchini, Rudolfo: La pittura veneziana del Seicento; Mailand 1981

Pavanello, Giuseppe und **Romanelli**, Giandomenico (Hrsg.): Venezia nell'Ottocento. Immagini e mito, Ausstellungskatalog; Mailand 1983

Pignatti, Terisio: Il Museo Correr di Venezia. Dipinti, del XVII e XVIII secolo; Venedig 1960

Pignatti, Terisio: Le scuole di Venezia; Mailand 1981

Planiscig, Leo: Venezianische Bildhauer der Renaissance; Wien 1921

Pullan, Brian: Rich and Poor in Renaissance Venice; Oxford 1971

Romanelli, Giandomenico: Venezia Ottocento; Rom 1977

Romanelli, Giandomenico (Hrsg.): Venedig, Kunst und Architektur; Köln 1997 (ital. Ausgabe Udine1997)

Rosand, David: Painting in Cinquecento Venice: Titian, Veronese, Tintoretto; New Haven, London 1982

Rowdon, Maurice: The Fall of Venice; London 1970

Ruskin, John: The Stones of Venice; London 1851–53

San Marco: I mosaici, la storia, l'illuminazione; Mailand 1990

Semenzato, Camillo: La scultura veneta del Seicento e del Settecento; Venedig 1966

Tafuri, Manfredo: Venezia e il Rinascimento; Turin 1985

Tamassia Mazzarotto, Bianca: Le feste veneziane, i giochi popolare, le ceremonie religiose e di governo; Florenz 1982 (2. Aufl.)

Tassini, Giuseppe: Feste e Spettacoli. Divertimenti e Piaceri degli antichi Veneziani; Venedig, Castelfranco Veneto 1961 (2. Aufl.)

Timofiewitsch, Wladimir: Girolamo Campagna, Studien zur venezianischen Plastik um das Jahr 1600; München 1972

Toesca, Paolo: Il Trecento; Turin 1951

Trincanato, Egle Renata: Venezia minore; Venedig 1948 (Nachdr., Venedig 1977)

Wolters, Wolfgang: La scultura veneziana gotica (1300–1460); Venedig 1976

Wolters, Wolfgang: Der Bilderschmuck des Dogenpalastes; Wiesbaden 1983

Register

Bild- und Kartennachweise

Die überwiegende Anzahl der Abbildungen stammt von SCALA Istituto Fotografico Editoriale in Florenz. Darüber hinaus dankt der Verlag den Museen, Sammlern, Archiven und Fotografen für die erteilten Reproduktionsgenehmigungen und die freundliche Unterstützung bei der Realisierung dieses Buches.

Archiv für Kunst und Geschichte, Berlin (191, 239, 280, 281, 400, 401, 402, 403, 426); Artothek, Peissenberg: Foto: Joachim Blauel (430/431); Bildarchiv Preußischer Kulturbesitz, Berlin (283); Osvaldo Böhm, Venezia (4/5, 6/7); © Cameraphoto - Arte, Venezia (2, 22/23, 66, 96/97, 104, 109, 114, 120, 131, 139, 147, 153, 168, 172/173, 175, 178, 183, 199, 202 rechts, 206, 207, 208, 210, 211, 214/215, 219, 224, 225, 235, 250, 253, 256, 260, 264/265, 268 links, 271, 288, 340/341, 362/363, 376, 377, 378, 379, 408, 412, 435, 490/491, 498/499, 514/515); Astrid Fischer-Leitl, München (85, 217, 267, 342/343, 364/365, 419, 492, 501); Foto Flash di Zennaro Elisabetta, Venezia (351 rechts, 463); Gemäldegalerie Alte Meister, Dresden (56/57); Giovetti Fotografia & Communicazioni Visive, Mantua (241); Herzog August Bibliothek, Wolfenbüttel (58); © Markus Hilbich, Berlin (24/25, 32/33, 36, 40, 47, 48, 52/53, 59, 61, 63 unten, 67, 82/83, 92, 94, 95, 98, 100, 101, 112, 118, 119, 129, 130, 145 unten, 176, 186, 187, 198, 218, 222/223, 247, 251, 263, 272, 282, 296, 297, 300, 334, 354/355, 367, 374, 381, 382, 383, 384, 392, 393, 394, 395, 416/417, 447, 468, 485, 494/495, 497, 502, 510, 513); Rolf Krause, Essen (26–31, 103, 146, 148, 156, 224 rechts, 232/233, 315, 398, 473, 487, 517, 518, 519, 522, 523, 524, 526, 528 unten, 530, 531, 534, 535, 564–569); Magnus Edizioni, Fagagna (132, 174, 177, 373); Ministero per i Beni e le Attività Culturali, Milano (350); Museo Correr, Venezia – Foto: Fotoflash (16 links, 190, 197, 351 links, 375, 428, 443); Eduard Noak, Köln (237); © The National Gallery, London (16 rechts); © Raccolta Teatrale del Burcardo, Roma (307); © Sammlung Georg Schäfer, Schweinfurt (464/465).

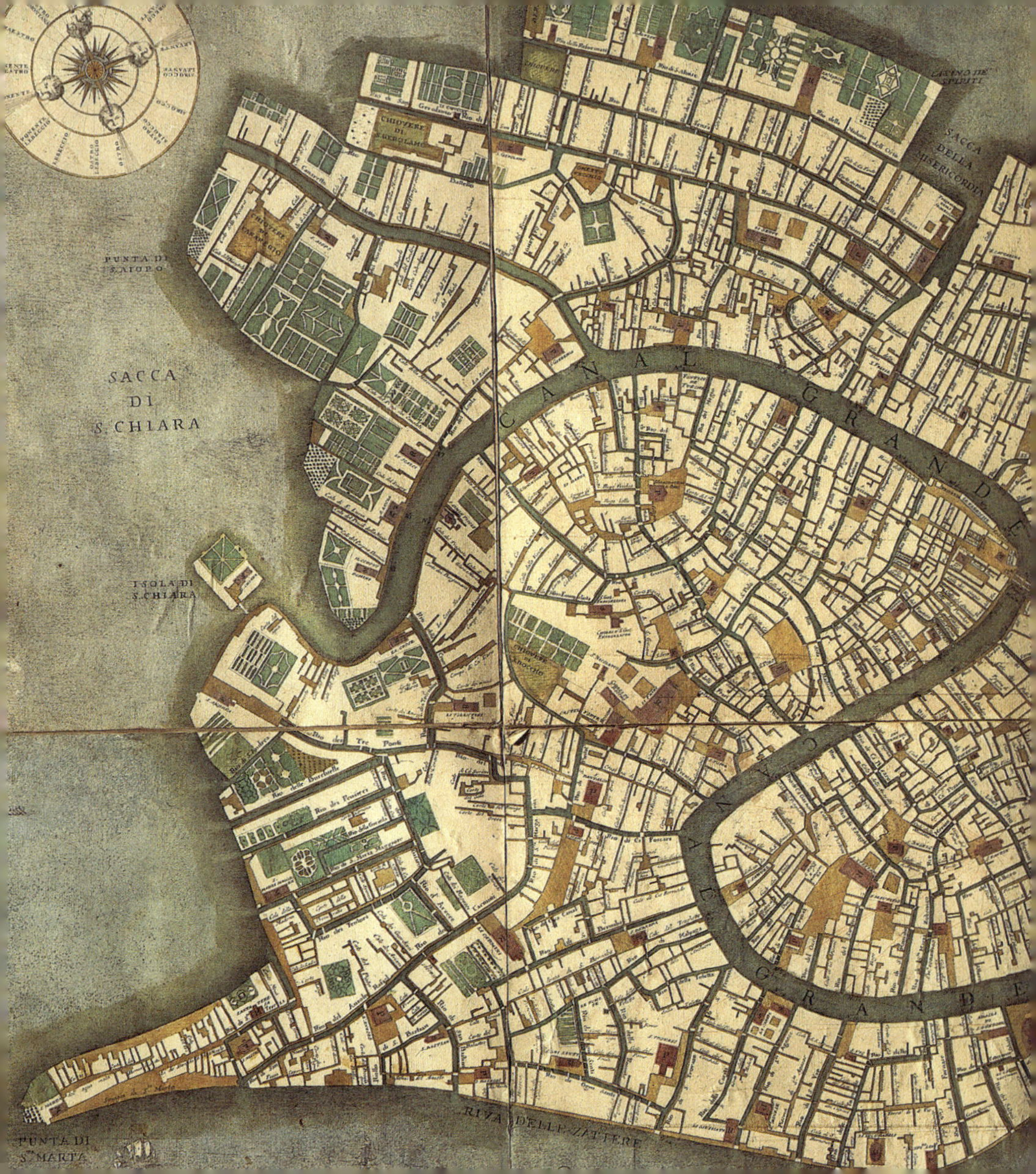

SACCA DI S. CHIARA
ISOLA DI S. CHIARA
CANAL GRANDE
CANAL GRANDE
SACCA DELLA MISERICORDIA
CHIOVERE DI S. GEROLAMO
Rio dei Tre Ponti
RIVA DELLE ZATTERE
PUNTA DI S. MARTA